Windows Server 2008 R2
Der schnelle Einstieg

net.com
networking & communications

Netzwerke, Betriebssysteme, Sicherheit ... hierzu bietet Ihnen die Reihe net.com umfassende, praxisnahe Information. Neben Fragen der Systemverwaltung greift sie auch Themen wie Protokolle, Technologien und Tools auf. Profitieren Sie bei Ihrer täglichen Arbeit vom Praxiswissen unserer erfahrenen Autoren.

Windows 7 im Unternehmen

Holger Schwichtenberg/Manuela Reiss/Jochen Ruhland
1088 Seiten, € 59,80 [D]
ISBN 978-3-8273-2886-1

Fortgeschrittene Anwender und Administratoren erhalten hier fundierte Informationen für den Einsatz von Windows 7 im Unternehmen. Die Autoren beschreiben die Benutzeroberfläche und deren Konfigurationsmöglichkeiten ebenso wie Konzeption und Einrichtung von Benutzer- und Systemverwaltung im Netzwerk sowie Sicherheitsaspekte. Weitere neue und wichtige Themen sind u.a. der Remote-Zugriff aufs Netzwerk, die Zweigstellenverwaltung und die Automatisierung mit PowerShell 2.0.

SQL Server 2008 - Der schnelle Einstieg

Klemens Konopasek
560 Seiten, € 29,95 [D]
ISBN 978-3-8273-2679-9

Dieses Buch bietet Ihnen einen leichten und schnellen Einstieg in Einsatz, Verwaltung und Entwicklung einer Datenbank mit dem SQL Server 2008 - von der Express bis zur Enterprise Edition. Klemens Konopasek berücksichtigt alle wichtigen Neuerungen wie z.B. Geodaten, Filestream oder Change Data Capture. Sein Schwerpunkt liegt auf der Lösungsentwicklung mit TransactSQL, aber auch die CLR-Integration mit dem NET Framework 3.5 kommt nicht zu kurz. An DBAs richten sich die Kapitel zur Benutzerverwaltung und Berechtigungsvergabe.

Carlo Westbrook

Windows Server 2008 R2

Der schnelle Einstieg

 ADDISON-WESLEY

An imprint of Pearson Education

München • Boston • San Francisco • Harlow, England
Don Mills, Ontario • Sydney • Mexico City
Madrid • Amsterdam

Bibliografische Information der Deutschen Nationalbibliothek

Die Deutsche Nationalbibliothek verzeichnet diese Publikation in der Deutschen Nationalbibliografie; detaillierte bibliografische Daten sind im Internet über *http://dnb.d-nb.de* abrufbar.

Die Informationen in diesem Produkt werden ohne Rücksicht auf einen eventuellen Patentschutz veröffentlicht. Warennamen werden ohne Gewährleistung der freien Verwendbarkeit benutzt.
Bei der Zusammenstellung von Texten und Abbildungen wurde mit größter Sorgfalt vorgegangen.
Trotzdem können Fehler nicht vollständig ausgeschlossen werden. Verlag, Herausgeber und Autoren können für fehlerhafte Angaben und deren Folgen weder eine juristische Verantwortung noch irgendeine Haftung übernehmen.
Für Verbesserungsvorschläge und Hinweise auf Fehler sind Verlag und Herausgeber dankbar.

Alle Rechte vorbehalten, auch die der fotomechanischen Wiedergabe und der Speicherung in elektronischen Medien. Die gewerbliche Nutzung der in diesem Produkt gezeigten Modelle und Arbeiten ist nicht zulässig.

Fast alle Hard- und Softwarebezeichnungen und weitere Stichworte und sonstige Angaben, die in diesem Buch verwendet werden, sind als eingetragene Marken geschützt.
Da es nicht möglich ist, in allen Fällen zeitnah zu ermitteln, ob ein Markenschutz besteht, wird das ®-Symbol in diesem Buch nicht verwendet.

Umwelthinweis:
Dieses Buch wurde auf chlor- und säurefreiem PEFC-zertifiziertem Papier gedruckt.
Um Rohstoffe zu sparen, haben wir auf Folienverpackung verzichtet.

10 9 8 7 6 5 4 3 2 1

12 11 10

ISBN 978-3-8273-2908-0

© 2010 by Addison-Wesley Verlag,
ein Imprint der Pearson Education Deutschland GmbH,
Martin-Kollar-Straße 10–12, D-81829 München/Germany
Alle Rechte vorbehalten
Einbandgestaltung: Marco Lindenbeck, mlindenbeck@webwo.de
Fachlektorat: Albrecht Becker, albrecht.becker@beitech.de
Lektorat: Sylvia Hasselbach, shasselbach@pearson.de
Korrektorat: Ulrike Oswald, ulli.oswald@web.de
Herstellung: Philipp Burkart, pburkart@pearson.de
Satz: mediaService, Siegen, www.media-service.tv
Druck und Verarbeitung: Kösel, Krugzell (www.KoeselBuch.de)
Printed in Germany

Inhaltsverzeichnis

Vorwort	15
Der Autor	16
Die Icons in diesem Buch	16
Die Buch-CD	17

1 Einführung in Windows Server 2008 R2	19
1.1 Verfügbare Editionen	19
1.2 Microsoft Hyper-V Server 2008 R2	21
1.3 Unterstützte Serverrollen und -funktionen	23
1.4 Neuerungen und Verbesserungen	24
1.4.1 Die Bedienoberfläche	24
1.4.2 Verbesserungen in der Benutzerkontensteuerung	25
1.4.3 Neuerungen im Server-Manager	26
1.4.4 Windows Server-Migrationstools	28
1.4.5 VPN-Verbindungswiederherstellung	29
1.4.6 DirectAccess	29
1.4.7 BranchCache	29
1.4.8 Firewall & Firewallprofile	30
1.4.9 Remotedesktopdienste (RDS)	30
1.4.10 Neuerungen in DNS	32
1.4.11 Freihand- und Handschriftdienste	32
1.4.12 Active Directory-Papierkorb	32
1.4.13 Active Directory-Verwaltungscenter	33
1.4.14 Active Directory-Webdienste	34
1.4.15 Active Directory-Best Practice Analyzer	34
1.4.16 Neuerungen in Gruppenrichtlinien	35
1.4.17 Offline-Domänenbeitritt	36
1.4.18 Neue PowerShell-Befehle (Cmdlets)	36
1.4.19 Neuerungen in Hyper-V	37
1.4.20 Verbesserungen in Server Core	39

Inhaltsverzeichnis

1.4.21	Windows-AppLocker	40
1.4.22	Windows Server Update Services (WSUS)	40
1.4.23	Verbesserungen in der Windows Server-Sicherung	42
1.4.24	Weitere Verbesserungen und Neuerungen	43

2 Installation von Windows Server 2008 R2 — 45

- **2.1 Systemanforderungen** — **46**
- **2.2 Überprüfung der Kompatibilität vor der Installation** — **46**
  - 2.2.1 Microsoft Assessment and Planning Toolkit — 47
  - 2.2.2 Microsoft Application Compatibility Toolkit — 47
- **2.3 Schritte zur Vorbereitung der Installation** — **48**
- **2.4 Installationsmethoden** — **49**
  - 2.4.1 Manuelle Installation — 49
  - 2.4.2 Unbeaufsichtigte Installation — 55
- **2.5 Erstkonfiguration nach der Installation** — **55**
  - 2.5.1 Aufgaben der Erstkonfiguration — 56
  - 2.5.2 Ändern des Produkt-Keys — 58
- **2.6 Aktivierung des Betriebssystems** — **60**
  - 2.6.1 Produktaktivierung oder „Volume Activation" — 60
  - 2.6.2 Volume Activation 2.0 — 61
  - 2.6.3 (Einzel-)Produktaktivierung — 62
- **2.7 Aktualisierung vorhandener Serversysteme** — **65**
  - 2.7.1 Unterstützte Aktualisierungspfade — 66
  - 2.7.2 Notwendige vorbereitende Schritte — 68
  - 2.7.3 Vorbereitung der Active Directory-Umgebung — 69
  - 2.7.4 Durchführung der Serveraktualisierung — 71
- **2.8 Migration von Serverrollen und -funktionen** — **78**

3 Serverrollen, Rollendienste und -funktionen — 81

- **3.1 Enthaltene Serverrollen und Rollendienste** — **82**
- **3.2 Enthaltene Funktionen (Features)** — **85**
- **3.3 Installation von Serverrollen, Rollendiensten und -funktionen** — **91**
  - 3.3.1 Hinzufügen von Rollen — 91
  - 3.3.2 Hinzufügen von Features (Funktionen) — 94

3.4 Entfernen von Serverrollen, Rollendiensten und -funktionen   96
    3.4.1 Entfernen von Rollen   97
    3.4.2 Entfernen von Features (Funktionen)   100

4 Windows Server 2008 R2 im Netzwerk   103

4.1 Das Netzwerk- und Freigabecenter   103
    4.1.1 Anzeige der aktuellen Netzwerkverbindung   104
    4.1.2 IPv4-Konfiguration   105
    4.1.3 Netzwerkprofile und die Freigabe des öffentlichen Ordners   106
4.2 IPv6-Unterstützung   108
    4.2.1 Zuweisung von IPv6-Adressen   109
    4.2.2 Deaktivieren von IPv6   111

5 Netzwerkinfrastrukturdienste unter Windows Server 2008 R2   113

5.1 DHCP   114
    5.1.1 Installation von DHCP   115
    5.1.2 Verwaltung von DHCP   122
    5.1.3 Konfiguration von DHCP-Clients   123
    5.1.4 Neuerungen in DHCP   124
    5.1.5 Entfernen des DHCP-Dienstes   128
5.2 WINS   129
    5.2.1 Installation von WINS   130
    5.2.2 Verwaltung von WINS   133
    5.2.3 Konfiguration von WINS-Clients   133
    5.2.4 Entfernen des WINS-Dienstes   134
5.3 DNS   135
    5.3.1 Neuerungen in DNS   136
    5.3.2 Installation von DNS   137
    5.3.3 DNS-Namenszonen   141
    5.3.4 Standardzonen   143
    5.3.5 Erstellen von primären DNS-Namenszonen   143
    5.3.6 Erstellen von sekundären DNS-Namenszonen   145
    5.3.7 Active Directory-integrierte Zonen   146
    5.3.8 Einrichten und Verwalten von Reverse-Lookupzonen   149
    5.3.9 Zonenübertragung   151

Inhaltsverzeichnis

5.3.10	Speicherung von DNS-Namenszonen in Anwendungsverzeichnispartitionen	155
5.3.11	Verwalten von DNS-Einträgen	156
5.3.12	DNSUpdateProxy	158
5.3.13	Alterungs- und Aufräumprozess	158
5.3.14	Manuelles Löschen von DNS-Einträgen	160
5.3.15	WINS-Forward-Lookup	161
5.3.16	Bedingte Weiterleitungen	163
5.3.17	Starten und Beenden des DNS-Dienstes	164
5.3.18	Entfernen von DNS-Namenszonen	164
5.3.19	Entfernen der DNS-Dienste	165

6 Windows Server 2008 R2 und die Active Directory-Domänendienste 167

6.1 Neuerungen in Active Directory **167**
- 6.1.1 Active Directory Best Practice Analyzer — 168
- 6.1.2 Active Directory-Verwaltungscenter — 170
- 6.1.3 Active Directory-Webdienste — 172
- 6.1.4 Active Directory-Modul für Windows-PowerShell — 174
- 6.1.5 Active Directory-Papierkorb — 176
- 6.1.6 Offline-Domänenbeitritt — 180

6.2 Installieren der Active Directory-Domänendienste (AD DS) **181**
- 6.2.1 Installationsarten — 182
- 6.2.2 Vorbereitende Schritte zur Installation — 185
- 6.2.3 Installation der Active Directory-Domänendienste — 185
- 6.2.4 Überprüfung der erfolgreichen Installation — 193

6.3 Schreibgeschützter Domänencontroller (RODC) **194**
- 6.3.1 Vorteile beim Einsatz von schreibgeschützten Domänencontrollern — 196
- 6.3.2 Einschränkungen beim Einsatz von RODCs — 197
- 6.3.3 Platzierung von RODCs — 197
- 6.3.4 Überprüfung der Gesamtstrukturfunktionsebene — 198
- 6.3.5 Aktualisieren der Berechtigungen für DNS-Anwendungsverzeichnispartitionen — 199
- 6.3.6 Installation eines schreibbaren Domänencontrollers unter Windows Server 2008 R2 — 200
- 6.3.7 Installation eines RODCs unter Windows Server 2008 R2 — 201

Inhaltsverzeichnis

6.3.8 Installation eines RODCs auf einer
Server Core-Installation von Windows Server 2008 R2   205

6.3.9 Delegierung der Installation von schreibgeschützten
Domänencontrollern   206

6.3.10 Durchführung der delegierten Installation des
schreibgeschützten Domänencontrollers   209

6.3.11 Verwaltung von schreibgeschützten Domänencontrollern   211

6.3.12 Konfigurieren der Kennwortreplikationsrichtlinie
für einen RODC   215

6.3.13 Anzeige der auf einem RODC zwischengespeicherten
Anmeldeinformationen   216

6.3.14 Überprüfung der für einen RODC authentifizierten Konten   216

6.3.15 Auffüllen des Kennwortcache für RODCs   217

6.3.16 Überprüfen den Kennwortzwischenspeicherung für
einzelne Benutzer   218

6.3.17 Zurücksetzen der zwischengespeicherten Kennwörter   219

6.4 Verwalten der Active Directory-Domänendienste (AD DS)   **220**

6.4.1 Verwalten der Betriebsmasterrollen (FSMO)   221

6.4.2 Verschieben von Betriebsmasterrollen   226

6.4.3 Übertragen der Betriebsmasterrollen   231

6.4.4 Der globale Katalog (GC)   234

6.5 Erstellen und Verwalten von Active Directory-Objekten   **236**

6.5.1 Planen und Erstellen von Organisationseinheiten   237

6.5.2 Erstellen und Verwalten von Benutzerobjekten   238

6.5.3 Erstellen und Verwalten von Gruppenobjekten   240

6.5.4 Verwaltete Dienstkonten   250

6.6 Gruppenrichtlinien   **251**

6.7 Richtlinien für Kennwörter   **256**

6.7.1 Funktionsweise   256

6.7.2 Konfigurierbare Attributwerte   257

6.7.3 Auswertelogik   258

6.7.4 Notwendige Konfigurationsschritte   259

6.7.5 Richtlinien für Kennwörter mit Specops Password
Policy Basic   264

7 Datenträgerverwaltung 267

- 7.1 Verwalten von Laufwerken 268
  - 7.1.1 Vergrößern von Volumes 268
  - 7.1.2 Verkleinern von Volumes 269
- 7.2 Verwalten von virtuellen Festplatten 269
  - 7.2.1 Virtuelle Festplatten erstellen 270
  - 7.2.2 Virtuelle Festplatten anfügen oder entfernen 272
- 7.3 Schattenkopien 273
- 7.4 RAID-Datenträger unter Windows Server 2008 R2 275

8 Konfiguration und Verwaltung der Dateidienste 277

- 8.1 Installation der Dateidienste 278
- 8.2 Freigabe- und Speicherverwaltung 279
- 8.3 Ressourcen-Manager für Dateiserver 280
  - 8.3.1 Kontingentverwaltung 281
  - 8.3.2 Dateiprüfungsverwaltung 285
  - 8.3.3 Speicherberichteverwaltung 288
  - 8.3.4 Klassifizierungsverwaltung und Dateiverwaltungsaufgaben 290
- 8.4 Befehlszeilentools für die Dateiverwaltung 291
- 8.5 Berechtigungen für Dateien und Ordner 292
  - 8.5.1 NTFS-Berechtigungen 292
  - 8.5.2 Berechtigungen für freigegebene Ordner 296
  - 8.5.3 Kombination von NTFS-Berechtigungen und Berechtigungen für freigegebene Ordner 297

9 Druck- und Dokumentendienste unter Windows Server 2008 R2 299

- 9.1 Rollendienste der Druck- und Dokumentendienste 300
- 9.2 Installation der Druck- und Dokumentendienste 301
- 9.3 Die Druckverwaltung 302
  - 9.3.1 Die Verwaltungskonsole Druckverwaltung 303
  - 9.3.2 Drucker installieren 303
- 9.4 Treiber installieren 304
- 9.5 Druckserver konfigurieren 306
- 9.6 Konfiguration exportieren oder importieren 306

9.7	Drucker im Netzwerk bereitstellen	**307**
	9.7.1 Drucker im Verzeichnis veröffentlichen	308
	9.7.2 Drucker mithilfe von Gruppenrichtlinien bereitstellen	309

10 Optimierte Datenbereitstellung mit BranchCache — 313

10.1	Voraussetzungen	**313**
10.2	Funktionsweise	**314**
	10.2.1 Modus für verteilte Caches	314
	10.2.2 Modus für gehostete Caches	316
10.3	Installation und Konfiguration	**318**
	10.3.1 Installation des BranchCache-Features	318
	10.3.2 Konfiguration von BranchCache für freigegebene Dateien	319
10.4	Clientkonfiguration	**324**
	10.4.1 Konfiguration der BranchCache-Regeln	325
	10.4.2 Firewallregeln beachten	325

11 Einführung in die Virtualisierung mit Hyper-V — 327

11.1	Unterstützte Gast-Betriebssysteme	**329**
11.2	Limits für virtuelle Computer	**329**
11.3	Serverseitige Hardware-Unterstützung	**331**
11.4	Integrationsdienste unter Hyper-V	**332**
11.5	Voraussetzungen	**332**
11.6	Installation von Hyper-V als Serverrolle	**333**
11.7	Konfiguration von Hyper-V	**334**
	11.7.1 Grundeinstellungen	335
	11.7.2 Netzwerkeinstellungen	336
	11.7.3 Erstellen neuer virtueller Computer	337
	11.7.4 Konfigurieren virtueller Computer	338
	11.7.5 Erstellen von Snapshots	339

12 Windows Server 2008 R2 als Server Core — 343

12.1 Neuerungen — **345**

12.2 Installation von Server Core — **346**
- 12.2.1 Hardware-Anforderungen — 346
- 12.2.2 Bestimmen der zu verwendenden Edition — 347
- 12.2.3 Schritte zur Vorbereitung der Installation — 348
- 12.2.4 Installationsschritte — 348
- 12.2.5 Unbeaufsichtigte Installation — 353

12.3 Erstkonfiguration — **354**
- 12.3.1 Serverkonfiguration mithilfe von „sconfig" — 354
- 12.3.2 Festlegen des Administrator-Kennworts — 355
- 12.3.3 Statischen IP-Adresse konfigurieren — 357
- 12.3.4 Ändern des Servernamens — 358
- 12.3.5 Beitreten zu einer Active Directory-Domäne — 359
- 12.3.6 Aktivierung eines Betriebssystems — 360
- 12.3.7 Konfiguration der Windows-Firewall für die Remoteverwaltung — 361
- 12.3.8 Konfiguration für die Verwendung der WINS-Dienste — 362

12.4 Installation von Serverrollen, Rollendiensten und Funktionen — **363**
- 12.4.1 Unterstützte Serverrollen — 363
- 12.4.2 Server Core als DNS-Server — 365
- 12.4.3 Server Core als Domänencontroller — 366
- 12.4.4 Installation von Features — 369

12.5 Tools für die Verwaltung — **370**
- 12.5.1 Lokale Verwaltung — 371
- 12.5.2 Verwaltung mithilfe der Windows PowerShell — 372
- 12.5.3 Remoteverwaltung mittels RDP — 374
- 12.5.4 Verwaltung über die Windows-Remoteshell — 375

12.6 Übersicht der häufigsten Konfigurationsschritte unter Server Core — **376**

12.7 Weitere Tools — **379**

13 Einführung in die Serververwaltung mit der Windows PowerShell 381

13.1 Neuerungen 382
13.2 Starten der Windows PowerShell 382
13.3 Die Oberfläche 383
13.4 Erste Schritte 384
    13.4.1 Verwendbare Befehle 385
    13.4.2 Die Befehlssyntax 386
    13.4.3 Bekannte Befehle in der Windows PowerShell 386
    13.4.4 Sicherheit in der Windows PowerShell 388
    13.4.5 Cmdlets und der Umgang mit Objekten 389
    13.4.6 Die Provider der Windows PowerShell 391
13.5 Umgang mit Prozessen 393
    13.5.1 Prozesse anzeigen lassen mit get-process 394
    13.5.2 Prozesse beenden mit stop-process 395
13.6 Arbeiten mit Diensten 396
    13.6.1 Anzeige der aktuell ausgeführten Dienste 396
    13.6.2 Starten und Beenden von Diensten 397
13.7 Arbeiten mit Active Directory-Objekten 398
    13.7.1 Aufruf des Active Directory-Moduls für Windows PowerShell 398
    13.7.2 Beispiel für die Verwendung 399
13.8 Windows PowerShell Integrated Scripting Environment (ISE) 400
    13.8.1 Installation der Windows PowerShell-ISE 401
    13.8.2 Starten der Windows PowerShell-ISE 401

14 Update-Management mit Windows Server Update Services (WSUS) 403

14.1 WSUS-Verwaltungsinfrastruktur 405
14.2 Unterstützte Microsoft-Produkte 405
14.3 Voraussetzungen für WSUS 3.0 408
    14.3.1 Erforderliche Software-Komponenten 408
    14.3.2 Minimale Hardware-Voraussetzungen 409
    14.3.3 Firewall-Konfiguration 410
14.4 Installation der Windows Server Update Services (WSUS) 411

14.5 Konfiguration von WSUS-Clients — 424
- 14.5.1 Richtlinieneinstellung Automatische Updates — 426
- 14.5.2 Richtlinieneinstellung Internen Pfad für den Microsoft Updatedienst angeben — 426

15 Systemüberwachung und Fehlerbehebung — 429

15.1 Enthaltene Tools & Programme — 430
- 15.1.1 Leistungsüberwachung — 431

15.2 Ereignisanzeige und -überwachung — 433

15.3 Wartungscenter — 435

15.4 Zuverlässigkeitsüberwachung — 436

15.5 Problembehandlung — 438

15.6 Weitere Tools und Programme — 439

16 Sichern und Wiederherstellen — 441

16.1 Neuerungen — 443

16.2 Sicherungstools — 444

16.3 Installation der Windows Server-Sicherung — 444

16.4 Datensicherung — 447
- 16.4.1 Durchführung einer manuellen Sicherung — 447
- 16.4.2 Konfiguration einer automatischen Sicherungen — 450
- 16.4.3 Sicherung mit Wbadmin.exe — 453

16.5 Wiederherstellen von Dateien und Ordnern — 453
- 16.5.1 Wiederherstellen mithilfe der grafischen Windows Server-Sicherung — 454
- 16.5.2 Wiederherstellung mit Wbadmin.exe — 455

Stichwortverzeichnis — 457

Vorwort

Mit dem neuen Windows Server 2008 R2 (Release 2) hat Microsoft wieder einen Meilenstein im Umfeld der Serverbetriebssysteme geschaffen. Als Nachfolger des schon erfolgreichen Windows Server 2008 enthält die Version R2 Neuerungen und Verbesserungen, insbesondere auch hinsichtlich des Zusammenspiels mit Windows 7 auf der Client-Seite. Dieses Buch bietet Ihnen einen schnellen Einstieg in die Installation, Konfiguration, Verwaltung und auch die Wartung von Windows Server 2008 R2. Es enthält neben den grundlegenden Informationen zu den im neuen Betriebssystem enthaltenen Rollen und Funktionen auch einen Überblick über die Neuerungen.

Sie erhalten eine leichten Einstieg in Themen wie die Active Directory-Domänendienste, die Virtualisierung mit Hyper-V, die Dateidienste oder auch die Windows PowerShell. Auch finden Sie grundlegende Informationen sowie auch die notwendigen Konfigurationsschritte für die Implementierung von BranchCache unter Windows Server 2008 R2 und auch der Einsatz von Windows Server 2008 R2 als Server Core kommt nicht zu kurz.

Das Buch richtet sich an Einsteiger mit Vorkenntnissen als auch an fortgeschrittene Netzwerk- und Systemadministratoren. Unterstützend finden Sie auf der dem Buch beigelegten CD-ROM verschiedene Vorlagen- und Beispielskriptdateien, Evaluierungs- und Freeware-Tools, sowie auch eine Auswahl an Video-Lektionen mit Konfigurationsanleitungen.

Danke

An dieser Stelle möchte ich mich auch bei meiner Familie, dabei insbesondere bei meiner Frau Nadja für ihre Unterstützung bedanken. Ebenso danke ich Frau Hasselbach von Pearson Education für die stets vertrauensvolle, angenehme Zusammenarbeit und die professionelle Unterstützung während der Erstellung dieses Buches. Natürlich möchte ich mich auch bei Ihnen, liebe Leser, für den Kauf des Buches bedanken und wünsche Ihnen eine interessante Zeit beim Lesen.

Ihr

Carlo Westbrook

Der Autor

Carlo Westbrook ist seit rund 23 Jahren als IT-Trainer, -Berater und Kursdesigner für technische Kurse & Workshops tätig. Als Fachautor publiziert er neben einer Vielzahl an Büchern u.a. auch Fachbeiträge bei verschiedenen Verlagen. Zu seinen Schwerpunkten zählen u.a. die Windows-Betriebssysteme, Active Directory, Microsoft Exchange Server, Microsoft SharePoint Server, Microsoft ISA Server, die Microsoft System Center-Technologien und IT-Sicherheit. Nach seinem Studium der Informatik hat er bislang eine Vielzahl an Herstellerzertifizierungen u.a. zum MCSA-S, MCSE-S, MCTS, MCITP und MCT erworben. Als von Mile2 zertifizierter Penetration Testing Specialist (CPTS) berät er Firmen, Behörden und Institutionen bei der Planung, dem Aufbau und der Optimierung von Schutzmaßnahmen gegen Hackerangriffe.

Die Icons in diesem Buch

Im vorliegenden Buch sind wichtige Hinweise und Einschübe durch einen grauen Kasten hinterlegt. Zusätzlich werden vier Icons verwendet, um bestimmte Informationen besonders hervorzuheben:

 Interessante Hintergrundinformationen, die Besonderheiten des gerade besprochenen Themas beinhalten.

 Warnung vor Bugs oder möglichen Schwierigkeiten

 Tipps und Tricks

Die Buch-CD

Diesem Buch ist eine CD-ROM beigefügt. Auf dieser finden Sie neben weiteren Vorlagen- und Beispielskriptdateien auch verschiedene vollwertig einsetzbare Freeware-Tools als Add-ons sowie auch Evaluierungsversionen von weiteren nützlichen Programmen für die Administration und die Verwaltung von Windows Server 2008 R2.

Darüber hinaus enthält die CD Links zu Internetseiten, die Ihnen den Zugang zu weiteren Informationen rund um Windows Server 2008 R2 liefern.

An Einsteiger in Windows Server 2008 R2 richten sich die Konfigurationsanleitungen, die sich in Form von Video-Lektionen auf der CD-ROM befinden.

Die Datei *default.htm* enthält eine Übersicht über den vollständigen Inhalt der CD-ROM.

1 Einführung in Windows Server 2008 R2

Seit der Einführung von Windows NT hat sich im Umfeld der Serverbetriebssysteme von Microsoft unwahrscheinlich viel getan. Nicht nur die Vielfalt der im Betriebssystem enthaltenen Rollen und Funktionen hat sich seit der damaligen Zeit verändert, sondern auch die Art und Vielfalt der Konfigurations- und Verwaltungsmöglichkeiten. Der Server dient in Unternehmensnetzwerken nicht mehr nur als Anmeldeserver. Die in Windows Server 2008 R2 enthaltenen und nutzbaren Rollen und Funktionen wurden selbst gegenüber dem Vorgängerbetriebssystem, Windows Server 2008, nochmals erweitert. Um sich jedoch näher mit Windows Server 2008 R2 befassen zu können, sollte man sich zuerst einmal einen Überblick über die verfügbaren Editionen des neuen Betriebssystems verschaffen.

1.1 Verfügbare Editionen

Der neue Windows Server 2008 R2 wird, wie bereits auch sein Vorgänger, in verschiedenen Editionen angeboten. Diese sind für verschiedene Einsatzgebiete konzipiert und unterstützen daher auch unterschiedliche Rollen und Funktionen. Erwähnen muss man hierbei jedoch unbedingt, dass das neue Serverbetriebssystem erstmalig nicht mehr als 32-Bit-Version sondern lediglich als reine 64-Bit-Version erhältlich ist.

Windows Server 2008 R2 nur noch als reine 64-Bit-Version erhältlich

Microsoft bietet Windows Server 2008 R2 in den folgenden Editionen an:

- **Windows Server 2008 R2 Foundation**

    stellt als Einstiegsserver für 1-Prozessor-Server eine ideale Plattform für die Bereitstellung der grundlegendsten Dienste in kleinen Unternehmen bis maximal 15 Benutzer dar. Diese Edition ist lediglich über ausgewählte OEM-Anbieter in Verbindung mit der passenden Hardware erhältlich und unterstützt bis zu 8 GByte Arbeitsspeicher (*RAM*). Diese Edition kann nicht als Server Core installiert werden. Ebenso unterstützt diese Edition seitens möglicher Active Directory-Domänen beispielsweise keine untergeordneten Domänen oder auch Vertrauensstellungen zwischen Active Directory-Domänen.

- **Windows Server 2008 R2 Standard**

    ist vor allem als Serversystem in kleinen und mittleren Unternehmen sowie abteilungs- oder arbeitsgruppenintern als Serversystem für die Bereitstellung grundlegender Serverrollen und -funktionen vorgesehen. Diese Edition unterstützt bis zu 4 Prozessoren und bis zu 32 GByte Arbeitsspeicher (*RAM*).

- **Windows Server 2008 R2 Enterprise**

    unterstützt alle Serverrollen und -funktionen der Standard Edition und zusätzlich u.a. auch das Failover-Clustering mit bis zu 16 Knoten sowie auch mehr Arbeitsspeicherkapazität. Diese Edition unterstützt bis zu 8 Prozessoren und bis zu 2 TByte Arbeitsspeicher (*RAM*).

- **Windows Server 2008 R2 Datacenter**

    stellt eine Unternehmensplattform für die Bereitstellung unternehmenskritischer Anwendungen, wie beispielsweise große Datenbanken, sowie eine ideale Virtualisierungsplattform für kleine und große Serversysteme bereit. Die Lizenz dieser Edition erlaubt uneingeschränkte Virtualisierungsrechte von Windows Server 2008 auf dem jeweiligen Serversystem. Auch unterstützt diese Edition neben sämtlichen Serverrollen und -funktionen auch das Failover-Clustering mit bis zu 16 Knoten, sowie bis zu 64 Prozessoren und bis zu 2 TByte Arbeitsspeicher (*RAM*).

- **Windows Web Server 2008 R2**

    dient als robuste Plattform für die Bereitstellung von Webanwendungen, Websites und Webdiensten in lokalen Netzwerken sowie im Internet. Windows Web Server Edition 2008 R2 ist in der Rollenvielfalt beschränkt. Diese Edition kann beispielsweise nicht als Domänencontroller eingesetzt werden und unterstützt des Weiteren kein Hyper-V. Der Einsatz dieser Edition als WSUS-Server ist jedoch möglich. Diese Edition unterstützt bis zu 4 Prozessoren und bis zu 32 GByte Arbeitsspeicher (*RAM*).

▶ **Windows HPC Server 2008 R2**

stellt sich als Plattform im Rahmen des High Performance Computing (*HPC*) für High-End-Anwendungen mit der Anforderung der Skalierbarkeit auf viele tausend Prozessorkerne dar.

▶ **Windows Server 2008 R2 for Itanium-Based Systems**

wurde speziell die Unterstützung von 64-Bit-Intel Itanium-Prozessoren konzipiert. Diese Edition dient in Unternehmen u.a. auch zum Ablösen von High-End-Risk/UNIX-Systemen.

1.2 Microsoft Hyper-V Server 2008 R2

Als weitere, jedoch kostenfrei erhältliche Edition kann man sich den Microsoft Hyper-V Server 2008 R2 bei Bedarf direkt von der Microsoft-Website aus dem Internet herunterladen. Diese Edition unterstützt lediglich Hyper-V als Serverrolle und ist auch lediglich für die Bereitstellung einer Virtualisierungsplattform konzipiert. Für den Einsatz dieser Edition benötigt man keine gesonderte Lizenz. Man muss jedoch beachten, dass alle auf diesem Server installierten und als virtuelle Computer genutzten Betriebssysteme und Anwendungen mitunter kostenpflichtig lizenziert werden müssen.

Kostenfreie Windows-Edition

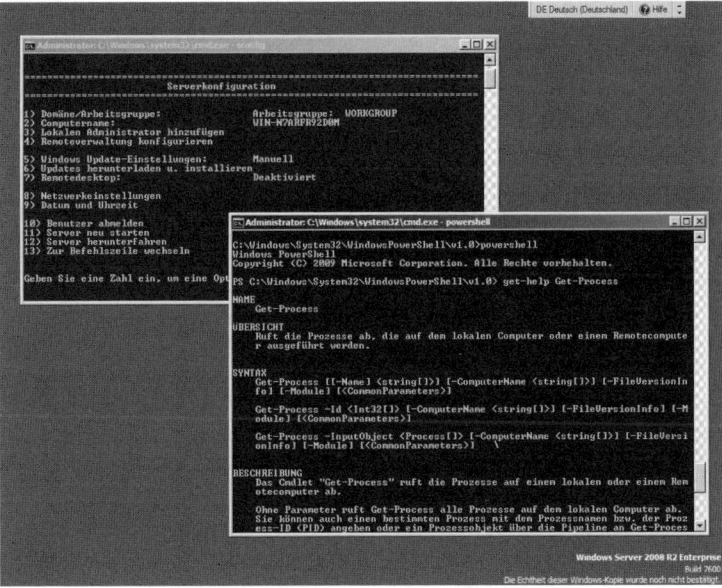

Abbildung 1.1
Hyper-V Server 2008 R2 mit Windows Power-Shell

Prinzipiell wie Server Core	Diese Edition stellt sich prinzipiell wie die Server Core-Installation von Windows Server 2008 R2 dar. Sie wird quasi ohne die grafische Benutzeroberfläche zur Verwaltung des Betriebssystems installiert. Für die Verwaltung von virtuellen Computern auf dem Hyper-V Server 2008 R2 benötigt man ein zweites, physikalisches Computersystem unter Windows Vista, Windows 7 oder Windows Server 2008 (R2), mit installiertem *Hyper-V-Manager*. Für die Verwaltung umfangreicher Virtualisierungsumgebungen mit Hyper-V kann man den gesondert erhältlichen und lizenzpflichtigen *Microsoft System Center Virtual Machine Manager (SCVMM) 2008 R2* einsetzen. Nähere Informationen zu diesem Produkt erhalten Sie im Internet auf der Website von Microsoft unter: *http://www.microsoft.com/germany/systemcenter/scvmm/default.mspx*
Endlich mit Unterstützung der Windows PowerShell	Neu in Microsoft Hyper-V Server 2008 R2 ist die Unterstützung von Microsoft .Net-Framework sowie der Windows PowerShell zur erweiterten, kommandozeilen- oder auch skriptbasierten Verwaltung des Serversystems.

Weitere Informationen sowie auch die Möglichkeit zum direkten Download von Microsoft Hyper-V Server 2008 R2 findet man im Internet unter: *http://www.microsoft.com/hyper-v*.

> Der Lizenzerwerb der Standard, Enterprise, Datacenter und Itanium-Edition von Windows Server 2008 R2 umfasst ebenso das Virtualisierungsrecht für eine jeweils bestimmte Anzahl an weiteren, virtuellen Serversystemen. Beispielsweise erlaubt der Erwerb der Standard Edition von Windows Server 2008 R2 den Einsatz eines weiteren virtuellen Servers unter Hyper-V. Bei der Enterprise Edition können bis zu vier weitere, virtuelle Server und bei Erwerb der Datacenter Edition sowie der Itanium Edition sogar jeweils eine unlimitierte Anzahl virtueller Computer installiert und betrieben werden. Weitere Informationen hierzu erhalten Sie im Internet unter:
>
> *http://www.microsoft.com/windowsserver2008/en/us/ r2-compare-specs.aspx*

1.3 Unterstützte Serverrollen und -funktionen

Die nachfolgende Tabelle zeigt einen Vergleich der von den einzelnen Editionen von Windows Server 2008 R2 jeweils unterstützten, grundlegendsten Serverrollen und -funktionen:

Unterstützte Rolle/Funktion	Foundation-Edition	Standard Edition	Enterprise Edition	Datacenter Edtion	Web Edition
BranchCache Content Server	•	•	•	•	•
BranchCache Hosted Server			•	•	
BitLocker-Laufwerksverschlüsselung	•	•	•	•	•
Failover Clustering			• (max. 16 Knoten)	• (max. 16 Knoten)	
Hyper-V		•	•	•	
IIS 7.5	•	•	•	•	•
Remote Desktop Services	•	•	•	•	
Server Core		•	•	•	•
Network Access Protection (NAP)	•	•	•	•	
DirectAccess		•	•	•	
Windows Deployment Services (WDS)	•	•	•	•	
Windows Network Load Balancing (WNLB)	•	•	•	•	•
Windows PowerShell	•	•	•	•	•
Windows System Resource Manager (WSRM)	•	•	•	•	•
WINS-Server	•	•	•	•	

Tabelle 1.1 Vergleich der Editionen seitens der jeweils unterstützten Serverrollen und -funktionen

Die oben dargestellte Tabelle enthält keine Informationen zur Itanium-basierten Edition von Windows Server 2008 R2. Die notwendigen Informationen hierzu entnehmen Sie bitte der Hersteller-Website im Internet unter: *http://www.microsoft.com/*

Neben den in der oberen Tabelle enthaltenen Serverrollen und -funktionen existieren noch andere Merkmale, unter denen sich die einzelnen Editionen von Windows Server 2008 R2 unterscheiden. Nähere Informationen hierzu erhalten Sie in den nächsten Kapiteln dieses Buches.

1.4 Neuerungen und Verbesserungen

Im Vergleich zu der Vorversion hat Microsoft in Windows Server 2008 R2 wiederum eine Vielzahl an Neuerungen und auch Verbesserungen eingebaut. Somit kann man Windows Server 2008 R2 sicher als das bislang beste Windows-Serverbetriebssystem bezeichnen. Um Server unter diesem neuen Betriebssystem verwalten zu können, muss man sich natürlich auch mit dem Einsatz der grundlegenden Serverrollen und -funktionen vertraut machen. Schauen Sie sich jedoch erst einmal eine Auswahl der Neuerungen an, die Microsoft gegenüber Windows Server 2008 in das neue Betriebssystem integriert hat.

1.4.1 Die Bedienoberfläche

Hilfreiche Veränderungen Gleich nach dem ersten Anmelden an einem Serversystem unter Windows Server 2008 R2 fällt auf, dass Microsoft die Oberfläche, insbesondere die Task-Leiste, gegenüber der vorherigen Windows-Version nochmals weiter angepasst hat. In der Schnellstartleiste findet sich nunmehr sofort ein Schalter für den Aufruf der Windows-PowerShell sowie auch des Windows-Explorers. Auch wurden die im Infobereich der Task-Leiste enthaltenen Symbole weiter angepasst. Der Schalter für die schnelle Anzeige des Windows-Desktop ist aus der Schnellstartleiste gleich neben die Infoleiste in die unteren rechten Ecke gerutscht, steht dort jedoch auch gleich für die Verwendung zur Verfügung. Microsoft hat in der Windows-Oberfläche sowie in den vorhandenen Verwaltungskonsolen noch weitere, für die Praxis sehr hilfreiche Neuerungen eingebaut.

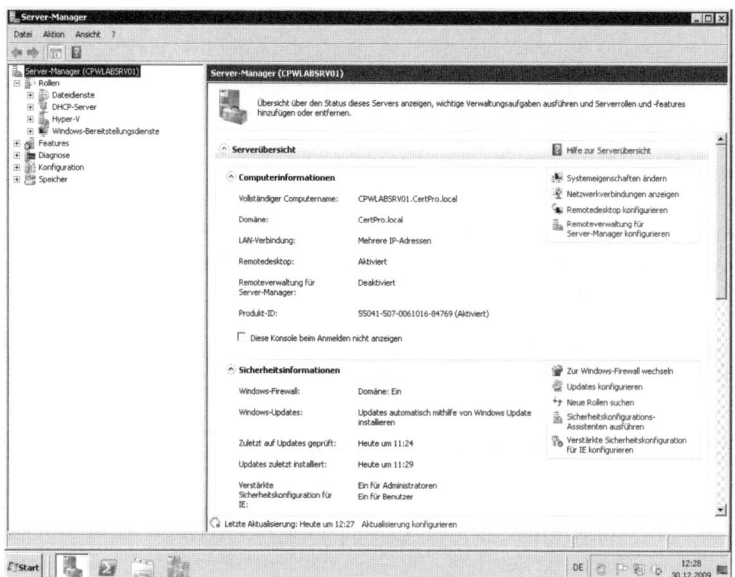

*Abbildung 1.2
Benutzeroberfläche
unter Windows
Server 2008 R2*

1.4.2 Verbesserungen in der Benutzerkontensteuerung

Granulare Anpassung nun möglich

Wenn man sich beispielsweise unter Windows 2000, Windows XP oder Windows Server 2003 als Administrator am betreffenden Computersystem angemeldet hatte, erhielt man automatisch sämtliche dem Benutzerkonto zugewiesenen Rechte und Berechtigungen. Als Administrator hatte man somit quasi Vollzugriff auf alle vorhandenen Systemkomponenten, Funktionen und Dienste. Auch konnte man mit dem Administrator-Benutzerkonto jegliche Arten von Software auf dem betreffenden Computersystem installieren. Für potentielle Angreifer war es somit möglich, mitunter sogar bösartige Programme im Hintergrund im Kontext des jeweils angemeldeten Benutzers (in diesem Beispiel in dem des Administratorkontos) zu installieren und auszuführen. In Windows Vista implementierte Microsoft erstmalig die Funktion, die ein solches Gefährdungspotential einschränken sollte, die *Benutzerkontensteuerung* (*User Account Control, UAC*). Wenn bei aktivierter Benutzerkontensteuerung nunmehr bestimmte Vorgänge auf einem Computersystem ausgeführt wurden, die erhöhte Zugriffsrechte erforderten, so zeigte Windows ein Dialogfenster an, welches man zur Ausführung des betreffenden Tasks manuell bestätigen musste. Die Möglichkeit, dass potentielle Angreifer irgendwelche Systemänderungen oder auch Manipulationen am System vornehmen konnten, wurde insoweit vom Potential her auf lediglich noch ein Minimum reduziert. Prinzipiell war die Benutzerkontensteuerung somit ein ideales Sicherheitsfeature. Da es in der Praxis unter Windows Vista jedoch zu häufig irgendwelche Abfragedialoge anzeigte, und den Arbeitsfluss der angemeldeten Benutzer damit teils einschränkte, wurde die Benutzerkontensteuerung in vielen Fällen über die Systemeinstellungen einfach abgeschaltet. Dieser Umstand bewegte Microsoft dazu, die Funktion der Benutzerkontensteuerung mehr an die Bedürfnisse der Benutzer anzupassen. Unter Windows 7 und gleichsam auch unter Windows Server 2008 R2 wurde die Funktion optimiert, so dass jetzt weniger oft nach der Bestätigung durch den Benutzer gefragt wird. Darüber hinaus ist es dem Benutzer nun möglich, die Benutzerkontensteuerung in der Systemsteuerung unter Windows 7 oder Windows Server 2008 R2 entsprechend den eigenen Bedürfnissen granular zu konfigurieren.

Auch in der Benutzeroberfläche von Windows Server 2008 R2 finden sich viele weitere Neuerungen und Verbesserungen.

1.4.3 Neuerungen im Server-Manager

Remoteverwaltung auch möglich – aber eingeschränkt

Der Windows Server-Manager wurde bereits unter Windows Server 2008 eingeführt, ermöglichte bislang aber lediglich die Verwaltung der auf dem jeweiligen Serversystem lokal vorhandenen Serverrollen, -rollendiensten und -funktionen. Unter Windows Server 2008 R2 wurde der *Server-Manager* um *Remoteverwaltungsfunktionen* erweitert, so dass es nunmehr möglich ist, aus der Konsole heraus auch andere, im Netzwerk vorhandene Serversysteme zu verwalten. Microsoft hat jedoch den Aspekt der Sicherheit in den Vordergrund gestellt, wodurch die Remoteverwaltbarkeit von Serversystemen mithilfe des Server-Managers unter Windows Server 2008 R2 letztlich nicht vollständig möglich ist. Einzelheiten dazu erhalten Sie weiter unten in diesem Kapitel.

Mithilfe des *Server-Managers* unter Windows Server 2008 R2 können die folgenden Aufgaben auf einem Remotecomputer ausgeführt werden:

- Anzeigen und Verwalten von Serverrollen (hierzu müssen die notwendigen Remoteserver-Verwaltungstools (*RSAT*) auf dem Quellcomputer installiert sein)
- Ausführen bestimmter Best Practice Analyzer-Überprüfungen für Serverrollen
- Verwalten von Diensten
- Anzeigen oder Ändern der Windows-Firewall-Konfiguration
- Anzeigen des Status von automatischen Windows-Updates
- Konfiguration der Windows-Fehlerberichterstattung
- Anzeigen von Einstellungen der verstärkten Sicherheitskonfiguration für Internet Explorer

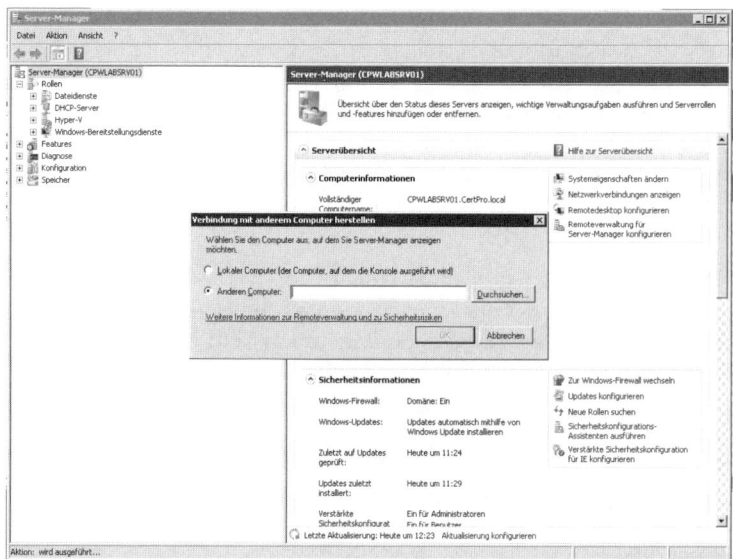

Abbildung 1.3
Remoteverwaltung mit dem Server-Manager

Aus Sicherheitsgründen ist es im Server-Manager des über das Netzwerk zu verwaltenden Serversystems unter Windows Server 2008 R2 notwendig, die Remoteverwaltung mit dem Server-Manager zu aktivieren. Dies erfolgt entweder im zu verwaltenden Serversystem direkt im Server-Manager, im Bedarfsfall auch über Gruppenrichtlinieneinstellungen oder mithilfe der Windows PowerShell. Weitere Informationen hierzu erhalten Sie in den nachfolgenden Kapiteln dieses Buches.

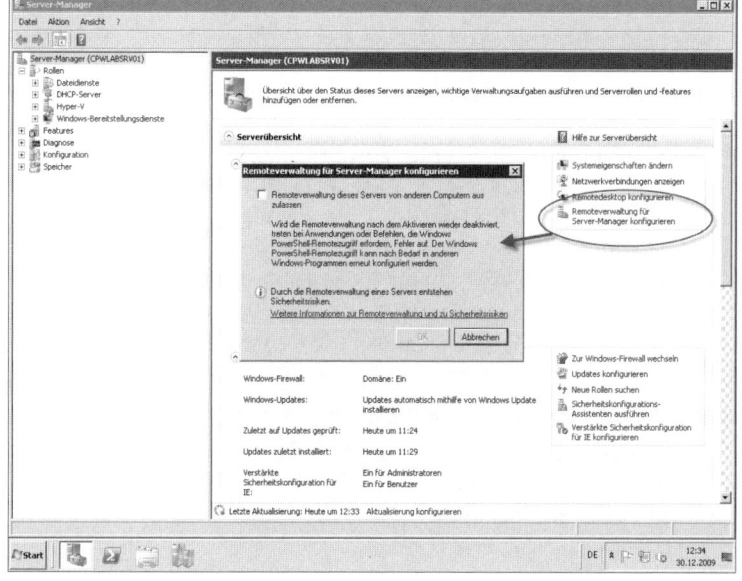

Abbildung 1.4
Aktivierung der Remoteverwaltung im Server-Manager

Remoteverwaltung weiterhin mithilfe von Remotedesktop

Mithilfe der Remoteverwaltung mit dem Server-Manager ist es beispielsweise nicht möglich, Serverrollen, Rollendienste oder -funktionen auf dem Remotesystem hinzuzufügen oder zu entfernen. Es lassen sich beispielsweise die Remotedesktop- oder auch die Systemeinstellungen von einem Remotesystem aus nicht verändern. Aufgrund dieser Einschränkungen werden viele Serveradministratoren auf die bislang bewährte Methode, die direkte Verbindung mithilfe von Remotedesktop, zurückgreifen.

Ebenso neu wurde der Server-Manager um den *Best Practice Analyzer (BPA)* ergänzt. Dieser stellt ein neues Verwaltungstool dar, mit welchem man die auf einem Serversystem unter Windows Server 2008 R2 installierten Serverrollen und Rollendienste scannen und auf mögliche Abweichungen von bestimmten, vordefinierten Regeln überprüfen kann. Als Ergebnis erhält man die festgestellten Abweichungen in Berichtsform. Der Best Practice Analyzer (BPA) lässt sich entweder im Server-Manager grafisch oder mithilfe von speziellen Cmdlets in der Windows PowerShell unter Windows Server 2008 R2 anwenden.

Besonders erwähnenswert ist noch, dass sich Serverrollen, Rollendienste und -funktionen unter Windows Server 2008 R2 alternativ auch problemlos mithilfe spezieller Cmdlets der darin enthaltenen Windows PowerShell hinzufügen, abfragen oder entfernen lassen. Weitere Informationen hierzu erhalten Sie in den späteren Kapiteln dieses Buches.

1.4.4 Windows Server-Migrationstools

Migration von Serverrollen und -funktionen leicht gemacht

Diese neue Funktion von Windows Server 2008 R2 kann zum Hinzufügen neuer, sowie auch zur Migration von bereits auf anderen Servern vorhandener Serverrollen und -funktionen verwendet werden. Als Quelle für die Migration von Serverrollen und -funktionen können hierbei Serversysteme unter Windows Server 2003, Windows Server 2003 R2, Windows Server 2008, Windows Server 2008 R2 oder Windows Server 2008 R2 Server Core dienen. Die Migration kann dabei als Ziel auf Serversysteme unter Windows Server 2008 R2 oder auf Windows Server 2008 R2 Server Core durchgeführt werden. Bei Letzterem müssen die zu migrierenden Serverrollen oder -funktionen unterstützt werden, damit diese auf das betreffende System migriert werden können.

Auch in der Netzwerkumgebung, in der die verschiedenen Serverrollen und -funktionen in der Regel zum Einsatz kommen, fand Microsoft einige, wichtige Verbesserungsmöglichkeiten und hat diese in das neue Serverbetriebssystem unter Windows Server 2008 R2 eingebaut.

1.4.5 VPN-Verbindungswiederherstellung

Dieses neue Feature sorgt dafür, dass eine bestehende VPN-Verbindung (*Virtual Private Network*) eines Benutzers nach einer möglichen Unterbrechung – beispielsweise in einem Drahtlosnetzwerk (*Wireless Local Area Network, WLAN*) – automatisch wieder hergestellt wird, sobald die Internetverbindung wieder verfügbar ist. Das ganze passiert, ohne dass der betreffende Benutzer seine Anmeldeinformationen noch einmal eingeben muss. Insbesondere in Drahtlosnetzwerken (*Wireless Local Area Network, WLAN*) stellt diese im Umfeld des Roaming-Verhaltens von Benutzern eine große Bereicherung dar.

Verbesserung auch nutzbar in WLANs

Zur Kommunikation mit dem Unternehmensnetzwerk muss von Windows 7 aus jedoch nicht zwangsläufig eine VPN-Verbindung aufgebaut werden. Mit Windows Server 2008 R2 stellt Microsoft eine weitere, interessante Neuerung im Umfeld der Netzwerkkommunikation bereit.

1.4.6 DirectAccess

Diese neue Funktion unter Windows Server 2008 R2 ermöglicht Remotebenutzern einen sicheren Zugriff auf (unternehmens-)interne Netzwerkfreigaben, Websites und Anwendungen völlig ohne die Verwendung von virtuellen privaten Netzwerkverbindungen (*Virtual Private Network, VPN*). Der Zugriff für den Benutzer über das Internet auf die Unternehmensressourcen zeigt sich hierbei vergleichbar mit dem Zugriff direkt aus dem lokalen Netzwerk des betreffenden Unternehmens. Diese Zugriffsart lässt sich mithilfe von Windows Server 2008 R2 aktuell ausschließlich für Windows 7-Computer bereitstellen, die als Domänenmitglied der internen Active Directory-Infrastruktur konfiguriert sind. Bei dieser neuen Technologie ist es möglich, dass Administratoren noch vor der Anmeldung durch den Benutzer aufgrund der für DirectAccess genutzten, bidirektionalen Verbindung die betreffenden Computersysteme beispielsweise mit notwendigen Software-Updates versorgen können. Damit ist eine komplette Administration der über DirectAccess verbundenen Systeme möglich, so als ob sich diese im lokalen Netzwerk befänden.

Mögliche Alternative zu VPN-Verbindungen – und sogar bidirektional

Neben DirectAccess existieren noch weitere Neuerungen, die Microsoft im Rahmen der Netzwerkumgebung in Windows Server 2008 R2 eingebaut hat.

1.4.7 BranchCache

Diese neue Funktion von Windows Server 2008 R2 kann verwendet werden, um Dateien und HTTP-Datenverkehr in Zweigniederlassungen zwischenzuspeichern. Hierdurch wird den im betreffenden Standort vorhandenen Clientcomputern der möglichst lokale Zugriff auf eigentliche Remoteressourcen geboten, um gleichermaßen die Auslas-

Clientseitige Unterstützung erst ab Windows 7

tung von WAN-Verbindungen zu reduzieren. Hierzu unterstützt das Feature BranchCache zwei verschiedene Modi:

- Modus für *gehostete Caches* – hierbei kommt im betreffenden Standort ein Serversystem unter Windows Server 2008 R2 mit aktiviertem BranchCache zur Zwischenspeicherung von Daten für die dort ebenso vorhandenen Clientcomputer unter Windows 7 zum Einsatz.
- Modus für *verteilte Caches* – ermöglicht den für die Verwendung von BranchCache konfigurierten Clientcomputern unter Windows 7, sich die nach serverseitiger Abfrage im jeweils lokalen Cache gespeicherten Daten im gleichen Standort gegenseitig bereitzustellen.

Die BranchCache-Funktionalität steht clientseitig aktuell erst unter Windows 7 zur Verfügung.

Im Kapitel 10 dieses Buches wird Ihnen BranchCache als neue Funktion unter Windows Server 2008 R2 mitsamt den für den Einsatz in Unternehmensnetzwerken notwendigen Konfigurationsschritten detailliert erklärt.

1.4.8 Firewall & Firewallprofile

Insbesondere im Umfeld der Netzwerkkommunikation finden sich die sicher größten Gefahrenpotentiale für die Unternehmensdaten. Deshalb hat Microsoft in Windows Server 2008 R2 noch weitere Neuerungen eingebaut. Die lokal im Serverbetriebssystem bereits enthaltene Windows-Firewall unterstützt nunmehr sogar mehrere aktive Firewallprofile, welche auf unterschiedliche, vorhandene Netzwerkkarten gezielt angewendet werden können. Unter Windows Server 2008 hingegen konnte man lediglich ein einziges aktives Firewallprofil auf alle vorhandenen Netzwerkkarten anwenden. Diese Verbesserung ermöglicht insbesondere bei „Edge"-Serversystemen einen besonderen Konfigurationsspielraum.

1.4.9 Remotedesktopdienste (RDS)

Bislang standen diese Dienste als Terminaldienste unter Verwendung des *Remote Desktop-Protokolls* (*RDP*) unter den bisherigen Windows-Serverbetriebssystemen zur Verfügung. Microsoft hat der aktuellen Entwicklung nunmehr Rechnung getragen und diese in Unternehmen zwischenzeitlich weit verbreiteten Dienste unter dem Begriff der *Remotedesktopdienste* (*Remote Desktop Services, RDS*) in Windows Server 2008 R2 als Serverrolle eingebunden. Darüber hinaus besteht jetzt die Möglichkeit, die mithilfe des Features *RemoteApp* der Remotedesktopdienste bereitgestellten Anwendungen auf Ebene von Benutzern zu filtern. Bislang war es unter Windows Server 2008 lediglich möglich, Anwendungen mittels RemoteApp pauschal bereitzustellen.

Neue Bezeichnungen der Rollendienste

Insgesamt muss man sich im Umfeld der Remotedesktopdienste unter Windows Server 2008 R2 zumindest begrifflich fast völlig neu orientieren. Die folgende Tabelle enthält eine Übersicht über die alten und neuen Bezeichnungen der einzelnen Rollendienste:

Vorherige Bezeichnung unter Windows Server 2008	Neue Bezeichnung unter Windows Server 2008 R2
Terminaldienste (Terminal Services, TS)	Remotedesktopdienste (Remote Desktop Services, RDS)
Terminalserver	Remotedesktop-Sitzungshost
Terminal Services Gateway (TS-Gateway)	Remotedesktopgateway (RD-Gateway)
Terminal Services Licensing (TS-Licensing)	Remotedesktoplizenzierung (RD-Lizenzierung)
Terminal Services Session Broker (TS-Session Broker)	Remotedesktop-Verbindungsbroker (RD-Verbindungsbroker)
Terminal Services Web Access (TS-Web Access)	Web Access für Remotedesktop

Tabelle 1.2
Alte und neue Bezeichnungen der RDS-Rollendienste unter Windows Server 2008 R2

Neue Bezeichnung der Verwaltungskonsolen

Entsprechend der Umbenennung der einzelnen Rollendienste wurden auch die für die Verwaltung genutzten Konsolen umbenannt:

Vorherige Bezeichnung unter Windows Server 2008	Neue Bezeichnung unter Windows Server 2008 R2
Terminal Services Manager	Remotedesktopdienste-Manager
Terminal Services Configuration	Konfiguration des Remotedesktop-Sitzungshosts
TS-Gateway Manager	Remotedesktopgateway-Manager
TS-Licensing Manager	Remotedesktoplizenzierungs-Manager
TS-RemoteApp Manager	RemoteApp-Manager

Tabelle 1.3
Alte und neue Bezeichnungen der RDS-Verwaltungskonsolen unter Windows Server 2008 R2

Aber es existieren noch weitere Neuerungen in den unter Windows Server 2008 R2 vorhandenen Diensten, beispielsweise auch in den bereits Jahrzehnte lang praxisbewährten DNS-Namensauflösungsdiensten.

1.4.10 Neuerungen in DNS

Digitale Signatur von DNS-Namenszonen als weiterer Schutz vor möglichen Manipulationen

Die Namensauflösung in den bereits mit Windows 2000 eingeführten Active Directory-Domänen erfolgt primär auf Ebene der DNS-Dienste (*Domain Name System Services*). Bedingt durch die Abhängigkeiten der Active Directory-Infrastrukturen von funktionalen Namensauflösungsdiensten fühlte sich Microsoft dazu bewegt, noch weitere Sicherheitsfunktionen in die Namensauflösungsumgebung zu implementieren. Dies ist mit Windows Server 2008 R2 auch erreicht worden. Auf den DNS-Servern unter dem neuen Serverbetriebssystem können im Rahmen der DNS-Sicherheit mittels DNSSEC (DNS-Erweiterungen im Rahmen der DNS-Sicherheit) die gespeicherten Namenszonen nunmehr sogar digital signiert werden. Diese digitale Signatur wird dabei auf alle in der betreffenden Namenszone gespeicherten Einträge angewendet und während der Namensauflösungsvorgänge an den abfragenden Resolver geliefert. Hierdurch können potentielle Manipulationen von DNS-Einträgen durch Dritte (beispielsweise mittels *DNS-Spoofing*) erkannt werden.

1.4.11 Freihand- und Handschriftdienste

Diese in Windows Server 2008 R2 erstmalig enthaltenen Dienste unterstützen die Handschrifterkennung gleich in mehreren Sprachen. Hierzu unterstützen die Dienste insbesondere auch die Verwendung von Eingabestiften, beispielsweise auf Tablet-PCs. Inwieweit diese Dienste auf einem Serversystem unter Windows Server 2008 R2 Verwendung finden, bleibt abzuwarten.

Auch im Umfeld der bereits mit Windows 2000 erstmalig eingeführten sowie unter Windows Server 2008 umfangreich optimierten Active Directory-Domänendienste (*Active Directory Domain Services, AD DS*) konnte Microsoft nochmals mit neuen Funktionen nachlegen.

1.4.12 Active Directory-Papierkorb

Wiederherstellung ohne den Verlust von Attributwerten

Bislang standen Administratoren nach dem versehentlichen Löschen von Active Directory-Objekten – insbesondere Benutzer- oder Computerkonten – standardmäßig nur mäßige Mittel und Methoden zur Wiederherstellung der gelöschten Objekte zur Verfügung. Man war entweder gezwungen, sich bestimmter, teils kostenpflichtiger Wiederherstellungstools von Drittanbietern zu bedienen oder aber eine vom Umstand her eher unbequeme, autorisierende Wiederherstellung der gelöschten Objekte mithilfe des Kommandozeilenbefehls `ntdsutil.exe` in Verbindung mit einer Datensicherung der Active Directory-Datenbank einzuleiten. Unter Windows Server 2008 R2 steht mit dem Active Directory-Papierkorb nunmehr endlich eine Funktion zur Verfügung, mit der versehentlich gelöschte Active Directory-Objekte und im Bedarfsfall sogar Active Directory-Lightweight Directory Services (*AD LDS*)-Objekte im Nu – und völlig ohne den Verlust von dem Objekt ursprünglich zugewiesenen Attributen – wieder hergestellt werden können. Dies wird völlig ohne den Einsatz von Datensicherungen und auch ohne den Neustart von Domänencontrollern ermöglicht. Einziger Haken: der Active Directory-Papierkorb kann erst aktiviert werden, wenn vorweg die Active Directory-Gesamtstruktur auf Windows Server 2008 R2 hoch gestuft wurde, was gleichermaßen wiederum erfordert, dass sich in der betreffenden Active Directory-Gesamtstruktur nur noch Domänencontroller befinden, die mindestens unter Windows Server 2008 R2 oder höher ausgeführt werden. Dieses Feature ist aber nicht das einzige, welches Microsoft dem neuen Serversystem beigefügt hat.

1.4.13 Active Directory-Verwaltungscenter

Auch im Umfeld der Verwaltungswerkzeuge von Windows Server 2008 R2 finden sich einige Neuerungen, aber auch völlig neue Tools und Konsolen. Insbesondere für die Verwaltung der Active Directory-Domänendienste (*Active Directory Domain Services, AD DS*) hat Microsoft das Active Directory-Verwaltungscenter (`dsac.exe`) geschaffen. Dieses stellt im Vergleich zur MMC-Konsole *Active Directory-Benutzer und -Computer* eine im Umfang abgespeckte Managementkonsole dar, welche sich daher in erster Linie wohl eher an delegierte Administratoren und Support-Mitarbeiter im Umfeld der Active Directory-Domänendienste richtet. Detailliert betrachtet, setzt die neue Verwaltungskonsole quasi als eine grafische Verwaltungsshell direkt auf die Windows PowerShell in der Version 2 auf. Alle auszuführenden Aufgaben werden im Hintergrund durch die entsprechenden Windows PowerShell-Cmdlets erledigt. Das Active Directory-Verwaltungscenter kann ausschließlich unter Windows Server 2008 R2 oder unter Windows 7 installiert werden.

Werkzeug für die Delegierung von Verwaltungsaufgaben

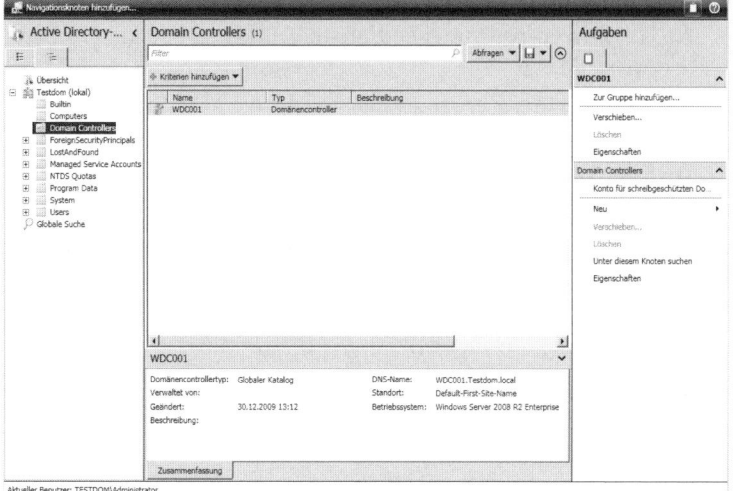

Abbildung 1.5
Oberfläche des neuen Active Directory-Verwaltungscenters

1.4.14 Active Directory-Webdienste

Dem Active Directory-Verwaltungscenter liegt eine weitere Neuerung unter Windows Server 2008 R2 zugrunde, die Active Directory-Webdienste (*Active Directory Web Services, AD WS*). Dieser neue Windows-Dienst stellt eine Webdienstschnittstelle für die auf demselben Serversystem ausgeführten Active Directory-Domänendienste oder auch AD LDS-Instanzen (*Active Directory Lightweight Directory Services*) dar. Hierzu werden die Active Directory-Webdienste beim Hinzufügen der AD DS- oder AD LDS-Serverrollen auf einem Serversystem unter Windows Server 2008 R2 automatisch installiert.

1.4.15 Active Directory-Best Practice Analyzer

Auswertung von Daten mithilfe von PowerShell-Scripts

Eine weitere Neuerung im Umfeld von Active Directory findet man unter Windows Server 2008 R2 mit dem *Active Directory-Best Practice Analyzer* (*AD BPA*). Wie sich aus dem Name bereits ableiten lässt, dient dieses Tool dazu, Daten zur vorhandenen Implementierungen der Active Directory-Domänendienste (*Active Directory Domain Services, AD DS*) mithilfe von vordefinierten Windows PowerShell-Skripts in Form von bestimmten Abfragen zu sammeln, auszuwerten und anschließend entsprechende Konfigurationsempfehlungen anhand eines Berichts bereitzustellen. Starten lässt sich der Active Directory-Best Practice Analyzer entweder grafisch im Server-Manager unter Windows Server 2008 R2 oder aber auf Kommandozeilenebene direkt in der Windows PowerShell. Letzteres ermöglicht dann sogar die lokale Ausführung des AD-BPA auf einem Domänencontroller unter Windows Server 2008 R2 Server Core.

Mit dem Active Directory-Best Practice Analyzer unter Windows Server 2008 R2 ist es aktuell möglich, die folgenden Rollen im Umfeld einer Active Directory-Domänendienste-Umgebung zu überprüfen:

- **Active Directory-Domänendienste** (Active Directory Domain Services, AD DS)
- **Active Directory-Zertifikatdienste** (Active Directory Certificate Services, AD CS)
- **DNS-Server** (Domain Name System)

Seitens Microsoft ist es geplant, den Active Directory-Best Practice Analyzer (*AD-BPA*) zukünftig über die Windows-Update-Funktion von Windows Server 2008 R2 zu verbessern und zu erweitern.

Neuerungen und Verbesserungen

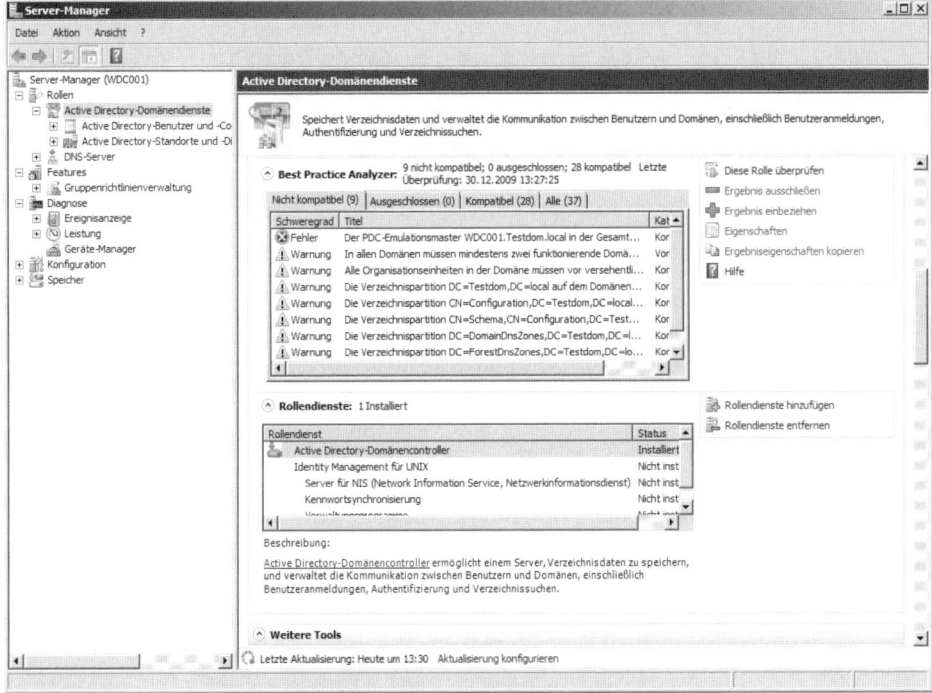

Abbildung 1.6: Der Active Directory-Best Practice Analyzer (AD BPA)

Nicht nur in den einzelnen Dienstfunktionen des Active Directory haben die Neuerungen Einzug gehalten. Auch in den bereits mit Windows Server 2008 sehr stark erweiterten Gruppenrichtlinienobjekten hat Microsoft noch Potential für Erweiterungen gefunden – und in Windows Server 2008 R2 eingebaut.

1.4.16 Neuerungen in Gruppenrichtlinien

Die ebenso mit Windows 2000 bereits eingeführten Gruppenrichtlinienobjekte im Umfeld der Active Directory-Domänendienste (*Active Directory Domain Services, AD DS*) stellen ein ideales Werkzeug für die Verwaltung der Benutzerumgebung dar. Microsoft hat in diesem Bezug auf die Bedürfnisse der weltweit tätigen Administratoren gehört und entsprechende Erweiterungen in das Umfeld der Gruppenrichtlinienverwaltung implementiert. Nicht nur, dass nunmehr auch Richtlinien für die Verwaltung von Internet Explorer 8 eingebaut wurden. Ebenso neu ergänzt wurden auch entsprechende, verbesserte Einstellungselemente für Energiesparpläne und geplante Tasks unter Windows Vista, Windows 7 und Windows Server 2008 R2. Die in Windows Server 2008 erstmalig eingeführten *Starter-Gruppenrichtlinienobjekte* wurden ebenso nochmals verbessert.

1.4.17 Offline-Domänenbeitritt

Hilfe für die Bereitstellung neuer Rechner

Eine weitere, zeitschonende Neuerung, die mitunter viele der Administratoren in Datencentern erfreuen wird, besteht in der Möglichkeit des Offline-Domänenbeitritts. Hierbei können Computersysteme einer Active Directory-Domäne beitreten, ohne dass dabei Kontakt zu einem im Netzwerk befindlichen Domänencontroller aufgenommen werden muss. Wenn das betreffende Computersystem zu einem späteren Zeitpunkt dann erstmalig physikalischen Kontakt zu der betreffenden Active Directory-Domäne aufnimmt, wird hierbei kein weiterer Neustart des Systems mehr notwendig. In sehr großen Bereitstellungsumgebungen kann durch diesen Umstand einiges an Zeit während des Bereitstellungsprozesses eingespart werden. Der Offline-Domänenbeitritt lässt sich für Windows 7 und Windows Server 2008 R2 beispielsweise mithilfe des *Windows System Image Manager* (*WSIM*) aus dem *Windows Automated Installation Kit* (*WAIK*) auch problemlos bereits in den Ablauf der unbeaufsichtigten Installation einbinden. Für diese beiden Betriebssysteme ist in der Datei für die unbeaufsichtigte Installation (*Unattend.xml*) bereits ein entsprechender, neuer Abschnitt vorgesehen.

Wie man sehen kann, hat Microsoft viele Neuerungen im Umfeld der in Unternehmensnetzwerken häufig zugrunde liegenden Active Directory-Domänendienste (*Active Directory Domain Services, AD DS*) geschaffen. Es existieren aber auch noch weitere Neuerungen, die sich beispielsweise auf die Verwaltungsmöglichkeiten der Serverrollen, Rollendienste und -funktionen beziehen. Hervorheben muss man in diesem Zusammenhang die Neuerungen im Umfeld der in Windows Server 2008 erstmalig im Umfang des Betriebssystems enthaltenen Windows PowerShell.

1.4.18 Neue PowerShell-Befehle (Cmdlets)

Verwaltung von Active Directory-Objekten endlich möglich

Im Umfang von Windows Server 2008 R2 ist nunmehr die Version 2 der Windows PowerShell enthalten. Diese eröffnet endlich die Möglichkeiten der Verwaltung von Remotesystemen mithilfe der Windows PowerShell. Sie enthält unter anderem auch eine Menge an neuen PowerShell-Befehlen, die sogenannten Commandlets (*Cmdlets*). Auch wurde in die neue Windows PowerShell eigens das Active Directory-Modul für Windows PowerShell eingebaut. Dieses bietet Befehlszeilenskripts für bestimmte Verwaltungs-, Konfigurations- und Diagnoseaufgaben im Umfeld von Active Directory, Exchange Server, Gruppenrichtlinien und noch anderen Diensten.

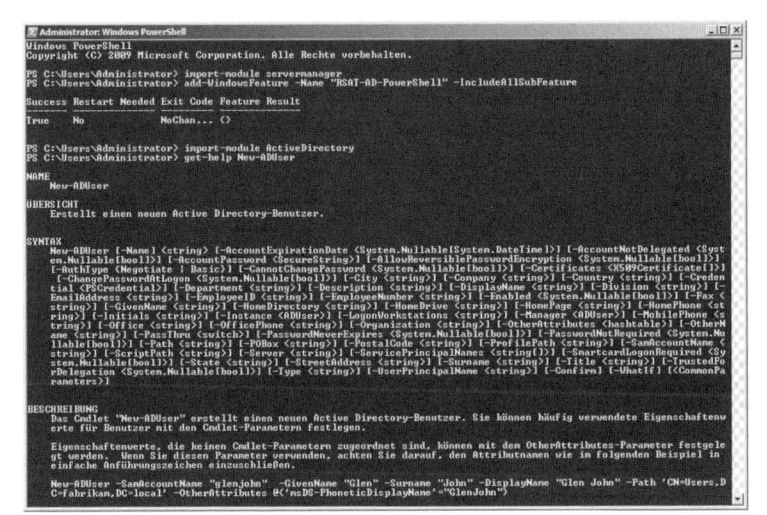

Abbildung 1.7
Windows PowerShell unter Windows Server 2008 R2

Mit den neuen Windows PowerShell-Cmdlets für die Verwaltung von Active Directory-Objekten lassen sich endlich auch beispielsweise Computer- oder Benutzerobjekte direkt in der Shell-Umgebung erstellen, verwalten oder bei Bedarf auch löschen. Darüber hinaus enthält Windows Server 2008 R2 die neue *Windows PowerShell Integrated Scripting Environment (ISE)* als grafischer Skripteditor für das Erstellen und Bearbeiten von Windows PowerShell-Skriptdateien. Näheres hierzu erfahren Sie im Kapitel 13 dieses Buches.

Grafischer Skripteditor

1.4.19 Neuerungen in Hyper-V

Mit der Einführung in Windows Server 2008 veröffentlichte Microsoft erstmalig die Virtualisierungslösung Hyper-V. Diese konnte als optionale Serverrolle zum Betriebssystem hinzugefügt werden, stand zu Beginn jedoch lediglich als Beta-Version zur Verfügung. Erst durch den Download und der Installation eines späteren, gesonderten Updates konnte Hyper-V dann auch unter Windows Server 2008 als vollwertige Produkterweiterung eingesetzt werden. Seit dem ist doch einiges an Zeit vergangen, und Hyper-V ist nunmehr fester Bestandteil von Windows Server 2008 R2 geworden. Microsoft hat die Zeit seit der ersten Veröffentlichung genutzt und weiter an Hyper-V gearbeitet. Unter dem neuen Betriebssystem finden sich somit einige, wichtige Verbesserungen, die den Einsatz der Virtualisierungslösung von Microsoft mit den bereits seit Jahren im Virtualisierungsmarkt profilierten Lösungen sogar locker mithalten lässt.

Verschieben von virtuellen Maschinen zwischen Clusterknoten mittels Live-Migration

Kapitel 1 Einführung in Windows Server 2008 R2

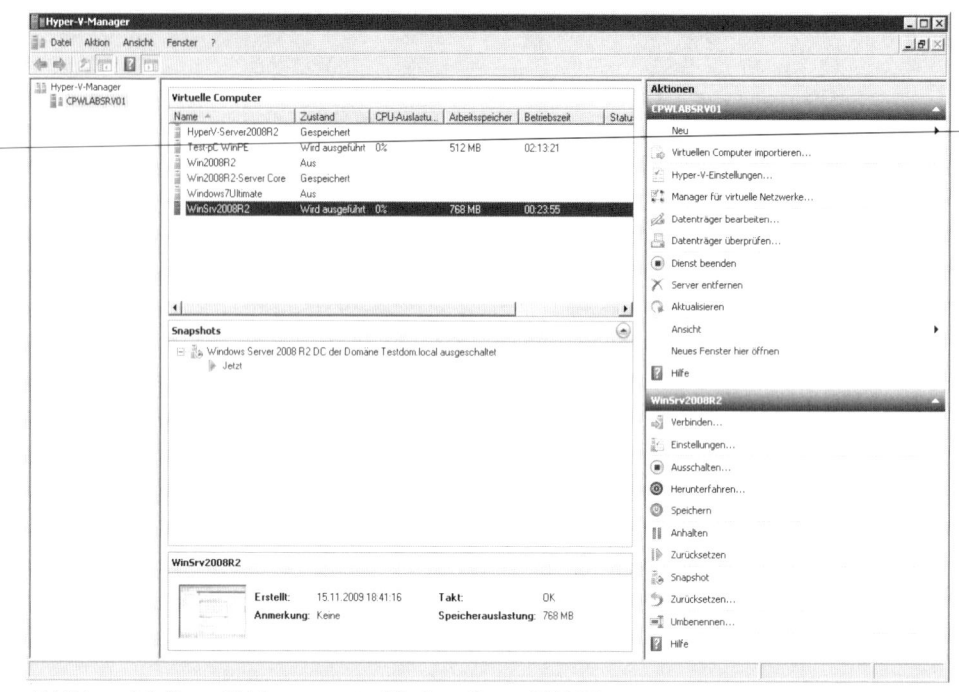

Abbildung 1.8: Hyper-V-Manager unter Windows Server 2008 R2

Als sicherlich wichtigste Neuerung im Umfeld des Hyper-V muss man die in der aktuellen Version nutzbare *Live-Migration* bezeichnen. Diese ermöglicht das transparente Verschieben von aktiv ausgeführten virtuellen Computern von einem Knoten eines Failoverclusters unter Windows Server 2008 R2 zu einem anderen Knoten im selben Cluster, ohne dass dabei Ausfallzeiten entstehen oder auch bereits genutzte Netzwerkverbindungen zu den virtuellen Computern verloren gehen. Diese neue Funktion von Hyper-V unter Windows Server 2008 R2 ermöglicht eine größere Flexibilität, bessere Konsolidierungsmöglichkeiten, höhere Produktivität und in größeren Virtualisierungsumgebungen mitunter sogar eine Kostenreduzierung. Weitere Verbesserungen findet man unter Hyper-V in der Netzwerkunterstützung sowie auch in der optimierten Prozessorunterstützung von bis zu 32 physikalischen Prozessorkernen.

Aufgrund der vielen Änderungen wird Hyper-V unter Windows Server 2008 R2 sicher noch häufiger als Virtualisierungslösung den Weg in die weltweiten Unternehmensnetzwerke finden. Um Hyper-V noch dedizierter einzusetzen, kann man diese Serverrolle sogar unter einem Serversystem unter Windows Server 2008 R2 als Server Core einsetzen. Diese Installationsvariante, welche mit Windows Server 2008 erstmalig eingeführt wurde, hat ebenso einige wichtige Neuerungen erfahren.

1.4.20 Verbesserungen in Server Core

Windows quasi ohne Grafik – ja, das war zum ersten Mal bereits unter Windows Server 2008 möglich, in Form der Server Core-Installation. Dabei wurde das betreffende Serversystem in eingeschränktem Umfang auf der jeweiligen Serverhardware installiert. Durch das Entfernen der Grafikumgebung des Servers konnte somit die Angriffsfläche gegenüber potentiellen Hackern sowie auch der Wartungsaufwand des Serversystems insgesamt verringert werden. Einen Haken hatte die Server Core-Installation unter Windows Server 2008 jedoch: es fehlte die Unterstützung der Windows PowerShell aufgrund der ebenso fehlenden Microsoft .NET-Unterstützung. Aber genau hierauf baut die Windows PowerShell auf. Seitens der Unternehmensadministratoren wurde dieser Umstand sicher als größtes Manko angeführt, wonach Microsoft in der neuen Betriebssystemversion nunmehr auf die gewünschte Unterstützung reagieren musste. Die Server Core-Installation von Windows Server 2008 R2 unterstützt unter anderem jetzt auch das Microsoft .NET-Framework, die Windows PowerShell sowie auch die Active Directory-Zertifikatdienste (engl. *Active Directory Certificate Services, AD CS*) als zusätzliche Serverrolle.

Server Core – jetzt mit .NET Framework und Windows PowerShell

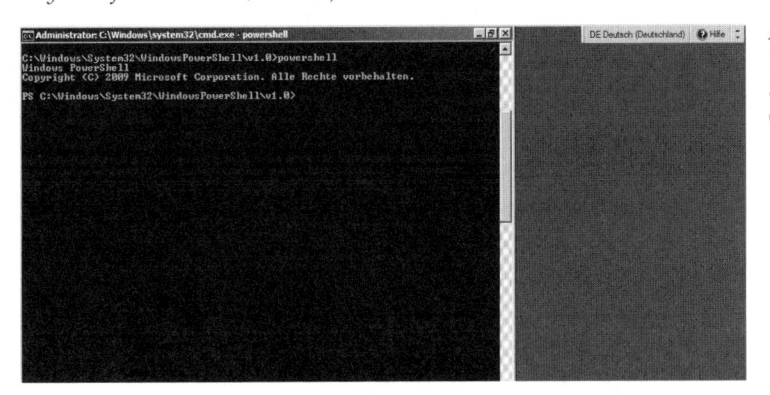

Abbildung 1.9 Windows Power-Shell unter Server Core

Auch hat Microsoft die Verwaltbarkeit von Serversystemen unter Windows Server 2008 R2 als Server Core verbessert. Wie bereits unter dem Microsoft Hyper-V Server 2008 lässt sich ein Serversystem unter Windows Server 2008 R2 als Server Core mithilfe eines dazu bereitgestellten Scripts *„quasi menügesteuert"* verwalten. Hierbei kommt der Befehl `sconfig` zum Einsatz, welcher die grundlegenden Konfigurationsschritte um ein Vielfaches vereinfacht.

Abbildung 1.10
Vereinfachte Konfiguration von Server Core mit sconfig

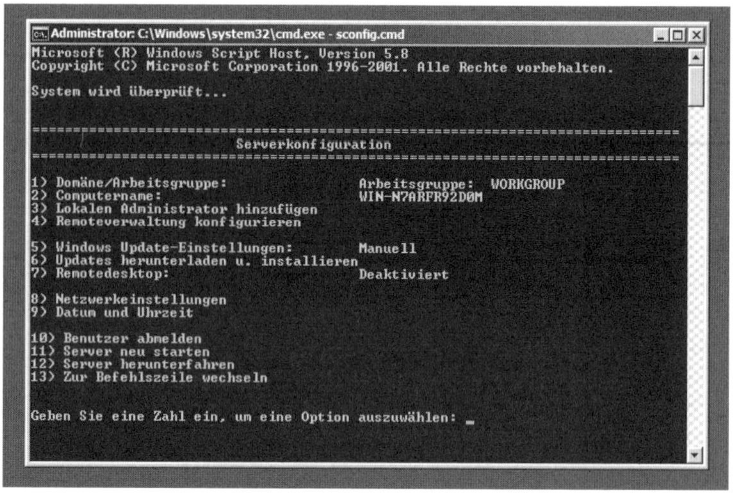

Der Befehl `sconfig` leitet sich dabei ab aus der Datei `sconfig.cmd`, die sich ihrerseits wiederum der Inhalte der Datei `sconfig.vbs` bedient.

Neben den Änderungen in der Server Core-Installation hat Microsoft auch noch weitere, praktische Verbesserungen wie beispielsweise im Umgang mit Anwendungen in das neue Windows Server 2008 R2 eingebaut.

1.4.21 Windows-AppLocker

Optimal granulare Steuerungsmöglichkeit

Was bislang bereits als *Richtlinien für Softwareeinschränkung* zur Steuerung und als Reglementierungsmöglichkeit der Verwendung von Anwendungen und Skripts in Windows implementiert war, wird unter Windows 7 und Windows Server 2008 R2 durch *Windows-AppLocker* ersetzt. Windows-AppLocker kann dabei für die Ausführungssteuerung sowie auch für die reine, protokollierte Überwachung der Ausführung von Anwendungen und Skripts eingesetzt werden. Zentral ist die Steuerung von Windows-AppLocker mithilfe von Gruppenrichtlinien in Computernetzwerken möglich.

Mitunter möchte man Anwendungen oder das Betriebssystem selbst gar nicht im Zugriff steuern, sondern vielmehr einfach nur die Aktualität anhand von Service Packs und Patches sicherstellen. Hierzu hat Microsoft ebenso eine Neuerung in Windows Server 2008 R2 eingebaut.

1.4.22 Windows Server Update Services (WSUS)

Als Serverrolle im Umfang von Windows Server 2008 R2 enthalten

Anhand dieses Dienstes kann man die zu installierenden Microsoft-Updates in Unternehmensnetzwerken zentral verwalten und auf vorhandene Client- und Serversysteme gezielt verteilen. Bislang waren die *Windows Server Update Services* (*WSUS*) als eigenständiger, kostenfreier Download auf der Microsoft-Website erhältlich. In Windows Server 2008 R2 wurden die Dienste erstmalig als optional installierbare Funktion bereits implementiert.

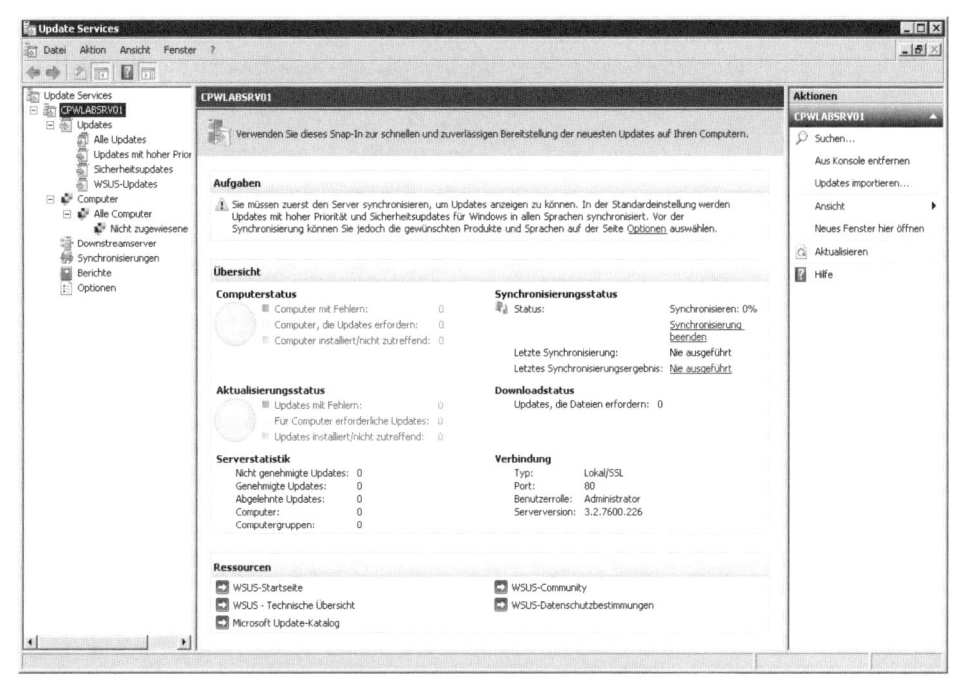

Abbildung 1.11: WSUS-Verwaltungskonsole unter Windows Server 2008 R2

WSUS dient in vielen Unternehmen weltweit bereits als vollständige Patch- und Service Pack-Verteillösung – nicht nur für die Windows Client- und Serverbetriebssysteme, sondern auch für bestimmte Benutzeranwendungen und BackOffice-Produkte, beispielsweise Microsoft Exchange Server oder Microsoft SQL Server.

Die Verteilung der Service Packs und Patches kann mithilfe von Gruppenrichtlinien im Unternehmensnetzwerk durch die verantwortlichen Administratoren gezielt gesteuert werden. Somit lassen sich viele Angriffspunkte in den Computernetzwerken verringern und damit auch die Angriffsfläche gegenüber potentiellen Hackern verkleinern.

Die Patch- und Service Pack-Verteilung mit WSUS stellt jedoch kein „Allheilmittel" dar. Auch völlig ohne einen Hackerangriff kann man beispielsweise ohne eine zuverlässige und regelmäßige Datensicherung durch den einfachen Ausfall eines Datenträgers einen herben Datenverlust erleiden.

Wenn man keine der im Softwaremarkt erhältlichen Backup-Lösungen erwerben möchte, so kann man zumindest mit der bereits im Umfang von Windows Server 2008 R2 enthaltenen Sicherungssoftware einem möglichen Datenverlust vorbeugen.

1.4.23 Verbesserungen in der Windows Server-Sicherung

Sicherung einzelner Dateien und Ordner möglich

Als Schwachpunkt wurde von vielen Administratoren die erstmalig in Windows Vista eingeführte und unter Windows Server 2008 enthaltene Windows Server-Sicherung bezeichnet. Diese ermöglichte lediglich die Sicherung ganzer Volumes oder des gesamten Serversystems. Eine schnelle Sicherung lediglich bestimmter Dateien oder Ordner war mit dieser Sicherungslösung unter Windows Server 2008 nicht möglich.

Unter Windows Server 2008 R2 ist die Windows Server-Sicherung sicher „*erwachsener*" geworden. Microsoft hat dieses Feature im neuesten Serverbetriebssystem um die Möglichkeit der Sicherung einzelner Dateien und Ordner erweitert – unter Windows Server 2008 suchte man diese Option vergeblich. Man ist demnach nicht zwangsläufig mehr gezwungen, sich die Lösung eines Drittanbieters zu beschaffen, um individuelle Datensicherungen zu realisieren. Man darf das in Windows bereits enthalte Feature jedoch nicht überbewerten. Als vollständige Sicherungslösung für größere Unternehmen ist die Windows Server-Sicherung nicht konzipiert, wonach man sich bei Bedarf – wie bislang auch bereits – die passende Lösung beschaffen wird.

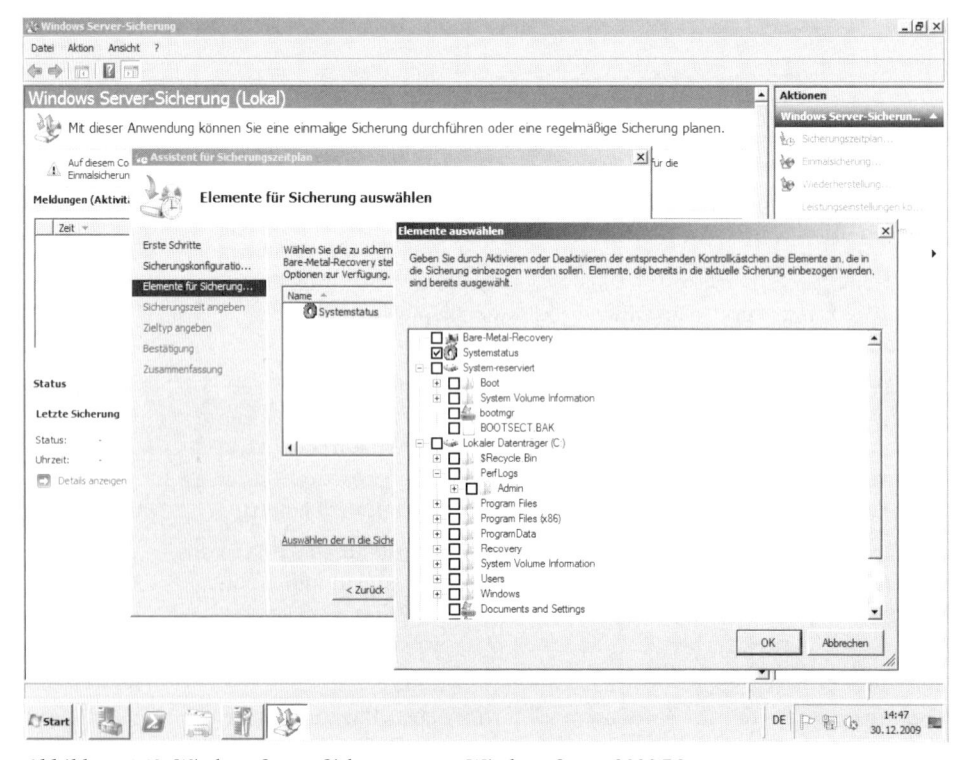

Abbildung 1.12: Windows Server-Sicherung unter Windows Server 2008 R2

1.4.24 Weitere Verbesserungen und Neuerungen

Insgesamt gesehen erkennt man an der Vielfalt und Vielzahl der Neuerungen und Verbesserungen, dass Microsoft sehr viel Mühe in die Entwicklung des neuen Serverbetriebssystems investiert hat. Einige der in Windows Server 2008 erstmalig eingeführten Features wurden in Windows Server 2008 R2 verbessert, andere hingegen teils völlig neu konzipiert und realisiert.

Es existiert noch eine Vielfalt weiterer Neuerungen und Verbesserungen in Windows Server 2008 R2 im Vergleich zu den vorangegangenen Serverbetriebssystemversionen. Auf diese wird in den nachfolgenden Seiten dieses Buches teils noch eingegangen. Um sich mit den Serverrollen, Rollendiensten und Funktionen von Windows Server 2008 R2 vertraut zu machen, muss man dieses neue Betriebssystem im praktischen Einsatz erfahren. Im nächsten Kapitel finden Sie alle notwendigen Informationen, die Sie benötigen, um Windows Server 2008 R2 erfolgreich auf einem Serversystem zu installieren und in den grundlegenden Eigenschaften zu konfigurieren.

Viele weitere Neuerungen

2 Installation von Windows Server 2008 R2

Die Installation von Windows Server 2008 R2 lässt sich prinzipiell ebenso einfach durchführen wie bereits auch unter Windows Server 2008 oder Windows Vista. Selbst den Servernamen, sowie auch mögliche Netzwerkeinstellungen konfiguriert man erst nach der erfolgreichen Installation des Betriebssystems im Rahmen der so genannten Erstkonfiguration. Microsoft liefert Windows Server 2008 R2 standardmäßig auf DVD-ROM aus.

Installation in wenigen Schritten

Bevor man mit der Installation von Windows Server 2008 R2 beginnt, sollte man die notwendigen Systemvoraussetzungen für das Betriebssystem beachten. Hierbei sollte man sich vorweg ebenso bereits Gedanken über die auf dem betreffenden Serversystem bereitzustellenden Serverrollen, Rollendienste und -funktionen machen. Entsprechend der daraus ableitbaren Notwendigkeiten sollte man das Serversystem dann hardwareseitig auch planen und bereitstellen. Beispielsweise benötigt ein Dateiserver in der Regel mehr Festplattenspeicherplatz als ein Domänencontroller. Wenn man die jeweiligen Einsatzzwecke des Servers vorweg bereits bestimmt, kann man die Hardware entsprechend darauf auslegen. Es gelten jedoch bestimmte Mindestvoraussetzungen für die Installation von Windows Server 2008 R2. Diese werden nachfolgend detailliert aufgezeigt.

Kapitel 2 Installation von Windows Server 2008 R2

2.1 Systemanforderungen

Für die Installation von Windows Server 2008 R2 gelten hardwareseitig die folgenden Minimalanforderungen:

- **1,4 GHz-Prozessor** (x64-Prozessor) oder besser
- **512 MByte Arbeitsspeicher** (RAM),unterstützt wird maximal:
  - Foundation Edition: 8 GByte RAM
  - Standard und Web Server Edition: 32 GByte RAM
  - Enterprise, Datacenter und Itanium-basierte Systeme: 2 TByte RAM
- **32 GByte Festplattenspeicher** (Foundation: mind. 10 GByte),auf Computern mit mehr als 16 GByte RAM wird zusätzlicher Speicherplatz (bspw. für die Auslagerungsdatei) benötigt
- Bildschirm mit einer **Auflösung von mindestens 800x600 Bildpunkten**
- **DVD-Laufwerk**

Keine 32-Bit-Unterstützung mehr
Bedenken Sie bei der Planung der einzusetzenden Serverhardware, dass Windows Server 2008 R2 lediglich noch als reines 64-Bit-Betriebssystem erhältlich ist. x86-Plattformen können für die Installation nicht verwendet werden, so dass auch ein Upgrade von einer vorherigen x86-Installation beispielsweise unter Windows Server 2008 auf Windows Server 2008 R2 nicht möglich ist.

Besondere Anforderungen für Hyper-V
Ein praxiserfahrener Administrator wird aus den oben dargestellten Systemanforderungen leicht ableiten können, dass es sich dabei lediglich um empfohlene Mindestvoraussetzungen für die Installation von Windows Server 2008 R2 handelt. In der Praxis sollte man sich wenigstens eines aktuellen Prozessortyps (gerne Dualcore-Prozessor oder besser) mit x64-Unterstützung bedienen, sowie auch seitens des Arbeitsspeichers wenigstens 2 GByte oder mehr für den Betrieb von Windows Server 2008 R2 in das betreffende Serversystem einbauen. Bei der Planung eines Serversystems für den Einsatz von Hyper-V als Serverrolle sollte man beachten, dass hier noch weitere Anforderungen an die dabei eingesetzte Hardware bestehen. So muss der im System eingesetzte Prozessor die Intel-VT- oder AMD-V-Technologie unterstützen, sowie das Intel XD-Bit (*Execute Disable Bit*) bzw. AMD NX-Bit (*No Execute Bit*) im BIOS vorhanden und aktiviert sein. Erst dann lassen sich die Virtualisierungsdienste von Hyper-V überhaupt ausführen.

2.2 Überprüfung der Kompatibilität vor der Installation

Problemfälle vermeiden
Nicht in allen Fällen installiert man Windows Server 2008 R2 alleine auf einem Serversystem. Insbesondere bei der Planung der Bereitstel-

lung der Remotedesktopdienste (engl. *Remote Desktop Services, RDS*), vorweg Terminaldienste (engl. *Terminal Services, TS*), werden in der Regel auch unternehmensbezogene Anwendungen auf dem Serversystem installiert und mithilfe des Remotedesktop-Protokolls (engl. *Remote Desktop Protocol, RDP*) für eine Vielzahl an Benutzern im Netzwerk zur Nutzung bereitgestellt. Um „böse Überraschungen" während oder nach der Installation solcher Anwendungen auf einem Serversystem unter Windows Server 2008 R2 zu vermeiden, sollte man die mögliche Kompatibilität bereits vorab anhand bestimmter Tools und Methoden überprüfen. Microsoft bietet hierzu kostenfrei nutzbare Tools direkt zum Download im Internet an.

2.2.1 Microsoft Assessment and Planning Toolkit

Vor dem Start der Installationsroutine von Windows Server 2008 R2 sollte man ein vorhandenes Serversystem zuerst auf mögliche Kompatibilitätsprobleme testen. Hierfür stellt Microsoft das *Microsoft Assessment and Planning Toolkit (MAP)* zum kostenfreien Download im Internet bereit. Mit diesem Toolkit kann ein vorhandenes Serversystem noch vor Beginn der Installation inventarisiert und anschließend ein Migrationsreport für Windows Server 2008 generiert werden.

> Weitere Informationen zum Microsoft Assessment and Planning Toolkit (*MAP*) finden Sie im Internet unter:
>
> *http://technet.microsoft.com/library/bb977556.aspx*

2.2.2 Microsoft Application Compatibility Toolkit

Wenn es vorgesehen ist, auf dem Serversystem unter Windows Server 2008 R2 auch bestimmte Anwendungen bereitzustellen, so sollte man diese auch noch vor der Installation des Betriebssystems auf mögliche Kompatibilitätsprobleme hin überprüfen. Auch zu diesem Zweck bietet Microsoft ein entsprechendes, ebenso kostenfreies Toolkit zum Download an: das *Anwendungskompatibilitäts-Toolkit* (engl. *Application Compatibility Toolkit, ACT*). Mit den darin enthaltenen Tools lassen sich Anwendungen, insbesondere auch x86-kompatible Anwendungen, noch vor der Installation auf mögliche Probleme mit Windows Server 2008 R2 testen.

> Nähere Informationen zum Anwendungskompatibilitäts-Toolkit (ACT) sowie Infos zum Download finden Sie im Internet unter:
>
> *http://technet.microsoft.com/en-us/library/cc722055(ws.10).aspx*

2.3 Schritte zur Vorbereitung der Installation

Nach der Entscheidung über die gewünschte Version von Windows Server 2008 R2 müssen vor der eigentlichen Installation des Betriebssystems noch einige wichtige Schritte unternommen werden.

Führen Sie noch vor der Installation von Windows Server 2008 R2 die folgenden Schritte aus:

- **Trennen von USV-Geräten** Sollte das Serversystem, auf dem Windows Server 2008 R2 installiert werden soll, mit Geräten für die unterbrechungsfreie Stromversorgung (*USV-Geräte*) verbunden sein, so trennen Sie das serielle Kabel dieser Geräte unbedingt vor Beginn der Installation. Der Setup-Prozess versucht u.a., die seriellen Schnittstellen an dem betreffenden Serversystem zu ermitteln. Ein angeschlossenes USV-Gerät kann hierbei zu Problemen führen, da es mitunter nicht oder nicht richtig erkannt wird.

- **Sichern vorhandener Server** Sichern Sie vor der Installation von Windows Server 2008 R2 unbedingt noch alle erforderlichen Daten und Konfigurationsinformationen, insbesondere auch Informationen zu vorhandenen Infrastrukturservern (beispielsweise zu DNS-, WINS- oder DHCP-Servern). Diese Daten können im Bedarfsfall bei einer möglichen späteren Wiederherstellung (beispielsweise nach einer fehlgeschlagenen Installation oder einem Serverausfall) verwendet werden, um die ursprüngliche Konfiguration bzw. das ursprüngliche Serversystem wieder herbeizuführen.

- **Bereitlegen notwendiger Treiber** Legen Sie die für die Installation notwendigen und vom jeweiligen Hardware-Hersteller bereitgestellten, digital signierten 64-Bit-Treiber (beispielsweise für die Installation eines speziellen SCSI-Controllers) vor der Installation auf Diskette, CD oder einem USB-Flashlaufwerk (*Universal Serial Bus*) bereit. Beachten Sie hierbei, dass x86-kompatible oder auch nicht signierte Treiber unter Windows Server 2008 R2 standardmäßig nicht installiert werden können.

- **Deaktivieren von AntiVirus-Programmen vor der Aktualisierung** Wenn statt der Neuinstallation ein bereits vorhandenes Betriebssystem auf Windows Server 2008 R2 aktualisiert werden soll, so könnte ein mitunter auf dem System bereits vorhandenes AntiVirus-Programm den Installationsprozess mitunter falsch interpretieren und somit zum Fehlschlag der Installation führen. Deaktivieren Sie deshalb möglicherweise vorhandene AntiVirus-Programme noch vor dem Beginn der Installation des Betriebssystems. Anschließend sollten Sie die betreffenden Programme jedoch unbedingt wieder aktivieren, um den Schutz vor potentiellen Schädlingen nicht zu gefährden.

▶ **Ausführen der Windows-Speicherdiagnose** Nach dem Einlegen der Installations-DVD für Windows Server 2008 R2 kann während des Installationsverlaufs das darauf befindliche Windows-Speicherdiagnosetool ausgeführt werden. Dieses Tool überprüft den im betreffenden Serversystem vorhandenen Arbeitsspeicher auf mögliche Probleme, die sonst vielleicht erst während oder gar nach der Installation des Betriebssystems auftreten würden. Weitere Informationen zur Windows-Speicherdiagnose finden Sie im Internet unter: *http://oca.microsoft.com/de/windiag.asp*.

Wenn die Schritte zur Vorbereitung erfolgreich abgeschlossen sind, kann mit der eigentlichen Installation von Windows Server 2008 R2 begonnen werden.

2.4 Installationsmethoden

Für Installation von Windows Server 2008 R2 bieten sich verschiedene Methoden an:

▶ manuelle Installation von der Installations-DVD
▶ unbeaufsichtigte Installation

2.4.1 Manuelle Installation

Die manuelle Installation lässt sich problemlos von der Installations-DVD von Windows Server 2008 R2 starten. Führen Sie die folgenden Schritte durch, um eine manuelle Installation von Windows Server 2008 R2 auf einem physikalischen Computer durchzuführen:

1. Starten Sie das Computersystem von der Installations-DVD.

> Lesen Sie im Bedarfsfall in der Dokumentation des Hardware-Herstellers, wie Sie das DVD-Laufwerk im BIOS des betreffenden Computersystems als Boot-Laufwerk konfigurieren, um dieses von der DVD-ROM starten zu können. Achten Sie darauf, dass Windows Server 2008 R2 lediglich noch Computersysteme mit x64-Prozessoren unterstützt.

Der Installationsprozess von Windows Server 2008 R2 wird automatisch von der Installations-DVD gestartet.

Kapitel 2 **Installation von Windows Server 2008 R2**

Abbildung 2.1
Installation von DVD startet automatisch

2. Wählen Sie im Bildschirm *Windows installieren* bei Bedarf die gewünschte Installationssprache, die Sprache für Uhrzeit und Währungsformat sowie die Tastatur- oder Eingabemethode aus und klicken Sie dann auf *Weiter*.

Abbildung 2.2
Auswahl von Installationssprache und Tastaturlayout

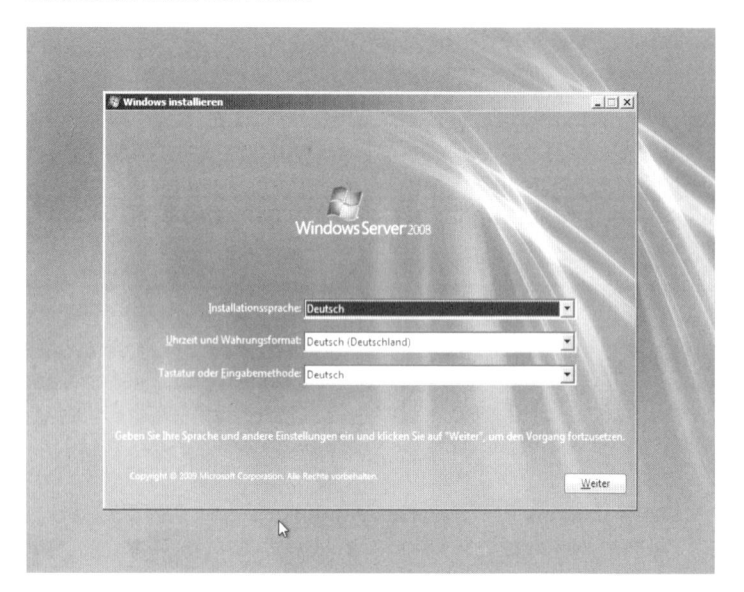

3. Klicken Sie im folgenden Dialog auf *Jetzt installieren*.

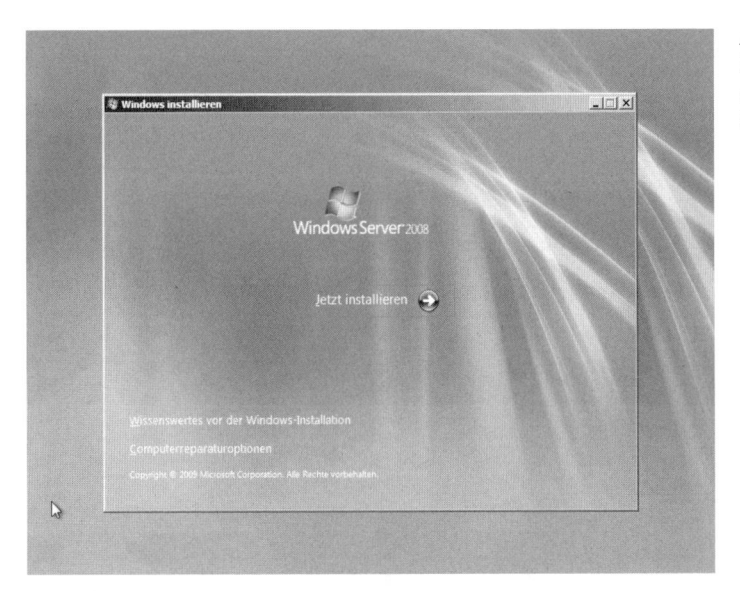

Abbildung 2.3
Installationsdialog von Windows Server 2008 R2

4. Wählen Sie anschließend die zu installierende Betriebssystemedition aus und klicken Sie dann auf *Weiter*.

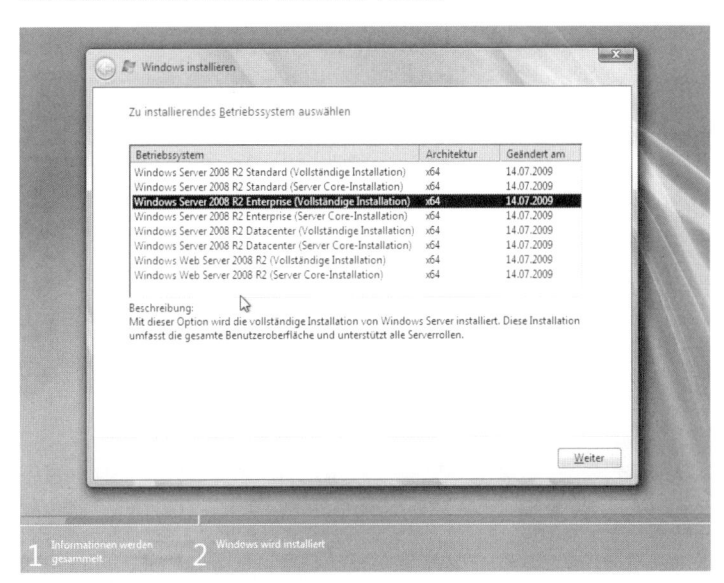

Abbildung 2.4
Auswahl des zu installierenden Betriebssystems

Beachten Sie, dass es nicht möglich ist, nach der erfolgten Installation von Windows Server 2008 R2 ohne Neuinstallation zwischen einer „Vollständigen Installation" und der „Server Core-Installation" zu wechseln.

Kapitel 2 **Installation von Windows Server 2008 R2**

5. Bestätigen Sie im folgenden Dialogfenster die Lizenzbedingungen und klicken Sie dann auf *Weiter*.

Abbildung 2.5
Lizenzbedingungen von Windows Server 2008 R2

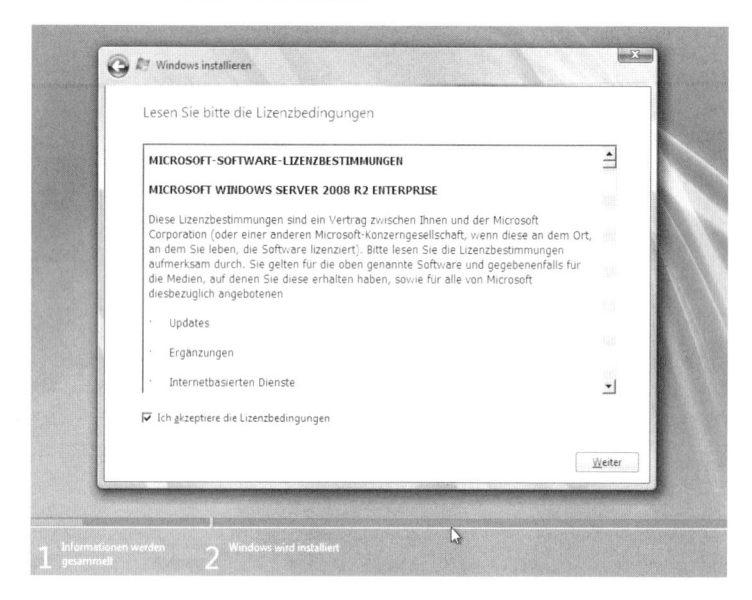

6. Da es sich bei dieser Installation um eine Neuinstallation handelt, klicken Sie im folgenden Dialog auf *Benutzerdefiniert (erweitert)*.

Abbildung 2.6
Auswahl der benutzerdefinierten Installation

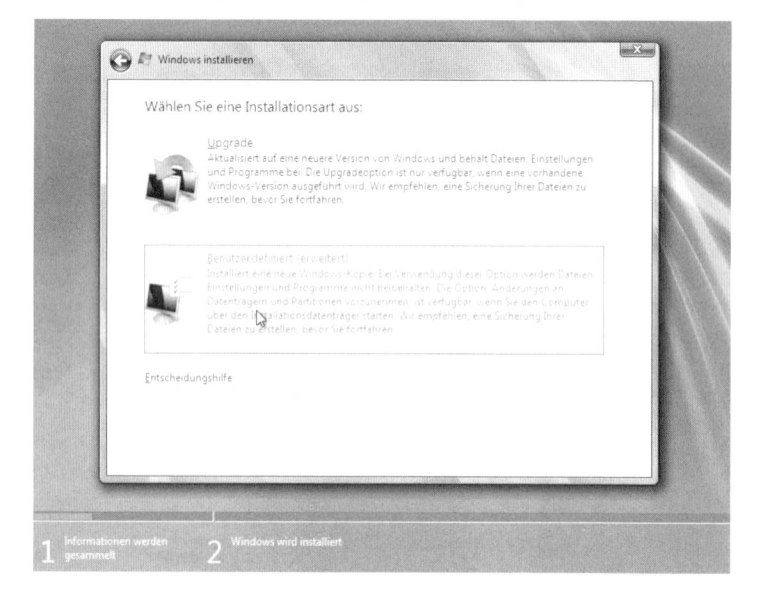

Installationsmethoden

> Die Installationsoption „Upgrade" ist für die Aktualisierung von bereits installierten Betriebssystemen im Vorgang eines „Inplace-Upgrades" vorgesehen.

7. Im folgenden Dialogfenster wählen Sie für die Installation zu verwendende Festplattenpartition aus. Um Windows Server 2008 R2 in die angezeigte Partition zu installieren, klicken Sie einfach auf *Weiter*.

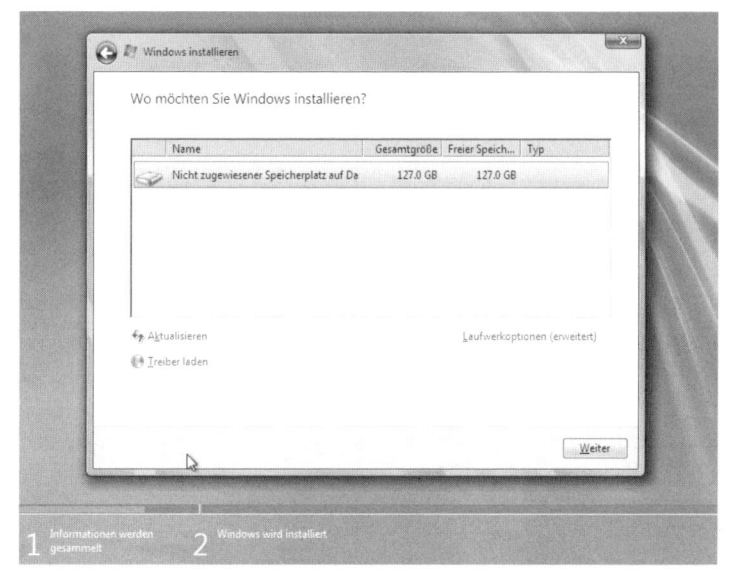

Abbildung 2.7
Auswahl der Zielpartition für die Betriebssysteminstallation

Im Bedarfsfall können Sie über die Auswahl *Laufwerksoptionen (erweitert)* vorweg noch Partitionen anlegen. Sollten in diesem Dialogfenster keinerlei Festplattenpartitionen angezeigt werden, so können Sie im Bedarfsfall über die Option *Treiber laden* einen womöglich für den im Serversystem vorhandenen Controller notwendigen Treiber von einer CD/DVD-ROM, einer Diskette oder einem USB-Laufwerk laden.

8. Der Installationsprozess installiert Windows Server 2008 R2 nunmehr völlig selbständig auf dem betreffenden Computersystem. Am Ende wird ein automatischer Neustart des Computersystems durchgeführt.

Abbildung 2.8
Fortschrittsverlauf der Installation

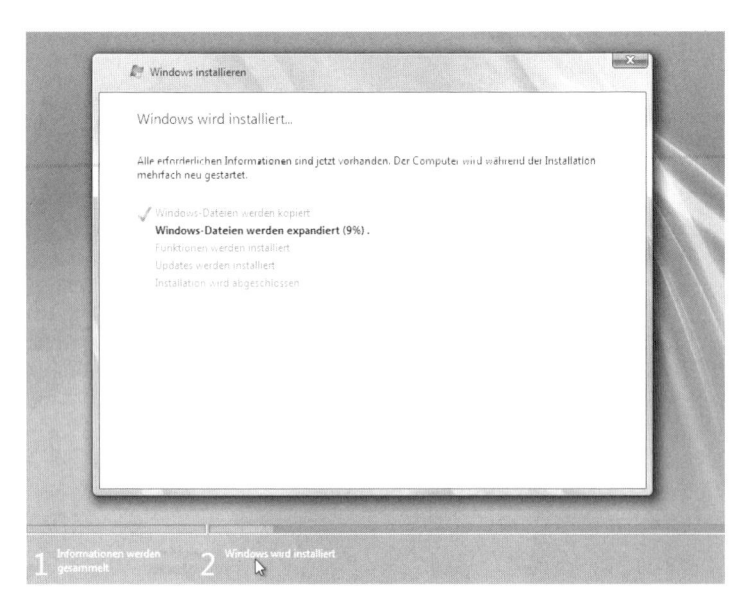

Nach dem erfolgten Neustart des neu installierten Computersystems unter Windows Server 2008 R2 können Sie sich als lokaler Administrator anmelden.

9. Bei der ersten Anmeldung müssen Sie das Kennwort des lokalen Administratorkontos von Windows Server 2008 R2 festlegen.

Abbildung 2.9
Hinweis auf die notwendige Konfiguration eines Kennworts

Nach erfolgreicher Anmeldung am neu installierten Computersystem unter Windows Server 2008 R2 kann nun die „Erstkonfiguration" des Servers erfolgen.

Wie Sie vielleicht bemerkt haben, wurden – wie bereits auch unter Windows Server 2008 – eigentlich notwendige Informationen wie der Servername, die Netzwerkkonfiguration sowie beispielsweise auch die Entscheidung zum Beitritt zu einer womöglich vorhandenen Arbeitsgruppe oder Active Directory-Domäne im Verlauf der Installation von Windows Server 2008 R2 nicht abgefragt. Diese Informationen werden im Rahmen der *Aufgaben der Erstkonfiguration* angegeben.

2.4.2 Unbeaufsichtigte Installation

Alternativ zur manuellen Installation kann man Windows Server 2008 R2 auch unbeaufsichtigt installieren. Der hiermit verbundene Mehraufwand rechnet sich, wenn man Windows Server 2008 R2 als Betriebssystem für eine Vielzahl von Serversystemen installieren muss. Zur Vorbereitung einer solchen Installation bietet Microsoft den *Windows Automated Installation Kit* (*WAIK*) als kostenfreien Download im Internet an. Im Umfang dieses Installations-Kits ist der *Windows System Image-Manager* (*WSIM*) enthalten, mit dem man eine Datei für die unbeaufsichtigte Installation (`Unattend.xml`) im XML-Format erstellen kann. In dieser Datei können alle einzelnen Konfigurationsschritte, beispielsweise die Netzwerkkonfiguration, enthalten sein, so dass das betreffende Serversystem bereits auch während der automatisierten Installation sogleich auch automatisch anhand der in der Datei für die unbeaufsichtigte Installation (`Unattend.xml`) enthaltenen Vorgaben konfiguriert werden kann.

Unattend-Datei im XML-Format

Der Microsoft Windows Automated Installation Kit (*WAIK*) enthält auch das Tool `imageX.exe`, welches mitunter dazu verwendet werden kann, um beispielsweise Images von bereits installierten Computersystemen zu erstellen. Diese Images können anschließend für den vollständigen Betriebssystem-Rollout in Unternehmensnetzwerken genutzt werden.

Nähere Informationen für die Durchführung einer unbeaufsichtigten Installation finden Sie in der Microsoft-Webseite.

2.5 Erstkonfiguration nach der Installation

Nach der erfolgreichen Installation von Windows Server 2008 R2 auf einem neuen Serversystem müssen verschiedene Aufgaben im Rahmen der Erstkonfiguration durchgeführt werden. Die dazu notwendigen Schritte werden im Dialog *Aufgaben der Erstkonfiguration* (engl. *Initial Configuration Tasks, ICT*) angezeigt.

Abbildung 2.10
Dialog „Aufgaben der Erstkonfiguration" unter Windows Server 2008 R2

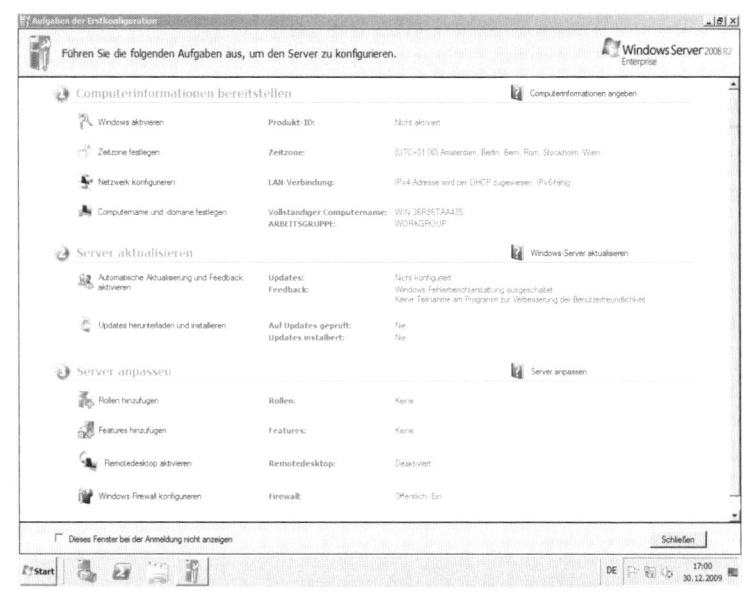

2.5.1 Aufgaben der Erstkonfiguration

Im Dialog *Aufgaben der Erstkonfiguration*, der erstmalig mit Windows Server 2008 eingeführt wurde, kann man nun erforderliche Einstellungen für das neu installierte Serversystem konfigurieren. Im Vergleich zur vorherigen Version wurde die Dialogseite unter Windows Server 2008 R2 lediglich minimal angepasst. Die darin enthaltenen Konfigurationsmöglichkeiten sind zur besseren Übersicht in drei verschiedene Abschnitte unterteilt. Die Abschnitte enthalten hierbei die Verknüpfungen für die folgenden Konfigurationsoptionen:

Abschnitt 1 – Computerinformationen bereitstellen

- **Windows aktivieren**   Hierüber wird das Betriebssystem aktiviert.
- **Zeitzone festlegen**   Diese Einstellung kann bei Bedarf angepasst werden.
- **Netzwerk konfigurieren**   Die Netzwerkeinstellungen sind nach der Installation des Servers so festgelegt, dass die IPv4- und IPv6-Adressen dynamisch über DHCP bezogen werden. Es empfiehlt sich, für die Netzwerkadressen eines Serversystems unbedingt statisch zugewiesene IP-Adressen sowie die IP-Adressen vorhandener DNS-Server und bei Bedarf auch noch die IP-Adressen vorhandener WINS-Server zu konfigurieren. Sollte die Verwendung von IPv6-Adressen in Ihrem Netzwerk in irgendeiner Weise zu Problemen führen (beispielsweise durch die fehlende Unterstützung von IPv6 durch die vorhandenen Netzwerkgeräte), so kann die Unterstützung für IPv6 in dem betreffenden Konfigurationsdialog deaktivieren.

▶ **Computername und -domäne festlegen** Wie im oben dargestellten Dialogfenster zu erkennen ist, erhält ein neu installiertes Serversystem unter Windows Server 2008 R2 einen zufällig gewählten Servernamen. Dieser sollte an die Namenskonventionen des jeweiligen Unternehmensnetzwerks angepasst werden. Ebenso kann man den Server zu einer möglicherweise bereits vorhandenen Active Directory-Domäne als Mitglied hinzufügen.

Abschnitt 2 – Server aktualisieren

▶ **Automatische Aktualisierung und Feedback aktivieren** Diese Einstellungen dienen der Konfiguration von Update-Funktionen für Service Packs und Patches des Windows-Betriebssystems. Ebenso kann hierunter auch die Teilnahme am Programm zur Verbesserung der Benutzerfreundlichkeit aktiviert oder auch deaktiviert werden.

▶ **Updates herunterladen und installieren** Diese Einstellung dient der Suche nach Windows-Updates. Auch wird hierbei der Status der letzten Suche nach Updates angezeigt.

Abschnitt 3 – Server anpassen

▶ **Rollen hinzufügen** Anhand dieser Option ist es möglich, dem Serversystem unter Windows Server 2008 R2 entsprechende Serverrollen oder auch Rollendienste, wie beispielsweise die Active Directory-Domänendienste (engl. *Active Directory Domain Services, AD DS*) oder das Domain Name System (*DNS*) hinzuzufügen. Standardmäßig verfügt ein Serversystem unter Windows Server 2008 R2 über keine installierten Serverrollen.

▶ **Features hinzufügen** Über diese Option können dem Serversystem bestimmte Funktionen, wie zum Beispiel die BitLocker-Laufwerksverschlüsselung, die Gruppenrichtlinienverwaltung oder auch die Windows Server-Sicherung hinzugefügt werden. Standardmäßig verfügt ein neu installiertes Serversystem unter Windows Server 2008 R2 über keine installierten Features (*Funktionen*).

▶ **Remotedesktop aktivieren** Die Einstellung dient zum Aktivieren der Remotedesktop-Funktion auf dem Server unter Windows Server 2008 R2. Diese sollte aktiviert werden, wenn beabsichtigt ist, sich über einen Remotedesktop-Client (beispielsweise im Rahmen der Remoteverwaltung) auf das Serversystem zu verbinden.

▶ **Windows-Firewall konfigurieren** Über diese Verknüpfung kann man die Einstellungen der Windows-Firewall auf dem Serversystem konfigurieren. Die Windows-Firewall ist nach der Installation des Serverbetriebssystems standardmäßig aktiviert.

Über die im Dialogfenster erkennbaren Fragezeichensymbole gelangt man zu der detaillierten Erklärung der einzelnen Einstellungen des jeweiligen Abschnitts.

Wenn man den Dialog *Aufgaben der Erstkonfiguration* nach erfolgter Konfiguration schließt, wird automatisch der neue Server-Manager angezeigt. Hierüber können auf dem Serversystem beispielsweise die installierten Serverrollen, Rollendienste und -funktionen des neu installierten Serversystems unter Windows Server 2008 R2 verwaltet, um weiter ergänzt oder im Bedarfsfall auch wieder entfernt werden.

Abbildung 2.11
Der Server-Manager unter Windows Server 2008 R2

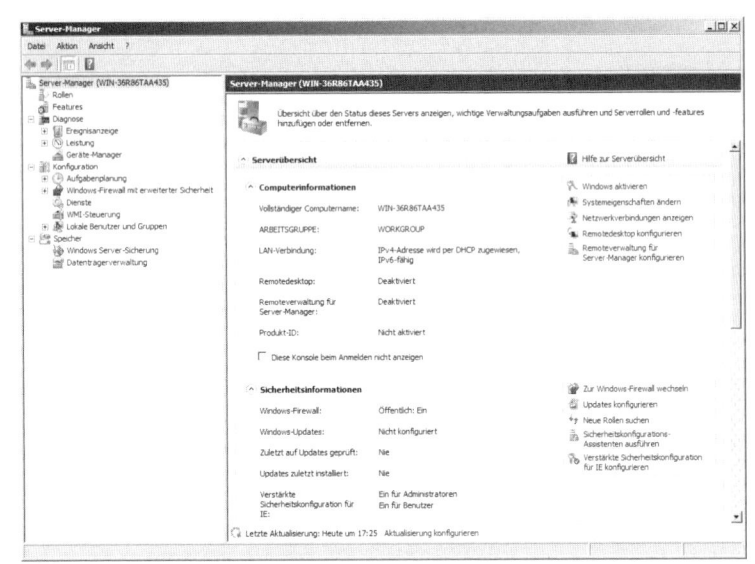

2.5.2 Ändern des Produkt-Keys

Je nachdem, mit welchem Installationsmedium Sie Windows Server 2008 R2 auf dem neuen Serversystem installiert haben, müssen Sie nun, soweit noch nicht geschehen, den mit dem Produkt mitgelieferten Produkt-Key in das System eingeben. Dieser Schritt ist vor der Aktivierung des Serversystems durchzuführen.

> Wenn Sie bei der Installation des Serversystems eine von Ihnen noch nicht erworbene Windows-Edition ausgewählt haben, so können Sie diese Edition nicht zwangsläufig mittels des mit dem Installationsmedium gelieferten Produkt-Keys betreiben. So können Sie beispielsweise keine Windows Server 2008 R2 Enterprise Edition mit einem Produkt-Key für eine Windows Server 2008 R2 Standard Edition aktivieren. Im Bedarfsfall müssen Sie sich den für die jeweilige Version notwendigen Produkt-Key über den Handel noch beschaffen.

Schritte zum Ändern des Produkt-Keys

Gehen Sie wie folgt vor, um den Produkt-Key unter Windows Server 2008 R2 als Vollinstallation zu aktualisieren:

Erstkonfiguration nach der Installation

1. Klicken Sie im Windows Server 2008 R2 auf *Start/Systemsteuerung/ System und Sicherheit*, und dann auf *System*.

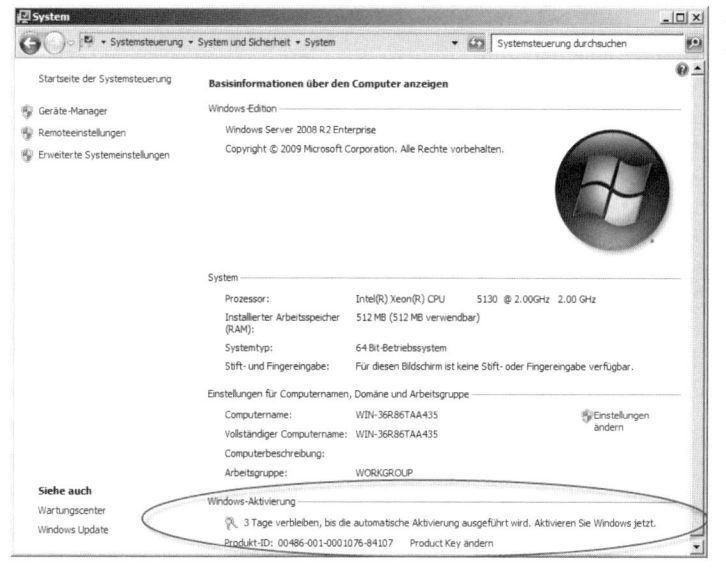

Abbildung 2.12
Anzeige der System-eigenschaften

2. Scrollen Sie im Fensterinhalt an den unteren Rand und klicken Sie auf *Product Key ändern*.

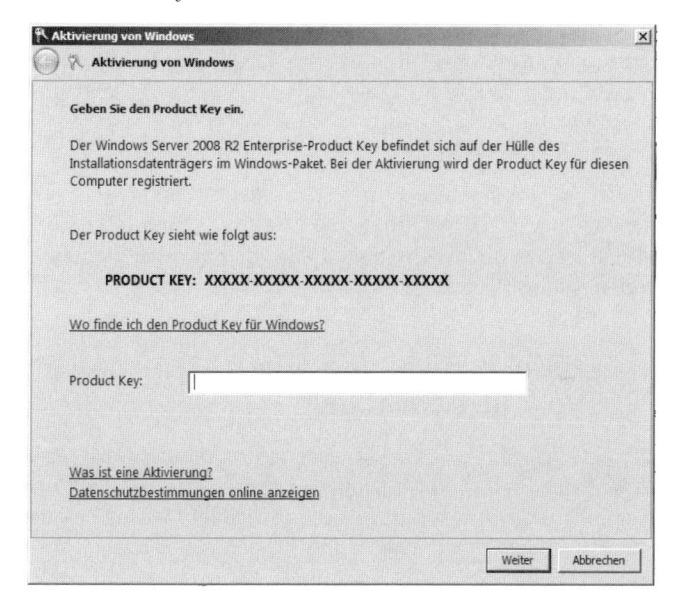

Abbildung 2.13
Dialog „Aktivierung von Windows" zur Aktualisierung des Produkt-Keys unter Windows Server 2008 R2

3. Geben Sie im Feld „Product Key" den neuen Produkt-Key ein und klicken Sie anschließend auf *Weiter*.
4. Bestätigen Sie den nachfolgenden Dialog mit *OK*.

2.6 Aktivierung des Betriebssystems

Schutz vor Missbrauch Mit der Installation alleine ist es in der Praxis nicht getan. Wie auch bereits die vorangegangene Betriebssystemversion muss auch eine Installation von Windows Server 2008 R2 nachfolgend aktiviert werden, damit diese dauerhaft genutzt werden kann. Dieser Vorgang muss innerhalb von 60 (je nach verwendeter Version des Betriebssystems respektive 30) Tagen nach dem Datum der Installation vollzogen werden, da der Server sonst nicht mehr verwendbar ist. Diese Aktivierung von Windows Server 2008 R2 soll die missbräuchliche Nutzung von nicht-lizenzierten Windows-Versionen verhindern. Der Evaluierungszeitraum von 60 Tagen (ohne die Aktivierung des Servers) kann mittels des Befehls `slmgr.vbs -rearm` insgesamt vier Mal auf bis zu 240 Tage verlängert werden.

> Microsoft hat sich bei Windows Server 2008 R2 und parallel auch bei Windows 7 dazu entschlossen, diese Betriebssysteme bei Ausbleiben der (Zwangs-)Aktivierung nicht auch zwangsläufig herunterzufahren. Stattdessen färbt sich der Bildschirmhintergrund dieser Betriebssysteme schwarz und es werden ab diesem Zeitpunkt lediglich noch die wichtigsten Systemaktualisierungen (*Updates*) von Windows-Update geladen. Optionale Updates können bis zum Abschluss der (Zwangs-) Aktualisierung der Betriebssysteme nicht mehr angewendet werden. Auch erscheinen zeitlichen Intervallen ständig Hinweise auf die Notwendigkeit der Aktivierung des Betriebssystems.

Völlig anonymer Vorgang Beim Vorgang der Aktivierung werden keine personenbezogenen Daten an den Hersteller Microsoft übertragen. Lediglich bestimmte, Hardware- und Softwarebezogene Informationen dienen zur Identifikation des betreffenden Serversystems.

2.6.1 Produktaktivierung oder „Volume Activation"

Microsoft unterscheidet bei der Aktivierung von Windows Server 2008 R2 zwischen der Produktaktivierung auf der einen und der Volume Activation 2.0 auf der anderen Seite. Die Produktaktivierung beschreibt hierbei die Einzelaktivierung von Windows Server 2008 R2.

Entscheidend für die Art der Aktivierung ist der bei der Installation angegebene Produkt-Key.

2.6.2 Volume Activation 2.0

Für größere Unternehmen bietet Microsoft ein vereinfachtes Aktivierungsverfahren, um den dabei anfallenden Aufwand zur Aktivierung von mehreren Serversystemen zu reduzieren. Volume Activation 2.0 wird für die Automatisierung und Verwaltung des Aktivierungsprozesses für Volumeneditionen von Windows Server 2008, Windows Server 2008 R2, Windows Vista und auch Windows 7 verwendet.

MAK oder KMS?

Für die Aktivierung von Windows Server 2008 R2 stellt Microsoft zwei verschiedene, den jeweiligen Volumen-Lizenzvereinbarungen entsprechende Schlüsseltypen bereit. Einerseits kommt hierbei ein *Mehrfachaktivierungsschlüssel* (engl. *Multiple Activation Key, MAK*), andererseits ein *Schlüsselverwaltungsdienstschlüssel* für die Einrichtung eines Schlüsselverwaltungsdienstes (engl. *Key Management Service, KMS*), welcher auf einem der Server integriert werden kann, zum Einsatz. Der Rechner, welcher den KMS ausführt, muss von allen anderen, zu aktivierenden Servern unter Windows Server 2008 R2 erreichbar sein. Ebenso muss der betreffende Rechner über eine Verbindung zum Internet verfügen. Sollte eine Verbindung von Serversystemen unter Windows Server 2008 R2 zum KMS-System nicht möglich sein, so stellt hierzu die MAK-Aktivierung eine Alternative dar.

MAK als Alternative zu KMS

Schlüsselverwaltungsdienstschlüssel (KMS)

Mit dem Schlüsselverwaltungsdienstschlüssel wird ein lokaler Aktivierungsdienst, der Schlüsselverwaltungsdienst (engl. *Key Management Service, KMS*), auf einem der vorhandenen Computersysteme in einer Netzwerkumgebung eingerichtet. Dieser Schlüssel kann verwendet werden, um standardmäßig bis zu sechs verschiedene KMS-Systeme innerhalb eines Netzwerks zu aktivieren. Für den Einsatz des Schlüsselverwaltungsdienstes ist hierbei kein dediziertes Computersystem notwendig. Der Dienst kann auf einem Serversystem beispielsweise problemlos neben anderen, vorhandenen Diensten betrieben werden. Zwecks eigener Aktivierung müssen diese Systeme einmalig über das Internet oder auch telefonisch bei Microsoft aktiviert werden. Die im Netzwerk installierten Windows Server 2008-, Windows Server 2008 R2, Windows 7- oder Windows Vista-Systeme müssen zur Aktivierung selbst nicht zum Internet, sondern lediglich zum vorhandenen KMS-System kommunizieren.

Jedes KMS-System ermöglicht eine unbegrenzte Aktivierung von physikalischen und virtuellen Systemen. Die Voraussetzung für den Einsatz eines Schlüsselverwaltungsdienstes (engl. *Key Management Service, KMS*) wird von Microsoft mit mindestens 5 Servern unter Windows Server 2008 R2 und 25 Computern unter Windows 7 bzw. Vista angegeben. Die Mindestanzahl wird zwischen den Betriebssystemen kumuliert.

Wiederholte Aktivierung alle 6 Monate
Alle Computersysteme unter Windows Server 2008, Windows Server 2008 R2, Windows 7 und auch Windows Vista, die mittels KMS aktiviert wurden, müssen anschließend mindestens alle 6 Monate eine Verbindung mit einem KMS-System herstellen, um die für 180 Tage gültige Aktivierung zu erneuern. Standardmäßig versucht deshalb jedes mittels KMS aktiviertes Computersystem alle 7 Tage erneut, eine Verbindung zu einem der vorhandenen KMS-Systeme herzustellen.

> Weitere Informationen zu Volume Activation 2.0 und zum Schlüsselverwaltungsdienst (KMS) erhalten Sie im Internet unter:
>
> *http://go.microsoft.com/fwlink/?LinkId=95465*

Mehrfachaktivierungsschlüssel (MAK)

Im Gegensatz zu Volume Activation 2.0 wird der Mehrfachaktivierungsschlüssel (engl. Multiple Activation Key, MAK) dazu eingesetzt, eine vorweg definierte, vertraglich vereinbarte Anzahl an Serversystemen jeweils einmalig direkt bei Microsoft zu aktivieren. Die Anzahl der zulässigen Aktivierungen mittels eines bestimmten Mehrfachaktivierungsschlüssels kann über das Microsoft-Aktivierungscenter jederzeit nach Bedarf erhöht werden. Die eigentliche Aktivierung der betreffenden Systeme kann beim Einsatz eines Mehrfachaktivierungsschlüssels online, telefonisch oder mithilfe des Volume Activation Management Tools (VAMT) von Microsoft durchgeführt werden. Bei diesem Verfahren ist eine erneute Aktivierung, beispielsweise nach einem bestimmten Zeitraum, nicht notwendig.

> Weitere Informationen zur Aktivierung mittels eines Mehrfachaktivierungsschlüssels (*MAK*) erhalten Sie im Internet unter:
>
> *http://go.microsoft.com/fwlink/?LinkId=96171*

2.6.3 (Einzel-)Produktaktivierung

Je nachdem, welcher Produkt-Key bei der Installation eines Servers unter Windows Server 2008 R2 zum Einsatz kommt, ist mitunter die (Einzel-) Produktaktivierung des Betriebssystems erforderlich. Hierbei muss jeder der installierten Server manuell aktiviert werden. Mechanismen, wie der Key Management Service (*KMS*), der bei der Volume Activation 2.0 zum Einsatz kommt, sind hierbei nicht verwendbar.

Die Produktaktivierung von Windows Server 2008 R2 kann hierbei wahlweise entweder über das Internet oder auch telefonisch erfolgen.

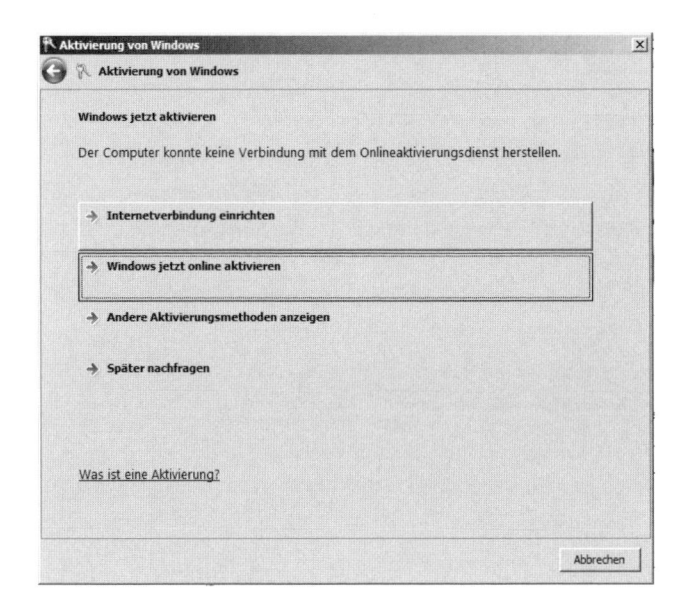

Abbildung 2.14
Aktivierung von Windows Server 2008 R2 über das Internet

Aktivierung über das Internet

Bei der Aktivierung über das Internet muss die Kommunikation des Servers mit dem Internet möglich sein. Hierfür muss nach der Installation die notwendige Netzwerkkonfiguration vorgenommen werden.

Gehen Sie zur Aktivierung von Windows Server 2008 R2 über das Internet wie folgt vor:

1. Klicken Sie im Windows Server 2008 auf *Start / Systemsteuerung / System und Sicherheit* und anschließend mit einem Doppelklick auf *System*.
2. Scrollen Sie im Fensterinhalt an den unteren Rand und klicken Sie auf *Aktivieren Sie Windows jetzt*.
3. Klicken Sie im folgenden Dialog auf die Verknüpfung *Windows jetzt online aktivieren*. Der Vorgang dauert mitunter einige Minuten.
4. Klicken Sie nach erfolgreicher Aktivierung auf den Schalter *Schließen*.

Telefonische Aktivierung

Die telefonische Aktivierung erfolgt über ein automatisches Sprachsystem. Bei der Auswahl der telefonischen Aktivierung wird die zu wählende Telefonnummer länderbezogen angezeigt.

Kapitel 2 **Installation von Windows Server 2008 R2**

Abbildung 2.15
Telefonische Aktivierung von Windows Server 2008 R2

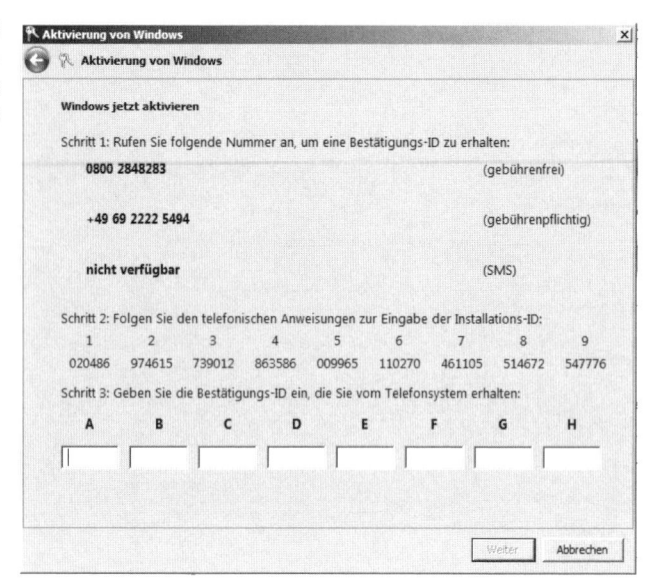

Gehen Sie zur telefonischen Aktivierung von Windows Server 2008 R2 wie folgt vor:

1. Klicken Sie im Windows Server 2008 R2 auf *Start / Systemsteuerung / System und Sicherheit* und anschließend mit einem Doppelklick auf *System*.
2. Scrollen Sie im Fensterinhalt an den unteren Rand und klicken Sie auf *Aktivieren Sie Windows jetzt*.
3. Klicken Sie im folgenden Dialog auf die Verknüpfung *Weitere Methoden zur Aktivierung*.
4. Klicken Sie auf *Automatisches Telefonsystem verwenden*, und wählen Sie im folgenden Dialog nun das Ihrem Standort nächstgelegene Land aus (beispielsweise Deutschland). Klicken Sie nachfolgend auf *Weiter*.
5. Wählen Sie die im Dialog angegebene Telefonnummer an, um sich mit dem Sprachsystem zur Produktaktivierung zu verbinden. Folgen Sie den telefonischen Anweisungen.

Aktivierung über die Kommandozeile

Aktivierung von Server Core
Die Aktivierung kann im Bedarfsfall auch über die Kommandozeile erfolgen. Dies ist bei einem Serversystem unter Windows Server 2008 R2 als Server Core die einzige Möglichkeit, das Serversystem dauerhaft zu verwenden. Ein Serversystem unter Server Core enthält nicht die notwendigen Grafiktools und Assistenten, die in den vorangegangenen Seiten für die Aktivierung des Serversystems beschrieben wurden.

Zur Aktivierung eines Serversystems über die Kommandozeile kann ein in Windows Server 2008 R2 vorhandenes VB-Script mit dem Namen slmgr.vbs verwendet werden. Informationen zur Aktivierung von Windows Server 2008 R2 über die Kommandozeile erhalten Sie im Kapitel 12 dieses Buches.

Erneute Aktivierung?

Mitunter ist es notwendig, das Betriebssystem eines Servers unter Windows Server 2008 R2 zu einem späteren Zeitpunkt erneut aktivieren zu müssen. Dies kann in den folgenden Situationen erforderlich werden:

- **Neuinstallation des Servers** Wenn Sie das bereits installierte Betriebssystem auf einem anderen Server erneut installieren, ist eine erneute Aktivierung erforderlich.
- **Änderungen an der Hardware** Wenn Sie verschiedene Hardware-Komponenten des Serversystems austauschen, kann dies eine erneute Aktivierung unter Umständen erforderlich machen.
- **Formatieren der Festplatte** Wenn Sie die Festplatte eines bereits installierten Servers unter Windows Server 2008 R2 formatieren, so muss das Betriebssystem nach einer anschließenden Neuinstallation wiederum aktiviert werden.
- **Virusbefall** Bei einem Virusbefall ist es möglich, dass die Aktivierungsdaten auf dem betreffenden Serversystem unter Windows Server 2008 R2 verloren gehen oder beschädigt werden. Hiernach kann eine erneute Aktivierung erforderlich werden.

Wenn nach Eintritt der beschriebenen Szenarien eine Meldung über die Notwendigkeit der Aktivierung des Serversystems unter Windows Server 2008 R2 erfolgt, sollten Sie alsbald handeln. Wenn Sie den angegebenen Zeitraum der (Zwangs-)Aktivierung ohne Reaktion verstreichen lassen, kann das Serversystem bis zur Aktivierung nicht mehr verwendet werden.

2.7 Aktualisierung vorhandener Serversysteme

Ein vorhandenes Serversystem kann unter bestimmten Voraussetzungen auf Windows Server 2008 R2 aktualisiert werden. Vorhandene Windows-Server lassen sich häufig im Verlauf eines einfachen „Inplace Upgrades" auf das neue Serverbetriebssystem aktualisieren. Abhängig von den auf dem zu aktualisierenden Serversystem ausgeführten Serverrollen und Rollendienste kann es jedoch notwendig sein, vorweg die vorhandene Active Directory-Gesamtstruktur bzw. das darin vorhandene Active Directory-Schema zu aktualisieren.

Unterstützte Migrationspfade sind entscheidend

Aktualisierung von 32- auf 64-Bit nicht möglich

In diesem Abschnitt werden Sie das notwendige Wissen erhalten, um die Aktualisierung möglichst problemlos durchführen zu können. Noch bevor man den Aktualisierungsvorgang eines vorherigen Betriebssystems zu Windows Server 2008 R2 startet, muss man sich darüber informieren, ob der gewünschte Aktualisierungsvorgang technisch oder auch lizenzrechtlich überhaupt unterstützt wird. Auch zeigt sich für viele der Administratoren ein weiteres Problem: Das neue Serverbetriebssystem ist lediglich noch als 64-Bit-Edition erhältlich. Eine vorherige 32-Bit-Betriebssystemversion, beispielsweise von Windows Server 2003, kann auf eine 64-Bit-Betriebssystemversion von Windows Server 2008 R2 nicht aktualisiert werden. Hierbei käme dann nur eine Migration der auf dem ursprünglichen Serversystem aktuell ausgeführten Serverrollen, Rollendienste oder -funktionen auf ein neu installiertes Serversystem unter Windows Server 2008 R2 in Frage. Bevor man jedoch die Aktualisierung eines älteren Serversystems planen kann, sollte man sich über die unterstützten Aktualisierungspfade zu Windows Server 2008 R2 informieren.

2.7.1 Unterstützte Aktualisierungspfade

Die erste Überlegung bei einer zu planenden Serveraktualisierung sollte in Richtung des angedachten sowie des im Vergleich dazu stehenden, realisierbaren Aktualisierungspfades zu Windows Server 2008 R2 gehen. Die folgende Tabelle enthält die möglichen, von Microsoft unterstützten Aktualisierungspfade von vorherigen Betriebssystemversionen zu Windows Server 2008 R2:

Tabelle 2.1
Unterstützte Aktualisierungspfade zu Windows Server 2008 R2

Vorheriges Betriebssystem	kann aktualisiert werden auf
Windows Server 2003 Standard Edition mit Service Pack 2 (SP2) oder Windows Server 2003 R2 Standard Edition	Windows Server 2008 R2 Standard oder Windows Server 2008 R2 Enterprise
Windows Server 2003 Enterprise Edition mit Service Pack 2 (SP2) oder Windows Server 2003 R2 Enterprise Edition	Windows Server 2008 R2 Enterprise oder Windows Server 2008 R2 Datacenter
Windows Server 2003 Datacenter Edition mit Service Pack 2 (SP2) oder Windows Server 2003 R2 Datacenter Edition	Windows Server 2008 R2 Datacenter
Server Core-Installation von Windows Server 2008 Standard (mit oder ohne Service Pack2)	Server Core-Installation von Windows Server 2008 R2 Standard oder Windows Server 2008 R2 Enterprise
Server Core-Installation von Windows Server 2008 Enterprise (mit oder ohne Service Pack2)	Server Core-Installation von Windows Server 2008 R2 Enterprise oder Windows Server 2008 R2 Datacenter

Aktualisierung vorhandener Serversysteme

Vorheriges Betriebssystem	kann aktualisiert werden auf
Server Core-Installation von Windows Server 2008 Datacenter (mit oder ohne Service Pack2)	Server Core-Installation von Windows Server 2008 R2 Datacenter
Server Core-Installation von Windows Web Server 2008 (mit oder ohne Service Pack2)	Server Core-Installation von Windows Server 2008 R2 Standard oder Windows Web Server 2008 R2
Vollwertige Installation von Windows Server 2008 Standard (mit oder ohne Service Pack2)	Vollwertige Installation von Windows Server 2008 R2 Standard oder Windows Server 2008 R2 Enterprise
Vollwertige Installation von Windows Server 2008 Enterprise (mit oder ohne Service Pack2)	Vollwertige Installation von Windows Server 2008 R2 Enterprise oder Windows Server 2008 R2 Datacenter
Vollwertige Installation von Windows Server 2008 Datacenter (mit oder ohne Service Pack2)	Vollwertige Installation von Windows Server 2008 R2 Datacenter
Vollwertige Installation von Windows Web Server 2008 (mit oder ohne Service Pack2)	Vollwertige Installation von Windows Server 2008 R2 Standard oder Windows Web Server 2008 R2
Server Core-Installation von Windows Server 2008 R2 Standard	Server Core-Installation von Windows Server 2008 R2 Standard (als Reparaturinstallation) oder Windows Server 2008 R2 Enterprise
Server Core-Installation von Windows Server 2008 R2 Enterprise	Server Core-Installation von Windows Server 2008 R2 Enterprise (als Reparaturinstallation) oder Windows Server 2008 R2 Datacenter
Server Core-Installation von Windows Server 2008 R2 Datacenter	Server Core-Installation von Windows Server 2008 R2 Datacenter (als Reparaturinstallation)
Server Core-Installation von Windows Web Server 2008 R2	Server Core-Installation von Windows Server 2008 R2 Standard oder Windows Web Server 2008 R2 (als Reparaturinstallation)
Vollwertige Installation von Windows Server 2008 R2 Standard	Vollwertige Installation von Windows Server 2008 R2 Standard (als Reparaturinstallation)oder Windows Server 2008 R2 Enterprise
Vollwertige Installation von Windows Server 2008 R2 Enterprise	Vollwertige Installation von Windows Server 2008 R2 Enterprise (als Reparaturinstallation)oder Windows Server 2008 R2 Datacenter
Vollwertige Installation von Windows Server 2008 R2 Datacenter	Vollwertige Installation von Windows Server 2008 R2 Datacenter (als Reparaturinstallation)
Vollwertige Installation von Windows Web Server 2008 R2	Vollwertige Installation von Windows Server 2008 R2 Standard oder Windows Web Server 2008 R2 (als Reparaturinstallation)

Wie in der Tabelle zu sehen, existieren umfangreiche Aktualisierungsmöglichkeiten von bereits installierten Serversystemen. Wie Sie ebenso erkennen können, ist eine Aktualisierung einer Server Core-Installation auf eine Vollinstallation (oder umgekehrt) nicht möglich. In allen anderen Fällen sollte eine Installation von Windows Server 2008 R2 über ein bereits installiertes Betriebssystem (insoweit auf die unterstützten Aktualisierungspfade zutreffend) zumindest seitens dieser Voraussetzung keine Probleme bereiten.

Im Übrigen gelten prinzipiell die gleichen Voraussetzungen, wie bei einer Neuinstallation. Die durchzuführenden Schritte zur eigentlichen Aktualisierung eines bereits installierten Serversystems auf Windows Server 2008 R2 sind wiederum sehr überschaubar und lassen sich sehr übersichtlich erklären.

2.7.2 Notwendige vorbereitende Schritte

Noch vor Beginn der eigentlichen Serveraktualisierung auf Windows Server 2008 R2 müssen verschiedene, vorbereitende Schritte durchgeführt werden. Nur so stellt man den erfolgreichen Verlauf einer anschließenden Serveraktualisierung sicher. Die vorbereitenden Schritte umfassen u.a.:

- **Sicherung** Sichern Sie das zu aktualisierende Serversystem mitsamt aller darauf befindlichen Daten und Konfigurationsinformationen. Hierbei sollten Sie unbedingt auch die Systemstatusdaten einbeziehen, damit der ursprüngliche Zustand des Serversystems bei eventuellem Fehlschlagen der Aktualisierung wieder hergestellt werden kann.

- **Trennen aller USV-Geräte** Sollte das zu aktualisierende Serversystem mit einer unterbrechungsfreien Stromversorgung (*USV*) verbunden sein, so trennen Sie das serielle Kabel dieses Gerätes (soweit zutreffend) noch vor der Betriebssystemaktualisierung. Der Installationsprozess von Windows Server 2008 R2 führt eine Erkennung von seriellen und parallelen Schnittstellen durch, sodass ein angeschlossenes USV-Gerät hierbei zu Problemen führen könnte.

- **Treiber bereitlegen** Legen Sie die für die Installation ggf. notwendigen Treiber beispielsweise für den Festplattencontroller des Serversystems bereit.

- **Windows-Speicherdiagnosetool ausführen** Führen Sie das Windows-Speicherdiagnosetool noch vor der Aktualisierung aus, um den im betreffenden Serversystem vorhandenen Arbeitsspeicher (*RAM*) auf mögliche Fehler hin zu testen. Dieses Tool überprüft den im betreffenden Serversystem vorhandenen Arbeitsspeicher auf mögliche Probleme, die sonst vielleicht erst während oder gar nach der Installation des Betriebssystems auftreten würden. Weitere Informationen zur Windows-Speicherdiagnose finden Sie im Internet unter: *http://oca.microsoft.com/de/windiag.asp*

▶ **Windows-Firewall konfigurieren** Bedenken Sie noch vor dem Start der Installation von Windows Server 2008 R2 die notwendigen Kommunikationsports und Protokolle, die während der Aktualisierung des Betriebssystems benötigt werden. Passen Sie die Firewall-Konfiguration im Bedarfsfall an den Installationsprozess an, um mögliche Kommunikationsprobleme und somit mögliche Installationsprobleme zu vermeiden.

▶ **Deaktivieren von AntiVirus-Software** Wenn auf dem zu aktualisierenden Serversystem eine AntiVirus-Software eingesetzt wird, so deaktivieren Sie diese noch vor dem Start der Installation. Während der Aktualisierung des Betriebssystems werden beispielsweise Daten in den Bootsektor der Serverfestplatte geschrieben, die von einer AntiVirus-Software fälschlicherweise als Virusattacke interpretiert oder sogar verhindert werden könnten.

▶ **Überprüfung der Anwendungskompatibilität** Erfragen Sie noch vor der Aktualisierung der auf dem Serversystem möglicherweise vorhandenen Anwendungssoftware beim jeweiligen Softwarehersteller die Kompatibilität mit Windows Server 2008 R2. Ein Beispiel hierfür ist die auf dem betreffenden Serversystem eingesetzte AntiVirus-Software. Zur Überprüfung der Anwendungskompatibilität üblicher Anwendungen können Sie auch das *Anwendungskompatibilitäts-Toolkit* (engl. *Application Compatibility Toolkit, ACT*) von Microsoft verwenden. Dieses steht zum kostenfreien Download auf der Microsoft-Website bereit.

Erst wenn Sie alle der notwendigen Schritte zur Vorbereitung der Serveraktualisierung auf Windows Server 2008 R2 durchgeführt haben, sollten Sie mit der eigentlichen Aktualisierung des Betriebssystems beginnen. Mitunter kann es notwendig sein, sogar noch weitere Schritte zur Vorbereitung der Aktualisierung vorhandener Serversysteme auf Windows Server 2008 R2 durchzuführen. Insbesondere, wenn das zu aktualisierende Serversystem bislang als Domänencontroller einer Active Directory-Domäne eingesetzt wurde, muss diese auf den Einsatz des neuen Serverbetriebssystems mitsamt seiner darin enthaltenen Neuerungen vorbereitet werden.

2.7.3 Vorbereitung der Active Directory-Umgebung

Im Zusammenhang mit der Aktualisierung eines bereits vorhandenen, bislang als Domänencontroller eingesetzten Serversystems auf Windows Server 2008 R2 sind vorweg noch weitere Schritte notwendig. In einem ersten Schritt muss die Active Directory-Gesamtstruktur (engl. *forest*), in der das zu aktualisierende Serversystem bisher eingesetzt wurde, seitens des Active Directory-Schemas für den Einsatz von Windows Server 2008 R2 aktualisiert werden. In einem weiteren Schritt muss dann noch die Aktualisierung der betreffenden Active Directory-

Domäne für den Einsatz eines Domänencontrollers unter Windows Server 2008 R2 durchgeführt werden. Erst im Anschluss folgt dann die eigentliche Aktualisierung des Betriebssystems des betreffenden Serversystems.

Nicht kompatibel zu Windows NT
Vor der Aktualisierung von Domänencontrollern auf Windows Server 2008 R2 sollte man unbedingt beachten, dass diese mindestens den einheitlichen Domänenbetriebsmodus (mindestens *Windows 2000 pur*) der Active Directory-Domäne voraussetzen. Der Einsatz von Domänencontrollern unter Windows NT 4.0 ist in der betreffenden Active Directory-Domäne damit völlig ausgeschlossen. Diese Systeme müssen noch vor der Aktualisierung von Domänencontrollern entweder entfernt oder seitens des Betriebssystems aktualisiert werden. Parallel zu Windows Server 2008 R2 ist der Einsatz von Domänencontrollern unter Windows 2000 (mit Service Pack 4 oder höher) problemlos möglich.

Das für die Aktualisierung der Active Directory-Gesamtstruktur und -Domäne notwendige Tool adprep.exe (bzw. adprep32.exe für die Aktualisierung der vorhandenen Active Directory-Umgebung auf einem 32-Bit-basierten Serversystem unter Windows Server 2003 oder Windows Server 2008) finden Sie im Ordner \Support\Adprep\ auf der Installations-DVD von Windows Server 2008 R2.

Vorbereitung der Active Directory-Gesamtstruktur (forestprep)

Führen Sie zur Vorbereitung einer bereits vorhandenen Active Directory-Gesamtstruktur auf die Aktualisierung von vorhandenen Domänencontrollern auf Windows Server 2008 R2 den folgenden Befehl auf dem Schemamaster der Gesamtstruktur aus:

```
Adprep /forestprep
```

Anschließend muss noch die betreffende Active Directory-Domäne, in welcher der zu aktualisierende Domänencontroller eingesetzt wird, für die Aktualisierung auf Windows Server 2008 R2 vorbereitet werden.

> Alle in einer Active Directory-Gesamtstruktur möglicherweise vorhandenen Domänencontroller unter Windows 2000 sollten vor der Aktualisierung der Gesamtstruktur für die Einführung von Windows Server 2008 R2 unbedingt auf Service Pack 4 aktualisiert werden.

Vorbereitung der Active Directory-Domäne (domainprep)

Mindestens Windows 2000 pur
Zur Vorbereitung einer Active Directory-Domäne auf die Aktualisierung eines Domänencontrollers auf Windows Server 2008 R2 muss sich diese zumindest im einheitlichen Modus (mindestens *Windows 2000 pur*) befinden. Zur Aktualisierung der betreffenden Active Directory-Domäne müssen Sie den folgenden Befehl auf einem der vorhandenen Domänencontroller ausführen:

```
Adprep /domainprep
```

Nach Abschluss der Domänenvorbereitung können Sie im nächsten Schritt mit der eigentlichen Aktualisierung des Serverbetriebssystems auf Windows Server 2008 R2 beginnen.

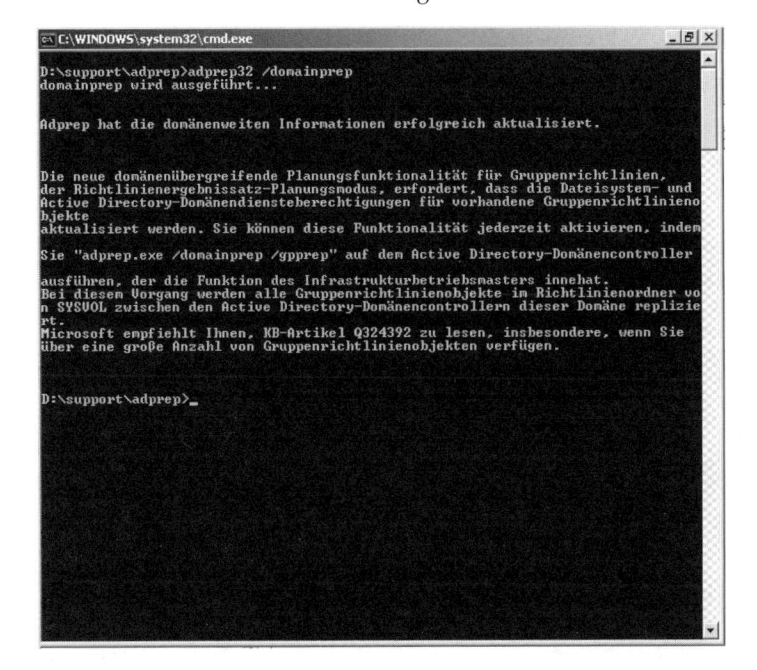

Abbildung 2.16
Erfolgreiche Domänenaktualisierung mithilfe des Befehls adprep32.exe auf einem 32-Bit-basierten Betriebssystem unter Windows Server 2003 R2

> Die Aktualisierung einer vorhandenen, auf Windows 2000-basierten Active Directory-Domäne mit Adprep.exe kann mit der Kombination der Schalter /domainprep /gpprep noch auf die optimale Planungsfunktionalität für Gruppenrichtlinien ausgeweitet werden. Hierdurch werden alle Gruppenrichtlinienobjekte im Richtlinienordner von SYSVOL zwischen allen Domänencontrollern der betreffenden Active Directory-Domäne repliziert, um somit die Dateisystem- und Active Directory-Domänendienstberechtigungen für vorhandene Gruppenrichtlinienobjekte zu aktualisieren.

2.7.4 Durchführung der Serveraktualisierung

Die Aktualisierung eines vorhandenen Serversystems auf Windows Server 2008 R2 lässt sich nach erfolgreicher Gesamtstruktur- und Domänenvorbereitung mit einfachen Schritten durchführen.

> Beachten Sie nochmals, dass es nicht möglich ist, ein x86-basiertes Serversystem unter Windows Server 2003 (R2) oder Windows Server 2008 zu Windows Server 2008 R2 als x64-basiertes Betriebssystem zu aktualisieren.

Kapitel 2 **Installation von Windows Server 2008 R2**

Wenn Sie die entsprechenden Schritte zur Vorbereitung der Aktualisierung auf Windows Server 2008 R2 abgeschlossen haben, so gehen Sie nun wie folgt vor:

1. Legen Sie die Installations-DVD für Windows Server 2008 R2 in das DVD-Laufwerk des zu aktualisierenden Serversystems ein. Der Installationsassistent startet in der Regel automatisch und wird auf dem Bildschirm angezeigt.

> Alternativ können Sie die Installationsdateien auf einem anderen Server im Netzwerk freigeben. Starten Sie in diesem Fall die Aktualisierung durch das Ausführen des Befehls Setup.exe im Stammverzeichnis des Installationsmediums.

Abbildung 2.17
Aktualisierung einer 64-Bit-Edition von Windows Server 2003 R2 zu Windows Server 2008 R2

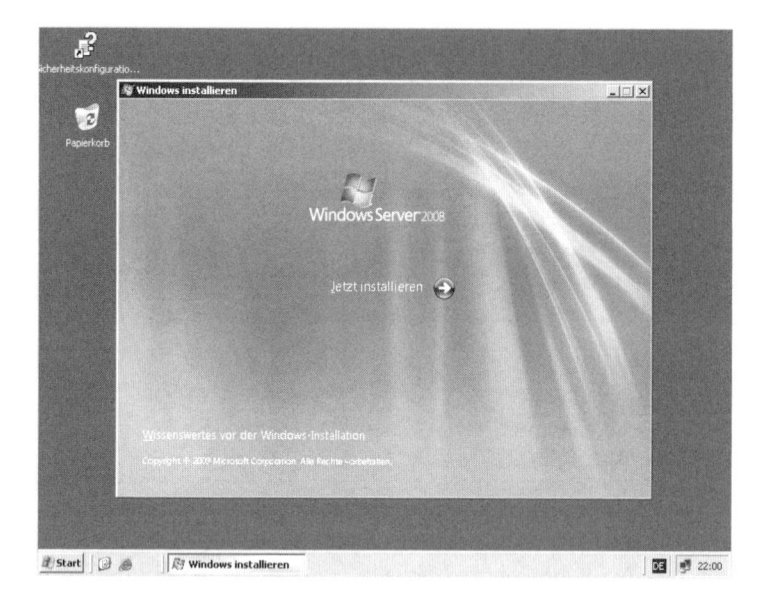

2. Klicken Sie im Dialog *Windows installieren* auf *Jetzt installieren*, um die Aktualisierung des vorhandenen Serverbetriebssystems zu starten.

3. Im nächsten Dialog wird angeboten, die neuesten Updates und Patches für das Betriebssystem zu installieren. Hierzu muss der betreffende Server über eine Verbindung zu den Aktualisierungsdiensten von Microsoft (*Windows-Update*) oder intern zu einem Server mit den installierten und konfigurierten Windows Server Update Services (*WSUS*) verfügen.

Zum Fortfahren klicken Sie einfach auf die gewünschte Option.

In diesem Dialog können Sie auch die Option *Ich möchte helfen, die Installation von Windows zu verbessern.* bei Bedarf aktivieren. Hierbei werden dann Informationen über den Installationsverlauf sowie auch über die dabei möglicherweise eintretenden Probleme an Microsoft übersandt. Falls Sie dies nicht möchten, so lassen Sie diese Option einfach deaktiviert.

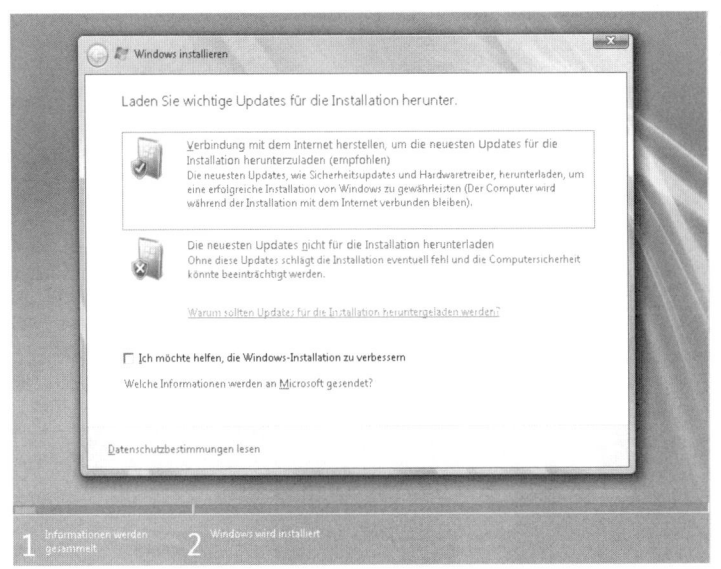

Abbildung 2.18
Möglichkeit zum Update vor der Aktualisierung des bereits installierten Betriebssystems

4. Je nach Installationsmedium erscheint jetzt entweder der Eingabedialog für den Produkt-Key oder alternativ der Auswahldialog für die gewünschte Edition von Windows Server 2008 R2. Falls Sie zur Eingabe des Produkt-Keys aufgefordert werden, so geben Sie diesen in das betreffende Eingabefeld ein. Deaktivieren Sie anschließend das Auswahlfeld *Windows automatisch aktivieren, wenn eine Internetverbindung besteht* und klicken Sie anschließend auf *Weiter*.

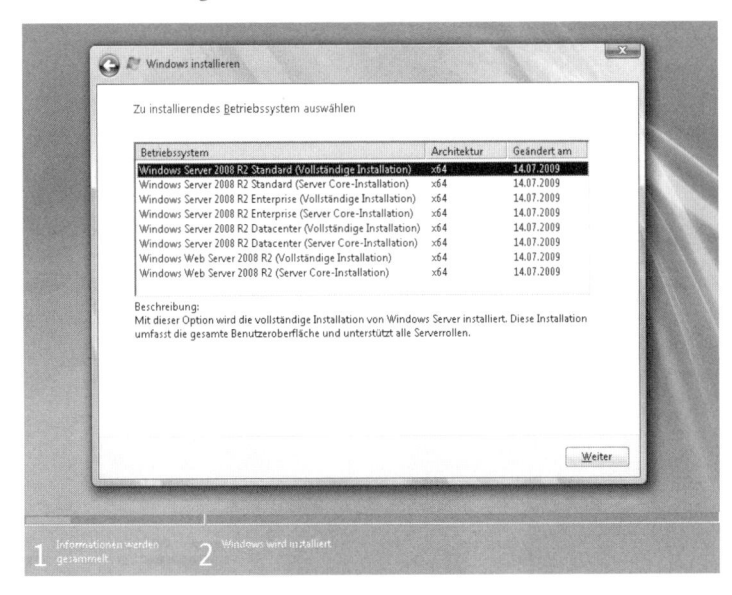

Abbildung 2.19
Auswahl des zu installierenden Betriebssystems

Kapitel 2 **Installation von Windows Server 2008 R2**

Sollte statt des Eingabedialoges für den Produkt-Key der Auswahldialog für die gewünschte Version von Windows Server 2008 R2 folgen, so wählen Sie die zutreffende Version (als *Vollständige Installation* – NICHT als *Server Core-Installation*) aus. Klicken Sie anschließend auf *Weiter*.

> Eine Aktualisierung eines vorhandenen Domänencontrollers unter Windows Server 2003 (SP2) oder R2 auf Windows Server 2008 R2 als Server Core-Installation wird nicht unterstützt.

5. Akzeptieren Sie im folgenden Dialog die Lizenzbedingungen und klicken Sie auf *Weiter*.

Abbildung 2.20
Lizenzbedingungen von Windows Server 2008 R2

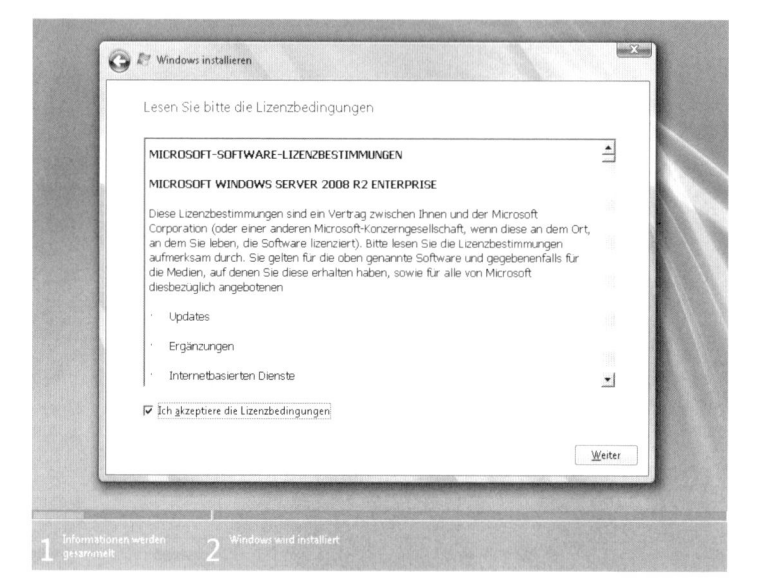

6. Wählen Sie nach der Bestätigung der Lizenzbedingungen die Option *Upgrade* aus, um das bereits installierte Betriebssystem nach Windows Server 2008 R2 zu aktualisieren.

Bei der Auswahl *Benutzerdefiniert (erweitert)* ist es nicht möglich, ein vorhandenes Serversystem zu aktualisieren. Diese Option dient der Neuinstallation eines Serversystems (ggf. als Parallelinstallation neben einem bereits vorhandenen Betriebssystem, sprich: Dualboot). Wenn Sie diese Option wählen, werden keine der Dateien oder Konfigurationsinformationen des bereits vorhandenen Betriebssystems übernommen.

Aktualisierung vorhandener Serversysteme

Abbildung 2.21
Auswahl der Installationsart „Upgrade"

7. Im nun erscheinenden Dialog werden Sie nochmals auf die Notwendigkeit der Überprüfung der Anwendungskompatibilität von möglicherweise auf dem zu aktualisierenden Serversystem vorhandener Anwendungssoftware hingewiesen. Im Bedarfsfall haben Sie die Möglichkeit, die Installation mittels eines Klicks auf das Kreuz in der oberen rechten Ecke des Dialogfensters abzubrechen. Bislang wurden noch keine Änderungen an dem bestehenden Serversystem vorgenommen.

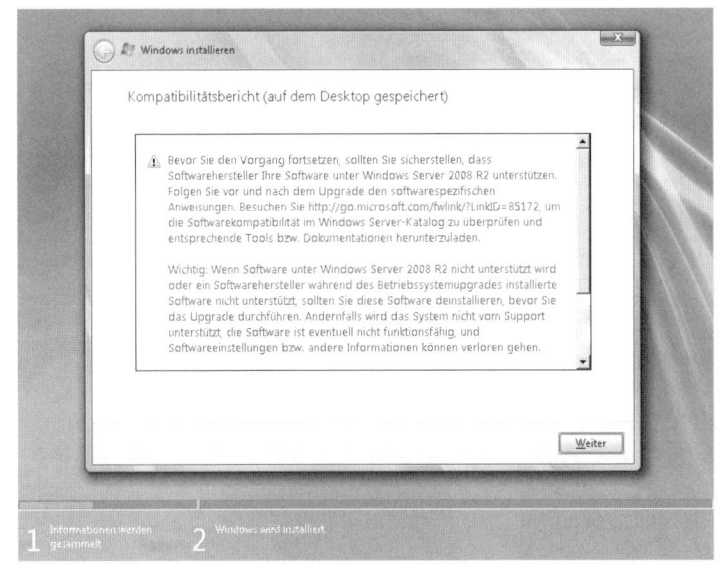

Abbildung 2.22
Hinweis auf die Kompatibilität von Anwendungen

Kapitel 2 Installation von Windows Server 2008 R2

Wenn Sie die Aktualisierung des vorhandenen Betriebssystems nach Windows Server 2008 R2 jetzt starten möchten, so klicken Sie auf die Schaltfläche *Weiter*.

Im Rahmen der Aktualisierung werden alle vorhandenen Einstellungen des ursprünglichen Betriebssystems auch unter Windows Server 2008 R2 beibehalten.

Die Aktualisierung des Serversystems wird durchgeführt.

Abbildung 2.23
Durchführung der Aktualisierung des Serversystems zu Windows Server 2008 R2

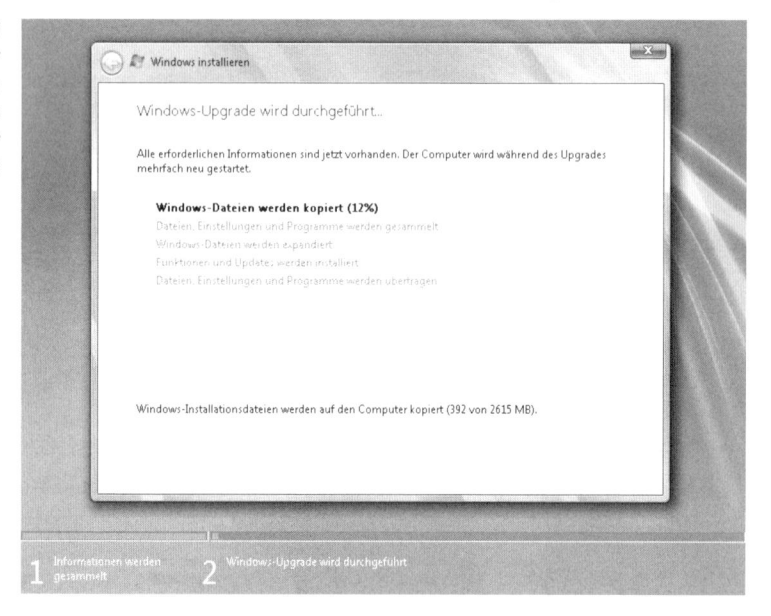

> Der Upgrade-Vorgang kann (je nach Leistungsvermögen des zu aktualisierenden Serversystems) mitunter mehrere Stunden dauern. Dies sollten Sie in Ihre Planung der Aktualisierung von vorhandenen Serversystemen mit einbeziehen.

Während der Aktualisierung werden alle vorhandenen Einstellungen und Dateien des ursprünglichen Serversystems vollständig übernommen. Der Installationsprozess startet den Server im Bedarfsfall selbständig neu.

Zum Ende der Installation wird Ihnen der Anmeldebildschirm von Windows Server 2008 R2 angezeigt. Nach der ersten Anmeldung am System wird standardmäßig der neue Server-Manager von Windows Server 2008 R2 gestartet und die auf dem System vorhandenen Serverrollen, Rollendienste und Funktionen ermittelt. Diese werden anschließend innerhalb des Server-Managers angezeigt.

Aktualisierung vorhandener Serversysteme

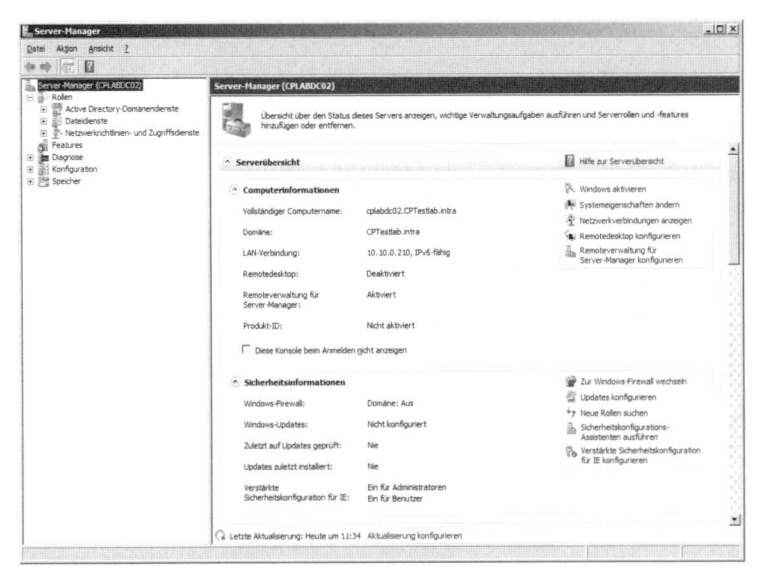

Abbildung 2.24
Anzeige des Server-Managers nach erfolgreicher Aktualisierung eines Serversystems auf Windows Server 2008 R2

Überprüfung der erfolgreichen Aktualisierung

Nachfolgend sollten Sie nun die erfolgreiche Aktualisierung des betreffenden Serversystems anhand der Einträge in der Ereignisanzeige überprüfen.

Gehen Sie zur Anzeige der Ereignisanzeigeneinträge des aktualisierten Serversystems unter Windows Server 2008 R2 wie folgt vor:

1. Erweitern Sie im Server-Manager den Knoten *Diagnose* und nachfolgend den Knoten *Ereignisanzeige*.
2. Klicken Sie auf das gewünschte Ereignisprotokoll, beispielsweise unter *Anwendungs- und Dienstprotokolle* auf *Verzeichnisdienst*.

Im mittleren Fensterbereich werden Ihnen im Abschnitt *Anwendungs- und Dienstprotokolle* die vorhandenen Ereigniseinträge angezeigt. Prüfen Sie diese auf eventuelle Warnungen und Fehlermeldungen.

Problem: Plattformabhängigkeit

Nicht in allen Fällen lassen sich bestehende Serversysteme von Windows Server 2003, Windows Server 2003 R2 oder Windows Server 2008 zu Windows Server 2008 R2 aktualisieren. Die größte Hürde hierzu ist die Plattformabhängigkeit. Da eine Aktualisierung von bestehenden x86-Systemen zum x64-basierten Windows Server 2008 R2 technisch nicht möglich ist, hat Microsoft eine weitere Neuerung in den Umfang von Windows Server 2008 R2 integriert: die Windows Server-Migrationstools, mit denen man Serverrollen und -funktionen bestehender Serversysteme zu neuen Serversystemen unter Windows Server 2008 R2 migrieren kann.

2.8 Migration von Serverrollen und -funktionen

Windows PowerShell als Basis für die Migration

In den Umfang von Windows Server 2008 R2 hat Microsoft interessante Windows Server-Migrationstools für die Migration bestimmter Serverrollen, Features (*Funktionen*), Betriebssystemeinstellungen, Freigaben und sonstigen Daten von Computern, auf denen bestimmte Editionen von Windows Server 2003, Windows Server 2003 R2, Windows Server 2008 oder Windows Server 2008 R2 ausgeführt werden, um zu Computersystemen unter Windows Server 2008 R2 zu migrieren. Dem Migrationsvorgang liegt die Windows PowerShell zugrunde, was den Vorgang für viele Administratoren etwas undurchsichtig erscheinen lässt. Selbst auf den Quellserversystemen (beispielsweise unter Windows Server 2003 mit Service Pack 2) wird das Microsoft .Net Framework 2.0 sowie die Windows PowerShell 1.0 benötigt, um die Migration von Serverrollen, Funktionen oder auch Diensten auf Zielsysteme unter Windows Server 2008 R2 zu realisieren.

Migration von x86 nach x64 möglich

Die Windows Server-Migrationstools ermöglichen es, wie bereits erwähnt, Serverrollen, Funktionen oder auch mehr sogar zwischen Betriebssystemen mit unterschiedlichen Plattformen, sprich: die von x86-basierten Serversystemen auf Windows Server 2008 R2 als 64-Bit-Betriebssystem zu migrieren. Die folgende Tabelle enthält eine Übersicht der von den Windows Server-Migrationstools unterstützten Betriebssysteme:

Tabelle 2.2 Unterstützte Betriebssysteme und Plattformen der Windows Server-Migrationstools

Betriebssystem und Prozessor des Quellsystems	Betriebssystem und Prozessor des Zielsystems
Windows Server 2003 mit Service Pack 2 (x86- oder x64-basiert)	Windows Server 2008 R2 (x64-basiert) als Server Core- oder vollständige Installation
Windows Server 2003 R2 (x86- oder x64-basiert)	Windows Server 2008 R2 (x64-basiert) als Server Core- oder vollständige Installation
Windows Server 2008, vollständige Installation (x86- oder x64-basiert)	Windows Server 2008 R2 (x64-basiert) als Server Core- oder vollständige Installation
Windows Server 2008 R2 (x64-basiert)	Windows Server 2008 R2 (x64-basiert) als Server Core- oder vollständige Installation
Windows Server 2008 R2 (x64-basiert) als Server Core-Installation	Windows Server 2008 R2 (x64-basiert) als Server Core- oder vollständige Installation

Darüber hinaus gelten noch die folgenden Voraussetzungen für die Unterstützung der Windows Server-Migrationstools:

- Foundation, Standard, Enterprise und Datacenter Editionen von Windows Server werden sowohl als Quell- als auch als Zielserver unterstützt.
- Die Migration zwischen physikalischen und virtuellen Betriebssystemen wird ebenso unterstützt.
- Die Sprachversion der für die Migration zu nutzenden Quell- und Zielserver müssen gleich sein.

> Die Migration von Serverrollen, Funktionen oder auch Diensten stellt einen auch zeitlich mitunter umfangreichen Vorgang dar, weshalb ich in diesem Buch lediglich kurz auf das Thema eingehen kann. Weitere Informationen, sowie auch vollständige Handbücher für die Migration einzelner Serverrollen, Funktionen und Dienste findet man direkt auf der Website von Microsoft unter:
>
> *http://technet.microsoft.com/de-de/library/dd365353(WS.10).aspx*

Im nächsten Kapitel gehe ich nunmehr intensiver auf die Serverrollen, Rollendienste und -funktionen unter Windows Server 2008 R2 ein.

3 Serverrollen, Rollendienste und -funktionen

Das Konzept fest definierter Serverrollen, Rollendienste und -funktionen hat Microsoft erstmalig unter Windows Server 2008 in die Serverbetriebssysteme eingeführt. Hierdurch wurde die Implementierung und Verwaltung der vom Betriebssystem unterstützten Serverrollen und -funktionen (*Features*) um ein Vielfaches übersichtlicher und zudem ebenso auch vereinfacht. Zur Verwaltung der einzelnen Serverrollen, Rollendienste und -funktionen finden sich auf dem Serversystem unter Windows Server 2008 R2 der nochmals überarbeitete Server-Manager mitsamt der darin enthaltenen Server-Manager-Assistenten sowie auch eine Vielzahl an Windows PowerShell-Befehlen, die sogenannten *Cmdlets*, welche auch für die skriptbasierte Verwaltung von Serversystemen verwendet werden können.

Vielfältige Einsatzmöglichkeiten

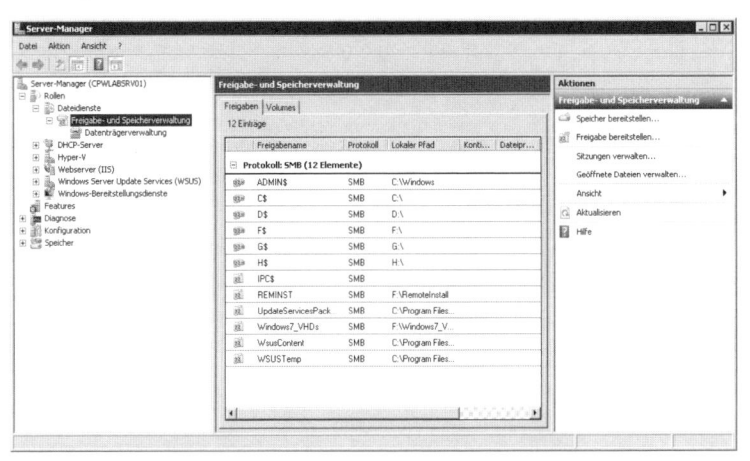

Abbildung 3.1
Server-Manager unter Windows Server 2008 R2

Angriffsfläche verringern Zugegeben, der Einsatz von Serverrollen ist nicht neu. Bereits unter Windows 2000 konnte man Serversystemen mithilfe des *Sicherheitskonfigurations-Assistenten* (engl. *Security Configuration Wizard, SCW*) feste Serverrollen zuordnen und somit auch die primäre(n) Funktion(en) des jeweiligen Servers definieren. Durch diese Art der Konfiguration konnte der überflüssige Einsatz von nicht benötigten Serverrollen und -funktionen vermieden und somit letztlich auch die Angriffsfläche gegenüber potentiellen Hackern verringert werden (sog. *Server Hardening*).

Windows Server 2008 R2 unterstützt ebenso wie auch bereits sein Vorgänger eine Vielzahl verschiedener Serverrollen, Rollendienste und -funktionen. Diese wurden im Umfang des neuen Serverbetriebssystems nochmals erweitert.

Ungleiche Editionen Nicht jede der von Windows Server 2008 R2 erhältlichen Betriebssystem-Editionen enthält auch alle verfügbaren Serverrollen, Rollendienste und -funktionen. Insbesondere Windows Web Server 2008 R2 ist im Umfang der darin enthaltenen Serverrollen, Rollendienste und -funktionen eingeschränkt. Verschiedene Serverrollen und -funktionen sind darüber hinaus teilweise erst ab der Enterprise Edition im Umfang von Windows Server 2008 R2 enthalten.

3.1 Enthaltene Serverrollen und Rollendienste

Die nachfolgende Tabelle gibt Ihnen einen Überblick zu den unter Windows Server 2008 R2 verfügbaren Serverrollen und Rollendiensten:

Serverrolle/ Rollendienst	Beschreibung
Active Directory Lightweight Directory Services (AD LDS)	Stellt für verzeichnisfähige Anwendungen, welche die Infrastruktur der Active Directory-Domänendienste nicht benötigen, einen Speicher für anwendungsspezifische Daten bereit. Auf einem einzelnen Serversystem werden mehrere AD LDS-Instanzen mit eigenem Schema unterstützt.
Active Directory-Domänendienste (Active Directory Domain Services, AD DS)	Werden zum Speichern von Informationen zu Objekten im Netzwerk und zur Bereitstellung dieser Informationen für Benutzer und Netzwerkadministratoren verwendet. Die AD DS verwenden Domänencontroller, um den Netzwerkbenutzern über eine einmalige Anmeldung Zugriff auf erlaubte Ressourcen im Netzwerk zu gewährleisten.

Tabelle 3.1: *Verfügbare Serverrollen unter Windows Server 2008 R2*

Serverrolle/ Rollendienst	Beschreibung
Active Directory-Rechteverwaltungsdienste (Active Directory Rights Management Services, AD RMS)	Schützen Informationen vor nicht autorisierter Verwendung. AD RMS weist die Identität von Benutzern nach und stellt autorisierten Benutzern Lizenzen für geschützte Informationen bereit.
Active Directory-Verbunddienste (Active Directory Federation Services, AD FS)	Bieten einen vereinfachten und sicheren Identitätsverbund sowie Funktionen für einmalige Webanmeldung. Die AD FS umfassen einen Verbunddienst zur browserbasierten einmaligen Webanmeldung, einen Verbunddienstproxy zur Anpassung des Clientzugriffs und zum Schutz interner Ressourcen sowie Web-Agents, durch die Verbunddienstbenutzern der Zugriff auf intern gehostete Anwendungen gewährt wird.
Active Directory-Zertifikatdienste (Active Directory Certificate Services, AD CS)	Werden zum Erstellen von Zertifizierungsstellen und dazugehörigen Rollendiensten verwendet, die Ihnen das Ausstellen und Verwalten von Zertifikaten ermöglichen, die in einer Vielzahl von Anwendungen verwendet werden.
Anwendungsserver	Ermöglicht das zentrale Verwalten und Hosten von verteilten und hochleistungsfähigen Geschäftsanwendungen, z.B. mit Enterprise Services und .NET Framework 3.5.1 erstellte Anwendungen.
Dateidienste	Stellen nützliche Technologien zum Verwalten von Speicher, Aktivieren der Dateireplikation, Verwalten freigegebener Ordner, Durchführen schneller Dateisuchen und Aktivieren des Zugriffs auf UNIX-Clientcomputer bereit.
DHCP-Server	Mit DHCP-Server (Dynamic Host Configuration-Protokoll) können Sie temporäre IP-Adressen und dazugehörige Informationen für Clientcomputer zentral konfigurieren, verwalten und bereitstellen.
DNS-Server	Stellt eine Namensauflösung für TCP/IP-Netzwerke bereit. DNS-Server ist einfacher zu verwalten, wenn die Anwendung auf dem gleichen Server wie die Active Directory-Domänendienste (AD DS) installiert ist. Wenn Sie die Rolle Active Directory-Domänendienste ausgewählt haben, können Sie DNS-Server und Active Directory-Domänendienste installieren und konfigurieren, sodass die Anwendungen zusammenarbeiten können.

Tabelle 3.1: *Verfügbare Serverrollen unter Windows Server 2008 R2 (Forts.)*

Serverrolle/ Rollendienst	Beschreibung
Druck- und Dokumentdienste	Die Rolle Druck- und Dokumentendienste ermöglicht das Zentralisieren von Druckserver- und Netzwerkdrucker-Verwaltungsaufgaben. Diese Rolle ermöglicht zudem das Empfangen gescannter Dokumente von Netzwerkscannern und das Weiterleiten der Dokumente an eine freigegebene Netzwerkressource, eine Windows SharePoint Services-Website oder an E-Mail-Adressen.
Faxserver	Sendet und empfängt Faxe und ermöglicht Ihnen das Verwalten von Faxressourcen, z.B. Aufträgen, Einstellungen, Berichten und Faxgeräten auf diesem Computer oder im Netzwerk.
Hyper-V	Stellt Dienste bereit, mit denen Sie virtuelle Computer und deren Ressourcen erstellen und verwalten können. Jeder virtuelle Computer ist ein virtualisiertes Computersystem, das in einer isolierten Ausführungsumgebung betrieben wird. Dadurch wird die gleichzeitige Ausführung von mehreren Betriebssystemen ermöglicht.
Netzwerkrichtlinien- und Zugriffsdienste	Stellen Netzwerkrichtlinienserver (Network Policy Server, NPS), Routing und RAS, Integritätsregistrierungsstelle (HRA) und HCAP (Host Credential Authorization-Protokoll) bereit, um die Integrität und Sicherheit eines Netzwerks zu schützen.
Remotedesktopdienste	Von den Remotedesktopdiensten (ehemals Terminaldienste) werden Technologien bereitgestellt, die Benutzern den Zugriff auf Windows-basierte Programme, die auf einem Remotedesktop-Sitzungshostserver installiert sind, sowie auf den vollständigen Windows-Desktop ermöglichen. Mit den Remotedesktopdiensten können Benutzer über das firmeninterne Netzwerk oder über das Internet auf einen Remotedesktop-Sitzungshostserver oder einen virtuellen Computer zugreifen.
Webserver (IIS)	Stellt eine zuverlässige, verwaltbare und skalierbare Webanwendungsinfrastruktur bereit.
Windows Server Update Services (WSUS)	Mit WSUS können Netzwerkadministratoren die zu installierenden Microsoft-Updates angeben, separate Gruppen von Computern für verschiedene Sätze von Updates erstellen und Berichte über die Kompatibilitätsstufen der Computer und über die zu installierenden Updates abrufen.
Windows-Bereitstellungsdienste	Bieten eine einfache und sichere Möglichkeit, für Computer im Netzwerk schnell und im Remotemodus Windows-Betriebssysteme bereitzustellen.

Tabelle 3.1: *Verfügbare Serverrollen unter Windows Server 2008 R2 (Forts.)*

Neben den Serverrollen und Rollendiensten unterstützt Windows Server 2008 R2 ebenso eine Vielzahl an Funktionen (engl. *Features*). Im Vergleich zu Windows Server 2008 wurden dem neuen Serverbetriebssystem zudem einige von Microsoft neu entwickelte Funktionen hinzugefügt.

3.2 Enthaltene Funktionen (Features)

Wie bereits unter der vorherigen Serverbetriebssystemversion werden auch unter Windows Server 2008 R2 einige wichtige Funktionen (beispielsweise die *Windows Server-Sicherung*) nicht automatisch installiert. Diese können bei Bedarf beispielsweise mithilfe des bereits erwähnten Server-Managers jedoch jederzeit problemlos nachinstalliert werden.

Die folgende Tabelle enthält eine Übersicht über die von Windows Server 2008 R2 unterstützten Funktionen (*Features*):

Funktion (Feature)	Beschreibung
.NET Framework 3.5.1	Kombiniert die Leistungsfähigkeit der .NET Framework 2.0-APIs mit den neuen Technologien zum Erstellen von Anwendungen mit ansprechenden Benutzeroberflächen, die die persönlichen Identitätsinformationen der Kunden schützen, nahtlose und sichere Kommunikation unterstützen und das Entwerfen einer Reihe von Geschäftsprozessen ermöglicht.
Intelligenter Hintergrundübertragungsdienst (Background Intelligent Transfer Service, BITS)	Mit BITS können Dateien asynchron im Vordergrund oder Hintergrund übertragen werden, die Reaktionsfähigkeit anderer Netzwerkanwendungen durch Drosseln der Dateiübertragungen nach Netzwerkausfällen und Computerneustarts automatisch fortgesetzt werden.
BitLocker-Laufwerksverschlüsselung	Hilft dabei, die Daten auf gestohlenen oder nicht ordnungsgemäß außer Dienst gestellten Computer zu schützen, indem das gesamte Volume verschlüsselt und die Integrität der vorrangigen Startkomponenten geprüft wird. Die Daten werden nur entschlüsselt, wenn diese Komponenten erfolgreich überprüft wurden und sich das verschlüsselte Laufwerk im Originalcomputer befindet. Für die Integrität ist ein kompatibles TPM erforderlich.

Tabelle 3.2: Verfügbare Features unter Windows Server 2008 R2

Funktion (Feature)	Beschreibung
BranchCache	Dient zum Installieren der Dienste, die zur Bereitstellung der BranchCache-Clientfunktion erforderlich sind. Zudem steht BrancheCache-Serverunterstützung für das HTTP-Protokoll, den gehosteten Cache und andere Dienste als den BrancheCache für den Netzwerkdatei-Rollendienst zur Verfügung.
Desktopdarstellung	Umfasst Windows 7-Features, wie z.B. Windows Media Player, Desktopdesigns und Fotoverwaltung. Durch Desktopdarstellung werden keine Windows 7-Features aktiviert. Die Features müssen manuell aktiviert werden.
DirectAccess-Verwaltungskonsole	Die Verwaltungskonsole für DirectAccess dient zum Konfigurieren und Überwachen einer DirectAccess-Infrastruktur, die Remoteclient-Computern den Zugriff auf Ressourcen des Unternehmensnetzwerks über eine ständige Verbindung ermöglicht. Clientverbindungen sind bidirektional, wodurch IT-Administratoren bessere Remotesteuerungsmöglichkeiten für Clientcomputer erhalten.
Einfache TCP/IP-Dienste	Unterstützen folgende TCP/IP-Dienste: Zeichengenerator, Daytime, Discard, Echo und Zitat des Tages. Einfache TCP/IP-Dienste werden zur Abwärtskompatibilität bereitgestellt und sollten nur bei Bedarf installiert werden.
Failover-Clusterunterstützung	Ermöglicht die Zusammenarbeit mehrerer Server, um hochverfügbare Dienste und Anwendungen bereitzustellen. Die Failover-Clusterunterstützung wird häufig für Datei- und Druckdienste sowie Datenbank- und E-Mail-Anwendungen verwendet.
Freihand- und Handschriftdienst	Bietet u.a. die Unterstützung für die Verwendung eines Stifts/Tablettstifts, einschließlich der Unterstützung von Stiftbewegungen.
Gruppenrichtlinienverwaltung	Ist ein skriptfähiges MMC-Snap-In mit einem Verwaltungsprogramm für die Verwaltung von Gruppenrichtlinien im gesamten Unternehmen. Die Gruppenrichtlinienverwaltung ist das Standardprogramm für die Verwaltung von Gruppenrichtlinien.
Interne Windows-Datenbank	Die interne Windows-Datenbank ist ein relationaler Datenspeicher, der nur von Windows-Rollen und -Features verwendet werden kann, z.B. UDDI-Dienste, Active Directory-Rechteverwaltungsdienste, Windows Server Update Services (WSUS) und Windows Systemressourcen-Manager.

Tabelle 3.2: Verfügbare Features unter Windows Server 2008 R2 (Forts.)

Funktion (Feature)	Beschreibung
Internetdruckclient	Ermöglicht Clients die Verwendung des Internet Printing-Protokolls (IPP) für Verbindungen mit und zum Drucken auf Drucker im Netzwerk oder im Internet.
iSNS (Internet Storage Naming Server)	Stellt Erkennungsdienste für iSCSI-SANs (Internet Small Computer System Interface) bereit und verarbeitet Registierungsanforderungen, Registrierungsaufhebungsanforderungen und Anfragen von iSCSI-Clients.
LPR-Portmonitor	Ermöglicht dem Computer, mithilfe des LPD-Dienstes auf freigegebenen Druckern zu drucken. (Der LPD-Dienst wird häufig von UNIX-basierten Computern und Druckerfreigabegeräten verwendet.)
Message Queuing	Bietet garantierte Nachrichtenübermittlung, effizientes Routing, Sicherheit und prioritätenbasierte Nachrichtenübermittlung zwischen Anwendungen. Message Queuing ermöglicht zudem die Nachrichtenübermittlung zwischen Anwendungen, die unter verschiedenen Betriebssystemen ausgeführt werden, unterschiedliche Netzwerkinfrastrukturen verwenden, vorübergehend offline sind oder zu verschiedenen Zeiten ausgeführt werden.
Multipfad-E/A	Unterstützt in Verbindung mit dem Microsoft-DSM oder einem Drittanbieter-DSM die Verwendung mehrerer Datenpfade zu einem Speichergerät unter Windows.
Netzwerklastenausgleich (Network Load Balancing, NLB)	Verteilt Datenverkehr mithilfe des TCP/IP-Protokolls auf mehrere Server. NLB ist besonders hilfreich, um die Skalierbarkeit statusfreier Anwendungen (z.B. Webserver, auf denen Internetinformationsdienste (IIS) ausgeführt werden) sicherzustellen, indem bei zunehmender Last weitere Server hinzugefügt werden.
Peer Name Resolution-Protokoll	Ermöglicht Anwendungen, Namen auf dem Computer zu registrieren und aufzulösen, damit andere Computer mit diesen Anwendungen kommunizieren können.
Remotedifferenzialkomprimierung	Bei der Remotedifferenzialkomprimierung werden die Unterschiede zwischen zwei Objekten berechnet und mit minimaler Bandbreite über ein Netzwerk übertragen.
Remoteserver-Verwaltungstools	Enthalten Snap-Ins und Befehlszeilentools für die Remoteverwaltung von Rollen und Features.
Remoteunterstützung	Die Remoteunterstützung ermöglicht Ihnen (oder einem Mitarbeiter des technischen Supports), Benutzern mit Computerproblemen oder Fragen Hilfe anzubieten. Mit der Remoteunterstützung können Sie zur Problembehandlung den Desktop des Benutzers anzeigen und die Steuerung freigeben. Benutzer können auch Freunde oder Kollegen um Hilfe bitten.

Tabelle 3.2: *Verfügbare Features unter Windows Server 2008 R2 (Forts.)*

Funktion (Feature)	Beschreibung
RPC-über-HTTP-Proxy	Leitet RPC-Datenverkehr von Clientanwendungen über HTTP zum Server. Dies ist eine Alternative zu den Clients, die über eine VPN-Verbindung auf den Server zugreifen.
SMTP-Server	Unterstützt die Übertragung von E-Mail-Nachrichten zwischen E-Mail-Systemen.
SNMP-Dienst	Umfassen den SNMP-Dienst und den SNMP-WMI-Anbieter.
Speicher-Manager für SANs	Unterstützt beim Erstellen und Verwalten von LUNs auf Fibre Channel- und iSCSI-Laufwerksubsystemen, die den Dienst für virtuelle Datenträger unterstützen.
Subsystem für UNIX-basierte Anwendungen	Mit dem Subsystem für UNIX-basierte Anwendungen (SUA) und dem Paket von unterstützenden Dienstprogrammen, das auf der Microsoft-Website zum Herunterladen verfügbar ist, können Sie UNIX-basierte Programme ausführen und UNIX-basierte Anwendungen in der Windows-Umgebung kompilieren und ausführen.
Telnet-Client	Verwendet das Telnet-Protokoll, um eine Verbindung mit einem Telnet-Remoteserver herzustellen und Anwendungen auf diesem Server auszuführen.
Telnet-Server	Ermöglicht Remotebenutzern das Verwalten über die Befehlszeile und das Ausführen von Programmen mithilfe eines Telnet-Clients, einschließlich UNIX-basierter Clients.
TFTP-Client (Trivial File Transfer-Protokoll)	Wird verwendet, um Dateien von einem Remote-TFTP-Server zu lesen bzw. auf einen Remote-TFTP-Server zu schreiben. TFTP wird hauptsächlich von eingebetteten Geräten oder Systemen verwendet, die während des Startvorgangs Firmware, Konfigurationsinformationen oder ein Systemabbild von einem TFTP-Server abrufen.
Verbessertes Windows-Audio/Video-Streaming (qWave)	Ist eine Netzwerkplattform für Audio-/Video (AV)-Streaming-Anwendungen in IP-Heimnetzwerken. qWave verbessert die AV-Streaming-Leistung und -zuverlässigkeit durch Sicherstellen des Netzwerk-QoS für AV-Anwendungen. qWave bietet Mechanismen für Zugangssteuerung, Laufzeitüberwachung und -erzwingungen, Anwendungsfeedback sowie Datenverkehrspriorisierung. Auf Windows Server-Plattformen sind für qWave nur Übertragungsraten- und Prioritätsdienste verfügbar.
Verbindungs-Manager Verwaltungskit	Das Verbindungs-Manager-Verwaltungskit (Connection Manager Administration Kit, CMAK) generiert Verbindungs-Manager-Profile.

Tabelle 3.2: Verfügbare Features unter Windows Server 2008 R2 (Forts.)

Funktion (Feature)	Beschreibung
Windows Power-Shell Integrated Scripting Environment (ISE)	Ermöglicht die Ausführung von interaktiven Befehlen und das Bearbeiten und Debuggen von Skripts in einer grafischen Umgebung. Zu den Hauptfeatures zählen farbkodierte Syntax, selektive Ausführung, grafisches Debugging, Unicode-Unterstützung und kontextbezogene Hilfe. Windows PowerShell ISE beinhaltet auch das Out-GridView-Cmdlet, mit dem die Ausgabe eines Befehls an eine interaktive Tabelle in einem gesonderten Fenster gesendet wird.
Windows Server-Migrationstools	Umfassen Windows PowerShell-Cmdlets, die die Migration von Serverrollen, Betriebssystemeinstellungen, Dateien und Freigaben von Computern, auf denen eine Vorgängerversion von Windows Server 2008 oder Windows Server 2008 R2 ausgeführt wird, zu Computern mit Windows Server 2008 R2 vereinfachen.
Windows Server-Sicherungsfeatures	Mithilfe der Windows Server-Sicherungsfeatures können Sie das Betriebssystem, Anwendungen und Daten sichern und wiederherstellen. Sie können Sicherungen planen, die einmal täglich oder häufiger ausgeführt werden, und Sie können den kompletten Server oder bestimmte Volumes schützen.
Windows-Biometrie-Framework	Windows-Biometrie-Framework (Windows Biometric Framework, WBF) ermöglicht die Verwendung von Fingerabdruckgeräten zur Bestimmung und Überprüfung von Identitäten und zur Anmeldung bei Windows. WBF beinhaltet die Komponenten, die für die Verwendung von Fingerabdruckgeräten erforderlich sind.
Windows-Prozessaktivierungsdienst	Der Windows-Prozessaktivierungsdienst (Windows Process Activation Service, WPAS) generalisiert das IIS-Prozessmodell und beseitigt dadurch die Abhängigkeiten von HTTP. Alle IIS-Features, die zuvor nur in HTTP-Anwendungen verfügbar waren, stehen jetzt auch für Anwendungen zur Verfügung, die als Host für WCF-Dienste (Windows Communication Foundation) fungieren und keine HTTP-Protokolle verwenden. IIS 7.0 verwendet WPAS auch für die meldungsbasierte Aktivierung über HTTP.
Windows-Systemressourcen-Manager (WSRM)	WSRM ist ein Verwaltungsprogramm, mit dem die Zuordnung von CPU- und Speicherressourcen gesteuert werden kann. Durch Verwalten der Ressourcenzuordnung kann die Systemleistung verbessert werden. Zudem besteht ein geringeres Risiko, dass Anwendungen, Dienste oder Prozesse sich gegenseitig stören und dadurch die Servereffizienz und Systemreaktion beeinträchtigen.

Tabelle 3.2: *Verfügbare Features unter Windows Server 2008 R2 (Forts.)*

Funktion (Feature)	Beschreibung
Windows-TIFF-iFilter (Tagged Image File Format Index Filter)	Von Windows-TIFF-iFilter wird eine optische Zeichenerkennung (Optical Character Recognition, OCR) für TIFF 6.0-kompatible Dateien (Dateierweiterungen "TIF" und "TIFF") ausgeführt. Dies ermöglicht eine Indizierung der Dateien sowie die Volltextsuche in den Dateien.
WinRM-IIS-Erweiterung	Die IIS-Erweiterung für die Windows Remoteverwaltung (WinRM) ermöglicht einem Server den Empfang einer Verwaltungsanforderung von einem Client mithilfe der WS-Verwaltung. WinRM ist die Microsoft-Implementierung des WS-Verwaltungsprotokolls, das einen sicheren Kommunikationsweg zwischen lokalen Computern und Remotecomputern mithilfe von Webdiensten bereitstellt.
WINS-Server (Windows Internet Name Service)	Stellt eine verteilte Datenbank zum Registrieren und Abfragen von dynamischen NetBIOS-Namenszuordnungen für Computer und Gruppen bereit, die im Netzwerk verwendet wird. WINS ordnet NetBIOS-Namen den IP-Adressen zu und behebt die Probleme, die auf die NetBIOS-Namensauflösung in Routingumgebungen zurückzuführen sind.
WLAN-Dienst	Konfiguriert und startet den WLAN AutoConfig-Dienst, unabhängig davon, ob der Computer über Drahtlosadapter verfügt. Der WLAN AutoConfig-Dienst zählt die Drahtlosadapter auf und verwaltet sowohl Drahtlosverbindungen als auch Drahtlosprofile. Drahtlosprofile enthalten die Einstellungen, die zum Konfigurieren eines Drahtlosclients für das Herstellen einer Verbindung mit einem Drahtlosnetzwerk erforderlich sind.
XPS-Viewer	Mit dem XPS-Viewer werden XPS-Dokumente gelesen, digital signiert und die Berechtigung für XPS-Dokumente festgelegt.

Tabelle 3.2: Verfügbare Features unter Windows Server 2008 R2 (Forts.)

> Beachten Sie, dass die Windows Server-Sicherung wie bereits auch unter Windows Server 2008 keine Sicherung auf Bandlaufwerken unterstützt. Datensicherungen, die vorweg mit `ntbackup.exe` erstellt wurden, sind zu der neuen Windows Server-Sicherung nicht kompatibel. Microsoft bietet das Tool `ntbackup.exe` als kostenfreien Download im Internet an, mit welchem man die vorweg mit dem Tool unter älteren Windows-Betriebssystemen erstellten Sicherungen auch unter Windows Server 2008 R2 wiederherstellen kann. Das Tool findet man unter:
>
> *http://go.microsoft.com/fwlink/?LinkId=82917*

3.3 Installation von Serverrollen, Rollendiensten und -funktionen

Wie eingangs dieses Kapitels bereits erwähnt, stehen unter Windows Server 2008 R2 für das Hinzufügen und Verwaltung von Serverrollen, Rollendiensten und -funktionen verschiedene Tools zur Verfügung:

- **Assistent zum Hinzufügen von Rollen** im Server-Manager als grafische Verwaltungskonsole
- **ServerManagerCmd.exe** als kommandozeilenbasierte Version des Server-Managers
- **Windows PowerShell-Befehle** (sog. *Cmdlets*)

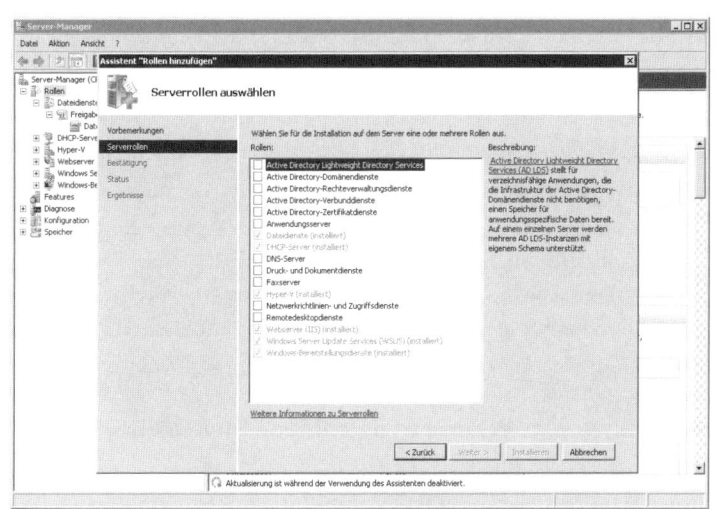

Abbildung 3.2
Assistent „Rollen hinzufügen" im Server-Manager unter Windows Server 2008 R2

3.3.1 Hinzufügen von Rollen

Der *Assistent zum Hinzufügen von Rollen im Server-Manager* bietet die übersichtlichste Möglichkeit, sowie auch die Gewissheit, dass alle mitunter in Abhängigkeit notwendigen, zusätzlichen Softwarekomponenten und Rollendienste mitsamt der betreffenden Serverrolle auf dem Serversystem installiert werden. Dieser grafische Assistent steht unter einem Serversystem unter Windows Server 2008 R2 Server Core nicht zur Verfügung. Stattdessen wird unter Server Core der Befehl ocsetup.exe für die Installation von Serverrollen, Rollendienste und Funktionen verwendet. Nachdem die Unterstützung der Windows PowerShell zu Windows Server 2008 R2 hinzugefügt wurde, steht auch diese für die Installation zur Verfügung. Es sollte nicht unerwähnt bleiben, dass die von vielen bereits „*totgesagte*", kommandozeilenbasierte Version des Server-Managers (ServerManagerCmd.exe) für diesen Zweck ebenso noch verwendet werden kann.

Grafisch oder in der Kommandozeile

Kapitel 3 Serverrollen, Rollendienste und -funktionen

> Alternativ zur Verwaltung der Serverrollen, Rollendienste und Features direkt auf einem Serversystem unter Windows Server 2008 R2 kann man die *Remoteserver-Verwaltungstools* (engl. *Remote Server Administration Tools, RSAT*) für die Remoteverwaltung unter Windows 7 installieren. RSAT steht im Internet zum kostenfreien Download bereit unter:
>
> *http://www.microsoft.com/downloads/details.aspx?FamilyID= 7d2f6ad7-656b-4313-a005-4e344e43997d&displaylang=de*

Hinzufügen von Serverrollen mithilfe des Server-Managers

Gehen Sie wie folgt vor, um Serverrollen auf einem Serversystem unter Windows Server 2008 R2 mithilfe des Server-Managers hinzuzufügen:

1. Starten Sie den *Server-Manager*.
2. Klicken Sie auf *Rollen*.
3. Klicken Sie im Abschnitt *Rollenübersicht* auf *Rollen hinzufügen*.
4. Lesen Sie die Vorbemerkungen und klicken Sie dann auf *Weiter*.
5. Aktivieren Sie das Kontrollkästchen für die zu installierende Serverrolle und klicken Sie anschließend auf *Weiter*.
6. Mitunter werden noch weitere Auswahlfelder angezeigt. Folgen Sie den nachfolgenden Anweisungen des Assistenten.
7. Klicken Sie am Ende auf die Schaltfläche *Installieren*.

Hinzufügen von Serverrollen mithilfe von ServerManagerCmd.exe

Gehen Sie wie folgt vor, um Serverrollen auf einem Serversystem unter Windows Server 2008 R2 mithilfe des kommandozeilenbasierten Tools `ServerManagerCmd.exe` hinzuzufügen:

1. Klicken Sie auf *Start/Alle Programme/Zubehör*.
2. Klicken Sie dann mit der rechten Maustaste auf *Eingabeaufforderung* und wählen Sie im Kontextmenü den Eintrag *Als Administrator ausführen*.
3. Geben Sie den folgenden Befehl in die Eingabeaufforderung ein, um eine Liste aller verfügbaren Serverrollen, Rollendienste und Funktionen anzeigen zu lassen:
   `ServerManagerCmd.exe -query`
4. Geben Sie anschließend den folgenden Befehl ein, um die gewünschte Serverrolle auf dem Server unter Windows Server 2008 R2 zu installieren (*name* steht hierbei als Beispiel für den Namen der zu installierenden Serverrolle):
   `ServerManagerCmd.exe -install name -restart`

Installation von Serverrollen, Rollendiensten und -funktionen

> Im Bedarfsfall können auch mehrere Serverrollen, Rollendienste oder Features installiert werden, indem die jeweiligen Namen durch ein Leerzeichen getrennt werden. Sehen Sie hierzu ein Beispiel:
> ```
> ServerManagerCmd.exe -install GPMC DNS DHCPBackup-Features -restart
> ```

5. Geben Sie nach Abschluss der Installation den folgenden Befehl ein, um eine Übersicht der installierten Serverrollen, Rollendienste und Features anzeigen zu lassen:
   ```
   ServerManagerCmd.exe -query
   ```

Microsoft beschreibt beim Aufruf des kommandozeilenbasierten Befehls ServerManagerCmd.exe, dass die Unterstützung der (veralteten) Datei in zukünftigen Windows-Versionen nicht gewährleistet wird und man deshalb die für Server-Manager verfügbaren Windows PowerShell-Cmdlets verwenden soll.

Relativ neu und doch bereits veraltet

Hinzufügen von Serverrollen mithilfe von Windows PowerShell-Cmdlets

Gehen Sie wie folgt vor, um Serverrollen auf einem Serversystem unter Windows Server 2008 R2 mithilfe von Windows PowerShell-Cmdlets hinzuzufügen:

1. Klicken Sie auf *Start/Alle Programme/Zubehör* und *Windows PowerShell*.
2. Klicken Sie dann mit der rechten Maustaste auf *Windows PowerShell*, und wählen Sie im Kontextmenü den Eintrag *Als Administrator ausführen*.
3. Geben Sie zum Laden des Server-Manager-Moduls in der Windows PowerShell den folgenden Befehl ein, und drücken Sie anschließend die Eingabetaste:
   ```
   Import-Module Servermanager
   ```
4. Geben Sie den folgenden Befehl ein, um eine Liste aller verfügbaren Serverrollen, Rollendienste und Features in der Windows PowerShell anzeigen zu lassen:
   ```
   Get-WindowsFeature
   ```
5. Geben Sie den folgenden Befehl in die Windows PowerShell ein, um die gewünschte Serverrolle auf dem Serversystem unter Windows Server 2008 R2 zu installieren:
   ```
   Add-WindowsFeature name -restart
   ```

Kapitel 3 Serverrollen, Rollendienste und -funktionen

> ℹ️ Man kann in der Windows PowerShell bei Bedarf gleichzeitig mehrere Serverrollen, Rollendienste und Funktionen installieren. Hierbei muss man die Namen der jeweiligen Serverrollen mithilfe von Kommas trennen. Sehen Sie hierzu ein Beispiel:
>
> ```
> Add-WindowsFeature GPMC,DNS,DHCP -restart
> ```
>
> Um ausführliche Informationen zu weiteren Parametern und Optionen des Windows PowerShell-Cmdlets zum Hinzufügen von Serverrollen, Rollendiensten und Features anzeigen zu lassen, geben Sie in der Windows PowerShell den folgenden Befehl ein:
>
> ```
> Get-Help Add-WindowsFeature -full
> ```

Neben Serverrollen und Rollendiensten können auch die unter Windows Server 2008 R2 verfügbaren Features (*Funktionen*) als prinzipiell optionale Komponenten zu einem Serversystem hinzugefügt werden. Die notwendigen Schrittfolgen gleich denen der Installation der Serverrollen und Rollendienste weitgehend.

3.3.2 Hinzufügen von Features (Funktionen)

Grafisch oder befehlszeilenbasiert

Der *Assistent zum Hinzufügen von Rollen im Server-Manager* bietet auch im Rahmen der Implementierung von Features unter Windows Server 2008 R2 die übersichtlichste Möglichkeit. Des Weiteren können diese auch mithilfe des (bereits veralteten) Kommandozeilenbefehls `ServerManagerCMD.exe` oder mithilfe von Windows PowerShell-Cmdlets installiert werden.

Hinzufügen von Features mithilfe des Server-Managers

Gehen Sie wie folgt vor, um Features (*Funktionen*) auf einem Serversystem unter Windows Server 2008 R2 mithilfe des Server-Managers hinzuzufügen:

1. Starten Sie den *Server-Manager*.
2. Klicken Sie auf *Features*.
3. Klicken Sie im Abschnitt *Featureübersicht* auf *Features hinzufügen*.
4. Aktivieren Sie das Kontrollkästchen für das zu installierende Feature und klicken Sie anschließend auf *Weiter*.
5. Mitunter werden noch weitere Auswahlfelder angezeigt. Folgen Sie den nachfolgenden Anweisungen des Assistenten.
6. Klicken Sie im Dialog *Installationsauswahl bestätigen* die Schaltfläche *Installieren*.

Installation von Serverrollen, Rollendiensten und -funktionen

Hinzufügen von Features mithilfe von ServerManagerCmd.exe

Gehen Sie wie folgt vor, um Features (*Funktionen*) auf einem Serversystem unter Windows Server 2008 R2 mithilfe des kommandozeilenbasierten Tools `ServerManagerCmd.exe` hinzuzufügen:

1. Klicken Sie auf *Start/Alle Programme/Zubehör*.
2. Klicken Sie dann mit der rechten Maustaste auf *Eingabeaufforderung* und wählen Sie im Kontextmenü den Eintrag *Als Administrator ausführen*.
3. Geben Sie den folgenden Befehl in die Eingabeaufforderung ein, um eine Liste aller verfügbaren Serverrollen, Rollendienste und Funktionen (*Features*) anzeigen zu lassen:
   `ServerManagerCmd.exe -query`
4. Geben Sie anschließend den folgenden Befehl ein, um die gewünschte Serverrolle auf dem Server unter Windows Server 2008 R2 zu installieren (*name* steht hierbei als Beispiel für den Namen des zu installierenden Features):
   `ServerManagerCmd.exe -install name -restart`

> Im Bedarfsfall können auch mehrere Serverrollen, Rollendienste oder Features installiert werden, indem die jeweiligen Namen durch ein Leerzeichen getrennt werden. Sehen Sie hierzu ein Beispiel:
> `ServerManagerCmd.exe -install BITS WINS-Server Backup-Features -restart`

5. Geben Sie nach Abschluss der Installation den folgenden Befehl ein, um eine Übersicht der installierten Serverrollen, Rollendienste und Features anzeigen zu lassen:
   `ServerManagerCmd.exe -query`

Microsoft beschreibt beim Aufruf des kommandozeilenbasierten Befehls `ServerManagerCmd.exe`, dass die Unterstützung der (veralteten) Datei in zukünftigen Windows-Versionen nicht gewährleistet wird und man deshalb die für Server-Manager verfügbaren Windows PowerShell-Cmdlets verwenden soll.

Relativ neu und doch bereits veraltet

Hinzufügen von Features mithilfe von Windows PowerShell-Cmdlets

Gehen Sie wie folgt vor, um Features (*Funktionen*) auf einem Serversystem unter Windows Server 2008 R2 mithilfe von Windows PowerShell-Cmdlets hinzuzufügen:

1. Klicken Sie auf *Start/Alle Programme/Zubehör* und *Windows PowerShell*.
2. Klicken Sie dann mit der rechten Maustaste auf *Windows PowerShell* und wählen Sie im Kontextmenü den Eintrag *Als Administrator ausführen*.

3. Geben Sie zum Laden des Server-Manager-Moduls in der Windows PowerShell den folgenden Befehl ein, und drücken Sie anschließend die Eingabetaste:
   Import-Module Servermanager
4. Geben Sie den folgenden Befehl ein, um eine Liste aller verfügbaren Serverrollen, Rollendienste und Features in der Windows PowerShell anzeigen zu lassen:
   Get-WindowsFeature
5. Geben Sie den folgenden Befehl in die Windows PowerShell ein, um das gewünschte Feature auf dem Serversystem unter Windows Server 2008 R2 zu installieren:
   Add-WindowsFeature name -restart

> Man kann mit der Windows PowerShell bei Bedarf gleichzeitig mehrere Serverrollen, Rollendienste und Funktionen installieren. Hierbei muss man die Namen der jeweiligen Serverrollen mithilfe von Kommas trennen. Sehen Sie hierzu ein Beispiel:
>
> Add-WindowsFeature BITS,WINS-Server -restart
>
> Um ausführliche Informationen zu weiteren Parametern und Optionen des Windows PowerShell-Cmdlets zum Hinzufügen von Serverrollen, Rollendiensten und Features anzeigen zu lassen, geben Sie in der Windows PowerShell den folgenden Befehl ein:
>
> Get-Help Add-WindowsFeature -full

3.4 Entfernen von Serverrollen, Rollendiensten und -funktionen

Die auf einem Serversystem unter Windows Server 2008 R2 installierten Serverrollen, Rollendienste und -funktionen lassen sich bei Bedarf natürlich auch wieder entfernen. Auch für diesen Vorgang stehen verschiedene Methoden zur Verfügung:

- *Assistent zum Entfernen von Rollen* im Server-Manager als grafische Verwaltungskonsole
- *ServerManagerCmd.exe* als kommandozeilenbasierte Version des Server-Managers
- *Windows PowerShell-Befehle* (sog. *Cmdlets*)

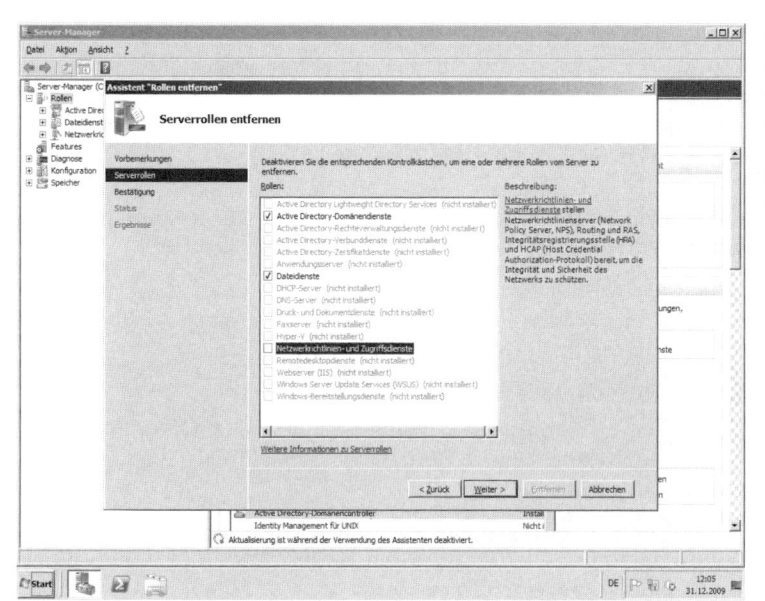

Abbildung 3.3
Assistent zum Entfernen von Serverrollen im Server-Manager unter Windows Server 2008 R2

3.4.1 Entfernen von Rollen

Der *Assistent zum Entfernen von Rollen* im Server-Manager bietet die übersichtlichste Möglichkeit, sowie ebenso auch die Gewissheit, dass alle mitunter in Abhängigkeit notwendigen, zusätzlichen Softwarekomponenten und Rollendienste mitsamt der betreffenden Serverrolle von dem Serversystem unter Windows Server 2008 R2 wieder entfernt werden. Auf einem Serversystem unter Windows Server 2008 R2 als Server Core steht dieser grafische Assistent wiederum nicht zur Verfügung, so dass man auch hier auf die kommandozeilenbasierte Version des Server-Managers (ServerManagerCmd.exe) oder gar auf Windows PowerShell-Befehle (sog. *Cmdlets*) zurückgreifen muss, um das Entfernen der gewünschten Serverrollen durchzuführen.

Entfernen von Serverrollen mithilfe des Server-Managers

Gehen Sie wie folgt vor, um Serverrollen auf einem Serversystem unter Windows Server 2008 R2 mithilfe des *Assistenten zum Entfernen von Rollen* im Server-Manager zu entfernen:

1. Starten Sie den *Server-Manager*.
2. Klicken Sie auf ROLLEN
3. Klicken Sie im Abschnitt *Rollenübersicht* auf *Rollen entfernen*.
4. Lesen Sie die Vorbemerkungen und klicken Sie dann auf *Weiter*.
5. Aktivieren Sie das Kontrollkästchen für die zu entfernenden Serverrolle und klicken Sie anschließend auf *Weiter*.

6. Mitunter werden Sie darauf hingewiesen, dass bestimmte, in Abhängigkeit mit der zu entfernenden Serverrolle stehende Rollendienste gleichsam entfernt werden. Folgen Sie den nachfolgenden Anweisungen des Assistenten. Sie können den Vorgang hierbei insgesamt durch einen Klick auf *Abbrechen* beenden.

Klicken Sie am Ende auf die Schaltfläche *Entfernen*.Entfernen von Serverrollen mithilfe von ServerManagerCmd.exe

Gehen Sie wie folgt vor, um Serverrollen von einem Serversystem unter Windows Server 2008 R2 mithilfe des kommandozeilenbasierten Tools ServerManagerCmd.exe zu entfernen:

1. Klicken Sie auf *Start/Alle Programme/Zubehör*.
2. Klicken Sie dann mit der rechten Maustaste auf *Eingabeaufforderung* und wählen Sie im Kontextmenü den Eintrag *Als Administrator ausführen*.
3. Geben Sie den folgenden Befehl in die Eingabeaufforderung ein, um eine Liste aller verfügbaren Serverrollen, Rollendienste und Funktionen anzeigen zu lassen:
   ServerManagerCmd.exe -query
4. Geben Sie anschließend den folgenden Befehl ein, um die gewünschte Serverrolle von dem Server unter Windows Server 2008 R2 zu entfernen (*name* steht hierbei als Beispiel für den Namen der zu entfernenden Serverrolle):
   ServerManagerCmd.exe -remove *name* -restart

> Im Bedarfsfall können auch mehrere Serverrollen, Rollendienste oder Features entfernt werden, indem die jeweiligen Namen durch ein Leerzeichen getrennt werden. Sehen Sie hierzu ein Beispiel:
> ServerManagerCmd.exe -remove GPMC DNS DHCP
> Backup-Features -restart

5. Geben Sie nach Abschluss der Installation den folgenden Befehl ein, um eine Übersicht der installierten Serverrollen, Rollendienste und Features anzeigen zu lassen:
   ServerManagerCmd.exe -query

Relativ neu und doch bereits veraltet Microsoft beschreibt beim Aufruf des kommandozeilenbasierten Befehls ServerManagerCmd.exe, dass die Unterstützung der (veralteten) Datei in zukünftigen Windows-Versionen nicht gewährleistet wird und man deshalb die für Server-Manager verfügbaren Windows PowerShell-Cmdlets verwenden soll.

Entfernen von Serverrollen mithilfe von Windows PowerShell-Cmdlets

Gehen Sie wie folgt vor, um Serverrollen mithilfe von Windows PowerShell-Cmdlets von einem Serversystem unter Windows Server 2008 R2 zu entfernen:

1. Klicken Sie auf *Start/Alle Programme/Zubehör* und *Windows PowerShell*.
2. Klicken Sie dann mit der rechten Maustaste auf *Windows PowerShell* und wählen Sie im Kontextmenü den Eintrag *Als Administrator ausführen*.
3. Geben Sie zum Laden des Server-Manager-Moduls in der Windows PowerShell den folgenden Befehl ein und drücken Sie anschließend die Eingabetaste:
   ```
   Import-Module Servermanager
   ```
4. Geben Sie den folgenden Befehl ein, um eine Liste aller verfügbaren Serverrollen, Rollendienste und Features in der Windows PowerShell anzeigen zu lassen:
   ```
   Get-WindowsFeature
   ```
5. Geben Sie den folgenden Befehl in die Windows PowerShell ein, um die gewünschte Serverrolle von dem Serversystem unter Windows Server 2008 R2 zu entfernen:
   ```
   Remove-WindowsFeature name -restart
   ```

> Man kann mit der Windows PowerShell bei Bedarf gleichzeitig mehrere Serverrollen, Rollendienste und Funktionen entfernen. Hierbei muss man die Namen der jeweiligen Serverrollen mithilfe von Kommas trennen. Sehen Sie hierzu ein Beispiel:
> ```
> Remove-WindowsFeature GPMC,DNS,DHCP -restart
> ```
> Um ausführliche Informationen zu weiteren Parametern und Optionen des Windows PowerShell-Cmdlets zum Entfernen von Serverrollen, Rollendiensten und Features anzeigen zu lassen, geben Sie in der Windows PowerShell den folgenden Befehl ein:
> ```
> Get-Help Remove-WindowsFeature -full
> ```

Neben Serverrollen und Rollendiensten können auch die unter Windows Server 2008 R2 verfügbaren Features (*Funktionen*) als prinzipiell optionale Komponenten von einem Serversystem im Bedarfsfall wiederum entfernt werden. Die notwendigen Schrittfolgen gleich denen beim Entfernen der Serverrollen und Rollendienste weitgehend.

3.4.2 Entfernen von Features (Funktionen)

Der grafische Server-Manager bietet auch im Zusammenhang mit dem Entfernen von Features unter Windows Server 2008 R2 die größte Übersichtlichkeit. Des Weiteren können diese im Bedarfsfall auch mithilfe des Kommandozeilenbefehls ServerManagerCMD.exe oder mithilfe von Windows PowerShell-Cmdlets entfernt werden.

Entfernen von Features mithilfe des Server-Managers

Gehen Sie wie folgt vor, um Features (*Funktionen*) von einem Serversystem unter Windows Server 2008 R2 mithilfe des Server-Managers zu entfernen:

1. Starten Sie den *Server-Manager*.
2. Klicken Sie auf *Features*.
3. Klicken Sie im Abschnitt *Featureübersicht* auf *Features entfernen*.
4. Aktivieren Sie das Kontrollkästchen für das zu entfernende Feature und klicken Sie anschließend auf *Weiter*.
5. Mitunter werden noch weitere Auswahlfelder angezeigt. Folgen Sie den nachfolgenden Anweisungen des Assistenten.
6. Klicken Sie im Dialog *Entfernungsauswahl bestätigen* die Schaltfläche *Entfernen*.

Entfernen von Features mithilfe von ServerManagerCmd.exe

Gehen Sie wie folgt vor, um Features (*Funktionen*) von einem Serversystem unter Windows Server 2008 R2 mithilfe des kommandozeilenbasierten Tools ServerManagerCmd.exe wieder zu entfernen:

1. Klicken Sie auf *Start/Alle Programme/Zubehör*.
2. Klicken Sie dann mit der rechten Maustaste auf *Eingabeaufforderung* und wählen Sie im Kontextmenü den Eintrag *Als Administrator ausführen*.
3. Geben Sie den folgenden Befehl in die Eingabeaufforderung ein, um eine Liste aller verfügbaren Serverrollen, Rollendienste und Funktionen (Features) anzeigen zu lassen:
   ```
   ServerManagerCmd.exe -query
   ```
4. Geben Sie anschließend den folgenden Befehl ein, um das gewünschte Feature von dem Server unter Windows Server 2008 R2 zu entfernen (*name* steht hierbei als Beispiel für den Namen des zu entfernenden Features):
   ```
   ServerManagerCmd.exe -remove name -restart
   ```

> Im Bedarfsfall können gleichzeitig auch mehrere Serverrollen, Rollendienste oder Features entfernt werden, indem die jeweiligen Namen durch ein Leerzeichen getrennt werden. Sehen Sie hierzu ein Beispiel:
> ```
> ServerManagerCmd.exe -remove BITS WINS-Server
> Backup-Features -restart
> ```

5. Geben Sie nach Abschluss der Installation den folgenden Befehl ein, um eine Übersicht der installierten Serverrollen, Rollendienste und Features anzeigen zu lassen:
   ```
   ServerManagerCmd.exe -query
   ```

Microsoft beschreibt, wie vorweg bereits erwähnt, beim Aufruf des kommandozeilenbasierten Befehls `ServerManagerCmd.exe`, dass die Unterstützung der (veralteten) Datei in zukünftigen Windows-Versionen nicht gewährleistet wird und man deshalb die für Server-Manager verfügbaren Windows PowerShell-Cmdlets verwenden soll.

Windows PowerShell als Nachfolger

Entfernen von Features mithilfe von Windows PowerShell-Cmdlets

Gehen Sie wie folgt vor, um Features (*Funktionen*) von einem Serversystem unter Windows Server 2008 R2 mithilfe von Windows PowerShell-Cmdlets zu entfernen:

1. Klicken Sie auf *Start/Alle Programme/Zubehör* und *Windows PowerShell*.
2. Klicken Sie dann mit der rechten Maustaste auf *Windows PowerShell* und wählen Sie im Kontextmenü den Eintrag *Als Administrator ausführen*.
3. Geben Sie zum Laden des Server-Manager-Moduls in der Windows PowerShell den folgenden Befehl ein und drücken Sie anschließend die Eingabetaste:
   ```
   Import-Module Servermanager
   ```
4. Geben Sie den folgenden Befehl ein, um eine Liste aller verfügbaren Serverrollen, Rollendienste und Features in der Windows PowerShell anzeigen zu lassen:
   ```
   Get-WindowsFeature
   ```
5. Geben Sie den folgenden Befehl in die Windows PowerShell ein, um das gewünschte Feature auf dem Serversystem unter Windows Server 2008 R2 zu entfernen:
   ```
   Remove-WindowsFeature name -restart
   ```

> Wie bereits auch unter dem vorweg erwähnten, kommandozeilenbasierten Befehl `ServerManagerCmd.exe` kann man bei Bedarf auch in der Windows PowerShell gleichzeitig mehrere Serverrollen, Rollendienste und Funktionen entfernen. Hierbei muss man die Namen der jeweiligen Serverrollen mithilfe von Kommas trennen. Sehen Sie hierzu ein Beispiel:
>
> ```
> Remove-WindowsFeature BITS,WINS-Server -restart
> ```
>
> Um ausführliche Informationen zu weiteren Parametern und Optionen des Windows PowerShell-Cmdlets zum Entfernen von Serverrollen, Rollendiensten und Features anzeigen zu lassen, geben Sie in der Windows PowerShell den folgenden Befehl ein:
>
> ```
> Get-Help Remove-WindowsFeature -full
> ```

Wie vorweg beschrieben, stehen unter Windows Server 2008 R2 verschiedene Methoden für das Hinzufügen oder auch Entfernen von Serverrollen, Rollendiensten oder Features (*Funktionen*) zur Verfügung. Insbesondere die Windows PowerShell-Cmdlets sollte man in Betracht ziehen, wenn man diesen Vorgang mitunter sogar automatisieren möchte.

> Zwischenzeitlich wurde davon berichtet, dass die grafischen Verwaltungstools und -konsolen künftig womöglich (nur noch) eine *„grafische Benutzeroberfläche"* der Windows PowerShell-Cmdlets darstellen. Ein Beispiel hierfür findet sich ja bereits in Microsoft Exchange Server 2007 bzw. 2010 sowie dem Active Directory-Verwaltungscenter.

Nunmehr wird es Zeit, sich noch intensiver mit den Neuerungen von Windows Server 2008 R2 zu befassen. Das nächste Kapitel befasst sich mit dem neuen Betriebssystem im Netzwerk.

4 Windows Server 2008 R2 im Netzwerk

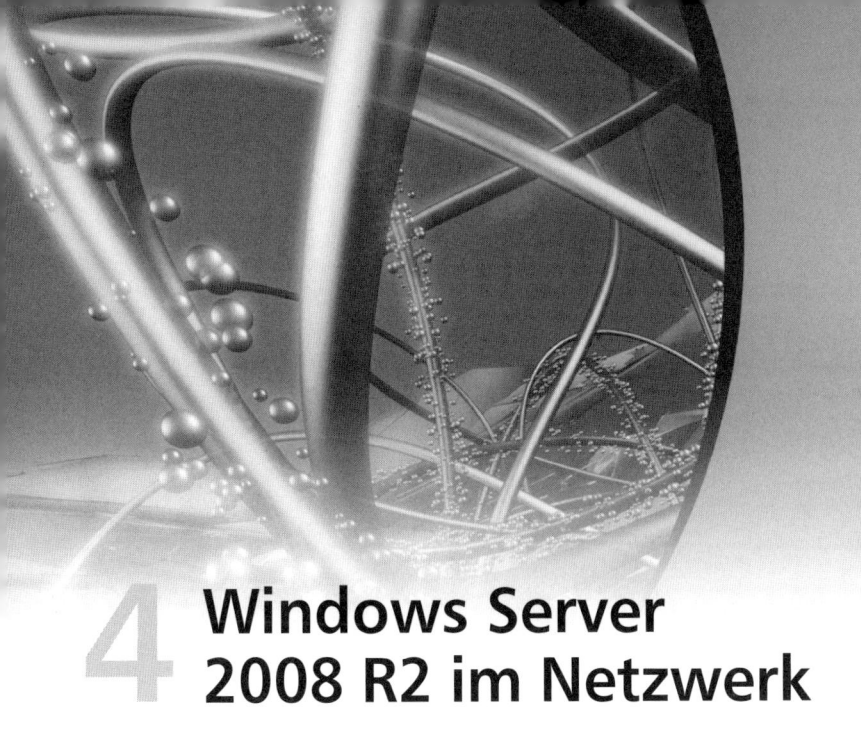

Windows Server 2008 R2 wird in der Regel dazu verwendet, die darauf implementierten Serverrollen, Rollendienste und Funktionen für andere Benutzer, Computer oder Dienste im Unternehmensnetzwerk bereitzustellen. Für die Konfiguration der hierzu notwendigen Komponenten und Protokolle steht unter Windows Server 2008 R2 als vollwertige Installation eine passende, zentrale Benutzeroberfläche in Form des Netzwerk- und Freigabecenters zur Verfügung. Dieses wurde von Microsoft gegenüber der vorherigen Windows-Version nochmals überarbeitet und optimiert. Alternativ lassen sich die Konfigurationseinstellungen beispielsweise auch mithilfe von Befehlszeilenprogrammen definieren. Dies ist auf einem Serversystem unter Windows Server 2008 R2 als Server Core-Installation sehr hilfreich, da diese Systeme quasi über keine Grafikumgebung verfügen, sodass u.a. auch das Netzwerk- und Freigabecenter auf ihnen nicht verwendet werden kann.

4.1 Das Netzwerk- und Freigabecenter

Bereits mit Windows Server 2008 hat Microsoft zur Verwaltung der Netzwerkumgebung in dem Serverbetriebssystem das Netzwerk- und Freigabecenter geschaffen. Dieses wurde unter Windows Server 2008 R2 nochmals an die praktischen Bedürfnisse der Systemverwalter angepasst. Es stellt sich insgesamt nochmals übersichtlicher, prinzipiell sogar „*aufgeräumter*" dar, als bereits schon unter Windows Server 2008

Übersichtlicher als vorher

Kapitel 4 Windows Server 2008 R2 im Netzwerk

war. Alle wichtigen Konfigurationsoptionen sind innerhalb des *Netzwerk- und Freigabecenters*, welches man unter Windows Server 2008 R2 u.a. über die Systemsteuerung aufrufen kann, sofort erreichbar.

Abbildung 4.1
Das überarbeitete Netzwerk- und Freigabecenter unter Windows Server 2008 R2

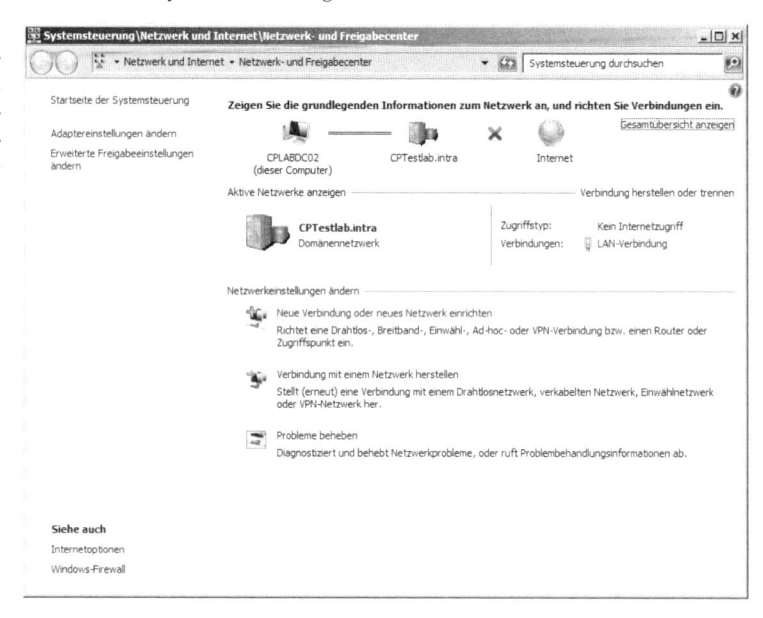

Grafiken symbolisieren den Zustand von Netzwerkverbindungen

Schon anhand der im Netzwerk- und Freigabecenter enthaltenen Grafiken erkennt man den aktuellen Zustand möglicher Netzwerkverbindungen. Bestehende Verbindungen werden mit einem farbigen Symbol, nicht bestehende Verbindungen (wie beispielsweise die fehlende Internet-Konnektivität wie in der oberen Grafik) hingegen anhand von lediglich in grauen Farben dargestellten Symbolen angezeigt.

4.1.1 Anzeige der aktuellen Netzwerkverbindung

Die aktuelle Netzwerkverbindung eines Serversystems unter Windows Server 2008 sowie auch deren möglicher Status, werden anhand eines neuen Symbols direkt in der Informationsleiste angezeigt.

Abbildung 4.2
Neues Netzwerksymbol in der Informationsleiste unter Windows Server 2008 R2

Das Symbol weist im Bedarfsfall auf mögliche Konfigurations- oder Kommunikationsprobleme im Zusammenhang mit den Netzwerkverbindungen des betreffenden Serversystems unter Windows Server 2008 R2 hin. Anhand eines Klicks mit der rechten Maustaste auf das *Netzwerksymbol* kann man im Kontextmenü entweder direkt zum Netzwerk- und Freigabecenter wechseln oder aber im Bedarfsfall auch die Problembehandlung bei möglichen Netzwerkproblemen einleiten.

Einleitung der Problembehandlung

4.1.2   IPv4-Konfiguration

Über das *Netzwerk- und Freigabecenter* kann man problemlos zu den Konfigurationsoptionen für die im Serversystem enthaltenen Netzwerkverbindungen wechseln. Dies gelingt einfach über die Option *Adaptereinstellungen ändern*. Klickt man dort mit der rechten Maustaste auf die zu konfigurierende Netzwerkverbindung und wählt im Kontextmenü die *Eigenschaften* aus, so erhält man eine Übersicht der für die Verbindung aktuell verwendeten Elemente.

Um die IPv4-Konfiguration durchzuführen, muss man lediglich auf *Internetprotokoll Version 4 (TCP/IPv4)* und anschließend auf *Eigenschaften* klicken.

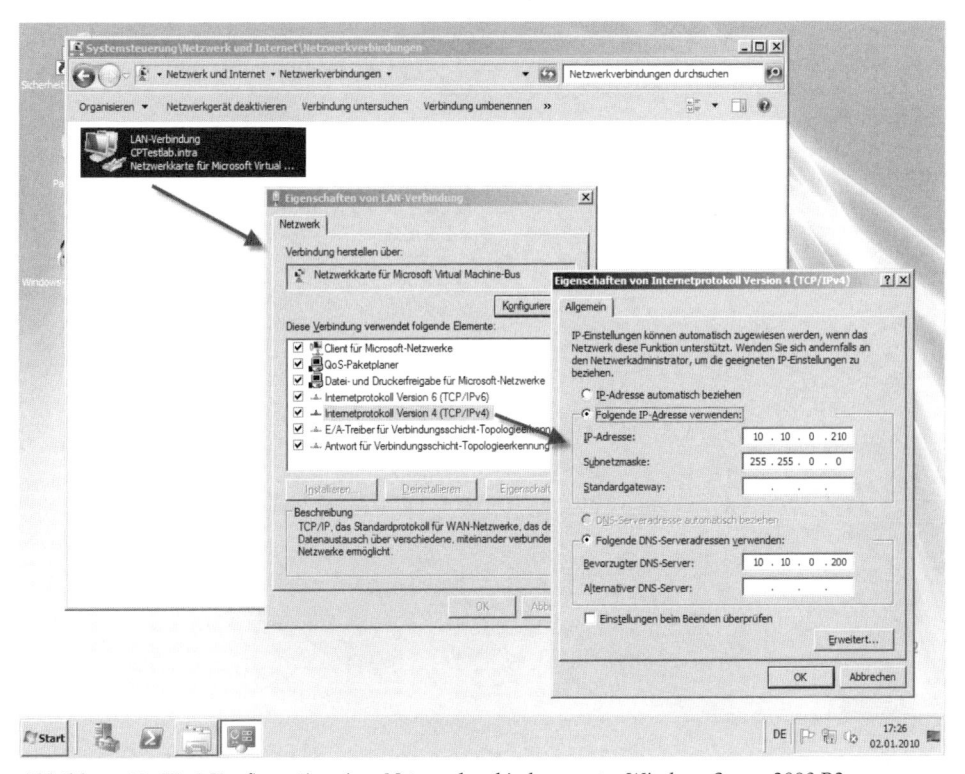

Abbildung 4.3: IPv4-Konfiguration einer Netzwerkverbindung unter Windows Server 2008 R2

Kapitel 4 Windows Server 2008 R2 im Netzwerk

Alles wie gehabt Die Konfigurationsoptionen in den Eigenschaften von IPv4 unter Windows Server 2008 R2 sind identisch mit denen vorheriger Windows-Betriebssysteme. Die IPv4-Adresskonfiguration kann entweder dynamisch mithilfe von *DHCP* (*Dynamic Host Configuration Protocol*) oder statisch (u.a. beispielsweise grafisch in den Eigenschaften von IPv4 oder mithilfe des kommandozeilenbasierten Befehls netsh) vorgenommen werden.

In den Einstellungen zu IPv4 finden sich unter Windows Server 2008 R2 ansonsten erst einmal keine weiteren Neuerungen.

4.1.3 Netzwerkprofile und die Freigabe des öffentlichen Ordners

Im *Netzwerk- und Freigabecenter* unter Windows Server 2008 R2 mussten die bereits unter Windows Vista und Windows Server 2008 ursprünglich eingeführten Konfigurationsoptionen für *Netzwerkprofile* und beispielsweise auch die *Freigabe des öffentlichen Ordners* weichen. Diese verbergen sich im überarbeiteten *Netzwerk- und Freigabecenter* hinter der Option *Erweiterte Freigabeeinstellungen ändern*.

Abbildung 4.4 Erweiterte Freigabeoptionen im Freigabe- und Netzwerkcenter unter Windows Server 2008 R2

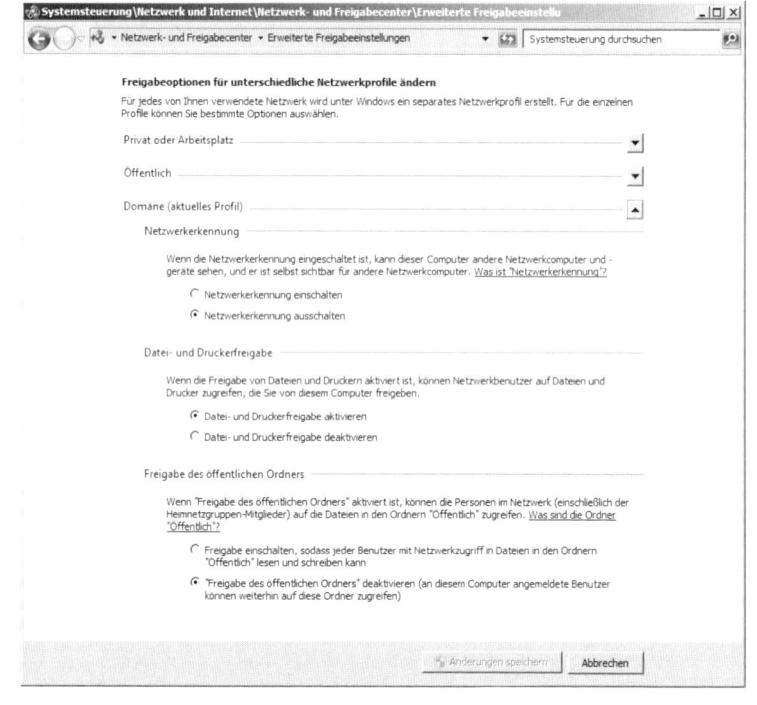

106

Netzwerkprofile

Ein Serversystem unter Windows Server 2008 R2 erstellt für jedes verwendete Netzwerk (sprich: *für jede einzelne Netzwerkverbindung*) ein separates Netzwerkprofil. Unter Windows Server 2008 wird dies noch als Netzwerkstandort bezeichnet. Man unterscheidet hierbei zwischen den folgenden, möglichen Profilen:

Individuelles Profil für jede Netzwerkverbindung

- Privat oder Arbeitsplatz
- Öffentlich
- Domäne

Die Netzwerkprofile werden primär dazu verwendet, bestimmte Optionen wie die Netzwerkerkennung, die Datei- und Druckfreigabe oder auch die Freigabe des öffentlichen Ordners zu steuern. Wenn ein Serversystem unter Windows Server 2008 R2 als Mitglied zu einer vorhandenen Active Directory-Domäne hinzugefügt wird, so wandelt sich das Netzwerkprofil für die betreffende Netzwerkverbindung zu „Domäne". In diesem Profil ist die Datei- und Druckfreigabe beispielsweise standardmäßig aktiviert, die Netzwerkerkennung sowie die Freigabe des öffentlichen Ordners hingegen deaktiviert.

Netzwerkprofile werden auch im Zusammenhang mit der Firewall-Konfiguration von Windows Server 2008 R2 verwendet, um die für die jeweilige Netzwerkverbindung verwendbaren Kommunikationsports festzulegen. Somit lässt sich die Sicherheit auf Serversystemen, die mitunter über mehrere Netzwerkverbindungen (beispielsweise über VPN-Verbindungen parallel zu standardmäßigen Netzwerkverbindungen) verfügen, sehr individuell bestimmen.

Netzwerkprofile und die Windows-Firewall

Anpassungen der einzelnen Netzwerkprofile können im Bedarfsfall entweder lokal im Serversystem selbst oder auch zentral mithilfe von Gruppenrichtlinieneinstellungen vorgenommen werden.

Der öffentliche Ordner

In Windows Vista und Windows Server 2008 eingeführt, stellt der öffentliche Ordner (ganz dem Namen nach) einen für alle Anwender des lokalen Systems sowie auch im Netzwerk freigegebenen Ordner auf dem Serversystem unter Windows Server 2008 R2 dar. Dieser öffentliche Ordner dient dem schnellen und unkomplizierten Austausch von Dateien zwischen verschiedenen Anwendern. Er findet sich als Ordner Öffentlich (engl. Public) standardmäßig im lokalen Verzeichnis C:\Benutzer (engl. C:\Users) und ist für die Verwendung im Netzwerk erst einmal nicht freigegeben. Letzteres kann im Rahmen der Konfiguration eines zu nutzenden Netzwerkprofils oder im Bedarfsfall auch zentral anhand von Gruppenrichtlinieneinstellungen festgelegt werden.

Schneller und unkomplizierter Datenaustausch

Da sich die Freigabe des öffentlichen Ordners auch unter Windows Server 2008 R2 nur sehr global anpassen lässt, sollte man dessen Verwendung vorweg gut abwägen. Bereits unter Windows Server 2008 hat es sich in einigen Unternehmensnetzwerken gezeigt, dass der öffentliche Ordner mitunter sehr schnell als „Datenmüllhalde" verkommen kann. Um dies zu vermeiden, sollte man ein Auge auf die Verwendung des öffentlichen Ordners durch die Anwender werfen.

Abbildung 4.5
Ordnerstruktur des „öffentlichen Ordners" unter Windows Server 2008 R2

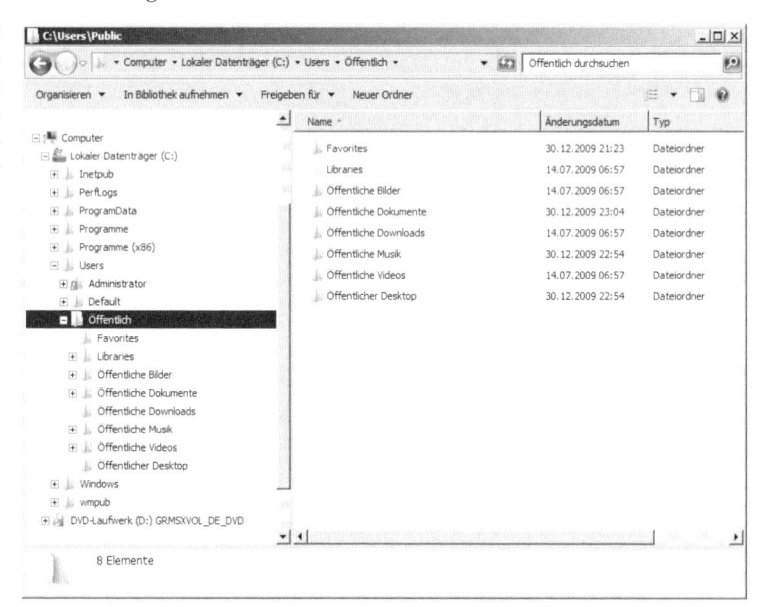

4.2 IPv6-Unterstützung

Standardmäßig aktiviert Wie auch bereits sein Vorgänger unterstützt auch Windows Server 2008 R2 TCP/IP als Standardprotokoll für die Netzwerkkommunikation. Die Protokolle TCP und IP ermöglichen es den Computern, mithilfe von Netzwerkkarten über verschiedene Netzwerke und auch das Internet miteinander zu kommunizieren. Auch das neue Windows-Betriebssystem verfügt ebenso über eine zweischichtige IP-Schichtarchitektur (*Next Generation TCP/IP Stack*), in der *IPv4* (*Internet Protocol Version 4*) und *IPv6* (*Internet Protocol Version 6*) gleichsam implementiert sind. Die Gründe dafür sind einleuchtend. So stellt IPv6 im Vergleich zu seinem Vorgänger IPv4 einen um ein Vielfaches größeren Adressraum mit 128 Bit bereit. Damit wird die in den letzten Jahren oft benannte „Adressknappheit von IPv4-Adressen" aufgehoben. Zudem ermöglicht IPv6 eine direkte End-zu-End-Kommunikation – sogar im globalen Internet.

IPv6-Unterstützung

Bereits heute existieren neue, auf IPv6 basierte Technologien, wie beispielsweise das unter Windows Server 2008 R2 erstmalig eingeführte *DirectAccess* als Alternative zu den sonst üblichen VPN-Verbindungen (*Virtual Private Network*). Weitere Technologien werden folgen.

Wenn während der Installation von Windows Server 2008 R2 vorhandene Netzwerkhardware erkannt wird, aktiviert der Installationsprozess standardmäßig IPv4 als auch IPv6 als Netzwerkprotokolle. Eine Nachinstallation von Zusatzkomponenten für den Einsatz von IPv6 unter Windows Server 2008 R2 ist hierdurch völlig überflüssig geworden.

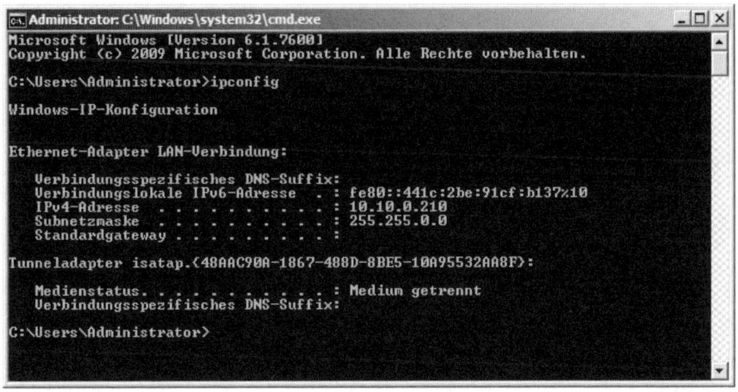

Abbildung 4.6
Automatisch generierte, verbindungslokale IPv6-Adresse unter Windows Server 2008 R2

Ein Serversystem unter Windows Server 2008 R2 generiert sich nach dem Hochfahren, wie in der oberen Grafik zu erkennen, eine automatisch erzeugte, sogenannte „*verbindungslokale*" Adresse (engl. *Link Local Address*). Anhand dieser dynamischen Adresse kann das betreffende Computersystem bereits ohne weitere IPv6-Konfiguration mit anderen IPv6-aktivierten Computersystemen im Netzwerk kommunizieren.

Automatische Generierung einer Link-Local-Adresse

IPv6 wird von den in Windows Server 2008 R2 enthaltenen Serverrollen, Rollendiensten und Funktionen weitgehend vollständig unterstützt. Eine Ausnahme hierzu stellt beispielsweise der noch immer implementierbare *WINS*-Dienst (*Windows Internet Name Service*) dar, welcher unter Windows Server 2008 R2 jedoch lediglich nur noch als optionales *Feature* (*Funktion*) implementierbar ist.

4.2.1 Zuweisung von IPv6-Adressen

Serversystemen unter Windows Server 2008 R2 kann man IP-Adressen, seien es IPv4- oder IPv6-Adressen, problemlos anhand verschiedener Methoden zuweisen. Neben der statischen IP-Konfiguration können die IP-Adressen für beide Protokolle bei Bedarf auch dynamisch zugewiesen werden. Unter IPv6 unterscheidet man dabei die folgenden Konfigurationsmodi:

- **Stateless** Das betreffende Serversystem erhält die Adressinformationen (u.a. Informationen über das lokale Netzwerk) von einem vorhandenen Netzwerkrouter. Hieraus ermittelt das betreffende System seine eigene Host-Adresse anschließend selbst. Ein DHCPv6-Server ist in diesem Fall nicht notwendig, kann jedoch bei Bedarf verwendet werden, um dem Computersystem noch weitere Konfigurationsinformationen (beispielsweise die IP-Adressen von DNS-Servern) bereitzustellen.

- **Stateful** In diesem Fall wird dem Computersystem die IP-Adresse durch einen DHCPv6-Server (*Dynamic Host Configuration Protocol*) im Netzwerk dynamisch zugewiesen. Dies setzt voraus, dass ein vorhandener Netzwerkrouter dies erzwingt oder aber falls kein entsprechender Router mit der Unterstützung von IPv6 vorhanden.

- **Both** Neben den benannten Modi ist auch ein Mischbetrieb aus beiden möglich. Beispielsweise kann die eigentliche IP-Adressvergabe *stateless*, die Zuweisung von weiteren Konfigurationsinformationen (bspw. die IP-Adressen von DNS-Servern) dann anschießend mithilfe eines DHCPv6-Servers erfolgen (*stateful*).

Wie bereits bemerkt, stellt sich die IPv6-Unterstützung unter Windows Server 2008 R2 aus Sicht eines „IP-Clients" verhältnismäßig einfach dar. Komplex wird es jedoch, wenn die für die Netzwerkkommunikation und Adressvergabe zu verwendenden Netzwerkrouter für IPv6 konfiguriert werden müssen. Dies ist sicher auch einer der Gründe, warum IPv6 bereits mit der Veröffentlichung von früheren Windows-Betriebssystemen nicht zwangsläufig in den weltweit betriebenen Unternehmensnetzwerken eingeführt wurde. Aktuell existieren nur wirklich wenige Unternehmensanforderungen, welche die Verwendung von IPv6 in den lokalen Computernetzwerken von Unternehmen erfordern. Es bleibt abzuwarten, inwieweit sich dies in den Anforderungen künftiger Unternehmensanwendungen bzw. -lösungen entwickelt.

Wechsel zu IPv6 nicht zwingend notwendig Die meisten Computernetzwerke von kleinen und mittelständigen Unternehmen (in der Masse wohl auch die großen Unternehmen) werden sicher auch die nächsten Jahren nicht ohne besonderen Grund von IPv4 zu IPv6 umgestellt werden. Der Implementierung von IPv6 direkt in den TCP/IP-Stack schafft dies jedoch keine bzw. kaum Probleme. Zumal die IPv6-Unterstützung unter Windows Server 2008 R2 lediglich deaktiviert, jedoch nicht entfernt werden kann.

4.2.2 Deaktivieren von IPv6

In der Regel lässt sich die unter Windows Server 2008 R2 standardmäßig aktivierte IPv6-Unterstützung problemlos parallel zur IPv4-Unterstützung betreiben. In einigen Fällen jedoch kann es ratsam sein, IPv6 auf einem Serversystem zu deaktivieren. Ein Beispiel hierfür stellt die Namensauflösung mithilfe von DNS-Servern dar. Wenn für die Namensauflösung von Host-Namen in Unternehmensnetzwerken keine der vorhandenen DNS-Server für die Verwendung von IPv6-basierten Namenszonen konfiguriert werden, so können sich Client- und Serversysteme mit diesen Adressen bei diesen auch nicht dynamisch registrieren. Dies kann letztlich dazu führen, dass sich Client- und/oder Serversysteme über die DNS-Namensauflösung nicht finden, und dies somit zu kleineren Verzögerungen in der Netzwerkkommunikation führt. Auch kann die fehlende Unterstützung von IPv6 durch die eingesetzten Netzwerkgeräte mitunter Probleme hervorrufen, welche sich womöglich durch die Deaktivierung von IPv6 wieder bereinigen lassen.

Vermeidung möglicher Probleme

Deaktivieren lässt sich die IPv6-Unterstützung unter Windows Server 2008 R2 beispielsweise direkt in der grafischen Umgebung des *Netzwerk- und Freigabecenters* unter der Option *Adaptereinstellungen ändern*. Sie müssen darin lediglich die *Eigenschaften* der zu konfigurierenden Netzwerkverbindung aufrufen, den Haken vor *Internetprotokoll Version 6 (TCP/IPv6)* entfernen und dies mit einem Klick auf die Schaltfläche *OK* bestätigen.

Deaktivieren, aber nicht deinstallieren

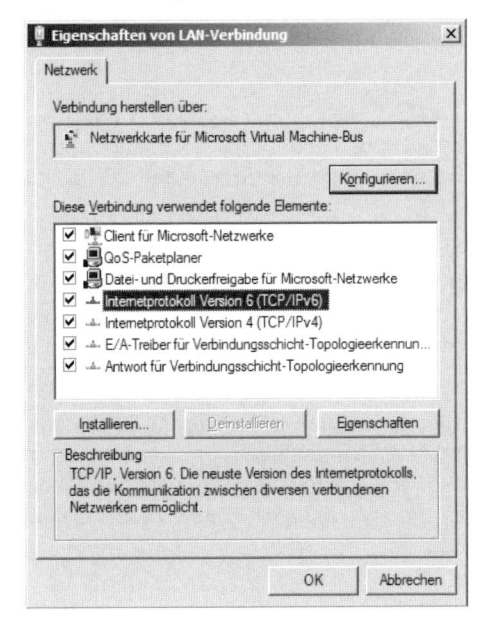

*Abbildung 4.7
IPv6 in den Eigenschaften einer Netzwerkverbindung unter Windows Server 2008 R2*

Alternativ können Sie die Unterstützung von IPv6 auch direkt in der Registrierung des betreffenden Serversystems unter Windows Server 2008 R2 anhand des neu zu erstellenden D-WORD-Wert (32-Bit)-Schlüssels DisabledComponents mit dem Hexadezimal-Wert 0xFFFFFFFF im folgenden Registry-Pfad deaktivieren:

```
HKEY_LOCAL_MACHINE\System\CurrentControlSet\
services\TCPIP6\Parameters\
```

Abbildung 4.8
Deaktivieren von IPv6 in der Registrierung von Windows Server 2008 R2

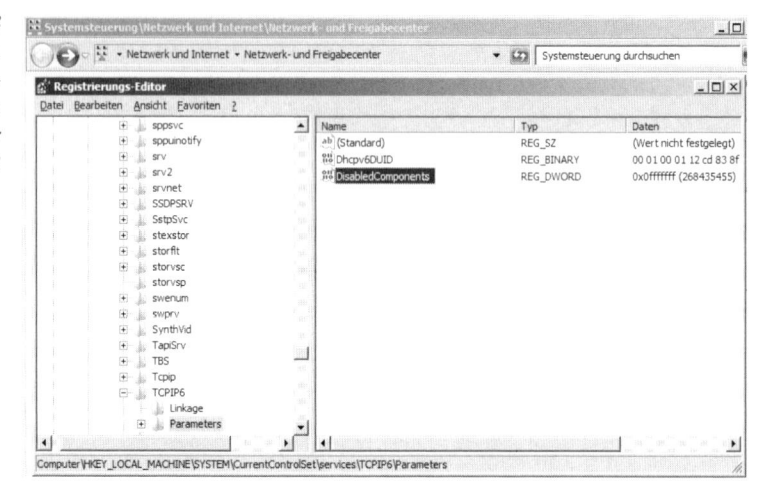

Das Serversystem muss nach dem Erstellen des neuen Registry-Schlüssels neu gestartet werden. Anschließend ist das IPv6-Protokoll auf dem betreffenden Serversystem unter Windows Server 2008 R2 vollständig deaktiviert.

netsh als universelles Werkzeug – auch für IPv6

Eine weitere Möglichkeit zum Deaktivieren von IPv6 unter Windows Server 2008 R2 stellt die Verwendung des kommandozeilenbasierten Befehls netsh dar. Nähere Informationen hierzu erhalten Sie in der Windows-Hilfe.

Wie Sie in den vorherigen Seiten erkennen konnten, haben sich im Zusammenhang mit den Netzwerkeinstellungen unter Windows Server 2008 R2 im Vergleich zu den vorangegangenen Windows-Versionen, insbesondere gegenüber Windows Server 2008, doch einige Neuerungen eingeschlichen.

Nachdem wir uns kurz mit der lokalen IP-Konfiguration befasst haben, ist es nunmehr an der Zeit, sich den in Computernetzwerken notwendigen Infrastrukturdiensten zuzuwenden. Im nächsten Kapitel erhalten Sie Informationen rund um die wichtigsten dieser Dienste unter Windows Server 2008 R2.

5 Netzwerkinfrastrukturdienste unter Windows Server 2008 R2

In einem unternehmensbasierten Computernetzwerk finden sich vielzählige Serverrollen. Damit die Kommunikation zwischen den eingesetzten Server- und Clientsystemen reibungslos funktioniert, setzt man spezielle Infrastrukturdienste auf Serversystemen im Netzwerk ein. Zu diesen zählen unter anderem:

- **DHCP** (*Dynamic Host Configuration Protocol*) für die dynamische IP-Adressvergabe von IPv4- und/oder IPv6-Adressen für Clientcomputer und Server
- **WINS** (*Windows Internet Name Service*) für die NetBIOS-basierte Namensauflösung in Windows-Netzwerken
- **DNS** (*Domain Name System*) für die Host-basierte Namensauflösung, u.a. in Active Directory-basierten Computernetzwerken

Diese Infrastrukturdienste können (neben vielen anderen Serverrollen und Funktionen) allesamt auf Serversystemen unter Windows Server 2008 R2 implementiert und betrieben werden. Um eine gewisse Beständigkeit in einem unternehmensbasierten Computernetzwerk zu erreichen, muss man sich mit der Implementierung und Verwaltung dieser sicher wichtigsten Infrastrukturdienste vertraut machen. In diesem Zusammenhang wende ich mich zuerst einmal der Möglichkeit der IP-Adressvergabe mithilfe von DHCP zu.

Verschiedene Serverrollen parallel auf einem Serversystem

5.1 DHCP

Die IP-Adressvergabe in den heutigen Computernetzwerken erfolgt häufig dynamisch mithilfe des Dynamic Host Configuration Protocols (*DHCP*), welches auch schon zu den Zeiten von Windows NT eingesetzt wurde. Zwar ist es auch auf anderem Wege möglich, die IP-Adressvergabe für Clientcomputer und Serversysteme in Computernetzwerken zu meistern, jedoch birgt diese Art der Adressvergabe einige wichtige Vorteile in sich:

- Vermeiden doppelt vergebener IP-Adressen
- Vermeiden von „Tippfehlern" bei der IP-Adressvergabe
- Geringerer Aufwand bei notwendigen IP-Adressänderungen
- Möglichkeit zur dynamischen Konfiguration weiterer Optionen (bspw. die IP-Adressen von Routern, DNS- oder WINS-Servern)

Zeitersparnis durch DHCP-Serverrolle Dies sind nur einige der Vorteile, die sich durch die dynamische IP-Adressvergabe mithilfe von DHCP in den Computernetzwerken ergeben. Letztlich spart es einfach auch Zeit – und das stellt für viele Administratoren sicher den größten Gewinn dar.

> Der DHCP-Dienst (*Dynamic Host Configuration Protocol*) unter Windows Server 2008 R2 unterstützt die IP-Adressvergabe unter IPv4 als auch IPv6. Da sich IPv6 aktuell in den Unternehmensnetzwerken noch nicht durchgesetzt hat, gehe ich in den nachfolgenden Schritten lediglich auf die IP-Adressvergabe unter IPv4 ein.

Die dynamische IP-Adressvergabe mithilfe eines DHCP-Servers unter Windows Server 2008 R2 ist nicht auf die Windows-Betriebssysteme beschränkt. Clientseitig setzt der DHCP-Dienst lediglich einen (RFC-) kompatiblen, für die dynamische IP-Adressvergabe konfigurierten Client- oder Servercomputer, oder auch Mobile-Phones, Netbooks und ähnliches voraus.

DHCP steht unter Windows Server 2008 R2 als Serverrolle zur Verfügung. Die Implementierung unterscheidet sich hierbei nicht von der unter Windows Server 2008.

5.1.1 Installation von DHCP

Achten Sie unbedingt darauf, dass das für die Einrichtung des DHCP-Dienstes geplante Serversystem selbst über eine statische IP-Konfiguration verfügt. DHCP lässt sich in der Regel problemlos neben anderen Serverrollen auf einem Serversystem unter Windows Server 2008 R2 betreiben.

Installation auch unter Server Core möglich

> DHCP lässt sich einerseits auf einem vollwertig installierten Serversystem unter Windows Server 2008 R2 oder im Bedarfsfall auch unter Server Core implementieren.

Um den DHCP-Dienst auf einem vollwertig installierten Serversystem unter Windows Server 2008 R2 einzurichten, gehen Sie wie folgt vor:

1. Starten Sie den *Server-Manager*.
2. Klicken Sie auf *Rollen* und dann auf *Rollen hinzufügen*.
3. Klicken Sie im Dialogfenster *Vorbemerkungen* auf *Weiter*.

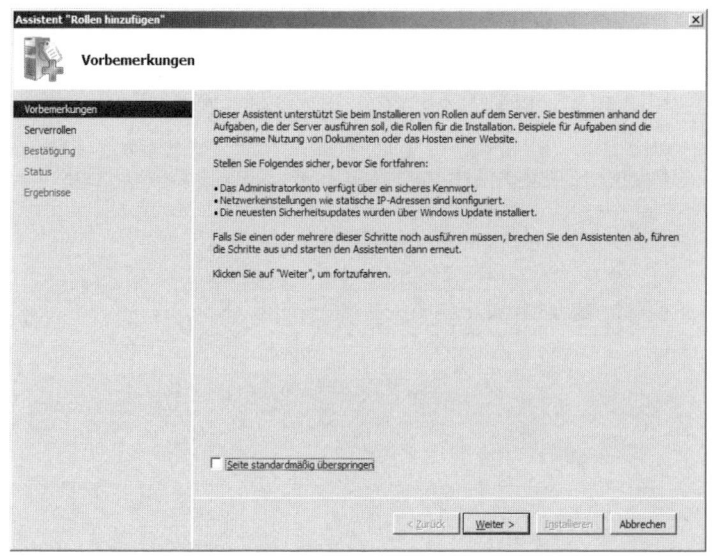

Abbildung 5.1
Vorbemerkungen während der Installation von Serverrollen

Kapitel 5 **Netzwerkinfrastrukturdienste unter Windows Server 2008 R2**

4. Aktivieren Sie im Dialogfenster *Serverrollen* das Kontrollkästchen neben *DHCP-Server*, und klicken Sie dann auf *Weiter*.

Abbildung 5.2
Auswahl der DHCP-Serverrolle im Server-Manager

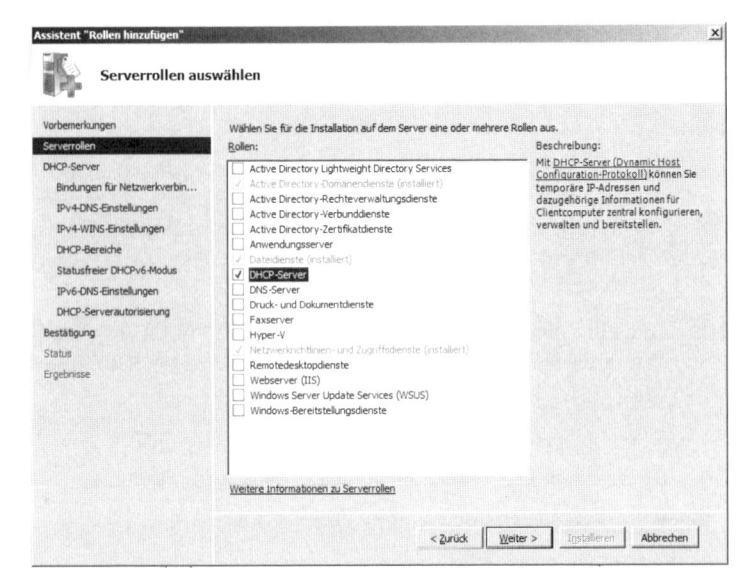

5. Klicken Sie im Dialogfenster zur *Einführung in DHCP-Server* auf *Weiter*.

Abbildung 5.3
Einführung in DHCP-Server

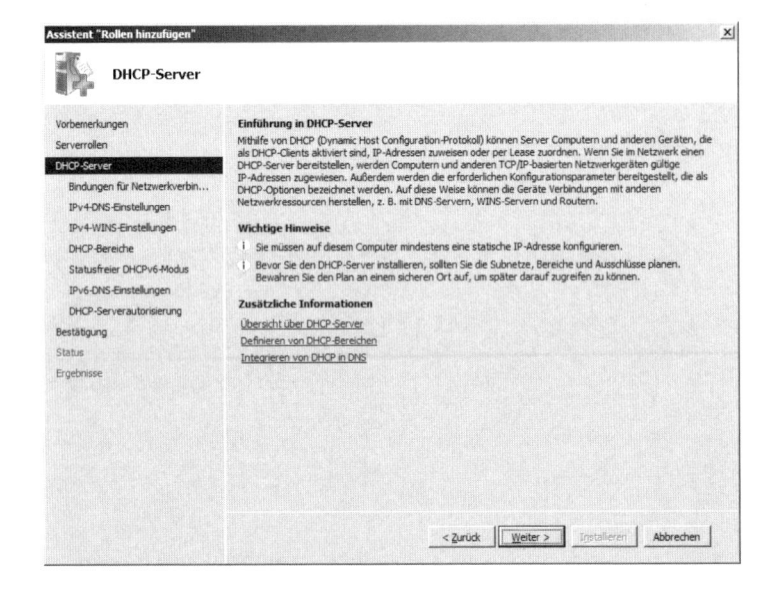

116

DHCP

6. Konfigurieren Sie bei Bedarf die für DHCP zu verwendenden Netzwerkverbindungen und klicken Sie dann auf WEITER.

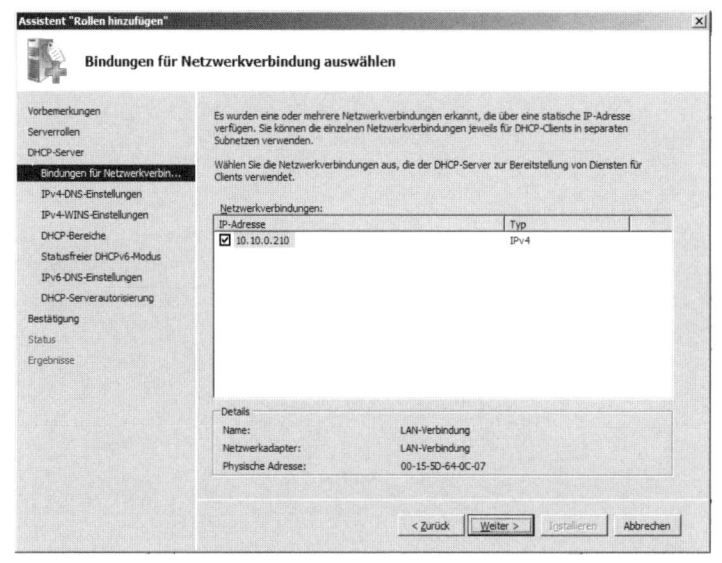

Abbildung 5.4
Konfiguration der Bindungen des DHCP-Dienstes an Netzwerkverbindungen

7. Geben Sie die IPv4-DNS-Servereinstellungen in Form des DNS-Domänennamens und der IP-Adressen der zu verwendenden DNS-Server ein und klicken Sie auf *Weiter*.

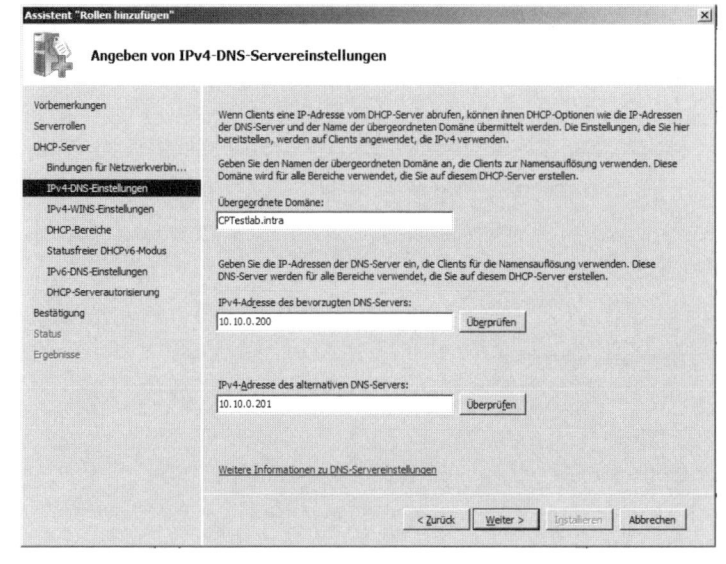

Abbildung 5.5
Konfiguration der IPv4-DNS-Servereinstellungen

117

8. Geben Sie im Bedarfsfall im nächsten Dialogfenster die IPv4-WINS-Servereinstellungen an und klicken Sie dann auf *Weiter*.

Abbildung 5.6
Konfiguration von IPv4-WINS-Servereinstellungen

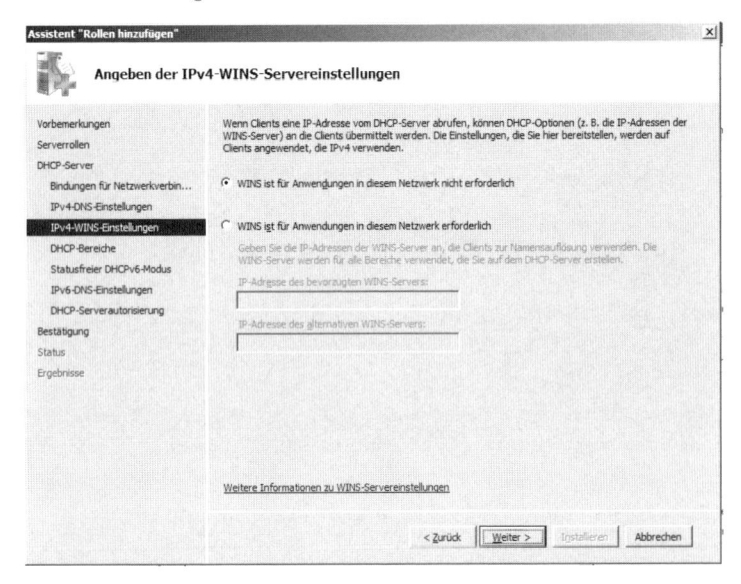

Wenn Sie WINS zur NetBIOS-Namensauflösung im Netzwerk nicht einsetzen, so wählen Sie die Option *WINS ist für Anwendungen in diesem Netzwerk nicht erforderlich*. Andernfalls konfigurieren Sie die zutreffenden IP-Adressen der zu verwendenden WINS-Server im Netzwerk.

9. Klicken Sie im Dialogfenster *DHCP-Bereiche hinzufügen oder bearbeiten* auf die Schaltfläche *Hinzufügen...*

Abbildung 5.7
Konfiguration der DHCP-Bereiche

10. Geben Sie die Konfigurationsdaten für den neu anzulegenden DHCP-Bereich ein und klicken Sie dann auf OK.

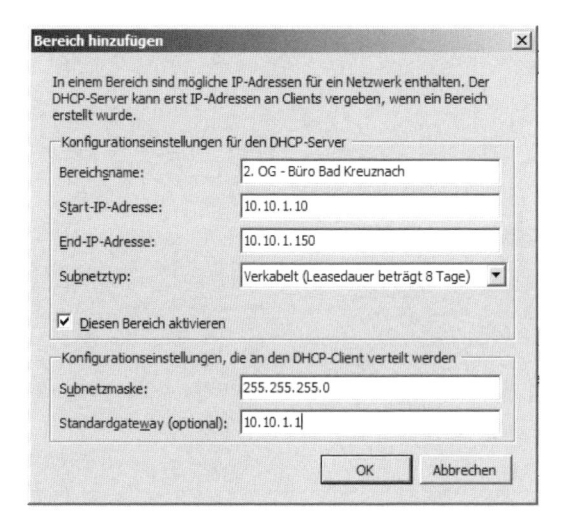

Abbildung 5.8
Konfiguration eines IP-Adressbereiches

11. Klicken Sie links im Dialogfenster *DHCP-Bereiche hinzufügen oder bearbeiten* auf *DHCP-Server-Autorisierung*, um die Konfiguration von IPv6-DHCP-Einstellungen zu überspringen.

> Die Konfigurationsoptionen für DHCPv6 sowie IPv6 werden Ihnen nur angezeigt, wenn IPv6 in den Netzwerkeinstellungen des betreffenden Serversystems aktiviert ist.

12. Konfigurieren Sie im Dialog für die Autorisierung des DHCP-Servers die gewünschte Option.

> Beachten Sie hierbei, dass der DHCP-Server im Umfeld einer Active Directory-Domäne erst dann IP-Adressen an anfragende Computer ausgeben darf, wenn er dafür in den Active Directory-Domänendiensten (*AD DS*) autorisiert wurde.

Klicken Sie anschließend auf *Weiter*.

Kapitel 5   Netzwerkinfrastrukturdienste unter Windows Server 2008 R2

Abbildung 5.9
Autorisierung des DHCP-Servers in den Active Directory-Domänendiensten (AD DS)

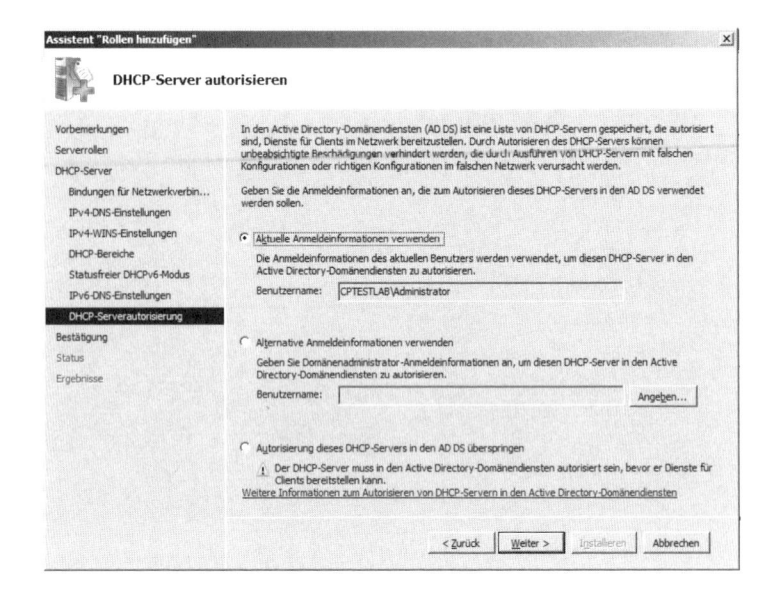

13. Kontrollieren Sie die von Ihnen vorgenommenen Konfigurationsschritte und klicken Sie dann auf *Installieren*.

Abbildung 5.10
Zusammenfassung der Konfigurationsauswahl

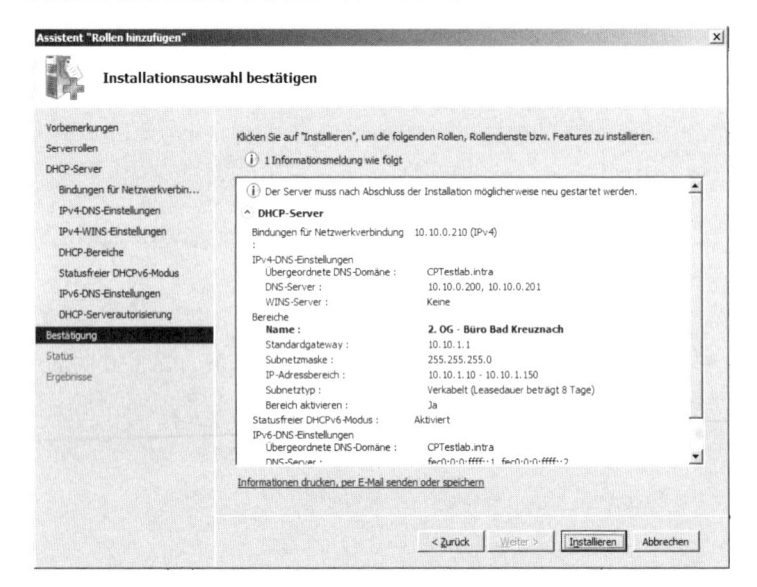

Die DHCP-Serverrolle wird auf dem Serversystem installiert und konfiguriert.

14. Bestätigen Sie die *Installationsergebnisse* mit einem Klick auf die Schalfläche *Schließen*.

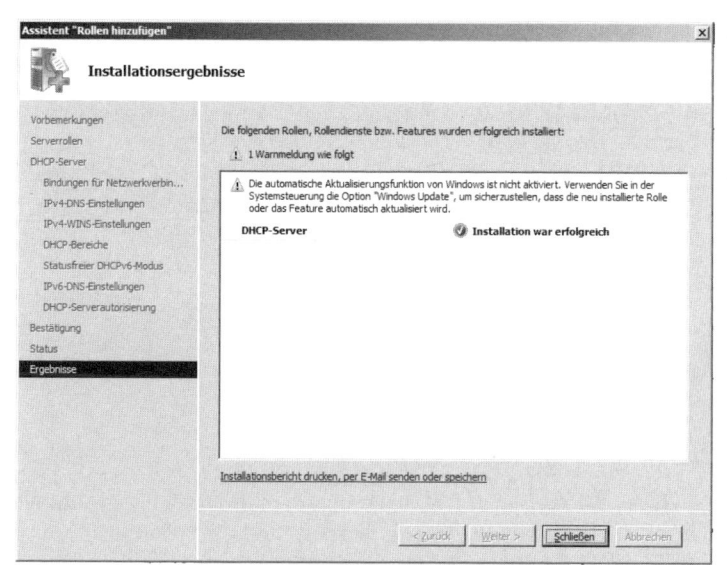

Abbildung 5.11
Erfolgreiche Installation der DHCP-Serverrolle unter Windows Server 2008 R2

Die neu installierte Serverrolle wird im Server-Manager unter *Rollen* angezeigt und kann anschließend verwaltet werden.

Die Verwaltungskonsole für den installierten DHCP-Dienst wird auf einem Serversystem unter Windows Server 2008 R2 als vollwertige Installation automatisch in den Server-Manager verknüpft. Anschließend kann die Konfiguration und Verwaltung des DHCP-Dienstes direkt im Server-Manager vorgenommen werden. Die DHCP-Verwaltungskonsole lässt sich jedoch auch unter Windows Server 2008 R2 – wie mitunter bereits aus früheren Windows-Betriebssystemen gewohnt – über einen Klick auf START/VERWALTUNG und DHCP aufrufen.

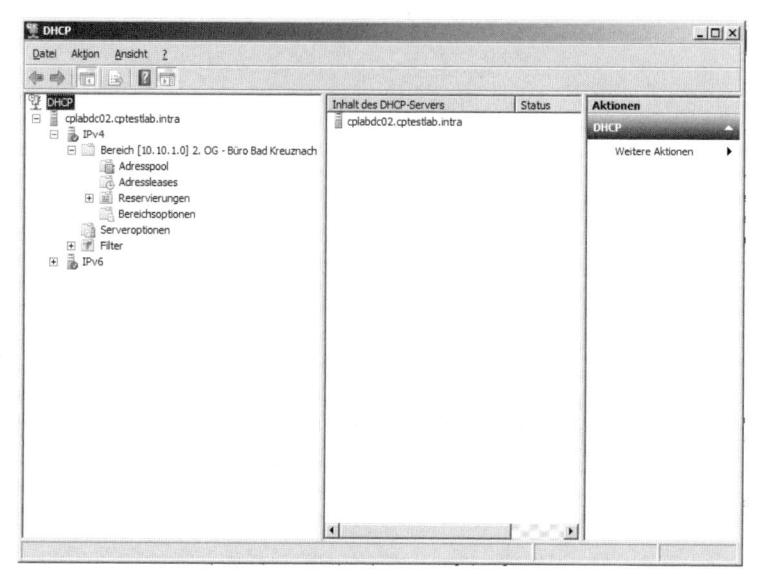

Abbildung 5.12
Die DHCP-Verwaltungskonsole des neu installierten DHCP-Servers unter Windows Server 2008 R2

Kapitel 5 Netzwerkinfrastrukturdienste unter Windows Server 2008 R2

> Der auf einem Serversystem unter Windows Server 2008 R2 installierte DHCP-Dienst lässt sich problemlos beispielsweise auch von einem unter Windows 7 ausgeführten Clientcomputer remote verwalten. Hierzu müssen lediglich die Remote Server-Verwaltungstools (engl. *Remote Server Administration Tools, RSAT*) für Windows Server 2008 R2 auf dem Clientcomputer installiert und aktiviert werden. Die Remote Server-Verwaltungstools (*RSAT*) finden Sie zum kostenfreien Download im Internet unter:
>
> http://www.microsoft.com/downloads/details.aspx?
> displaylang=de&FamilyID=7d2f6ad7-656b-4313-a005-4e344e43997d

5.1.2 Verwaltung von DHCP

Nach der erfolgreichen Installation kann man mit der Verwaltung des DHCP-Dienstes beginnen. Die grundlegende Verwaltung ist weitgehend identisch mit der unter den vorangegangenen Windows-Betriebssystemen. Prinzipiell neu wurde mit Windows Server 2008 erstmalig auch die Unterstützung von IPv6 in den DHCP-Dienst implementiert.

Abbildung 5.13
Konfiguration eines Bereichs in der DHCP-Verwaltungskonsole unter Windows Server 2008 R2

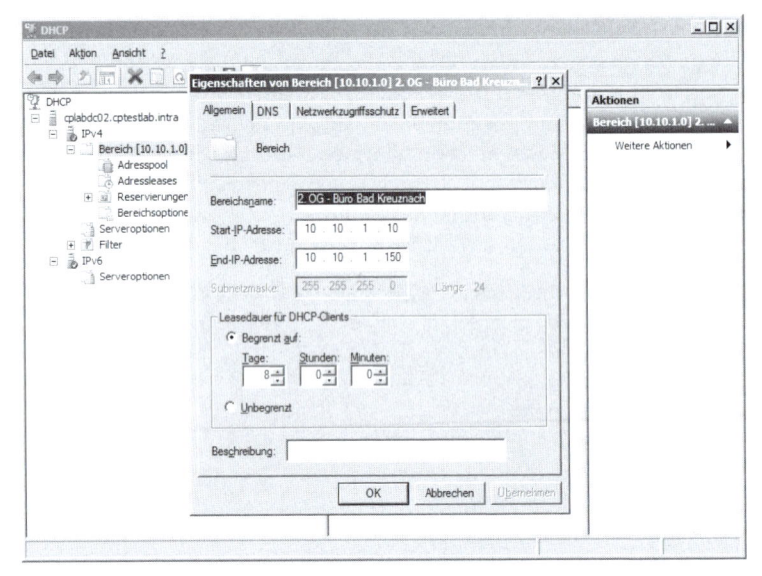

Verwaltung auch mithilfe von netsh möglich
Die Verwaltung des DHCP-Dienstes kann mithilfe der DHCP-Verwaltungskonsole oder aber auch anhand des kommandozeilenbasierten Befehls `netsh` erfolgen. Letzterer kann auf einem Serversystem unter Windows Server 2008 R2 als Server Core-Installation, aber auch zur skriptbasierten, automatisierten Verwaltung eingesetzt werden.

Im Rahmen der Verwaltung des DHCP-Dienstes können Sie den bei der Installation bereits erstellten IP-Adressbereich bei Bedarf konfigurieren, neue Bereiche erstellen, Server- oder Bereichsoptionen definieren oder auch die Sicherung der DHCP-Datenbank manuell durchführen. Die notwendigen Verwaltungsschritte sind mit denen in vorherigen Windows-Betriebssystemen, beispielsweise unter Windows Server 2003 oder Windows Server 2008, identisch. In Windows Server 2008 R2 finden sich jedoch selbst gegenüber seinem direkten Vorgänger doch noch einige, interessante Neuerungen.

5.1.3 Konfiguration von DHCP-Clients

Damit beispielsweise ein Computer unter Windows XP, Windows Vista oder Windows 7 eine IP-Adresse von einem DHCP-Server empfangen kann, muss man die Netzwerkverbindung des betreffenden Computersystems lediglich auf die Option *IP-Adresse automatisch beziehen* einstellen. Dies gilt natürlich auch ebenso für Windows-Serversysteme, wobei man diese in der Praxis jedoch in der Regel mit statischen IP-Adressen konfigurieren sollte.

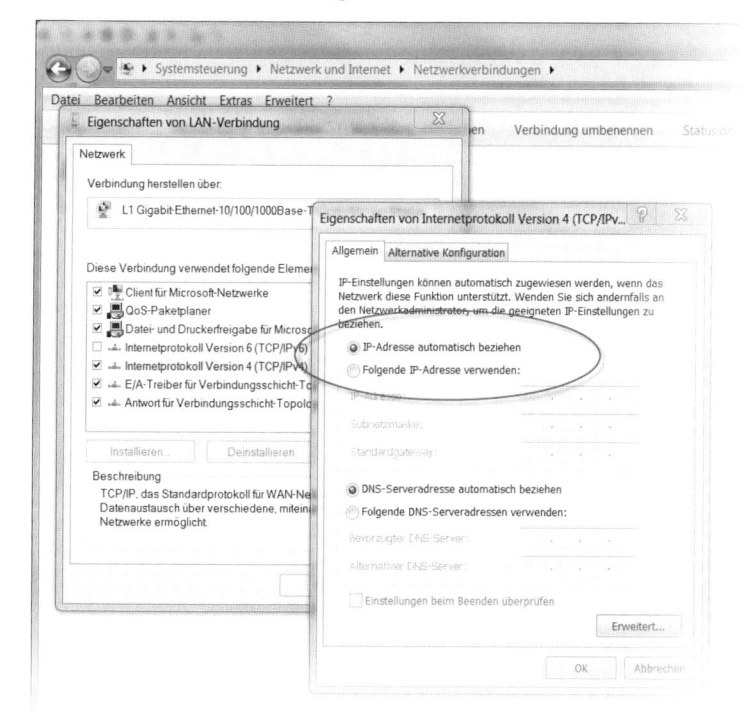

Abbildung 5.14
Konfiguration von Windows 7 als DHCP-Client für das automatische Beziehen von IP-Adressen über einen DHCP-Server

Jederzeit manuelle IP-Konfiguration möglich

Im Bedarfsfall kann man die dynamisch bezogene IP-Adresse jederzeit durch eine manuell konfigurierte, statische IP-Adresse ersetzen. Auch dieses Konzept konnte so bereits zu Zeiten von Windows NT angewendet werden.

Gegenüber der vorherigen Betriebssystemversion haben sich allerdings doch noch einige, wichtige Neuerungen in Windows Server 2008 R2 eingeschlichen, welche man unbedingt erwähnen muss.

5.1.4 Neuerungen in DHCP

Neue Sicherheitsfeatures in DHCP

Wenn Sie die DHCP-Verwaltungskonsole öffnen, so werden Ihnen die Neuerungen in DHCP gegenüber Windows Server 2008 nicht direkt ins Auge fallen. Auf diese trifft man mitunter erst im Rahmen der erweiterten Verwaltungstätigkeit, beispielsweise für die DHCP-Bereiche. Die aktuellen Neuerungen in DHCP beziehen sich auf die Sicherheit, so dass sich ihre Verwendung mitunter sogar in kleineren oder mittleren Netzwerken anbietet.

Nachfolgend finden Sie die wichtigsten Neuerungen in DHCP unter Windows Server 2008 R2.

DHCP-Namensschutz

So existiert in den Eigenschaften von IPv4 und auch IPv6 neuerdings die Möglichkeit der Aktivierung der Option *DHCP-Namensschutz*, welche in Verbindung mit der Konfiguration sicherer dynamischer Updates in DNS für die betreffende DNS-Namenszone für einen reibungsloseren Ablauf der Namensregistrierung und Aktualisierung von DHCP-Clients durch den DHCP-Dienst sorgt.

Abbildung 5.15
DHCP-Namensschutz in den Eigenschaften von IPv4 in der DHCP-Server-Verwaltungskonsole unter Windows Server 2008 R2

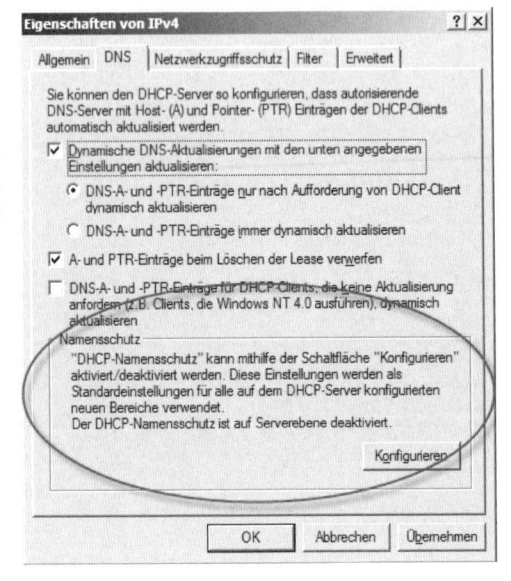

Der DHCP-Namensschutz verhindert das sogenannte *Name-Squatting* (sprich: das Überschreiben eines vorhandenen Host-Eintrages eines Windows-basierten Clientcomputers oder Servers in DNS (*Domain Name System*) durch einen anderen, womöglich Windows-basierten oder nicht-Windows-basierten Clientcomputer oder Server). Der DHCP-Namensschutz kann auf Bereichsebene oder auf IPv4- oder IPv6-Knotenebene aktiviert oder bei Bedarf jederzeit auch wieder deaktiviert werden.

Schutz gegen Name-Squatting

Aktivierung des DHCP-Namensschutzes auf Bereichsebene Gehen Sie wie folgt vor, um den DHCP-Namensschutz auf Bereichsebene im DHCP-Dienst unter Windows Server 2008 R2 zu aktivieren:

1. Öffnen Sie die *DHCP-Verwaltungskonsole*.
2. Doppelklicken Sie in der Konsole auf den *Servernamen* und anschießend auf *IPv4* (bzw. *IPv6*).
3. Klicken Sie mit der rechten Maustaste auf den gewünschten *Bereich* und dann auf *Eigenschaften*.
4. Wechseln Sie zur Registerkarte *DNS* und klicken Sie auf *Erweitert*.
5. Aktivieren Sie das Kontrollkästchen *Namensschutz aktivieren* und klicken Sie dann auf *OK*.
6. Klicken Sie anschließend auf *Übernehmen* oder *OK*.

> Weitere Informationen zum DHCP-Namensschutz und auch zu Name-Squatting finden Sie in der Hilfe von Windows Server 2008 R2.

Es existiert noch eine weitere, interessante Neuerung im DHCP-Server unter Windows Server 2008 R2, die Filterung auf Ebene von MAC-Adressen.

MAC-Adressfilterung

Die MAC-Adressfilterung (auch als Verbindungsschichtfilterung bezeichnet) ermöglicht die Netzwerkzugriffssteuerung für das Ausstellen und Verweigern von DHCP-Leases für IP-Adressen anhand von MAC-Adressen (*Media Access Control*).

Unberechtigte Computer müssen draußen bleiben

> Aktuell kann diese Verbindungsschichtfilterung lediglich für IPv4-Bereiche konfiguriert werden. Für IPv6-Bereiche steht diese Funktion noch nicht zur Verfügung.

Abbildung 5.16
Dialog zur Konfiguration der MAC-Adressfilterung in DHCP unter Windows Server 2008 R2

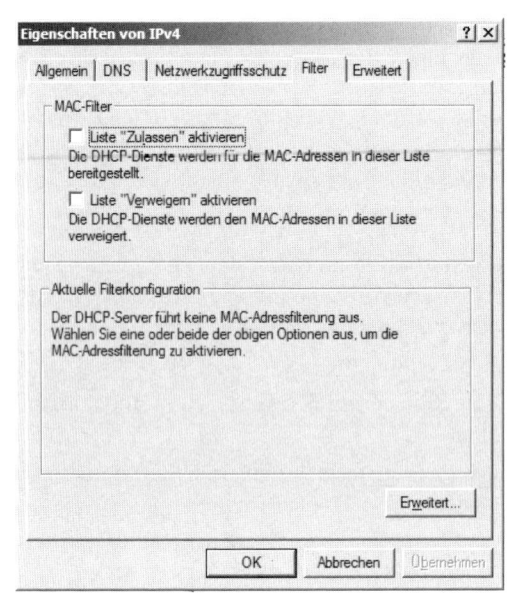

Die Filterung kann hierbei einfach anhand einer definierten Liste von vollständigen MAC-Adressen oder auch anhand von bestimmten *MAC-Adressmustern* (*Platzhaltern*) erfolgen. Alternativ besteht die Möglichkeit der Filterung anhand einer vordefinierten Filterliste ausgeschlossener Hardwaretypen.

Unterstützte MAC-Adressmuster DHCP unter Windows Server 2008 R2 unterstützt die folgenden, zulässigen MAC-Adressmuster (Platzhalter):

- 00-15-5D-*-*-*
- 00-15-5D-64-*-*
- 00-15-5D-64-0C-*
- 00155D640C07
- 0015*

Konfiguration eines neuen MAC-Adressfilters Gehen Sie wie folgt vor, um einen neuen Filter für MAC-Adressen im DHCP-Dienst unter Windows Server 2008 R2 zu erstellen:

1. Öffnen Sie die *DHCP-Verwaltungskonsole*.
2. Doppelklicken Sie in der Konsole auf den *Servernamen* und anschießend auf *IPv4*.
3. Doppelklicken Sie auf *Filter*, um die Struktur zu erweitern. Klicken Sie anschließend mit der rechten Maustaste auf *Zulassen* oder *Verweigern*.

4. Wählen Sie im Kontextmenü den Eintrag *Neuer Filter...* geben Sie dann im Dialogfenster die gewünschte MAC-Adresse bzw. das MAC-Adressmuster ein und klicken Sie anschließend auf *Hinzufügen*.
5. Beenden Sie das Dialogfenster über einen Klick auf die Schaltfläche *Schließen*.

Damit der neu erstellte MAC-Adressfilter angewendet werden kann, muss die MAC-Adressfilterung im DHCP-Dienst unter Windows Server 2008 R2 erst noch aktiviert werden. Standardmäßig ist die Filterung von MAC-Adressen deaktiviert.

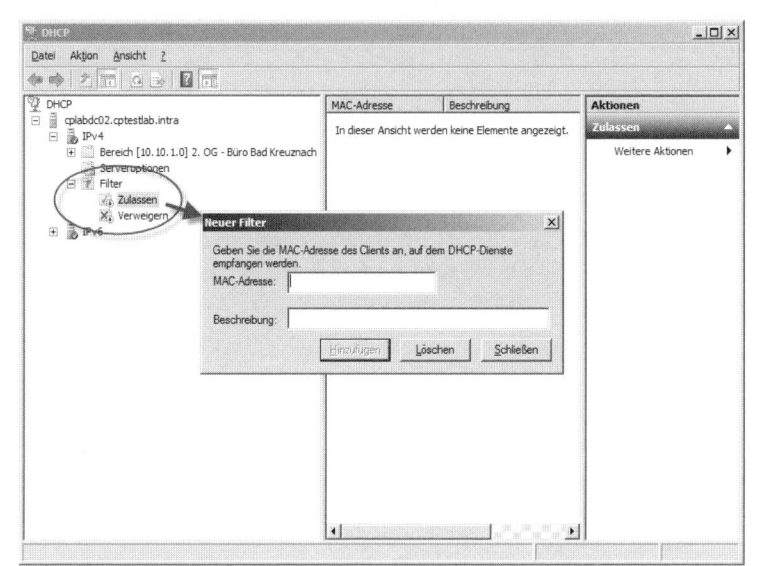

Abbildung 5.17
Erstellen eines neuen MAC-Adressfilters im DHCP-Dienst unter Windows Server 2008 R2

Aktivierung der MAC-Adressfilterung Gehen Sie wie folgt vor, um die MAC-Adressfilterung im DHCP-Dienst unter Windows Server 2008 R2 zu aktivieren:

1. Öffnen Sie die *DHCP-Verwaltungskonsole*.
2. Doppelklicken Sie in der Konsole auf den *Servernamen*.
3. Klicken Sie mit der rechten Maustaste auf *IPv4* und klicken Sie dann auf *Eigenschaften*.
4. Klicken Sie auf *Filter*, aktivieren Sie das Kontrollkästchen *Liste „Zulassen" aktivieren* oder *Liste „Verweigern" aktivieren*.
5. Klicken Sie auf *Übernehmen* oder *OK*.

Anhand des definierten MAC-Adressfilters kann der DHCP-Dienst nunmehr genau entscheiden, welchem der anfragenden Geräte er eine IP-Adresse aus dem IPv4-Adressbereich zuweisen bzw. welchem der Geräte er das Ausstellen verweigern darf.

Zugegeben, die MAC-Adressfilterung, wie auch der DHCP-Namensschutz stellt in Computernetzwerken sicher kein „Allheilmittel" dar, aber auf jeden Fall ist das einen weiterer „Baustein" bei der Implementierung von Sicherheitsmaßnahmen gegen Hacker-Angriffe.

5.1.5 Entfernen des DHCP-Dienstes

Im Bedarfsfall kann man den DHCP-Dienst als Serverrolle von einem Server unter Windows Server 2008 R2 wieder entfernen.

> Beim Entfernen des DHCP-Dienstes gehen alle darin konfigurierten IP-Adressbereiche und aktive IP-Adressleases verloren.

Wenn Sie sich dazu entschließen, die DHCP-Dienste über den Server-Manager als Serverrolle von einem Serversystem unter Windows Server 2008 R2 zu entfernen, gehen Sie dazu wie folgt vor:

1. Klicken Sie im Server-Manager unter Windows Server 2008 R2 auf *Rollen* und klicken Sie im mittleren Fensterbereich im Abschnitt *Rollenübersicht* die Verknüpfung *Rollen entfernen*.
2. Klicken Sie im Dialogfenster *Vorbemerkungen* auf *Weiter* (falls dieses angezeigt wird).
3. Entfernen Sie den Haken im Kontrollkästchen für den DHCP-Server und klicken Sie anschließend auf *Weiter*.
4. Bestätigen Sie Ihre Auswahl im Dialogfenster *Entfernungsauswahl bestätigen* über einen Klick auf die Schaltfläche *Entfernen*.
5. Klicken Sie nach Abschluss des Vorgangs im Dialogfenster *Entfernungsergebnis* auf *Schließen*.

> Weitere Informationen zu DHCP unter Windows Server 2008 R2 erhalten Sie in der Website von Microsoft unter:
>
> *http://technet.microsoft.com/de-de/library/cc731166.aspx*

Unter Windows Server 2008 R2 existieren neben dem DHCP-Dienst noch weitere Netzwerkinfrastrukturdienste. Als nächstes befasse ich mich mit dem bereits vor langer Zeit von vielen Administratoren oft „totgesagten" WINS als Namensauflösungsdienst.

5.2 WINS

Ganz nach dem Motto „*Totgesagte leben länger*" findet sich auch im neuen Serverbetriebssystem unter Windows Server 2008 R2 noch immer WINS (*Windows Internet Name Service*) als Namensauflösungsdienst für die Auflösung von NetBIOS-Namen, beispielsweise der im Netzwerk vorhandenen Clientcomputer und Server, in die für die Kommunikation notwendigen IP-Adressen. Diese Art der Namensauflösung stammt noch aus den Urzeiten der Microsoft-Betriebssysteme, insbesondere der von Windows NT.

Noch immer im Einsatz

> In modernen Netzwerken setzt man statt der auf maximal 15 nutzbare Zeichen in der Namenslänge beschränkten NetBIOS-Namen heute sogenannte *vollqualifizierte Domänennamen* (engl. *Fully Qualified Domain Names, FQDNs*) ein, die beispielsweise neben dem Namen des jeweiligen Clientcomputers oder Servers gleich auch den der zutreffenden Internet- bzw. Active Directory-Domäne beinhaltet. Die Übersetzung von FQDNs erfolgt mithilfe von DNS-Diensten (*Domain Name System Services*).

Auch wenn WINS in vielen Netzwerken bereits kaum eine Bedeutung mehr erlangt, so wird er in manchen Computernetzwerken wegen bestimmter, auf NetBIOS-basierter (BackOffice-)Applikationen mitunter zur Namensauflösung benötigt und demnach auch noch eingesetzt.

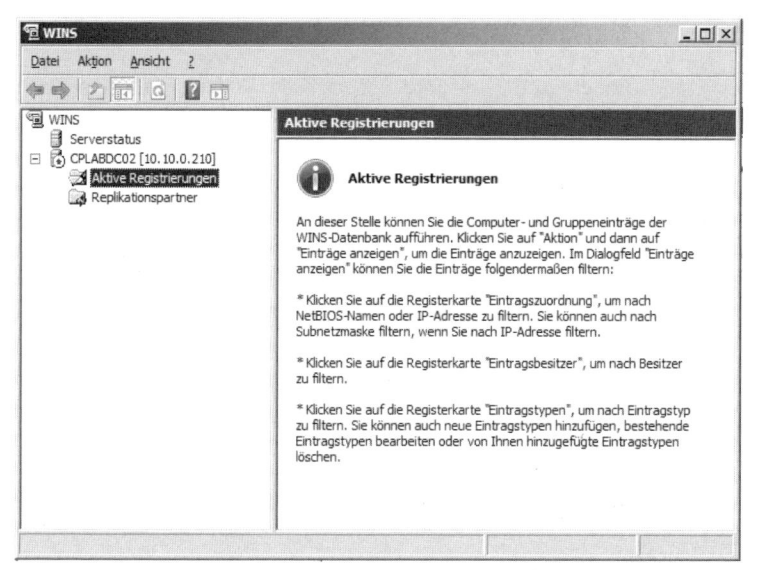

Abbildung 5.18
WINS-Verwaltungskonsole unter Windows Server 2008 R2

> Die Unterstützung von WINS existiert lediglich unter IPv4. Für die Namensauflösung unter IPv6 wird DNS (*Domain Name System*) verwendet.

Vom Grunde her stellt WINS eine dynamisch replizierbare Datenbank bereit, anhand welcher NetBIOS-basierte Namen in IP-Adressen aufgelöst werden. Hierzu müssen die aufzulösenden Client- und Servercomputer vorweg entweder dynamisch oder statisch in der Datenbank des WINS-Dienstes registriert werden.

WINS nicht als Serverrolle Der Server, auf dem der WINS-Dienst ausgeführt wird, fungiert im Netzwerk als WINS-Server. Wer jedoch versucht, den WINS-Dienst auf einem Serversystem unter Windows Server 2008 R2 als Rolle hinzuzufügen, läuft hierbei ins Leere. Der WINS-Dienst wird bereits seit Windows Server 2008 lediglich noch in der Liste der optional installierbaren *Features* (*Funktionen*) geführt. Hierüber muss WINS dann auch installiert werden.

> Im WINS-Dienst unter Windows Server 2008 R2 existieren gegenüber den vorherigen Betriebssystemversionen keinerlei Neuerungen. Es ist absehbar, dass WINS aufgrund der immer häufigeren Deaktivierung von NetBIOS in mittel- bis langfristiger Sicht in den in Unternehmen betriebenen Computernetzwerken keine Bedeutung mehr haben wird. Die Namensauflösung wird auch in den heutigen Active Directory-basierten Computernetzwerken bereits mithilfe von DNS (*Domain Name System*) vollzogen.

Da WINS in einigen Computernetzwerken in Unternehmen noch immer benötigt wird, stelle ich nachfolgend die notwendigen Schritte zur Installation von WINS dar.

5.2.1 Installation von WINS

Der WINS-Dienst wird unter Windows Server 2008 R2 als *Feature* (*Funktion*) eingerichtet. Achten Sie vorweg darauf, dass auf dem betreffenden Serversystem in der Netzwerkkonfiguration eine statische IP-Adresse zugewiesen wurde.

> WINS lässt sich einerseits auf einem vollwertig installierten Serversystem unter Windows Server 2008 R2 oder im Bedarfsfall auch unter Server Core implementieren.

Gehen Sie wie folgt vor, um WINS auf einem vollwertig installierten Serversystem unter Windows Server 2008 R2 mithilfe des grafischen Server-Managers zu installieren:

1. Starten Sie den *Server-Manager*.
2. Klicken Sie auf *Features* (*Funktionen*) und dann auf *Features hinzufügen*.

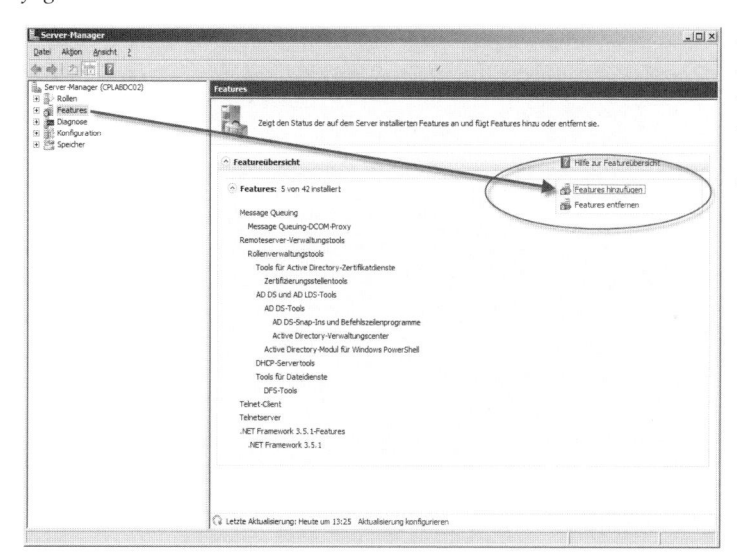

Abbildung 5.19
Hinzufügen von Features im Server-Manager unter Windows Server 2008 R2

3. Wechsel Sie in der Liste der auswählbaren Features fast ganz nach unten, aktivieren Sie das Kontrollkästchen für den *WINS-Server* und klicken Sie anschließend auf *Weiter*.

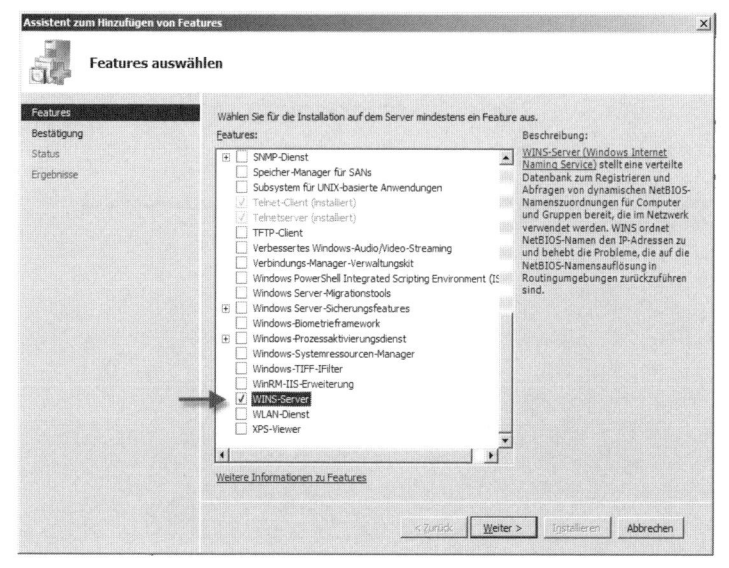

Abbildung 5.20
Auswahl von WINS-Server für die Installation

4. Bestätigen Sie die Installationsauswahl mit einem Klick auf die Schaltfläche *Installieren*.

Abbildung 5.21
Bestätigung der Installationsauswahl

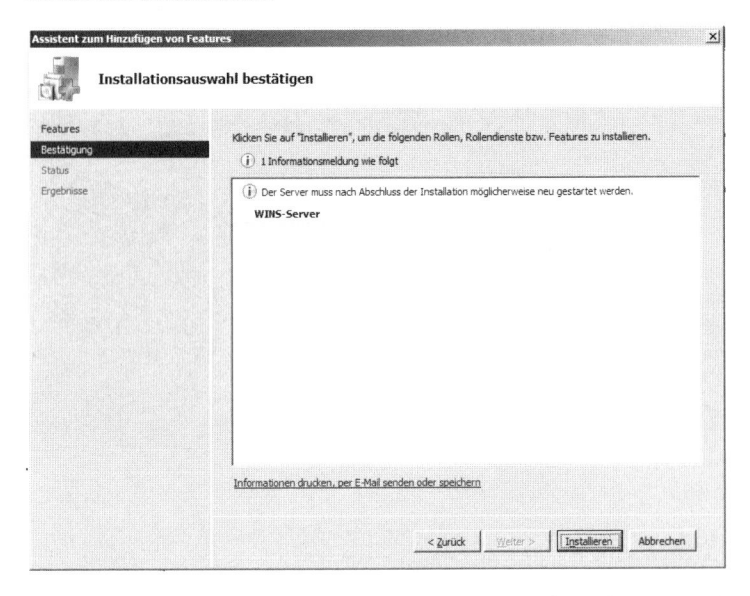

Der WINS-Dienst wird auf dem Server unter Windows Server 2008 R2 installiert. Die erfolgreiche Installation wird im Dialogfenster *Installationsergebnisse* angezeigt.

Abbildung 5.22
Meldung über die erfolgreiche Installation des WINS-Dienstes unter Windows Server 2008 R2

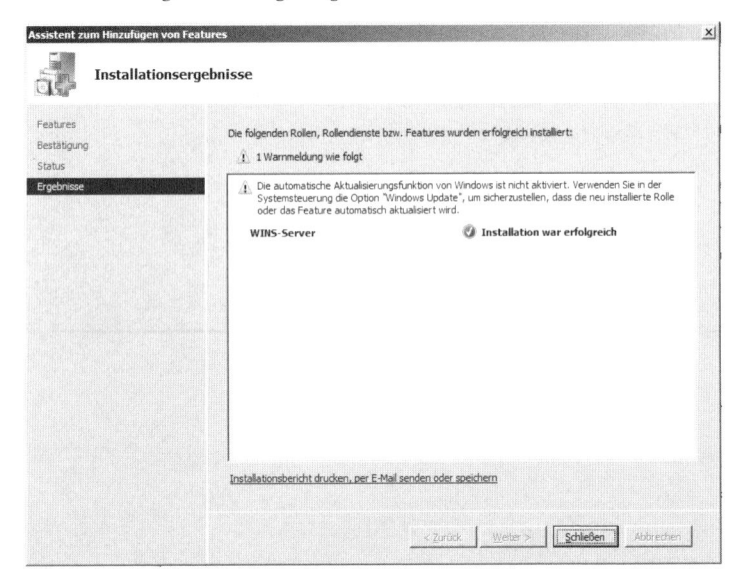

5. Klicken Sie zum Abschluss der Installation von WINS auf die Schaltfläche *Schließen*.

Nach der Installation steht die WINS-Verwaltungskonsole im Server-Manager bzw. über einen Klick auf START/VERWALTUNG und dann auf WINS zur Verfügung.

5.2.2 Verwaltung von WINS

Die Verwaltung des WINS-Dienstes unter Windows Server 2008 R2 kann entweder mithilfe der WINS-Verwaltungskonsole oder aber mithilfe des kommandozeilenbasierten Befehls netsh erfolgen. Letzterer kann auch auf einem Serversystem unter Windows Server 2008 R2 als Server Core-Installation zum Einsatz kommen, um den darauf installierten WINS-Dienst zu verwalten.

Verwaltung mittels netsh möglich

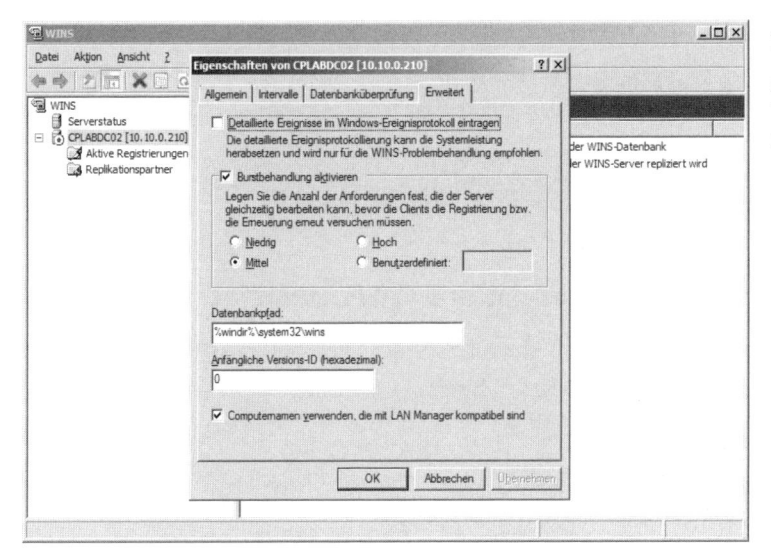

Abbildung 5.23
WINS-Verwaltungskonsole unter Windows Server 2008 R2

5.2.3 Konfiguration von WINS-Clients

Ein Windows-basiertes Computersystem kann über die *Eigenschaften* der *Netzwerkverbindungen* als WINS-Client aktiviert werden. Hierzu muss im Register *WINS* in den *Eigenschaften* von *Internetprotokoll Version 4 (TCP/IPv4)* lediglich die IP-Adresse eines WINS-Servers eingetragen werden. Das Computersystem registriert sich anschließend automatisch bei dem WINS-Server und richtet im Bedarfsfall nunmehr auch NetBIOS-basierte Namensauflösungsanfragen direkt an dieses Serversystem.

In der nachfolgenden Grafik sehen Sie ein Beispiel für die Konfiguration von Windows Server 2008 R2 als WINS-Client.

Abbildung 5.24
Registerkarte WINS in den Eigenschaften von TCP/IPv4 der Netzwerkkarte unter Windows Server 2008 R2

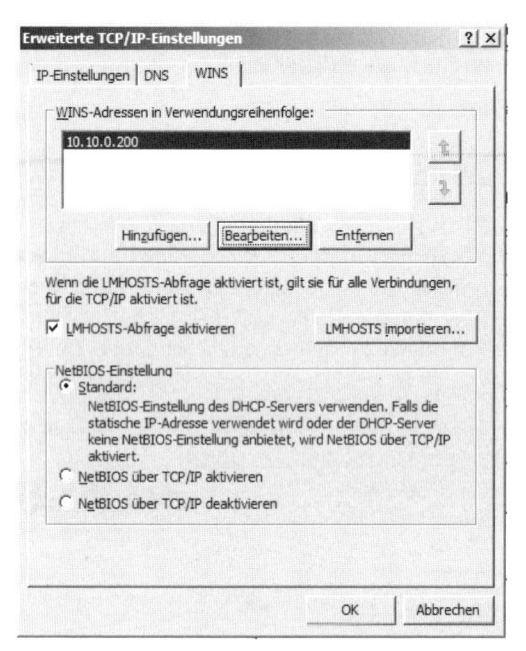

5.2.4 Entfernen des WINS-Dienstes

Im Bedarfsfall kann man den WINS-Dienst als Serverrolle von einem Server unter Windows Server 2008 R2 wieder entfernen.

> Beim Entfernen des WINS-Dienstes gehen alle darin gespeicherten, aktiven NetBIOS-Namensregistrierungen verloren, falls nicht noch ein anderer WINS-Server als Replikat der WINS-Datenbank im Netzwerk vorhanden ist. Dies kann mitunter zu Problemen im Zusammenhang mit NetBIOS-basierten Applikation oder Geräten führen. Überprüfen Sie deshalb unbedingt noch vor dem Entfernen, ob solche Probleme in Ihrem Netzwerk zu erwarten sind.

Wenn Sie sich dazu entschließen, den WINS-Dienste über den Server-Manager als Feature (*Funktion*) von einem Serversystem unter Windows Server 2008 R2 zu entfernen, gehen Sie dazu wie folgt vor:

1. Klicken Sie im *Server-Manager* unter Windows Server 2008 R2 auf *Features* und klicken Sie im mittleren Fensterbereich im Abschnitt *Features* die Verknüpfung *Features entfernen*.
2. Entfernen Sie den Haken im Kontrollkästchen für den WINS-Server, und klicken Sie anschließend auf *Weiter*.

3. Bestätigen Sie Ihre Auswahl im Dialogfenster *Entfernungsauswahl bestätigen* über einen Klick auf die Schaltfläche *Entfernen*.
4. Klicken Sie nach Abschluss des Vorgangs im Dialogfenster *Entfernungsergebnis* auf *Schließen*.

Nach dem Entfernen des WINS-Dienstes muss der betreffende Server unter Windows Server 2008 R2 neu gestartet werden. Nach dem Neustart ist der Vorgang des Entfernens des WINS-Dienstes abgeschlossen.

> Weitere Informationen zu WINS unter Windows Server 2008 R2 erhalten Sie in der Website von Microsoft unter:
>
> http://technet.microsoft.com/de-de/library/dd894464(WS.10).aspx

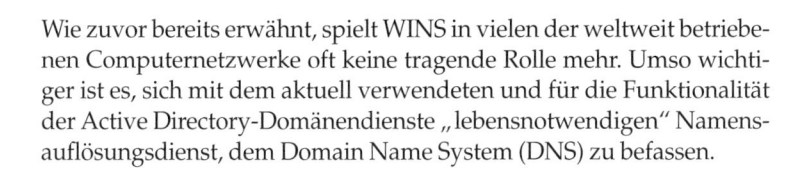

Wie zuvor bereits erwähnt, spielt WINS in vielen der weltweit betriebenen Computernetzwerke oft keine tragende Rolle mehr. Umso wichtiger ist es, sich mit dem aktuell verwendeten und für die Funktionalität der Active Directory-Domänendienste „lebensnotwendigen" Namensauflösungsdienst, dem Domain Name System (DNS) zu befassen.

5.3 DNS

In den Anfängen basierten Windows-Netzwerke seitens der Namensauflösung im Prinzip komplett auf NetBIOS. Selbst die Domänen unter Windows NT 4.0 ließen sich noch vollständig mithilfe der NetBIOS-Namensauflösung betreiben. Erst mit der Einführung von Active Directory unter Windows 2000 hat sich Microsoft dazu entschlossen, DNS (*Domain Name System*), welches im Schwerpunkt für die Namensauflösung im Internet verwendet wurde, auch für die standardmäßige Namensauflösung in den domänenbasierten Computernetzwerken zu verwenden. Die Active Directory-Domänendienste (engl. *Active Directory Domain Services, AD DS*) setzen seitens der darin verwendeten Namensstrukturen vollständig auf dem Domain Name System (*DNS*) auf.

DNS ist für Active Directory unverzichtbar

Die DNS-Infrastruktur wird innerhalb von Active Directory-Gesamtstrukturen beispielsweise für die Suche nach Ressourcen, aber ebenso auch zum Lokalisieren von Domänencontrollern für die Anmeldevorgänge von Benutzern und Computern in den Active Directory-Domänen verwendet. Auch nutzen viele der BackOffice-Anwendungen, wie zum Beispiel Microsoft Exchange Server 2007, die DNS-Namensauflösung für das Lokalisieren der Benutzerpostfächer über den globalen Katalog von Active Directory sowie auch für den Empfang und Versand von E-Mail-Nachrichten. Der Office SharePoint Server 2007 stellt seine Ressourcen über die Namensauflösung mittels DNS ebenso bereit.

Abbildung 5.25
Verwaltung der DNS-Serverrolle im DNS-Manager unter Windows Server 20008 R2

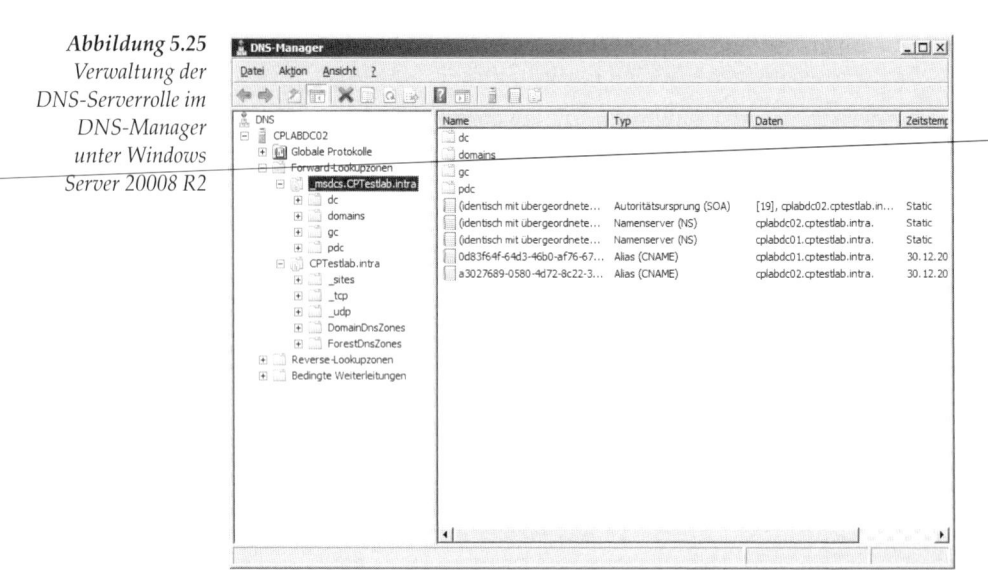

Eine Active Directory-Infrastruktur ist völlig von einer funktionalen DNS-Infrastruktur abhängig, so dass man sich zwangsläufig intensiv auch mit den notwendigen Schritten für die Bereitstellung und Verwaltung der DNS-Dienste unter Windows Server 2008 R2 vertraut machen muss.

5.3.1 Neuerungen in DNS

Neue Schutzfunktion – DNSSEC
Die DNS-Server in den Computernetzwerken sind häufig „Man-in-the-Middle"-, Spoofing- oder auch Cache-Poisoning-Angriffen ausgesetzt. Diesen Umstand hat auch Microsoft erkannt, wonach man unter Windows Server 2008 R2 nunmehr auch die DNSSEC-Unterstützung (*Domain Name System Security Extensions*) für DNS-Server und -Client eingeführt hat. Mit DNSSEC wird es möglich, DNS-Namenszonen mitsamt aller darin enthaltenen Datensätze kryptografisch zu signieren. Wenn ein DNS-Server, welcher eine signierte DNS-Namenszone hostet, eine DNS-Namensabfrage empfängt, so gibt dieser neben den abgefragten Datensatzinformationen auch die digitale Signatur als Ergebnis der Abfrage zurück. Der empfangende Rechner kann hierzu den öffentlichen Schlüssel des für die Signatur verwendeten Schlüsselpaares abrufen und überprüfen, ob die vom abgefragten DNS-Server übermittelte Antwort womöglich manipuliert wurde. Hierzu muss der betreffende DNS-Server mit einem *Anchor für Vertrauensstellung* für die signierte Zone oder für eine übergeordnete Zone der signierten Zone konfiguriert werden.

Die Konfigurationsoptionen findet man direkt in den Eigenschaften des DNS-Servers unter Windows Server 2008 R2.

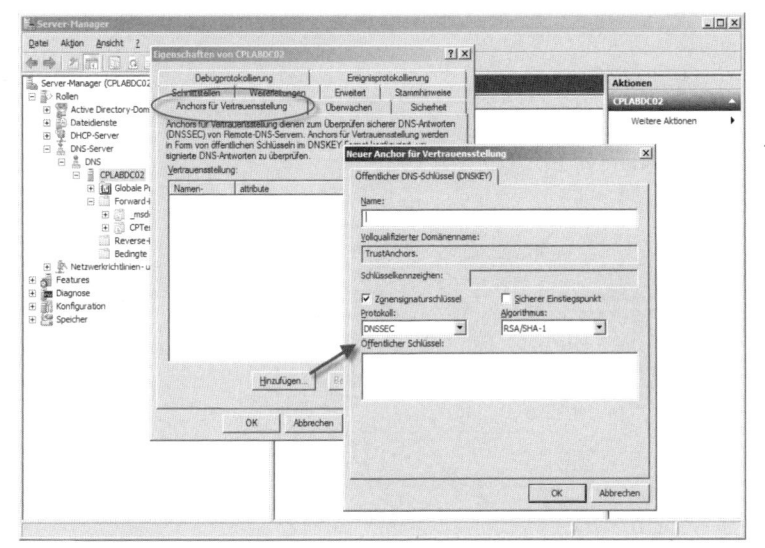

*Abbildung 5.26
Konfiguration eines neuen Anchor für Vertrauensstellung für DNSSEC in den Eigenschaften des DNS-Servers im Server-Manager unter Windows Server 2008 R2*

Bevor man sich mit den Neuerungen oder überhaupt praktisch mit der Namensauflösung unter Windows Server 2008 R2 befassen kann, muss man die DNS-Dienste erst einmal installieren.

5.3.2 Installation von DNS

Das Domain Name System (*DNS*) kann unter Windows Server 2008 R2 als vollwertige oder auch als Server Core-Installation jeweils als Serverrolle implementiert werden. Besondere Voraussetzungen müssen hierzu nicht erfüllt werden, jedoch sollte man dem betreffenden Serversystem grundsätzlich feste IP-Adressen zuweisen.

Installation auch unter Server Core möglich

> Der DNS-Dienst kann auch während des Heraufstufens eines Serversystems unter Windows Server 2008 R2 zu einem Domänencontroller durch den betreffenden Assistenten automatisch eingerichtet und konfiguriert werden. Dies stellt sicher die einfachste Weise der Bereitstellung von DNS in einer Active Directory-Infrastruktur dar.

Gehen Sie wie folgt vor, um den DNS-Dienst auf einem vollwertig installierten Serversystem unter Windows Server 2008 R2 zu implementieren:

1. Starten Sie den *Server-Manager*.
2. Klicken Sie auf *Rollen* und anschließend auf *Rollen hinzufügen*.

Kapitel 5 Netzwerkinfrastrukturdienste unter Windows Server 2008 R2

3. Klicken Sie im Dialog *Vorbemerkung* auf *Weiter*.

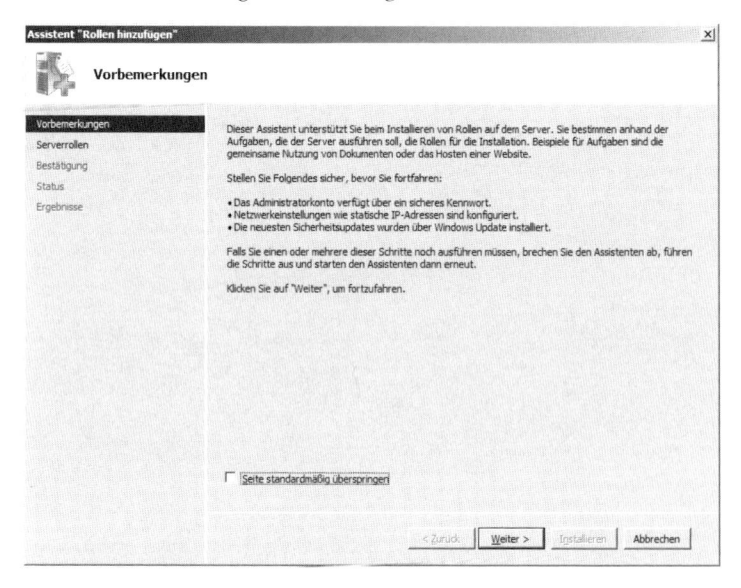

Abbildung 5.27
Vorbemerkungen
zur Installation

4. Aktivieren Sie das Kontrollkästchen für *DNS-Server* in der Auswahl der verfügbaren Rollen und klicken Sie auf *Weiter*.

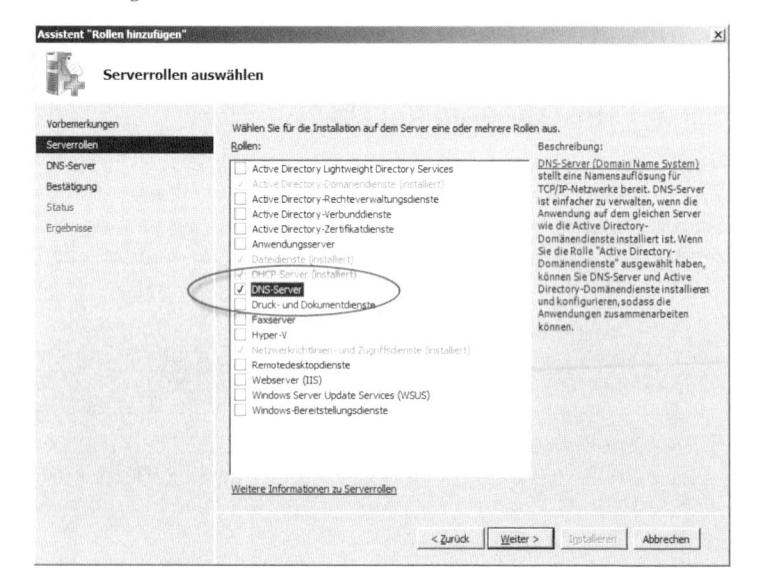

Abbildung 5.28
Auswahl der
DNS-Serverrolle

5. Klicken Sie im Dialogfenster *DNS-Server* auf *Weiter*.

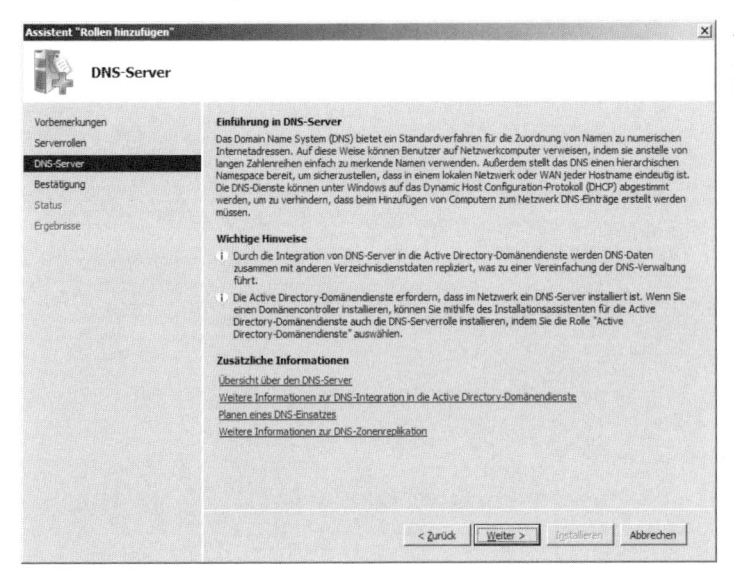

Abbildung 5.29
Dialog zur Einführung in DNS-Server

6. Starten Sie die Installation im Dialogfenster *Installationsauswahl bestätigen* durch einen Klick auf die Schaltfläche *Installieren*.

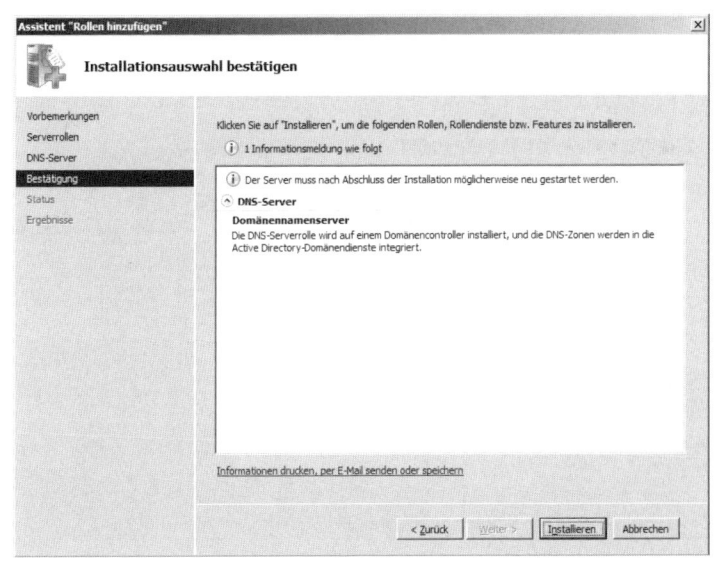

Abbildung 5.30
Bestätigung der Installationsauswahl

Die Installation der DNS-Serverrolle wird durchgeführt.

7. Klicken Sie anschließend im Dialogfenster *Installationsergebnisse* auf *Schließen*.

Abbildung 5.31
Anzeige der Installationsergebnisse

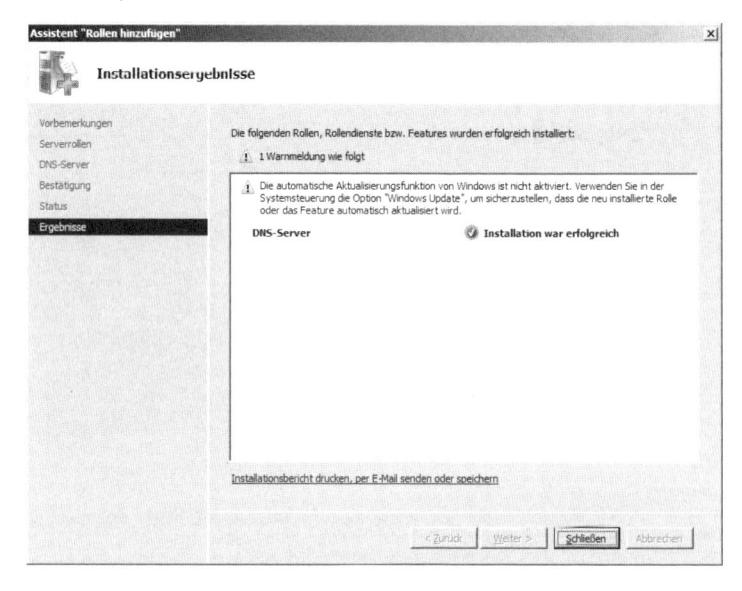

Die Serverrolle kann nun über den *Server-Manager* von Windows Server 2008 R2 verwaltet werden. Nach der Installation müssen die notwendigen DNS-Namenszonen eingerichtet werden, um Namensauflösungen für die betreffenden Namensräume über den DNS-Server zu ermöglichen.

Abbildung 5.32
Verwaltung der DNS-Serverrolle im Server-Manager unter Windows Server 2008 R2

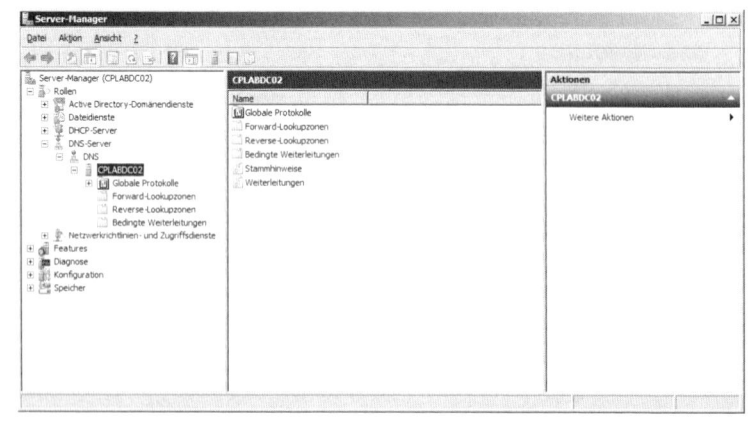

5.3.3 DNS-Namenszonen

DNS-Namenszonen bilden die Basis für die Namensauflösung innerhalb einer Active Directory-Infrastruktur. In ihr werden Namensräume mitsamt der darin notwendigen Diensteinträge (*SRV Records*), Hosteinträge (*A-Records*) der Clients und Server sowie noch weitere Einträge gespeichert, und somit für die Abfrage zur Namensauflösung auf dem DNS-Server bereitgestellt.

DNS kann unabhängig von Active Directory verwendet werden

DNS-Namenszonen können unter Windows Server 2008 R2 aber natürlich auch unabhängig von den Active Directory-Domänendiensten (engl. *Active Directory Domain Services, AD DS*), beispielsweise für die Bereitstellung einer Intranet- oder Internet-Namenszone, eingerichtet und verwaltet werden.

In der unten stehenden Grafik sehen Sie einen Vergleich eines Namensraums im Internet mit dem einer Active Directory-Gesamtstruktur. In beiden kommen Internetkonforme Namensstrukturen zum Einsatz.

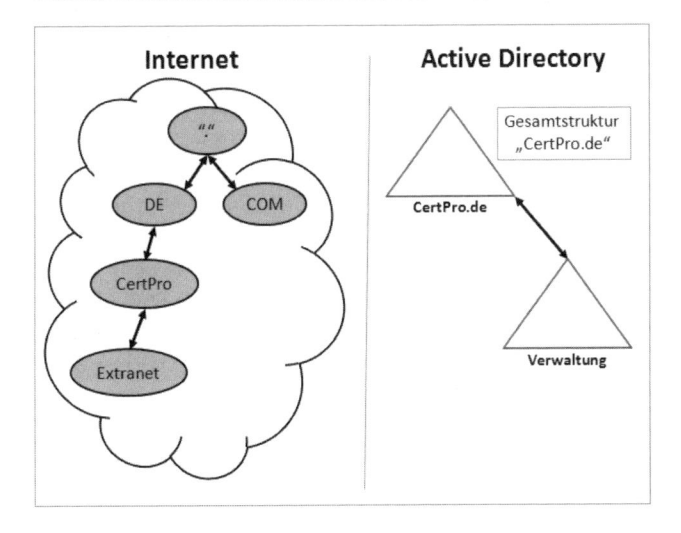

Abbildung 5.33
Vergleich des Namensraums im Internet mit dem einer Active Directory-Gesamtstruktur

Zonentypen

Die für die Namensauflösung zu verwendenden Namensräume werden in DNS-Servern mithilfe von Namenszonen definiert. Beim Einrichten von DNS-Namenszonen unter Windows Server 2008 R2 unterscheidet man grundsätzlich zwischen

- **Standardzonen (primär oder sekundär)**
- **Active Directory-integrierten Zonen**
- **Stub-Zonen**

In den nachfolgenden Seiten werden Ihnen die einzelnen Zonentypen detailliert erklärt.

Darüber hinaus können die DNS-Namenszonen für sogenannte *Forward-Lookup-* oder *Reverse-Lookup-Namensauflösungsvorgänge* eingerichtet werden.

Forward-Lookup-Zonen

Namensauflösung in Active Directory in der Regel über Forward-Lookup-Zonen

Die sogenannten Forward-Lookup-Zonen im DNS-Server unter Windows Server 2008 R2 dienen zur Auflösung von (*bekannten*) Hostnamen in die in den DNS-Namenszonen zugeordneten (*unbekannte*) IP-Adressen. Beispielsweise löst ein Clientcomputer bei einem Kommunikationsvorgang, der seitens des betreffenden Anwenders anhand eines Rechnernamens eingeleitet werden soll, den Name für die Kommunikation mit dem betreffenden Computersystem über den DNS-Server in eine IP-Adresse auf.

Die Namensauflösungsvorgänge in einer Active Directory-Infrastruktur basieren im Schwerpunkt auf Forward-Lookup-Abfragen an die vorhandenen DNS-Server.

Reverse-Lookup-Zonen

Für Active Directory prinzipiell nicht notwendig

Bei den sogenannten Reverse-Lookup-Zonen handelt es sich um DNS-Namenszonen, die eine Auflösung einer (*bekannten*) IP-Adresse in den ihr in der DNS-Namenszone zugeordneten (*unbekannten*) Hostnamen ermöglicht. Wenn ein Anwender den Hostnamen eines lediglich anhand der IP-Adresse bekannten Rechners im Netzwerk ermitteln möchte, so kann er beispielsweise mittels `nslookup.exe` eine Reverse-Lookup-Abfrage an den konfigurierten DNS-Server senden. Wenn in dessen konfigurierter Reverse-Lookup-Zone vorweg ein passender Eintrag gespeichert wurde, so gibt der DNS-Server den in der DNS-Namenszone gespeicherten Hostnamen als Ergebnis an den anfragenden Anwender zurück.

> Prinzipiell sind Reverse-Lookup-Zonen in einer reinen Active Directory-Infrastruktur nicht zwangsläufig notwendig, da die Namensauflösungsvorgänge für die Kommunikation innerhalb einer Umgebung der Active Directory-Domänendienste (engl. *Active Directory Domain Services, AD DS*) schwerpunktmäßig über Forward-Lookup-Abfragen durchgeführt werden. Es existieren jedoch (*BackOffice-*)Anwendungen, die das Vorhandensein einer Reverse-Lookup-Namenszone erforderlich machen. Für die Problembehebung in Active Directory-basierten Netzwerken kann eine Reverse-Lookup-Namenszone für die Administratoren wiederum eine große Hilfe sein.

5.3.4 Standardzonen

Standardzonen auf DNS-Servern unter Windows Server 2008 R2 sind DNS-Namenszonen, die, vergleichbar mit Namenszonen auf UNIX/Linux-basierten BIND-Namensauflösungsdiensten, in Zonendateien auf der Festplatte des betreffenden Serversystems gespeichert werden.

Als Standardzonen kann man primäre oder sekundäre Zonen erstellen.

Primäre Standardzonen

Primäre Standardzonen sind, wie es der Namen bereits ableiten lässt, die beschreibbaren (Original-)Namenszonen eines damit definierbaren DNS-Namensraums. In diesen Zonen können DNS-Einträge angelegt, geändert oder auch gelöscht werden.

Sekundäre Standardzonen

Eine sekundäre Standardzone stellt eine Kopie einer primären (Original-)Namenszone dar, die aus Gründen der Fehlertoleranz oder auch des Lastenausgleichs auf einem weiteren Serversystem im Netzwerk bereitgestellt wird. Sekundäre Standardnamenszonen sind schreibgeschützt und können lediglich über einen Zonenübertragungsvorgang von einer Namenszone des bei der Einrichtung der Zone zugeordneten, sogenannten *Master-DNS-Servers* aktualisiert werden.

Abhängigkeit von primären Namenszonen

Sekundäre Namenszonen stehen prinzipiell in Abhängigkeit von den jeweiligen primären Namenszonen.

5.3.5 Erstellen von primären DNS-Namenszonen

Primäre DNS-Namenszonen können – unabhängig von irgendwelchen weiteren Namenszonen – auf den DNS-Servern unter Windows Server 2008 R2 erstellt werden. Sie sind, wie bereits benannt, vollwertig beschreibbare DNS-Namenszonen.

Gehen Sie zum Erstellen einer primären DNS-Namenszone auf einem Serversystem unter Windows Server 2008 R2 wie folgt vor:

1. Starten Sie den *Server-Manager* auf dem DNS-Server unter Windows Server 2008 R2, und erweitern Sie die Einträge für die DNS-Server-Rolle in der Konsolenstruktur bis zum Eintrag *Forward-Lookupzonen*.
2. Klicken Sie mit der rechten Maustaste auf den Eintrag *Forward-Lookupzonen*, und wählen Sie den Kontexteintrag *Neue Zone...*
3. Klicken Sie im *Willkommensbildschirm* des Assistenten auf *Weiter*.
4. Wählen Sie den Zonentyp *Primäre Zone* aus, und klicken Sie auf *Weiter*.

> Sollte der DNS-Server auch als Active Directory-Domänencontroller konfiguriert sein, so wird Ihnen das Erstellen einer Active Directory-integrierten Zone angeboten. Deaktivieren Sie in diesem Fall die Option *Zone in Active Directory speichern (DNS-Server muss als schreibbarer Domänencontroller eingerichtet sein)* für die neu einzurichtende, primäre DNS-Namenszone.

5. Geben Sie den Zonennamen der neu zu erstellenden DNS-Namenszone an und klicken Sie auf WEITER.
6. Wählen Sie im Dialogfenster *Zonendatei* die Option *Neue Datei mit diesem Dateinamen erstellen* und übernehmen Sie den vorgeschlagenen DNS-Zonennamen durch einen Klick auf die Schaltfläche *Weiter*.
7. Im Dialogfenster *Dynamische Updates* werden die Optionen für die dynamische Aktualisierung der Zoneninhalte angezeigt:
   a. *Nur sichere dynamische Updates zulassen (für Active Directory empfohlen)* Diese Option steht nur zur Verfügung, wenn die DNS-Namenszone als Active Directory-integrierte Zone auf einem DNS-Server eingerichtet wird, der ebenso auch die Rolle als Active Directory-Domänencontroller ausführt. Bei Auswahl dieser Option kann sich nur noch der Client oder Server in der betreffenden DNS-Namenszone dynamisch eintragen, der über ein Computerkonto in der betreffenden Active Directory-Domäne verfügt. Bei Verwendung dieser Option wird somit die Sicherheit in der Namensauflösungsumgebung erhöht.
   b. *Nicht sichere und sichere dynamische Updates zulassen* Bei Auswahl dieser Option ist die dynamische Aktualisierung von DNS-Ressourceneinträgen grundsätzlich aktiviert. Es wird bei einer Aktualisierung eines DNS-Eintrags nicht überprüft, ob der betreffende Client oder Server zum Erstellen oder Aktualisieren eines Eintrags in der betreffenden DNS-Namenszone berechtigt ist.
   c. *Dynamische Updates nicht zulassen* Bei Auswahl dieser Option können DNS-Einträge nur noch manuell durch die betreffenden Administratoren erstellen oder auch aktualisiert werden.

   Wählen Sie die gewünschte Option und klicken Sie nachfolgend auf *Weiter*.
8. Klicken Sie im Dialogfenster *Fertigstellen des Assistenten* auf *Fertig stellen*, um die primäre DNS-Namenszone zu erstellen.

Die neu erstellte, primäre DNS-Namenszone wird im *Server-Manager* von Windows Server 2008 R2 unter dem Eintrag *Forward-Lookupzonen* angezeigt und kann anschließend verwaltet werden.

5.3.6 Erstellen von sekundären DNS-Namenszonen

Sekundäre Namenszonen verweisen auf eine primäre Namenszone auf einem anderen DNS-Server, der als Masterserver bezeichnet wird. Über den Zonenübertragungsvorgang von diesem Server erhält die sekundäre Namenszone ihre Inhalte.

Um eine sekundäre DNS-Namenszone auf einem DNS-Server unter Windows Server 2008 R2 zu erstellen, gehen Sie wie folgt vor:

1. Starten Sie den *Server-Manager* auf dem DNS-Server unter Windows Server 2008 R2 und erweitern Sie die Einträge für die DNS-Server-Rolle in der Konsolenstruktur bis zum Eintrag *Forward-Lookupzonen*.
2. Klicken Sie mit der rechten Maustaste auf den Eintrag *Forward-Lookupzonen*, und wählen Sie den Kontexteintrag *Neue Zone...*
3. Klicken Sie im Willkommensbildschirm des Assistenten auf *Weiter*.
4. Wählen Sie den Zonentyp *Sekundäre Zone* aus und klicken Sie auf *Weiter*.
5. Geben Sie den Zonennamen der neu zu erstellenden DNS-Namenszone an und klicken Sie auf *Weiter*.

> Der Zonenname der neu zu erstellenden, sekundären DNS-Namenszone *muss* übereinstimmend mit der primären DNS-Namenszone auf dem Masterserver sein.

6. Geben Sie im Dialogfenster *Master-DNS-Server* die IP-Adresse oder den DNS-Namen des betreffenden DNS-Servers ein, von dem die Inhalte der DNS-Namenszone auf diesen Server kopiert werden soll. Klicken Sie nachfolgend auf die ⇥-Taste.

> Die angegebene IP-Adresse oder auch der DNS-Servername werden nach dem Klick auf die Tabulator-Taste auf die Erreichbarkeit hin überprüft. Diese Option wurde mit Windows Server 2008 neu eingeführt. Falls Sie auf einen anderen als den Master-DNS-Server der betreffenden Namenszone verweisen, erhalten Sie ein Fehlersymbol, und in der Spalte *Überprüft* die Meldung, dass der betreffende DNS-Server nicht autorisierend für die betreffende Namenszone ist. Korrigieren Sie in diesem Fall ihre Angabe. Wenn der Eintrag auf den autorisierenden DNS-Namensserver für die Zone verweist, wird Ihnen dies durch den Eintrag *OK* in der Spalte *Überprüft* angezeigt.

Klicken Sie anschließend auf *Weiter*.

7. Klicken Sie im Dialogfenster *Fertigstellen des Assistenten* auf *Fertig stellen*, um die sekundäre DNS-Namenszone zu erstellen.

Die neu erstellte, sekundäre DNS-Namenszone wird im *Server-Manager* von Windows Server 2008 R2 unter dem Eintrag *Forward-Lookupzonen* angezeigt und kann anschließend verwaltet werden.

Zonenübertragung ist standardmäßig nicht aktiviert

Mitunter erhalten Sie beim Aufruf der Inhalte der sekundären DNS-Namenszone eine Fehlermeldung, dass diese noch nicht vom Master-DNS-Server geladen werden konnten. Standardmäßig ist die Zonenübertragung der Inhalte von primären DNS-Namenszonen an sekundäre DNS-Zonenserver nicht aktiviert. In den nächsten Seiten erfahren Sie die hierzu notwendige Konfiguration.

Es sollte noch erwähnt werden, dass eine sekundäre DNS-Namenszone im Bedarfsfall (beispielsweise bei Ausfall des DNS-Servers der primären DNS-Namenszone als Masterzone) in eine primäre DNS-Namenszone umgewandelt werden kann. Der betreffende DNS-Server wird damit für die Namenszone autorisierend, so dass darin entsprechende Änderungen (z.B. an den darin enthaltenen Host-Namenseinträgen usw.) vorgenommen werden können. Weitere Informationen hierzu erhalten Sie in der Windows-Hilfe.

5.3.7 Active Directory-integrierte Zonen

Primäre Namenszonen

Eine Alternative zu den primären und sekundären Standardnamenszonen stellen seit der Einführung von Windows 2000 die Active Directory-integrierten Zonen dar. Wie der Name es bereits ableiten lässt, werden diese DNS-Namenszonen direkt in der Datenbank der Active Directory-Domänendienste (engl. *Active Directory Domain Services, AD DS*) gespeichert. Dies setzt wiederum voraus, dass der betreffende DNS-Server auch als Active Directory-Domänencontroller konfiguriert ist.

> Active Directory-integrierte DNS-Namenszonen werden grundsätzlich als primäre Zonen eingerichtet. Der jeweilige DNS-Server, der eine solche Zone führt, wird automatisch auch autorisierend für diese DNS-Namenszone. Änderungen können somit auf jedem im Netzwerk vorhandenen DNS-Server, der eine Active Directory-integrierte DNS-Namenszone führt, vorgenommen werden. Die Änderungen werden nachfolgend anhand eines zwischen den vorhandenen DNS-Servern vereinbartem Multimaster-Replikationsmodell untereinander repliziert und stehen anschließend auf allen vorhandenen DNS-Servern im Netzwerk zur Verfügung.

Eine Active Directory-integrierte DNS-Namenszone kann so konfiguriert werden, dass dynamische Aktualisierungen der DNS-Ressourceneinträge der Zone nur noch durch Clients und Server zugelassen werden, die über Computerkonto in einer der Domänen der betreffenden Active Directory-Gesamtstruktur verfügen. Eine Ausnahme stellen Stub-Zonen dar, die quasi als Sekundärzonen fungieren.

Gehen Sie zum Einrichten einer Active Directory-integrierte DNS-Namenszone auf einem DNS-Server unter Windows Server 2008 R2 wie folgt vor:

1. Starten Sie den *Server-Manager* auf dem DNS-Server unter Windows Server 2008 R2 und erweitern Sie die Einträge für die DNS-Server-Rolle in der Konsolenstruktur bis zum Eintrag *Forward-Lookupzonen*.
2. Klicken Sie mit der rechten Maustaste auf den Eintrag *Forward-Lookupzonen* und wählen Sie den Kontexteintrag *Neue Zone...*
3. Klicken Sie im Willkommensbildschirm des Assistenten auf *Weiter*.
4. Wählen Sie den Zonentyp *Primäre Zone* aus und achten Sie darauf, dass die Option *Zone in Active Directory speichern (DNS-Server muss als schreibbarer Domänencontroller eingerichtet sein)* aktiviert ist. Klicken Sie anschließend auf *Weiter*.

> Die Option *Zone in Active Directory speichern (DNS-Server muss als schreibbarer Domänencontroller eingerichtet sein)* wird Ihnen für die neu einzurichtende, primäre DNS-Namenszone nur angeboten, wenn der betreffende DNS-Server ebenso auch die Rolle als Active Directory-Domänencontroller ausführt.

5. Wählen Sie im Dialogfenster *Active Directory-Zonenreplikationsbereich* des Assistenten aus, wie die Zonendaten repliziert werden sollen. Hierzu stehen die folgenden Optionen zur Auswahl:
    a. *Auf allen DNS-Servern in dieser Gesamtstruktur: <Domänenname>* Bei Auswahl dieser Option wird der Inhalt der neu anzulegenden DNS-Namenszone auf alle DNS-Server in der Gesamtstruktur repliziert, die auch die Rolle als Active Directory-Domänencontroller ausführen.
    b. *Auf allen DNS-Servern in dieser Domäne: <Domänenname>* Bei Auswahl dieser Option wird der Inhalt der neu anzulegenden DNS-Namenszone auf alle DNS-Server in der betreffenden Active Directory-Domäne repliziert, die auch die Rolle als Active Directory-Domänencontroller ausführen.
    c. *Auf allen Domänencontrollern in dieser Domäne (Windows 2000-Kompatibilität): <Domänenname>* Bei Auswahl dieser Option wird der Inhalt der neu anzulegenden DNS-Namenszone auf alle Domänencontroller in der betreffenden Domäne repliziert.
    d. *Auf allen Domänencontroller, die im Bereich der Verzeichnispartition angegeben werden* Diese Option steht nur auf Active Directory-Domänencontrollern ab Windows Server 2003 zur Verfügung, die über eine entsprechende, vorweg manuell erstellte Anwendungsverzeichnispartition in der lokalen Active Directory-Datenbank verfügen. Bei Auswahl dieser Option wird der

Inhalt der neu zu erstellenden DNS-Namenszone nur an die Domänencontroller repliziert, die ebenso über die gleiche, manuell erstellte Anwendungsverzeichnispartition in der Active Directory-Datenbank verfügen.

Wählen Sie die gewünschte Option und klicken Sie anschließend auf *Weiter*.

6. Geben Sie den Zonennamen der neu zu erstellenden DNS-Namenszone an und klicken Sie auf *Weiter*.

7. Im Dialogfenster *Dynamische Updates* werden die Optionen für die dynamische Aktualisierung der Zoneninhalte angezeigt:

    a. *Nur sichere dynamische Updates zulassen (für Active Directory empfohlen)*   Diese Option steht nur zur Verfügung, wenn die DNS-Namenszone als Active Directory-integrierte Zone auf einem DNS-Server eingerichtet wird, der ebenso auch die Rolle als Active Directory-Domänencontroller ausführt. Bei Auswahl dieser Option kann sich nur noch der Client oder Server in der betreffenden DNS-Namenszone dynamisch eintragen, der über ein Computerkonto in einer der Domänen der betreffenden Active Directory-Gesamtstruktur verfügt. Bei Verwendung dieser Option wird somit die Sicherheit in der Namensauflösungsumgebung erhöht.

    b. *Nicht sichere und sichere dynamische Updates zulassen*   Bei Auswahl dieser Option ist die dynamische Aktualisierung von DNS-Ressourceneinträgen grundsätzlich aktiviert. Es wird bei einer Aktualisierung eines DNS-Eintrags nicht überprüft, ob der betreffende Client oder Server zum Erstellen oder Aktualisieren eines Eintrags in der betreffenden DNS-Namenszone berechtigt ist.

    c. *Dynamische Updates nicht zulassen*   Bei Auswahl dieser Option können DNS-Einträge nur noch manuell durch die betreffenden Administratoren erstellt oder auch aktualisiert werden.

    Wählen Sie die gewünschte Option und klicken Sie nachfolgend auf *Weiter*.

8. Klicken Sie im folgenden Dialog auf *Fertig stellen*, um die Active Directory-integrierte DNS-Namenszone zu erstellen.

Die neu erstellte, Active Directory-integrierte DNS-Namenszone wird im *Server-Manager* von Windows Server 2008 R2 unter dem Eintrag *Forward-Lookupzonen* angezeigt und kann anschließend verwaltet werden.

5.3.8 Einrichten und Verwalten von Reverse-Lookupzonen

Reverse-Lookupzonen dienen, wie zuvor bereits beschrieben, zur Auflösung von IP-Adressen in zugeordnete Hostnamen. Dies kann sehr dienlich sein, wenn man in einem der Ereignisprotokolle eines Servers eine IP-Adresse lokalisiert und hierzu den Hostnamen des betreffenden Computersystems ermitteln möchte.

Beziehen sich auf ein Netzwerksegment

Reverse-Lookupzonen beziehen sich immer auf ein Netzwerksegment. Beim Einrichten einer solchen DNS-Zone muss man die Netzwerkkennung des betreffenden Subnetzes in Zahlenform angeben.

Bei der Auflösung einer IP-Adresse in einen zugehörigen Hostnamen wird seitens des betreffenden DNS-Servers eine passende Netzwerkkennung anhand der Zonennamen von vorhandenen Reverse-Lookupzonen verglichen, und (falls vorhanden) der betreffende *Zeigereintrag* (engl. *Pointer*) passend zur angegebenen IP-Adresse ermittelt. Der dazu in der Reverse-Lookupzone gespeicherte Hostname wird vom DNS-Server als Ergebnis der Abfrage zurückgegeben.

> Eine Reverse-Lookupzone kann, vergleichbar mit einer Forward-Lookupzone, ebenso als Active Directory-integrierte DNS-Namenszone angelegt werden. Darüber hinaus stehen die Optionen für die dynamische Aktualisierung der Zoneneinträge für Reverse-Lookupzonen ebenso zur Auswahl. Auch kann eine Reverse-Lookupzone aus Redundanz- und Fehlertoleranzgründen in Form von primären und auch sekundären DNS-Namenszonen angelegt werden.

Um eine primäre Reverse-Lookupzone auf einem DNS-Server unter Windows Server 2008 R2 einzurichten, gehen Sie wie folgt vor:

1. Starten Sie den *Server-Manager* auf dem DNS-Server unter Windows Server 2008 R2 und erweitern Sie die Einträge für die DNS-Server-Rolle in der Konsolenstruktur bis zum Eintrag *Reverse-Lookupzonen*.
2. Klicken Sie mit der rechten Maustaste auf den Eintrag *Reverse-Lookupzonen* und wählen Sie den Kontexteintrag *Neue Zone...*
3. Klicken Sie im Willkommensbildschirm des Assistenten auf *Weiter*.
4. Wählen Sie den Zonentyp *Primäre Zone* aus und klicken Sie auf *Weiter*.

> ℹ Sollte der DNS-Server auch als Active Directory-Domänencontroller konfiguriert sein, so wird Ihnen das Erstellen einer Active Directory-integrierten Zone angeboten. Deaktivieren Sie in diesem Fall die Option *Zone in Active Directory speichern (DNS-Server muss als schreibbarer Domänencontroller eingerichtet sein)* für die neu einzurichtende, primäre DNS-Namenszone.

5. Wählen Sie im Dialogfenster *Name der Reverse-Lookupzone* eine der folgenden Optionen:

    a. *IPv4 Reverse-Lookupzone*   Bei Auswahl dieser Option müssen Sie nachfolgend die Netzwerk-ID des betreffenden Subnetzes als Teil einer IPv4-basierten IP-Adresse angeben.

    b. *IPv6 Reverse-Lookupzone*   Bei Auswahl dieser Option müssen Sie nachfolgend ein IPv6-Adressenpräfix als Teil Ihres IPv6-basierten Netzwerks eingeben. Wählen Sie diese Option nur, wenn Sie in Ihrem Netzwerk IPv6-Adressen verwenden.

    Wählen Sie in diesem Beispiel die Option *IPv4 Reverse-Lookupzone* und klicken Sie anschließend auf *Weiter*.

    Geben Sie im folgenden Dialogfenster die Netzwerkkennung des betreffenden IP-Subnetzes (*beispielsweise 192.168.1 für das Netzwerk 192.168.1.0/24*) an und klicken Sie anschließend auf WEITER.

6. Wählen Sie im Dialogfenster *Zonendatei* die Option *Neue Datei mit diesem Dateinamen erstellen* und übernehmen Sie den vorgeschlagenen DNS-Zonennamen durch einen Klick auf die Schaltfläche *Weiter*.

7. Im Dialogfenster *Dynamische Updates* werden die Optionen für die dynamische Aktualisierung der Zoneninhalte angezeigt:

    a. *Nur sichere dynamische Updates zulassen (für Active Directory empfohlen)*   Diese Option steht nur zur Verfügung, wenn die DNS-Namenszone als Active Directory-integrierte Zone auf einem DNS-Server eingerichtet wird, der ebenso auch die Rolle als Active Directory-Domänencontroller ausführt. Bei Auswahl dieser Option kann sich nur noch der Client oder Server in der betreffenden DNS-Namenszone dynamisch eintragen, der über ein Computerkonto in einer der Domänen der betreffenden Active Directory-Gesamtstruktur verfügt. Bei Verwendung dieser Option wird somit die Sicherheit in der Namensauflösungsumgebung erhöht.

    b. *Nicht sichere und sichere dynamische Updates zulassen*   Bei Auswahl dieser Option ist die dynamische Aktualisierung von DNS-Ressourceneinträgen grundsätzlich aktiviert. Es wird bei einer Aktualisierung eines DNS-Eintrags nicht überprüft, ob der betreffende Client oder Server zum Erstellen oder Aktualisieren eines Eintrags in der betreffenden DNS-Namenszone berechtigt ist.

c. *Dynamische Updates nicht zulassen* Bei Auswahl dieser Option können DNS-Einträge nur noch manuell durch die betreffenden Administratoren erstellt oder auch aktualisiert werden.

Wählen Sie die gewünschte Option und klicken Sie nachfolgend auf *Weiter*.

8. Klicken Sie im Dialogfenster *Fertigstellen des Assistenten* auf *Fertig stellen*, um die primäre Reverse-Lookupzone zu erstellen.

Die neu erstellte, primäre Reverse-Lookupzone wird im *Server-Manager* von Windows Server 2008 R2 unter dem Eintrag *Reverse-Lookupzonen* angezeigt. Sie können die Zone mitsamt der Zoneninhalte nun verwalten.

Vergleichbar mit dem Anlegen neuer, primärer Reverse-Lookupzonen können Sie aus Gründen der Fehlertoleranz, der Redundanz und des Lastenausgleichs bei Bedarf ebenso sekundäre Reverse-Lookupzonen auf anderen DNS-Servern erstellen. Diese beziehen sich, wie auch bei den primären DNS-Namenszonen, auf die jeweils konfigurierten Master-DNS-Server, welche die betreffende Zone autorisierend ausführen.

5.3.9 Zonenübertragung

Die Inhalte von primären Standardzonen oder auch Active Directory-integrierten DNS-Namenszonen können mittels eines Zonenübertragungsvorgangs in sekundäre DNS-Namenszonen übertragen werden. Die Zonenübertragung einer primären DNS-Namenszone an andere DNS-Server als sekundäre Zonenserver ist unter Windows Server 2003 oder Windows Server 2008 (R2) standardmäßig jedoch beschränkt.

Findet standardmäßig unverschlüsselt statt

Die Zonenübertragung wird in den Eigenschaften der betreffenden DNS-Namenszone im Register *Zonenübertragung* konfiguriert. Hierbei stehen die folgenden Optionen zur Auswahl:

An jeden Server Bei Auswahl dieser Option wird die Zonenübertragung der Zonendaten an jeden beliebigen DNS-Server und somit auch an unautorisierte DNS-Server zugelassen. Diese Option sollte man, wenn überhaupt, nur in Netzwerken mit niedriger Sicherheitsanforderung aktivieren.

Nur an Server, die in der Registerkarte Namensserver aufgeführt sind Bei Auswahl dieser Option wird die Zonenübertragung der Zonendaten nur an Server zugelassen, die im Register *Namensserver* der *Eigenschaften* der betreffenden DNS-Namenszone aufgeführt sind. Diese Option verhindert die Zonenübertragung an unautorisierte DNS-Server im Netzwerk.

Kapitel 5 Netzwerkinfrastrukturdienste unter Windows Server 2008 R2

Nur an folgende Server Diese Option ermöglicht die Angabe von für die Zonenübertragung zugelassenen DNS-Server gleich im Register *Zonenübertragung* der *Eigenschaften* der betreffenden DNS-Namenszone. Die DNS-Server werden hierbei anhand ihrer IP-Adresse angegeben.

> Die Zonenübertragung der DNS-Namenszonen von den primären an die sekundären DNS-Server erfolgt in der Regel unverschlüsselt. Wenn die Gefahr einer Man-in-the-Middle-Attacke für die zu übertragenden DNS-Zonendaten in einem Netzwerk besteht, so kann man beispielsweise die IPSec-Verschlüsselung zwischen den betreffenden DNS-Servern konfigurieren. Weitere Informationen zur Konfiguration der IPSec-Verschlüsselung finden Sie in der Hilfe von Windows Server 2008 R2.

Die Zonenübertragung für DNS-Namenszonen ist bei primären Standardzonen standardmäßig aktiviert, unter Windows Server 2008 R2 jedoch lediglich an DNS-Server zugelassen, die in der Registerkarte *Namensserver* aufgelistet sind. DNS-Server können bei Bedarf in der *Liste der Namensserver* eingetragen werden.

Abbildung 5.34 Konfiguration der Zonenübertragung einer DNS-Namenszone unter Windows Server 2008 R2

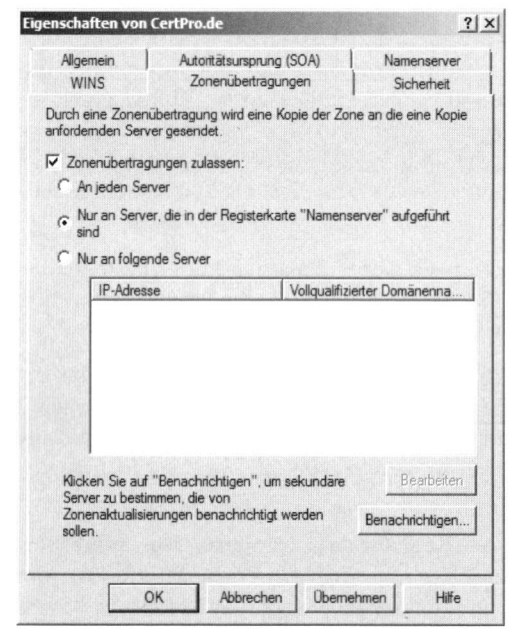

DNS

Die Zonenübertragung einer Active Directory-integrierte DNS-Namenszonen an sekundäre DNS-Server ist unter Windows Server 2008 R2 standardmäßig deaktiviert. Um diese zuzulassen, muss diese erst aktiviert und konfiguriert werden.

Zonenübertragung ist bei AD-integrierten Namenszonen standardmäßig deaktiviert

Um die Zonenübertragung einer primären Forward-Lookupzone auf einem DNS-Server unter Windows Server 2008 R2 an einen anderen DNS-Server, der eine sekundäre Namenszone der betreffenden Zone führt, zuzulassen, gehen Sie wie folgt vor:

1. Starten Sie den *Server-Manager* auf dem DNS-Server unter Windows Server 2008 R2 und erweitern Sie die Einträge für die DNS-Server-Rolle in der Konsolenstruktur bis zum Eintrag *Forward-Lookupzonen*.
2. Klicken Sie mit der rechten Maustaste auf die zu konfigurierende DNS-Namenszone und wählen Sie den Kontexteintrag *Eigenschaften*.
3. Wechseln Sie zum Register *Namensserver* und klicken Sie auf die Schaltfläche *Hinzufügen...*
4. Geben Sie den vollqualifizierten Serverdomänenname des DNS-Servers (beispielsweise: *DNS01.Testlab.local*) an, an den die Zonenübertragung zugelassen werden soll, und klicken Sie auf *Auflösen*.
5. Kontrollieren Sie in der Liste *IP-Adressen dieses Namensservereintrags* die angezeigte IP-Adresse und klicken Sie anschließend auf *OK*.
6. Der Name sowie die IP-Adresse des betreffenden DNS-Servers werden im Register *Namensserver* angezeigt. Um die Konfiguration abzuschließen, klicken Sie auf *OK*.

Konfiguration der Zonenübertragung

Die Häufigkeit der Zonenübertragung kann durch den Administrator festgelegt werden. Es existiert bereits ein Standardwert (15 Minuten) für das Aktualisierungsintervall. Diese Einstellung kann im Register *Autoritätsursprung (SOA)* in den *Eigenschaften* der betreffenden, primären DNS-Namenszone konfiguriert werden.

Die Zonenübertragung zwischen dem Master-DNS-Server einer DNS-Namenszone zu dem oder den sekundären DNS-Namensserver(n) der Zone findet nach der Konfiguration entweder *inkrementell* (*IXFR*) oder *vollständig* (*AXFR*) statt. Bei der inkrementellen Zonenübertragung (*IXFR*) werden lediglich die Änderungen in der betreffenden DNS-Namenszone zwischen den betreffenden DNS-Server übertragen. Diese Art der Zonenübertragung wird erst seit der Einführung von Windows Server 2000 unterstützt. Die Zonenübertragung zu älteren Betriebssystemversionen findet demnach immer vollständig statt.

Inkrementelle oder vollständige Zonenübertragung

*Abbildung 5.35
Konfigurationsoptionen für die Zonenübertragung*

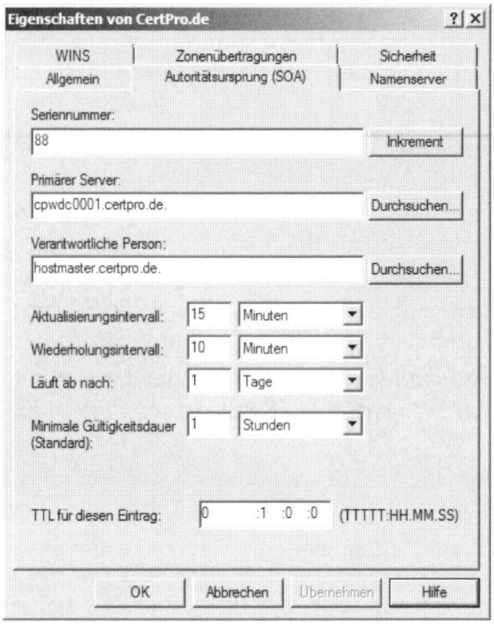

BIND-Sekundärzonen

Im Umfeld von DNS-Servern unter Windows Server 2008 R2 können auch UNIX/Linux-basierte BIND-Server als sekundäre DNS-Zonenserver verwendet werden. Die Standardkonfiguration der Serveroptionen der DNS-Dienste unter Windows Server 2008 wurde im Gegensatz zu Windows Server 2003 verändert. Die Option *BIND-Sekundärzonen* ist nunmehr standardmäßig deaktiviert. Hierdurch wird durch den DNS-Server unter Windows Server 2008 eine schnellere Zonenübertragung an die BIND-Sekundärzonen durchgeführt, die von älteren BIND-Versionen (vor Version 4.9.4) noch nicht unterstützt wurde. Bei Bedarf kann diese Option im *Server-Manager* unter Windows Server 2008 R2 jederzeit im Register *Erweitert* der *Eigenschaften* des betreffenden DNS-Servers aktiviert werden.

Keine AD-integrierten DNS-Namenszonen auf BIND-basierten DNS-Servern

Die Speicherung von BIND-basierten DNS-Servern unter UNIX/Linux setzt voraus, dass man über das notwendige Wissen zur Konfiguration und auch zur Absicherung der betreffenden Namenszonen unter UNIX/Linux-Servern verfügt. Es ist auch möglich, die aktuelle BIND-Version unter UNIX/Linux-Servern für die Speicherung von primären DNS-Namenszonen für die Active Directory-Domänendienste (engl. *Active Directory Domain Services, AD DS*) zu verwenden. Man sollte hierbei jedoch bedenken, dass man dann wiederum die Zonenübertragung konfigurieren muss, da diese Arten von DNS-Namenszonen nicht in der Active Directory-Datenbank gespeichert werden können. Demnach kann eine solche Zone auf UNIX/Linux-basierten BIND-Servern auch nicht für die sichere dynamische Aktualisierung der Zonendaten konfiguriert werden.

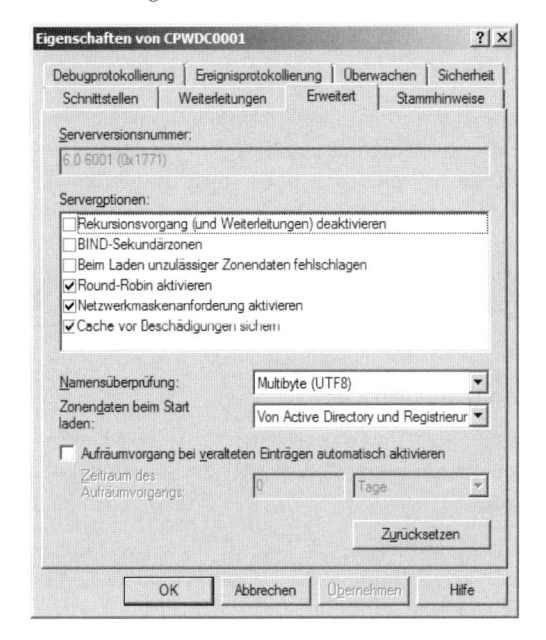

Abbildung 5.36
Standardeinstellungen für BIND-Sekundärzonen in den Eigenschaften des DNS-Dienstes unter Windows Server 2008

5.3.10 Speicherung von DNS-Namenszonen in Anwendungsverzeichnispartitionen

Die Zonendaten einer Active Directory-integrierten DNS-Namenszone können zwecks gezielter Replikationssteuerung in einer manuell zu erstellenden Anwendungsverzeichnispartition gespeichert werden. Die Replikation kann dabei so eingerichtet werden, dass nur der Domänencontroller, der ebenso über die gleiche Anwendungsverzeichnispartition verfügt, ein Replikat der betreffenden Zonendaten erhält.

Anwendungsverzeichnispartitionen (engl. *Application Directory Partitions*) werden unter Windows Server 2003, Windows Server 2008 und Windows Server 2008 R2 unterstützt. Sie können mit dem Kommandozeilenbefehl dnscmd.exe auf einem Domänencontroller unter Windows Server 2003 oder Windows Server 2008 R2 erstellt werden.

Weiter Informationen zu Anwendungsverzeichnispartitionen finden Sie in der Windows-Hilfe von Windows Server 2008 R2.

5.3.11 Verwalten von DNS-Einträgen

Nachdem Sie die entsprechenden DNS-Namenszonen erstellt haben, ist es nun an der Zeit, sich mit der Verwaltung von DNS-Einträgen zu befassen.

DNS-Namenszonen umfassen mitunter eine Vielzahl an verschiedensten Zonendaten. Neben den Diensteinträgen (*SRV Records*) für Active Directory-Domänencontrollern findet man darin auch die notwendigen Einträge für die Namensauflösung von Clients und Servern im Active Directory-Umfeld. In einer DNS-Namenszone können verschiedene DNS-Einträge, wie beispielsweise Host-Einträge (*A Records*) oder Zeiger-Einträge (*Pointer Records, kurz: PTR*), angelegt und verwalten werden.

Manuelles Erstellen von DNS-Einträgen

In den primären Standardzonen, sowie auch in den Active Directory-integrierten DNS-Namenszonen kann man als Administrator manuelle DNS-Einträge anlegen.

Um beispielsweise einen Host-Eintrag (*A Record*) für einen Clientcomputer manuell in einer DNS-Namenszone unter Windows Server 2008 R2 anzulegen, gehen Sie wie folgt vor:

1. Starten Sie den *Server-Manager* auf dem DNS-Server unter Windows Server 2008 R2 und erweitern Sie die Einträge für die DNS-Server-Rolle in der Konsolenstruktur bis zum Eintrag *Forward-Lookupzonen*.

2. Klicken Sie mit der rechten Maustaste auf die zu konfigurierende, primäre DNS-Namenszone und wählen Sie den Kontexteintrag *Neuer Host (A oder AAAA)...*

3. Geben Sie im Dialogfenster *Neuer Host* im Eingabefeld *Name* den gewünschten Hostnamen und nachfolgend im Eingabefeld *IP-Adresse* die zugehörige IP-Adresse ein. Klicken Sie zum Abschluss auf die Schaltfläche *Host hinzufügen*.

> Im Dialogfenster *Neuer Host* können Sie bei Bedarf die Option *Verknüpften PTR-Eintrag erstellen* aktivieren. Wenn auf dem betreffenden DNS-Server eine der IP-Adresse des neuen Hosts entsprechenden Reverse-Lookupzone vorhanden ist, so wird für ihn in dieser Zone auch gleich ein Zeigereintrag (*PTR Record*) erstellt. Es ist dann nachfolgend sogar möglich, den Hostnamen des neu eingetragenen Computersystems über die betreffende Reverse-Lookupzone anhand dessen IP-Adresse zu ermitteln.

4. Der Host-Eintrag für den betreffenden Computer wurde in der DNS-Namenszone erstellt. Bestätigen Sie den folgenden Dialog mit einem Klick auf *OK*.
5. Wenn Sie keinen weiteren Host-Eintrag mehr erstellen möchten, klicken Sie auf *Abbrechen*.

Nach dem gleichen Verfahren können Sie vorgehen, wenn Sie noch weitere Einträge in der betreffenden DNS-Namenszone manuell anlegen möchten.

Dynamische Aktualisierung

Die primären Standardzonen und auch die Active Directory-integrierten DNS-Namenszonen können auf DNS-Servern ab der Betriebssystemversion Windows 2000 so eingerichtet werden, dass eine dynamische Aktualisierung der Zoneninhalte ermöglicht wird. Bei der Konfiguration der DNS-Namenszonen können hierzu die folgenden Einstellungen vorgenommen werden:

- **Dynamische Updates: Keine** Wählen Sie diese Konfiguration der DNS-Namenszone, wenn Sie die Inhalte der Zone manuell verwalten möchten. Eine dynamische Aktualisierung durch der DNS-Einträge Clients oder Server ist bei dieser Einstellung nicht möglich.

- **Dynamische Updates: Nicht sichere und sichere** Bei Auswahl dieser Konfiguration können Clientcomputer und Server sich dynamisch in der betreffenden DNS-Namenszone registrieren. Standardmäßig ist dabei jeder Rechner in der Lage, sich dynamisch in der betreffenden DNS-Namenszone zu registrieren.

- **Dynamische Updates: Nur sichere** Diese Konfiguration steht bei für Active Directory-integrierten DNS-Namenszonen zur Verfügung. Die betreffende Namenszone muss dazu auf einem DNS-Server ab Windows 2000 und höher ausgeführt werden, der ebenso auch als Active Directory-Domänencontroller konfiguriert ist. Die dynamische Registrierung sowie auch die nachfolgende, dynamische Aktualisierung von DNS-Einträgen sind dann nur noch möglich, wenn der betreffende Computer über ein Computerkonto in einer der vorhandenen Domänen der Active Directory-Gesamtstruktur verfügt.

> Um den Aufwand für Verwaltung der DNS-Namenszonen zu reduzieren, gleichzeitig aber auch die Sicherheit zu erhöhen, sollte man innerhalb einer Active Directory-Gesamtstruktur für die internen DNS-Namensräume nach Möglichkeit nur Active Directory-integrierte DNS-Namenszonen verwenden. Die dynamische Aktualisierung von DNS-Einträgen sollte dabei auf *Nur sichere* eingestellt werden.

5.3.12 DNSUpdateProxy

Wichtig bei Ausfall eines DHCP-Servers

Seit der Einführung von Windows 2000 ist es nunmehr möglich, dass ein DHCP-Server (*Dynamic Host Configuration Protocol*), welcher IP-Adressen dynamisch an Clientcomputer und Server im Netzwerk dynamisch vergeben kann, diese parallel auch gleich dynamisch in DNS-Namenszonen registrieren kann. Auch ist die Aktualisierung solcher Einträge, beispielsweise bei der Änderung der IP-Adresse für einen bereits registrierten Clientcomputer, durch den betreffenden DHCP-Server in der DNS-Namenszone möglich. Der DHCP-Server wird durch die Registrierung des DHCP-Clients in der betreffenden DNS-Namenszone zum Ersteller/Besitzer dieses Eintrags.

Wenn ein DHCP-Server nun nachfolgend durch einen anderen DHCP-Server ersetzt werden muss, vielleicht bedingt durch den Ausfall des ursprünglichen DHCP-Servers, so steht der neue DHCP-Server nun vor einem Problem: Wenn dieser neue DHCP-Server nun versucht, einen bereits in der DNS-Namenszone durch den ursprünglichen DHCP-Server bereits registrierten DNS-Eintrag eines DHCP-Clients zu aktualisieren, ist dieser hierzu standardmäßig nicht berechtigt. Es gilt, wie bereits benannt, auch in einer DNS-Namenszone des *Ersteller/Besitzer-Prinzip*: Nur der Ersteller/Besitzer darf seine eigenen DNS-Einträge aktualisieren.

Um eine dynamische Aktualisierung der DNS-Einträge eines ursprünglichen DHCP-Servers in einer DNS-Namenszone durch einen anderen DHCP-Server zu ermöglichen, kommt nun die Sicherheitsgruppe *DNSUpdateProxy* zum Einsatz.

Wenn man die Computerkonten der DHCP-Server vorweg als *Mitglied* der Gruppe DNSUpdateProxy definiert, können die DHCP-Server ihre Einträge auch gegenseitig aktualisieren.

Wird bei der Installation von DNS erstellt

Die Gruppe DNSUpdateProxy wird mit der Installation des DNS-Dienstes unter Windows Server 2008 R2 auf dem betreffenden Server bzw. in der Active Directory-Datenbank im Container `Users` erstellt.

5.3.13 Alterungs- und Aufräumprozess

In Active Directory-Umgebungen, in denen die dynamische Aktualisierung von DNS-Einträgen in den DNS-Namenszonen konfiguriert ist, findet man häufig veraltete DNS-Einträge. Diese stammen teilweise von Clientcomputern, die bereits vor Wochen, Monaten oder gar Jahren aus dem Unternehmensnetzwerk, jedoch nicht aus der DNS-Datenbank entfernt wurden. Die DNS-Datenbank sollte demnach in bestimmten Abständen auf solche veralteten Einträge hin kontrolliert und bereinigt werden.

Da die manuelle Bereinigung in sehr großen Active Directory-Infrastrukturen somit zu einer Lebensaufgabe für die Administratoren mutieren würde, besitzt der DNS-Server unter Windows Server 2008 die Konfigurationsmöglichkeit des *Alterungs- und Aufräumprozesses* (engl. *Aging and Scavenging*) für die DNS-Namenszonen.

Standardmäßig ist der Alterungs- und Aufräumprozess auf den DNS-Servern unter Windows Server 2008 R2 nicht aktiviert.

Konfiguration des Alterungs- und Aufräumvorgangs für eine DNS-Namenszone

Um den Alterungs- und Aufräumprozess für eine DNS-Namenszone unter Windows Server 2008 R2 zu konfigurieren, gehen Sie wie folgt vor:

1. Starten Sie den *Server-Manager* auf dem DNS-Server unter Windows Server 2008 R2 und erweitern Sie die Einträge für die DNS-Server-Rolle in der Konsolenstruktur bis zum Eintrag *Forward-Lookupzonen*.
2. Klicken Sie mit der rechten Maustaste auf die zu konfigurierende DNS-Namenszone und wählen Sie den Kontexteintrag *Eigenschaften*.
3. Klicken Sie im Register *Allgemein* neben *Replikation* auf die Schaltfläche *Alterung...*.
4. Aktivieren Sie im Dialogfenster *Zonenalterung/Eigenschaften für Aufräumvorgang* das Kontrollkästchen *Veraltete Ressourceneinträge aufräumen*, konfigurieren Sie die gewünschten Intervalle und klicken Sie anschließend auf *OK*.
5. Klicken Sie im Dialogfenster *Eigenschaften von <Zonenname>* nochmals auf *OK*, um ihre Konfiguration zu bestätigen.

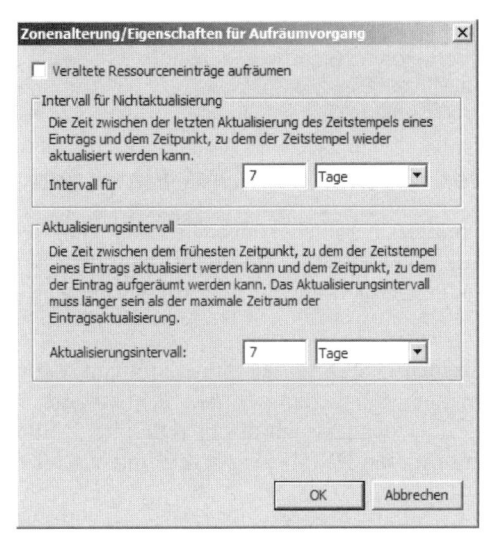

*Abbildung 5.37
Konfiguration des Alterungs- und Aufräumvorgangs für eine DNS-Namenszone unter Windows Server 2008*

Aktivierung des automatischen Aufräumvorgangs bei veralteten Ressourceneinträgen

Nach der Konfiguration der Intervalle für die Alterungs- und Aufräumvorgänge muss der eigentliche Aufräumvorgang auf dem betreffenden DNS-Server noch aktiviert werden. Gehen Sie dazu wie folgt vor:

1. Starten Sie den *Server-Manager* auf dem DNS-Server unter Windows Server 2008 R2 und erweitern Sie die Einträge für die *DNS-Server-Rolle* in der Konsolenstruktur.
2. Klicken Sie mit der rechten Maustaste auf den zu konfigurierenden DNS-Namensserver und wählen Sie den Kontexteintrag *Eigenschaften*.
3. Klicken Sie auf die Registerkarte *Erweitert*.
4. Aktivieren Sie das Kontrollkästchen *Aufräumvorgang bei veralteten Einträgen automatisch aktivieren*.
5. Wählen Sie für *Zeitraum des Aufräumvorgangs* aus der Dropdownliste ein Intervall in Stunden oder Tagen aus und geben Sie dann im Textfeld eine gewünschte Zahl ein.
6. Bestätigen Sie die Auswahl mit einem Klick auf die Schaltfläche *OK*.

Die veralteten DNS-Einträge in der betreffenden DNS-Namenszone werden nach Ablauf des Alterungsintervalls (setzt sich zusammen aus dem Intervall für die Nichtaktualisierung sowie dem Aktualisierungsintervall) aus der Datenbank gelöscht, und die DNS-Namenszone auf diesem Wege aktuell gehalten.

> Der Alterungs- und Aufräumvorgang kann über das Kontextmenü des DNS-Servers im Server-Manager direkt auch für alle vorhandenen DNS-Namenszonen festgelegt werden. Die spezifische Konfiguration der einzelnen Zonen setzt sich gegenüber diesen Einstellungen jedoch durch.

5.3.14 Manuelles Löschen von DNS-Einträgen

Die Einträge in den primären oder auch Active Directory-integrierten DNS-Namenszonen auf den DNS-Servern unter Windows Server 2008 R2 können bei Bedarf einfach wieder entfernt, sprich: gelöscht werden.

Das Entfernen von einzelnen DNS-Einträgen innerhalb von sekundären DNS-Namenszonen oder Stub-Zonen ist direkt nicht möglich. Hier muss man den Umweg über das Löschen des betreffenden DNS-Eintrages in der jeweiligen primären DNS-Namenszone und anschließender Zonenübertragung gehen. Hierbei werden die in der primären DNS-Namenszone gelöschten Einträge im Zusammenhang mit der Zonenaktualisierung, die während der Zonenübertragung zur sekundären DNS-Namenszone stattfindet, auch dort nachfolgend entfernt.

Um einen DNS-Eintrag manuell aus einer primären oder auch Active Directory-integrierten DNS-Namenszone als Forward-Lookupzone im DNS-Dienst unter Windows Server 2008 R2 zu entfernen, gehen Sie wie folgt vor:

1. Starten Sie den *Server-Manager* auf dem DNS-Server unter Windows Server 2008 R2 und erweitern Sie die Einträge für die *DNS-Server-Rolle* in der Konsolenstruktur bis zur betreffenden DNS-Namenszone.
2. Klicken Sie mit der rechten Maustaste auf den zu löschenden DNS-Eintrag und wählen Sie den Kontexteintrag *Löschen*.
3. Bestätigen Sie den Löschvorgang des betreffenden DNS-Eintrags mit einem Klick auf die Schaltfläche *Ja*.

Der Eintrag wird aus der DNS-Namenszone entfernt.

Das Löschen von Zeigereinträgen (*PTR Records*) aus einer primären oder auch Active Directory-integrierten Reverse-Lookupzone unter Windows Server 2008 erfolgt vergleichbar.

5.3.15 WINS-Forward-Lookup

Nicht in allen Fällen kann ein DNS-Server die geforderte Namensauflösung herbeiführen. Wenn in einem Unternehmensnetzwerk jedoch noch die NetBIOS-Namensauflösung über WINS-Server implementiert ist, so besteht die Möglichkeit, statt einer möglichen Fehlermeldung nun doch noch ein passendes Ergebnis zur Namensabfrage zu erhalten. Die Clientcomputer versuchen standardmäßig nach einem Misserfolg der Namensauflösungsabfrage bei einem DNS-Server nachfolgend den für sie konfigurierten WINS-Server zu erreichen, und stellen die gleiche Namensabfrage nochmals an diese Server.

Um jedoch die Vielzahl an Namensauflösungsabfragen von Clientcomputern in einem Unternehmensnetzwerk zu reduzieren, kann man die DNS-Server unter Windows Server 2003, Windows Server 2008 und Windows Server 2008 R2 seitens der betreffenden DNS-Namenszone für die Weiterleitung von Namensauflösungsabfragen an vorhandene WINS-Server konfigurieren.

> Ein anfragender Clientcomputer oder Server erkennt anhand des vom DNS-Server übermittelten Ergebnisses der Namensauflösungsanfrage nicht, dass diese unter Verwendung einer WINS-Forward-Lookup (*WINS-Namensabfrage*) ursprünglich von einem WINS-Server ermittelt wurde. Der DNS-Server liefert neben der IP-Adresse ebenso auch das der Namenszone des Clients entsprechenden Domänennamensuffix als Ergebnis der Namensabfrage. Somit wird es sicher erkennbar, dass der Einsatz der WINS-Forward-Lookup in DNS-Namenszonen in umfangreicheren Active Directory-Gesamtstrukturen nur bedingt, und unter Beachtung der größtmöglichen Sorgfalt, eingesetzt werden kann.

Gehen Sie zur Konfiguration eines DNS-Servers zur Verwendung von WINS-Forward-Lookup-Abfragen in einer DNS-Namenszone unter Windows Server 2008 R2 wie folgt vor:

1. Starten Sie den *Server-Manager* auf dem DNS-Server unter Windows Server 2008 R2 und erweitern Sie die Einträge für die DNS-Server-Rolle in der Konsolenstruktur bis zum Eintrag *Forward-Lookupzonen*.
2. Klicken Sie mit der rechten Maustaste auf die zu konfigurierende DNS-Namenszone und wählen Sie den Kontexteintrag *Eigenschaften*.
3. Klicken Sie auf das Register *WINS* und aktivieren Sie das Kontrollkästchen *WINS-Forward-Lookup verwenden*.
4. Geben Sie die IP-Adresse des oder der gewünschten WINS-Server in der Netzwerkinfrastruktur an und klicken Sie anschließend auf *Hinzufügen*.

> Über die Schaltfläche *Erweitert...* gelangen Sie zur *Erweiterten Konfiguration* der WINS-Forward-Lookup-Abfragen der betreffenden DNS-Namenszone. Hierin können Sie festlegen, wie lange ein durch eine WINS-Forward-Lookup-Abfrage aufgelöster Hosteintrag auf dem DNS-Server zwischengespeichert werden soll, und somit für die benannten Zeit für weitere Clientabfragen nach den aufgelösten Namen zur Verfügung steht. Darüber hinaus können Sie festlegen, wie lange der DNS-Server auf die mögliche Antwort durch den angefragten WINS-Server warten soll.

5. Klicken Sie anschließend auf *OK*, um die Konfiguration zu bestätigen.

5.3.16 Bedingte Weiterleitungen

Die DNS-Server unter Windows Server 2008 R2 ermöglichen neben der Einrichtung von *WINS-Forward-Lookups* auch die Konfiguration von *bedingten Weiterleitungen*. Diese können spezifisch für bestimmte Domänen festgelegt werden. So ist es beispielsweise möglich, die Namensauflösung bestimmter Domänen über die dafür konfigurierten DNS-Server zu ermöglichen, ohne dass dafür die Wege über die Stammserver des Internet beschritten werden müssen. Ein Unternehmen kann für die Namensauflösung der Domänennamen eines Geschäftspartners direkt deren DNS-Server zur Namensauflösung durch die Konfiguration einer bedingten Weiterleitung auf einem DNS-Server unter Windows Server 2008 R2 definieren.

Können unter Windows Server 2008 R2 in Active Directory gespeichert und repliziert werden

Die konfigurierbaren, bedingten Weiterleitungen werden in der DNS-Verwaltung unter Windows Server 2008 R2 in einem eigenen Container geführt. Diese bedingten Weiterleitungen können nun sogar im Active Directory gespeichert und somit auch an andere DNS-Server oder auch Domänencontroller in der betreffenden Active Directory-Gesamtstruktur repliziert werden.

Gehen Sie zum Einrichten einer bedingten Weiterleitung im DNS-Server unter Windows Server 2008 R2 wie folgt vor:

1. Starten Sie den *Server-Manager* auf dem DNS-Server unter Windows Server 2008 R2, erweitern Sie die Einträge für die DNS-Server-Rolle in der Konsolenstruktur und anschließend den Knoten für den betreffenden DNS-Server.

2. Klicken Sie mit der rechten Maustaste auf den Container *Bedingte Weiterleitungen* und wählen Sie im Kontextmenü den Menüpunkt *Neuer bedingte Weiterleitung...*

3. Geben Sie im Dialogfenster *Neue bedingte Weiterleitung* im Eingabefeld *DNS-Domäne:* den gewünschten DNS-Domänennamen ein.

4. Klicken Sie im darunterliegenden Eingabefeld *IP-Adressen der Masterserver:* auf den Eintrag *<Hier klicken, um IP-...* und geben Sie die passende IP-Adresse des DNS-Servers ein, der für die Namensabfragen der angegebenen Domäne genutzt werden soll. Sie können bei Bedarf auch gleich mehrere IP-Adressen angeben.

> Aktivieren Sie bei Bedarf das Kontrollkästchen *Diese bedingte Weiterleitung in Active Directory speichern und wie folgt replizieren:* und wählen Sie den Replikationsbereich für den Eintrag aus.

5. Klicken Sie anschließend auf *OK*, um die bedingte Weiterleitung anzulegen.

Die gerade konfigurierte, bedingte Weiterleitung wird im *Server-Manager* unter Windows Server 2008 R2 nun im Container *Bedingte Weiterleitungen* des betreffenden DNS-Servers angezeigt. Über die Eigenschaften der bedingten Weiterleitung können Sie im Bedarfsfall auch Änderungen vornehmen.

Wenn der DNS-Server nach einer Namensauflösung zu der betreffenden, in der bedingten Weiterleitung konfigurierten DNS-Domäne aufgefordert wird, leitet er die Anfrage direkt an den angegebenen DNS-Server weiter.

5.3.17 Starten und Beenden des DNS-Dienstes

Der DNS-Dienst auf einem Serversystem unter Windows Server 2008 R2 kann bei Bedarf über das Kontextmenü des betreffenden Servers im *Server-Manager* oder über die Verwaltungskonsole *Dienste* angehalten, beendet, gestartet oder auch neu gestartet werden. Auch in der Kommandozeile ist dies über die Befehle net stop und net start möglich.

Um den DNS-Dienst auf einem Server unter Windows Server 2008 R2 im *Server-Manager* neu zu starten, gehen Sie wie folgt vor:

1. Starten Sie den *Server-Manager* auf dem DNS-Server unter Windows Server 2008 und erweitern Sie die Einträge für die DNS-Server-Rolle in der Konsolenstruktur.
2. Klicken Sie mit der rechten Maustaste auf den betreffenden DNS-Server und wählen Sie im Kontextmenü unter *Alle Aufgaben* den Menüpunkt *Neu starten*.

5.3.18 Entfernen von DNS-Namenszonen

Sekundärzonen können auf Dauer alleine nicht existieren

Wenn sich der Bedarf ergibt, so können die im DNS-Dienst unter Windows Server 2008 R2 angelegten DNS-Namenszonen problemlos wieder entfernt werden. Beachten Sie hierbei jedoch unbedingt, dass eine sekundäre DNS-Namenszone beim Entfernen der hierzu konfigurierten, primären oder auch Active Directory-integrierten DNS-Namenszone auf einem anderen DNS-Server alleine nicht existieren kann. Wenn notwendig, kann man die vorhandene, sekundäre DNS-Namenszone vor dem Entfernen der zugehörigen, primären DNS-Namenszone des Master-DNS-Servers ebenso in eine primäre oder Active Directory-integrierte DNS-Namenszone umwandeln. Somit bleibt der Inhalt der DNS-Namenszone vollständig erhalten und kann auch nach dem Entfernen der ursprünglichen, primären DNS-Namenszone weiter genutzt werden.

> Beim Entfernen einer DNS-Namenszone gehen alle darin konfigurierten DNS-Einträge verloren. Wenn Sie die Zoneninhalte weiterhin nutzen möchten, so sollten Sie die Zone vorweg zumindest beispielsweise in Form einer sekundären DNS-Namenszone auf einen anderen DNS-Server im Netzwerk übertragen. Eine sekundäre DNS-Namenszone kann im Bedarfsfall anschließend in eine primäre DNS-Namenszone umgewandelt werden. Den Vorgang hierzu hatte ich Ihnen in den vorherigen Seiten beschrieben.

Gehen Sie zum Entfernen einer DNS-Namenszone auf einem DNS-Server unter Windows Server 2008 R2 wie folgt vor:

1. Starten Sie den *Server-Manager* auf dem DNS-Server unter Windows Server 2008 R2 und erweitern Sie die Einträge für die DNS-Server-Rolle in der Konsolenstruktur bis zur betreffenden DNS-Namenszone.
2. Klicken Sie mit der rechten Maustaste auf die zu löschende DNS-Namenszone und wählen Sie den Kontexteintrag *Löschen*.
3. Bestätigen Sie den Löschvorgang der betreffenden DNS-Namenszone mit einem Klick auf die Schaltfläche *Ja*.

Die DNS-Namenszone wird aus dem DNS-Server entfernt.

5.3.19 Entfernen der DNS-Dienste

Im Bedarfsfall kann man die DNS-Dienste als Serverrolle von einem Server unter Windows Server 2008 R2 wieder entfernen, falls diese nicht mehr benötigt werden oder dem Server andere Serverrollen oder -funktionen zugewiesen werden sollen.

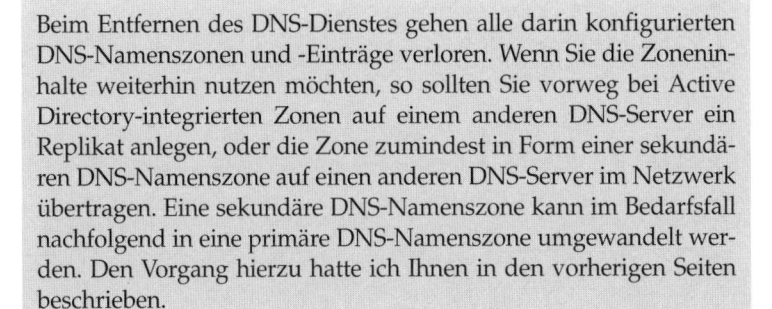

> Beim Entfernen des DNS-Dienstes gehen alle darin konfigurierten DNS-Namenszonen und -Einträge verloren. Wenn Sie die Zoneninhalte weiterhin nutzen möchten, so sollten Sie vorweg bei Active Directory-integrierten Zonen auf einem anderen DNS-Server ein Replikat anlegen, oder die Zone zumindest in Form einer sekundären DNS-Namenszone auf einen anderen DNS-Server im Netzwerk übertragen. Eine sekundäre DNS-Namenszone kann im Bedarfsfall nachfolgend in eine primäre DNS-Namenszone umgewandelt werden. Den Vorgang hierzu hatte ich Ihnen in den vorherigen Seiten beschrieben.

Wenn Sie sich dazu entschließen, die DNS-Dienste über den *Server-Manager* als Serverrolle von einem Serversystem unter Windows Server 2008 R2 zu entfernen, gehen Sie dazu wie folgt vor:

1. Klicken Sie im *Server-Manager* unter Windows Server 2008 R2 auf *Rollen* und klicken Sie im mittleren Fensterbereich im Abschnitt *Rollenübersicht* die Verknüpfung *Rollen entfernen*.
2. Klicken Sie im Dialogfenster *Vorbemerkungen* auf *Weiter* (falls dieses angezeigt wird).
3. Entfernen Sie den Haken im Kontrollkästchen für den DNS-Server und klicken Sie anschließend auf *Weiter*.
4. Bestätigen Sie Ihre Auswahl im Dialogfenster *Entfernungsauswahl bestätigen* über einen Klick auf die Schaltfläche *Entfernen*.
5. Klicken Sie nach Abschluss des Vorgangs im Dialogfenster *Entfernungsergebnis* auf *Schließen*.
6. Bestätigen Sie im folgenden Dialogfenster den Neustart des betreffenden Serversystems mit einem Klick auf die Schaltfläche JA.

Nachdem der Server neu gestartet wurde, ist der Vorgang der Entfernung der DNS-Serverrolle von dem betreffenden Serversystem unter Windows Server 2008 R2 abgeschlossen.

In diesem Kapitel haben Sie eine Übersicht über die im Umfeld von Windows Server 2008 R2 eingesetzten Netzwerkinfrastrukturdiensten erhalten. Dabei wurden neben der Installation auch grob die Schritte zur Verwaltung der jeweiligen Dienste dargestellt. Auf Domain Name System (*DNS*) als primärer Namensauflösungsdienst bin ich intensiver eingegangen, da dieser u.a. eine „lebensnotwendige" Basis für die Active Directory-Domänendienste (engl. *Active Directory Domain Services, AD DS*) darstellt. Um diese Dienste und insbesondere deren Neuerungen dreht es sich im nächsten Kapitel.

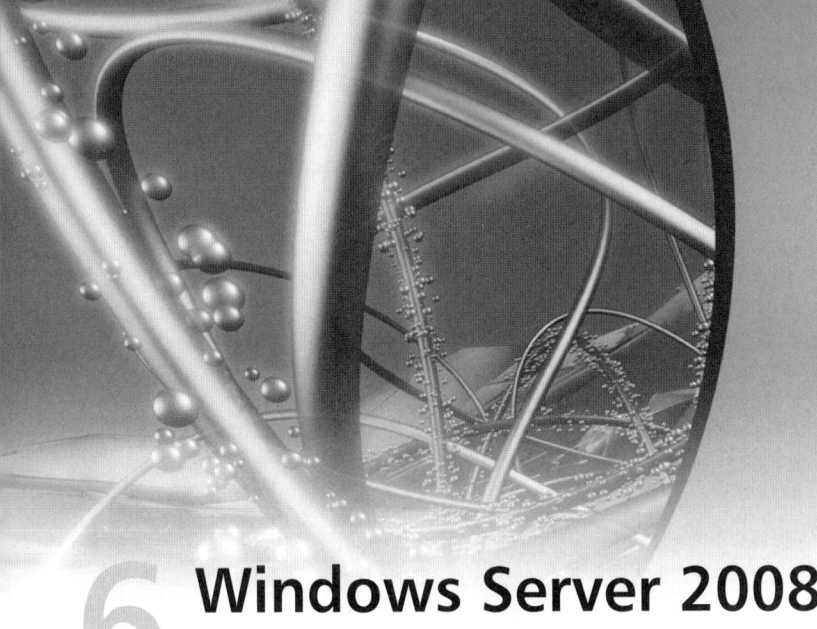

6 Windows Server 2008 R2 und die Active Directory-Domänendienste

Es lag nahe, dass Microsoft auch unter Windows Server 2008 R2 wiederum einige Neuerungen rund um die Active Directory-Domänendienste (engl. *Active Directory Domain Services, AD DS*) implementieren wird. Bereits unter Windows Server 2008 wurden die darin enthaltenen Neuerungen von vielen Administratoren gerne angenommen und in deren Computernetzwerke implementiert. Gespannt war man darauf, was Microsoft denn noch alles an Neuigkeiten rund um Active Directory entwickeln könnte. In den nachfolgenden Seiten erfahren Sie mehr dazu.

Nochmals optimiert und verbessert

6.1 Neuerungen in Active Directory

Microsoft hat unter Windows Server 2008 R2 wiederum eine Vielzahl an Neuerungen rund um Active Directory implementiert. Neben denen bereits mit Windows Server 2008 eingeführten Neuerungen, wurde das Augenmerk im neuen Serverbetriebssystem nunmehr intensiver auf die Erweiterung der Verwaltungsmöglichkeiten der Active Directory-Domänendienste (*AD DS*) gelegt. In den nächsten Seiten werden die wichtigsten Neuerungen in Windows Server 2008 R2 rund um diese Dienste erläutert.

Kapitel 6 Windows Server 2008 R2 und die Active Directory-Domänendienste

6.1.1 Active Directory Best Practice Analyzer

Ermittlung der aktuellen Konfiguration
Zur besseren Kontrolle und auch zur Ermittlung der aktuellen Konfiguration der Active Directory-Domänendienste (*Active Directory Domain Services, AD DS*) hat Microsoft gleich in den Server-Manager unter Windows Server 2008 R2 den *Active Directory Best Practice Analyzer* (*AD BPA*) eingebaut. Dieses Auswertetool dient dazu, die aktuelle Konfiguration der Active Directory-Domänendienste anhand von durch Microsoft vordefinierter Prüfungen auf mögliche Fehler oder Optimierungsmöglichkeiten zu überprüfen. Insgesamt werden durch den AD BPA unter Windows Server 2008 R2 ganze 38 Prüfungen vollzogen, deren Ergebnisse am Ende in Form einer Liste zur Verfügung gestellt werden.

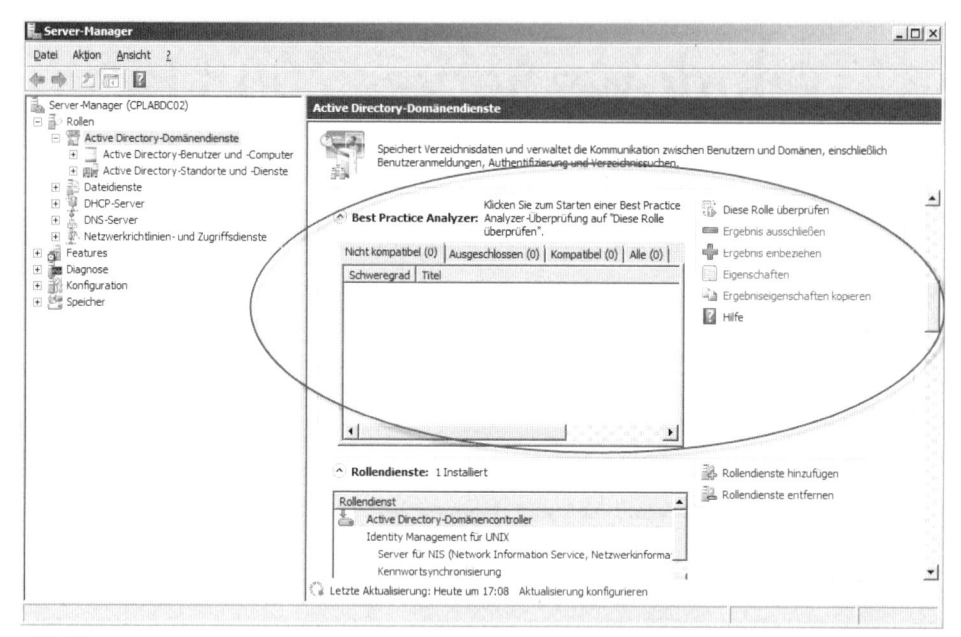

Abbildung 6.1: Active Directory Best Practice Analyzer (AD BPA) im Server-Manager unter Windows Server 2008 R2

> Neben den *Active Directory-Domänendiensten* (engl. *Active Directory Domain Services, AD DS*) werden durch den AD BPA zudem auch (insoweit auf dem betreffenden Serversystem ebenso installiert) die *Active Directory-Zertifikatdienste* (engl. *Active Directory Certificate Services, AD CS*), Domain Name System (*DNS*) und die *Remotedesktopdienste* (ehemals *Terminaldienste*) in die Überprüfungen mit einbezogen.

Der *Active Directory Best Practice Analyzer* (*AD BPA*) wird unter Windows Server 2008 R2 mit den Active Directory-Domänendiensten (*AD DS*) automatisch gleich mit installiert und steht im Server-Manager zur Verfügung.

Gehen Sie wie folgt vor, um den Active Directory Best Practice Analyzer (*AD BPA*) im Server-Manager unter Windows Server 2008 R2 auszuführen:

1. Öffnen Sie (falls noch nicht geschehen) den Server-Manager.
2. Doppelklicken Sie auf *Rollen* und dann auf *Active Directory-Domänendienste*.
3. Scrollen Sie im Infobereich des Server-Managers zum Abschnitt *Best Practice Analyzer*.
4. Klicken Sie auf *Diese Rolle überprüfen*.

   Die Überprüfung der vorhandenen Konfiguration wird ausgeführt. Dieser Vorgang kann mitunter mehrere Minuten dauern. Das Ergebnis wird anschließend in Form von Listeneinträgen direkt im Abschnitt des Best Practice Analyzer im Server-Manager angezeigt.

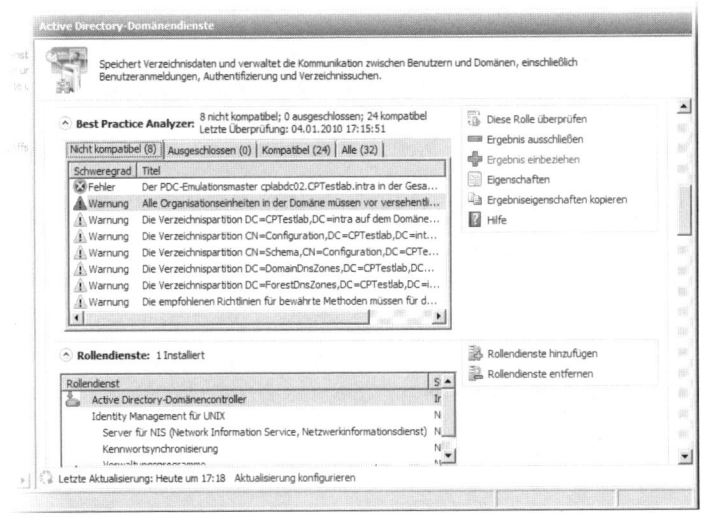

Abbildung 6.2
Ergebnis der Konfigurationsüberprüfung mittels Active Directory Best Practice Analyzer (AD BPA) unter Windows Server 2008 R2

Die Ergebnisse der Überprüfung können durch einen Doppelklick mit der Maus einzeln angezeigt sowie für die mögliche, weiterführende Dokumentation bei Bedarf auch in die Zwischenablage kopiert werden.

Abbildung 6.3
Anzeige eines Überprüfungsergebnisses des Active Directory Best Practice Analyzer (AD BPA) unter Windows Server 2008 R2

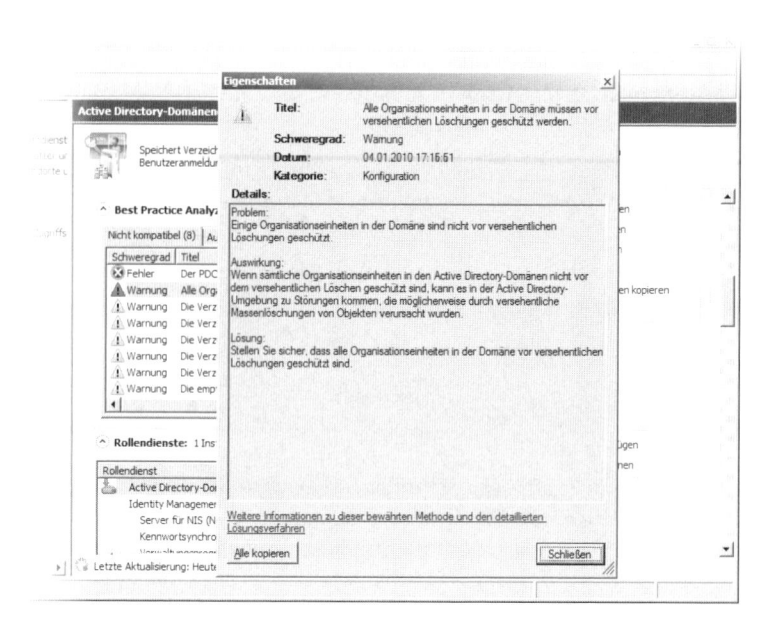

Der Active Directory Best Practice Analyzer dokumentiert insgesamt die folgenden Ereignisstufen:

- Kompatibel
- Warnung
- Fehler

Die ermittelten Ergebnisse sollten, insoweit es sich um Warnungen oder gar Fehler handelt, allesamt überprüft und innerhalb der vorhandenen Active Directory-Infrastruktur – soweit technisch möglich – umgehend korrigiert werden.

Der *Active Directory Best Practice Analyzer* (*AD BPA*) stellt jedoch nicht die einzige Neuerung unter Windows Server 2008 R2 dar. Ebenso neu ist auch das *Active Directory-Verwaltungscenter*, welches ich als nächstes genauer betrachten möchte.

6.1.2 Active Directory-Verwaltungscenter

Im Schwerpunkt wohl gedacht für die mögliche Verwaltungsdelegierung findet sich das Active Directory-Verwaltungscenter gleich auch nach der Installation der Active Directory-Domänendienste (engl. *Active Directory Domain Services, AD DS*) auf einem Domänencontroller unter Windows Server 2008 R2.

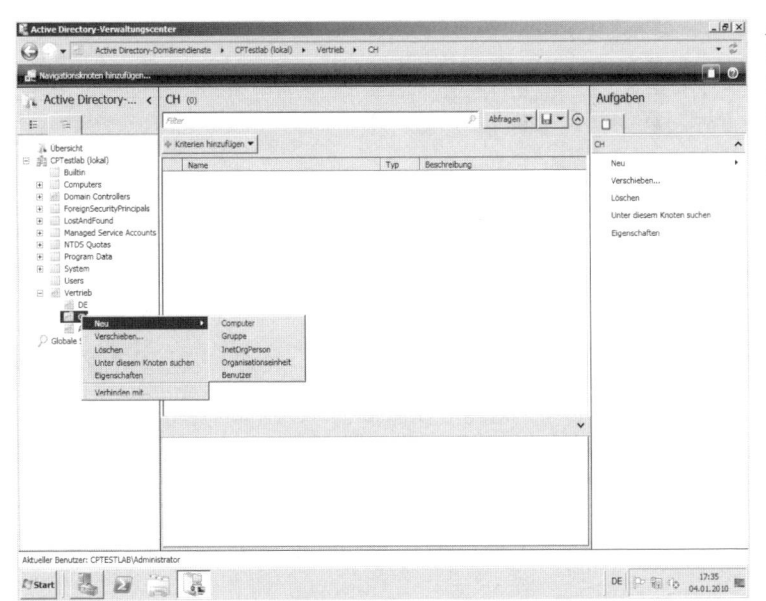

Abbildung 6.4
Das neue Active Directory-Verwaltungscenter unter Windows Server 2008 R2

Dieses neue Verwaltungstool setzt als grafische Benutzeroberfläche direkt auf der **Windows PowerShell** auf. Mit diesem Tool können gängige Aufgaben im Rahmen der Objektverwaltung im Umfeld der Active Directory-Domänendienste (*AD DS*) durchgeführt werden. Zu diesem Aufgaben zählen unter anderem:

Setzt direkt auf der Windows PowerShell auf

- Verwalten von Benutzern, Gruppen und Computern
- Verwalten von Organisationseinheiten
- Verwalten von Domänen und Domänencontrollern
- Suchen von Active Directory-Objekten

Im Rahmen der möglichen Verwaltungsdelegierung müssen die Zugriffsrechte auf die Active Directory-Objekte auf bislang üblichem Wege an die für die Verwaltung vorgesehenen Benutzer delegiert werden. Dies kann vor der Bereitstellung der *Active Directory-Verwaltungskonsole* an die betreffenden Benutzer durch einen verantwortlichen Domänen- oder Organisationsadministrator beispielsweise in der Verwaltungskonsole *Active Directory-Benutzer und -Computer* erfolgen.

> Für die Verwaltung der eigentlichen Active Directory-Infrastruktur sowie auch der Active Directory-Standorte und -Replikation werden die standardmäßigen Verwaltungskonsolen benötigt. Für Verwaltungsaufgaben, die über die Objektverwaltung hinausgehen (beispielsweise Änderungen an der Replikationsinfrastruktur, o.ä.), ist die Active Directory-Verwaltungskonsole nicht vorgesehen.

Das Active Directory-Verwaltungscenter lässt sich nach der Installation der Active Directory-Domänendienste (*AD DS*) unter Windows Server 2008 R2 auf dem betreffenden Serversystem problemlos über einen Mausklick auf *Start/Verwaltung* und *Active Directory-Verwaltungscenter* aufrufen.

> Im Internet ist in diversen Quellen nachzulesen, dass Microsoft die Absicht hegt, zukünftig noch weitere Verwaltungskonsolen als grafische Benutzeroberfläche der Windows PowerShell bereitzustellen. Den Vorreiter stellte ja bereits der Microsoft Exchange Server 2007 mit seiner Verwaltungskonsole dar.

Im Rahmen der Verwaltung der Active Directory-Infrastruktur hat Microsoft unter Windows Server 2008 R2 noch eine weitere Neuerung eingebaut – die Active Directory-Webdienste.

6.1.3 Active Directory-Webdienste

Nur ein Kommunikationsport

In Windows Server 2008 R2 führt Microsoft erstmalig die *Active Directory-Webdienste* (engl. *Active Directory Web Services, AD WS*) ein. Diese werden, vergleichbar wie das Active Directory-Verwaltungscenter, während dem Hochstufen eines Serversystems unter Windows Server 2008 R2 zu einem Active Directory-Domänencontroller gleich automatisch mit installiert.

Auch wenn die Dienste sich womöglich irrtümlich nach einer auf dem *Internet Information Service* (*IIS*) basierte Webanwendung anhören, so trifft dies nicht zu. Vielmehr verbirgt sich hinter den Active Directory-Webdiensten (*AD WS*) lediglich eine Kommunikationsschnittstelle (*Port 9389*), die von Anwendungsentwicklern bei Bedarf für die Kommunikation der von ihnen entwickelten Applikationen mit dem Active Directory verwendet werden kann.

Die Active Directory-Webdienste (*AD WS*) kann man sich in der Verwaltungskonsole *Dienste* auf einem Serversystem unter Windows Server 2008 R2 als Domänencontroller anzeigen lassen. Darüber hinaus kann man die Dienste in dieser Konsole bei Bedarf beenden oder auch neu starten.

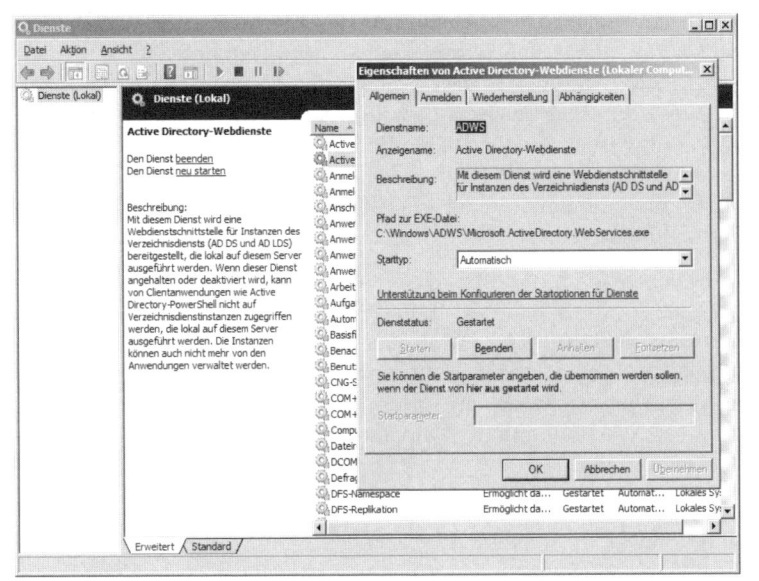

Abbildung 6.5
Die neuen Active Directory-Webdienste (AD WS) unter Windows Server 2008 R2

Es ist jedoch zu erwähnen, dass sich die Windows PowerShell unter Windows Server 2008 R2 der Active Directory-Webdienste (*AD WS*) als Schnittstelle für die Kommunikation mit den Active Directory-Domänendiensten (*AD DS*) bedient. Wenn die Active Directory-Webdienste (*AD WS*) beispielsweise einmal nicht mehr ausgeführt werden sollten, so kann mithilfe der Windows PowerShell nicht mehr auf die Active Directory-Domänendienste (*AD DS*) zugegriffen werden. Insoweit muss man als Administrator wenigstens dafür Sorge tragen, dass die Dienste auf dem betreffenden, zu verwaltenden Serversystem ordnungsgemäß ausgeführt werden.

Windows PowerShell bedient sich der Active Directory-Webdienste

Die Active Directory-Webdienste (AD WS) können von Applikationen zur Kommunikation mit den Active Directory-Domänendiensten (*AD DS*) wie auch mit möglicherweise vorhandener Instanzen der Active Directory Lightweight Directory Services (*AD LDS*) verwendet werden.

> Die Active Directory-Webdienste *(AD WS)* stellen lediglich eine Kommunikationsschnittstelle (*standardmäßig auf Port 9389*) bereit, die von Softwareentwicklern für deren Anwendungen genutzt werden kann, um mit den Active Directory-Diensten zu kommunizieren.

Serverzertifikat erforderlich
: Für die ordnungsgemäße Ausführung der Active Directory-Webdienste (*AD WS*) wird auf dem betreffenden Serversystem unter Windows Server 2008 R2 ein digitales Zertifikat mit dem Verwendungszweck *Serverauthentifizierung* benötigt. Dies leitet sich aus der Art der Kommunikation über den von den Active Directory-Webdiensten verwendeten Kommunikationsport 9389 ab – die Kommunikation findet hierbei (in Verbindung mit dem digitalen Zertifikat) über eine gesicherten HTTP-Verbindung statt.

Bedarfsbezogene Anpassungen möglich
: Es besteht zudem die Möglichkeit, die Active Directory-Webdienste (*AD WS*) mittels einer XML-basierten Konfigurationsdatei (Datei `Microsoft.ActiveDirectory.WebServices.exe.config` im Ordner `C:\Windows\ADWS`) speziell auf bestimmte Bedürfnisse (beispielsweise die maximalen, gleichzeitigen Verbindungen usw.) anzupassen. Eine genauere Beschreibung der Anpassungsmöglichkeiten findet man in der benannten Datei.

Wie bereits erwähnt, stellen die Active Directory-Webdienste (*AD WS*) eine Kommunikationsschnittstelle u.a. auch für die Windows PowerShell bereit. Genau hier findet sich nunmehr die nächste Neuerung – die Unterstützung von Active Directory durch die Windows PowerShell.

6.1.4 Active Directory-Modul für Windows-PowerShell

Das Active Directory-Modul für Windows PowerShell zählt sicher zu den mitunter „sehnlichst" erwarteten Neuerungen in Windows Server 2008 R2. Endlich ist es möglich, auch aus der neuen Shell heraus direkt mit den Objekten in den Active Directory-Domänendiensten (*AD DS*) zu kommunizieren. Microsoft hat in der Windows PowerShell 2.0, die zum festen Umfang von Windows Server 2008 R2 gehört und auch sofort nach der Installation des Betriebssystems ohne weiteres Zutun genutzt werden kann, entsprechende PowerShell-Befehle (*Cmdlets*) für die Verwaltung von Active Directory-Objekten ergänzt.

> Die Cmdlets der Windows PowerShell 2.0 unter Windows Server 2008 R2 sind ebenso im Umfang der Remoteserver-Verwaltungstools (*Remote Server Administration Tools, RSAT*) für Windows 7 bereits enthalten.

Das Active Directory-Modul für Windows PowerShell lässt sich unter Windows Server 2008 R2 direkt aus dem Startmenü über einen Mausklick auf *Start/Verwaltung* und *Active Directory-Modul für Windows PowerShell* aufrufen.

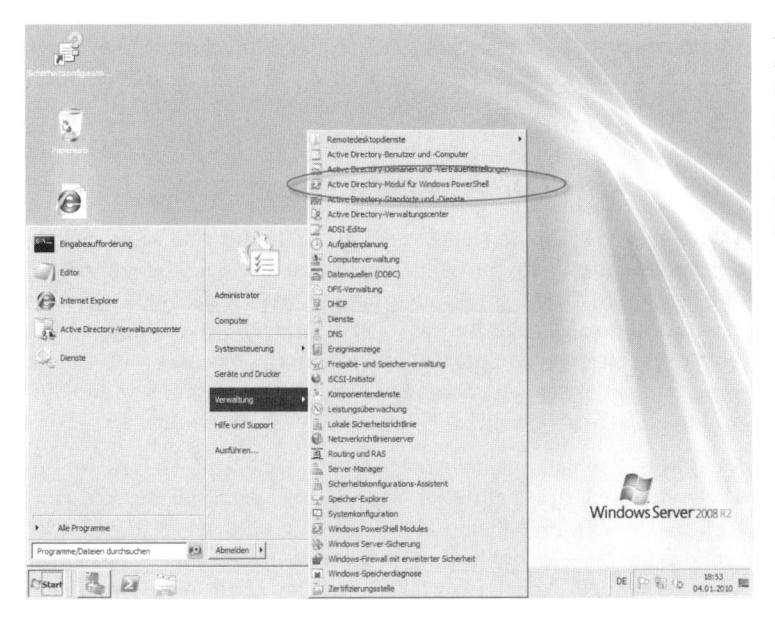

*Abbildung 6.6
Aufrufmöglichkeit des Active Directory-Moduls für Windows Power-Shell im Startmenü unter Windows Server 2008 R2*

Nach dem Aufruf des Active Directory-Moduls für Windows Power-Shell über das Startmenü wird die Windows PowerShell gestartet und das Active Directory-Modul direkt zu Beginn geladen. Anschließend stehen die neuen Windows PowerShell-Cmdlets für die Verwaltung der Active Directory-Objekte in der Windows PowerShell zur Verfügung.

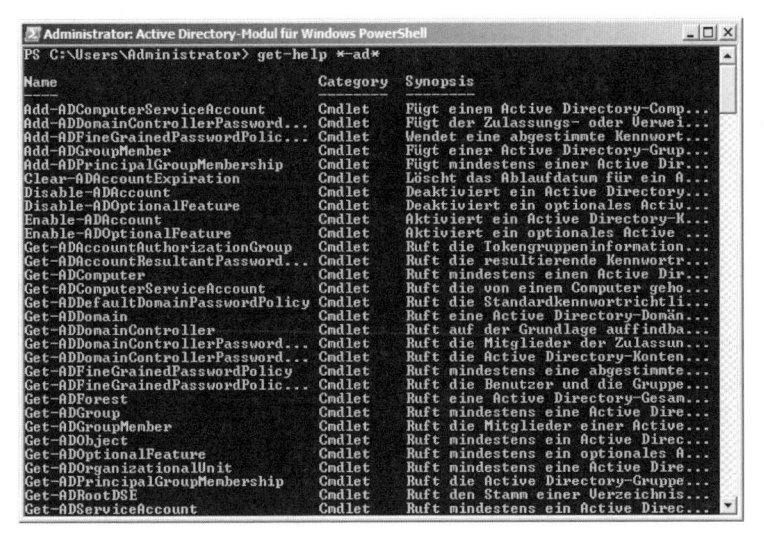

*Abbildung 6.7
Übersicht der neuen PowerShell-Cmdlets für die Verwaltung von Active Directory-Objekten unter Windows Server 2008 R2*

Kapitel 6 Windows Server 2008 R2 und die Active Directory-Domänendienste

Im weiteren Verlauf dieses Buches werden wir noch gesondert auf das Thema Windows PowerShell und die darin enthaltenen Cmdlets und Neuerungen eingehen. Es existieren jedoch noch weitere, von vielen Administratoren herbeigesehnte Neuerungen im Umfeld der Active Directory-Domänendienste (*AD DS*), beispielsweise der Active Directory-Papierkorb.

6.1.5 Active Directory-Papierkorb

Gelöschte Objekte wieder herstellen

Wie der Name es ableiten lässt, verbirgt sich hinter dem Active Directory-Papierkorb die Möglichkeit, Objekte zu löschen. Zugegeben, die Möglichkeit bestand vorher auch bereits, jedoch dient dieser neue Papierkorb dazu, die mitunter „versehentlich" gelöschten Active Directory-Objekte womöglich „unbeschadet" vollständig und ohne großen Aufwand schnell wieder herzustellen – und das ohne den Einsatz einer Datensicherung und ähnlichem – WOW, endlich!

Voraussetzung

Doch die Sache hat einen (*klitzekleinen*) Haken: Voraussetzung für die Verwendbarkeit des Active Directory-Papierkorbs ist der Gesamtstrukturenfunktionsebenenmodus „Windows Server 2008 R2" der Active Directory-Gesamtstruktur. Dies bedeutet, dass sich alle Domänen innerhalb der Active Directory-Gesamtstruktur in der Domänenfunktionsebene „Windows Server 2008 R2" und damit ebenso auch alle Domänencontroller auf Ebene des Betriebssystems Windows Server 2008 R2 befinden müssen. Erst dann kann man den Active Directory-Papierkorb mithilfe der Windows PowerShell aktivieren.

Aktivierung des Active Directory-Papierkorbs

Aktivierung mithilfe der Windows PowerShell

Damit der Active Directory-Papierkorb für die mögliche Wiederherstellung (versehentlich) gelöschter Active Directory-Objekte verwendet werden kann, muss man diesen auf einem der Active Directory-Domänencontroller erst einmal aktivieren. Dies erfolgt mithilfe der Windows PowerShell anhand des Distinguished Name (*DN*) (sprich: des *definierten Namens*) des Papierkorb-Features (engl. *Recycle Bin Feature*) als Containerobjekt in den Active Directory-Domänendiensten (*AD DS*). Den DN des betreffenden Objekts können Sie beispielsweise entweder mithilfe des ADSI-Editors (*MMC-Snap-In ADSIedit.msc*) oder des Befehlszeilenprogramms `Ldp.exe` auf einem Serversystem unter Windows Server 2008 R2 ermitteln.

> Die Aktivierung des Active Directory-Papierkorbs ist ein einmaliger und dauerhafter Vorgang und kann nicht mehr rückgängig gemacht werden. Dies sollte man vor der Aktivierung bedenken.

Geben Sie in der Windows PowerShell unter Windows Server 2008 R2 (über das *Windows PowerShell-Modul für Active Directory*) die folgende Befehlszeile (nacheinander folgend in einer Zeile) mit den zutreffenden Daten ein:

Enable-ADOptionalFeature -Identity <ADOptionalFeature> -Scope <ADOptionalFeatureScope> -Target <ADEntity>

Erklärung zur Befehlssyntax:

Enable-ADOptionalFeature Das zur Aktivierung des Active Directory-Papierkorbs zu verwendende Windows PowerShell-Cmdlet.

-Identity Bezeichnet den kompletten „definierten Namen" (engl. *Distinguished Name, DN*) des Active Directory-Papierkorbs in der jeweiligen Domäne.

-Scope Definiert den Bereich, in dem das Feature aktiviert oder deaktiviert wird.

-Target Bestimmt die Domäne oder Gesamtstruktur, in der das optionale Feature geändert werden soll.

In der Praxis kann das dann beispielsweise so aussehen:

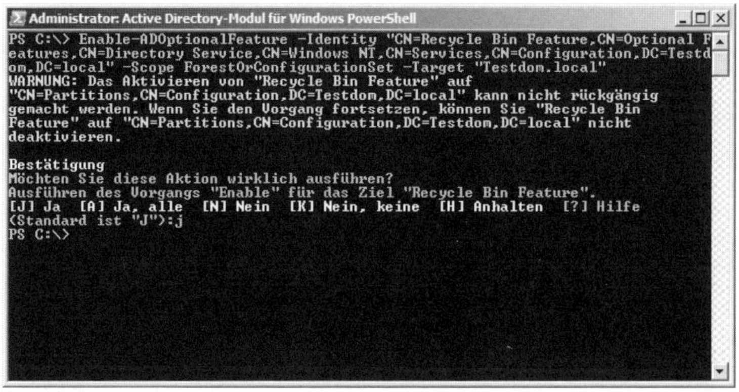

Abbildung 6.8
Befehlseingabe für die Aktivierung des Active Directory-Papierkorbs in der Windows Power-Shell unter Windows Server 2008 R2

Der in dem Beispiel angewendete Befehl lautet:

Enable-ADOptionalFeature -Identity „CN=Recycle Bin Feature, CN=Optional Features,CN=Directory Service, CN=Windows NT, CN=Services,CN=Configuration,DC= Testdom,DC=local" -Scope ForestOrConfigurationSet -Target „Testdom.local"

Nach der erfolgreichen Ausführung des Windows PowerShell-Befehls steht der Active Directory-Papierkorb sofort zur Verfügung.

Gelöschte Active Directory-Objekte wiederherstellen

Wiederherstellung mithilfe von Ldp.exe oder der Windows PowerShell Bislang war das Wiederherstellen eines versehentlich gelöschten Active Directory-Objekts, beispielsweise eines Benutzerobjekts, in der Regel mit einem gewissen Maß an Aufwand verbunden. Dieser reduziert sich durch den Einsatz des Active Directory-Papierkorbs auf ein Minimum.

Zum Wiederherstellen von (versehentlich) gelöschten Active Directory-Objekten stehen entweder das LDAP-Tool (`Ldp.exe`) oder die Windows-PowerShell zur Verfügung. Eine sonstige, grafische Option zum Wiederherstellen gelöschter Objekte aus dem Active Directory-Papierkorb existiert unter Windows Server 2008 R2 aktuell leider nicht.

Wiederherstellen mithilfe der Windows PowerShell Die Wiederherstellung von (versehentlich) gelöschten Active Directory-Objekten aus dem Active Directory-Papierkorb mithilfe der Windows PowerShell stellt sicher den schnelleren und weniger aufwändigeren Weg dar. Auch kann man sich die gelöschten Objekte erst einmal anzeigen lassen, um die Wiederherstellung dann anschließend gezielt ausführen zu können.

Mithilfe der folgenden Windows PowerShell-Befehlssyntax kann man sich die aktuell gelöschten Active Directory-Objekte erst einmal anzeigen lassen:

`Get-ADObject -Filter {String} -IncludeDeletedObjects`

Erklärung zur Befehlssyntax:

`Get-ADObject` Das zur Abfrage des Active Directory-Objekts zu verwendende Windows PowerShell-Cmdlet.

`-Filter` Gibt eine Abfragezeichenfolge für Active Directory-Objekte an.

`-IncludeDeletedObjects` Zeigt alle gelöschten Active Directory-Objekte an.

In diesem Beispiel beschreibt die Zeichenfolge {String} einen Platzhalter für den zu verwendenden Filter.

In der Praxis kann das dann etwa so aussehen:

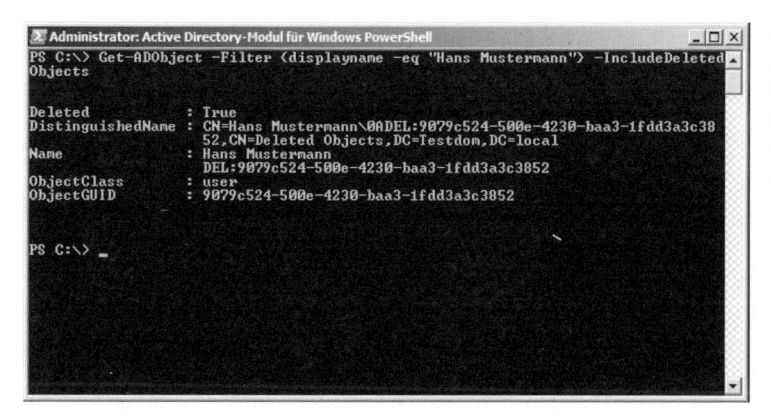

Abbildung 6.9
Anzeige der gelöschten Active Directory-Objekte mithilfe der Windows PowerShell

Der angewendete Befehl im oberen Beispiel lautet:

Get-ADObject -Filter {displayname -eq „Hans Mustermann"}
-IncludeDeletedObjects

Nach der Anzeige der gelöschten Active Directory-Objekte kann man das gewünschte Objekt mit dem nächsten Befehl in der Windows PowerShell wiederherstellen. Hierzu muss das eigentlich auf dem Bildschirm erscheinende Abfrageergebnis des ersten Befehls mithilfe des „Pipe-Zeichens" („ | ") lediglich noch an ein weiteres Windows PowerShell-Cmdlet (Restore-ADObject) übergeben werden. In der Praxis sieht das Ganze dann so aus:

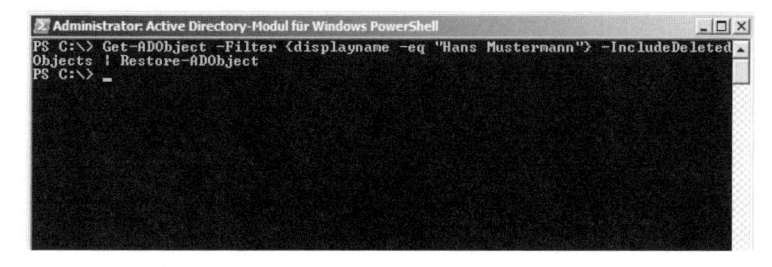

Abbildung 6.10
Wiederherstellen eines gelöschten Active Directory-Objekts mithilfe der Windows PowerShell

Der angewendete Befehl im oberen Beispiel lautet:

Get-ADObject -Filter {displayname -eq „Hans Mustermann"}
-IncludeDeletedObjects | Restore-ADObject

Die mithilfe des Active Directory-Papierkorbs wiederhergestellten Objekte stehen anschließend im Active Directory wieder vollwertig und ohne Verlust von Attributwerten zur Verfügung.

Alternativ kann man gelöschte Objekte, wie bereits erwähnt, auch mithilfe des LDAP-Tools wiederherstellen. Die dabei durchzuführenden Schritte sind jedoch so umfangreich, dass diesem Umstand die Verwendung der Windows PowerShell klar vorzuziehen ist.

> Bereits vor Windows Server 2008 R2 bot Microsoft das Tool ADRestore.exe zum Wiederherstellen von gelöschten Active Directory-Objekten auf der Kommandozeilenebene zum kostenfreien Download an. Der große Nachteil dieses Tools: Im Vergleich zum Active Directory-Papierkorb stellt dieses das eigentliche Active Directory-Objekt lediglich mitsamt des Objektnamens und der Objektkennung (*Object SID*), jedoch *ohne* die ursprünglich mitunter zugeordneten Attributwerte (beispielsweise Vor- und Nachname, Gruppenzugehörigkeit, Kennwort etc.) wieder her. Der Active Directory-Papierkorb ist sicher die bessere Wahl!

Es steht nunmehr noch eine weitere Neuerung in Windows Server 2008 R2 zur Verfügung, die den Administratoren sehr entgegen kommt – die Möglichkeit des Offline-Domänenbeitritts.

6.1.6 Offline-Domänenbeitritt

Die Möglichkeit zum Offline-Domänenbeitritt wird in absehbarer Zeit jedoch nicht jeden Administrator interessieren, da diese Funktion serverseitig erst ab Windows Server 2008 R2 und clientseitig ab Windows 7 nutzbar ist. Trotzdem möchte ich es in diesem Buch schon einmal aufzeigen.

Auch verwendbar für die Vorbereitung von Rollouts

Hinter dieser Neuerung verbirgt sich ein Feature, dass beispielsweise in der Vorbereitungsphase des Rollouts von neuen Clientcomputern (*unter Windows 7 oder höher*) oder aber auch in kleineren Standorten ohne einen vor Ort befindlichen Domänencontroller mitunter sehr hilfreich sein kann. Die betreffenden Clientcomputer können der Domäne beitreten, ohne diese hierzu direkt kontaktieren zu müssen. Man kann also den Rollout von Clientcomputern insoweit vorbereiten, dass diese seitens der Domänenzugehörigkeit schon im Offline-Zustand fertig konfiguriert werden können. Die Computer können zum gegebenen Zeitpunkt dann einfach an den dazu vorgesehenen Arbeitsplatz des Mitarbeiters gestellt und eingeschaltet werden. Gleich nach dem ersten Hochfahren des Computers nimmt dieser dann Kontakt zu „seiner Domäne" auf und kann somit beispielsweise auch gleich die passenden Gruppenrichtlinienobjekte verarbeiten.

Zugegeben: Bei einzelnen Clientcomputern spielt das sicher kaum eine tragende Rollen, wenn jedoch eine ganze Masse an Clientcomputern gleichzeitig ausgerollt werden müssen, kann dies eine signifikante Zeitersparnis vor Ort am Arbeitsplatz des jeweiligen Mitarbeiters darstellen. Damit rechnet sich dann der vorweg getätigte Aufwand für den Offline-Domänenbeitritt.

Dem Vorgang des Offline-Domänenbeitritts liegt das neue Kommandozeilentool Djoin.exe zu Grunde. Die Syntax sowie auch die Verfahrensweise der Vorbereitung und der Durchführung des Offline-Domänenbeitritts ist umfangreich. Da sicher nur ein kleiner Teil der Leser (zumindest in absehbarer Zeit) auf dieses neue Feature zurückgreifen wird, verweise ich für weitere Informationen sowie auch die schrittweise Verfahrensweise der Vorbereitung und Durchführung des Offline-Domänenbeitritts an die weiterführenden Informationen in der Website des Herstellers Microsoft.

Umfangreiche Verfahrensweise

> Weitere Informationen zum Offline-Domänenbeitritt finden Sie auch im Internet auf der Website von Microsoft unter:
>
> *http://technet.microsoft.com/de-de/library/dd392267(WS.10).aspx*

In den vorangegangenen Seiten habe ich Ihnen eine Vielzahl der Neuerungen rund um die Active Directory-Domänendienste (engl. *Active Directory Domain Services, AD DS*) vorgestellt. Es ist nunmehr an der Zeit, sich intensiver mit diesen Diensten zu befassen. Hierzu stelle ich Ihnen in den nächsten Seiten die notwendigen Schritte dar, um die Active Directory-Domänendienste (*AD DS*) unter Windows Server 2008 R2 zu installieren und zu verwalten.

6.2 Installieren der Active Directory-Domänendienste (AD DS)

Um die vorweg benannten Neuerungen im Umfeld der Active Directory-Domänendienste (engl. *Active Directory Domain Services, AD DS*) unter Windows Server 2008 R2 überhaupt nutzen zu können, muss man diese zuerst einmal installieren. Es existieren unter dem neuen Betriebssystem, wie bereits auch unter Windows Server 2008, verschiedene Installationsarten, für die man sich – je nach Situation – entscheiden kann. Wichtig ist anschließend insbesondere die Überprüfung der erfolgreichen Installation der Active Directory-Domänendienste (*AD DS*). Sollte ihre Funktionsfähigkeit eingeschränkt sein, so kann dies zu schwerwiegenden Problemen bei der anschließenden Netzwerkanmeldung führen.

Verschiedene Installationsmethoden

6.2.1 Installationsarten

Windows Server 2008 bietet gleich drei verschiedene Installationsarten für die Active Directory-Domänendienste (engl. *Active Directory Domain Services, AD DS*) an:

- Installation über den Server-Manager von Windows Server 2008 R2
- Installation über das Kommandozeilenprogramm `dcpromo.exe`
- Unbeaufsichtigte Installation mithilfe des Kommandozeilenprogramms `dcpromo.exe` in Verbindung mit einer zu erstellenden Unattend-Datei

Installation über den Server-Manager

Installation leicht gemacht Die Active Directory-Domänendienste (*Active Directory Domain Services, AD DS*) können im Server-Manager von Windows Server 2008 R2 jederzeit über den Task zum *Hinzufügen von Serverrollen* auf dem betreffenden Serversystem installiert werden.

> Das Hinzufügen der Serverrolle der Active Directory-Domänendienste (*AD DS*) mithilfe des Server-Managers bereitet die Rolle eines Servers unter Windows Server 2008 R2 als Domänencontroller lediglich vor. Zum eigentlichen Einrichten der Serverrolle als Domänencontroller muss anschließend auf jeden Fall noch der Befehl `dcpromo.exe` ausgeführt werden. Der Server-Manager zeigt nach dem Hinzufügen der Rolle entsprechende Meldungen an.

Abbildung 6.11
Rollen hinzufügen im Server-Manager

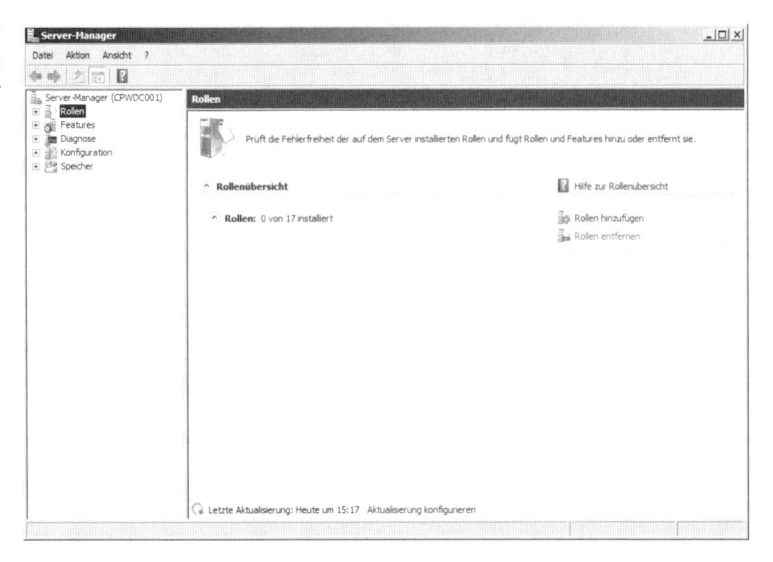

Installation mittels dcpromo.exe

Wie bereits erwähnt, kann der Installationsassistent für die Installation der Active Directory-Domänendienste (*Active Directory Domain Services, AD DS*) auch über den Kommandozeilenbefehl dcpromo.exe gestartet werden. Für den Befehl existieren noch einige Befehlsschalter, mit denen Einfluss auf die Installationsart genommen werden kann.

Die Befehlsschalter von dcpromo.exe Die folgende Tabelle enthält die wichtigsten Befehlsschalter des Kommandozeilenbefehls dcpromo.exe:

Befehlsschalter	Beschreibung
/adv	Mit diesem Befehlsschalter kann man die erweiterte Installation der Active Directory-Domänendienste (*AD DS*) unter Verwendung eines vorweg erstellten Installationsmediums durchführen. Dieses Medium enthält eine Kopie der Systemstatusdaten eines bereits vorhandenen Domänencontrollers. Im Englischen wird dieser Vorgang mit *Install from Media (IFM)* bezeichnet.
/unattend: [Unattend-Datei]	Dieser Befehlsschalter dient zur Durchführung einer unbeaufsichtigten Installation der Active Directory-Domänendienste unter Windows Server 2008 R2. Ebenso wird der Schalter für die Installation der Active Directory-Domänendienste auf einem Windows Server 2008 R2-Serversystem unter Server Core verwendet.
/CreateDC-Account	Mit diesem Schalter wird ein Computerobjekt für einen schreibgeschützten Domänencontroller (*Read-Only Domain Controller, RODC*) erstellt.
/UseExisting-Account:Attach	Verwendet ein bereits vorhandenes Computerobjekt für die Installation eines schreibgeschützten Domänencontrollers (*RODCs*).
/?	Zeigt die Hilfe zum Befehl an.

Tabelle 6.1
Befehlsschalter des Befehls dcpromo.exe

Es existieren noch weitere Befehlsschalter, die über den Aufruf der Hilfe zu dcpromo.exe angezeigt werden können.

Unbeaufsichtigte Installation

Neben der grafischen Installation der Active Directory-Domänendienste besteht die Möglichkeit, diese auch unbeaufsichtigt durchzuführen. Hierzu wird der folgende Befehl verwendet:

Automatisierung der Installation

dcpromo.exe /unattend:[Unattend-Datei]

Die Installationsdaten, welche während der grafischen Installation der Active Directory-Domänendienste angegeben werden müssen, werden bei der unbeaufsichtigten Installation mittels der Datei [Unattend-Datei] an den Installationsassistenten übergeben. Der Dateiname der betreffenden Datei wird mitsamt dem Dateispeicherpfad beim Befehlsaufruf gleich hinter dem Schalter /unattend: angegeben.

Kapitel 6 Windows Server 2008 R2 und die Active Directory-Domänendienste

Antwortdatei einfach erstellen
Erstellen einer Datei für die unbeaufsichtigte Installation der Active Directory-Domänendienste Der Befehl dcpromo.exe verfügt über einen Befehlsschalter, mit welchem man auf einem bereits bestehenden Domänencontroller unter Windows Server 2008 R2 eine Datei zur unbeaufsichtigten Installation der Active Directory-Domänendienste auf weiteren Servern der betreffenden Active Directory-Domäne durchführen kann. Der Befehl hierzu lautet wie folgt:

```
dcpromo.exe /answer:InstADDS.txt
```

Der Wert InstADDS.txt beschreibt hierbei den Namen der zu erstellenden Datei für die nachfolgende, unbeaufsichtigte Installation der Active Directory-Domänendienste.

Beispieldatei für die unbeaufsichtigte Installation der Active Directory-Domänendienste unter Windows Server 2008 R2 Nachfolgend finden Sie den Inhalt einer Beispieldatei für die unbeaufsichtigte Installation der Active Directory-Domänendienste (*Active Directory Domain Services, AD DS*) unter Windows Server 2008 R2:

Abbildung 6.12
Die Datei „DCUnattend.txt" für die unbeaufsichtigte Installation der Active Directory-Domänendienste (AD DS)

```
[DCInstall]
ReplicaOrNewDomain=Domain
NewDomain=Forest
NewDomainDNSName=CertPro.de
ForestLevel=0
DomainNetbiosName=CERTPRO
DomainLevel=0
InstallDNS=Yes
ConfirmGc=Yes
CreateDNSDelegation=No
DatabasePath="C:\windows\NTDS"
LogPath="C:\windows\NTDS"
SYSVOLPath="C:\windows\SYSVOL"
SafeModeAdminPassword=K1gY:-13@ptE
RebootOnCompletion=Yes
```

Unter Verwendung der oben dargestellten Beispieldatei mit dem Namen (DCUnattend.txt) wird unter dem Namen CertPro.de eine neue Active Directory-Gesamtstruktur eingerichtet. Darüber hinaus sind die automatische Installation des DNS-Dienstes (InstallDNS=Yes) sowie die Zuordnung der Funktion als globaler Katalogserver (ConfirmGc=Yes) bereits aktiviert. Die in der letzten Zeile der Datei angegebene Option RebootOnCompletion=Yes steht für den automatischen Neustart des Servers nach der Installation der Active Directory-Domänendienste (AD DS). Die Datei kann bei Bedarf jederzeit mit einem Editor angepasst werden.

Installieren der Active Directory-Domänendienste (AD DS)

Bevor die Gesamtstruktur jedoch eingerichtet werden kann, müssen zuerst die notwendigen Schritte zur Vorbereitung der Installation der Active Directory-Domänendienste (*Active Directory Domain Services, AD DS*) durchgeführt werden.

6.2.2 Vorbereitende Schritte zur Installation

Zur Vorbereitung der Installation der Active Directory-Domänendienste unter Windows Server 2008 R2 müssen Sie die folgenden Schritte bereits abgeschlossen haben:

- **Konfiguration von statischen IP-Adressen**
- **Festlegen des Servernamens**
- **Überprüfung auf ausreichenden Speicherplatz** Die Installation erfordert ausreichend Speicherplatz zum Speichern der Active Directory-Domänendienste-Datenbank (250 MByte) und der zugehörigen Log-Dateien (50 MByte). Zusätzlich sind noch 15 MByte an freiem Speicherplatz auf der Systempartition erforderlich. Die zum Speichern der Daten geplanten Partitionen müssen mit NTFS formatiert sein.
- **Installation und Konfiguration des DNS-Dienstes** (Optional)

Nachdem die vorbereitenden Schritte für die Installation der Active Directory-Domänendienste erfolgreich abgeschlossen wurden, kann die Installation nun gestartet werden.

6.2.3 Installation der Active Directory-Domänendienste

Die Installation der Active Directory-Domänendienste-Rolle unter Windows Server 2008 R2 lässt sich in der Regel in einfachen Schritten durchführen.

Um einen neuen Domänencontroller für eine neue Domäne in einer neuen Gesamtstruktur der Active Directory-Domänendienste mithilfe von dcpromo.exe einzurichten, gehen Sie wie folgt vor:

1. Melden Sie sich am betreffenden Serversystem als Administrator an.
2. Klicken Sie auf *Start/Ausführen* und geben Sie dcpromo.exe in das Eingabefeld ein. Klicken Sie anschließend auf *OK*.

    Die Active Directory-Domänendienste (*AD DS*) werden im Hintergrund bereits auf das Serversystem installiert (soweit noch nicht vorhanden), und anschließend wird der *Assistent zum Installieren von Active Directory-Domänendiensten* angezeigt.

Kapitel 6 Windows Server 2008 R2 und die Active Directory-Domänendienste

Abbildung 6.13
Willkommensdialog für die Einrichtung der Active Directory-Domänendienste (AD DS)

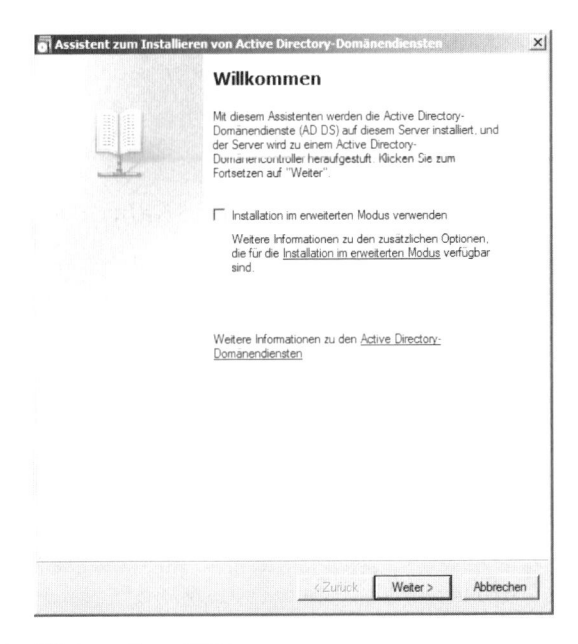

3. Klicken Sie auf *Weiter*.

   Beachten Sie im darauffolgenden Dialog *Betriebssystemkompatibilität* die Hinweise auf mögliche Inkompatibilitäten von Windows Server 2008- und Windows Server 2008 R2-Domänencontrollern zu älteren Betriebssystemen, insbesondere zu Windows NT 4.0.

Abbildung 6.14
Hinweis auf die Betriebssystem-(in)kompatibilität von Windows Server 2008 R2 zu älteren Betriebssystemplattformen

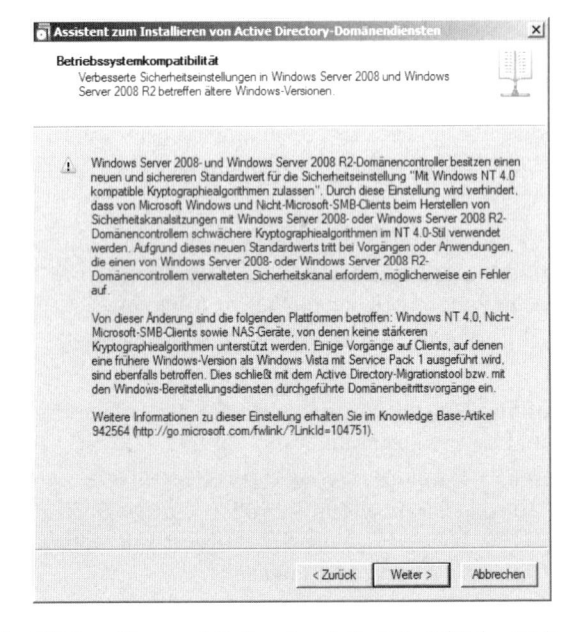

4. Klicken Sie anschließend auf die Schaltfläche *Weiter*.

Installieren der Active Directory-Domänendienste (AD DS)

5. Wählen Sie im Dialog *Bereitstellungskonfiguration auswählen* die Option *Neue Domäne in neuer Gesamtstruktur erstellen* aus.

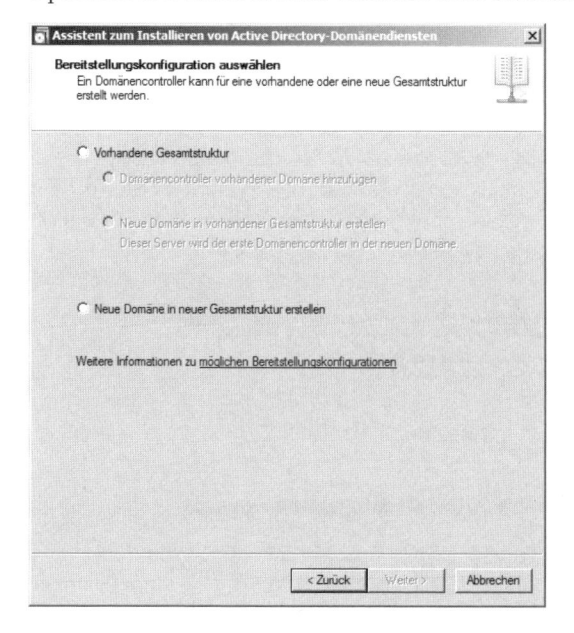

Abbildung 6.15
Auswahl der Bereitstellungskonfiguration für das Einrichten einer neuen Domäne in einer neuen Gesamtstruktur

6. Klicken Sie nach der Auswahl der Bereitstellungsoption auf *Weiter*.
7. Geben Sie im Dialog *Name der Gesamtstruktur-Stammdomäne* den gewünschten Namen der neu zu erstellenden Stammdomäne der neuen Gesamtstruktur als vollqualifizierten Domänennamen (engl. *Fully Qualified Domain Name, FQDN*) in das Eingabefeld ein.

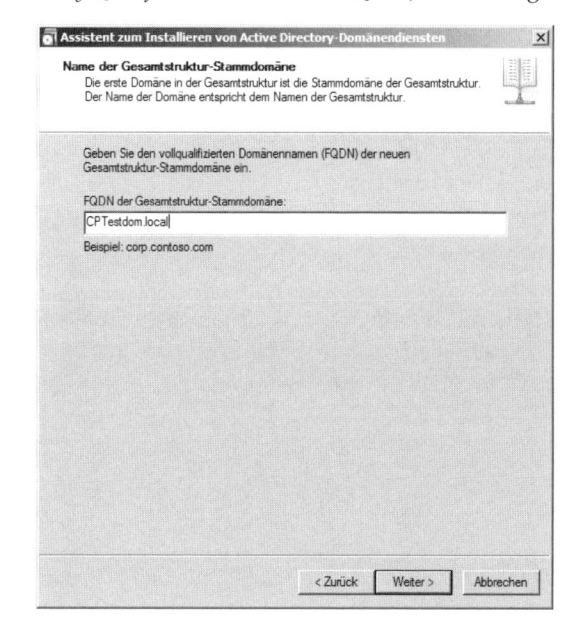

Abbildung 6.16
Dialog für die Benennung der neuen Gesamtstruktur-Stammdomäne

Kapitel 6 Windows Server 2008 R2 und die Active Directory-Domänendienste

8. Klicken Sie auf *Weiter*.
9. Wählen Sie im Dialog *Funktionsebene der Gesamtstruktur festlegen* die gewünschte *Gesamtstrukturfunktionsebene* aus.

> Beachten Sie unbedingt, dass die Auswahl nach der Einrichtung der Gesamtstruktur *nicht* wieder auf eine niedrigere Funktionsebene zurückgestuft werden kann. Bestimmen Sie beispielsweise die Ebene des von Ihnen geplanten, niedrigsten Betriebssystems der Domänencontroller innerhalb der neu einzurichtenden Active Directory-Gesamtstruktur.

Abbildung 6.17
Auswahl der Gesamtstrukturfunktionsebene

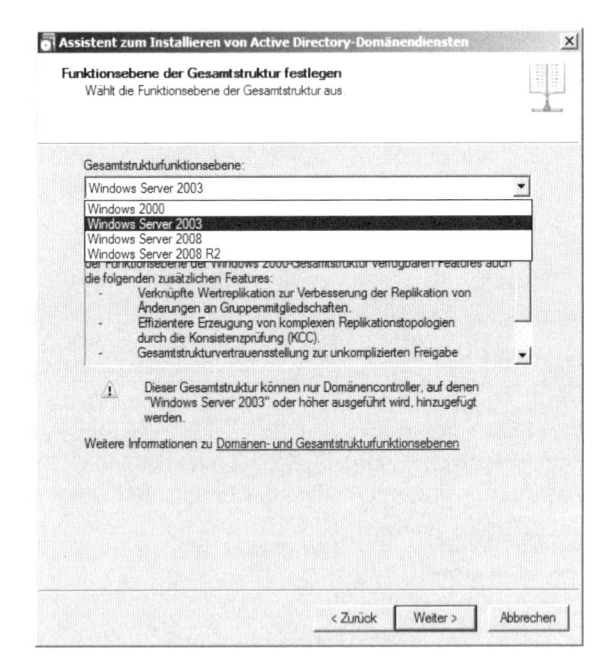

10. Klicken Sie anschließend auf *Weiter*.
11. Wählen Sie im Dialog *Domänenfunktionsebene festlegen* die gewünschte Domänenfunktionsebene aus.

> Beachten Sie auch hierbei unbedingt, dass die gewählte Domänenfunktionsebene nachfolgend *nicht* wieder auf eine niedrigere Funktionsebene zurückgestuft werden kann

Installieren der Active Directory-Domänendienste (AD DS)

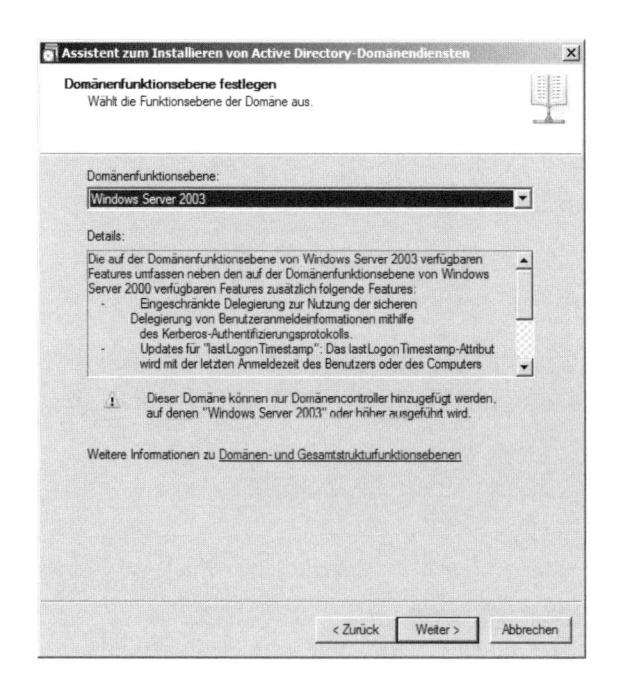

Abbildung 6.18
Auswahl der Domänenfunktionsebene

12. Klicken Sie anschließend auf *Weiter*.
13. Wählen Sie im Dialog *Weitere Domänencontrolleroptionen* aus, ob der neu einzurichtende Domänencontroller auch die Rolle als DNS-Server ausführen soll.

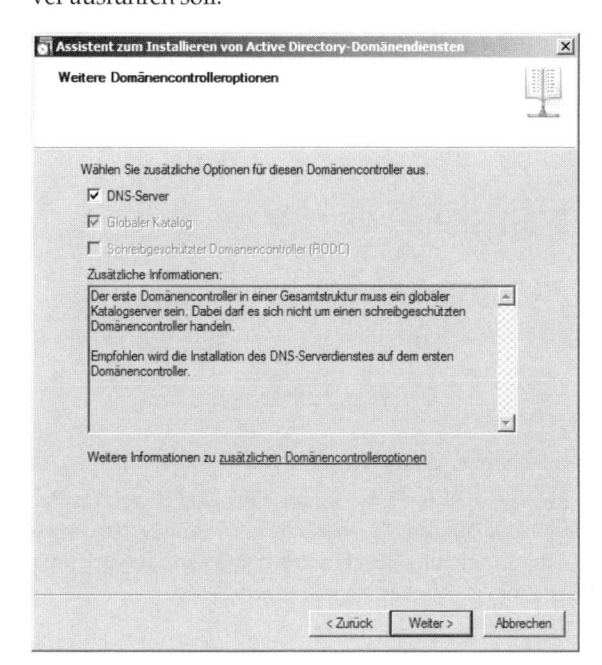

Abbildung 6.19
Konfiguration weiterer Domänencontrolleroptionen

Kapitel 6 Windows Server 2008 R2 und die Active Directory-Domänendienste

14. Klicken Sie nach der Auswahl auf *Weiter*.
15. Bestätigen Sie den angezeigten Warnhinweis in Bezug auf die Delegierung einer DNS-Namenszone mit einem Klick auf den Schalter *Ja*, um die Installationsvorgang fortzusetzen.

Abbildung 6.20
Hinweisdialog zur Einrichtung der DNS-Namenszone

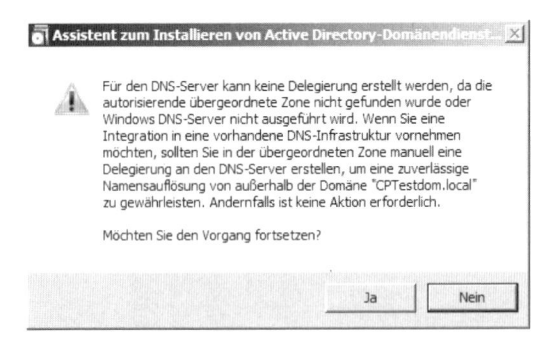

16. Geben Sie im Dialog *Speicherort für Datenbank, Protokolldateien und SYSVOL* den für die Installation gewünschten Pfad und Ordner an.

Abbildung 6.21
Pfadangabe für Speicherorte

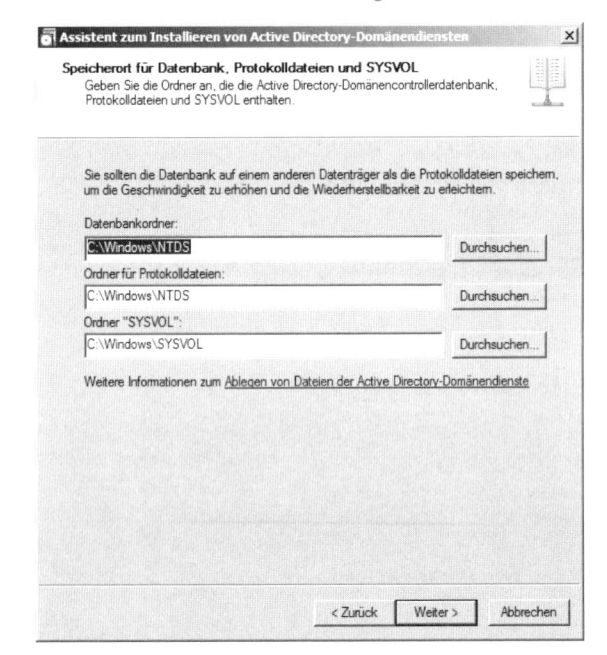

17. Klicken Sie anschließend auf *Weiter*.
18. Geben Sie im Dialog *Wiederherstellungsmodus für Verzeichnisdienste (Administratorkennwort)* das gewünschte Administratorkennwort ein und bestätigen Sie dies durch die erneute Eingabe im entsprechenden Eingabefeld. Klicken Sie dann auf *Weiter*.

Installieren der Active Directory-Domänendienste (AD DS)

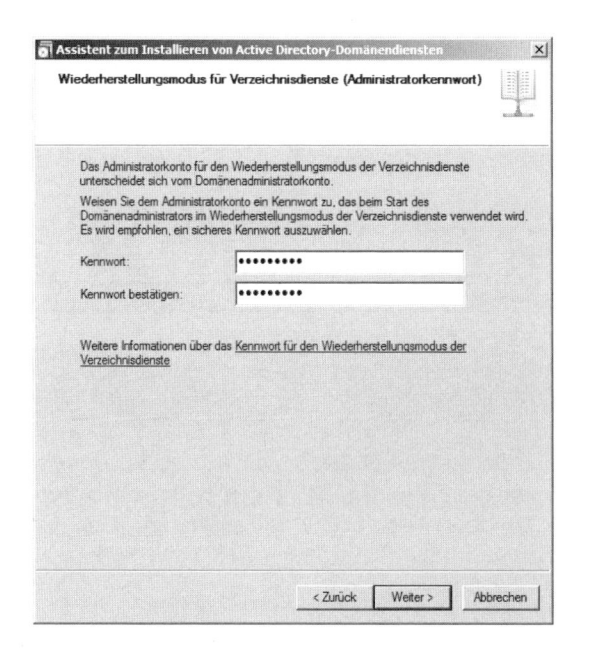

Abbildung 6.22
Kennwort für den Wiederherstellungsmodus für Verzeichnisdienste (Administratorkennwort)

19. Prüfen Sie im folgenden Dialog *Zusammenfassung* die von Ihnen vorgegebene Auswahl an Installationsoptionen.

    Über die Schaltfläche *Zurück* können Sie nochmals zu den vorangegangenen Dialogen wechseln, um mögliche Änderungen vorzunehmen. Sie können dann später wieder zu diesem Dialog zurückkehren, um die Installation der Active Directory-Domänendienste (*AD DS*) durchzuführen.

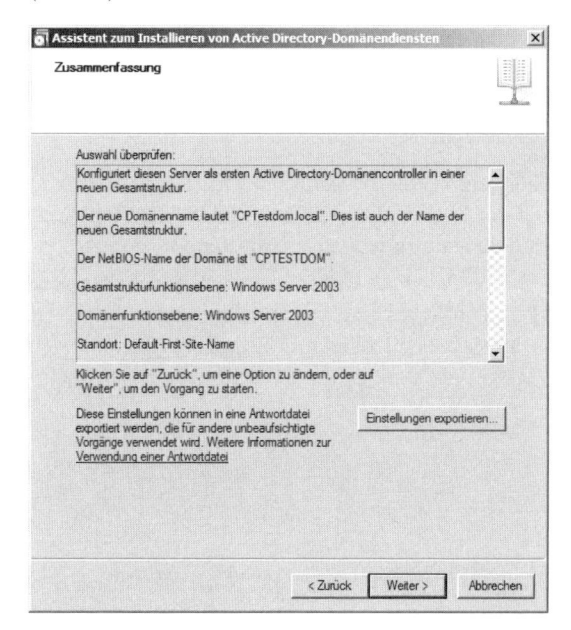

Abbildung 6.23
Zusammenfassung der gewählten Installationsoptionen

Wenn Sie noch weitere Domänencontroller in der betreffenden Domäne installieren möchten, können Sie über einen Klick auf den Schalter *Einstellungen exportieren...* die vorgenommene Konfiguration in eine Textdatei für die unbeaufsichtigte Installation speichern.

Abbildung 6.24
Speichern der Datei für die unbeaufsichtigte Installation

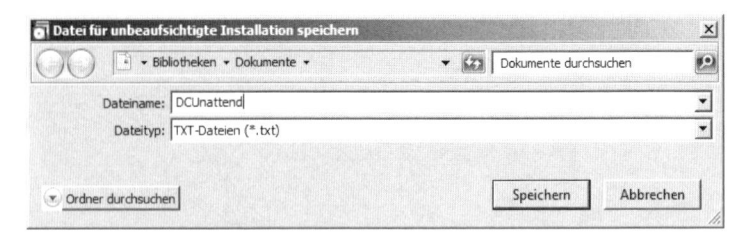

20. Klicken Sie anschließend auf *Weiter*, um die Installation der Active Directory-Domänendienste (*AD DS*) auf dem betreffenden Serversystem unter Windows Server 2008 R2 zu starten. Über einen Klick auf die Schaltfläche *Abbrechen* können Sie den Vorgang noch vor Abschluss beenden.

Abbildung 6.25
Durchführung der AD DS-Installation

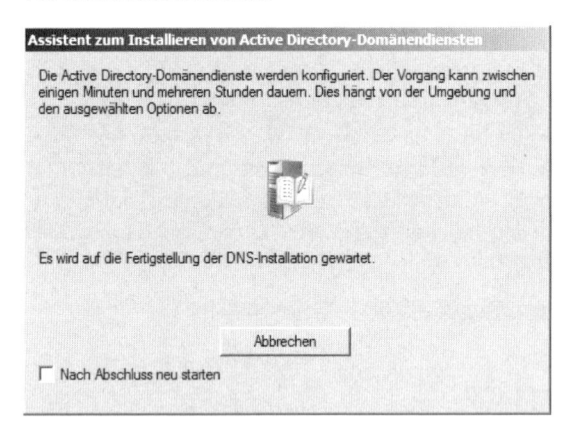

Sie können die Option *Nach Abschluss neu starten* auswählen, um den Server nach der Beendigung der Installation der Active Directory-Domänendienste automatisch neu starten zu lassen.

Wenn Sie die Option *Nach Abschluss neu starten* nicht ausgewählt haben, so wird Ihnen die erfolgreiche Installation der Active Directory-Domänendienste anschließend im Dialog *Fertigstellen des Assistenten* angezeigt.

Installieren der Active Directory-Domänendienste (AD DS)

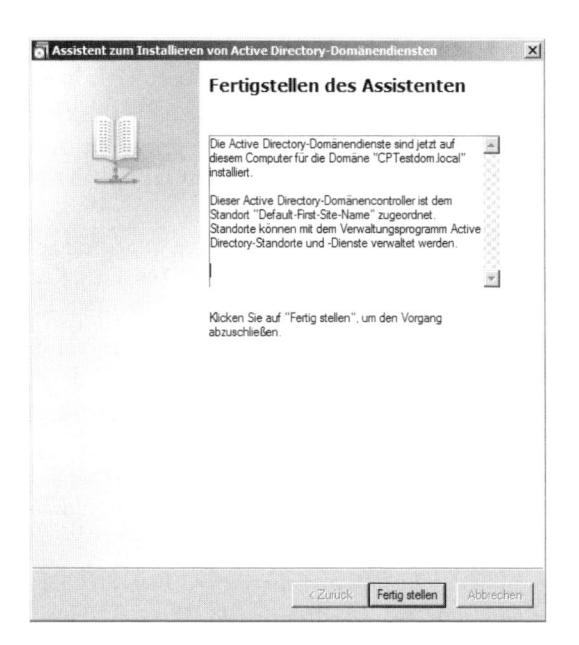

Abbildung 6.26
Abschluss der Installation der Active Directory-Domänendienste (AD DS)

21. Klicken Sie auf die Schaltfläche *Fertig stellen*.

    Der Hinweisdialog über den notwenigen Neustart des Servers wird angezeigt.

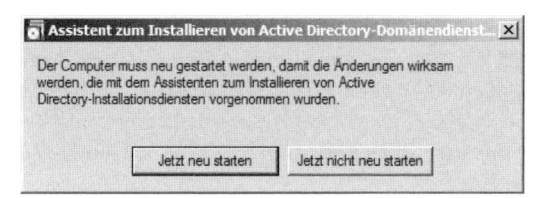

Abbildung 6.27
Neustart des Serversystems nach erfolgreicher Installation der Active Directory-Domänendienste (AD DS)

22. Um den Installationsvorgang abzuschließen, muss das betreffende Serversystem neu gestartet werden. Klicken Sie hierzu auf die Schaltfläche *Jetzt neu starten*.

Nach dem erfolgten Neustart des soeben neu eingerichteten Domänencontrollers sollten Sie diesen erst einmal sichern, um die Active Directory-Gesamtstruktur im Bedarfsfall wieder herstellen zu können.

6.2.4 Überprüfung der erfolgreichen Installation

Nach Beendigung der Installation der Active Directory-Domänendienste und dem Neustart des neuen Domänencontrollers muss nun überprüft werden, ob die Installation erfolgreich verlaufen ist. Gehen Sie hierzu wie folgt vor:

- Öffnen Sie die Verwaltungskonsole *Active Directory-Benutzer und -Computer*, um die Konnektivität zur Active Directory-Domänendienste-Datenbank zu prüfen.
- In der DNS-Verwaltungskonsole muss man nun prüfen, ob die notwendigen Diensteinträge für den Domänencontroller bereits angelegt wurden.
- Anschließend sollten Sie unbedingt die für den nachfolgenden Betrieb notwendigen Freigaben (SYSVOL und Netlogon) des Domänencontrollers auf Erreichbarkeit im Netzwerk überprüfen.
- Wenn der Domänencontroller zu einer bereits vorhandenen Domänenstruktur hinzugefügt wurde, muss auch das Replikationsverhalten mit den anderen Domänencontrollern kontrolliert werden. Dies kann mit dem Befehl dcdiag /test:replication erfolgen.
- Zuletzt lohnt sich ein Blick in die Ereignisanzeigenprotokolle des Servers. Hierin werden ggf. vorhandene Probleme erfasst und dokumentiert.

Anschließend dokumentieren Wenn die Überprüfung der Installation der Active Directory-Domänendienste (*Active Directory Domain Services, AD DS*) erfolgreich verlaufen ist, sollte man dies nun in der Serverdokumentation (*Serverakte*) festhalten.

Nicht in allen Fällen möchte man die Installation eines vollwertigen Domänencontrollers durchführen. Mitunter findet man in seinem Netzwerk bestimmte Unternehmensstandorte, für die man die physikalische Sicherheit (womöglich durch die Gebäudeart, etc.) nicht garantieren kann. In solchen Fällen kann man zusätzlich zu den vorhandenen Domänencontrollern in den (Zweig-)Niederlassungen einen bereits mit Windows Server 2008 eingeführten, schreibgeschützten Domänencontroller (RODC) einsetzen.

6.3 Schreibgeschützter Domänencontroller (RODC)

In zumeist kleineren Unternehmensniederlassungen, in denen die physikalische Sicherheit für die Datenbank der Active Directory-Domänendienste (engl. *Active Directory Domain Services, AD DS*) nicht gewährleistet werden kann, besteht die Möglichkeit, Serversysteme unter Windows Server 2008 R2 als schreibgeschützte Domänencontroller (engl. *Read-Only Domain Controller, RODC*) zu verwenden. Diese Domänencontroller besitzen, wie es sich bereits aus dem Namen ableiten lässt, lediglich eine schreibgeschützte Version der Active Directory-Domänendienste-Datenbank.

Änderungen an den Objekten in der Active Directory-Datenbank sind auf den schreibgeschützten Domänencontrollern lediglich durch die Replikation von einem in der jeweiligen Active Directory-Domäne vorhandenen, schreibbaren Domänencontroller unter Windows Server 2008 (R2) möglich. Darüber hinaus lässt es sich anhand von neuen Sicherheitsgruppen klar abgrenzen, wessen Kennwörter seitens des vollwertigen Domänencontrollers an die schreibgeschützten Domänencontroller (*RODCs*) repliziert werden dürfen. Somit liegt einem potentiellen Angreifer, wenn er einen der schreibgeschützten Domänencontroller (*RODCs*) entwenden sollte, nun doch kein Kennwort der verantwortlichen Administratoren vor. Zudem kann man innerhalb der Active Directory-Domäne alle bis zum Entwenden des schreibgeschützten Domänencontrollers darauf durch Replikationsvorgänge gespeicherten Kennwörter widerrufen. Wenn ein Angreifer es demnach schaffen würde, eines oder auch mehrere der auf dem entwendeten RODC womöglich gespeicherten Kennwörter zu entschlüsseln, so hat er nachfolgend keine Möglichkeit mehr, diese gegen die jeweilige Domäne anzuwenden.

Schreibgeschützte Active Directory-Datenbank

> Schreibgeschützte Domänencontroller (*RODCs*) können innerhalb einer Active Directory-Domäne problemlos parallel zu Domänencontrollern unter Windows Server 2003 betrieben werden. Für die Implementierung eines RODCs ist lediglich ein schreibbarer Domänencontroller unter Windows Server 2008 (R2) sowie die Domänenfunktionsebene *Windows Server 2003* notwendig.

Das Hinzufügen von schreibgeschützten Domänencontrollern zu einer bestehenden Active Directory-Domäne lässt sich mit einfachen Schritten vorbereiten und durchführen:

Vor der Installation eines schreibgeschützten Domänencontrollers in einer Gesamtstruktur unter Windows Server 2003 oder einer auf Windows Server 2008 (R2) aktualisierten Gesamtstruktur muss der Befehl `adprep /rodcprep` auf einem der vorhandenen Computer in der betreffenden Gesamtstruktur ausgeführt werden. Dieser Vorgang kontaktiert den Infrastrukturmaster einer jeden vorhandenen Domäne, um die Berechtigungen für die Anwendungsverzeichnispartitionen zu aktualisieren. Wenn eine neue Gesamtstruktur direkt unter Windows Server 2008 R2 eingerichtet wird, ist dieser Schritt nicht erforderlich.

Die Gesamtstrukturfunktionsebene muss mindestens auf Windows Server 2003 herauf gestuft sein, damit die verknüpfte Wertereplikation für eine höhere Replikationskonsistenz gewährleistet werden kann. Die Domänenfunktionsebene muss Windows Server 2003 lauten, damit eine durch Kerberos eingeschränkte Delegierung zur Verfügung steht.

In der betreffenden Active Directory-Domäne muss mindestens ein beschreibbarer Domänencontroller unter Windows Server 2008 (R2) ausgeführt werden, welcher als Replikationspartner für den RODC dient.

6.3.1 Vorteile beim Einsatz von schreibgeschützten Domänencontrollern

Der Einsatz von schreibgeschützten Domänencontrollern (engl. *Read-Only Domain Controllers, RODCs*), beispielsweise in Zweigniederlassungen, birgt die folgenden Vorteile für Unternehmen:

Schreibgeschützte Active Directory-Datenbank Die Active Directory-Datenbank liegt auf einem RODC lediglich als schreibgeschützte Version vor, so dass Änderungen an den darin gespeicherten Objekten standardmäßig lediglich durch die Replikation von einem schreibbaren Domänencontroller erfolgen können.

Unidirektionale Replikation Änderungen an der auf den schreibgeschützten Domänencontrollern (*RODCs*) gespeicherten AD DS-Datenbank sind nur über die unidirektionale Replikation von einem vollwertigen Domänencontroller möglich. Sollte ein Angreifer es doch schaffen, Änderungen an der Datenbank eines schreibgeschützten Domänencontrollers vorzunehmen, so würden diese lediglich lokal auf dem betroffenen Server wirken, jedoch aufgrund der lediglich unidirektionalen Replikation nicht an die anderen Domänencontroller der Active Directory-Gesamtstruktur repliziert werden.

Zwischenspeichern von Anmeldeinformationen Schreibgeschützte Domänencontroller speichert standardmäßig keine Benutzerkontenkennwörter zwischen, wodurch die Sicherheit gegenüber Hackern erhöht wird.

Schreibgeschützter DNS-Server RODCs können neben der Rolle als schreibgeschützte Domänencontroller auch die von schreibgeschützten DNS-Servern übernehmen.

Aufteilung der Administratorrolle Die Administratorrolle kann aufgeteilt werden, so dass ein vor Ort befindlicher Administrator einer Zweigniederlassung zwar zum lokalen Administrator des schreibgeschützten Domänencontrollers (*RODCs*) bestimmt werden kann, ihm dadurch trotzdem jedoch keinerlei Änderungen an den in der Datenbank der Active Directory-Domänendienste gespeicherten Objekten auf dem jeweiligen Server ermöglicht werden.

Attributsatz mit RODC-Filter Es besteht die Möglichkeit, die Speicherung von vertraulichen Active Directory-Daten (beispielsweise Anmeldeinformationen, Verschlüsselungsschlüsseln usw.) auf den schreibgeschützten Domänencontrollern (*RODCs*) durch einen definierbaren Attributsatz mit RODC-Filter zu verhindern.

RODC als globaler Katalogserver Schreibgeschützte Domänencontroller (*RODCs*) können problemlos auch die Funktion des globalen Katalogservers übernehmen.

6.3.2 Einschränkungen beim Einsatz von RODCs

Die Implementierung von schreibgeschützten Domänencontrollern bringt neben den benannten Vorteilen auch einige Einschränkungen mit sich. Schließlich handelt es sich bei dieser Art von Domänencontroller ja nicht um einen vollwertig beschreibbaren Domänencontroller. Die Active Directory-Datenbank liegt auf den RODCs lediglich als schreibgeschützte Version vor. Beachten Sie deshalb bei der Planung des Einsatzes von schreibgeschützten Domänencontrollern die folgenden Einschränkungen:

Direkte Änderungen nicht möglich

RODCs können die Replikation lediglich von einem schreibbaren Domänencontroller unter Windows Server 2008 (R2) erhalten. Die Replikation von einem Domänencontroller unter Windows Server 2003 zu einem RODC unter Windows Server 2008 R2 wird nicht unterstützt.

Zwischen den schreibgeschützten Domänencontrollern innerhalb einer Gesamtstruktur können keine Replikationsvorgänge durchgeführt werden.

In Unternehmensstandorten, in denen auch Exchange-Server betrieben werden, muss mindestens ein weiterer, vollwertiger Domänencontroller vorhanden sein, der den globalen Katalog ausführt.

Schreibgeschützte Domänencontroller können keine Betriebsmasterrollen (engl. *Flexible Single Master Operations Roles, FSMO Roles*) ausführen, da hierfür die Änderungsmöglichkeit an der jeweils lokal gespeicherten Active Directory-Datenbank notwendig wäre.

Da die schreibgeschützten Domänencontroller lediglich eingehende Replikationsvorgänge zulassen, können diese nicht als Bridgeheadserver für einen Standort verwendet werden.

6.3.3 Platzierung von RODCs

Den Überlegungen Microsofts zufolge, sind die schreibgeschützten Domänencontroller (*RODCs*) für Standorte entwickelt worden, in denen sich keine anderen Domänencontroller befinden. Trotzdem kann ein RODC problemlos an einem Standort parallel zu anderen Domänencontrollern betrieben werden. Lediglich im Umgang mit den vor Ort befindlichen Clientcomputern und Servern verhält sich ein RODC anders als schreibbare Domänencontroller.

Problemloser Einsatz in Zweigniederlassungen

Ein RODC kann problemlos als einziger Domänencontroller an einem Standort betrieben werden, welcher über eine WAN-Verbindung zu einem Standort mit einem schreibbaren Domänencontroller unter Windows Server 2008 R2 angebunden ist. Wenn die WAN-Verbindung zu diesem Standort während des Anmeldeverkehrs eines Benutzers, dessen Kennwort auf dem RODC nicht zwischengespeichert ist, nicht zur Verfügung steht, so kann der Benutzer zu diesem Zeitpunkt nicht authentifiziert werden. Der Anmeldevorgang schlägt in diesem Szenario fehl. Diesen Umstand sollte man bei der Planung der Platzierung von RODCs berücksichtigen. Alternativ ist es (zumindest technisch) möglich, den RODC an dem betreffenden Standort parallel zu einem schreibbaren Domänencontroller unter Windows Server 2008 R2 betreiben. Dies widerspricht jedoch dem möglichen Einsatzzweck eines RODCs, da die Sicherheit an dem jeweiligen Standort durch diese Konstellation wieder „aufgeweicht" wird.

Weiterleitung von Aktualisierungsanfragen an DNS-Server Man sollte ebenso berücksichtigen, dass ein RODC in bestimmten Situationen auch außerhalb des Anmeldeverkehrs weitere Daten über die WAN-Verbindung versendet. Beispielsweise versucht ein RODC eine sofortige Replikation mit dem schreibbaren Domänencontroller unter Windows Server 2008 R2, wenn er selbst nicht in der Lage war, bestimmte Anforderungen (beispielsweise der Versuch eines DNS-Updates eines Clientcomputers bei einem RODC als schreibgeschützter DNS mit Weiterleitung an einen schreibbaren DNS-Server) direkt zu erfüllen.

6.3.4 Überprüfung der Gesamtstrukturfunktionsebene

Wie bereits erwähnt, ist für die Implementierung eines RODCs mindestens die Gesamtstrukturfunktionsebene *Windows Server 2003* der Active Directory-Gesamtstruktur erforderlich.

Um die Gesamtstrukturfunktionsebene der Active Directory-Gesamtstruktur für die geplante Bereitstellung eines schreibgeschützten Domänencontrollers (*RODCs*) unter Windows Server 2008 R2 zu überprüfen, gehen Sie wie folgt vor:

1. Öffnen Sie die Konsole *Active Directory-Domänen und -Vertrauensstellungen*.

2. Klicken Sie in der Konsolenstruktur mit der rechten Maustaste auf den Namen der Gesamtstruktur und wählen Sie im Kontextmenü den Eintrag *Eigenschaften*.

3. Überprüfen Sie, ob die Gesamtstrukturfunktionsebene mindestens unter Windows Server 2003 angezeigt wird.

4. Falls die Gesamtstrukturfunktionsebene noch heraufgestuft werden muss, klicken Sie in der Konsolenstruktur mit der rechten Maustaste auf *Active Directory-Domänen und -Vertrauensstellungen*

und wählen Sie im Kontextmenü den Eintrag *Gesamtstrukturfunktionsebene heraufstufen...*

5. Wählen Sie unter *Wählen Sie eine verfügbare Gesamtstrukturfunktionsebene auf* die Option *Windows Server 2003* und klicken Sie dann auf *Heraufstufen*.

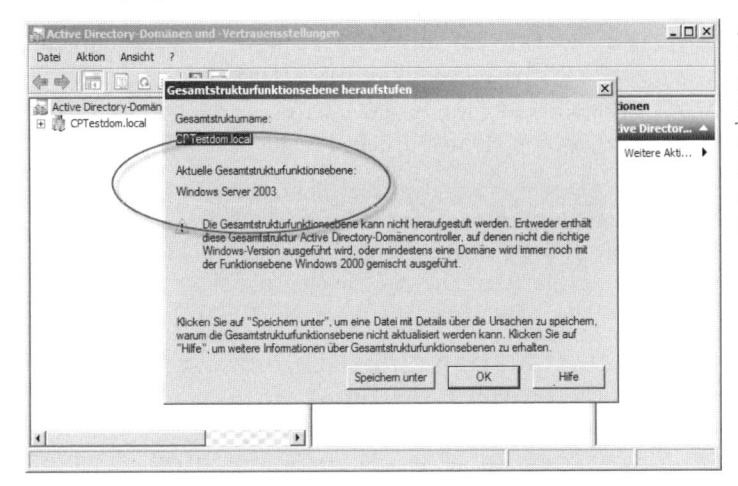

Abbildung 6.28
Überprüfung der Gesamtstrukturfunktionsebene einer Active Directory-Gesamtstruktur unter Windows Server 2008 R2

Nachdem die Gesamtstrukturfunktionsebene überprüft bzw. heraufgestuft wurde, kann die Bereitstellung eines RODCs nun mit dem nächsten Schritt fortgesetzt werden.

6.3.5 Aktualisieren der Berechtigungen für DNS-Anwendungsverzeichnispartitionen

In Active Directory-Gesamtstrukturen, die nicht als neue Gesamtstrukturen gleich unter Windows Server 2008 R2 neu eingerichtet wurden, müssen vor der Bereitstellung von schreibgeschützten Domänencontrollern vorweg die Berechtigungen für die DNS-Anwendungsverzeichnispartitionen aktualisiert werden. Somit können diese anschließend auf alle RODCs repliziert werden, die ebenfalls als DNS-Server konfiguriert sind.

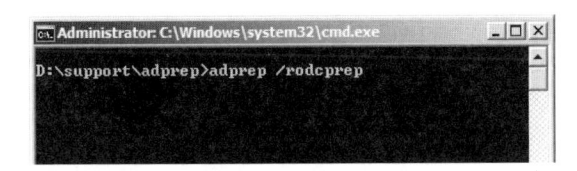

Abbildung 6.29
Aktualisierung der Berechtigungen für die DNS-Anwendungsverzeichnispartitionen mithilfe von adprep.exe

Um die Aktualisierung der Berechtigungen für die DNS-Anwendungsverzeichnispartitionen in einer Active Directory-Gesamtstruktur als Vorbereitung auf die nachfolgende Bereitstellung von schreibgeschützten Domänencontrollern (*RODCs*) durchzuführen, gehen Sie wie folgt vor:

1. Legen Sie die Installations-DVD-ROM für Windows Server 2008 R2 in das DVD-Laufwerk ein, öffnen Sie die Eingabeaufforderung und wechseln Sie zum Ordner \support\adprep.
2. Geben Sie in der Eingabeaufforderung anschließend den Befehl adprep /rodcprep ein und drücken Sie dann auf die ⏎.

Nach der Aktualisierung der Berechtigungen für die in der Active Directory-Gesamtstruktur vorhandenen DNS-Anwendungsverzeichnispartitionen steht nun der nächste Schritt der Vorbereitung der Bereitstellung von schreibgeschützten Domänencontrollern (*RODCs*) an.

6.3.6 Installation eines schreibbaren Domänencontrollers unter Windows Server 2008 R2

Mindestens ein schreibbarer DC unter Windows Server 2008 (R2)

Soweit noch nicht geschehen, müssen Sie in der vorhandenen Active Directory-Domäne, in welcher Sie den schreibgeschützten Domänencontroller implementieren möchten, zumindest einen schreibbaren (vollwertigen) Domänencontroller unter Windows Server 2008 (R2) bereitstellen. Dieser dient als Quelle für die Replikation von Daten zu den schreibgeschützten Domänencontrollern (*RODCs*). Der schreibbare Domänencontroller kann dabei als vollwertige Installation oder als Server Core-Installation von Windows Server 2008 (R2) ausgeführt werden.

Wenn die Installation abgeschlossen ist, kann anschließend mit der Bereitstellung eines schreibgeschützten Domänencontrollers (*RODCs*) begonnen werden.

RODC auch unter Server Core

Nach dem erfolgreichen Abschluss der vorbereitenden Schritte kann die Installation eines schreibgeschützten Domänencontrollers (RODCs) unter Windows Server 2008 R2 durchgeführt werden. Hierbei besteht die Möglichkeit, den RODC auf einer vollständigen Installation oder einer Server Core-Installation unter Windows Server 2008 R2 durchzuführen. Nachfolgend werden beide Möglichkeiten detailliert erläutert.

6.3.7 Installation eines RODCs unter Windows Server 2008 R2

Die Installation eines schreibgeschützten Domänencontrollers (*RODCs*) auf einer vollständigen Installation von Windows Server 2008 R2 lässt sich in der Grafikumgebung völlig transparent durchführen.

Gehen Sie wie folgt vor, um einen schreibgeschützten Domänencontroller auf einer vollständigen Installation von Windows Server 2008 R2 einzurichten:

1. Melden Sie sich als Mitglied der Gruppe der Domänen-Admins am Server an.
2. Klicken Sie auf *Start/Ausführen* und geben Sie dcpromo in das Eingabefeld ein. Klicken Sie anschließend auf *OK*, um den *Assistenten für die Installation der Active Directory-Domänendienste* zu starten.
3. Aktivieren Sie im *Willkommensbildschirm* die Option *Installation im erweiterten Modus verwenden* und klicken Sie dann auf *Weiter*.

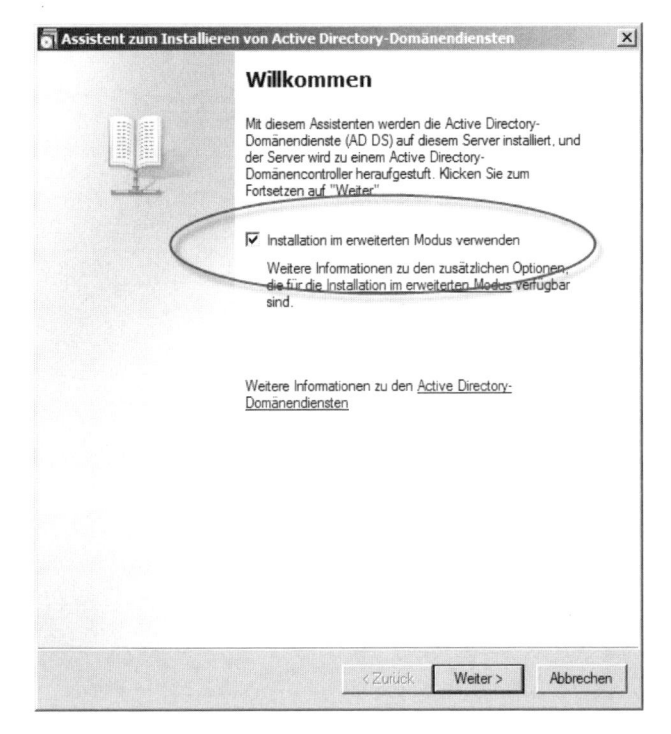

Abbildung 6.30
Auswahl der Installation im erweiterten Modus

4. Klicken Sie im Dialogfenster *Betriebssystemkompatibilität* auf *Weiter*.
5. Aktivieren Sie im Dialogfenster *Bereitstellungskonfiguration wählen* die Option *Vorhandene Gesamtstruktur* und dann *Domänencontroller vorhandener Domäne hinzufügen*. Klicken Sie dann auf *Weiter*.

Kapitel 6 Windows Server 2008 R2 und die Active Directory-Domänendienste

Abbildung 6.31
Festlegen der Bereitstellungskonfiguration

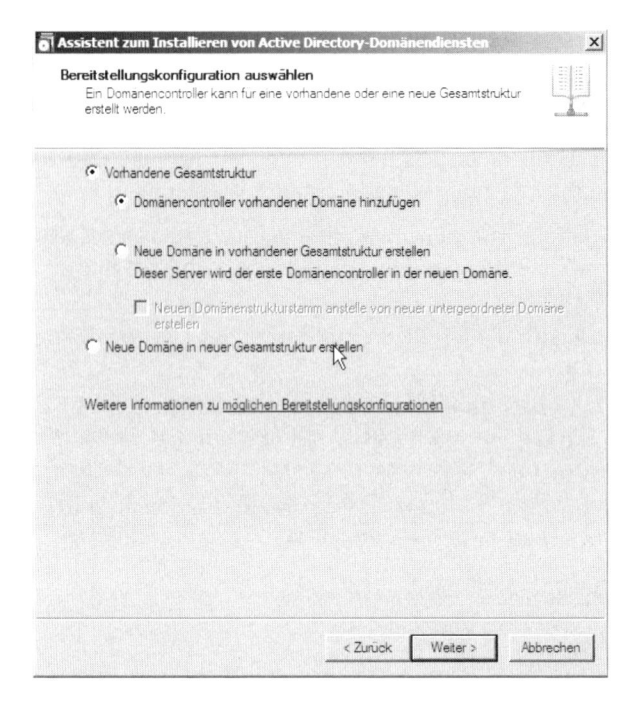

6. Geben Sie den *Namen der Gesamtstruktur* an, in welcher der Server installiert werden soll, sowie die notwendigen Daten im Feld *Alternative Anmeldeinformationen:* an und klicken Sie auf *Weiter*.

Abbildung 6.32
Angabe von Sicherheitsinformationen im Netzwerk

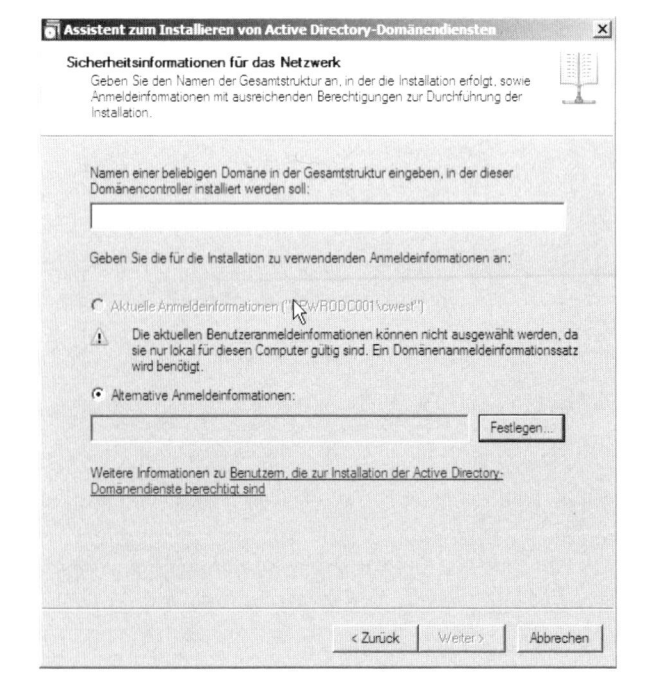

Schreibgeschützter Domänencontroller (RODC)

7. Wählen Sie im folgenden Dialogfenster die gewünschte Domäne aus und klicken Sie dann auf *Weiter*.
8. Wählen Sie den Standort aus, in welchem der RODC installiert werden soll und klicken Sie dann auf *Weiter*.
9. Aktivieren Sie das Kontrollkästchen *Schreibgeschützter Domänencontroller (RODC)* und wählen Sie die gewünschten, zusätzlichen Optionen für diesen Domänencontroller aus. Klicken Sie dann auf *Weiter*.

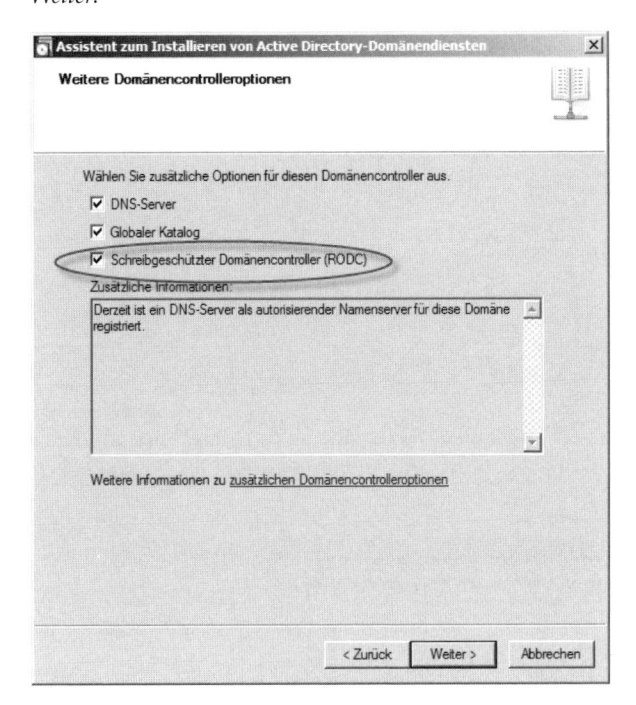

Abbildung 6.33
Auswahl zusätzlicher Optionen während der Installation

10. Legen Sie fest, für welche der vorhandenen Objekte die Kennwörter auf den RODC repliziert werden dürfen bzw. für welche die Replikation verweigert werden soll. Klicken Sie dann auf *Weiter*.

Kapitel 6 Windows Server 2008 R2 und die Active Directory-Domänendienste

Abbildung 6.34
Festlegen der Kennwortreplikationsrichtlinien

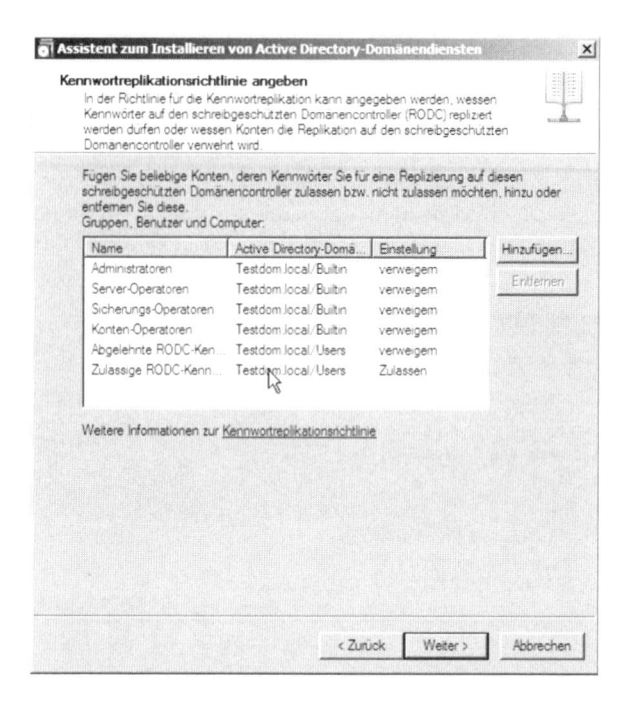

11. Wählen Sie einen Benutzer oder eine Sicherheitsgruppe für die Delegierung der Installation und Verwaltung des RODCs und klicken Sie auf *Weiter*.

Abbildung 6.35
Delegierung der Installation und Verwaltung des zu installierenden RODCs an einen Benutzer

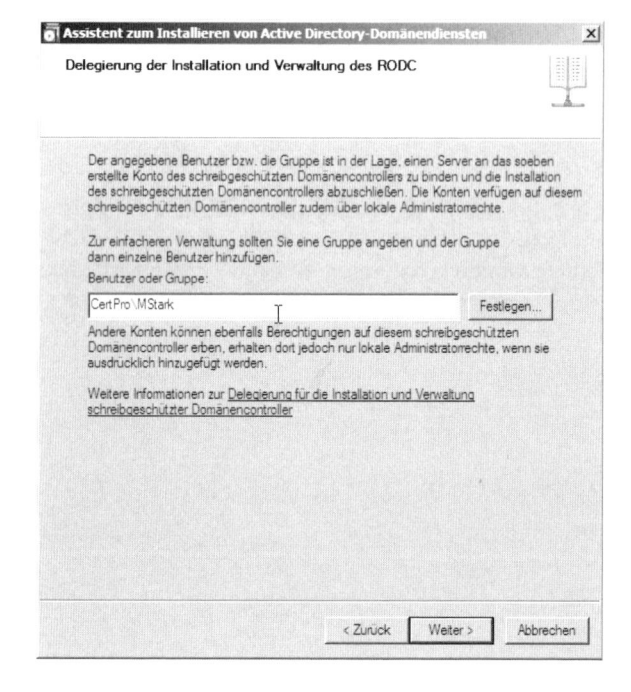

> Der ausgewählte Benutzer bzw. die ausgewählte Gruppe erhält die Berechtigung, den Server als RODC an die Domäne anzubinden, sowie den RODC nachfolgend als lokaler Administrator zu verwalten.

12. Wählen Sie im Dialog *Installieren von Medium* die Option *Daten über das Netzwerk von einem vorhandenen Domänencontroller replizieren* und klicken Sie dann auf *Weiter*.
13. Wählen Sie, falls gewünscht, einen Quelldomänencontroller, von dem aus die Active Directory-Daten auf den neu einzurichtenden RODC repliziert werden sollen. Klicken Sie anschließend auf *Weiter*.
14. Geben Sie den Speicherort für Datenbank, Protokolldateien und den Ordner SYSVOL an und klicken Sie dann auf *Weiter*.
15. Geben Sie das Kennwort für den Wiederherstellungsmodus der Verzeichnisdienste ein und klicken Sie auf *Weiter*.
16. Prüfen Sie in der Zusammenfassung alle von Ihnen vorgenommenen Einstellungen und klicken Sie dann auf *Weiter*, um die Installation zu starten.

Im Ausführungsdialog können Sie das Kontrollkästchen *Nach Abschluss neu starten* aktivieren. Wenn die Installation der Active Directory-Domänendienste abgeschlossen ist, wird der Neustart des Servers dann automatisch durchgeführt.

Alternativ zur Installation des RODCs auf einer vollständigen Installation unter Windows Server 2008 R2 können Sie diesen auf einem Server mit einer Server-Core-Installation einrichten. Die Schritte zur Durchführung der Installation unterscheiden sich jedoch von den bisher gezeigten, da eine Server Core-Installation von Windows Server 2008 R2 im Prinzip nicht über die notwendige Grafikoberfläche für die Ausführung von Programmen verfügt.

6.3.8 Installation eines RODCs auf einer Server Core-Installation von Windows Server 2008 R2

Die Installation eines schreibgeschützten Domänencontrollers (*RODCs*) auf einer Server Core-Installation von Windows Server 2008 unterscheidet sich in den Ausführungsschritten, jedoch ist das nachfolgende Ergebnis das gleiche – in beiden Fällen wird ein schreibgeschützter Domänencontroller (*RODC*) unter Windows Server 2008 eingerichtet.

Nur als unbeaufsichtigte Installation

Abbildung 6.36
Beispiel einer Antwortdatei für die unbeaufsichtigte Installation der Active Directory-Domänendienste (AD DS)

```
; DCPROMO unattend file (automatically generated by dcpromo)
; Usage:
;     dcpromo.exe /unattend:C:\Users\Administrator\Documents\RODCInstallCP.txt
;
; You may need to fill in password fields prior to using the unattend file.
; If you leave the values for "Password" and/or "DNSDelegationPassword"
; as "*", then you will be asked for credentials at runtime.

[DCInstall]
; Read-Only Replica DC promotion
ReplicaOrNewDomain=ReadOnlyReplica
ReplicaDomainDNSName=CertPro.de
; RODC Password Replication Policy
PasswordReplicationDenied="VORDEFINIERT\Administratoren"
PasswordReplicationDenied="VORDEFINIERT\Server-Operatoren"
PasswordReplicationDenied="VORDEFINIERT\Sicherungs-Operatoren"
PasswordReplicationDenied="VORDEFINIERT\Konten-Operatoren"
PasswordReplicationDenied="CERTPRO\Abgelehnte RODC-Kennwortreplikationsgruppe"
PasswordReplicationAllowed="CERTPRO\Zulässige RODC-Kennwortreplikationsgruppe"
DelegatedAdmin="CERTPRO\mstark"
SiteName=Muenchen
InstallDNS=Yes
ConfirmGC=Yes
CreateDNSDelegation=No
UserDomain=CertPro.de
UserName=CertPro.de\administrator
Password=*
DatabasePath="C:\windows\NTDS"
LogPath="C:\windows\NTDS"
SYSVOLPath="C:\windows\SYSVOL"
; Set SafeModeAdminPassword to the correct value prior to using the unattend file
SafeModeAdminPassword=
; Run-time flags (optional)
; CriticalReplicationOnly=Yes
; RebootOnCompletion=Yes
```

Die Installation des RODCs auf einem Server Core unter Windows Server 2008 R2 muss als unbeaufsichtigte Installation der Active Directory-Domänendienste (engl. *Active Directory Domain Services, AD DS*) durchgeführt werden, da die grafische Ausführung des Assistenten für die Installation der AD DS (`dcpromo.exe`) nicht unterstützt wird. Die Installation wird mit dem folgenden Befehl auf dem Server Core unter Windows Server 2008 R2 gestartet: `dcpromo /unattend: <Dateiname>`

Verwaltungsdelegierung des RODC möglich
Nicht in allen Situationen führen die Organisations-Admins oder die Domänen-Admins die Installation von schreibgeschützten Domänencontrollern (*RODCs*) selbst aus. Vielmehr fehlt den Administratoren durch die vielen zu erledigenden Nebenaufgaben zwischenzeitlich oft sogar die Zeit für solche Installationsvorgänge. Hierfür sieht Microsoft jedoch eine Lösung vor: die Delegierung der RODC-Installation.

6.3.9 Delegierung der Installation von schreibgeschützten Domänencontrollern

Verwaltung an Dritte übertragen
Die Installation von schreibgeschützten Domänencontrollern (*RODCs*) kann im Bedarfsfall an einfache Benutzer im Zweigstellennetzwerk delegiert werden. Hierzu kann ein verantwortlicher Domänenadministrator vorweg ein entsprechendes RODC-Konto in der Domäne erstellen und während dieses Vorgangs die Installation und nachfolgende Serververwaltung an einen bestimmten Benutzer oder eine bestimmte Sicherheitsgruppe delegieren.

Schreibgeschützter Domänencontroller (RODC)

Um die Installation eines schreibgeschützten Domänencontrollers (*RODCs*) unter Windows Server 2008 R2 an einen Benutzer oder eine Sicherheitsgruppe zu delegieren, gehen Sie wie folgt vor:

1. Öffnen Sie die Konsole *Active Directory-Benutzer und -Computer*.
2. Erweitern Sie die Konsolenstruktur bis zur Organisationseinheit *Domain Controllers* (*Domänencontroller*).
3. Klicken Sie mit der rechten Maustaste auf den Container *Domain Controllers* und wählen Sie im Kontextmenü den Eintrag *Konto für schreibgeschützten Domänencontroller vorbereiten*

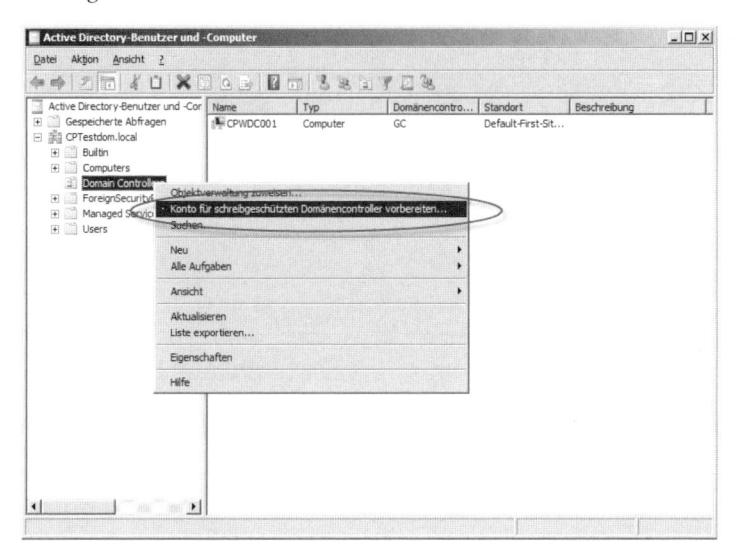

Abbildung 6.37
Kontextauswahl zum Einrichten eines RODC-Kontos

4. Klicken Sie im *Willkommensbildschirm* auf *Weiter*.
5. Bestätigen Sie den Hinweis zur Betriebssystemkompatibilität mit einem Klick auf die Schaltfläche *Weiter*.
6. Bestimmen Sie die aktuellen oder alternativen Anmeldeinformationen und klicken Sie auf *Weiter*.
7. Geben Sie den Namen des Computers an, der als schreibgeschützter Domänencontroller (*RODC*) vorgesehen ist. Das Konto wird in der Datenbank der Active Directory-Domänendienste erstellt. Klicken Sie dann auf *Weiter*.

> Der Server, für den das RODC-Computerkonto erstellt wird, darf unter dem angegebenen Namen noch nicht Mitglied der betreffenden Domäne sein. Es ist nicht möglich, ein Computerkonto mit dem Namen eines in der Domäne bereits vorhandenen Computerkontos zu erstellen.

*Abbildung 6.38
Definition des
Computernamens
für den neuen
RODC*

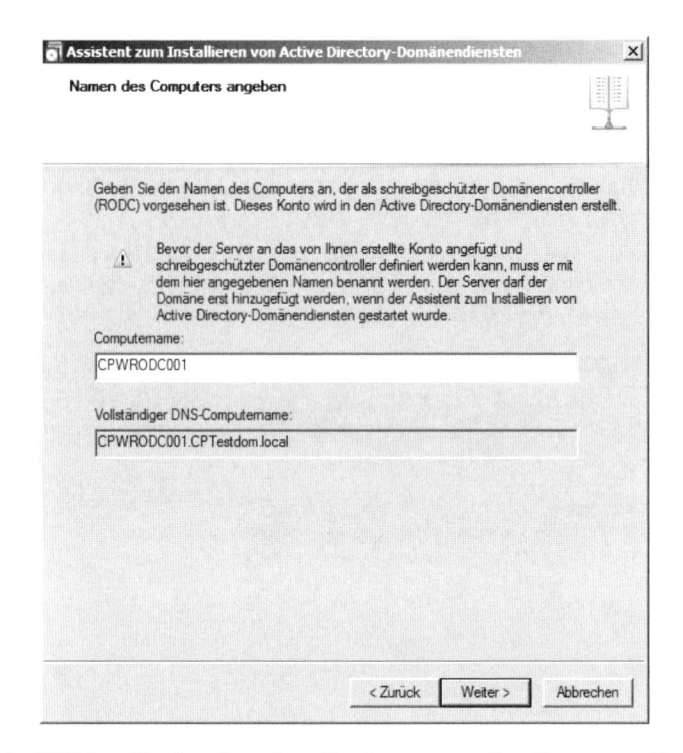

8. Wählen Sie den Standort für den neuen Domänencontroller aus und klicken Sie auf *Weiter*.
9. Wählen Sie, falls gewünscht, noch weitere Optionen für den neuen Domänencontroller aus und klicken Sie auf *Weiter*.
10. Legen Sie für die Delegierung der Installation und der Verwaltung des RODCs den Benutzer oder die Sicherheitsgruppe fest und klicken Sie dann auf *Weiter*.

> Der ausgewählte Benutzer bzw. die ausgewählte Gruppe erhält die Berechtigung, den Server als RODC an die Domäne anzubinden, sowie den RODC nachfolgend als lokaler Administrator zu verwalten.

11. Überprüfen Sie im Dialogfenster *Zusammenfassung* Ihre Konfigurationsauswahl und klicken Sie zum Anlegen des RODC-Kontos auf *Weiter*.
12. Klicken Sie nach Abschluss auf die Schaltfläche *Fertig stellen*, um den Assistenten zu schließen.

Das neu erstellte RODC-Computerkonto wird in der Konsole *Active Directory-Benutzer und -Computer* in der Organisationseinheit *Domain Controllers (Domänencontroller)* angezeigt.

Schreibgeschützter Domänencontroller (RODC)

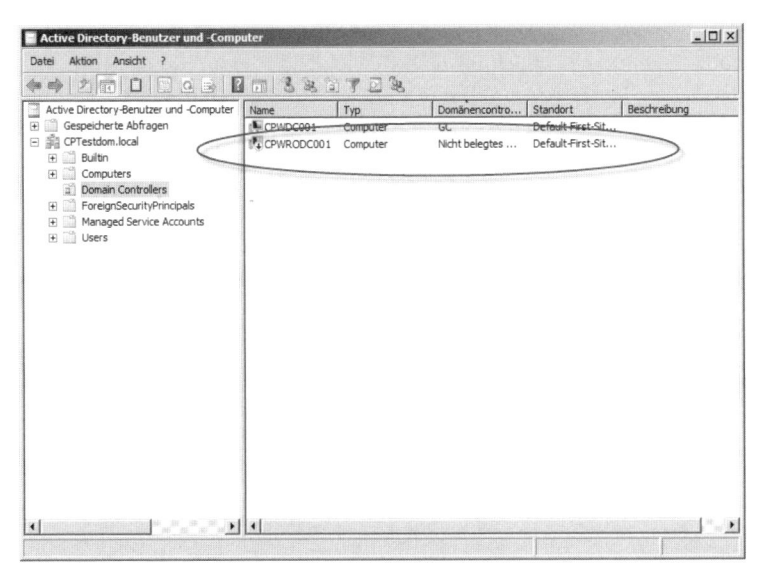

Abbildung 6.39
Beispiel für ein während der Delegierung neu erstelltes RODC-Computerkonto unter Windows Server 2008 R2

Das soeben erstellte Computerkonto für den RODC ist als „*Nicht belegtes Domänencontrollerkonto*" gekennzeichnet und kann nun für die eigentliche Installation des RODCs verwendet werden.

6.3.10 Durchführung der delegierten Installation des schreibgeschützten Domänencontrollers

Nach der Einrichtung des vorbereiteten Computerkontos für den schreibgeschützten Domänencontroller (*RODC*) kann der jeweils delegierte Benutzer bzw. ein Mitarbeiter als Mitglied der delegierten Sicherheitsgruppe den betreffenden Server unter Windows Server 2008 R2 (welcher zur Zeit noch als Mitglied einer Arbeitsgruppe definiert ist) umbenennen und anschließend den *Assistent zum Installieren von Active Directory-Domänendiensten* mithilfe des Befehls dcpromo.exe starten.

> Damit der *Assistent zum Installieren von Active Directory-Domänendiensten* (dcpromo.exe) den Domänennamen auflösen kann, muss wenigstens einer der für die entsprechende DNS-Namenszone autorisierten DNS-Server anhand der IP-Adresse in der TCP/IP-Konfiguration des geplanten RODCs eingetragen sein.

Im Verlauf der Ausführung des *Assistenten zum Installieren von Active Directory-Domänendiensten* müssen der Domänenname einer beliebigen Domäne der gewünschten Active Directory-Gesamtstruktur sowie das für die Installation zu verwendende Benutzerkonto als „*Alternative Anmeldeinformationen*" angegeben werden.

Kapitel 6 Windows Server 2008 R2 und die Active Directory-Domänendienste

Im weiteren Verlauf der Installation der Active Directory-Domänendienste zeigt der Assistent nach Auswahl der Domäne ein Hinweisfenster an, in dem darauf hingewiesen wird, dass in der betreffenden, vorweg ausgewählten Domäne bereits ein Computerkonto für die Installation eines schreibgeschützten Domänencontrollers (RODC) vorhanden ist.

Abbildung 6.40
Hinweis auf das Vorhandensein des RODC-Computerkontos

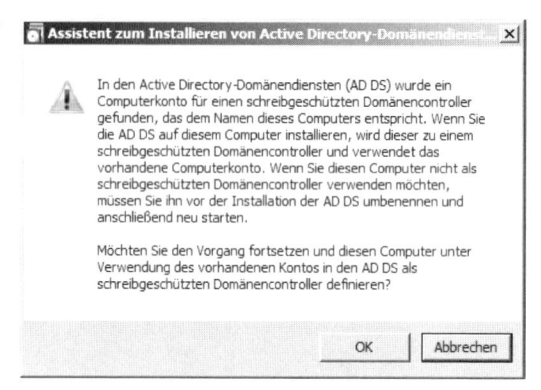

> **Assistent zum Installieren von Active Directory-Domänendienst...**
>
> In den Active Directory-Domänendiensten (AD DS) wurde ein Computerkonto für einen schreibgeschützten Domänencontroller gefunden, das dem Namen dieses Computers entspricht. Wenn Sie die AD DS auf diesem Computer installieren, wird dieser zu einem schreibgeschützten Domänencontroller und verwendet das vorhandene Computerkonto. Wenn Sie diesen Computer nicht als schreibgeschützten Domänencontroller verwenden möchten, müssen Sie ihn vor der Installation der AD DS umbenennen und anschließend neu starten.
>
> Möchten Sie den Vorgang fortsetzen und diesen Computer unter Verwendung des vorhandenen Kontos in den AD DS als schreibgeschützten Domänencontroller definieren?
>
> OK   Abbrechen

Wie es dem Hinweis zu entnehmen ist, wird dieser Server im weiteren Verlauf der Installation der Active Directory-Domänendienste (*AD DS*) als *schreibgeschützter Domänencontroller (RODC)* eingerichtet. Durch einen Klick auf die Schaltfläche *Abbrechen* können Sie die Einrichtung des Serversystems als RODC noch abbrechen.

Nach der Bestätigung der Fortführung der Installation mittels eines Klicks auf die Schaltfläche *OK* kann die Installation der Active Directory-Domänendienste fortgesetzt werden.

In dem Dialogfenster *Zusammenfassung* kann man dann erkennen, dass neben der Rolle als schreibgeschützter Domänencontroller auch die Rolle als DNS-Server sowie auch die Funktion als globaler Katalogserver installiert wird. Dies kann nach der Fertigstellung der Installation der Active Directory-Domänendienste bei Bedarf wieder rückgängig gemacht werden. Mit einem Klick auf die Schaltfläche *Weiter* startet die Installation der Active Directory-Domänendienste auf dem Serversystem.

Nach der Installation erhält man auf dem lokalen RODC lediglich Lesezugriff auf die darauf gespeicherten Active Directory-Objekte. Im nächsten Schritte folgt nun die Verwaltung des RODCs.

6.3.11 Verwaltung von schreibgeschützten Domänencontrollern

Die Verwaltung der schreibgeschützten Domänencontroller fällt auf dem jeweiligen Serversystem (insgesamt gesehen) sehr gering aus. Der delegierte Benutzer darf an den Inhalten der auf dem RODC gespeicherten Active Directory-Datenbank keinerlei Änderungen vornehmen. Diese werden lediglich auf dem vollwertig schreibbaren Domänencontroller ermöglicht und anschließend anhand eines unidirektionalen Replikationsvorgangs auf den RODC übertragen.

Die eigentlichen Verwaltungsaufgaben auf dem schreibgeschützten Domänencontroller (*RODC*) sind prinzipiell gleich mit denen eines schreibbaren Domänencontrollers. Hierunter zählen beispielsweise die routinemäßige Datensicherung sowie auch das Installieren von Software-Updates. Durch die Delegierung ist der jeweilige Benutzer in der Lage, diese administrativen Schritte zu erledigen.

Gleiche Verwaltungsschritte unter einem RODC

Verwaltung der Kennwortreplikationsrichtlinie

Bei der ersten Bereitstellung eines schreibgeschützten Domänencontrollers wird anhand der Kennwortreplikationsrichtlinie festgelegt, welche der Kennwörter auf den RODC repliziert werden darf. Die Kennwortreplikationsrichtlinie fungiert als Zugriffssteuerungsliste (engl. *Access Control List, ACL*). Anhand dieser Liste wird bestimmt, ob ein Kennwort von einem RODC zwischengespeichert werden darf. Wenn ein RODC eine Anmeldeanforderung eines authentifizierten Benutzers oder Computers erhält, bestimmt er anhand der Vorgaben aus der Kennwortreplikationsrichtlinie, ob das jeweilige Kennwort zwischengespeichert werden darf.

Enthält alle Konten, deren Kennwörter zwischengespeichert werden dürfen

Die Kennwortreplikationsrichtlinie listet die Konten auf, die zwischengespeichert werden dürfen, sowie die Konten, für welche die Zwischenspeicherung untersagt wird.

> Die Liste der Benutzer- und Computerkonten in einer Kennwortreplikationsrichtlinie lässt noch nicht darauf schließen, ob die Kennwörter der betreffenden Objekte bereits auf dem schreibgeschützten Domänencontroller (*RODC*) zwischengespeichert wurden.

Abbildung 6.41
Standardmäßige Kennwortreplikationsrichtlinie in den Eigenschaften eines RODC-Computerkontos unter Windows Server 2008

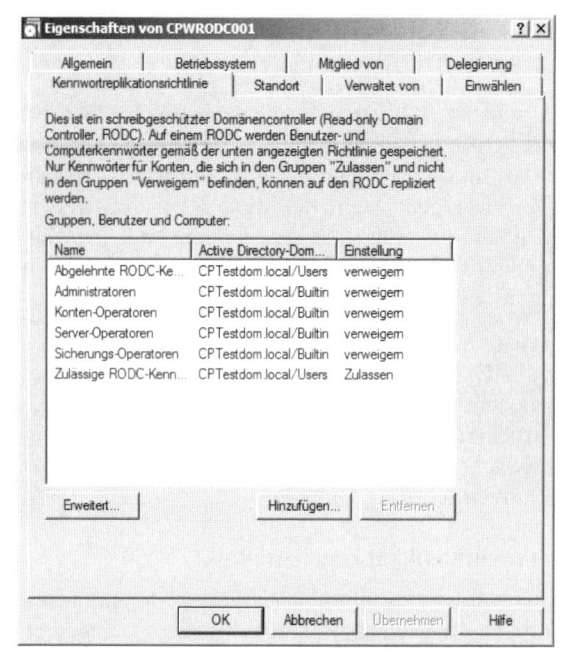

Damit ein schreibgeschützter Domänencontroller (*RODC*) bestimmte Benutzer-, Computer- oder Dienstkonten lokal verarbeiten kann, müssen diese zur Kennwortreplikationsrichtlinie hinzugefügt werden.

Genaue Planung notwendig In der Planung der Kennwortreplikationsrichtlinie sollte man sehr genau abwägen, für welche der Kennwörter der Benutzer-, Computer- und Dienstkonten einer Zweigniederlassung man die Replikation verweigert bzw. zulassen möchte.

Die Kennwörter in der Liste der zulässigen Objekte kann man bei Bedarf jederzeit manuell auf den RODC replizieren. Es spielt dabei überhaupt keine Rolle, ob sich das jeweilige Konto vorweg bereits am RODC angemeldet hat. Dieser Vorgang wird ausschließlich zur Vereinfachung der Verwaltung durch die Benutzeranmeldung ausgelöst.

> Die Kennwortreplikationsrichtlinie kann für jeden RODC innerhalb einer Active Directory-Domäne verschieden sein. Wenn keine der Kennwortrichtlinien geändert werden, gilt die effektive Richtlinie für alle RODC in einer Domäne gleich.

Steuerung der Replikation von Kennwörtern

Um die gezielte Steuerung der möglichen Replikationsvorgänge von Kennwörtern im Umfeld der schreibgeschützten Domänencontroller (*RODCs*) zu ermöglichen, hat Microsoft zwei neue, integrierte Gruppen zu den Active Directory-Domänendiensten (*AD DS*) hinzugefügt:

- Zulässige RODC-Kennwortreplikationsgruppe
- Abgelehnte RODC-Kennwortreplikationsgruppe

Die beiden Gruppen werden standardmäßig im Container *Users* einer Active Directory-Domäne gespeichert. Über diese Gruppen lassen sich Standardlisten der zulässigen Objekte bzw. der verweigerten Objekte für die RODC-Kennwortreplikationsrichtlinie implementieren.

Zulässige RODC-Kennwortreplikationsgruppe Diese Gruppe enthält standardmäßig keine Mitglieder. In der Kennwortreplikationsrichtlinie ist diese Gruppe als einzige für die Replikation von Kennwörtern definiert. Sobald man einen Benutzer-, Computerobjekt oder eine Sicherheitsgruppe als Mitglied zu dieser Gruppe hinzufügt, wird damit die Replikation des jeweiligen Kennworts an schreibgeschützte Domänencontroller (*RODCs*) erlaubt.

Standardmäßig keine Mitglieder enthalten

Abgelehnte RODC-Kennwortreplikationsgruppe Für alle Mitglieder dieser Gruppe ist die Replikation des jeweils zugehörigen Kennworts an schreibgeschützte Domänencontroller (*RODCs*) verweigert. Diese Gruppe enthält standardmäßig bereits die folgenden Mitglieder:

- Domänen-Admins
- Domänencontroller
- Domänencontroller ohne Schreibzugriff
- krbtgt
- Organisations-Admins
- Richtlinien-Ersteller-Besitzer
- Schema-Admins
- Zertifikatherausgeber

Bei Bedarf können problemlos noch weitere Benutzer, Gruppen oder Computer als Mitglied zur Gruppe *Abgelehnte RODC-Kennwortreplikationsgruppe* hinzugefügt werden.

Attribute für die Steuerung der Kennwortreplikation

Neben den benannten Sicherheitsgruppen für die Steuerung der Kennwortreplikation zu schreibgeschützten Domänencontrollern (RODCs) verfügt jedes RODC-Computerkonto in den *Eigenschaften* über die folgenden Attribute:

- **Liste der zulässigen Objekte** (*msDS-Reveal-OnDemandGroup*)
- **Liste der verweigerten Objekte** (*msDS-NeverRevealGroup*)

Diese beiden Attribute ermöglichen die genaue Regelung der möglichen Kennwortreplikation für jeden einzelnen, schreibgeschützten Domänencontroller (*RODC*) innerhalb einer Active Directory-Domäne. Die Attribute werden in der Kennwortreplikationsrichtlinie der Eigenschaften des jeweiligen RODCs verwaltet.

> Die deutsche Namensvergabe für die neuen, der für die Kennwortreplikation genutzten Attribute (Liste der zulässigen Objekte und Liste der verweigerten Objekte) stellt sich seitens des Begriffs „Liste" eher zweideutig dar. Beachten Sie, dass es sich hierbei um Attribute und Attributwerte, nicht jedoch um einzeln verwaltbare Listen handelt. Angezeigt wird die Listenauswahl lediglich bei Erstellen neuer Kennwortreplikationsrichtlinien. Die den einzelnen Attributen zugewiesenen Werte (*Einträge*) werden jedoch gemeinsam innerhalb des dabei verwendeten Dialogs angezeigt (*siehe Abbildung 6.42*).

Standardmäßige Einträge in der Kennwortreplikationsrichtlinie Standardmäßig enthält das Attribut *Liste verweigerter Objekte* der Kennwortreplikationsrichtlinie in den Eigenschaften eines schreibgeschützten Domänencontrollers (*RODCs*) unter Windows Server 2008 R2 die folgenden Einträge:

- Abgelehnte RODC-Kennwortreplikationsgruppe
- Administratoren
- Konten-Operatoren
- Server-Operatoren
- Sicherungs-Operatoren

Die Kennwörter aller Mitglieder der Liste der verweigerten Objekte sind von der Replikation ausgeschlossen.

In dem Attribut *Liste der zulässigen Objekte* findet sich jedoch standardmäßig auch bereits ein Eintrag:

- Zulässige RODC-Kennwortreplikationsgruppe

Die Replikation aller Mitglieder dieser Gruppe ist somit standardmäßig erlaubt.

In Verbindung mit den domänenweiten Gruppen *Zulässige RODC-Kennwortreplikationsgruppe* und *Abgelehnte RODC-Kennwortreplikationsgruppe* bieten diese beiden Attribute eine ideale Kombinationsmöglichkeit für die Verwaltung der Kennwortreplikation zu den schreibgeschützten Domänencontrollern (*RODCs*) einer Domäne.

> Das Attribut *Liste verweigerter Objekte* hat im Konfliktfall grundsätzlich Vorrang vor dem Attribut *Liste zugelassener Objekte*.

6.3.12 Konfigurieren der Kennwortreplikationsrichtlinie für einen RODC

Die Konfiguration der Kennwortreplikationsrichtlinie eines schreibgeschützten Domänencontrollers (RODCs) kann jeweils völlig unabhängig von womöglich weiteren, vorhandenen RODCs in der selben Domäne erfolgen. Standardmäßig verfügen die Mitglieder der Gruppe der Domänen-Admins über die Berechtigung zur Verwaltung der Kennwortreplikationsrichtlinie für RODCs in der jeweiligen Domäne.

Gehen Sie wie folgt vor, um die Kennwortreplikationsrichtlinie für einen RODC zu konfigurieren:

1. Klicken Sie auf *Start/Verwaltung* und dann auf *Active Directory-Benutzer und -Computer*. Stellen Sie sicher, dass die Konsole auf einen schreibbaren Domänencontroller verweist.
2. Wechseln Sie zur Organisationseinheit *Domain Controllers* (*Domänencontroller*), klicken Sie mit der rechten Maustaste auf das Computerkonto des zu konfigurierenden RODCs und wählen Sie im Kontextmenü den Eintrag *Eigenschaften*.
3. Klicken Sie auf die Registerkarte *Kennwortreplikationsrichtlinie*.
4. Klicken Sie auf die Schaltfläche *Hinzufügen*, um weitere Gruppen und Benutzer zum Attribut *Liste der verweigerten* oder *zugelassenen Objekte* für die Kennwortreplikation hinzuzufügen. Wählen Sie im angezeigten Dialogfenster die gewünschte Option und klicken Sie dann auf *OK*.

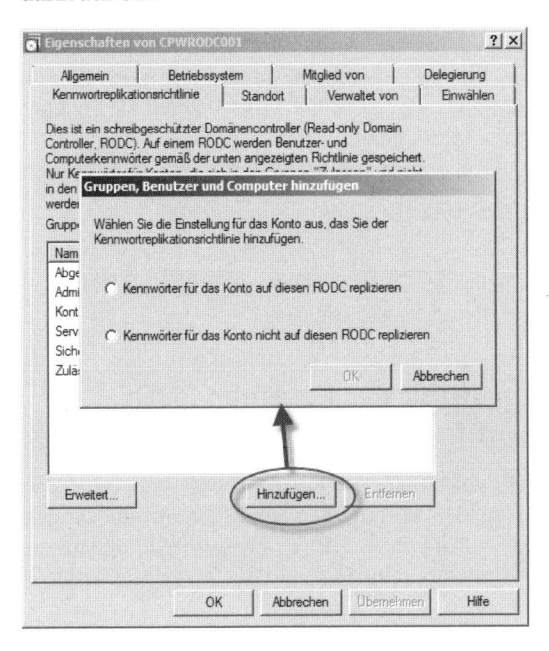

Abbildung 6.42
Definition der Kennwortreplikation für einen RODC

5. Wählen Sie dann im folgenden Dialog die gewünschte Gruppe, den Benutzer oder den Computer aus und klicken Sie auf *OK*.
6. Klicken Sie zum Abschluss im Dialogfenster *Eigenschaften* des jeweiligen RODC-Computerkontos auf *OK*.

Konten, deren Anmeldeinformationen nicht auf dem RODC zwischengespeichert werden, können den RODC dennoch zur Anmeldung an der Domäne verwenden. Die jeweiligen Anmeldeinformationen werden jedoch für spätere Anmeldevorgänge auf dem RODC nicht zwischengespeichert.

6.3.13 Anzeige der auf einem RODC zwischengespeicherten Anmeldeinformationen

Jedem Benutzer erlaubt Die jeweils aktuell gespeicherten Anmeldeinformationen kann man sich für jeden der RODC anzeigen lassen. Hierzu sind keine besonderen Berechtigungen notwendig. Jeder Domänenbenutzer kann sich standardmäßig die Liste aller aktuell auf einem RODC zwischengespeicherten Anmeldeinformationen anzeigen lassen – natürlich nicht das Kennwort selbst.

Gehen Sie wie folgt vor, um die auf einem RODC aktuell zwischengespeicherten Anmeldeinformationen anzeigen zu lassen:

1. Klicken Sie auf *Start*/Verwaltung und dann auf *Active Directory-Benutzer und -Computer*. Stellen Sie sicher, dass die Konsole auf einen schreibbaren Domänencontroller verweist.
2. Wechseln Sie zur Organisationseinheit *Domain Controllers (Domänencontroller)*, klicken Sie mit der rechten Maustaste auf das Computerkonto des zu konfigurierenden RODCs und wählen Sie im Kontextmenü den Eintrag *Eigenschaften*.
3. Klicken Sie auf die Registerkarte *Kennwortreplikationsrichtlinie*.
4. Klicken Sie auf *Erweitert*.
5. Klicken Sie in der Dropdownliste auf *Konten, deren Kennwörter auf diesem schreibgeschützten Domänencontroller gespeichert sind*. Die jeweiligen Konten werden in der Liste angezeigt.

6.3.14 Überprüfung der für einen RODC authentifizierten Konten

Die Liste der aktuell auf einem RODC zwischengespeicherten Informationen, wie sie in der vorangegangenen Schrittfolge angezeigt wurde, bietet einem Administrator die Überprüfungsmöglichkeit der Benutzer, die sich vorweg bereits über den RODC im Netzwerk angemeldet haben.

Um die bereits für einen bestimmten RODC authentifizierten Konten anzeigen zu lassen, gehen Sie wie folgt vor:

1. Klicken Sie auf *Start*/*Verwaltung* und dann auf *Active Directory-Benutzer und -Computer*. Stellen Sie sicher, dass die Konsole auf einen schreibbaren Domänencontroller verweist.
2. Wechseln Sie zur Organisationseinheit *Domain Controllers* (*Domänencontroller*), klicken Sie mit der rechten Maustaste auf das Computerkonto des zu konfigurierenden RODCs und wählen Sie im Kontextmenü den Eintrag *Eigenschaften*.
3. Klicken Sie auf die Registerkarte *Kennwortreplikationsrichtlinie*.
4. Klicken Sie auf *Erweitert*.
5. Klicken Sie in der Dropdownliste auf *Von diesem schreibgeschützten Domänencontroller authentifizierte Konten*. Die jeweiligen Konten werden, soweit zutreffend, in der Liste angezeigt.

Wenn es geplant ist, die Kennwörter bestimmter Benutzer im Netzwerk auf den jeweils vorhandenen RODCs zwischenzuspeichern, so kann man dies für die Benutzer noch gezielter vorbereiten.

6.3.15 Auffüllen des Kennwortcache für RODCs

Bereits bevor sich ein Benutzer oder Computer im Netzwerk über einen RODC anmeldet, kann man sein Kennwort bereits auf dem schreibgeschützten Domänencontroller in der jeweiligen Zweigstelle zwischenspeichern. Hierzu steht eine Funktion zur Verfügung, mit welcher sich der Kennwortcache eines RODCs manuell auffüllen lässt.

Vorbereitung von Zweigstellen

Durch das manuelle Auffüllen des Kennwortcache stellt man sicher, dass sich ein Benutzer oder Computer (bspw. in Niederlassungsstandorten) auch dann im Netzwerk anmelden kann, wenn die WAN-Verbindung zu den schreibbaren Domänencontrollern (am Hauptstandort des Unternehmens) unterbrochen ist.

Sofortige Anmeldung möglich

Der Kennwortcache eines RODCs kann entweder über die grafische Oberfläche mithilfe der Konsole *Active Directory-Benutzer und -Computer* oder über den Kommandozeilenbefehl `repadmin.exe` aufgefüllt werden. Um den Kennwortcache eines RODCs aufzufüllen, muss man zur Gruppe der Domänen-Admins gehören.

Auffüllen des Kennwortcache mithilfe von Active Directory-Benutzer und -Computer

Gehen Sie wie folgt vor, um den Kennwortcache eines RODCs unter Windows Server 2008 R2 mithilfe der Konsole *Active Directory-Benutzer und -Computer* aufzufüllen:

1. Klicken Sie auf *Start*/Verwaltung und dann auf *Active Directory-Benutzer und -Computer*. Stellen Sie sicher, dass die Konsole auf einen schreibbaren Domänencontroller verweist.
2. Wechseln Sie zur Organisationseinheit *Domain Controllers* (*Domänencontroller*), klicken Sie mit der rechten Maustaste auf das Computerkonto des zu konfigurierenden RODCs und wählen Sie im Kontextmenü den Eintrag *Eigenschaften*.
3. Klicken Sie auf die Registerkarte *Kennwortreplikationsrichtlinie*.
4. Klicken Sie auf *Erweitert*.
5. Klicken Sie auf *Kennwörter auffüllen*.
6. Geben Sie den Namen der Benutzer- oder Computerkonten ein, deren Kennwörter in den Kennwortcache des jeweiligen RODCs aufgenommen werden sollen und klicken Sie dann auf *OK*.
7. Bestätigen Sie die folgende Abfrage, ob die Kennwörter der jeweiligen Konten an den RODC gesendet werden sollen, mit einem Klick auf die Schaltfläche *Ja*.

Alternativ können Sie dies mithilfe des Befehls `repadmin.exe` auch über die Kommandozeile erledigen.

Wie es in den vorangegangenen Schritten gezeigt wurde, lassen sich die Kennwörter der Benutzer und Computer problemlos auf die RODCs übertragen und auf diesen zwischenspeichern. Was jedoch geschieht, wenn ein RODC von unbekannten Dritten entwendet oder kompromittiert wird?

6.3.16 Überprüfen den Kennwortzwischenspeicherung für einzelne Benutzer

Im Fall der Fehlerbehebung beispielsweise kann man anhand eines Ergebnissatzes genau feststellen, ob ein Kennwort eines bestimmten Active Directory-Kontos für die Zwischenspeicherung zugelassen oder verweigert wird.

Gehen Sie wie folgt vor, um festzustellen, ob das Kennwort für ein bestimmtes Benutzerkonto für die Replikation auf einen RODC unter Windows Server 2008 R2 zugelassen oder verweigert wird:

1. Klicken Sie auf *Start*/Verwaltung und dann auf *Active Directory-Benutzer und -Computer*. Stellen Sie sicher, dass die Konsole auf einen schreibbaren Domänencontroller verweist.
2. Wechseln Sie zur Organisationseinheit *Domain Controllers* (*Domänencontroller*), klicken Sie mit der rechten Maustaste auf das Computerkonto des zu konfigurierenden RODCs und wählen Sie im Kontextmenü den Eintrag *Eigenschaften*.
3. Klicken Sie auf die Registerkarte *Kennwortreplikationsrichtlinie*.
4. Klicken Sie auf *Erweitert*.

5. Wechseln Sie zum Register *Richtlinienergebnis*.
6. Klicken Sie auf *Hinzufügen*, wählen Sie das zu überprüfende Konto aus und klicken Sie dann auf *OK*.
7. Es wird Ihnen in der Spalte *Ergebniseinstellung* sofort angezeigt, ob die Zwischenspeicherung des Kennworts für das überprüfte Konto auf dem RODC zugelassen oder verweigert wird.

6.3.17 Zurücksetzen der zwischengespeicherten Kennwörter

Die Active Directory-Domänendienste (*AD DS*) unter Windows Server 2008 R2 ermöglichen nicht nur den Einsatz von schreibgeschützten Domänencontrollern (*RODCs*). Microsoft hat das Konzept zu Ende gedacht und bietet eine Lösung für den Fall des Diebstahls eines RODCs mit zwischengespeicherten Kennwörtern. Hierbei wird das Computerkonto des gestohlenen oder kompromittierten RODCs in der Active Directory-Domäne einfach gelöscht. In diesem Zusammenhang können auch gleich alle auf dem betreffenden RODC bislang zwischengespeicherten Kennwörter zurückgesetzt werden. Es besteht innerhalb dieser Konfigurationsschritte auch die Möglichkeit, eine Liste als Übersicht aller betroffenen Konten, die nach dem Löschen des RODC-Kontos zurückgesetzt werden müssen, in eine Datei zu exportieren.

Schutz für Kennwörter im Falle von Diebstahl

Um die auf einem RODC unter Windows Server 2008 R2 zwischengespeicherten Kennwörter im Fall eines Diebstahls oder der Kompromittierung zurückzusetzen, gehen Sie wie folgt vor:

1. Klicken Sie auf *Start*/Verwaltung und dann auf *Active Directory-Benutzer und -Computer*. Stellen Sie sicher, dass die Konsole auf einen schreibbaren Domänencontroller verweist.
2. Wechseln Sie zur Organisationseinheit *Domain Controllers* (*Domänencontroller*), klicken Sie mit der rechten Maustaste auf das zu löschende Computerkonto des betreffenden RODCs und wählen Sie im Kontextmenü den Eintrag *Löschen*.
3. Klicken Sie zur Bestätigung des Löschvorgangs auf *Ja*.
4. Aktivieren Sie im Dialogfeld *Domänencontroller löschen* das Kontrollkästchen *Alle Kennwörter für Benutzerkonten zurücksetzen, die auf diesem RODC zwischengespeichert waren* wie in der folgenden Abbildung dargestellt. Optional können Sie auch das Kontrollkästchen *Die Liste mit den Konten, die auf diesem schreibgeschützten Domänencontroller zwischengespeichert wurden, in folgende Datei exportieren* aktivieren, um eine Liste aller Konten zu erstellen, deren Kennwörter nach dem Löschen des RODC-Kontos zurückgesetzt werden müssen. Diese Kontoliste ist nach dem Löschen des RODC-Computerkontos sonst nicht mehr verfügbar.

Kapitel 6 Windows Server 2008 R2 und die Active Directory-Domänendienste

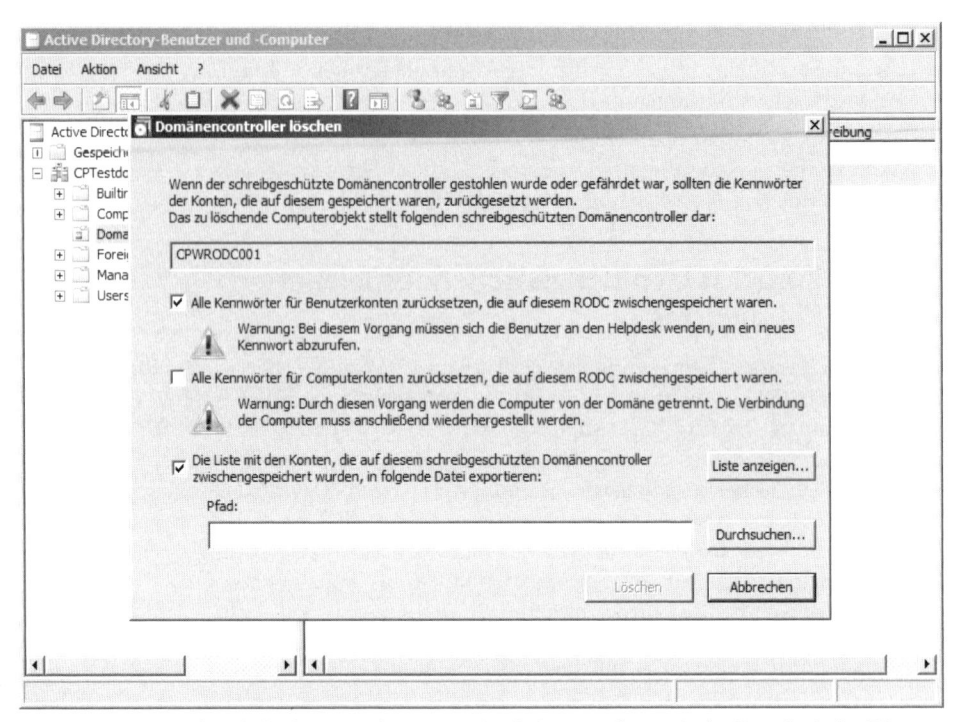

Abbildung 6.43: Abfragedialog beim Löschen eines RODC-Computerkontos in der Konsole Active Directory-Benutzer und -Computer unter Windows Server 2008 R2

Wie Sie in den vorangegangenen Seiten erfahren haben, sind die einzelnen Schritte zur Installation und Verwaltung von schreibgeschützten Domänencontrollern (*RODCs*) unter Windows Server 2008 R2 sicher überschaubar und auch nachvollziehbar. Auch wurde dargestellt, wie man beim Erstellen eines RODC-Computerkontos die Verwaltung für den schreibgeschützten Domänencontroller (*RODC*) an bestimmte Benutzer oder Sicherheitsgruppen delegieren kann.

Es ist nunmehr an der Zeit, sich mehr der eigentlichen Verwaltung der Active Directory-Domänendienste (*AD DS*) sowie der darin vorhandenen Rollen, Funktionen und auch Objekten zu befassen.

6.4 Verwalten der Active Directory-Domänendienste (AD DS)

Nachdem wir uns intensiv mit der Einrichtung der Active Directory-Domänendienste (*AD DS*) und der darin eingesetzten Domänencontroller unter Windows Server 2008 R2 befasst haben, so geht es nun an die Verwaltung der Active Directory-Infrastruktur.

6.4.1 Verwalten der Betriebsmasterrollen (FSMO)

In einer Active Directory-Gesamtstruktur kommen auf den darin vorhandenen Domänencontrollern zusätzlich noch sogenannte Betriebsmasterrollen (engl. *Flexible Single Master Operation Roles, FSMO-Roles*) zum Einsatz. Diese stellen bestimmte Funktionen in der Active Directory-Infrastruktur bereit.

Insgesamt existieren in einer Active Directory-Gesamtstruktur die folgenden Betriebsmasterrollen:

a. Nur in der *Stammdomäne der Active Directory-Gesamtstruktur je 1x*:

b. *Schema-Master* (engl. Schema Master)

c. *Domänennamenmaster* (engl. Domain Naming Master)

d. *In einer jeden Domäne* der Active Directory-Gesamtstruktur *je 1 x*:

e. *PDC-Emulator* (engl. Primary Domain Controller Emulator)

f. *RID-Master* (engl. Relative Identifier, RID-Master

g. *Infrastrukturmaster* (engl. Infrastructure Master)

Auf dem ersten in der Stammdomäne der Gesamtstruktur eingerichteten Domänencontroller befinden sich somit alle fünf, auf dem jeweils ersten Domänencontroller aller zusätzlich in der Gesamtstruktur eingerichteter Domänen dann zusätzlich drei der Betriebsmasterrollen einer jeweiligen Domäne.

Diese Betriebsmasterrollen können im Bedarfsfall (beispielsweise aus längerfristigen Wartungsgründen) von einem anderen in der jeweiligen Domäne vorhandenen Domänencontroller übernommen werden.

Lassen Sie uns vorweg noch einmal kurz auf die einzelnen Betriebsmasterrollen eingehen, bevor die Schritte zum Übernehmen der einzelnen Rollen auf andere Server erklärt werden.

Schemamaster

Im Active Directory-Schema (oft auch als „Blaupause" oder auch „Vorlage" des Active Directory bezeichnet) werden die Klassen und Attribute der in einer Infrastruktur der Active Directory-Domänendienste (*AD DS*) genutzten Objekte festgelegt. Anhand dieser Vorgaben, die als gemeinsames Schema auf allen in einer Active Directory-Gesamtstruktur vorhandenen Domänencontroller gleich sind, werden die Active Directory-Objekte erstellt. Eine besonders tragende Rolle übernimmt hierbei der lediglich nur einmal in einer Active Directory-Gesamtstruktur vorhandene Schemamaster. Dieser führt die folgenden Funktionen aus:

Nur ein Schema-Master in der Gesamtstruktur

- Enthält die originalen, änderbaren Schemainformationen über alle vorhandenen Objektklassen und -attribute.
- Steuert die Aktualisierung des Active Directory-Schemas.
- Repliziert die Schemaaktualisierungen an alle anderen Domänencontroller innerhalb der jeweiligen Active Directory-Gesamtstruktur.

In einer Active Directory-Gesamtstruktur gibt es nur einen einzigen Domänencontroller in der Stammdomäne, der die Betriebsmasterrolle des Schemamasters ausführt. Somit wird eine zentrale Steuerung von Schemaänderungen (beispielsweise durch die Implementierung von Microsoft Exchange Server, wozu verschiedene Schemaerweiterungen notwendig werden) möglich.

Sollte der Schemamaster aus bestimmten Gründen einmal nicht mehr verfügbar sein, so können in dieser Zeit am Active Directory-Schema keine Änderungen oder Aktualisierungen vorgenommen werden.

Standardmäßig dürfen nur Mitglieder der Gruppe Schema-Administratoren Änderungen am Active Directory-Schema vornehmen.

Domänennamenmaster

Eine Active Directory-Gesamtstruktur ist in ihrer Art flexibel gehalten und kann ganz nach Bedarf skaliert werden. Innerhalb einer Active Directory-Gesamtstruktur werden dazu Domänen erstellt bei Bedarf auch wieder aufgelöst. Die hierbei anfallenden Änderungen in der Active Directory-Infrastruktur werden zwischen den einzelnen Domänencontrollern einer Active Directory-Gesamtstruktur repliziert.

Der Domänennamenmaster (engl. *Domain Naming Master*) führt als Betriebsmasterrolle dabei die folgenden Funktionen aus:

- Steuert das Hinzufügen und Entfernen von Domänen innerhalb einer Active Directory-Gesamtstruktur.
- Verhindert, dass mehrere Domänen mit dem gleichen Namen innerhalb einer Active Directory-Gesamtstruktur implementiert werden.

Nur ein Domänennamenmaster in einer Gesamtstruktur

In einer Active Directory-Gesamtstruktur gibt es nur einen einzigen Domänencontroller in der Stammdomäne, der die Betriebsmasterrolle des Domänennamenmasters ausführt. Somit wird eine zentrale Steuerung der Änderungen an der gesamten Active Directory-Infrastruktur möglich.

Sollte der Domänennamenmaster aus bestimmten Gründen einmal nicht mehr verfügbar sein, so können zu der betroffenen Active Directory-Gesamtstruktur beispielsweise keine Domänen hinzugefügt und auch keine der vorhandenen Domänen aus der Gesamtstruktur entfernt werden.

Standardmäßig dürfen nur die Organisations-Admins Domänen zu einer bestehenden Active Directory-Gesamtstruktur hinzufügen. Diese Berechtigung kann an andere Benutzer in der Active Directory-Gesamtstruktur delegiert werden.

PDC-Emulator

Ein PDC-Emulator (engl. *Primary Domain Controller, PDC Emulator*) ist in seiner Grundfunktion vergleichbar mit einem primären Domänencontroller unter Windows NT 4.0. Er steht für Betriebssysteme auf Clientcomputer und Servern, die älter als Windows 2000 sind, beispielsweise als Anmeldeserver sowie für notwendige Kennwortänderungen zur Verfügung.

Der PDC-Emulator führt als Betriebsmasterrolle in einer Active Directory-Domäne u.a. die folgenden Funktionen aus:

Er dient als Zeitgeber für die Domänencontroller innerhalb der jeweiligen Active Directory-Domäne.

In Active Directory-Umgebungen bis einschließlich Windows Server 2003, in denen mitunter noch Sicherungsdomänencontroller (eng. *Backup Domain Controllers, BDCs*) unter Windows NT 4.0 zum Einsatz kommen, repliziert der PDC-Emulator die Änderungen in der Active Directory-Domäne an diese Domänencontroller.

Er minimiert die Replikationslatenz für Kennwortänderungen innerhalb der Domäne. Wenn das Kennwort eines Clientcomputers unter Windows 2000 oder höher geändert wird, leitet der betreffende Domänencontroller diese Änderung sofort an den PDC-Emulator der Domäne weiter. Sollte die Authentifizierung bei einem der Domänencontroller der Domäne wegen der mitunter noch unbekannten Kennwortänderung fehlschlagen, so leitet dieser Domänencontroller die betreffende Anmeldeanfrage an den PDC-Emulator weiter, bevor der Anmeldeversuch als Fehlschlag gewertet wird.

In einer Active Directory-Domäne gibt es nur einen einzigen Domänencontroller, der die Betriebsmasterrolle des PDC-Emulators (engl. *Primary Domain Controller, PDC Emulator*) ausführt.

Nur ein einziger PDC-Emulator in einer Domäne

Wenn der PDC-Emulator (*engl. Primary Domain Controller, PDC Emulator*) einer Active Directory-Domäne ausgefallen ist, können Kennwörter von Clientcomputern, auf denen keine Active Directory-Clientsoftware ausgeführt wird, nicht mehr geändert werden. Darüber hinaus ist eine Replikation der Änderungen an der Active Directory-Datenbank an Sicherungsdomänencontroller (*Backup Domain Controllers, BDCs*) unter Windows NT 4.0 nicht mehr möglich. Auch synchronisieren die in einer Domäne vorhandenen Domänencontroller ihre Systemzeit mit dem Server, der den PDC-Emulator führt, so dass ein länger andauernder Ausfall beispielsweise zu Problemen in der Kerberos-Authentifizierung führen kann.

RID-Master

Der RID-Master (engl. *Relative ID, RID Master*) sorgt durch das Bereitstellen von RID-Pools für die vorhandenen Domänencontroller für die Eindeutigkeit der Active Directory-Objekte einer Domäne. Wenn auf einem der Domänencontroller einer Active Directory-Domäne ein neues Objekt erstellt wird, so wird diesem eine eindeutige Sicherheitskennung (*Security Identifier, SID*) zugewiesen. Die Sicherheitskennung setzt sich aus der Domänenkennung und einer RID zusammen, welche für jedes Objekt innerhalb einer Domäne eindeutig ist.

Der RID-Master führt als Betriebsmaster innerhalb einer Active Directory-Domäne die folgenden Funktionen aus:

Weist jedem Domänencontroller einen RID-Pool (ein eindeutiger Block an Sicherheitskennungen) für das Erstellen von Objekten zu.

Verhindert das Entstehen doppelter Objekte beim Verschieben von Active Directory-Objekten zwischen Domänen.

Füllt die RID-Pools auf den Domänencontrollern innerhalb der Active Directory-Domäne auf Anforderung wieder auf, wenn diese aufgebraucht sind.

Nur ein einziger RID-Master in einer Domäne — In einer Active Directory-Domäne gibt es nur einen einzigen Domänencontroller, der die Betriebsmasterrolle des RID-Masters (engl. *Relative ID, RID Master*) ausführt.

Wenn der RID-Master in einer Active Directory-Domäne ausgefallen ist, hat dies meist keine direkte Auswirkung auf die Funktionsfähigkeit der Domäne. Die auf den Domänencontrollern vorhandenen RID-Pools können dann jedoch nicht mehr aufgefüllt werden, so dass in der betroffenen Domäne in absehbarer Zeit keine Active Directory-Objekte mehr erstellt werden können.

Infrastrukturmaster

Der Infrastrukturmaster (engl. *Infrastructure Master*) einer Active Directory-Domäne aktualisiert die Objektreferenzen (den globalen Bezeichner, kurz: *GUID für Global Uniqueness ID*, sowie den Objektnamen) von Active Directory-Objekten innerhalb und auch bei der Verschachtelung von Objekten über die Grenzen einer Active Directory-Domäne, beispielsweise bei der Verschachtelung einer globalen Sicherheitsgruppe in die domänenlokale Sicherheitsgruppe einer anderen Domäne der Gesamtstruktur.

Der Infrastrukturmaster (engl. *Infrastructure Master*) führt als Betriebsmaster innerhalb einer Active Directory-Domäne die folgende Funktion aus:

Verwalten der Active Directory-Domänendienste (AD DS)

Aktualisiert die Objektidentifikation, wenn ein Active Directory-Objekt in eine andere Domäne der Gesamtstruktur verschoben oder verknüpft wird.

In einer Active Directory-Domäne gibt es nur einen einzigen Domänencontroller, der die Betriebsmasterrolle des Infrastrukturmasters ausführt.

Nur ein einziger Infrastrukturmaster in einer Domäne

Wenn der Infrastrukturmaster einer Active Directory-Gesamtstruktur mit nur einer einzigen Domäne ausgefallen ist, hat dies keinerlei Auswirkungen. Lediglich wenn mehrere Domänen vorhanden sind, können die Objektreferenzen zwischen den Active Directory-Domänen nicht mehr aktualisiert werden, so dass dies unter Umständen zu Problemen bei der Gruppenverschachtelung zwischen den betroffenen Domänen führen kann.

Neben den Betriebsmasterrollen finden sich noch weitere, wichtige Funktionen auf den Domänencontrollern im Umfeld der Active Directory-Gesamtstrukturen und Domänen. Nicht in allen Fällen jedoch kann man diese wahlfrei auf den Domänencontrollern platzieren. So besteht bereits seit Windows 2000 in einer gewissen Konstellation ein Problem beim gemeinsamen Einsatz des Infrastrukturmasters und des globalen Kataloges auf ein und demselben Domänencontroller.

> Der globale Katalog (engl. *Global Catalog, GC*) steht in Active Directory-Gesamtstrukturen als ein „Repository" (sprich: *eine Auswahl*) von Informationen über die darin gespeicherten Active Directory-Objekte dar. Dieser wird beim Einrichten des ersten Domänencontrollers einer Active Directory-Gesamtstruktur automatisch auf ihm erstellt. Im Bedarfsfall können gerne noch weitere Domänencontroller die Funktion des globalen Katalogservers übernehmen. Nähere Informationen zum globalen Katalog erhalten Sie weiter unten in diesem Kapitel.

Infrastrukturmaster und der globale Katalog

Der Infrastrukturmaster überprüft innerhalb einer Active Directory-Domäne in regelmäßigen Zeitabständen die Objektreferenzen von Objekten, die sich auf anderen Domänencontrollern befinden. Aktuelle Informationen zu den betreffenden Objekten (beispielsweise den definierten Namen und der Sicherheitskennung) fragt er bei einem globalen Katalogserver ab. Sollten hierbei Änderungen auftreten, so übernimmt er diese in seine lokale Active Directory-Datenbank und repliziert diese an alle anderen Domänencontroller der betreffenden Active Directory-Domäne.

| Infrastruktur- | Der Domänencontroller, welchem die Betriebsmasterrolle des Infra-
| master nicht | strukturmasters zugeordnet ist, darf in Gesamtstrukturen, in denen
| auch globaler | mehrere Active Directory-Domänen vorhanden sind, nicht auch als
| Katalog | globaler Katalogserver konfiguriert sein. Ist dies doch der Fall, so funktioniert die Aktualisierung der Objektreferenzen der betreffenden Active Directory-Domäne durch den Infrastrukturmaster nicht mehr, da für ihn durch den auf dem gleichen Server vorhandenen globalen Katalog keine Änderungen an den Active Directory-Objekten mehr erkennbar sind. Eine Ausnahme stellen hierbei Active Directory-Domänen dar, in denen alle vorhandenen Domänencontroller ebenso auch als globale Katalogserver konfiguriert sind. In einem solchen Szenario kann die Rolle des Infrastrukturmasters prinzipiell auf einem beliebigen Domänencontroller implementiert sein.

6.4.2 Verschieben von Betriebsmasterrollen

Standardmäßig werden die Betriebsmasterrollen auf dem jeweils zuerst eingerichteten Domänencontroller einer Domäne oder auch der Stammdomäne der Gesamtstruktur platziert. Wenn es aus wartungstechnischen Gründen einmal notwendig wird, so kann man die Betriebsmasterrollen mit einfachen Konfigurationsschritten von dem ursprünglichen Rolleninhaber auf einen anderen Domänencontroller der betreffenden Domäne übertragen. Dies setzt voraus, dass beide Domänencontroller, der ursprüngliche Rolleninhaber sowie der geplante Rolleninhaber der Betriebsmasterrollen, funktional sind und zueinander kommunizieren können.

Gründe für das Verschieben von Betriebsmasterrollen

In der Praxis ergeben sich bestimmte Gründe, weshalb die Betriebsmasterrollen von einem Active Directory-Domänencontroller auf einen anderen Domänencontroller verschoben werden müssen:

- Austausch bzw. Aussonderung veralteter Serverhardware
- Wartung eines Serversystems über einen längeren Zeitraum
- Optimierung der Active Directory-Infrastruktur

Auswirkungen auf die Active Directory-Infrastruktur

Bei der Übertragung der Betriebsmasterrollen zwischen funktionalen Domänencontrollern innerhalb einer Active Directory-Domäne treten keinerlei Probleme oder gar Datenverlust auf. Die Betriebsmasterrolle wird bei der Übertragung einfach auf einen anderen Domänencontroller verschoben. Die Änderung des Rolleninhabers der betreffenden Betriebsmasterrolle wird auf alle anderen Domänencontroller der Active Directory-Domäne bzw. der Gesamtstruktur repliziert.

Verwalten der Active Directory-Domänendienste (AD DS)

Wenn ein Active Directory-Domänencontroller, welcher die Betriebsmasterrollen einer Domäne oder gar der Gesamtstruktur ausführt, zu einem Mitgliedsserver herabgestuft wird, so übergibt er die betreffenden Betriebsmasterrollen während dieses Vorgangs an einen anderen, vorhandenen Active Directory-Domänencontroller der jeweiligen Domäne. Es kommt hierbei zu keinerlei Ausfall der Betriebsmasterrollen. Die Änderung wird nachfolgend an alle Active Directory-Domänencontroller der betreffenden Active Directory-Domäne bzw. der -Gesamtstruktur repliziert.

Übergabe der Rollen beim Herunterstufen

Notwendige Berechtigungen

Um die Betriebsmasterrollen von einem Domänencontroller auf einen anderen Domänencontroller zu verschieben, muss man über die ausreichenden Berechtigungen innerhalb der betreffenden Active Directory-Domäne oder gar -Gesamtstruktur verfügen.

Die folgende Tabelle zeigt Ihnen die hierzu notwendigen Gruppenmitgliedschaften in Sicherheitsgruppen, um die Berechtigung zum Verschieben der Betriebsmasterrollen innerhalb einer Domäne oder der Gesamtstruktur zu erhalten:

Betriebsmasterrolle	Notwendige Gruppenmitgliedschaft
Schemamaster	Schema-Admins
Domänennamenmaster	Organisations-Admins
PDC-Emulator	Domänen-Admins
RID-Master	Domänen-Admins
Infrastrukturmaster	Domänen-Admins

Tabelle 6.2
Notwendige Gruppenmitgliedschaft zum Verschieben der Betriebsmasterrollen in Active Directory

Ermitteln des Rolleninhabers der Betriebsmasterrollen

Vor der Übertragung der Betriebsmasterrollen auf einen anderen Active Directory-Domänencontroller sollte man den ursprünglichen Rolleninhaber erst einmal ermitteln.

Sie können zum Anzeigen der Rolleninhaber der Betriebsmasterrollen in einer Gesamtstruktur den folgenden Befehl in der Eingabeaufforderung von Windows Server 2008 R2 ausführen:

Anzeige der Rolleninhaber über die Kommandozeile

```
netdom query fsmo
```

Nach der Ausführung des Befehls werden die Rolleninhaber der einzelnen Betriebsmasterrollen wie folgt angezeigt:

Abbildung 6.44
Ermitteln der aktuellen Rolleninhaber der Betriebsmasterrollen unter Windows Server 2008 R2

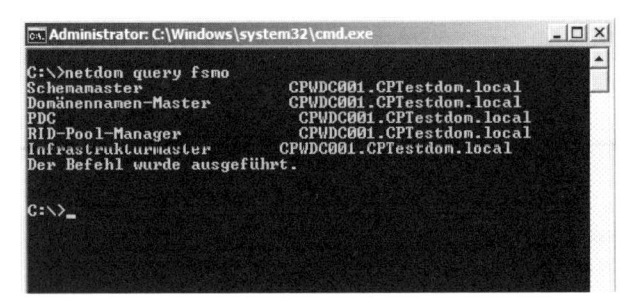

Es ist darüber hinaus möglich, die Rolleninhaber in den grafischen Managementkonsolen für die Active Directory-Verwaltung anzeigen zu lassen.

Ermitteln des Schemamaster-Rolleninhabers Um den Rolleninhaber der Betriebsmasterrolle des Schemamasters anzeigen zu lassen, müssen Sie in der Regel zuerst einmal das MMC-Snap-In *Active Directory-Schema* über die Datei schmmgmt.dll im betreffenden Domänencontroller registrieren. Gehen Sie dazu wie folgt vor:

1. Melden Sie sich am betreffenden Domänencontroller unter Windows Server 2008 als Administrator an.

2. Klicken Sie auf *Start/Ausführen* und geben Sie den folgenden Befehl in das Eingabefeld ein:
   regsvr32 schmmgmt.dll

3. Klicken Sie auf *OK*, um den Befehl auszuführen.

4. Bestätigen Sie den nachfolgenden Dialog für die erfolgreiche Registrierung über einen Klick auf die Schaltfläche *OK*.

Nun können Sie das MMC-Snap-In *Active Directory-Schema* aufrufen. Gehen Sie dazu wie folgt vor:

1. Klicken Sie auf *Start/Ausführen* und geben Sie den folgenden Befehl in das Eingabefeld ein:
   mmc

2. Klicken Sie in der leeren MMC-Konsole auf *Datei/Snap-In hinzufügen/entfernen*.

3. Wählen Sie unter *Verfügbare Snap-Ins:* das MMC-Snap-In *Active Directory-Schema* aus, klicken Sie auf die Schaltfläche *Hinzufügen*, und dann auf *OK*.

4. Klicken Sie auf den Konsolenstamm *Active Directory-Schema*, um die Einstellung zu fokussieren.

5. Klicken Sie dann mit der rechten Maustaste auf *Active Directory-Schema*, und wählen Sie im Kontextmenü den Eintrag *Betriebsmaster...*

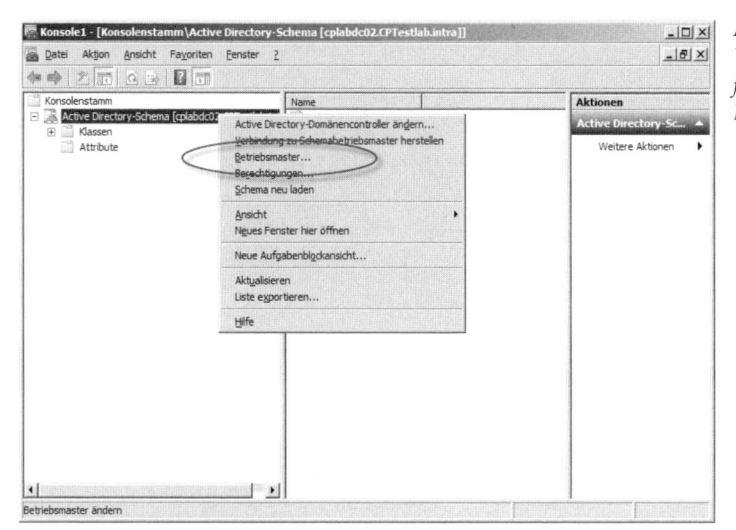

Verwalten der Active Directory-Domänendienste (AD DS)

Abbildung 6.45
Verwaltungskonsole für das Active Directory-Schema

6. Im nun folgenden Dialog wird der Rolleninhaber unter *Aktueller Schemamaster (online):* angezeigt.

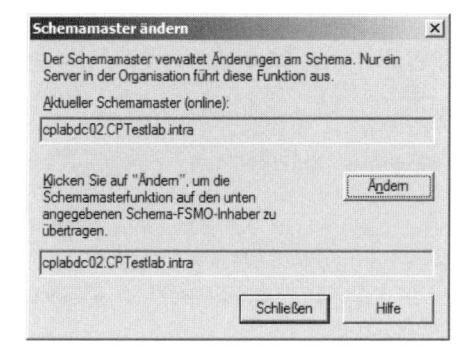

Abbildung 6.46
Anzeige des aktuellen Schema-Masters

7. Klicken Sie anschließend auf *Schließen*, um das Dialogfenster zu schließen.

In dem Dialog könnte man den aktuellen Schemamaster auf ähnlichem Wege auch auf einen anderen Domänencontroller übertragen. Dies erfordert jedoch noch weitere, kleine Schritte, die in den nächsten Seiten detailliert erklärt werden.

Domänennamenmaster Um den aktuellen Rolleninhaber für die Betriebsmasterrolle des Domänennamenmasters einer Active Directory-Gesamtstruktur zu ermitteln, gehen Sie wie folgt vor:

1. Klicken Sie auf *Start/Verwaltung* und dann auf *Active Directory-Domänen und -Vertrauensstellungen*.
2. Klicken Sie oberhalb der angezeigten Domänen mit der rechten Maustaste auf den Konsolenstamm *Active Directory-Domänen und -Vertrauensstellungen* und wählen Sie im Kontextmenü den Eintrag *Betriebsmaster...*
3. Der aktuelle Rolleninhaber wird im Feld *Domänennamen-Betriebsmaster:* angezeigt.
4. Klicken Sie im Dialogfenster anschließend auf *Schließen*.

PDC-Emulator Um den aktuellen Rolleninhaber für die Betriebsmasterrolle des PDC-Emulators einer Active Directory-Domäne zu ermitteln, gehen Sie wie folgt vor:

1. Klicken Sie auf *Start/Verwaltung* und dann auf *Active Directory-Benutzer und -Computer*.
2. Klicken Sie mit der rechten Maustaste auf den Domänennamen und wählen Sie im Kontextmenü den Eintrag *Betriebsmaster...*
3. Wechseln Sie zum Register *PDC*. Der aktuelle Rolleninhaber wird Ihnen im Feld *Betriebsmaster:* angezeigt.

RID-Master Um den aktuellen Rolleninhaber für die Betriebsmasterrolle für den RID-Master einer Active Directory-Domäne zu ermitteln, gehen Sie wie folgt vor:

1. Klicken Sie auf *Start/Verwaltung* und dann auf *Active Directory-Benutzer und -Computer*.
2. Klicken Sie mit der rechten Maustaste auf den Domänennamen und wählen Sie im Kontextmenü den Eintrag *Betriebsmaster...*
3. Wechseln Sie zum Register *RID*. Der aktuelle Rolleninhaber wird Ihnen im Feld *Betriebsmaster:* angezeigt.

Infrastrukturmaster Um den aktuellen Rolleninhaber für die Betriebsmasterrolle des Infrastrukturmasters einer Active Directory-Domäne zu ermitteln, gehen Sie wie folgt vor:

1. Klicken Sie auf *Start/Verwaltung* und dann auf *Active Directory-Benutzer und -Computer*.
2. Klicken Sie mit der rechten Maustaste auf den Domänennamen und wählen Sie im Kontextmenü den Eintrag *Betriebsmaster...*
3. Wechseln Sie zum Register *Infrastruktur*. Der aktuelle Rolleninhaber wird Ihnen im Feld *Betriebsmaster:* angezeigt.

Wie Sie festgestellt haben, werden die domäneninternen Betriebsmasterrolleninhaber innerhalb des gleichen Dialogfensters angezeigt. Auch wurde hier wiederum die Möglichkeit der Übertragung der jeweiligen Betriebsmasterrolle auf einen anderen Domänencontroller angeboten. Der genauen Vorgehensweise hierzu werden wir uns nun zuwenden.

6.4.3 Übertragen der Betriebsmasterrollen

Es existieren verschiedene Möglichkeiten, die Betriebsmasterrollen von einem funktionalen Active Directory-Domänencontroller auf einen anderen Domänencontroller zu übertragen. Einerseits kann diese mittels des Befehls `ntdsutil.exe` über die Kommandozeile, andererseits aber auch, wie bereits vorweg erwähnt, über die vorhandenen, grafischen MMC-Snap-Ins durchgeführt werden.

Übernahme problemlos möglich

> Um eine der Betriebsmasterrollen mittels der grafischen MMC-Snap-Ins auf einen anderen als den aktuellen Domänencontroller zu übertragen, müssen Sie sich mit dem jeweiligen Zieldomänencontroller verbinden und können so die Betriebsmasterrolle auf diesen übernehmen (Pull-Verfahren), sprich: man „zieht" die Rolle quasi auf den betreffenden Zieldomänencontroller. Die Übertragung einer Betriebsmasterrolle von einem bestehenden Rolleninhaber auf einen anderen Domänencontroller ist mittels Push-Verfahren nicht möglich.

Schemamaster

Wie bereits beschrieben, besteht die Möglichkeit, die Betriebsmasterrollen entweder mittels der grafischen MMC-Snap-Ins oder mittels des Kommandozeilenbefehls `ntdsutil.exe` von einem ursprünglichen auf einen anderen Domänencontroller zu übertragen.

Übertragung der Schemamasterrolle mittels MMC-Snap-In Um die Betriebsmasterrolle des Schemamasters mittels des MMC-Snap-Ins *Active Directory-Schema* auf einen anderen als den aktuellen Domänencontroller zu übertragen, gehen Sie wie folgt vor:

1. Klicken Sie auf *Start/Ausführen* und geben Sie den folgenden Befehl in das Eingabefeld ein:

   mmc

2. Klicken Sie in der leeren MMC-Konsole auf *Datei/Snap-In hinzufügen/entfernen*

3. Wählen Sie unter *Verfügbare Snap-Ins:* das MMC-Snap-In *Active Directory-Schema* aus, klicken Sie auf die Schaltfläche *Hinzufügen*, und dann auf *OK*.

4. Klicken Sie auf den Konsolenstamm *Active Directory-Schema*, um die Einstellung zu fokussieren.

5. Klicken Sie dann mit der rechten Maustaste auf *Active Directory-Schema* und wählen Sie im Kontextmenü den Eintrag *Active Directory-Domänencontroller ändern*.

6. Wählen Sie den Domänencontroller aus, auf welchen Sie die Betriebsmasterrolle des Schemamasters übertragen wollen, und klicken Sie anschließend auf *OK*.

7. Klicken Sie dann mit der rechten Maustaste auf *Active Directory-Schema* und wählen Sie im Kontextmenü den Eintrag *Betriebsmaster...*

8. Klicken Sie im Dialogfenster *Schemamaster ändern* auf die Schaltfläche *Ändern* und bestätigen Sie die nachfolgende Abfrage mit einem Klick auf die Schaltfläche *Ja*.

9. Bestätigen Sie die fehlerfreie Übertragung auf den betreffenden Domänencontroller mit einem Klick auf die Schaltfläche *OK* und klicken Sie nachfolgend auf die Schaltfläche *Schließen*, um das Dialogfenster *Schemamaster ändern* zu schließen.

Domänennamenmaster

Die Betriebsmasterrolle des Domänennamenmasters einer Active Directory-Gesamtstruktur kann ähnlich einfach auf einen anderen Domänencontroller übertragen werden. Auch hier besteht die Möglichkeit, entweder den entsprechenden MMC-Snap-In *Active Directory-Domänen und -Vertrauensstellungen* oder den Kommandozeilenbefehl `ntdsutil.exe` zu verwenden.

Übertragung der Domänennamenmasterrolle mittels MMC-Snap-In Gehen Sie zum Übertragen der Betriebsmasterrolle des Domänennamenmasters einer Active Directory-Gesamtstruktur mittels des MMC-Snap-Ins *Active Directory-Domänen und -Vertrauensstellungen* auf einen andern Domänencontroller wie folgt vor:

1. Klicken Sie auf *Start/Verwaltung* und dann auf *Active Directory-Domänen und -Vertrauensstellungen*.

2. Klicken Sie oberhalb der angezeigten Domänen mit der rechten Maustaste auf den Konsolenstamm *Active Directory-Domänen und -Vertrauensstellungen* und wählen Sie im Kontextmenü den Eintrag *Domänencontroller ändern*

3. Wählen Sie den Domänencontroller aus, auf welchen Sie die Betriebsmasterrolle übertragen wollen und klicken Sie anschließend auf *OK*.

4. Klicken Sie dann mit der rechten Maustaste auf *Active Directory-Domänen und -Vertrauensstellungen* und wählen Sie im Kontextmenü den Eintrag *Betriebsmaster...*

5. Klicken Sie im Dialogfenster *Betriebsmaster* auf die Schaltfläche *Ändern* und bestätigen Sie die nachfolgende Abfrage mit einem Klick auf die Schaltfläche *Ja*.

6. Bestätigen Sie die fehlerfreie Übertragung auf den betreffenden Domänencontroller mit einem Klick auf die Schaltfläche *OK* und klicken Sie nachfolgend auf die Schaltfläche *Schließen*, um das Dialogfenster *Betriebsmaster* zu schließen.

PDC-Emulator, RID-Master und Infrastrukturmaster

Die innerhalb einer jeden Active Directory-Domäne jeweils einmal vorhandenen Betriebsmasterrollen des PDC-Emulators, des RID-Masters und des Infrastrukturmasters können im Bedarfsfall ebenso einfach auf einen anderen Domänencontroller übertragen werden. Auch hier besteht die Möglichkeit, entweder der entsprechende MMC-Snap-In *Active Directory-Benutzer und -Computer* oder den Kommandozeilenbefehl ntdsutil.exe zu verwenden.

Übertragung von PDC-Emulator, RID-Master oder Infrastrukturmaster mittels MMC-Snap-In Gehen Sie zum Übertragen der Betriebsmasterrolle des PDC-Emulators, des RID-Masters oder des Infrastrukturmasters einer Active Directory-Domäne mittels des MMC-Snap-Ins *Active Directory-Benutzer und -Computer* auf einen andern Domänencontroller wie folgt vor:

1. Klicken Sie auf *Start/Verwaltung* und dann auf *Active Directory-Benutzer und -Computer*.
2. Klicken Sie mit der rechten Maustaste auf den Domänennamen und wählen Sie im Kontextmenü den Eintrag *Domänencontroller ändern*.
3. Wählen Sie den Domänencontroller aus, auf welchen Sie die Betriebsmasterrolle übertragen wollen und klicken Sie anschließend auf *OK*.
4. Klicken Sie dann nochmals mit der rechten Maustaste auf den Domänennamen und wählen Sie im Kontextmenü den Eintrag *Betriebsmaster...*.
5. Klicken Sie im Dialogfenster *Betriebsmaster* auf das Register der zu übertragenden Betriebsmasterrolle, anschließend auf die Schaltfläche *Ändern* und bestätigen Sie die nachfolgende Abfrage mit einem Klick auf die Schaltfläche *Ja*.
6. Bestätigen Sie die fehlerfreie Übertragung auf den betreffenden Domänencontroller mit einem Klick auf die Schaltfläche *OK* und klicken Sie nachfolgend auf die Schaltfläche *Schließen*, um das Dialogfenster **Betriebsmaster** zu schließen.

Alternativ zur Übertragung der Betriebsmasterrollen mithilfe der MMC-Snap-Ins lässt sich dies auch mithilfe des Kommandozeilenbefehls ntdsutil.exe durchführen. Nähere Informationen hierzu erhalten Sie in der Hilfe von ntdsutil.exe und in der Windows-Hilfe unter Windows Server 2008 R2.

> Da ich in diesem Buch aufgrund des geplanten Umfangs nicht alle Schritte zur Wiederherstellung von Betriebsmasterrollen darstellen kann – und die benannten Schritte sicher als „kritisch" einzustufen sind – möchte ich Sie aber gerne auf ein vollständiges Werk zu Active Directory verweisen, welches die betreffenden Schritte – sowie noch mehr an Inhalten erklärt – und ebenso im Verlag Addison-Wesley erhältlich ist: Active Directory unter Windows Server 2008. Dies finden Sie unter:
>
> http://www.addison-wesley.de/main/main.asp?page=deutsch/bookdetails&productid=167210

Sicher ebenso wichtig wie die Betriebsmasterrollen stellt sich innerhalb von Active Directory-Gesamtstrukturen auch der globale Katalog dar – alleine schon bei der Benutzeranmeldung im Netzwerk. Warum? – Das erfahren Sie gleich im nächsten Abschnitt.

6.4.4 Der globale Katalog (GC)

Unverzichtbare Funktion

Der globale Katalog (engl. *Global Catalog, GC*) steht in Active Directory-Gesamtstrukturen als ein „Repository" (sprich: *eine Auswahl*) von Informationen über die darin gespeicherten Active Directory-Objekte dar. Dieser wird beim Einrichten des ersten Domänencontrollers einer Active Directory-Gesamtstruktur automatisch auf ihm erstellt. Im Bedarfsfall können auch weitere Domänencontroller die Funktion des globalen Katalogservers übernehmen.

Funktionen des globalen Katalogservers

Ein Domänencontroller unter Windows führt als ein globaler Katalogserver grundsätzlich die folgenden Funktionen aus:

- Ermöglicht die Netzwerkanmeldung der Benutzer durch die Bereitstellung der Informationen zu Gruppenmitgliedschaften in universellen Gruppen einer Active Directory-Gesamtstruktur.
- Stellt auf Abfrage die gespeicherten Informationen zu Active Directory-Objekten, wie beispielsweise die E-Mail-Adresse eines bestimmten Benutzers bereit.

Der globale Katalogserver wird seitens der im Netzwerk vorhandenen Client- und Servercomputer anhand von sogenannten *Diensteinträgen* (*Service Records, SRV Records*) in *Domain Namen System* (*DNS*) ermittelt, und steht für Abfragen aus allen Domänen einer Active Directory-Gesamtstruktur bereit.

> Wenn in einer bestehenden Active Directory-Gesamtstruktur nicht mindestens ein funktionaler, globaler Katalogserver vorhanden ist, so können sich die darin enthaltenen Benutzer in den Domänen ab der Domänenfunktionsebene Windows 2000 (pur) oder höher im Netzwerk nicht mehr anmelden. Dies resultiert aus der Situation, dass die vorhandenen Domänencontroller die mögliche Gruppenmitgliedschaft der einzelnen Benutzer in universellen Gruppen nicht mehr ermitteln können und somit womöglich die Sicherheit der Gesamtstruktur gefährdet werden könnte. Um diesem Problem vorzubeugen, empfiehlt es sich grundsätzlich, wenigstens zwei oder mehr der Domänencontroller als globalen Katalogserver einzusetzen.

Zuweisen der Funktion als globaler Katalogserver

Innerhalb einer Active Directory-Gesamtstruktur kann prinzipiell jedes vorhandene Serversystem ab Windows 2000 und höher, das als vollwertiger Domänencontroller eingesetzt wird, auch gleichzeitig die Funktion des globalen Katalogservers übernehmen. Eine Ausnahme stellen hierbei prinzipiell nur die schreibgeschützten Domänencontroller (engl. *Read Only Domain Controllers, RODCs*) dar. Einzig sollten Sie bei schmalbandigen Verbindungen zwischen Standorten und Servern aufgrund der zu erwartenden Replikationsvorgänge zwischen den einzelnen Domänencontrollern vorweg eine Bandbreitenmessung vornehmen, um den Einsatz von globalen Katalogservern entsprechend planen zu können.

Gehen Sie wie folgt vor, um einem vollwertigen Domänencontroller ab Windows 2000 und höher die Funktion eines globalen Katalogservers zuzuweisen:

1. Klicken Sie auf *Start/Verwaltung* und dann auf *Active Directory-Standorte und -Dienste*.
2. Erweitern Sie den Knoten für *Sites* (*Standorte*), dann den gewünschten Standort, den Container *Servers* (*Server*) und anschließend den des betreffenden Domänencontrollers.
3. Klicken Sie mit der rechten Maustaste auf *NTDS-Settings* des gewünschten Domänencontrollers und wählen Sie im Kontextmenü den Eintrag *Eigenschaften*.
4. Aktivieren Sie das Kontrollkästchen *Globaler Katalog*, und klicken Sie dann auf *OK*.

Nach der Aktivierung der Funktion als globaler Katalogserver repliziert der Domänencontroller die Inhalte des globalen Katalogs mit den übrigen, vorhandenen globalen Katalogservern.

Wie bereits erwähnt, enthält ein globaler Katalogserver einen Auszug an Informationen über die in einer Active Directory-Gesamtstruktur vorhandenen Benutzer-, Computer- und Gruppenobjekte. Diese Objekte kann man in einem Serversystem unter Windows Server 2008 R2 gegenüber den vorherigen Betriebssystemversionen nunmehr noch gezielter verwalten. Es stehen ja, wie bereits vorweg erwähnt, einige neue Verwaltungswerkzeuge und Methoden zur Verfügung.

6.5 Erstellen und Verwalten von Active Directory-Objekten

Die Active Directory-Domänendienste (engl. *Active Directory Domain Services, AD DS*) setzt man in Unternehmen im Schwerpunkt für die netzwerkweite Ressourcenbereitstellung und -steuerung ein. Hierzu erstellt man für die vorhandenen Benutzer entsprechende Benutzerobjekte, die sich dann beispielsweise zugriffs-, fach- oder abteilungsbezogen wiederum in Gruppenobjekten zusammenfassen lassen. Diese Vorgehensweise erleichtert u.a. auch die Verwaltung von Zugriffsrechten auf freigegebene Dateien und Drucker.

> Im Gegensatz zu lokalen Benutzerkonten (beispielsweise unter Windows 7 oder auch Windows Server 2008 R2) lassen sich Ressourcen mithilfe von Benutzerobjekten der Active Directory-Domänendienste (AD DS) sogar netzwerkweit verwalten und auch delegieren.

Für die vorhandenen Computer- und Serversysteme erstellt man in der Datenbank der betreffenden Active Directory-Domäne dann noch jeweilige Computerobjekte. Diese dienen der Identifikation und der Verwaltbarkeit der in der Active Directory-Umgebung vorhandenen Server- und Computersysteme. Dies ermöglicht beispielsweise auch die Anwendung bestimmter Gruppenrichtlinien auf die betreffenden Systeme. Computerobjekte können beispielsweise entweder manuell bzw. skriptbasiert oder gleich während des Hinzufügens eines Computersystems zu einer Active Directory-Domäne automatisch erstellt werden.

> Neben den Benutzer-, Computerobjekten und Gruppen existieren im Umfeld der Active Directory-Domänendienste (engl. *Active Directory Domain Services, AD DS*) noch andere Objekttypen, wie zum Beispiel die InetOrgPerson- oder auch Kontaktobjekte. Nähere Informationen hierzu erhalten Sie in der Hilfe von Windows Server 2008 R2.

6.5.1 Planen und Erstellen von Organisationseinheiten

Die Active Directory-Objekte werden in der Regel nicht wahllos, sondern oft in klaren Verwaltungsstrukturen gespeichert. Hierzu legt man in der jeweiligen Active Directory-Domäne sogenannte *Organisationseinheiten* (engl. *Organizational Units, OUs*) an, die dann als Containerobjekte für die zu verwaltenden Active Directory-Objekte dienen. Diese können verwenden werden, um die zu verwaltenden Active Directory-Objekte beispielsweise nach einem physikalischen Standort, einer Abteilungen oder einer Funktion zu organisieren. Häufig wird sogar eine Mischform hieraus verwendet.

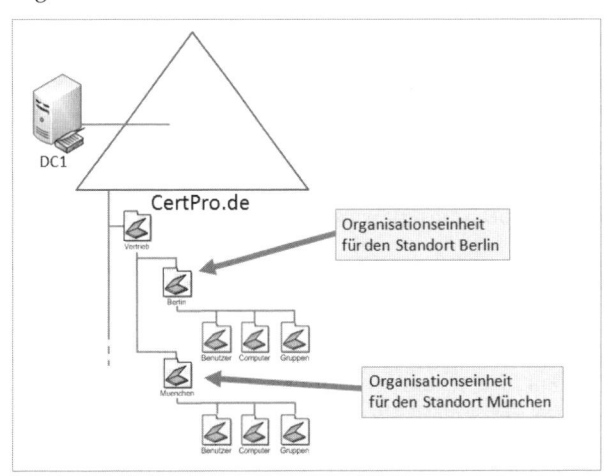

Abbildung 6.47
Beispiel einer Organisationseinheitenstruktur in einer Active Directory-Domäne

Standardmäßig finden sich in einer neu installierten Active Directory-Domäne unter Windows Server 2008 R2 bereits vordefinierte Active Directory-Objekte. Diese werden im Standardcontainer *Users* (*Benutzer*) gespeichert.

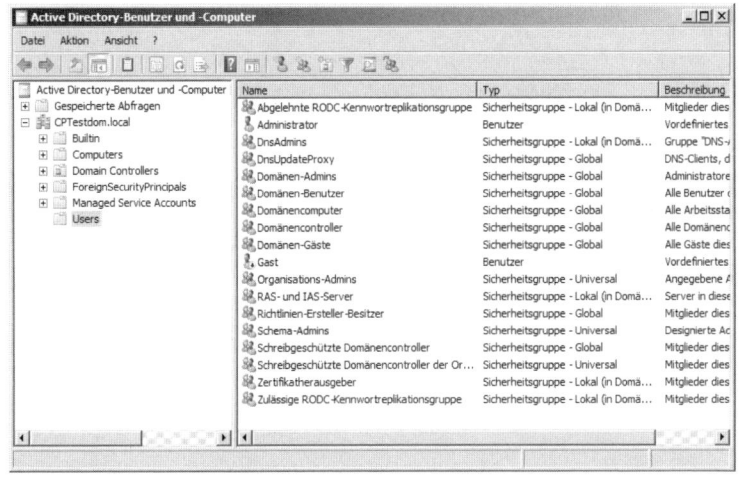

Abbildung 6.48
Standardmäßig vorhandene Active Directory-Objekte

Vordefinierte Konten im „Users"-Container

Im Umfang der vordefinierten Active Directory-Objekte findet sich neben dem Gast-Konto auch das eigentliche Administrator-Konto sowie notwendige, verwaltungsbezogene Sicherheitsgruppen. Um die zur Verwaltung von Unternehmensressourcen zu erstellenden Active Directory-Objekte effektiv verwalten zu können, werden anstelle des Standardcontainers *Users* zumeist eigens dafür erstellte Organisationseinheiten-Container verwendet.

Erstellen von Organisationseinheiten

Organisationseinheiten (engl. *Organizational Units, OUs*) können innerhalb einer Active Directory-Domäne mithilfe von verschiedenen Tools – unter Windows Server 2008 R2 neuerdings sogar mithilfe von speziellen Windows PowerShell-Cmdlets – erstellt und verwaltet werden.

Gehen Sie wie folgt vor, um eine neue Organisationseinheit (*OU*) in einer Active Directory-Domäne mithilfe der grafischen Verwaltungskonsole *Active Directory-Benutzer und -Computer* eines Domänencontrollers unter Windows Server 2008 R2 zu erstellen:

1. Klicken Sie auf *Start/Verwaltung* und dann auf *Active Directory-Benutzer und -Computer*.
2. Klicken Sie mit der rechten Maustaste auf den *Domänennamen* und wählen Sie im Kontextmenü den Eintrag *Neu/Organisationseinheit*.
3. Geben Sie im Feld *Name:* den gewünschten Namen der zu erstellenden Organisationseinheit ein und klicken Sie dann auf *OK*.

Die neu erstellte Organisationseinheit (*OU*) wird in der Konsole angezeigt. Neben den Objektcontainern benötigt man für die Ressourcenzugriffssteuerung oder auch alleine bereits für die Anmeldung in einem Computernetzwerk, in dem die Active Directory-Domänendienste ihre Verwendung finden, ein entsprechendes Benutzerkonto. Dieses wird in den Active Directory-Gesamtstrukturen und -Domänen als Benutzerobjekt erstellt und verwaltet.

6.5.2 Erstellen und Verwalten von Benutzerobjekten

Authentifizierung und Autorisierung

Benutzerobjekte werden für die eindeutige Benutzerauthentifizierung sowie auch die Autorisierung (beispielsweise im Zugriff auf bestimmte Ressourcen) verwendet. Zum Erstellen und Verwalten solcher Objekte stehen im Umfeld der Active Directory-Domänendienste (engl. *Active Directory Domain Services, AD DS*) unter Windows Server 2008 R2 beispielsweise die folgenden Tools und Programme zur Verfügung:

Erstellen und Verwalten von Active Directory-Objekten

- MMC-Snap-In *Active Directory-Benutzer und -Computer*
- Active Directory-Verwaltungscenter
- dsadd.exe
- dsmod.exe
- dsrm.exe
- csvde.exe
- ldifde.exe
- net user
- Windows Script Host (*WSH*)
- Windows PowerShell

> Detaillierte Informationen zum Erstellen von Benutzerobjekten mithilfe der Kommandozeilenbefehle und grafischen Verwaltungskonsolen finden Sie in der jeweiligen Hilfe unter Windows Server 2008 R2.

Beispiel für das Erstellen eines Benutzerobjekts

Gehen Sie wie folgt vor, um ein neues Benutzerobjekt mithilfe der Verwaltungskonsole *Active Directory-Benutzer und -Computer* auf einem Domänencontroller unter Windows Server 2008 R2 zu erstellen:

1. Klicken Sie auf *Start/Verwaltung* und dann auf *Active Directory-Benutzer und -Computer*.
2. Klicken Sie mit der rechten Maustaste auf den gewünschten Container, in dem das neue Benutzerobjekt erstellt werden soll, und wählen Sie im Kontextmenü den Eintrag *Neu/Benutzer*.
3. Geben Sie im Dialog *Neues Objekt – Benutzer* die gewünschten Informationen ein und klicken Sie anschließend auf *Weiter*.
4. Geben Sie im Feld *Kennwort:* das gewünschte Benutzerkennwort ein, wiederholen Sie dieses im Feld *Kennwort bestätigen:*. Wählen Sie die weiteren Kennwortoptionen aus und klicken Sie dann auf *Weiter*.

> Das Benutzerkennwort muss gemäß den Kennwortrichtlinien einer Windows Server 2003-, Windows Server 2008 bzw. Windows Server 2008 R2-Domäne der darin geforderten Komplexitätsvoraussetzung entsprechen. Einfache Kennwörter, die beispielsweise lediglich aus Groß- oder Kleinbuchstaben bestehen, werden in Active Directory-Domänen seit Windows Server 2003 standardmäßig nicht mehr unterstützt.

5. Klicken Sie zum Erstellen des neuen Benutzerkontos abschließend auf die Schaltfläche *Fertig stellen*.

Das neue Benutzerobjekt wird angelegt und anschließend im betreffenden Objektcontainer angezeigt.

> Über die *Eigenschaften* des jeweiligen Benutzerobjekts kann man in der Konsole *Active Directory-Benutzer und -Computer* noch viele weitere Benutzereigenschaften (beispielsweise die Telefonnummer, die E-Mail-Adresse oder auch die Anschrift des Benutzers) definieren.

Nach dem Erstellen lassen sich die Benutzerkonten mit den benannten Werkzeugen zweckgemäß verwalten. Häufig fallen dabei Verwaltungsschritte wie das Zurücksetzen von Benutzerkennwörtern, das Ändern von Benutzerkonteneigenschaften oder ähnliche an.

Prinzipiell genauso einfach wie die Benutzerkonten lassen sich auf einem Domänencontroller unter Windows Server 2008 R2 auch Computerkonten erstellen, die dann für die eindeutige Authentifizierung der vorhandenen Computersysteme und Server verwendet werden können.

> Weitere Informationen für das Erstellen und Verwalten von Benutzerkonten erhalten Sie in der Hilfe von Windows Server 2008 R2.

6.5.3 Erstellen und Verwalten von Gruppenobjekten

Um in einer Active Directory-Gesamtstruktur die Zugriffe auf Ressourcen sowie auch das Anmeldeverhalten zu steuern, werden zusätzlich zu den Benutzerobjekten in der Regel auch Gruppenobjekte eingesetzt. Diese dienen in erster Linie dazu, die Rechte- und Berechtigungsvergabe innerhalb eines Computersystems oder gar innerhalb ganzer Active Directory-Gesamtstrukturen zu vereinfachen. Benutzer, die beispielsweise gemeinsamen Zugriff auf bestimmte Ressourcen benötigen, fasst man zu einer Sicherheitsgruppe zusammen und vergibt die benötigten Zugriffsberechtigungen letztlich der Gruppe statt jedem Benutzer einzeln. Diese Vorgehensweise vereinfacht die Verwaltung der Zugriffsberechtigung auf Ressourcen besonders bei mittelgroßen bis großen Netzwerkumgebungen mit vielen zu verwaltenden Datei- und Druckressourcen ungemein. Gruppen werden in Active Directory-Umgebungen jedoch nicht nur für die Rechte- oder Berechtigungsvergabe verwendet.

Gruppentypen

In einer Active Directory-Gesamtstruktur unterscheidet man zwischen Sicherheits- und Verteilergruppen. Sicherheitsgruppen werden, wie es der Name bereits ableiten lässt, oft für die Berechtigungs- oder Rechtevergabe verwendet. Reine Verteilergruppen dagegen können beispielsweise in einer Microsoft Exchange-Umgebung dazu verwendet werden, um E-Mail-Nachrichten, die an die jeweilige Gruppe versandt wurden, an alle Gruppenmitglieder in Form von Kontakt- oder auch E-Mail-aktivierten Benutzerobjekten weiterzureichen, sprich: zu „verteilen". Eine Rechtevergabe an eine Verteilergruppe ist technisch nicht vorgesehen. Eine Verteilergruppe kann im Bedarfsfall jedoch zu einer Sicherheitsgruppe konvertiert werden, insoweit die Domänenfunktionsebene der betreffenden Domäne mindestens Windows 2000 einheitlich oder höher beträgt.

Konvertierung möglich – aber nicht immer ratsam

Sicherheitsgruppen in Active Directory besitzen erst einmal die gleichen Eigenschaften wie auch die reinen Verteilergruppen. Diese Gruppen können anhand ihrer Sicherheitskennung (engl. *Security Identifier, SID*), wie bereits erwähnt, zusätzlich aber auch zur Rechte- und Berechtigungsvergabe verwendet werden. Allen Mitgliedern der betreffenden Gruppen werden demnach auch die gleichen Rechte und Berechtigungen eingeräumt, wie sie für die jeweilige Gruppe definiert wurden.

> Technisch ist es möglich, Sicherheitsgruppen zu Verteilergruppen zu konvertieren. Von dieser Möglichkeit sollte man aus Sicherheitsgründen absehen. Wenn eine Sicherheitsgruppe anhand ihrer Sicherheitskennung (*SID*) beispielsweise Zugriffsberechtigungen auf bestimmte Ressourcen erhält, so bleiben diese Berechtigungen auch nach der Konvertierung zu einer reinen Verteilergruppe erhalten. Da der Gruppentyp der betreffenden Gruppe nach der Konvertierung jedoch als Verteilergruppe angezeigt wird, kann dies zu Verwirrungen in der Rechtevergabe und Zugriffssteuerung führen.

Gruppenbereiche

Seit der Einführung von Active Directory unter Windows 2000 unterscheidet man zwischen drei verschiedenen Gruppenbereichen:

- domänenlokal
- global
- universell

Der jeweilige Gruppenbereich entscheidet über die Einsatzmöglichkeit und Wirkungsweise aber auch über die Verschachtelungsmöglichkeiten einer jeweiligen Gruppe.

Die folgende Tabelle zeigt die Unterscheidungsmerkmale der verschiedenen Gruppenbereiche in einer Active Directory-Umgebung:

Tabelle 6.3 Mögliche Gruppenbereiche in Active Directory

Gruppenbereich	Mögliche Gruppenmitgliedschaft	Verwendung
domänenlokale Gruppe	kann Benutzerkonten sowie globale und universelle Gruppen aus jeder Domäne der Gesamtstruktur sowie aus vertrauten Domänen enthalten; kann im einheitlichen Domänenmodus domänenlokale Gruppen derselben Domäne enthalten.	zur Vergabe von Rechten und Berechtigungen in der lokalen Domäne; auf allen Domänencontrollern in der Domäne unter Windows 2000, Windows Server 2003 und Windows Server 2008 (R2).
globale Gruppe	kann Benutzerkonten der eigenen Domäne enthalten; kann im einheitlichen Domänenmodus andere globale Gruppen derselben Domäne enthalten.	zur Vergabe von Rechten und Berechtigungen in allen Domänen innerhalb und auch zwischen vertrauenden Gesamtstrukturen; auf allen Domänencontrollern und Mitgliedsservern unter Windows NT, Windows 2000, Windows Server 2003 und Windows Server 2008 (R2).
universelle Gruppe	kann Benutzerkonten sowie globale und auch universelle Gruppen einer beliebigen Domäne der Gesamtstruktur enthalten. steht erst im einheitlichen Domänenmodus ab Windows 2000 einheitlich zur Verfügung.	zur Vergabe von Rechten und Berechtigungen in allen Domänen innerhalb und auch zwischen vertrauenden Gesamtstrukturen; auf allen Domänencontrollern und Mitgliedsservern unter Windows 2000, Windows Server 2003 und Windows Server 2008 (R2).

Vordefinierte Gruppen

Gleich nach der Installation der Active Directory-Domänendienste (*Active Directory Domain Services, AD DS*) unter von Windows Server 2008 existieren eine Reihe von vordefinierten Gruppen. Diese werden im Container *Builtin* bzw. im Container *Users* gespeichert.

Erstellen und Verwalten von Active Directory-Objekten

Standardgruppen im Builtin-Container Die im *Builtin*-Container vorhandenen Gruppen entsprechen in vielem denen auf Mitgliedsservern unter Windows Server 2008 nach der Installation standardmäßig enthaltenen Gruppen. Eine Ausnahme stellt beispielsweise die Gruppe der *Kontenoperatoren* dar, welche zwar auf Domänencontrollern, nicht jedoch auf Mitgliedsservern existiert. Umgekehrt wiederum existiert die Gruppe der *Hauptbenutzer* nur auf Mitgliedsservern, jedoch nicht auf Domänencontrollern.

Domänenlokale Gruppen

Die in diesem Container enthaltenen Gruppen gelten innerhalb der Active Directory-Domäne für alle darin enthaltenen Domänencontroller gleichermaßen einheitlich. Bei den vordefinierten Gruppen im *Builtin*-Container handelt es sich um domänenlokale Gruppen.

Nach der Installation der Active Directory-Domänendienste auf einem Domänencontroller unter Windows Server 2008 R2 sind im *Builtin*-Container standardmäßig die folgenden Gruppenobjekte enthalten:

Gruppenname	Beschreibung
Administratoren	Mitglieder dieser Gruppe besitzen uneingeschränkten Zugriff auf die Domänencontroller in der Domäne.
Benutzer	Mitglieder dieser Gruppe können keine zufälligen oder beabsichtigten Änderungen am betreffenden System durchführen, dürfen aber die meisten herkömmlichen Anwendungen ausführen.
Distributed COM-Benutzer	Mitglieder dieser Gruppe können Distributed-COM-Objekte auf den Domänencontrollern starten, aktivieren und verwenden.
Druck-Operatoren	Mitglieder dieser Gruppe können Drucker auf den Domänencontrollern der Domäne verwalten.
Ereignisprotokollleser	Mitglieder dieser Gruppe dürfen Ereignisprotokolle der Domänencontroller lesen.
Erstellungen eingehender Gesamtstrukturvertrauensstellung	Mitglieder dieser Gruppe können eingehende, unidirektionale Vertrauensstellungen zu dieser Gesamtstruktur erstellen.
Gäste	Mitglieder dieser Gruppe besitzen eingeschränkte Zugriffsrechte in der Domäne.
IIS_IUSRS	Von Internetinformationsdiensten verwendete integrierte Gruppe.
Konten-Operatoren	Mitglieder dieser Gruppe können Domänenbenutzer und -gruppen verwalten.
Kryptografie-Operatoren	Mitglieder dieser Gruppe sind berechtigt, kryptografische Vorgänge durchzuführen.

Tabelle 6.4: *Standardgruppen im Built-In-Container*

Gruppenname	Beschreibung
Leistungsprotokoll-benutzer	Mitglieder dieser Gruppe können die Protokollierung von Leistungsindikatoren planen, Traceanbieter aktivieren und Ereignistraces sammeln, sowohl lokal als auch über Remotezugriff.
Leistungsüberwachungsbenutzer	Mitglieder dieser Gruppe können lokal oder remote auf Leistungszählerdaten zugreifen.
Netzwerkkonfigurations-Operatoren	Mitglieder dieser Gruppe verfügen über einige Administratorrechte zum Verwalten der Konfiguration von Netzwerkfunktionen.
Prä-Windows 2000 kompatibler Zugriff	Eine mit Vorgängerversionen kompatible Gruppe, die allen Benutzern und Gruppen in der Domäne Lesezugriff gewährt.
Remotedesktopbenutzer	Mitglieder dieser Gruppe haben die Berechtigung, sich remote anzumelden.
Replikations-Operator	Unterstützt Dateireplikationen in Domänen.
Server-Operatoren	Mitglieder dieser Gruppe können Domänenserver verwalten.
Sicherungs-Operatoren	Mitglieder dieser Gruppe können Daten sichern und wiederherstellen, sowie sich am System lokal anmelden.
Systemmonitorbenutzer	Mitglieder dieser Gruppen können lokal oder remote auf Leistungszählerdaten zugreifen.
Terminalserver-Lizenzserver	Mitglieder dieser Gruppe können Benutzerkonten in Active Directory für Nachverfolgungs- und Berichtszwecke mit Informationen zur Lizenzausstellung aktualisieren.
Windows-Autorisierungszugriffsgruppe	Mitglieder dieser Gruppe haben Zugriff auf das berechnete Attribut „tokenGroupsGlobalAndUniversal" für Benutzerobjekte.
Zertifikatdienst-DCOM-Zugriff	Mitglieder dieser Gruppe sind berechtigt, eine Verbindung mit den Zertifizierungsstellen im Unternehmen herzustellen.

Tabelle 6.4: Standardgruppen im Built-In-Container (Forts.)

Vordefinierte Benutzer und Gruppen

Standardgruppen im Users-Container Nach der Einrichtung der Active Directory-Domänendienste (*Active Directory Domain Services, AD DS*) finden sich auf den Domänencontrollern unter Windows Server 2008 R2 im Container *Users* noch weitere, vordefinierte Gruppen. Diese Gruppen dienen zur Vergabe von Rechten und Berechtigungen in Active Directory und den darin enthaltenen Ressourcen.

Standardmäßig sind im Container *Users* nach der Einrichtung der Active Directory-Domänendienste die folgenden Gruppenobjekte enthalten:

Tabelle 6.5
Standardgruppen im Users-Container

Gruppenname	Beschreibung
Abgelehnte RODC-Kennwortreplikationsgruppe	Mitglieder, deren Kennwörter nicht auf schreibgeschützten Domänencontrollern (RODCs) repliziert werden.
DNSAdmins	Mitglieder dieser Gruppe können DNS-Objekte in der Domäne verwalten.
DNSUpdateProxy	Mitglieder dieser Gruppe (typischer Weise DHCP-Server) können im Namen anderer Clients dynamische Aktualisierungen in der DNS-Datenbank vornehmen.
Domänen-Admins	Mitglieder dieser Gruppe besitzen administrative Rechte und Berechtigungen innerhalb der Active Directory-Domäne.
Domänen-Benutzer	Alle Benutzerkonten in dieser Domäne.
Domänencomputer	Alle Arbeitsstationen und Mitgliedsserver in dieser Domäne.
Domänencontroller	Alle Domänencontroller in dieser Domäne.
Domänencontroller der Organisation ohne Schreibzugriff	Alle schreibgeschützten Domänencontroller (RODCs) der Active Directory-Gesamtstruktur.
Domänencontroller ohne Schreibzugriff	Alle schreibgeschützten Domänencontroller (RODCs) der Active Directory-Domäne.
Domänen-Gäste	Alle Gäste dieser Domäne.
Organisations-Admins	Mitglieder dieser Gruppe besitzen administrative Rechte in der Active Directory-Gesamtstruktur.
RAS- und IAS-Server	Server in dieser Gruppe können auf die RAS-Eigenschaften von Benutzern zugreifen.
Richtlinien-Ersteller-Besitzer	Mitglieder dieser Gruppe können Gruppenrichtlinienobjekte in der Domäne erstellen oder ändern.
Schema-Admins	Mitglieder dieser Gruppe können Änderungen im Schema der Active Directory-Gesamtstruktur vornehmen.
Schreibgeschützte Domänencontroller	Mitglieder dieser Gruppe sind schreibgeschützte Domänencontroller in der Domäne.
Schreibgeschützte Domänencontroller der Organisation	Mitglieder dieser Gruppe sind schreibgeschützte Domänencontroller im Unternehmen.
Zertifikatherausgeber	Mitglieder dieser Gruppe können Zertifikate innerhalb von Active Directory veröffentlichen.
Zulässige RODC-Kennwortreplikationsgruppe	Mitglieder, deren Kennwörter auf schreibgeschützte Domänencontrollern (RODCs) repliziert werden.

> Um Benutzern die Berechtigungen auf bestimmte Ressourcen innerhalb einer Active Directory-Gesamtstruktur oder -Domäne zu erteilen, sollte man die Verwendung der bereits vorhandenen Gruppen überprüfen. Nur wenn bestimmte, nicht mit den vorhandenen Gruppen übereinstimmende, oder gar eingeschränktere Rechte oder Berechtigungen vergeben werden sollen, sollte man das Anlegen weiterer Gruppen in Erwägung ziehen.

Gruppenstrategien

Auch in kleinen bis mittleren Netzwerken sinnvoll

In Unternehmensnetzwerken müssen oft mehrere hundert bis zu mehreren tausend Ressourcen für die Benutzer bereitgestellt werden. Hierdurch ergibt sich für die verantwortlichen Administratoren zwangsläufig ein oft nicht unbedeutender Aufwand in der Steuerung der Zugriffsberechtigung auf die einzelnen Ressourcen. Um die in Active Directory-Gesamtstrukturen notwendigen Zugriffsberechtigungen sowie auch Rechte effektiv einsetzen und verwalten zu können, wendet man in der Regel entsprechende Gruppenstrategien an, in denen man sich die Gruppenbereiche zu Nutze macht.

Die zumeist verwendete Gruppenstrategie in einer Active Directory-Infrastruktur lautet dabei:

[A] - [G] - [DL] - [P]

Bei dieser Gruppenstrategie werden die Benutzerkonten (*Accounts, A*) in globalen Gruppen (*Global Groups, G*) zusammengefasst. Diese globalen Gruppen wiederum werden anschließend einer sogenannten domänenlokalen Gruppe (*Domain Local Group, DL*) zugeordnet (verknüpft), welcher die entsprechende Berechtigung (*Permission, P*) zugewiesen wird.

Durch die hierdurch entstehende Gruppenverschachtelung erhält jedes Mitglied der betreffenden, globalen Gruppen die jeweils bestimmte Berechtigung. Diese Art der Verwaltung erspart den Administratoren gerade in mittelgroßen, großen bis sehr großen Umgebungen unwahrscheinlich viele Administrationsschritte. Statt den Benutzern einzeln Berechtigungen zuzuweisen, geschieht dies zeitsparend und übersichtlich über die entsprechenden Gruppen.

Da die Gruppensymbole in der Active Directory-Verwaltung, beispielsweise dem MMC-Snap-In *Active Directory-Benutzer und -Computer* im Aussehen gleichen, empfiehlt es sich, den jeweiligen Gruppen einfach einen Kennzeichner für den jeweiligen Gruppenbereich im Namen voranzustellen. Somit wird die Übersichtlichkeit in der Gruppenverwaltung mitunter sogar um ein Vielfaches verbessert.

Erstellen und Verwalten von Active Directory-Objekten

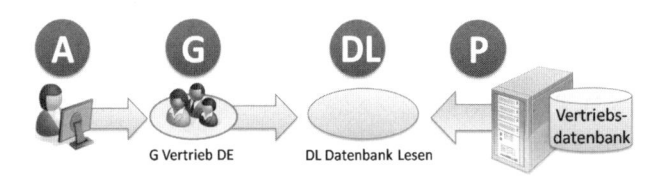

Abbildung 6.49
Gruppenstrategie für die effektive Zugriffssteuerung

Neben der bereits benannten Gruppenstrategie bestehen noch weitere Strategien für die effektive und effiziente Zugriffs- und Rechteverwaltung in einer Active Directory-Infrastruktur. So findet eine weitere Strategie ihre Verwendung, sobald man eine Arbeitsstation oder einen Mitgliedsserver zu einer bestehenden Domäne hinzufügt:

A - G - L - P

Hierbei wird während des Vorgangs eines Rechners als Mitglied zur einer Active Directory-Domäne die globale Gruppe (G) der Domänen-Administratoren automatisch zur lokalen Gruppe (L) der Administratoren des betreffenden Computersystems verknüpft und erhält auf diese Weise die Berechtigung (P) zur Verwaltung. Da das in der Domäne standardmäßig vorhandene Benutzerkonto Administrator (A) automatisch auch Mitglied der globalen Gruppe der Domänen-Administratoren (G) ist, vervollständigt sich hierdurch die Gruppenstrategie.

Natürlich existieren noch weitere Gruppenstrategien, die in den weltweit vorhandenen Active Directory-Infrastrukturen mehr oder weniger häufig zum Einsatz kommen. Zu diesen Gruppenstrategien zählen unter anderem:

A - G - G - U - DL - P

Diese Gruppenstrategie kommt mitunter bei sehr großen Active Directory-Infrastrukturen zum Einsatz. Sehen Sie hierzu ein Beispiel:

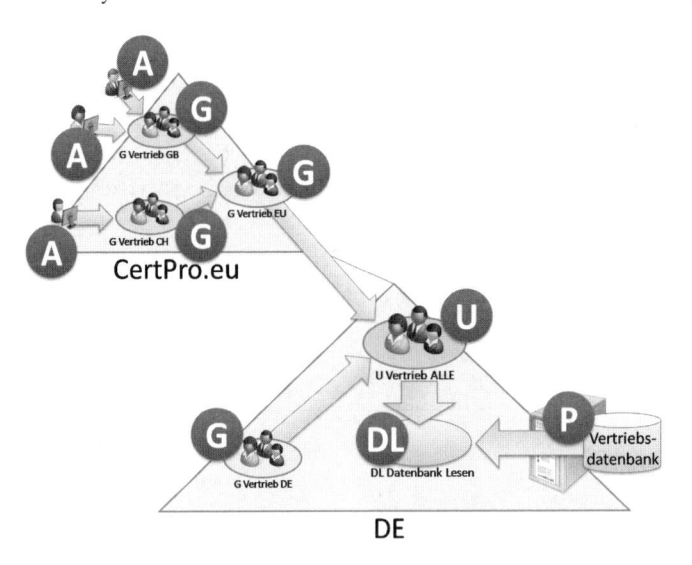

Abbildung 6.50
Beispiel für die Anwendung einer Gruppenstrategie in großen bis sehr großen Active Directory-Infrastrukturen

In dem oben dargestellten Beispiel werden die Benutzerkonten der Mitarbeiter (A) der verschiedenen Vertriebsgruppen der einzelnen Domänen in jeweils eigene globale Gruppen (G) verschachtelt. Diese globalen Gruppen (G) werden zum Teil nochmals in einer weiteren globalen (Haupt-) Gruppe (G) zusammengefasst. Um nun den einheitlichen Zugriff für alle Vertriebsmitarbeiter auf die vorhandene Vertriebsdatenbank zu ermöglichen, werden alle globalen (Haupt-) Gruppen gemeinsam in eine universelle Gruppe (U) verknüpft. Die Zugriffsberechtigung (P) wird letztlich durch die Gruppenverschachtelung der universellen Gruppe (U) in die dazu vorgesehene domänenlokale Gruppe (DL) ermöglicht.

Dieses Beispiel verdeutlicht die Möglichkeit der effizienten Zugriffsverwaltung über eine entsprechende Gruppenstrategie. Da die Zugriffsanforderungen in der Praxis jedoch oft völlig unterschiedlich sind, muss man sich für die jeweils effektivste und oft auch effizienteste Gruppenstrategie entscheiden. Es existieren jedoch noch viel einfachere Beispiele für die Gruppenverschachtelung:

[A] - [G] - [P]

Bei dieser Gruppenstrategie wird einer globalen Gruppe (G), in die ein oder mehrere Benutzer (A) verknüpft sind, direkt auch die Berechtigung (P) zugewiesen.

[A] - [L] - [P]

Bei dieser Gruppenstrategie erhält ein Benutzerkonto (A) durch die direkte Gruppenverschachtelung in die lokale Gruppe (L) die entsprechende Zugriffsberechtigung (P).

Nachvollziehbar und kontrollierbar Für welche der Gruppenstrategien man sich in der Praxis auch immer entscheidet – wichtig ist es, diese ordnungsgemäß und vollständig zu dokumentieren. Damit wird eine Nachvollziehbarkeit und Kontrollierbarkeit bei möglichen Unstimmigkeiten im Bedarfsfall ermöglicht.

Tools zum Erstellen und Verwalten von Gruppenobjekten

Gruppenobjekte in einer Active Directory-Domäne können mit verschiedenen Tools erstellt, verwaltet und auch wieder gelöscht werden. Zu diesen Tools zählen unter anderem:

- MMC-Snap-In *Active Directory-Benutzer und -Computer*
- Active Directory-Verwaltungscenter
- `dsadd.exe`
- `dsmod.exe`
- `dsrm.exe`
- `csvde.exe`
- `ldifde.exe`
- `net group`

- Windows Script Host (WSH)
- Windows PowerShell

Beispiel für das Erstellen von Gruppenobjekten Gruppenobjekte lassen sich auf einfache Weise mittels des MMC-Snap-Ins *Active Directory-Benutzer und -Computer* erstellen.

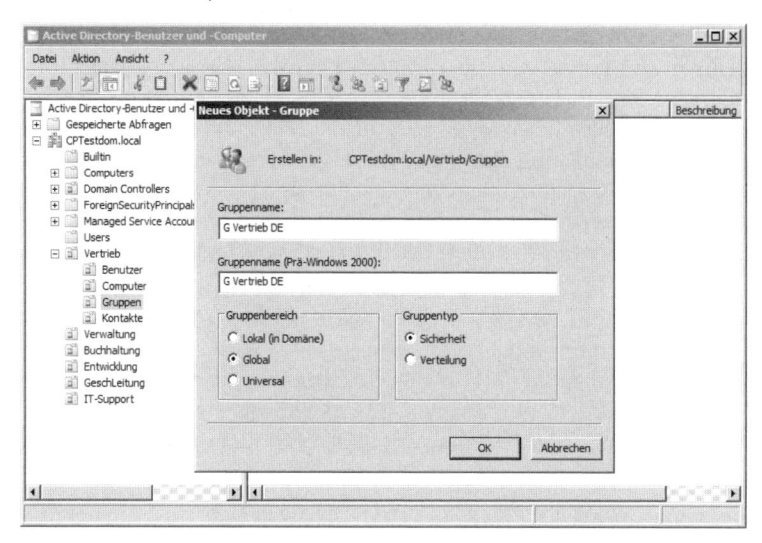

Abbildung 6.51
Erstellen eines neuen Gruppenobjekts mittels MMC-Snap-In Active Directory-Benutzer und -Computer unter Windows Server 2008 R2

Gehen Sie zum Erstellen von Gruppenobjekten in einer Active Directory-Domäne unter Windows Server 2008 R2 mithilfe des MMC-Snap-Ins *Active Directory-Benutzer und -Computer* wie folgt vor:

1. Klicken Sie auf *Start/Verwaltung* und dann auf *Active Directory-Benutzer und -Computer*.
2. Erweitern Sie die Konsolenansicht im linken Fensterbereich bis zu der Organisationseinheit (*OU*) oder dem Container, in dem das neue Gruppenobjekt erstellt werden soll.
3. Klicken Sie mit der rechten Maustaste auf die Organisationseinheit (*OU*) oder das Containerobjekt und wählen Sie im Kontextmenü den Eintrag *Neu/Gruppe* aus.
4. Geben Sie im Dialog *Neues Objekt – Gruppe* den gewünschten Gruppennamen ein, wählen Sie den Gruppenbereich und Gruppentyp für die neue Gruppe und klicken Sie anschließend auf *OK*.

Das neue Gruppenobjekt wird angelegt.

Die vorhandenen Gruppenobjekte können in dem MMC-Snap-In *Active Directory-Benutzer und -Computer* ebenso auch verwaltet und bei Bedarf auch wieder entfernt werden.

6.5.4 Verwaltete Dienstkonten

Wichtige Neuerung für die Nutzung und Verwaltung von Dienstkonten

Bislang werden für das Ausführen von speziellen Anwendungen auf den Serversystemen oft Dienstkonten verwendet. Auf einem lokalen Computersystem können Anwendungen so konfiguriert werden, dass sie von integrierten Benutzerkonten (beispielsweise vom Dienstkonto „*Lokal*" oder vom Konto „*System*") ausgeführt werden. Diese Konten werden somit oft gleichzeitig von mehreren Anwendungen gemeinsam genutzt und können ebenso nicht auf Domänenebene verwaltet werden. Um diesem Umstand entgegenzuwirken, hat Microsoft in Windows Server 2008 R2 erstmalig *verwaltbare Dienstkonten* (engl. *Managed Service Accounts*) eingeführt. Für diese steht sogar ein eigener Active Directory-Container mit dem Namen „Managed Service Accounts" zur Verfügung, den man sich beispielsweise in der Verwaltungskonsole *Active Directory-Benutzer und -Computer* anzeigen lassen kann.

> Verwaltete Dienstkonten sind ein spezieller Typ von Domänenbenutzerkonten für verwaltete Dienste, die das Auftreten von Dienstausfällen und anderen Problemen verringern, indem Windows die Verwaltung des Kontokennworts und der zugehörigen *Dienstprinzipalnamen* (engl. *Service Principal Names, SPNs*) überlassen wird.

Erstellen und verwalten mit der Windows PowerShell

Die verwalteten Dienstkonten lassen sich jedoch nicht direkt in der grafischen Verwaltungskonsole erstellen – in Windows Server 2008 R2 fehlt die Benutzerschnittstelle zum Erstellen und Verwalten solcher Konten. Hierzu muss das Active Directory-Modul für Windows PowerShell verwendet werden. So steht beispielsweise das Windows PowerShell-Cmdlet `New-ADServiceAccount` zur Verfügung, um ein neues, verwaltbares Dienstkonto zu erstellen. Näheres hierzu erfahren Sie in den späteren Kapiteln dieses Buches.

Abbildung 6.52
Anlegen eines neuen, verwaltbaren Dienstkontos unter Windows Server 2008 R2

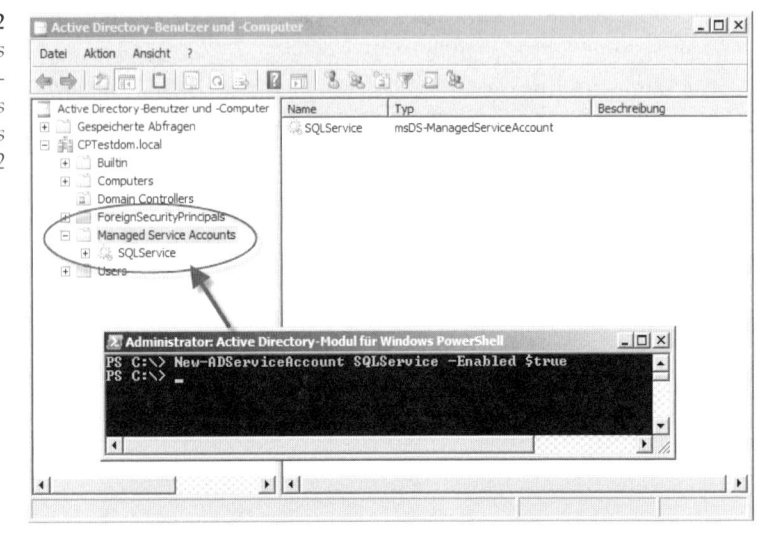

Neben den neuen, verwaltbaren Dienstkonten finden sich auch im Umfeld der in den Active Directory-Domänen u.a. zur Verwaltung eingesetzten Gruppenrichtlinien.

6.6 Gruppenrichtlinien

Mit Gruppenrichtlinien, die man in Active Directory-Domänen zusammengefasst in Gruppenrichtlinienobjekten (engl. *Group Policy Objekts, GPOs*) bereitstellt, kann man für die darin enthaltenen Benutzer- und Computerobjekte zentral diverse Konfigurationen vornehmen. So lassen sich mit Gruppenrichtlinien zum Beispiel auch Werte in der Windows-Registry der davon betroffenen Computer modifizieren, um den Windows-Desktop eines Benutzers auf die Bedürfnisse des jeweiligen Unternehmens anpassen.

Optimale Verwaltungswerkzeuge nochmals verbessert

Die Verwaltung der dazu verwendeten Gruppenrichtlinienobjekte findet in der Regel mit der *Gruppenrichtlinienverwaltungskonsole* (engl. *Group Policy Management Console, GPMC*) statt, die unter Windows Server 2008 R2 beim Einrichten des Servers als Domänencontroller automatisch installiert wird. Man startet diese Konsole anschließend einfach über *Start/Verwaltung* und *Gruppenrichtlinienverwaltung*.

Diese Konsole kann im Bedarfsfall mithilfe der *Remote-Server-Verwaltungstools* (engl. *Remote Server Administration Tools, RSAT*) beispielsweise auch auf einem Clientcomputer unter Windows 7 für die Remoteverwaltung der Gruppenrichtlinienobjekte innerhalb einer Active Directory-Domäne eingesetzt werden.

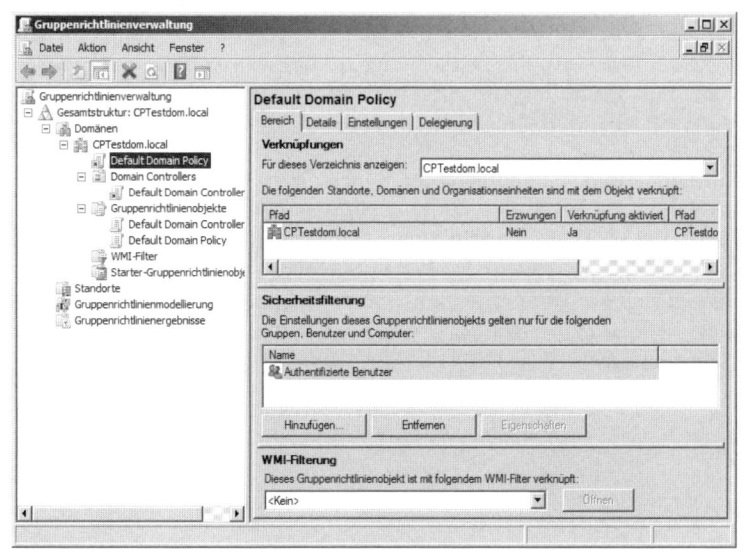

*Abbildung 6.53
Die Gruppenrichtlinienverwaltungskonsole auf einem Domänencontroller unter Windows Server 2008 R2*

Neuerungen in Start-Gruppenrichtlinienobjekte

Nach dem Aufruf der Gruppenrichtlinienverwaltungskonsole kann man einige der Neuerungen im Umfeld der Gruppenrichtlinienobjekte und -verwaltung entdecken, wenn man innerhalb einer vorhandenen Active Directory-Domäne auf den darin unterschachtelten Container für *Starter-Gruppenrichtlinienobjekte* klickt. Nachdem man einen *Ordner für Starter-Gruppenrichtlinienobjekte* erstellt hat, werden darin verschiedene, bereits vordefinierte Starter-Gruppenrichtlinienobjekte erstellt und angezeigt.

Abbildung 6.54
Neue, bereits vordefinierte Starter-Gruppenrichtlinienobjekte unter Windows Server 2008 R2

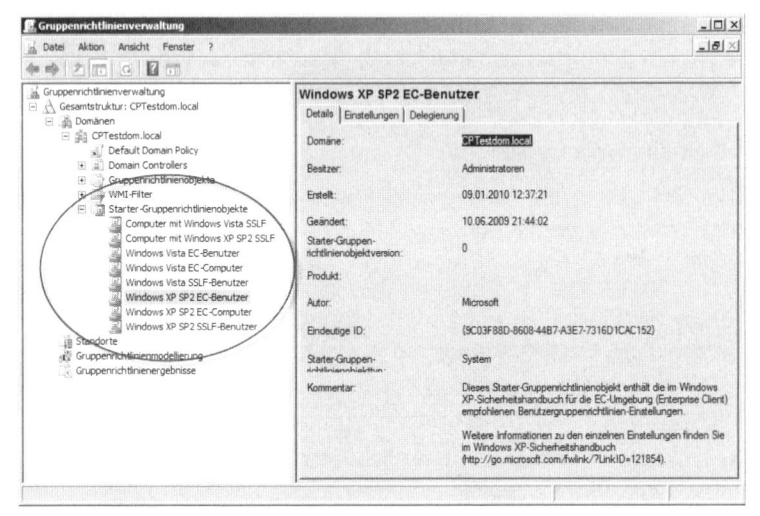

Diese neuen Starter-Gruppenrichtlinienobjekte entsprechen inhaltlich den Empfehlungen aus den von Microsoft entwickelten Sicherheitshandbüchern der verschiedenen Betriebssysteme und stellen somit eine Grundlage für das anschließende Erstellen der auf diesen Vorlagen basierten Gruppenrichtlinienobjekten dar.

Vordefinierte Einstellungen der neuen Starter-Gruppenrichtlinienobjekte Die bereits vordefinierten Gruppenrichtlinieneinstellungen der neuen Starter-Gruppenrichtlinieneinstellungen können Sie sich anzeigen lassen, indem Sie in der Verwaltungskonsole Gruppenrichtlinienverwaltung auf das betreffende Starter-Gruppenrichtlinienobjekt und anschließend in der rechten Fensterhälfte auf die Registerkarte Einstellungen klicken.

Schritte zum Erstellen neuer Gruppenrichtlinienobjekte aus vorhandenen Starter-Gruppenrichtlinienobjekten Gehen Sie wie folgt vor, um aus einem der vorhandenen Starter-Gruppenrichtlinienobjekte ein in der Active Directory-Domäne mitunter auf Ebene der Domäne oder einer Organisationseinheit verknüpfbares Gruppenrichtlinienobjekt zu erstellen:

1. Öffnen Sie die Konsole *Gruppenrichtlinienverwaltung* und wechseln Sie zum Container *Gruppenrichtlinienobjekte* der betreffenden Active Directory-Domäne.
2. Klicken Sie mit der rechten Maustaste auf den Container *Gruppenrichtlinienobjekte* und wählen Sie im Kontextmenü den Eintrag *Neu*.
3. Geben Sie im Dialogfenster *Neues Gruppenrichtlinienobjekt* im Feld *Name:* den gewünschten Namen des neu zu erstellenden Gruppenrichtlinienobjekts an, wählen Sie im Feld *Quell-Starter-Gruppenrichtlinienobjekt:* das gewünschte Start-Gruppenrichtlinienobjekt aus und klicken Sie anschließend auf *OK*.

Die im Starter-Gruppenrichtlinienobjekt enthaltenen, vordefinierten Gruppenrichtlinieneinstellungen wurden während des Erstellungsvorgangs des neuen Gruppenrichtlinienobjekts in dieses kopiert und können nachfolgend durch die Verknüpfung des Gruppenrichtlinienobjekts auf die betreffenden Container der jeweiligen Active Directory-Domäne auf die darin enthaltene Benutzer- bzw. Computerobjekte angewendet werden.

Einstellungen werden kopiert

Es existieren aber noch weitere, interessante Neuerungen im Umfeld der Gruppenrichtlinienobjekte unter Windows Server 2008 R2.

Weitere Neuerungen in Gruppenrichtlinienobjekten

Microsoft hat unter Windows Server 2008 R2 (zumeist in Verbindung mit Windows 7) noch weitere, für die Praxis mitunter sehr interessante Neuerungen in die Gruppenrichtlinienobjekte eingebaut.

Zuweisung von PowerShell-Skripts möglich Die Möglichkeit der Zuordnung von Skriptdateien für Start-/Herunterfahren- bzw. An-/Abmeldeskripts innerhalb von Gruppenrichtlinienobjekten wurde um die Verwendung von PowerShell-Skripts erweitert. Dies erfordert zur Verwendung mindestens Windows 7 oder Windows Server 2008 R2.

Abbildung 6.55
Möglichkeit der Zuordnung von Windows Power-Shell-Skripts in den Gruppenrichtlinien-objekten unter Windows Server 2008 R2

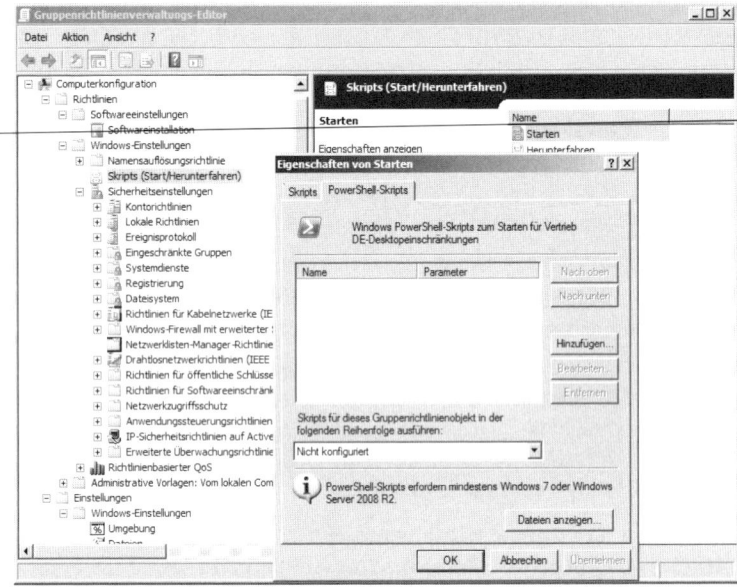

Anwendungssteuerungsrichtlinien (AppLocker) Ebenso neu wie interessant für den Praxiseinsatz sind die neuen *Anwendungssteuerungsrichtlinien*, die von Microsoft unter dem Begriff „AppLocker" erwähnt werden. Dieses ersetzt die *Softwareeinschränkungsrichtlinien* durch neue Funktionen und Erweiterungen.

Granulare Filterung möglich

Mit diesen neuen Richtlinien kann man Regeln definieren, die auf Dateiattributen (*beispielsweise dem Herausgeber, dem Produktnamen, dem Dateinamen oder auch der Dateiversion*) basieren, die man wiederum von der jeweiligen digitalen Signatur ableiten kann. Diese Richtlinien kann man anschließend einer Sicherheitsgruppe oder bei Bedarf sogar einzelnen Benutzern zuweisen.

Die mit AppLocker definierbaren Regeln umfassen:

- **Ausführbare Regeln** die sich auf Steuerung bzw. die Verhinderung ausführbarer Dateien beziehen.
- **Windows Installer-Regeln** die sich auf die Ausführung der Installation von Anwendungen mithilfe von Windows Installer beziehen.
- **Skriptregeln** die sich auf die Ausführung bzw. die Ausführungssteuerung/-verhinderung von bestimmten Skriptdateien beziehen.

Gruppenrichtlinien

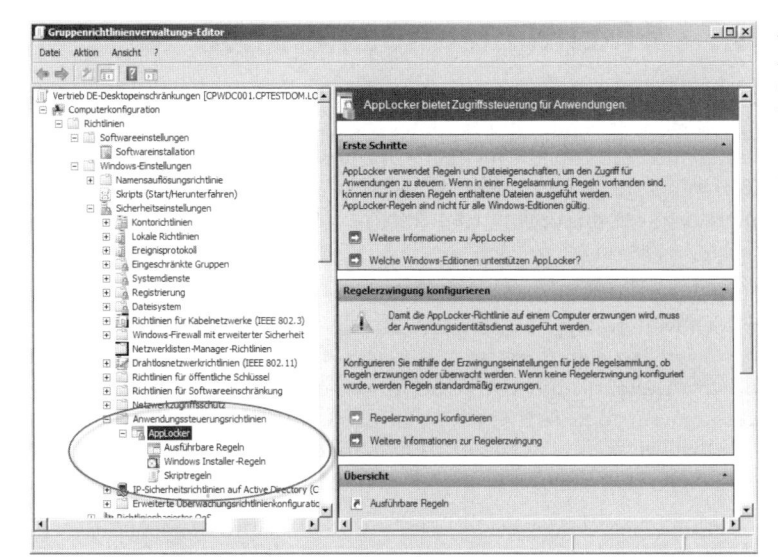

Abbildung 6.56
AppLocker in der Gruppenrichtlinien-verwaltungskonsole unter Windows Server 2008 R2

Die mit Applocker definierten Anwendungssteuerungsrichtlinien können lediglich auf Systeme unter Windows Server 2008 R2 sowie Windows 7 Ultimate oder Windows 7 Enterprise angewendet werden.

Weitere Neuerungen Neben den bereits benannten Neuerungen im Umfeld der Gruppenrichtlinienobjekte unter Windows Server 2008 R2 sollte nicht unerwähnt bleiben, dass gegenüber Windows Server 2008 nochmals etwa 300 neue Gruppenrichtlinien (im Schwerpunkt rund um den neuen Internet Explorer und die Windows PowerShell) implementiert wurden. Auch wurden noch einige neue der unter Windows Server 2008 eingeführten Einstellungen für Gruppenrichtlinien implementiert. Diese, sowie auch alle bereits vorhandenen Gruppenrichtlinien und Einstellungen für Gruppenrichtlinien, stehen den Administratoren für die optimale Verwaltung der in den Active Directory-Domänen vorhandenen Benutzer- und Computerobjekten zur Verfügung. Jedoch nicht alle Features oder auch Sicherheitseinstellungen lassen sich anhand von Gruppenrichtlinienobjekten definieren. Dies wird deutlich, wenn man sich mit den unter Windows Server 2008 erstmalig im Serverbetriebssystem enthaltenen, neuen *Richtlinien für Kennwörter* befasst.

Rund 300 neue Gruppenricht-linien

6.7 Richtlinien für Kennwörter

Unterschiedliche Kennwortrichtlinien innerhalb einer Domäne

Einer der Wünsche vieler Domänenadministratoren weltweit wurde von Microsoft bereits erhört: Unter Windows Server 2008 war es erstmalig möglich, unterschiedliche *Richtlinien für Benutzerkontenkennwörter* innerhalb der Grenzen einer Active Directory-Domäne zu definieren. In der englischen Übersetzung nennt Microsoft diese „Fine-Grained Password Policies".

Zwar ist in der Definition hierbei der Begriff „Richtlinie" enthalten, jedoch werden diese nicht innerhalb von Gruppenrichtlinienobjekten definiert. Für das Einrichten von unterschiedlichen Richtlinien für Benutzerkontenkennwörter hat Microsoft unter Windows Server 2008 einen neuen Active Directory-Container erstellt, den „Password Settings Container". Diesen findet man im Container System der jeweiligen Domänenpartition der Active Directory-Datenbank.

Domänenfunktionsebene Windows Server 2008 vorausgesetzt

Dieser Umstand lässt sicher bereits ableiten, dass die Richtlinien für Benutzerkontenkennwörter sich frühestens ab Windows Server 2008 realisieren lassen. Es wird deshalb auch mindestens die Domänenfunktionsebene *Windows Server 2008* vorausgesetzt.

6.7.1 Funktionsweise

Die *Richtlinien für Kennwörter* werden jeweils als Active Directory-Objekte (ms-DS-Password-Settings-Objekte) erstellt und lassen sich anschließend auf Ebene von Benutzerobjekten, InetOrgPerson-Objekten und globalen Sicherheitsgruppen verknüpfen. Eine Verknüpfung auf Ebenen von Organisationseinheiten (engl. *Organizational Units, OUs*) ist hierbei nicht möglich.

Die Objekte der *Richtlinien für Kennwörter* besitzen ein neues Attribut mit dem Namen ms-DS-Password-Settings-Precedence und der Klasse ms-DS-Password-Settings. Anhand des Zahlenwertes, der diesem Attribut zugewiesenen ist, wird eine Priorisierung ermöglicht. Das ist wichtig, falls mehrere Richtlinienobjekte auf ein und dasselbe Active Directory-Objekt, wie ein Benutzerobjekt, verknüpft sind. Das Richtlinienobjekt mit dem niedrigeren Wert für das Attribut ms-DS-Password-Settings-Precedence setzt sich im Konfliktfall gegenüber allen anderen Kennwortrichtlinienobjekten durch. Auch stehen die explizit erstellten, neuen Richtlinienobjekte der „Richtlinien für Kennwörter" in der Priorisierung über der „Default Domain Policy" (oder einem eigens erstellten, vergleichbaren Gruppenrichtlinienobjekt), mit welcher bislang die Kennwortrichtlinie einheitlich für alle Benutzer in einer Domäne definiert wurde. Sobald einem Benutzer in einer Active Directory-Domäne eine Richtlinie für Kennwörter zugewiesen wird, setzt diese die eigentliche „Default Domain Policy" (oder das vergleichbar auf der Ebene der Domäne definierte Gruppenrichtlinienobjekt) für diesen Benutzer außer Kraft.

Sollten mehrere Richtlinien für Kennwörter mit jeweils gleicher Priorität mit einem Benutzerobjekt verknüpft sein, so setzt sich die Richtlinie durch, welche die kleinere GUID (einzigartige Kennung) besitzt. Da dieser Umstand nicht sonderlich transparent erscheint, empfiehlt Microsoft die Verwendung von eindeutigen Prioritätswerten für die Richtlinien für Kennwörter.

Reihenfolge durch Priorität

6.7.2 Konfigurierbare Attributwerte

Während der Konfiguration der neuen Richtlinien für Kennwörter unter Windows Server 2008 müssen verschiedene Attribute mit passenden Werten versehen werden. Insgesamt müssen Sie im Verlauf der Definition einer neuen Richtlinie für Kennwörter notwendige Werte für die folgenden Attribute angeben:

Attribut:	Notwendiger Wert:
msDS-PasswordSettingsPrecedence (Kennwortrichtlinienpriorität)	ganze Zahl (bspw.: 1)
msDS-PasswordReversibleEncryptionEnabled (Kennwort mit umkehrbarer Verschlüsselung speichern)	Boolesche Operation, erwarteter Wert: true oder false (wahr oder falsch)
msDS-PasswordHistoryLength	ganze Zahl (bspw.: 24)
msDS-PasswordComplexityEnabled (Kennwort muss Komplexitätsvoraussetzung entsprechen)	Boolesche Operation, erwarteter Wert: true oder false (wahr oder falsch)
msDS-MinimumPasswordLength (Minimale Kennwortlänge)	ganze Zahl (bspw.: 8)
msDS-MinimumPasswordAge (Minimales Kennwortalter)	Dauer (als ein Vielfaches von -100 Nanosekunden), bspw. -864000000000 für 1 Tag alternativ: 01:00:00:00 (=dd:hh:mm:ss)
msDS-MaximumPasswordAge (Maximales Kennwortalter)	Dauer (als ein Vielfaches von -100 Nanosekunden), bspw. -1728000000000 für 20 Tage alternativ: 20:00:00:00 (=dd:hh:mm:ss)
msDS-LockoutThreshold (Kontosperrungsschwelle)	ganze Zahl (bspw.: 3)
msDS-LockoutObservationWindow (Zurücksetzungsdauer des Kontosperrungszählers)	Dauer (als ein Vielfaches von -100 Nanosekunden), bspw. -36000000000 für 1 Stunde alternativ: 00:01:00:00 (=dd:hh:mm:ss)
msDS-LockoutDuration (Kontosperrungsdauer)	Dauer (als ein Vielfaches von -100 Nanosekunden), bspw. -72000000000 für 2 Stunden alternativ: 00:02:00:00 (=dd:hh:mm:ss)

Tabelle 6.6
Konfigurierbare Attributwerte für die neuen Richtlinien für Kennwörter unter Windows Server 2008

Formel zur Berechnung der Zeitwerte
Die Berechnung der Zeitwerte findet bei allen Attributen mit Zeitwerten (Dauer) als ein Vielfaches von -100 Nanosekunden statt. Somit berechnet sich beispielsweise das minimale Kennwortalter von einem Tag mit der folgenden Formel: $-24*60*60*(10^7) = -864000000000$

Alternativ zu den zu berechnenden Werten als ein Vielfaches von -100 Nanosekunden kann man auch das Zahlenformat wie folgt anwenden: 00:00:00:00 (entspricht: *dd:hh:mm:ss*)

Erläuterung:

dd = Anzahl in Tagen als zweistellige Zahl

hh = Anzahl in Stunden als zweistellige Zahl

mm = Anzahl in Minuten als zweistellige Zahl

ss = Anzahl in Sekunden als zweistellige Zahl

6.7.3 Auswertelogik

Da es möglich ist, einem Objekt mitunter gleich mehrere Richtlinien zuzuweisen, geht Windows Server 2008 sowie auch Windows Server 2008 R2 nach einem vordefinierten Auswerteschema vor. Die nachfolgende Grafik zeigt Ihnen die Auswertelogik beim Verarbeiten der Richtlinien für Kennwörter auf Ebene der Domänencontroller unter Windows Server 2008 (R2):

Abbildung 6.57
Auswertelogik bei der Verarbeitung von Richtlinien für Kennwörter unter Windows Server 2008 (R2)

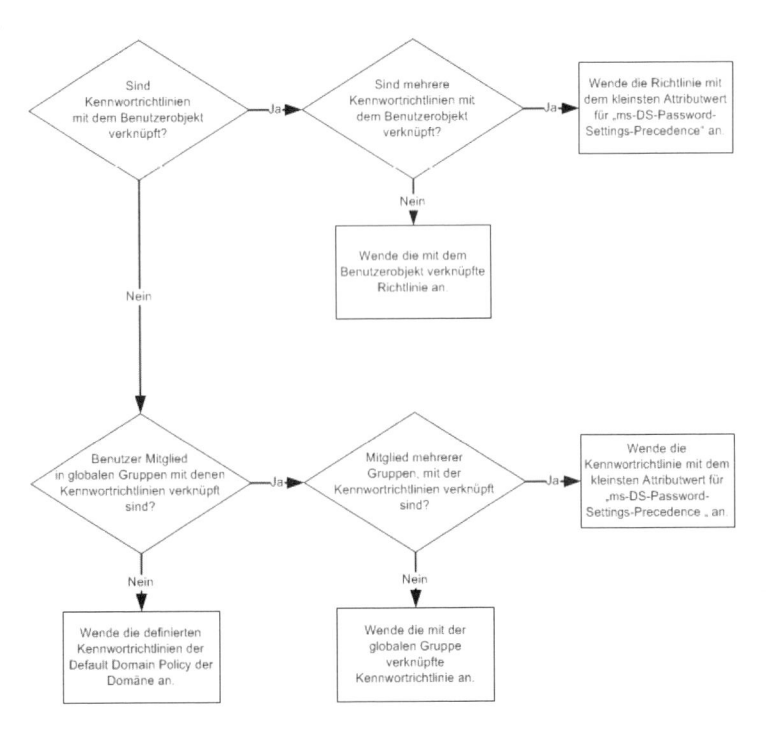

Wie in der Grafik oben zu sehen, setzt sich die Richtlinie für Kennwörter mit dem niedrigsten Attributwert für „ms-DS-Password-Settings-Precedence" gegenüber anderen verknüpften Kennwortrichtlinien, insbesondere auch gegenüber den Kennwortrichtlinien der standardmäßigen „Default Domain Policy", durch.

Da die Richtlinienobjekte direkt auf dem jeweiligen Domänencontroller als Active Directory-Objekte angelegt werden, können diese nach der Replikation auf alle anderen Domänencontroller einer Active Directory-Domäne sofort angewendet werden. Eine zeitliche Verzögerung, wie sie standardmäßig bei der Verarbeitung von domänenbasierten Gruppenrichtlinienobjekten auftritt, kommt hier nicht zur Anwendung. Wenn beispielsweise eine neue Kennwortrichtlinie für einen Benutzer oder ein Sicherheitsgruppe mit veränderten Werten erstellt und auf die betreffenden Objekte verknüpft wird, so können diese anschließend sofort auf diese angewendet werden.

Anwendung der Kennwortrichtlinien ohne Verzug

6.7.4   Notwendige Konfigurationsschritte

Die Konfiguration der *Richtlinien für Kennwörter* stellt sich leider nicht ganz so komfortabel dar, wie man es eigentlich zumeist vermutet hätte – im Gegenteil. Es sind zwar nur einige Schritte erforderlich, um eine neues msDS-Password-Settings-Objekt im „Password Settings Container" in einer Active Directory-Domäne unter Windows Server 2008 (R2) zu erstellen, jedoch stellen sich diese ein wenig „unbequemer" dar, als es ein Windows-Administrator bislang gewohnt war.

Unbequeme Konfigurationsschritte

Die Konsole *Active Directory-Benutzer & -Computer*, in der man es eigentlich vermuten würde, können Sie für das Erstellen der notwendigen Objekte für die neuen *Richtlinien für Kennwörter* nicht verwenden. Sie müssen hierzu das MMC-Snap-In *ADSIEdit.msc* verwenden. Die eigentliche Zuordnung der neu erstellten *Richtlinien für Kennwörter* kann dann wiederum mithilfe der Konsole *Active Directory-Benutzer &-Computer* erfolgen.

Um die *Richtlinien für Kennwörter* in einer Active Directory-Domäne unter Windows Server 2008 R2 einzurichten, gehen Sie wie folgt vor:

1. Klicken Sie auf *Start/Verwaltung* und dann auf *ADSI-Editor*.
2. Klicken Sie in der Konsolenansicht mit der rechten Maustaste auf *ADSI-Editor* und wählen Sie im Kontextmenü den Eintrag *Verbindung herstellen...*
3. Achten Sie im Dialogfenster *Verbindungseinstellungen* darauf, dass unter Verbindungspunkt die Option *Bekannten Namenskontext auswählen:* auf *Standardmäßiger Namenskontext* eingestellt ist und klicken Sie auf *OK*.

Kapitel 6 Windows Server 2008 R2 und die Active Directory-Domänendienste

Abbildung 6.58
Auswahl des standardmäßigen Namenskontextes im ADSI-Editor unter Windows Server 2008 R2

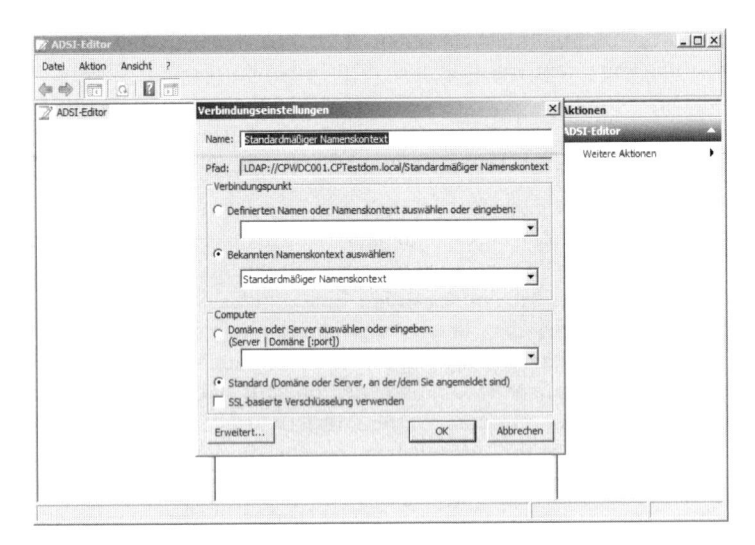

4. Erweitern Sie im ADSI-Editor den Knoten für die Domäne, den Container *System* und klicken Sie auf den „*Password Settings Container*".

Abbildung 6.59
Der „Password Settings Container" unter Windows Server 2008 R2

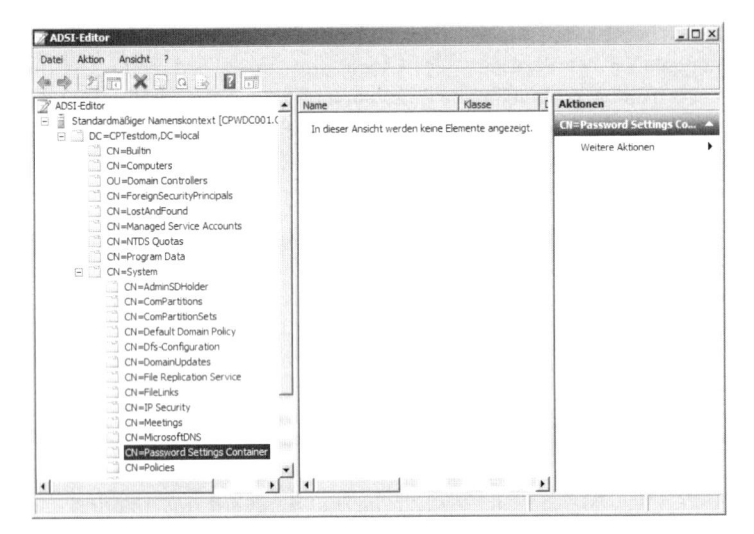

5. Klicken Sie mit der rechten Maustaste auf den „*Password Settings Container*" und wählen Sie im Kontextmenü den Eintrag *Neu* → *Objekt...*
6. Klicken Sie im Dialog *Objekt erstellen* auf *Weiter*.

7. Geben Sie im Dialogfenster für den „Common-Name" im Feld *Wert:* den Namen des zu erstellen Kennwortrichtlinienobjekts (hier im Beispiel „*ADMIN-Kennwortrichtlinie*") ein und klicken Sie auf *Weiter*.
8. Geben Sie im nächsten Dialog den gewünschten Wert für das Attribut msDS-Password-Settings-Precedence als ganze Zahl ein. Anhand dieses Attributwerts wird im Konfliktfall eine Priorisierung vorgenommen, falls mehrere Kennwortrichtlinien mit demselben Objekt verknüpft sind. Klicken Sie dann auf *Weiter*.
9. Legen Sie fest, ob das Benutzerkennwort in umkehrbarer Verschlüsselung (engl. *reversible encryption*) gespeichert werden soll. Hierbei wird ein Wert in Form von true oder false (steht für *wahr* oder *falsch*) erwartet. Klicken Sie anschließend auf *OK*.
10. Geben Sie als nächstes die Zahl der in der Kennwortchronik (engl. *Password History*) geführten Kennwörter (als ganze Zahl, beispielsweise *24*) an. Klicken Sie dann auf *Weiter*.
11. Bestimmen Sie, ob das Kennwort des jeweiligen Benutzers oder der Gruppe der Komplexitätsvoraussetzung entsprechen muss anhand des Wertes true oder false (steht für *wahr* oder *falsch*) und klicken Sie dann auf *Weiter*.
12. Geben Sie den gewünschten Wert für die minimale Kennwortlänge als ganze Zahl (beispielsweise *8*) an und klicken Sie auf *Weiter*.
13. Geben Sie den Wert für das minimale Kennwortalter (*als ein Vielfaches von -100 Nanosekunden*) an. Alternativ können Sie den Zeitwert auch im Format *01:00:00:00* (entspricht: *dd:hh:mm:ss*, somit hier im Beispiel: *1* Tag) verwenden. Klicken Sie auf *Weiter*.
14. Bestimmen Sie den Wert für das maximale Kennwortalter (*als ein Vielfaches von -100 Nanosekunden*) an. Alternativ können Sie den Zeitwert auch im Format *30:00:00:00* (entspricht: *dd:hh:mm:ss*, somit hier im Beispiel: *30* Tage) verwenden. Klicken Sie auf *Weiter*.
15. Geben Sie den Wert für die Kontosperrungsschwelle (Anzahl ungültiger Anmeldeversuche) als ganze Zahl (beispielsweise *5* für maximal 5 fehlgeschlagene Anmeldeversuche) an und klicken Sie auf *Weiter*.
16. Geben Sie den Wert für die Zurücksetzungsdauer des Kontosperrungszählers (als ein Vielfaches von -100 Nanosekunden) an. Alternativ können Sie den Zeitwert auch im Format *00:00:30:00* (entspricht: *dd:hh:mm:ss*, somit hier im Beispiel: *30* Minuten) verwenden. Klicken Sie auf *Weiter*.
17. Geben Sie den Wert für die Kontosperrdauer (als ein Vielfaches von -100 Nanosekunden) an. Alternativ können Sie den Zeitwert auch im Format *00:00:30:00* (entspricht: *dd:hh:mm:ss*, somit hier im Beispiel: *30* Minuten) verwenden. Klicken Sie auf *Weiter*.

Kapitel 6 Windows Server 2008 R2 und die Active Directory-Domänendienste

18. Klicken Sie auf *Fertig stellen* um das Kennwortrichtlinienobjekt zu erstellen.

Das neue Kennwortrichtlinienobjekt wird im ADSI-Editor angezeigt:

Abbildung 6.60
Neu erstelltes „Password Settings Object" (PSO)

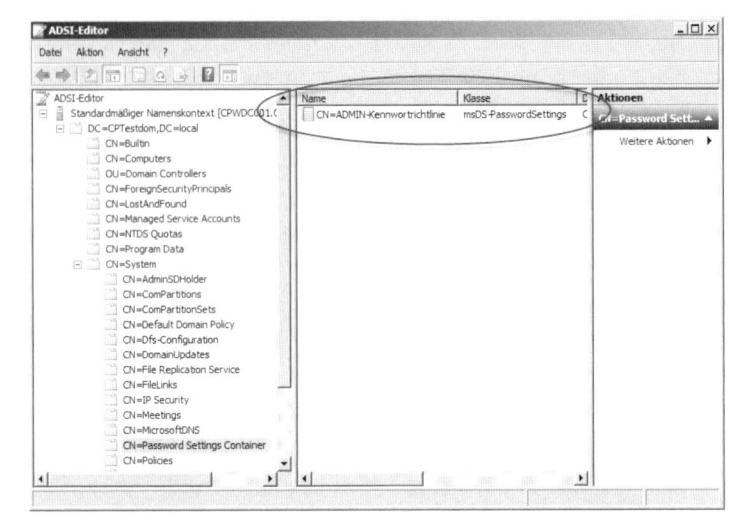

19. Wechseln Sie zur Konsole *Active Directory-Benutzer und -Computer*, um die soeben erstellte Kennwortrichtlinie zuzuweisen. Erweitern Sie darin den Knoten für die Domäne, den Container *System* und klicken Sie dann auf den *Password Settings Container*.

> Beachten Sie, dass Sie für die Ausführung der Konfigurationsschritte in der Konsole *Active Directory-Benutzer und -Computer* unter dem Menüpunkt *Ansicht* vorweg die *Erweiterten Features* aktivieren müssen. Erst dann wird Ihnen der Container *System* mitsamt dem Inhalt angezeigt.

20. Klicken Sie mit der rechten Maustaste auf das neu erstellte Kennwortrichtlinienobjekt und wählen Sie im Kontextmenü den Eintrag *Eigenschaften*. Wechseln Sie anschließend zum Register *Attribut-Editor*.

21. Klicken Sie auf das Attribut `msDS-PSOAppliesTo` und dann auf die Schaltfläche *Bearbeiten*.

Richtlinien für Kennwörter

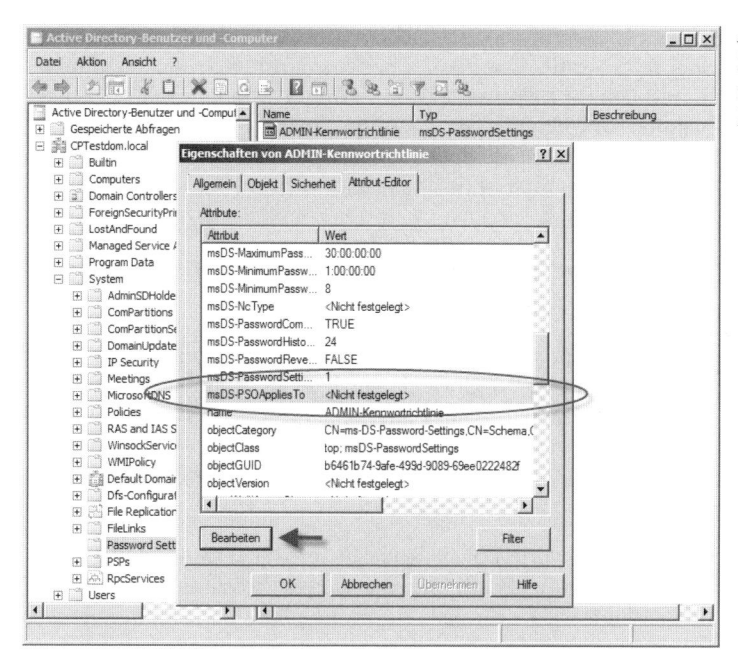

Abbildung 6.61
Zuweisung der neuen Richtlinie für Kennwörter

22. Klicken Sie auf die Schaltfläche *Windows-Konto hinzufügen*, wählen Sie das gewünschte Benutzerkonto oder die Sicherheitsgruppe aus, auf welche die vorweg Kennwortrichtlinie angewendet werden soll, und klicken Sie auf *OK*.

23. Klicken Sie dann nochmals auf *OK*, um die Auswahl zu bestätigen und zum Attribut-Editor zurück zu wechseln.

Die ausgewählte Sicherheitsgruppe bzw. das ausgewählte Benutzer- oder InetOrgPerson-Objekt wird im Attribut msDS-PSOAppliesTo als *definierter Name* (engl. *Distinguished Name, DN*) angezeigt.

Die definierte Kennwortrichtlinie wird auf die ausgewählten Objekte angewendet.

Wie Sie in den vorangegangenen Schritten erkennen konnten, ist das Anlegen von neuen *Richtlinien für Kennwörter* unter Windows Server 2008 R2 standardmäßig doch mit einigen, für viele der Administratoren sicher ungewohnten Schritten verbunden (insbesondere die notwendige Umrechnung von Zeitwerten anhand eines *Vielfachen von -100 Nanosekunden*). Alternativ zur gezeigten Vorgehensweise bestehen unter Windows Server 2008 R2 im Active Directory-Modul für Windows PowerShell einige neue Cmdlets zur Verfügung, um die Konfiguration von Richtlinien für Kennwörter womöglich auf der Kommandozeilenebene – oder gar mithilfe eines PowerShell-Skripts – vorzunehmen. Dies wird sicher jedoch nur für Administratoren in mittleren bis großen Active Directory-Domänen von Interesse sein. In diesen, sowie auch in kleineren Umgebungen kann man sich alternativ eines kostenfreien, grafischen Tools der Firma Specops (ehemals Special Operations Software) bedienen, mit welchem sich die neuen Richtlinien für Kennwörter unter Windows Server 2008 R2 sicher problemlos verwalten lassen – mit Specops Password Policy Basic. Vorausgesetzt wird hierbei jedoch, dass es Ihnen anhand (firmen-) interner Richtlinien erlaubt ist, solche kostenfreien Tools einzusetzen.

6.7.5 Richtlinien für Kennwörter mit Specops Password Policy Basic

Kostenfreie und einfache Verwaltungsmöglichkeit

Wie vorweg bereits erwähnt, lassen sich die neuen Richtlinien für Kennwörter unter Windows Server 2008 R2 in einem kostenfrei erhältlichen, grafischen Tool mit dem Namen *Specops Password Policy Basic* problemlos und übersichtlich verwalten. Die Umrechnung irgendwelcher Nanosekundenwerte können Sie hierin getrost vergessen – das kann das Tool ganz von alleine.

Specops Password Policy Basic bietet die folgenden Verwaltungsmöglichkeiten im Bezug auf die neuen Richtlinien für Kennwörter unter Windows Server 2008 R2 – im Bedarfsfall auch in unterschiedlichen Domänen:

- Erstellen neuer Richtlinien für Kennwörter
- Verwaltung vorhandener Richtlinien für Kennwörter
- Entfernen vorhandener Richtlinien für Kennwörter
- Anpassung der Priorisierung der Richtlinien für Kennwörter
- Analyse der angewendeten Richtlinien für Kennwörter für Benutzer-, InetOrgPerson-Objekte und globale Sicherheitsgruppen
- Ermittlung der betroffenen Benutzer einer Richtlinie für Kennwörter

Nachdem Specops Password Policy Basic auf einem Server unter Windows Server 2008 R2 installiert wurde, kann man damit sofort beginnen, die Richtlinien für Kennwörter zu erstellen bzw. zu verwalten.

> Die Installationsdatei für das Tool Specops Password Policy Basic finden Sie als Freeware-Version im Ordner \Tools auf der dem Buch beiliegenden CD-ROM.

Die Bedienung des grafischen Tools ist recht einfach und nachvollziehbar.

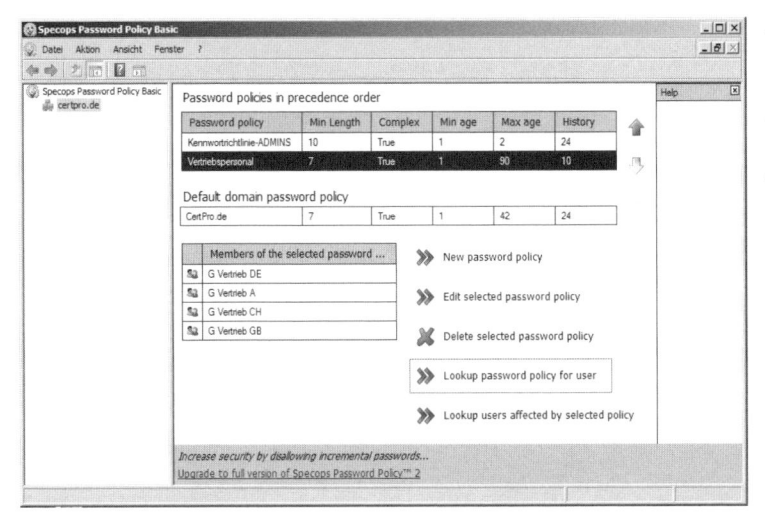

Abbildung 6.62
Specops Password Policy Basic für die grafische Verwaltung von Richtlinien für Kennwörter unter Windows Server 2008 R2

Das Tool Specops Password Policy Basic enthält neben der grafischen Oberfläche ebenso eine Vielzahl an Cmdlets als Ergänzung für die Windows PowerShell. Diese stehen Ihnen nach der Installation des Tools auf dem Server unter Windows Server 2008 R2 in der auf dem Server vorweg installierten Windows PowerShell nach Eingabe des folgenden Befehls in der PowerShell zur Verfügung:

Add-PSSnapin SpecopsSoft.PasswordPolicyBasic

> Weitere Informationen, sowie auch die Möglichkeit zum Download und zum Produkt-WIKI des Herstellers finden Sie im Internet unter: *http://www.specopssoft.com*

Auf die Verwaltung von Windows Server 2008 R2 mithilfe der Windows PowerShell gehe ich im weiteren Verlauf dieses Buches noch detailliert ein. Vorweg wird es nunmehr Zeit, sich eine weitere, in den Computernetzwerken von Unternehmen weltweit sicher vorhandenen Serverrollen, die Dateidienste etwas genauer zu betrachten. Der Weg dahin führt uns im folgenden Kapitel erst noch zur Datenträgerverwaltung unter Windows Server 2008 R2.

7 Datenträgerverwaltung

Wenn man sich mit den Dateidiensten unter Windows Server 2008 R2 befassen möchte, so steht dies stets in Einklang mit der Datenträgerverwaltung auf den dafür eingesetzten Serversystemen. Bereits zu Zeiten von Windows NT war es möglich, die auf einem Computersystem vorhandenen Datenträger aus einer grafischen Oberfläche heraus zu verwalten. Später kam dann auch ein passendes Kommandozeilentool mit dem Namen Diskpart.exe hinzu, welches man aufgrund seiner Vielfältigkeiten im Rahmen der Datenträgerverwaltung auch im Umfang von Windows Server 2008 R2 oder auch Windows 7 wiederfindet.

Grafisch oder in der Kommandozeile

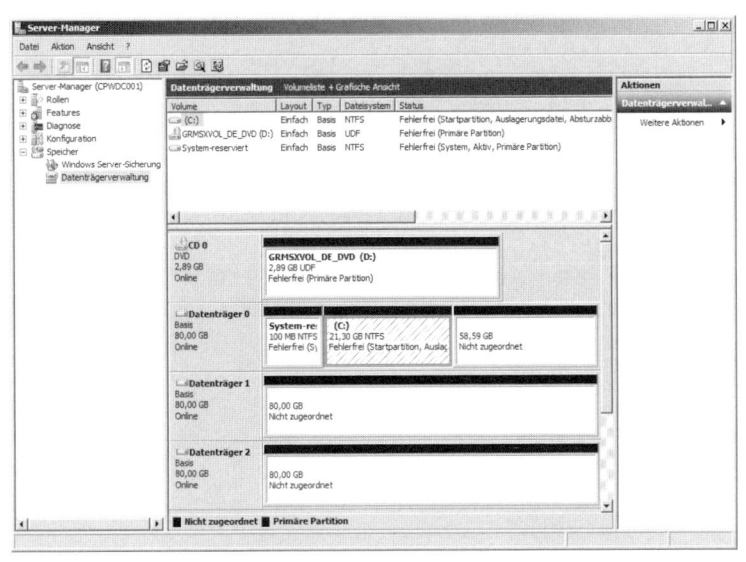

Abbildung 7.1
Datenträgerverwaltung im Server-Manager unter Windows Server 2008 R2

In diesem Kapitel erhalten Sie Informationen zur Verwaltung von Laufwerken sowie auch über die Neuerungen im Rahmen der Datenträgerverwaltung unter Windows Server 2008 R2

7.1 Verwalten von Laufwerken

Die Verwaltung von Laufwerken unter Windows Server 2008 R2 fällt mitunter sehr vielfältig aus. Je nachdem, welche Rollen und Funktionen auf dem betreffenden Serversystem ausgeführt werden, kommen hierbei auch mehr oder weniger Festplatten- oder beispielsweise auch DVD-Laufwerke zum Einsatz.

7.1.1 Vergrößern von Volumes

Beheben von Speicherengpässen — Zwar nicht zwangsläufig die Regel, jedoch sicher nicht ungewöhnlich ist die Feststellung über ein zu klein gewähltes Volume innerhalb eines Festplattenlaufwerks. So belegen insbesondere womöglich ständige Aktualisierungen oder auch Erweiterungen der auf einem Server eingesetzten Software mitunter einen nicht unerheblichen Speicherplatz auf einem Festplattenlaufwerk. Wenn die ursprüngliche Kapazitätsplanung ein solches Wachstum der Speicheranforderung nicht vorsah, so kann dies in der Praxis schon mal zu Speicherengpässen führen. Glücklicherweise besteht auf Serversystemen unter Windows Server 2008 R2 in der Regel die Möglichkeit, durch den Einbau weiterer Festplattenlaufwerke – oder mitunter sogar einfach durch Nutzung von noch freiem Speicherplatz auf den bereits vorhandenen Festplattenlaufwerken – das betreffende Volume zu erweitern. Hierzu findet man in der grafischen *Datenträgerverwaltung* eine entsprechende Option.

Verkleinerung von Volumes auch möglich — Wie eingangs dieses Kapitels bereits erwähnt, steht die gleiche Funktion mithilfe des Befehls Diskpart.exe und der darin enthaltenen Option EXTEND auch auf der Kommandozeile zur Verfügung. Die Erweiterung von vorhandenen Volumes bzw. Partitionen war auf den Laufwerken unter Windows NT bereits möglich. Neu hingegen hat Microsoft beginnend mit Windows Vista auch die Option zur *Verkleinerung von Volumes* in das Betriebssystem implementiert.

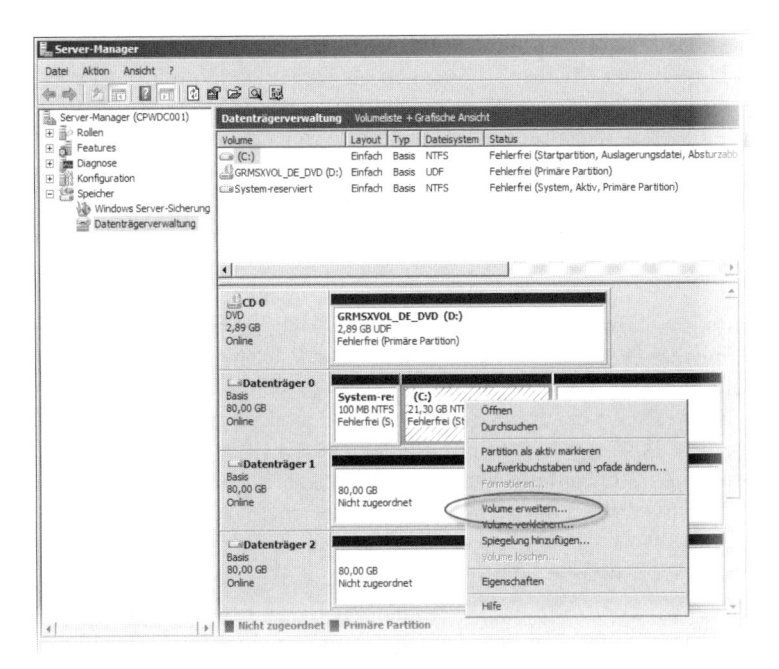

Abbildung 7.2
Erweitern eines vorhandenen Volumes in der Datenträgerverwaltung von Windows Server 2008 R2

7.1.2 Verkleinern von Volumes

Mit der Option zur Verkleinerung von Volumes besteht die Möglichkeit, auch bereits beschriebene Festplattenvolumes um einen Teil des vorhandenen, noch freien Speicherplatzes zu verkleinern. Man findet auch diese Option im Kontextmenü des jeweiligen Volumes in der *Datenträgerverwaltung* unter Windows Server 2008 R2. Im Kommandozeilenbefehl Diskpart.exe heißt diese Option SHRINK und führt letztlich zum gleichen Ergebnis.

Seit Windows Vista möglich

Kommen wir nun zu einer völligen Neuerung, die erstmals mit Windows Server 2008 R2 bzw. Windows 7 im Rahmen der Datenträgerverwaltung eingeführt wurde – die Verwaltung von virtuellen Festplatten.

7.2 Verwalten von virtuellen Festplatten

Virtuelle Festplatten kennen viele Anwender bereits aus den Virtualisierungslösungen von Microsoft, beispielsweise Microsoft Virtual PC 2007, Microsoft Virtual Server 2005 R2 oder auch Microsoft Hyper-V – jedoch sicher aus der Verwendung unter VMware.

Neue Wege der Datenspeicherung und Verwaltung

Diese virtuellen Festplatten (engl. *Virtual Hard Disks, VHDs*) werden im Umfeld der Microsoft-Lösungen als Datendateien mit der Dateinamenserweiterung *.VHD* gespeichert. Neu ist die Möglichkeit, diese Dateitypen bereits unter einem physikalisch installierten Betriebssystem wie Windows Server 2008 R2 oder Windows 7 als virtuelle Festplatten einzubinden und vergleichsweise wie eine physikalische Festplatte mit Daten zu beschreiben, bzw. die darin gespeicherten Daten ebenso problemlos zu lesen.

> Es besteht die Möglichkeit, die Betriebssysteme Windows 7 oder Windows Server 2008 R2 auf einem physikalischen Computersystem aus einer vorhandenen, virtuellen Festplatte (*.VHD-Datei*) zu starten. Hierzu sind mit dem Kommandozeilenbefehl BCDEdit.exe vorweg bestimmte Konfigurationsschritte im Boot-Verhalten des jeweiligen Computersystems zu tätigen. Nähere Informationen zu den notwendigen Konfigurationsschritten sowie zum Booten eines physikalischen Computersystems von einer virtuellen Festplatte erhalten Sie im Internet unter:
>
> *http://technet.microsoft.com/de-de/library/dd440864(WS.10).aspx*

7.2.1 Virtuelle Festplatten erstellen

Per Mausklick oder in der Kommandozeile möglich

In der Datenträgerverwaltung von Windows Server 2008 R2 lassen sich virtuelle Festplatten problemlos erstellen. Die *Option zum Erstellen neuer, virtueller Festplatten* findet man durch einen Klick mit der rechten Maustaste auf *Datenträgerverwaltung* in der *Datenträgerverwaltungskonsole*. Anschließend gibt man lediglich noch einen Pfad und Dateinamen für die Speicherung der neu zu erstellende VHD-Datei des virtuellen Datenträgers sowie dessen geplante Festplattenkapazität an. Hierbei kann man dann auch entscheiden, ob der neu zu erstellende, virtuelle Datenträger dynamisch erweiterbar oder gleich als feste Größe erstellt werden soll.

> Bei der Auswahl der festen Größe einer neu zu erstellenden, virtuellen Festplatte wird der komplette Speicherplatz des zu erstellenden, virtuellen Datenträgers auf der für die Speicherung angegebenen Festplattenlaufwerk belegt – unabhängig davon, ob der Speicherplatz bereits verwendet wird. Dies ist die empfohlene Option zum Erstellen neuer virtueller Festplatten.

Verwalten von virtuellen Festplatten

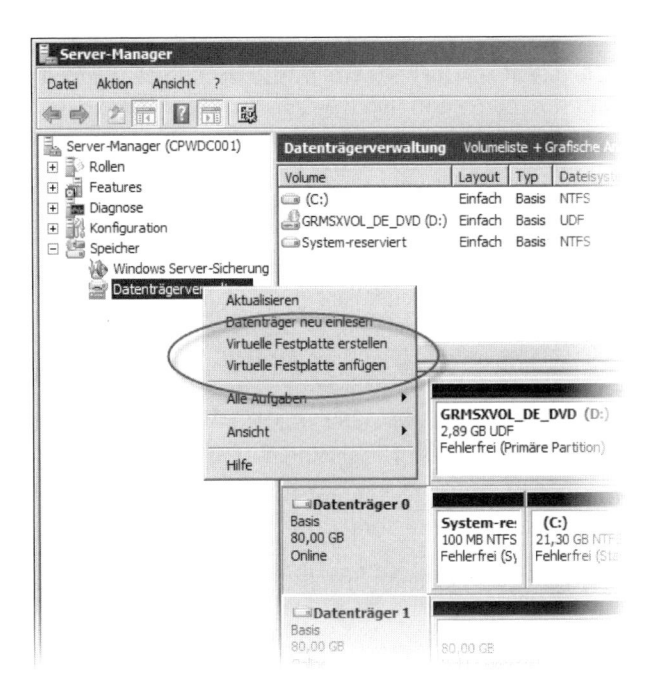

*Abbildung 7.3
Auswahl zum
Erstellen einer
neuen, virtuellen
Festplatte in der
Datenträger-
verwaltung unter
Windows Server
2008 R2*

Der Assistent zum Erstellen neuer, virtueller Festplatten in der Datenträgerverwaltungskonsole prüft beim Erstellen den zur Verfügung stehenden Speicherplatz. Nach dem Erstellen werden virtuelle Festplatten erst noch im Status „Unbekannt" angezeigt. Man kann dann mit der rechten Maustaste auf den neuen Datenträger klicken und im Kontextmenü die Option *Datenträgerinitialisierung* auswählen.

Erst einmal „unbekannt"

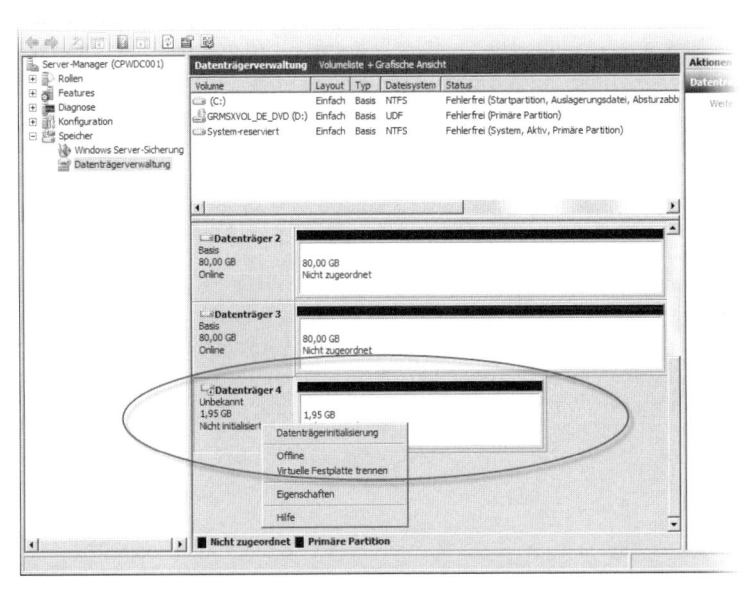

*Abbildung 7.4
Initialisierung einer
neuen, virtuellen
Festplatte in der
Datenträgerver-
waltung unter
Windows Server
2008 R2*

271

Nach dem Erstellen werden die virtuellen Festplatten in der *Datenträgerverwaltung* wie physikalische Festplatten angezeigt und behandelt. Diese kann man formatieren und ihnen beispielsweise im Bedarfsfall ebenso auch einen freien Laufwerksbuchstaben zuweisen.

> Auf der Microsoft-TechNet-Website findet man das kostenfreie Tool Disk2vhd.exe, mit welchem man die Volumes oder auch Partitionen von vorhandenen, physikalischen Computersystemen in virtuelle Festplatten (*.VHD-Dateien*) kopieren kann – und das im eingeschalteten Zustand! Diese virtuellen Festplatten kann man anschließend entweder als virtuelle Computer und Festplatten in einer der Virtualisierungslösungen (beispielsweise Microsoft Hyper-V) oder aber auch auf physikalischen Computersystemen unter Windows 7 oder Windows Server 2008 R2 als virtuelle Festplatten einbinden.
>
> Nähere Informationen und auch die Möglichkeit zum kostenfreien Download findet man im Internet unter:
>
> *http://technet.microsoft.com/en-us/sysinternals/ee656415.aspx*

Natürlich lassen sich virtuelle Festplatten auch mithilfe des Kommandozeilenbefehls diskpart.exe erstellen und verwalten. Nähere Informationen hierzu finden Sie in der Windows-Hilfe.

7.2.2 Virtuelle Festplatten anfügen oder entfernen

Vorhandene, virtuelle Festplatten lassen sich in der Datenträgerverwaltung von Windows Server 2008 R2 bzw. Windows 7 problemlos importieren und als zusätzliche Laufwerke anfügen. Diese werden im System wie auch die vorhandenen physikalischen Festplatten angezeigt und können ebenso mit Dateninformationen beschrieben oder auch formatiert werden.

Im Bedarfsfall kann man die virtuellen Festplatten aus der Datenträgerverwaltung von Windows Server 2008 bzw. Windows 7 auch wieder entfernen. Hierzu klickt man mit der rechten Maustaste auf den betreffenden, virtuellen Datenträger und wählt im Kontextmenü den Eintrag *Virtuelle Festplatte trennen*. Anschließend kann man dann noch entscheiden, ob man diese lediglich vom System trennen oder sogar die *.VHD*-Datei der virtuellen Festplatte nach dem Entfernen aus der Datenträgerverwaltung vollständig löschen möchte.

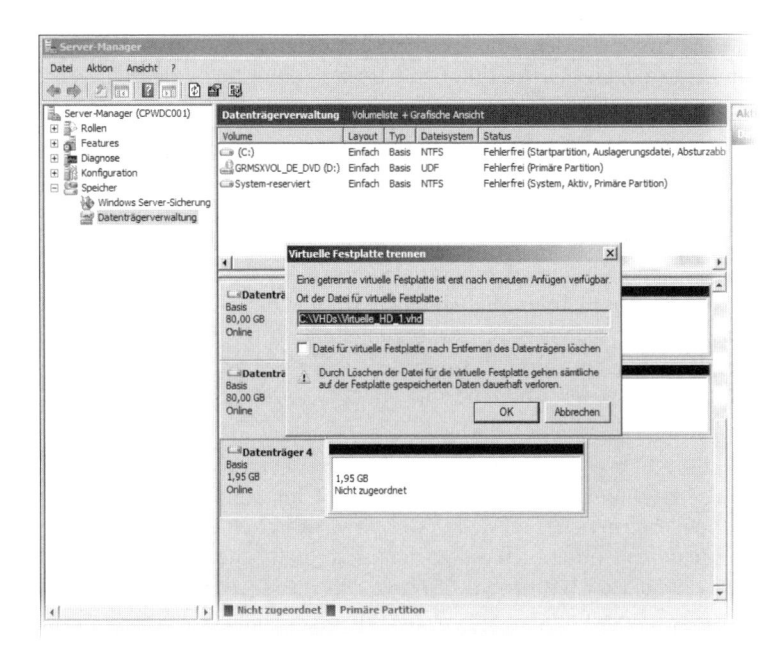

Abbildung 7.5
Entfernen von virtuellen Festplatten aus der Datenträgerverwaltung von Windows Server 2008 R2

Wenn man sich einmal die Möglichkeiten des Einsatzes von virtuellen Festplatten unter den neuen Windows-Betriebssystemen vor Augen führt, erkennt man sicher bereits ein klein wenig der Zukunftsentwicklung, die noch vor uns liegt – warten wir es ab.

7.3 Schattenkopien

Ein weiteres, eigentlich bereits seit Windows Server 2003 bekanntes Feature stellen die Schattenkopien dar. Anhand dieses Features konnte jeder normale Anwender die auf dem betreffenden Serversystem vorhandenen und im Netzwerk freigegebenen Dateien und Ordner nach versehentlichem Löschen oder Verändern anhand einer Schattenkopie in kürzester Zeit wieder herstellen – und das alles, ohne dafür die Bandsicherung verwenden zu müssen. Ein Administrator musste dafür nicht bemüht werden.

Nochmals verbessert – jetzt auch lokal nutzbar

Im Hintergrund bediente sich die Funktion der Schattenkopien (im damaligen Betriebssystem wie auch zur heutigen Zeit) der Volume Shadow Copy Service (*VSS*). Bereits zur damaligen Zeit basierte das Prinzip auf einer Versionierung, welche die Speicherung von maximal 64 verschiedenen Versionen von den in den vorhandenen und für Schattenkopien aktivierten Freigaben gespeicherten Dateien und Ordnern ermöglichte. Auch unter Windows Server 2008 R2 können die Schattenkopien auf den im Serversystem vorhandenen Festplat-

Kapitel 7 Datenträgerverwaltung

ten verwendet werden, um versehentlich gelöschten oder geänderten Dateien und/oder Ordner im Bedarfsfall in einer vorherigen Version wieder herzustellen.

Keine Echtzeitsicherung von Daten Seit Windows Vista besteht die Möglichkeit, versehentlich gelöschte oder veränderte Dateien und Ordner statt über eine Netzwerkfreigabe mithilfe der Schattenkopien des betreffenden Festplattenlaufwerks im Bedarfsfall sogar lokal im Windows-Explorer des betreffenden Serversystems wieder herzustellen. Da es sich im Rahmen der Schattenkopien nicht um Echtzeitsicherungen handelt, wird lediglich vorausgesetzt, dass die wiederherzustellenden Dateien oder Ordner vorweg wenigstens einmal durch den Volume Shadow Copy Service (*VSS*) in Form einer Schattenkopie erfasst werden konnten.

> Die Funktion der Schattenkopien werden in einen standardmäßig ausgeblendeten Bereich der vorhandenen, lokalen Festplattenlaufwerke geschrieben. Bei Ausfall der physikalischen Festplattenlaufwerke gehen somit auch die vorweg erstellten Schattenkopien verloren. Beachten Sie deshalb unbedingt, dass Schattenkopien die eigentlich notwendige Datensicherung nicht ersetzen können.

Die Konfiguration der Schattenkopien führt man unter Windows Server 2008 R2 im *Windows-Explorer* direkt in den *Eigenschaften* des betreffenden Festplattenlaufwerks durch.

Abbildung 7.6
Konfiguration von Schattenkopien in den Eigenschaften eines Festplattenlaufwerks im Windows-Explorer unter Windows Server 2008 R2

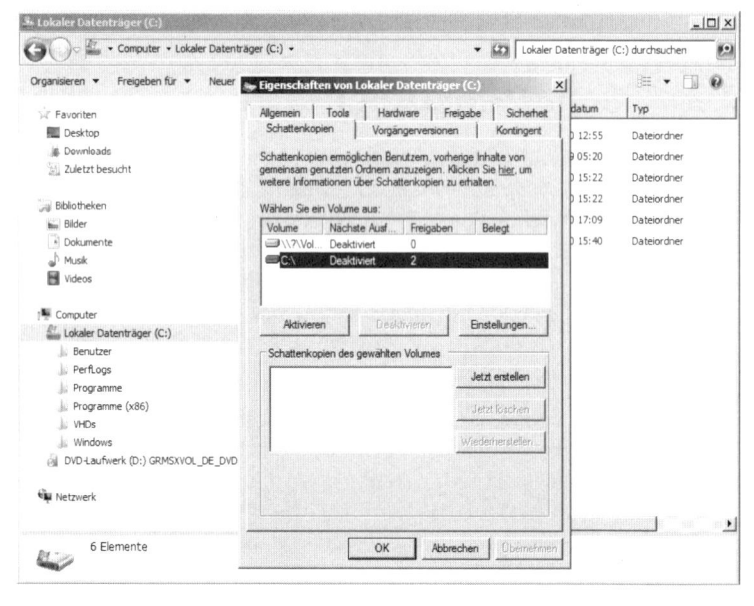

274

7.4 RAID-Datenträger unter Windows Server 2008 R2

Auch unter Windows Server 2008 R2 besteht in der *Datenträgerverwaltungskonsole* oder auch mithilfe des Kommandozeilenbefehls diskpart.exe die Möglichkeit, softwarebasierte RAID-Datenträger (*Redundant Array of Independent Disks*) als RAID 0, RAID 1 oder RAID 5 einzurichten. Dies wird direkt über das Kontextmenü eines jeweiligen Festplattenlaufwerks in der Verwaltungskonsole ermöglicht. Da die meisten der heutzutage angebotenen Serversysteme zumeist bereits über entsprechende, hardwarebasierte RAID-Controller verfügen, bleibt das Einrichten von softwarebasierten RAID-Datenträgern unter Windows Server 2008 R2 sicher eher die Ausnahme. Im Bedarfsfall finden Sie weitere Informationen hierzu in der Windows-Hilfe.

Software-RAID sicher nur die Ausnahme

Nunmehr wird es Zeit, sich intensiver mit einer Serverrolle zu befassen, die sich im Bedarfsfall ebenso auch der Festplattenlaufwerke von Serversystemen bedienen kann. Im nächsten Kapitel erfahren Sie eine Einführung in die *Dateidienste* unter Windows Server 2008 R2.

8 Konfiguration und Verwaltung der Dateidienste

Auf einem Serversystem unter Windows Server 2008 R2 können die Dateidienste verwendet werden, um Dateien und Ordner in einem Computernetzwerk freizugeben. Durch die Erweiterung für *NFS (Network File System)* unterstützt ein solches Serversystem im Bedarfsfall dann auch Unix-Clients im Zugriff auf die betreffenden Dateien und Ordner. Hierzu muss man lediglich die entsprechende Serverrolle auf dem Serversystem unter Windows Server 2008 R2 installieren. Anschließend kann man die Verwaltung der Freigabe der auf dem System vorhandenen Dateien und Ordner mit entsprechenden Tools vornehmen. Prinzipiell entsprechen die Dateidienste unter Windows Server 2008 R2 fast denen, die bereits unter Windows Server 2008 implementierbar waren.

Dateiverwaltung leicht gemacht

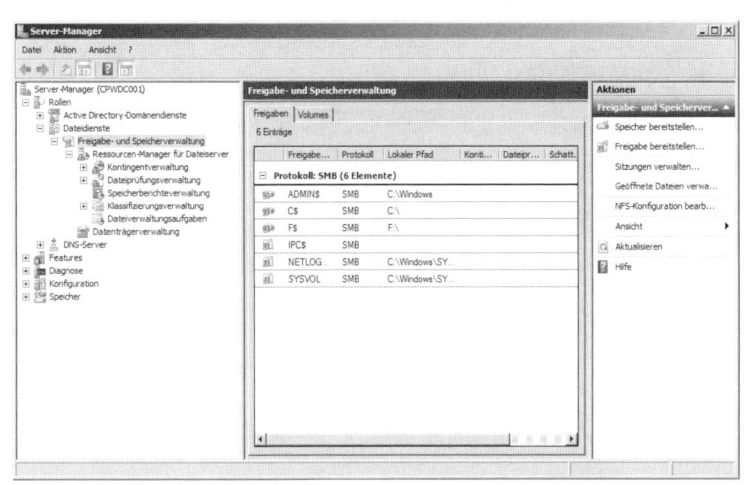

Abbildung 8.1
Dateidienste im Server-Manager unter Windows Server 2008 R2

Kapitel 8   Konfiguration und Verwaltung der Dateidienste

Wenig Neues   Als Neuerung haben sich lediglich kleinere Änderungen im *Ressourcen-Manager für Dateiserver* eingeschlichen. Dort findet man neuerdings die Klassifizierungsverwaltung, mit deren Hilfe man Dateien kategorisieren kann. Ebenso neu ist auch die Möglichkeit der Definition von speziellen Dateiverwaltungsaufgaben. Näheres hierzu erfahren Sie in den nächsten Seiten.

> Die Dateidienste werden ebenso auch von einem Serversystem unter Windows Server 2008 R2 als Server Core unterstützt. Die Schritte zur Implementierung der Serverrolle auf solchen Systemen werden im späteren Verlauf dieses Buches erklärt.

8.1   Installation der Dateidienste

Gehen Sie wie folgt vor, um die Dateidienste als Serverrolle auf einem Serversystem unter Windows Server 2008 R2 als vollwertige Installation hinzuzufügen:

1. Öffnen Sie den *Server-Manager*.
2. Klicken Sie auf *Rollen* und dann auf *Rollen hinzufügen*.
3. Klicken Sie im Dialog *Vorbemerkungen* auf *Weiter*.
4. Wählen Sie im Dialog *Serverrollen auswählen* die *Dateidienste* aus und klicken Sie dann auf *Weiter*.
5. Klicken Sie im Dialog *Dateidienste* auf *Weiter*.
6. Wählen Sie im folgenden Dialog die gewünschten Rollendienste aus und klicken Sie dann auf *Weiter*.

Abbildung 8.2
Auswahl der gewünschten Serverrollen

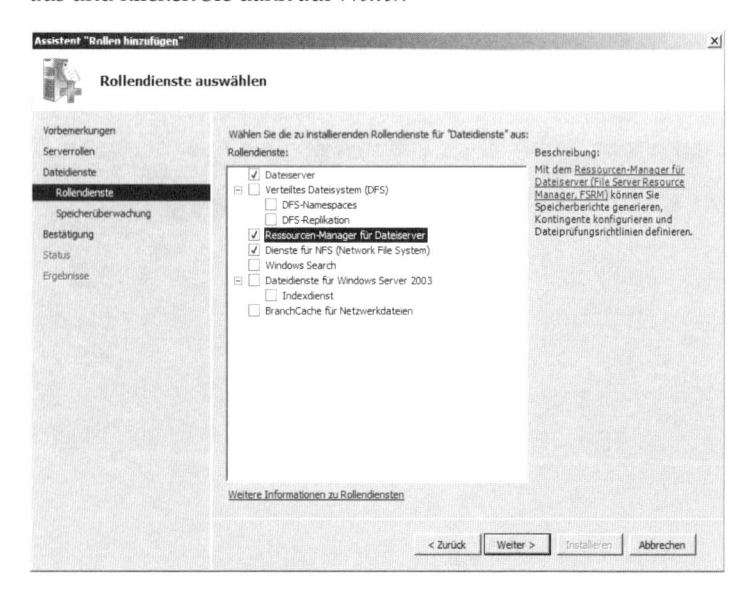

7. Aktivieren Sie, falls gewünscht, die Überwachung der Speichernutzung auf den angezeigten Datenträgern. Diese Konfiguration können Sie später wiederum ändern oder bei Bedarf auch wieder deaktivieren. Klicken Sie anschließend auf *Weiter*.

   Folgen Sie (bei Auswahl weiterer Serverrollen) den Anweisungen des Installationsassistenten.

8. Wenn Sie keine weiteren Rollendienste mehr ausgewählt haben, so wird Ihnen der Dialog zur Bestätigung der Installationsauswahl angezeigt. Prüfen Sie diese und klicken Sie anschließend auf *Installieren*.

9. Klicken Sie bei der Anzeige der *Installationsergebnisse* auf *Schließen*.

Die in den vorangegangenen Schritten installierte Serverrolle kann anschließend direkt im *Server-Manager* von Windows Server 2008 R2 unter *Rollen/Dateidienste* verwaltet werden.

8.2 Freigabe- und Speicherverwaltung

Nach der Installation der Dateidienste unter Windows Server 2008 R2 führt der erste Weg der Verwaltung in die *Freigabe- und Speicherverwaltung*. Diese finden Sie beispielsweise im *Server-Manager* von Windows Server 2008 R2 direkt unterhalb der Serverrolle *Dateidienste*.

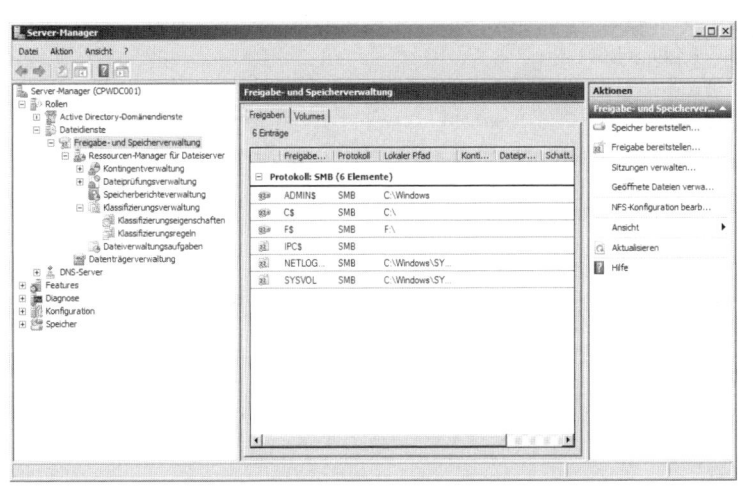

Zentrale Verwaltung der Ressourcen im Server-Manager

*Abbildung 8.3
Freigabe- und Speicherverwaltung im Server-Manager unter Windows Server 2008 R2*

Wie der Name dieses Verwaltungsabschnitts es bereits erahnen lässt, werden hier die Freigaben und der für die Datenbereitstellung zu nutzende Speicher des jeweiligen Serversystems verwaltet. Dazu stehen die Registerkarten *Freigaben* und *Volumes* zur Verfügung. Entsprechende Befehle für die Verwaltung werden im rechten Fensterbereich unter *Aktionen* (engl. *Action pane*) angezeigt und können über einen Klick auf die jeweils gewünschte Aktion aufgerufen werden.

Wenn Sie den *Ressourcen-Manager für Dateiserver* im Verlauf der Installation der Serverrolle *Dateidienste* (oder im späteren Verlauf) ebenso zur Installation ausgewählt haben, so wird dieser Ihnen gleich unterhalb der *Freigabe- und Speicherverwaltung* angezeigt.

8.3 Ressourcen-Manager für Dateiserver

Der Ressourcen-Manager für Dateiserver (engl. *File System Resource Manager, FSRM*) bietet im Rahmen der Bereitstellung der Dateidienste noch weitere Verwaltungsmöglichkeiten an. Zu diesen zählen:

- **Kontingentverwaltung** bietet Möglichkeiten zum Erstellen von Kontingenten, anhand deren man „harte" oder „weiche" Speicherplatzgrenzen für Volumes oder Ordnerstrukturen festlegen kann.
- **Dateiprüfungsverwaltung** bietet die Möglichkeit zum Erstellen von Dateiprüfungsregeln, mit denen man das Speichern bestimmter Dateien auf Volumes oder in Ordnerstrukturen verbieten kann.
- **Speicherberichteverwaltung** dient dem Generieren von Speicherberichten, um die Datenträgerverwendung zu überwachen, doppelt vorhandene oder ruhende Dateien zu identifizieren, den Kontingentbedarf nachzuverfolgen und die Dateiprüfung zu überwachen.
- **Klassifizierungsverwaltung** bietet die Möglichkeit zum Erstellen und Anwenden von Dateiklassifizierungseigenschaften, die man zum Kategorisieren von Dateien verwenden kann.
- **Dateiverwaltungsaufgaben** dient dem Automatisieren der Suche nach Teilmengen von Dateien auf einem Server sowie das Anwenden einfacher Befehle.

Wenn man die in der oberen Grafik erkennbaren Verwaltungsmöglichkeiten mit denen im Ressourcenmanager für Dateiserver von Windows Server 2003 R2 oder unter Windows Server 2008 vergleicht, so werden die Ähnlichkeiten deutlich. Lediglich die Klassifizierungsverwaltung sowie die Dateiverwaltungsaufgaben wurden im Ressourcenmanager für Dateiserver unter Windows Server 2008 R2 neu hinzugefügt.

Ressourcen-Manager für Dateiserver

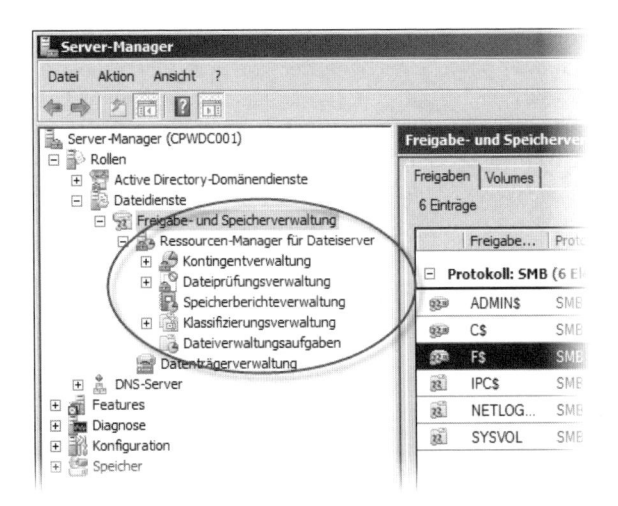

Abbildung 8.4
Verwaltungsmöglichkeiten im Ressourcen-Manager für Dateiserver unter Windows Server 2008 R2

8.3.1 Kontingentverwaltung

Im Rahmen der Kontingentverwaltung kann ein Administrator den durch Benutzer auf dem betreffenden Serversystem für die Speicherung von Daten zu nutzenden Speicherplatz beschränken. Dies geschieht bei Bedarf mithilfe einer vorweg zu definierenden und auf Regeln basierten Kontingentvorlage. Anders als die bereits auch in vorherigen Betriebssystemen nutzbaren Quotas auf Laufwerksebene wendet man die Kontingente im Ressourcenmanager für Dateiserver auf Ordnerebene an. Somit können Vorlagen im Bedarfsfall problemlos mehrfach verwendet werden.

Speicherkontingente auf Ordnerebene

Gleich nach der Installation des Ressourcen-Manager für Dateiserver findet man auf dem Serversystem unter Windows Server 2008 R2 mehrere, vordefinierte Kontingentvorlagen. Diese kann man auf die eigenen Bedürfnisse anpassen, sowie auch jederzeit neue Kontingentvorlagen erstellen.

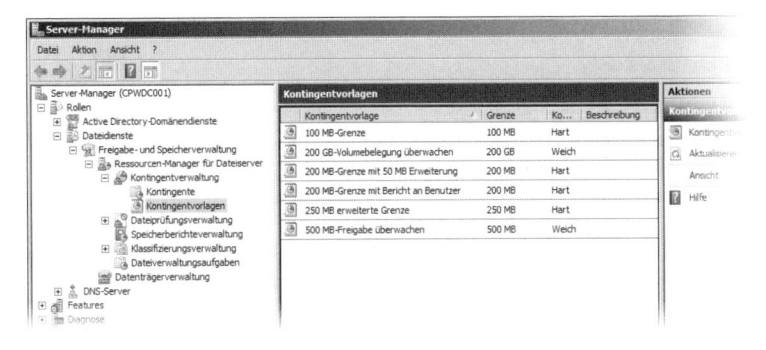

Abbildung 8.5
Vordefinierte Kontingentvorlagen im Ressourcenmanager für Dateiserver unter Windows Server 2008 R2

Kapitel 8 Konfiguration und Verwaltung der Dateidienste

Aktionen beim Erreichen der definierten Schwellenwerte Innerhalb der Kontingentvorlagen kann man die Speichergrenze sowie auch mögliche Aktionen beim Erreichen oder gar dem Überschreiten des definierten Speicherwerts festlegen. Es ist zudem möglich, E-Mail-Nachrichten bei Erreichen eines bestimmten, definierten Schwellenwertes an den jeweiligen Benutzer oder optional sogar an einen oder gleich mehrere Administratoren zu senden. Für die Gestaltung des Nachrichtentextes stehen im Ressourcen-Manager für Dateiserver rund 30 Variablen zur Verfügung.

Abbildung 8.6
Eigenschaften einer vordefinierten Kontingentvorlage

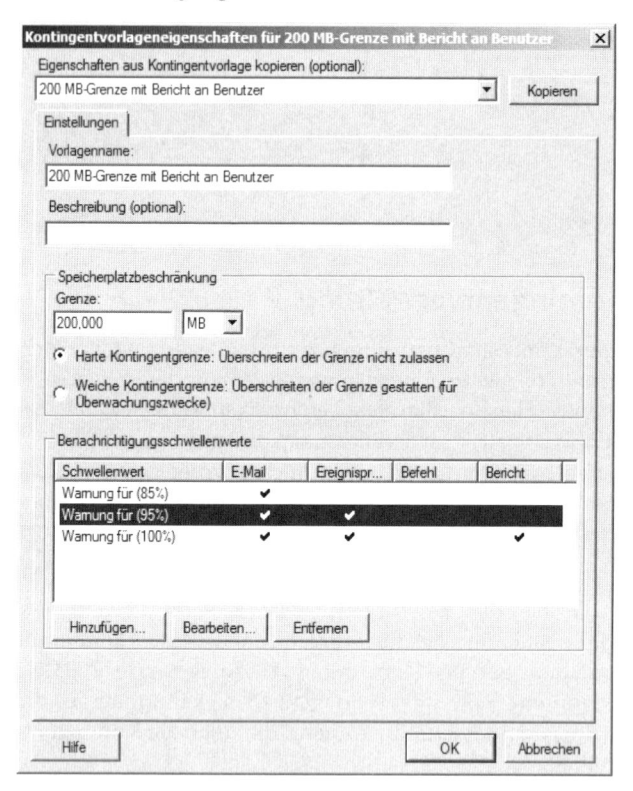

Die Speicherplatzbeschränkung in einer Kontingentvorlage kann man festlegen als:

- **Harte Kontingentgrenze:** Überschreiten der Grenze nicht zulassen
- **Weiche Kontingentgrenze:** Überschreiten der Grenze gestatten (für Überwachungszwecke)

> Die Dateidienste werden ebenso auch von einem Serversystem unter Windows Server 2008 R2 als Server Core unterstützt. Die Schritte zur Implementierung der Serverrolle auf solchen Systemen werden im späteren Verlauf dieses Buches erklärt.

Darüber hinaus kann man entsprechende Benachrichtigungsschwellenwerte (beispielsweise bei 85%, 95% oder auch bei 100% der Speicherauslastung) festlegen, wie dies bereits auch in der oberen Grafik zu sehen ist.

Bei Erreichen dieser Schwellenwerte kann man in den Eigenschaften der jeweiligen Benachrichtigungsschwellenwerte eine gewünschte Aktion festlegen, wie zum Beispiel:

- **E-Mail-Nachricht** löst eine E-Mail-Nachricht an den Benutzer und bei Bedarf auch an den/die Administratoren aus.
- **Ereignisprotokoll** sendet einen Ereignisprotokolleintrag im Ereignisprotokoll des betreffenden Serversystems.
- **Befehl** dient dem Festlegen eines Befehls oder Skripts, welcher bei Erreichen des definierten Schwellenwerts ausgeführt werden soll.
- **Bericht** generiert beim Erreichen des Schwellenwerts einen vorweg ausgewählten Bericht und sendet diesen bei Bedarf an den Benutzer oder Administrator.

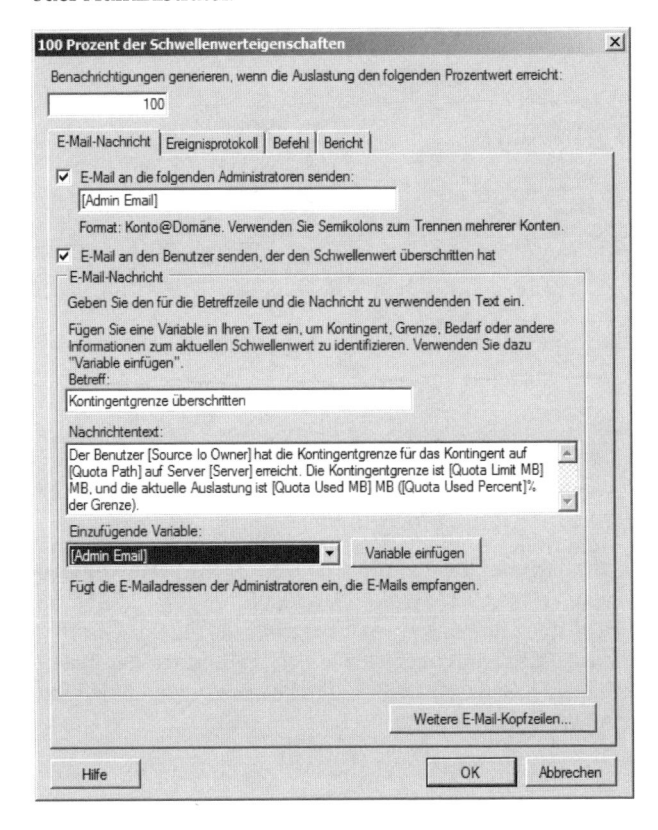

Abbildung 8.7
Dialog zum Festlegen der Schwellenwerteigenschaften

Kontingent erstellen

Im *Ressourcen-Manager für Dateiserver* auf einem Serversystem unter Windows Server 2008 R2 können Sie bei Bedarf jederzeit ein neues Kontingent anhand einer vordefinierten Vorlage auf einen Ordner anwenden. Gehen Sie dazu wie folgt vor:

1. Erweitern Sie im *Ressourcen-Manager für Dateiserver* die *Kontingentverwaltung*.
2. Klicken Sie mit der rechten Maustaste auf *Kontingente* und wählen Sie im Kontextmenü den Eintrag *Kontingent erstellen…*
3. Geben Sie im Feld *Kontingentpfad:* den gewünschten Ordnerpfad an (alternativ können Sie auf die Schaltfläche *Durchsuchen…* klicken, um den gewünschten Ordnerpfad auszuwählen). Legen Sie anschließend die gewünschten Kontingenteigenschaften fest, und klicken Sie dann auf *Erstellen*.

Abbildung 8.8
Erstellen eines neuen Kontingents im Ressourcenmanager für Dateiserver unter Windows Server 2008 R2

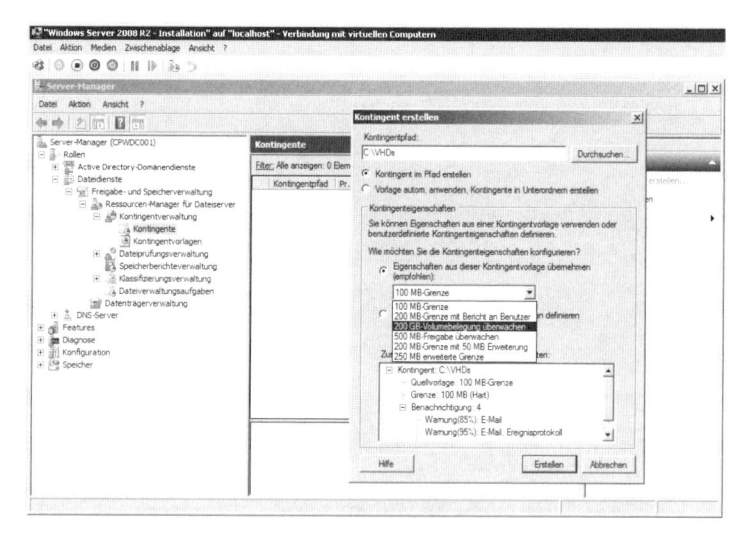

Das soeben erstellte Kontingent wird im *Ressourcen-Manager für Dateiserver* in der *Kontingentverwaltung* unter *Kontingente* angezeigt.

Prinzipiell ähnlich effektiv, wie auch die Kontingentverwaltung, zeigt sich Verwendungsmöglichkeit der Dateiprüfungsverwaltung. Sie ist vielleicht nicht ganz so konsequent, wie mancher Administrator sich dies vielleicht wünschen würde, da sie sich im Rahmen der Dateiprüfung lediglich anhand der Dateinamenserweiterung, nicht jedoch am eigentlichen Dateiinhalt orientiert.

8.3.2 Dateiprüfungsverwaltung

Die Dateiprüfungsverwaltung verwendet ähnlich wie die Kontingentverwaltung auch Vorlagen, sogenannte *Dateiprüfungsvorlagen*, um ihrerseits jedoch die Speicherung bestimmter Dateitypen auf einem Serversystem unter Windows Server 2008 R2 zu verhindern. Hierzu sind bereits bestimmte, anpassbare Dateigruppen (beispielsweise für Audio- und Videodateien, Bilddateien etc.) vorhanden. Bei Bedarf kann man jederzeit weitere Dateigruppen erstellen, um diese anschließend in den Dateiprüfungsvorlagen für die Konfiguration von Dateiprüfungen auf bestimmte Verzeichnisse in den Festplattenlaufwerken des betreffenden Serversystems zu verwenden.

Verhindern der Speicherung unerwünschter Dateitypen

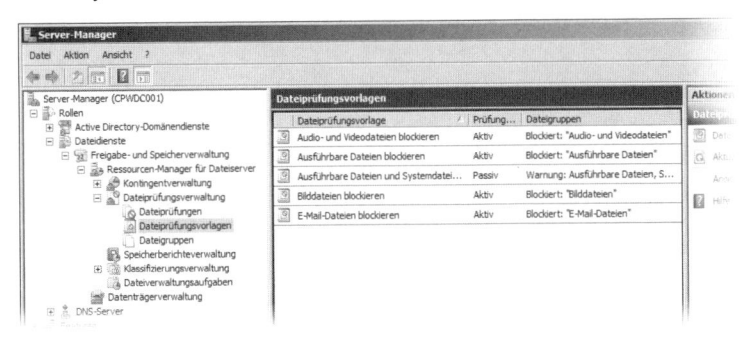

Abbildung 8.9 Dateiprüfungsverwaltung im Ressourcenmanager für Dateiserver unter Windows Server 2008 R2

Prinzipiell ähnlich, wie auch die *Kontingentvorlagen*, definiert man im Rahmen der *Dateiprüfungsverwaltung* entsprechende *Dateiprüfungsvorlagen*. In diesen legt man fest, auf welche Dateigruppen sich die Vorlage bezieht. Zudem muss man sich in den Einstellungen der jeweiligen Vorlage für einen der möglichen Prüfungstypen entscheiden.

Basiert auf Vorlagen

Für eine Dateiprüfungsvorlage kann man den Prüfungstyp festlegen auf:

- **Aktives Prüfen:** Speichern von nicht autorisierten Dateien nicht zulassen (hierbei wird das Speichern der festgelegten Dateitypen verweigert)
- **Passives Prüfen:** Speichern von Dateien zulassen (für Überwachungszwecke)

Zusätzlich kann man, wiederum vergleichbar, wie dies auch im Rahmen der Definition von Kontingenten möglich ist, beim Speicherversuch der definierten Dateigruppen folgende Aktionen festlegen:

- **E-Mail-Nachricht** bietet die Möglichkeit, eine E-Mail-Nachricht mit Hinweis auf den Speicherversuch/-vorgang an den jeweiligen Benutzer und optional auch an den/die Administratoren zu versenden.
- **Ereignisprotokoll** sendet eine Warnung an das Ereignisprotokoll des betreffenden Serversystems und dokumentiert somit den jeweiligen Speicherversuch/-vorgang.

▶ **Befehl** ermöglicht es, einen definierten Befehl oder Skript auszuführen.

▶ **Bericht** generiert entsprechende Dateiberichte und sendet diese auf Wunsch an den jeweiligen Benutzer oder einen Administrator.

Abbildung 8.10
Beispiel einer vordefinierten Dateiprüfungsvorlage im Ressourcenmanager für Dateiserver unter Windows Server 2008 R2

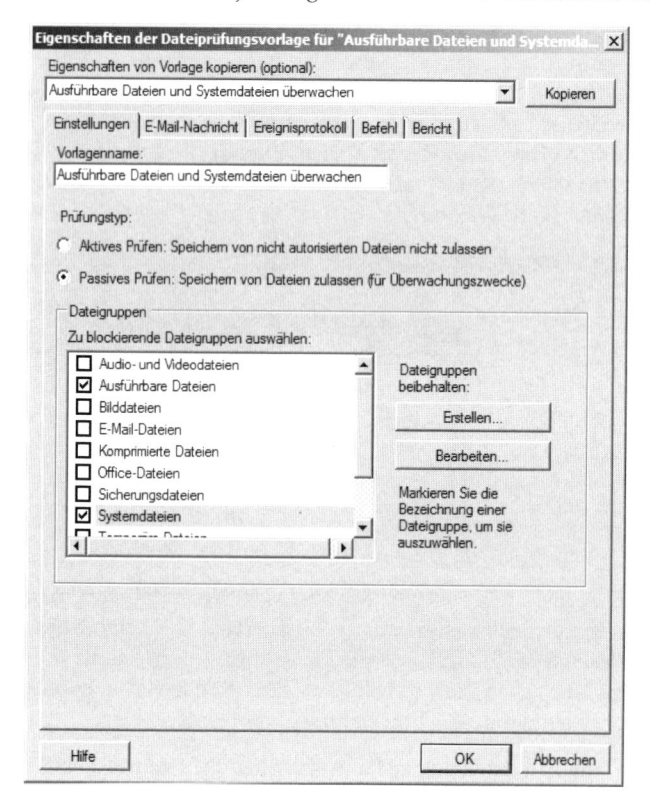

Dateiprüfung erstellen

Im *Ressourcen-Manager für Dateiserver* kann man jederzeit eine Dateiprüfung erstellen, um das Speichern bestimmter Dateigruppen in bestimmten Verzeichnissen auf einem Serversystem unter Windows Server 2008 R2 durch Benutzer entweder zu verweigern und/oder zu dokumentieren. Gehen Sie dazu wie folgt vor:

1. Erweitern Sie im *Ressourcen-Manager für Dateiserver* die *Dateiprüfungsverwaltung*.

2. Klicken Sie mit der rechten Maustaste auf *Dateiprüfung* und wählen Sie im Kontextmenü den Eintrag *Dateiprüfung erstellen*

3. Geben Sie im Feld *Dateiprüfungspfad:* den gewünschten Ordnerpfad an (alternativ können Sie auf die Schaltfläche *Durchsuchen...* klicken, um den gewünschten Ordnerpfad auszuwählen). Legen Sie anschließend die gewünschten Dateiprüfungseigenschaften fest und klicken Sie dann auf *Erstellen*.

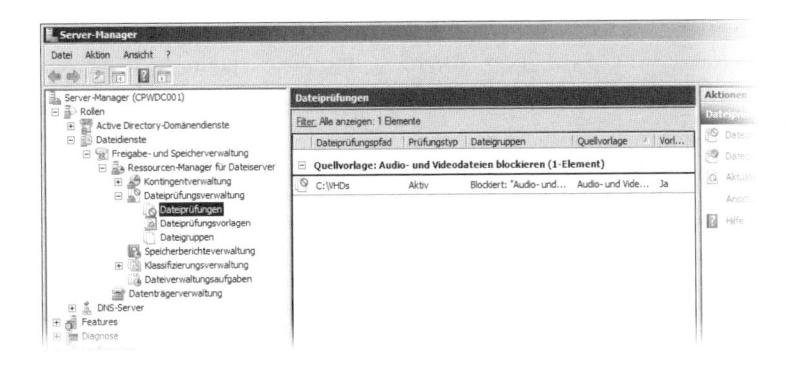

Abbildung 8.11
Dateiprüfungen im Ressourcenmanager für Dateiserver unter Windows Server 2008 R2

> Zusätzlich zu den Dateiprüfungen lassen sich über die Auswahl im Kontextmenü des Eintrages *Dateiprüfungen* in der *Dateiprüfungsverwaltung* auch *Dateiprüfungsausnahmen* erstellen. Diese ermöglichen einem Administrator, die Dateiprüfungen optimal an die eigenen Bedürfnisse anzupassen.

Aktives Prüfen zum Verhindern der Speicherung

Wenn eine aktive Dateiprüfung zum Verhindern der Speicherung bestimmter Dateitypen auf einen Ordner angewendet wird, so erhält man beim Speicherversuch eine entsprechende Meldung.

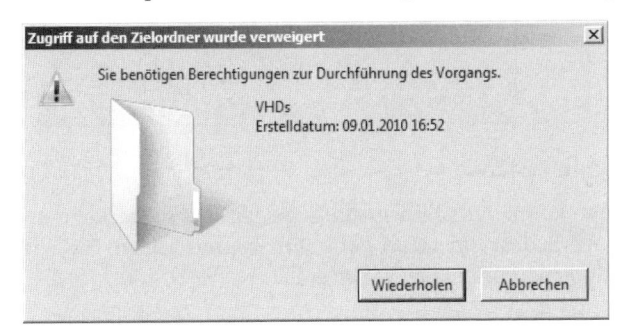

Abbildung 8.12
Meldung beim Speicherversuch der durch die Dateiprüfung unerlaubte Musikdatei in einem überwachten Ordner unter Windows Server 2008 R2

> Die Speicherung bestimmter Dateigruppen lässt sich im Rahmen der Dateiprüfungen im Ressourcenmanager für Dateiserver lediglich auf Dateinamen bzw. Teile davon sowie auf bestimmte Dateinamenserweiterungen anwenden. Wenn ein Benutzer beispielsweise eine zur Speicherung nicht erlaubte MP3-Datei (.mp3) seitens der Dateinamenserweiterung in eine für die Speicherung womöglich zugelassene ZIP-Datei (.zip) umbenennt, so wird dies durch die Dateiprüfungen im Ressourcenmanager für Dateiserver nicht erkannt. Die Speicherung der „vermeintlichen" ZIP-Datei wäre in diesem Fall möglich. Dies sollten Sie im Rahmen der Dateiprüfungsverwaltung beachten.

Eine weitere Möglichkeit der Dateiverwaltung auf einem Serversystem unter Windows Server 2008 R2 stellt die Speicherberichteverwaltung dar.

8.3.3 Speicherberichteverwaltung

Dokumentierte Übersicht über die Speichernutzung

Die Speicherberichteverwaltung ermöglicht einem Administrator das Generieren verschiedener Speicherberichte, um beispielsweise Dateiduplikate oder auch den Kontingentbedarf von Benutzern zu ermitteln. Die Speicherberichte können in verschiedenen Dateiformaten gespeichert und bei Bedarf auch automatisch per E-Mail an die Administratoren versandt werden.

Abbildung 8.13
Speicherberichteverwaltung im Ressourcenmanager für Dateiserver unter Windows Server 2008 R2

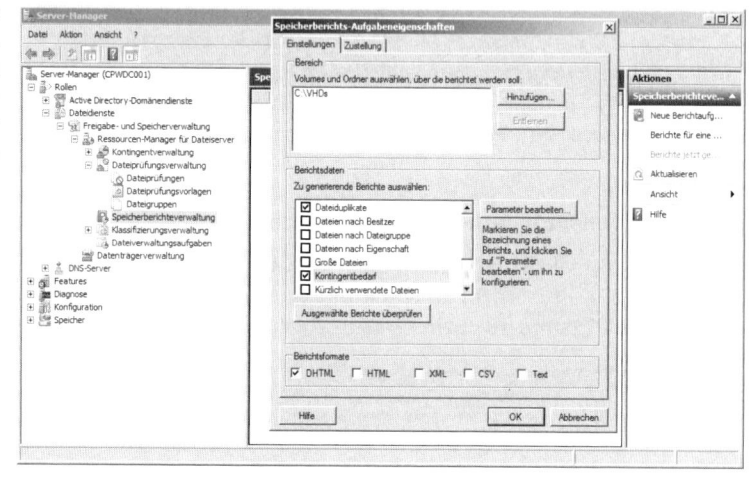

Speicherberichte erstellen

Speicherberichte können als Berichtsaufgabe zeitlich wiederkehrend geplant oder auf Bedarf hin sofort generiert werden. Gehen Sie wie folgt vor, um Speicherberichte zu generieren:

1. Öffnen Sie den *Server-Manager*.

2. Erweitern Sie *Rollen*, *Dateidienste* und die *Freigabe- und Speicherverwaltung*, und klicken Sie dann auf *Ressourcen-Manager für Dateiserver*.

3. Klicken Sie im *Ressourcen-Manager für Dateiserver* auf *Speicherberichteverwaltung*.

4. Klicken Sie mit der rechten Maustaste auf *Speicherberichteverwaltung* und wählen Sie im Kontextmenü den Eintrag *Berichte jetzt generieren...*

Ressourcen-Manager für Dateiserver

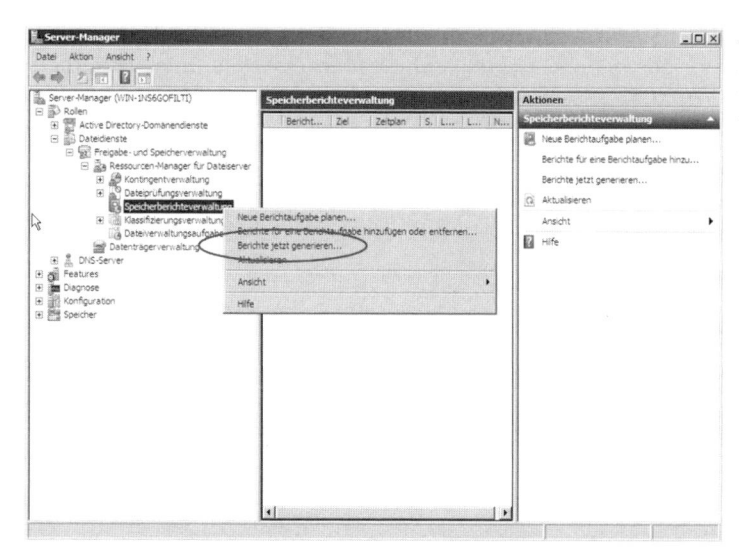

Abbildung 8.14
Erstellen eines neuen Speicherberichts

5. Klicken Sie unter *Bereich* auf die Schaltfläche *Hinzufügen* und wählen Sie das Laufwerk oder den gewünschten Ordner für das Erstellen der Speicherberichte aus.
6. Wählen Sie die zu generierenden Berichte sowie das gewünschte Berichtsformat aus.
7. Soweit gewünscht, können Sie im Register *Zustellung* noch die Option zum Senden der Berichte per E-Mail an einen bestimmten Adressaten aktivieren.
8. Klicken Sie zum Erstellen der Speicherberichte auf *OK*.
9. Wählen Sie im Dialog *Speicherberichte generieren* aus, ob die Speicherberichte im Vorder- oder Hintergrund erstellt werden sollen, und klicken Sie dann auf *OK*.

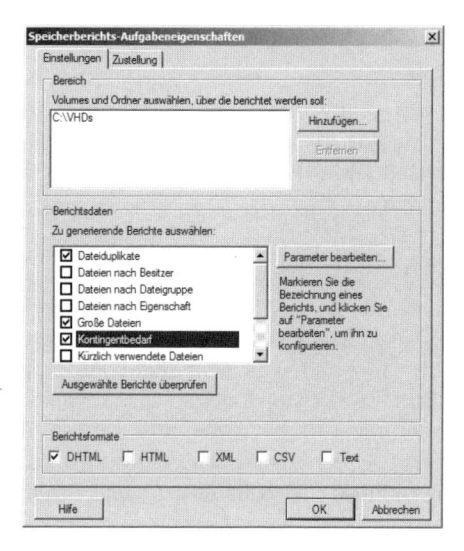

Abbildung 8.15
Dialog zum Generieren eines neuen Speicherberichts im Ressourcenmanager für Dateiserver unter Windows Server 2008 R2

289

Die manuell erstellten oder mithilfe der Berichtsplanung generierten Speicherberichte werden auf dem Serversystem unter Windows Server 2008 R2 standardmäßig im Ordner C:\StorageReports gespeichert.

Abbildung 8.16
Beispiel eines generierten Speicherberichts unter Windows Server 2008 R2 im DHTML-Format

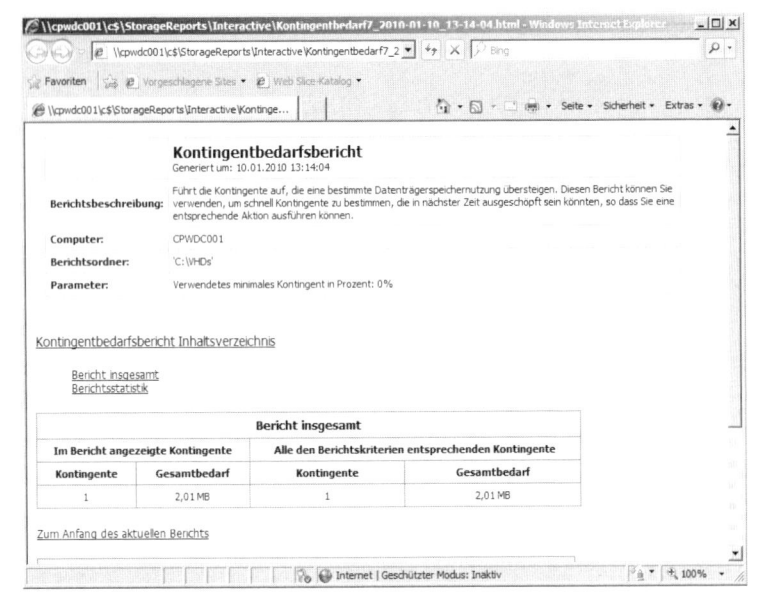

8.3.4 Klassifizierungsverwaltung und Dateiverwaltungsaufgaben

Wie zu Beginn dieses Kapitels bereits erwähnt, befinden sich im *Ressourcen-Manager für Dateiserver* unter Windows Server 2008 R2 neuerdings die Klassifizierungsverwaltung und die Dateiverwaltungsaufgaben.

Klassifizierungsverwaltung

Im Rahmen der *Klassifizierungsverwaltung* werden *Klassifizierungsregeln* erstellt und zum automatischen Klassifizieren von Dateien verwendet. Anschließend kann man diese für die Ausführung von *Dateiverwaltungsaufgaben* verwenden.

Dateiverwaltungsaufgaben

Bestimmen des Ablaufdatums von Dateien

Diese neue Art der Dateiverwaltung ermöglicht es einem Administrator, die in einem Ordner gespeicherten Dateien, welche bestimmten Klassifizierungen entsprechen, anhand weiterführender Regelwerke zu verwalten. So kann man beispielsweise mögliche Nutzungszeiträume für bestimmte Dateien planen, die nach dem Erreichen des definierten Ablaufdatums automatisch in einen anderen Ordner verschoben und dort womöglich automatisch gelöscht oder gesichert werden.

Hierbei kann man sich beispielsweise auch dem Zeitpunkt seit dem letzten Zugriff oder der Tage seit der letzten Änderung bestimmter Dateien bedienen und dies in die *Dateiverwaltungsaufgaben* einbeziehen. Insgesamt stellt sich diese Art der Dateiverwaltung mitunter sehr komplex dar, was den Rahmen dieses Buches sprengen würde.

> Bei Bedarf finden Sie weitere Informationen zur Planung, Konfiguration und Realisierung von Dateiverwaltungsaufgaben direkt in der Website von Microsoft-TechNet unter:
>
> *http://technet.microsoft.com/de-de/library/dd758759(WS.10).aspx*

8.4 Befehlszeilentools für die Dateiverwaltung

Alternativ zum grafischen *Ressourcenmanager für Dateiserver* stehen unter Windows Server 2008 R2 auch die folgenden Kommandozeilenprogramme für die Datei- und Speicherverwaltung zur Verfügung:

- `Dirquota.exe` dient dem Erstellen und Verwalten von Kontingenten und Kontingentvorlagen.
- `Filescrn.exe` dient dem Erstellen und Verwalten von Dateiprüfungen, Dateiprüfungsausnahmen, Dateiprüfungsvorlagen und Dateigruppen.
- `Storrept.exe` wird für das Konfigurieren von Berichtsparametern und das Generieren von Speicherberichten bei Bedarf verwendet. Der Befehl kann mit dem Befehl `Schtasks.exe` kombiniert werden, um Berichtsaufgaben zu planen.

> Weitere Informationen zur Dateiverwaltung unter Windows Server 2008 R2 sowie auch zu den dargestellten Tools finden Sie auf der Website von Microsoft-TechNet im Internet unter:
>
> *http://technet.microsoft.com/de-de/library/dd758759(WS.10).aspx*

Neben den dargestellten Verwaltungsmöglichkeiten bieten die Dateidienste unter Windows Server 2008 R2 natürlich auch die Möglichkeit der Verwendung des *Distributed File System* (*DFS*) und die *Dienste für NFS* (*Network File System*). Ausreichende Informationen hierzu finden Sie ebenso in der oben benannten Website von Microsoft.

Bevor wir zum nächsten Kapitel gelangen, lassen Sie mich nochmals kurz auf die Möglichkeiten der Berechtigungsvergabe im Zugriff auf Dateien und Ordner unter Windows Server 2008 R2 eingehen.

8.5 Berechtigungen für Dateien und Ordner

Dateien und Ordner können mithilfe der Dateidienste unter Windows Server 2008 R2 nicht nur einfach bereitgestellt werden. Auch die Zugriffsberechtigungen lassen sich hiermit gezielt verwalten. Man unterscheidet dabei jedoch zwischen:

- NTFS-Berechtigungen
- Berechtigungen für freigegebene Ordner

Im Idealfall setzt man im Rahmen der Vergabe von Zugriffsberechtigungen beides ein.

8.5.1 NTFS-Berechtigungen

Bereits unter Windows NT konnte man innerhalb eines NTFS-formatierten Datenträgers entsprechende Zugriffsrechte für die darauf gespeicherten Dateien und Ordner definieren. Prinzipiell hat sich an diesem Konzept auch unter Windows Server 2008 R2 nicht viel verändert. Die NTFS-Berechtigungen werden in der Regel direkt im *Windows-Explorer* festgelegt. Dies kann jedoch unter Windows Server 2008 R2 im Rahmen der Dateifreigabe auch in der Verwaltungskonsole der *Dateidienste* erfolgen.

Abbildung 8.17
Festlegen von NTFS-Berechtigungen während dem Einrichten einer Dateifreigabe im Server-Manager unter Windows Server 2008 R2

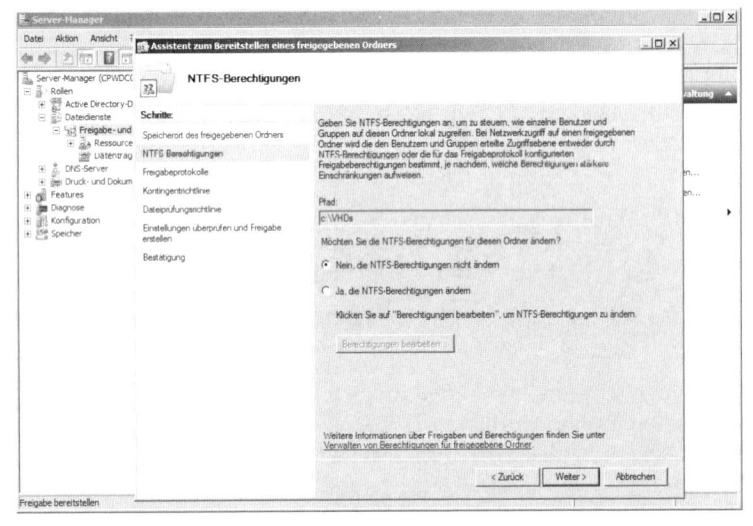

Zugewiesene NTFS-Berechtigungen kumulieren
Die NTFS-Berechtigungen der auf den NTFS-formatierten Datenträgern unter Windows Server 2008 R2 gespeicherten Dateien und Ordner werden in einer jeweiligen *Zugriffssteuerungsliste* (engl. *Access Control List, ACL* gespeichert. In dieser Liste werden *Zugriffssteuerungseinträge* (engl. *Access Control Entries, ACEs*) geführt, die aus der *Sicherheitsken-*

nung (engl. *Security Identifier, SID*) der Benutzer bzw. der Sicherheitsgruppen und der jeweils zugeordneten Zugriffsberechtigung bestehen. Die einem Benutzer direkt zugewiesenen NTFS-Berechtigungen kumulieren mit denen der Sicherheitsgruppen, denen der Benutzer als Mitglied zugeordnet ist.

> NTFS-Berechtigungen für Dateien und Ordner gelten bei lokalen Dateizugriffen sowie auch bei Remote-Zugriffen über Netzwerkfreigaben auf die betreffenden Dateien und Ordner.

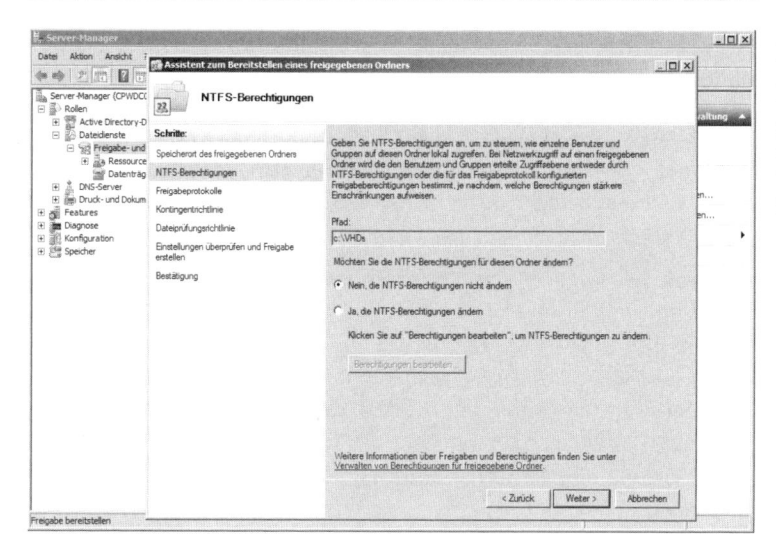

Abbildung 8.18
Verwalten von NTFS-Berechtigungen für einen Ordner unter Windows Server 2008 R2

Ein Beispiel für die Zugriffsberechtigung

Wenn einem Benutzer die Berechtigung *Lesen* für eine bestimmte Datei zugewiesen wurde, und dieser gleichzeitig auch Mitglied einer Sicherheitsgruppe ist, welcher die Berechtigung *Vollzugriff* für die selbe Datei zugewiesen wurde, so ergibt sich eine effektive Berechtigung aus beidem: aus *Lesen* und *Vollzugriff* wird somit *Vollzugriff*. Anders sieht es aus, wenn die Zugriffsberechtigung auf die betreffende Datei explizit verweigert würde. Eine Zugriffsverweigerung setzt sich gegenüber der Zugriffsberechtigung grundsätzlich durch.

Ein Beispiel für die Zugriffsverweigerung

Wenn einem Benutzer die Berechtigung *Lesen* für eine bestimmte Datei zugewiesen wurde, er gleichzeitig aber auch Mitglied einer Sicherheitsgruppe ist, welcher der Zugriff auf die betreffende Datei explizit verweigert wurde, so setzt sich die Zugriffsverweigerung gegenüber der Zugriffsgenehmigung durch.

Verweigern geht über Berechtigung

Kapitel 8 Konfiguration und Verwaltung der Dateidienste

> Wenden Sie die explizite Zugriffsverweigerung nur mit großer Vorsicht und nur im wirklichen Bedarfsfall an und dokumentieren Sie dies unbedingt. Nur so können Sie bei späteren Zugriffsproblemen eine mögliche Problemlösung herbeiführen. Alternativ kann man den Zugriff auf Dateien und Ordner implizit verweigern, indem man den betreffenden Benutzer oder die betreffende Sicherheitsgruppe nicht in die Zugriffssteuerungsliste (*ACL*) aufnimmt.

Festlegen, Anzeigen oder Ändern von Berechtigungen für Dateien und Ordner

Standardmäßig wird vererbt Standardmäßig erhält (erbt) eine neu erstellte Datei bzw. ein neu erstellter Ordner auf einem NTFS-formatierten Laufwerk die dem jeweiligen Speicherort vorweg bereits zugewiesenen Zugriffsberechtigungen. Die Vererbung von Berechtigungen eines übergeordneten Ordners kann in den erweiterten Berechtigungen des jeweiligen Objekts bei Bedarf deaktiviert werden.

Gehen Sie wie folgt vor, um die Berechtigungen einer Datei oder einem Ordner unter Windows Server 2008 R2 explizit zuzuweisen bzw. diese zu ändern oder zu entfernen:

1. Klicken Sie im *Windows-Explorer* mit der rechten Maustaste auf die Datei oder den Ordner, für die bzw. den Berechtigungen festgelegt werden sollen. Klicken Sie dann auf *Eigenschaften*.
2. Klicken Sie auf *Bearbeiten*, um das Dialogfeld *Berechtigungen für <Objekt>* zu öffnen.
3. Führen Sie die gewünschte Konfiguration durch und klicken Sie dann auf *OK*.
4. Klicken Sie dann nochmals auf *OK*, um den *Eigenschaften*-Dialog zu schließen.

> Wenn Sie einem Benutzer die NTFS-Berechtigung *Vollzugriff* für einen Ordner oder eine Datei erteilen, so kann dieser Benutzer den Besitz an dem Objekt übernehmen und die NTFS-Berechtigungen dann seinerseits auch verändern.

In Windows Server 2008 R2 besteht, wie auch bereits in den vorangegangenen Betriebssystemen, die Möglichkeit der Ermittlung sogenannter effektiver Berechtigungen.

Anzeigen der effektiven Berechtigungen

Schafft Transparenz Nicht in allen Fällen kann man innerhalb einer *Zugriffskontrollliste* (engl. *Access Control List, ACL*) einer Datei oder eines Ordners erkennen, welche NTFS-Berechtigungen für bestimmte Benutzer festgelegt wurden. Dies wird insbesondere dann sehr undurchsichtig, wenn Benutzer verschiedenen Sicherheitsgruppen mit jeweils unterschiedlichen Zugriffsrechten auf Dateien und Ordner angehören. Hier hilft die Möglichkeit der Abfrage der effektiven Berechtigungen in den *Eigenschaften* der jeweiligen Datei bzw. des jeweiligen Ordners.

Gehen Sie wie folgt vor, um die effektiven Berechtigungen von Dateien oder Ordnern im *Windows-Explorer* unter Windows Server 2008 R2 anzeigen zu lassen:

1. Öffnen Sie *Windows-Explorer* und wechseln Sie zur Datei bzw. zu dem Ordner, für die bzw. den Sie die effektiven Berechtigungen anzeigen möchten.
2. Klicken Sie mit der rechten Maustaste auf die Datei bzw. den Ordner und klicken Sie anschließend auf *Eigenschaften*.
3. Klicken Sie auf die Registerkarte *Sicherheit*.
4. Klicken Sie auf *Erweitert* und dann auf *Effektive Berechtigungen*.
5. Klicken Sie auf die Schaltfläche *Auswählen*, geben Sie den Namen des zu überprüfenden Benutzers oder der Sicherheitsgruppe ein und klicken Sie auf *OK*.
6. Die *effektiven Berechtigungen* werden im Dialogfenster *Erweiterte Sicherheitseinstellungen für <Objekt>* angezeigt.

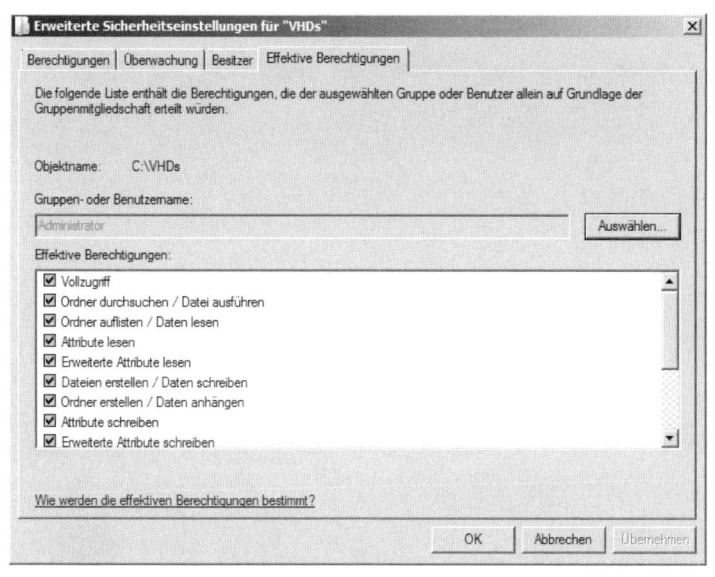

Abbildung 8.19
Liste der effektiven Berechtigungen für einen Ordner im Windows-Explorer unter Windows Server 2008 R2

Neben den NTFS-Berechtigungen kann man die auf einem Serversystem unter Windows Server 2008 R2 gespeicherten Dateien und Ordner auch im Rahmen der Freigabe im Netzwerk vor unbefugten Zugriffen schützen – durch *Berechtigungen für freigegebene Ordner*.

Kapitel 8 Konfiguration und Verwaltung der Dateidienste

8.5.2 Berechtigungen für freigegebene Ordner

Kein Schutz vor lokalen Zugriffen

Mithilfe von *Berechtigungen für freigegebene Ordner* kann man die auf einem Serversystem unter Windows Server 2008 R2 gespeicherten Dateien und Ordner für bestimmte Benutzer oder Sicherheitsgruppen im Netzwerk freigeben. Hiermit ist es jedoch nicht möglich, Dateien und Ordner vor unberechtigten Zugriffen von den lokal am betreffenden System angemeldeten Benutzern zu schützen. Dies sollte man insbesondere bei der Planung der Bereitstellung von Terminalservern beachten.

Freigaben von Dateien und Ordnern lassen sich unter Windows Server 2008 R2 bequem in der *Freigabe- und Speicherverwaltung* oder auch direkt im *Windows-Explorer* einrichten.

Gehen Sie wie folgt vor, um einen Ordner auf einem Serversystem unter Windows Server 2008 R2 im Windows-Explorer für den Netzwerkzugriff freizugeben:

1. Öffnen Sie *Windows-Explorer*.
2. Wechseln Sie zu dem Ordner, der für den Zugriff im Netzwerk freigegeben werden soll.
3. Klicken Sie mit der rechten Maustaste auf den Ordner und wählen Sie die Option *Freigeben für / Bestimmte Personen...*

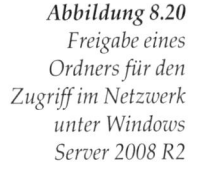

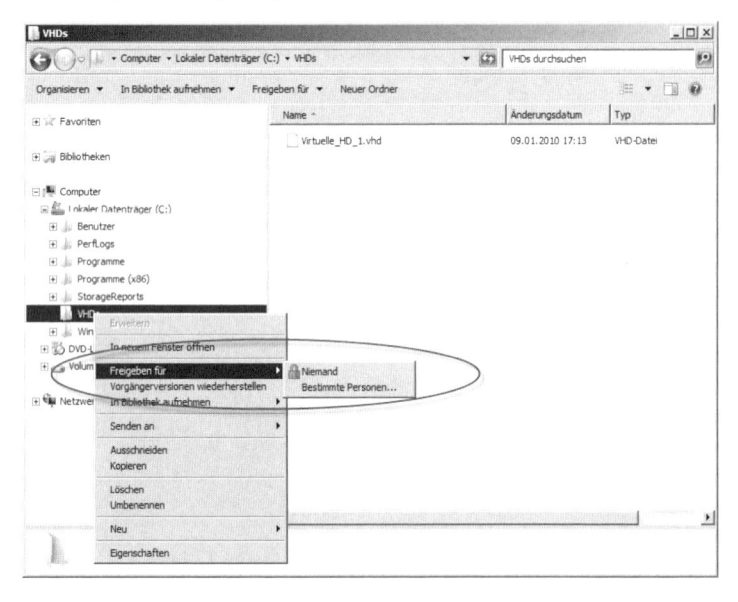

Abbildung 8.20
Freigabe eines Ordners für den Zugriff im Netzwerk unter Windows Server 2008 R2

4. Geben Sie den Benutzer bzw. die Sicherheitsgruppe an, der bzw. die den Zugriff auf die im freizugebenden Ordner erhalten soll, bestimmen Sie die Berechtigungsebene und klicken Sie dann auf *Freigabe*.
5. Klicken Sie im Dialog *Dateifreigabe* auf *Fertig*.

> Den Netzwerkpfad der im Windows-Explorer neu eingerichteten Freigabe können Sie im Dialog *Dateifreigabe* per E-Mail senden oder den Link kopieren und in ein anderes Programm einfügen.

Alternativ können Sie die Freigabe in den *Eigenschaften* des im Netzwerk freizugebenden Ordners im Register *Freigabe* festlegen.

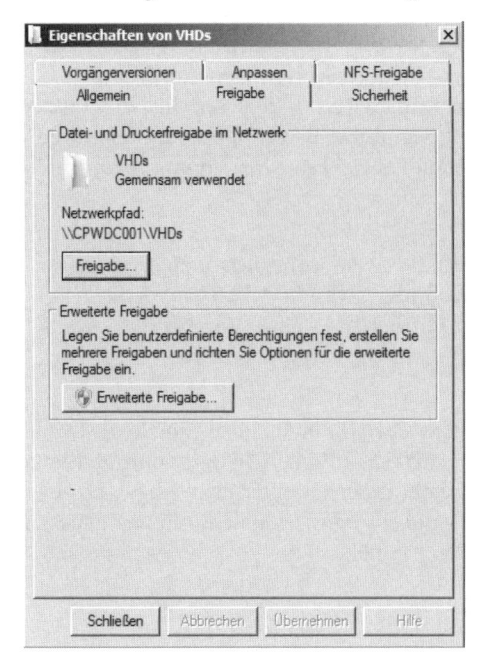

Abbildung 8.21
Register „Freigabe"
in den Eigenschaften
eines Ordners im
Windows-Explorer
unter Windows
Server 2008 R2

Freigabeberechtigungen stellen eine einfache Möglichkeit zur Zugriffsregelung dar. Häufig werden diese jedoch noch mit den NTFS-Berechtigungen der in den Freigaben gespeicherten Dateien und Ordner kombiniert.

8.5.3 Kombination von NTFS-Berechtigungen und Berechtigungen für freigegebene Ordner

In der Praxis werden Dateien häufig pauschal für die Gruppe *Benutzer* bzw. *Domänen-Benutzer* mit *Vollzugriff* als Berechtigung für den freigegebenen Ordner konfiguriert. Die eigentliche Zugriffsreglementierung findet nach dem Zugriff über die Freigabe letztlich anhand der für die darin enthaltenen Dateien und Ordner definierten NTFS-Berechtigungen statt. Im Zugriffsverhalten auf die Freigabe im Netzwerk haben dabei erst einmal nur die erwähnten Sicherheitsgruppen uneingeschränkten Zugriff auf diese. Anschließend kann man die

Wird in der Praxis einfacher gehandhabt

eigentlichen Zugriffsrechte sehr granular anhand von NTFS-Berechtigungen im Speicherort festlegen.

Nicht kumulativ Im Gegensatz zu der Zuordnung verschiedener NTFS-Berechtigungen oder Freigabeberechtigungen kumulieren diese unterschiedlichen Berechtigungsebenen jedoch nicht miteinander. Hierbei setzt sich die jeweils höchste Einschränkung am Ende durch.

Wenn man einem Benutzer beispielsweise über die *Freigabeberechtigung* den *Vollzugriff* auf die darin gespeicherten Dateien und Ordner erteilt, jedoch anhand der jeweiligen NTFS-Berechtigungen der Zugriff lediglich mit der Berechtigung *Lesen* zugewiesen wird, so erhält der Benutzer letztlich die am höchsten eingeschränkte Berechtigung. In diesem Beispiel wäre dies die Berechtigung *Lesen*. Dies gilt auch im umgekehrten Fall.

> Beachten Sie, dass die Zugriffsverweigerung sich auch in der Kombination von Freigabeberechtigungen mit NTFS-Berechtigungen auf dieselben Dateien bzw. Ordner letztlich gegenüber allen anderen Berechtigungen durchsetzt.

In den vorangegangenen Seiten haben Sie eine Einführung in die Dateidienste unter Windows Server 2008 R2 erhalten. In den Computernetzwerken werden aber auch noch andere Serverrollen eingesetzt, beispielsweise die *Druck- und Dokumentendienste*. Eine Einführung hierzu erfahren Sie gleich im nächsten Kapitel.

9 Druck- und Dokumentendienste unter Windows Server 2008 R2

Ähnlich wie die Dateidienste stehen auch die Druckdienste unter Windows Server 2008 R2 als eigene Serverrolle zur Verfügung, neuerdings jedoch als Druck- und Dokumentendienste. Die Erweiterung um die Funktion der Dokumentendienste ergibt sich aus der Möglichkeit der zentralen Freigabe von Druckern sowie auch Scannern in einem Netzwerk. Die Verwaltung der Serverrolle findet hierbei in der Regel im *Server-Manager*, mithilfe von grafischen MMC-Snap-Ins in der *Druckverwaltung* und in der *Scanverwaltung* statt.

Druck- und Scanverwaltung vereint

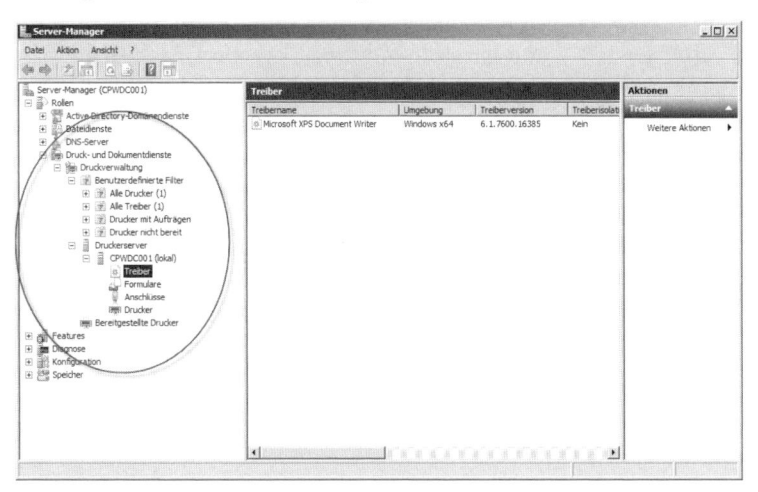

*Abbildung 9.1
Verwaltung der Druck- und Dokumentendienste im Server-Manager unter Windows Server 2008 R2*

Kapitel 9 Druck- und Dokumentendienste unter Windows Server 2008 R2

> Die Serverrolle *Druck- und Dokumentendienste* kann auch auf einem Serversystem unter Windows Server 2008 R2 als Server Core-Installation betrieben werden. Nähere Infos hierzu erhalten Sie in den späteren Kapiteln dieses Buches.

9.1 Rollendienste der Druck- und Dokumentendienste

Bevor Sie die Druck- und Dokumentendienste als Serverrolle zu einem Serversystem unter Windows Server 2008 R2 hinzufügen, sollten Sie sich eine Übersicht über die darin unterstützten Rollendienste schaffen. Je nach Bedarf können Sie diese gleich während der Installation der Druck- und Dokumentendienste als Serverrolle oder auch später noch zu dem betreffenden Serversystem hinzufügen.

Die Druck- und Dokumentendienste unter Windows Server 2008 R2 unterstützen die folgenden vier relevanten Rollendienste für das Verwalten von Druck- und Scanressourcen:

- *Druckerserver* installiert das Verwaltungs-Snap-In *Druckverwaltung*, mit dem man mehrere Netzwerkdrucker- oder -druckerserver verwalten und Drucker von und zu anderen Windows-Druckerservern migrieren kann.

- *LDP-Dienst* (*Line Printer Deamon*) installiert und startet den TCP/IP-Druckerserverdienst (*LPDSVC*) für UNIX-basierte oder andere Computer.

- *Internetdrucken* erstellt eine von den Internet Informationsdiensten (*Internet Information Services, IIS*) gehostete Website, welche das Herstellen und Drucken mit freigegebenen Druckern auf diesem Server über einen Webbrowser und das Internet Printing Protocol (*IPP*) ermöglicht.

- *Server für verteilte Scanvorgänge* installiert das Verwaltungs-Snap-In *Scanverwaltung*, mit der man mehrere Netzwerkscanner überwachen, Scanserver konfigurieren sowie gescannte Dokumente verarbeiten und diese anschließend im Netzwerk weiterleiten kann.

> Weitere Informationen zu den Druck- und Dokumentendiensten unter Windows Server 2008 R2 finden Sie im Internet auf der Website von Microsoft unter:
>
> *http://technet.microsoft.com/de-de/library/cc534978(en-us).aspx*

9.2 Installation der Druck- und Dokumentendienste

Gehen Sie wie folgt vor, um die Druck- und Dokumentendienste auf einem Serversystem unter Windows Server 2008 R2 als vollwertige Installation zu implementieren:

1. Öffnen Sie (soweit noch nicht geschehen) den *Server-Manager*.
2. Klicken Sie auf *Rollen* und dann auf *Rollen hinzufügen*.
3. Klicken Sie im Dialog *Vorbemerkungen* auf *Weiter*.
4. Wählen Sie im Dialog *Serverrollen auswählen* die *Druck- und Dokumentendienste* aus und klicken Sie dann auf *Weiter*.
5. Klicken Sie im Dialog *Druck- und Dokumentendienste* auf *Weiter*.
6. Wählen Sie die zu installierenden Rollendienste aus und klicken Sie auf *Weiter*.

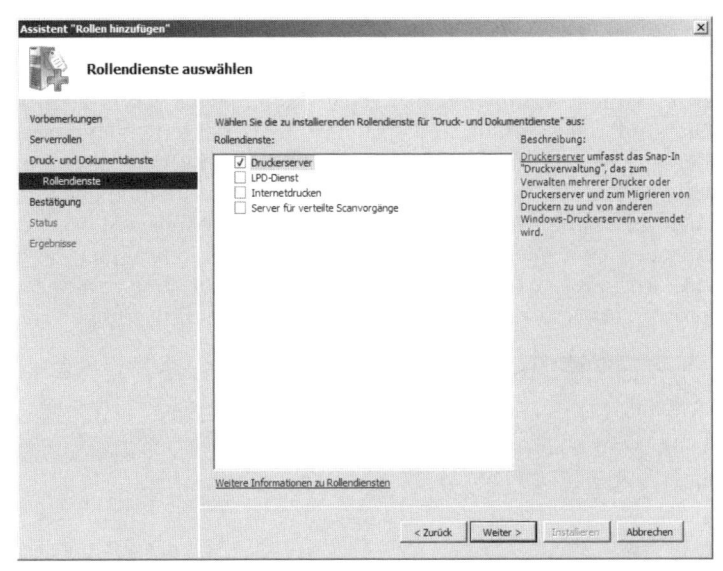

Abbildung 9.2
Auswahl der zu installierenden Rollendienste der Serverrolle der Druck- und Dokumentendienste unter Windows Server 2008 R2

Je nach Auswahl der Rollendienste werden Sie durch den *Assistenten „Rollen hinzufügen"* womöglich noch durch weitere Schritte geführt. Folgen Sie den vorgegebenen Anweisungen.

7. Klicken Sie im Dialog *Installationsauswahl bestätigen* auf *Installieren*.
8. Klicken Sie im Dialog *Installationsergebnisse* auf *Schließen*.

Die Druck- und Dokumentendienste stehen Ihnen nach der erfolgreichen Installation auch gleich im *Server-Manager* zur Verfügung.

Abbildung 9.3
Druck- und Dokumentendienste im Server-Manager unter Windows Server 2008 R2

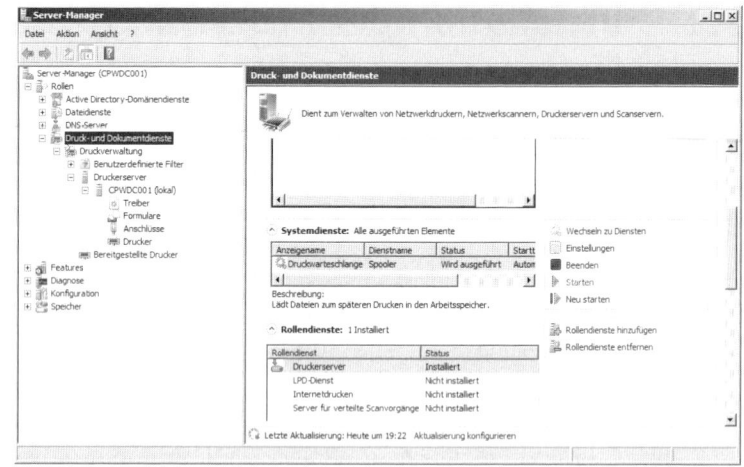

9.3 Die Druckverwaltung

Druckverwaltung auch unter Windows 7 möglich

Bereits unter Windows Server 2003 und Windows Server 2008 hatte Microsoft die Konfiguration und Verwaltung der Druckumgebung in der grafischen Verwaltungskonsole *Druckverwaltung* zusammengefasst. Die Verwaltungskonsole ist nach der Installation des Rollendienstes *Druckerserver* auf einem Server unter Windows Server 2008 R2, ebenso beispielsweise auch unter Windows 7, verfügbar, so dass die Druckerverwaltung durch den Administrator ohne großes Zutun problemlos vom eigenen Computer aus im Netzwerk erfolgen kann.

Abbildung 9.4
Verwaltungskonsole „Druckverwaltung" unter Windows Server 2008 R2

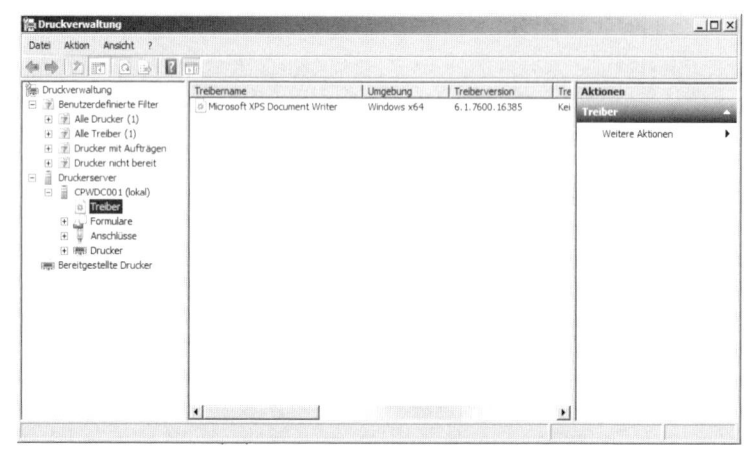

Die Verwaltungskonsole kann auf einem Serversystem unter Windows Server 2008 R2 entweder direkt im *Server-Manager* genutzt oder alternativ auch über einen Klick auf *Start/Verwaltung* und *Druckverwaltung* geöffnet werden.

9.3.1 Die Verwaltungskonsole Druckverwaltung

In der Verwaltungskonsole *Druckverwaltung* findet man *Benutzerdefinierte Filter*, mit denen man sich auf Anhieb eine Übersicht über alle installierten Drucker, die installierten Treiber sowie auch über den Zustand von Druckern verschaffen kann. Darüber hinaus bietet die Konsole einen Verwaltungsknoten für die vorhandenen Druckserver. Im Bedarfsfall kann man über diesen Verwaltungsknoten weitere Druckserver zur zentralen Druckverwaltung hinzufügen. Darüber hinaus finden Sie in der Verwaltungskonsole noch eine Übersicht aller bereitgestellten Drucker.

Zentrale Verwaltung von Druckservern im Netzwerk

9.3.2 Drucker installieren

Nach der Installation der Druck- und Dokumentendienste findet man auf dem betreffenden Serversystem lediglich einen standardmäßig installierten Treiber für den Microsoft XPS Document Writer. Weitere Drucker kann man im nächsten Schritt ganz nach Bedarf zu dem Serversystem hinzufügen.

Gehen Sie wie folgt vor, um auf dem Serversystem unter Windows Server 2008 R2 als Druckserver einen neuen Drucker zu installieren:

1. Erweitern Sie in der Konsole *Druckverwaltung* den Knoten für *Druckerserver* sowie den Knoten des für die Installation zu verwendenden Serversystems.

2. Klicken Sie mit der rechten Maustaste auf *Drucker* und wählen Sie im Kontextmenü den Eintrag *Drucker hinzufügen*

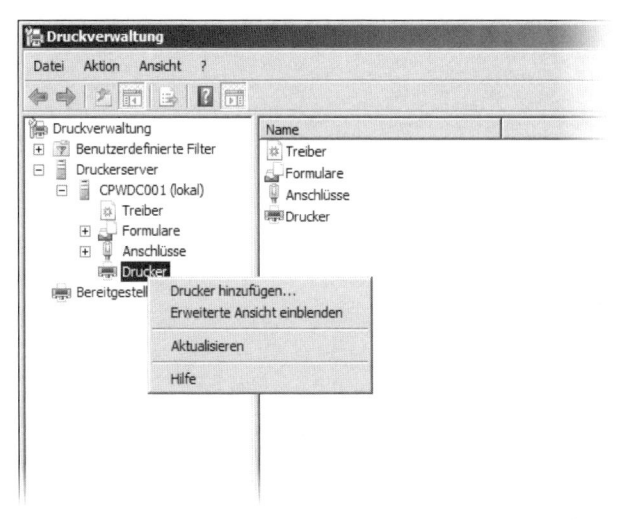

Abbildung 9.5
Hinzufügen eines neuen Druckers in der Druckverwaltung unter Windows Server 2008 R2

3. Wählen Sie die gewünschte Installationsmethode aus und klicken Sie auf *Weiter*.
4. Je nach ausgewählter Installationsmethode werden Ihnen nachfolgend weitere Dialogfenster angezeigt. Folgen Sie den Anweisungen des Installationsassistenten.

9.4 Treiber installieren

Bereitstellung von Treibern für Clientcomputer — Nach der Installation von neuen Druckern auf dem Druckserver unter Windows Server 2008 R2 ist es notwendig, die von den Clientcomputern im Netzwerk benötigten Druckertreiber ebenso auf dem betreffenden Serversystem bereitzustellen. Wenn sich ein Clientcomputer anschließend mit einem der auf dem Server unter Windows Server 2008 R2 freigegebenen Druckern verbindet, so wird ihm der passende Druckertreiber innerhalb dieses Vorgangs gleich auch installiert – vorausgesetzt, der für den Clientcomputer passende Druckertreiber ist auf dem Serversystem bereits installiert.

Plattformabhängige Treiber bereitstellen — Ein Serversystem unter Windows Server 2008 R2 installiert während des Hinzufügens neuer Drucker lediglich den für dieses System notwendigen x64-Bit-Druckertreiber. Um einem Clientcomputer, beispielsweise unter Windows XP oder Windows 7 als x86-basiertes System den passenden Druckertreiber gleich auch während des Verbindens mit dem freigegebenen Drucker installieren zu können, muss dieser Treiber auf dem Serversystem unter Windows Server 2008 R2 vorweg als zusätzlicher Treiber installiert werden.

Abbildung 9.6
Hinzufügen eines zusätzlichen Treibers für einen auf dem Serversystem freigegebenen Drucker unter Windows Server 2008 R2

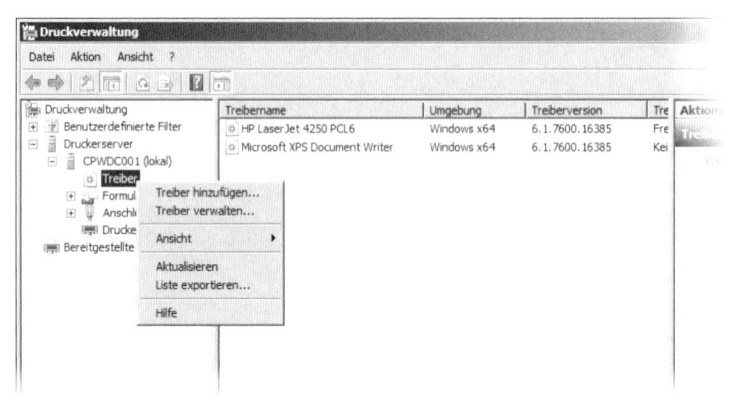

Gehen Sie auf einem Druckserver unter Windows Server 2008 R2 wie folgt vor, um in der Konsole *Druckverwaltung* einen zusätzlichen Treiber für einen bereits installierten Drucker hinzuzufügen:

1. Erweitern Sie in der Konsole *Druckverwaltung* den Knoten für *Druckerserver* sowie den Knoten des für die Installation zu verwendenden Serversystems.
2. Klicken Sie mit der rechten Maustaste auf *Treiber* und wählen Sie im Kontextmenü den Eintrag *Treiber hinzufügen*
3. Klicken Sie im *Willkommensdialog* auf *Weiter*.
4. Wählen Sie im Dialog *Prozessor- und Betriebssystemauswahl* den gewünschten Prozessortyp aus und klicken Sie dann auf *Weiter*.

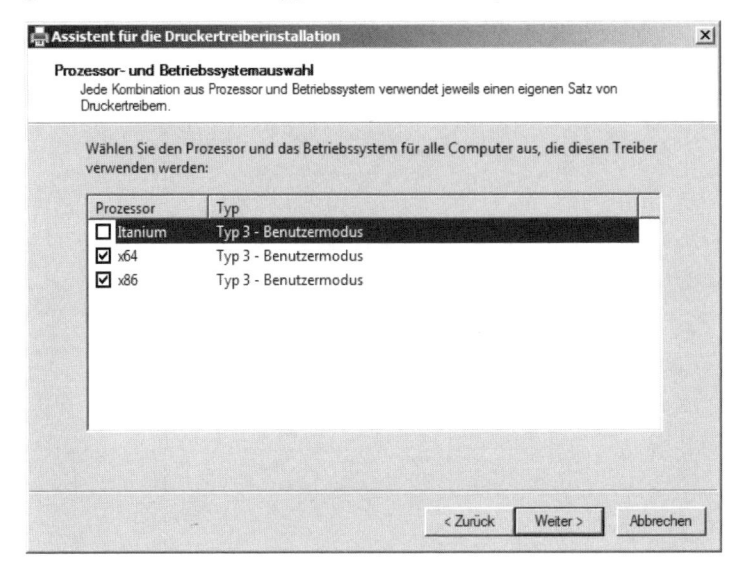

Abbildung 9.7
Prozessor- und Betriebssystemauswahl während der Installation eines weiteren Druckertreibers unter Windows Server 2008 R2

5. Wählen Sie im Dialog *Druckertreiberauswahl* den gewünschten Druckertreiber aus. Sollte der gewünschte Druckertreiber nicht aufgelistet sein, so klicken Sie auf die Schaltfläche *Datenträger* und wechseln Sie zum Speicherort bzw. Datenträger, der den benötigten Druckertreiber enthält. Klicken Sie dann auf *Öffnen*.
6. Klicken Sie nach der Auswahl des gewünschten Druckertreibers auf *Weiter*.
7. Klicken Sie auf die Schaltfläche *Fertig stellen*, um die Installation des zusätzlichen Druckertreibers abzuschließen.

Der Druckertreiber steht für die Installation auf den sich nachfolgend mit der Druckerfreigabe verbindenden Clientcomputern zur Verfügung.

9.5 Druckserver konfigurieren

Speicherort des Spoolordners und mehr

In der Verwaltungskonsole *Druckverwaltung* existiert auch die Möglichkeit, den jeweils zu verwaltenden Druckserver anhand dessen Eigenschaften-Dialog auf die notwendigen Bedürfnisse anzupassen. So lässt sich hierüber beispielsweise auch der Spoolordner vom vordefinierten Standardpfad bei Bedarf auf einen anderen Datenträger ändern. Dies wird gerade dann wichtig, wenn man beispielsweise für die redundante Bereitstellung der Druckerwarteschlange einen eigenen RAID-Datenträger im Druckserver vorgesehen hat.

Abbildung 9.8 Eigenschaften eines Druckservers in der Druckverwaltung unter Windows Server 2008 R2

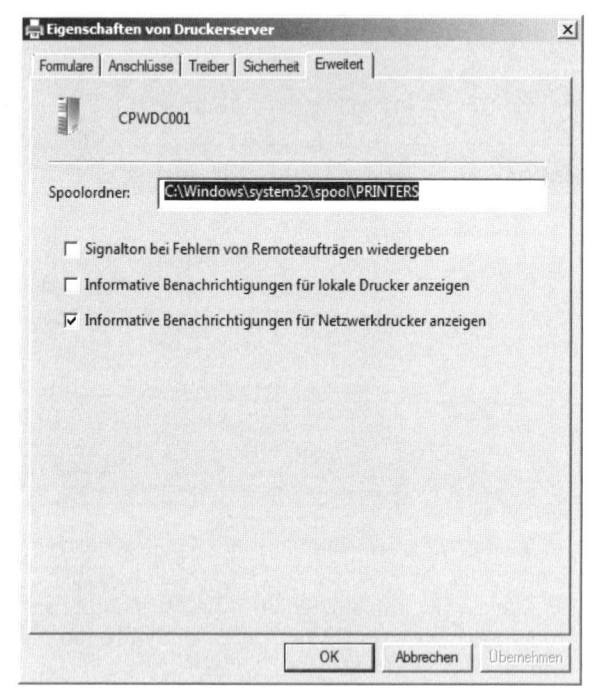

Nach der Konfiguration und Anpassung kann man den Server unter Windows Server 2008 R2 als Druckserver im Netzwerk betreiben.

9.6 Konfiguration exportieren oder importieren

Optimale Unterstützung bei der Migration

Sollte zukünftig der Fall eintreten, dass die vorhandene Druckkonfiguration des Druckservers unter Windows Server 2008 R2 auf einem anderen als dem eigentlichen Server ausgeführt werden soll (beispielsweise, um den „alten" Druckserver durch einen „neuen" zu ersetzen), so stehen die für die damit verbundene Migration notwendigen Verwaltungsschritte in der Konsole *Druckverwaltung* zur Verfügung. Die vorhandene Konfiguration kann auf dem Quellserver (dem alten Server) in eine Datei exportiert und auf dem Zielserver (dem neuen Server) aus der Datei wiederum importiert werden.

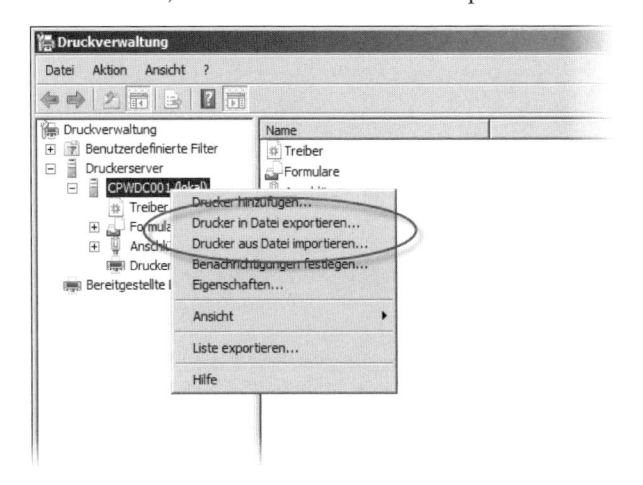

Abbildung 9.9
Optionen zum Exportieren und Importieren der vorhandenen Konfiguration des Druckservers in der Konsole Druckverwaltung unter Windows Server 2008 R2

Die Verwaltungskonsole *Druckverwaltung* unter Windows Server 2008 R2 unterstützt für die Migration die Serverbetriebssysteme ab Windows 2000, so dass es problemlos möglich ist, ältere Druckserver durch einen neuen unter Windows Server 2008 R2 abzulösen.

Unterstützung ab Windows 2000

Jetzt bleibt einzig noch die Frage nach der Bereitstellung der Drucker für Clientcomputer. Die Zeiten, in denen man bei der Bereitstellung neuer Drucker erst einmal die Turnschuhe überstreifte, sich die Druckertreiberdiskette schnappte und die darauf befindlichen Druckertreiber von Hand auf alle vorhandenen Clientcomputer installieren musste, ist lange vorbei. Es geht – insbesondere unter Windows Server 2008 R2 – zeitlich und auch vom Aufwand her viel sparsamer.

9.7 Drucker im Netzwerk bereitstellen

Wie bereits vor langer Zeit lassen sich Drucker manuell in der Benutzeroberfläche der Clientcomputer und Server bereitstellen, wenn man den Namen des freigegebenen Druckers im Netzwerk kennt. Auch setzen manche Administratoren dazu angefertigte Anmeldeskripts für Benutzer im Netzwerk ein, um die vorhandenen Drucker zuzuordnen. Viel effektiver allerdings lässt sich dies in einer Umgebung der Active Directory-Domänendienste (engl. *Active Directory Domain Services, AD DS*) vollziehen. Hierbei können die freigegebenen Drucker entweder im Verzeichnis (dem *Active Directory*) veröffentlicht werden oder aber man ordnet diese einfach anhand von Gruppenrichtlinien zu.

9.7.1 Drucker im Verzeichnis veröffentlichen

Schon seit Windows 2000 möglich Die Möglichkeit zum Veröffentlichen von Druckern im Verzeichnis (dem *Active Directory*) besteht bereits seit Windows 2000. Hierbei wird für den betreffenden Drucker ein Druckerobjekt in der Active Directory-Datenbank der jeweiligen Active Directory-Domäne erstellt und mit allen relevanten Eigenschaften des Druckers beschrieben. Die Veröffentlichung kann einfach im Kontextmenü eines installierten Druckers bzw. in den Eigenschaften des betreffenden Druckers durchgeführt werden. In der Konsole *Druckverwaltung* unter Windows Server 2008 R2 heißt die Option *In Verzeichnis auflisten*.

Abbildung 9.10 Veröffentlichung eines Druckers im Verzeichnis (Active Directory)

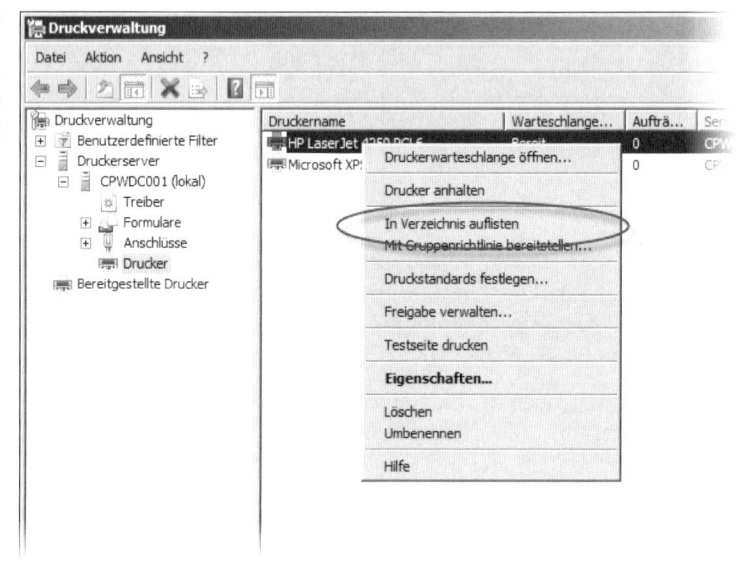

Nach der Veröffentlichung kann ein Benutzer bei Bedarf manuell anhand bestimmter Kriterien (beispielsweise nach Standort des Druckers oder aber nach druckbarer Seitenzahl usw.) im Active Directory nach dem Drucker suchen.

Manuelle Schritte durch den Benutzer erforderlich Wenn der passende Drucker in den Suchergebnissen angezeigt wird, so kann man mit der rechten Maustaste auf den angezeigten Druckernamen klicken und im Kontextmenü den Eintrag *Verbinden* auswählen. Der passende Druckertreiber wird (soweit er vorweg auf dem Druckserver installiert wurde) in diesem Vorgang auch gleich auf dem Clientcomputer installiert, so dass der Drucker anschließend unter *Geräte und Drucker* angezeigt wird. Der Drucker steht dem Benutzer auf dem Clientcomputer anschließend für Ausdrucke zur Verfügung.

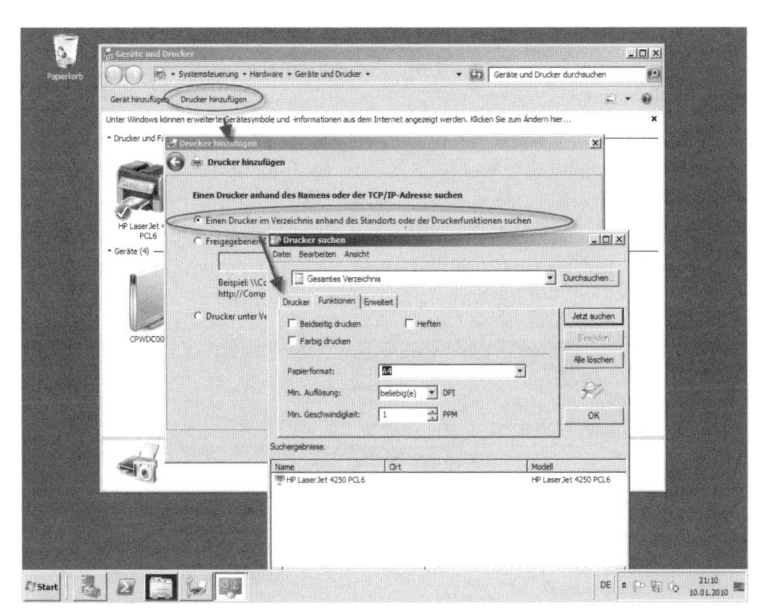

Abbildung 9.11
Suche nach einem veröffentlichten Drucker im Verzeichnis (Active Directory)

> Die Veröffentlichung von Druckern im Verzeichnis kann für die Anwender eine große Hilfe darstellen, insbesondere, wenn diese über wechselnde Arbeitsplätze im Unternehmen verfügen. Andererseits jedoch kann es ein womöglich undurchsichtiges Unterfangen werden, wenn in Active Directory gar eine Vielzahl von Druckern als Abfrageergebnis zurückgeliefert wird. Man sollte dies bei der Planung der Bereitstellung von Druckern im Netzwerk unbedingt bedenken.

Die Veröffentlichung von Druckern im Verzeichnis erfordert noch immer auch manuelle Schritte, die ein Anwender durchführen muss, um einen Drucker anschließend nutzen zu können. Die Bereitstellung von Druckern im Netzwerk lässt sich jedoch auch für den Anwender viel bequemer durchführen – beispielsweise mithilfe von Gruppenrichtlinien.

9.7.2 Drucker mithilfe von Gruppenrichtlinien bereitstellen

Die Verwaltungskonsole *Druckverwaltung* unter Windows Server 2008 R2 kann verwendet werden, um Drucker mithilfe von Gruppenrichtlinien im Computernetzwerk bereitzustellen. Hierbei kann die Veröffentlichung von Druckern entweder innerhalb eines bereits vorhandenen oder auch anhand eines neuen Gruppenrichtlinienobjekts in Active Directory erfolgen.

Kapitel 9 Druck- und Dokumentendienste unter Windows Server 2008 R2

Gehen Sie wie folgt vor, um einen Drucker auf einem Druckserver unter Windows Server 2008 R2 mithilfe eines Gruppenrichtlinienobjekts im Netzwerk bereitzustellen:

1. Erweitern Sie in der Konsole *Druckverwaltung* den Knoten für *Druckerserver* sowie den Knoten des für die Installation zu verwendenden Serversystems.
2. Klicken Sie auf *Drucker* und klicken Sie dann mit der rechten Maustaste auf den zu veröffentlichenden Druckernamen. Wählen Sie im Kontextmenü den Eintrag *Mit Gruppenrichtlinie bereitstellen...*

Abbildung 9.12
Option zur Bereitstellung eines Druckers mithilfe einer Gruppenrichtlinie im Kontextmenü eines installierten Druckers

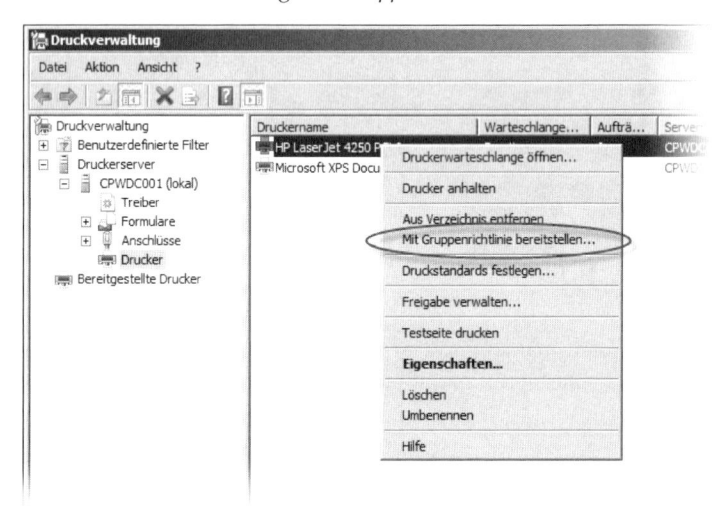

3. Klicken Sie im Dialog *Mit Gruppenrichtlinie bereitstellen* auf die Schaltfläche *Durchsuchen...*

Abbildung 9.13
Dialog zum Bereitstellen eines Druckers mit Gruppenrichtlinien unter Windows Server 2008 R2

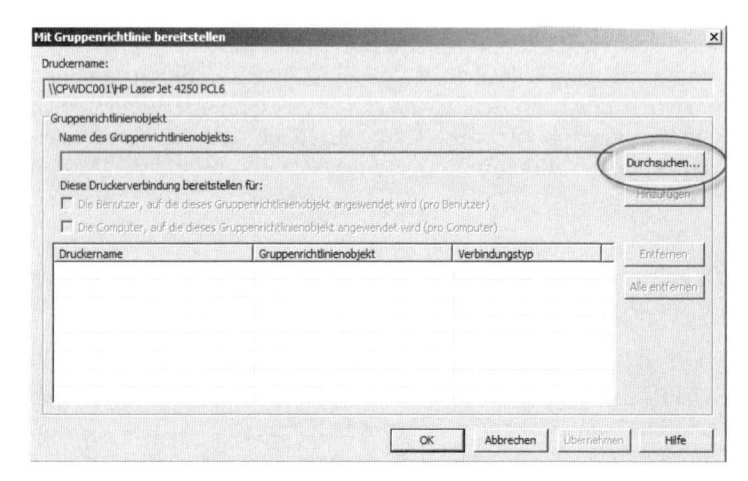

Drucker im Netzwerk bereitstellen

4. Klicken Sie mit der rechten Maustaste in das Dialogfenster *Gruppenrichtlinienobjekt suchen* und wählen Sie den Kontextmenüeintrag *Neu*.
5. Geben Sie den Namen des neu zu erstellenden Gruppenrichtlinienobjekts an und klicken Sie dann auf *OK*.
6. Legen Sie durch Auswahl fest, ob diese Druckerverbindung im Gruppenrichtlinienobjekt auf Ebene der Benutzer- und/oder der Computerkonfiguration bereitgestellt werden soll. Klicken Sie dann auf *Hinzufügen* und anschließend auf *OK*.

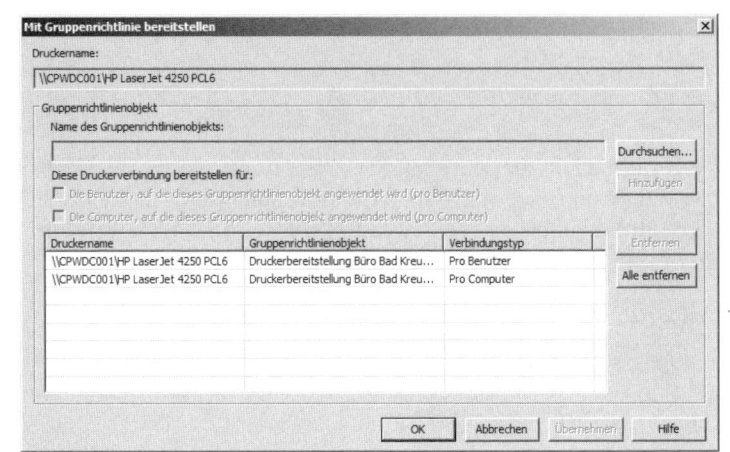

Abbildung 9.14
Festlegen der Option für das Bereitstellen eines Druckers in einem Gruppenrichtlinienobjekt

7. Bestätigen Sie die Meldung über die erfolgreiche Bereitstellung mit einem Klick auf die Schaltfläche *OK*.

Das neu erstellte Gruppenrichtlinienobjekt wird in der Konsole *Gruppenrichtlinienverwaltung* angezeigt. Je nachdem, wo Sie das neue Gruppenrichtlinienobjekt erstellt haben (mitunter direkt auf der Active Directory-Domäne), so ist dieses womöglich bereits aktiv mit der Domäne oder einer der vorhandenen Organisationseinheiten (engl. *Organizational Units, OUs*) verknüpft. Im Bedarfsfall kann man die Verknüpfungen in der Konsole *Gruppenrichtlinienverwaltung* an die notwendige Konfiguration anpassen.

Änderungen in der Konsole Gruppenrichtlinienverwaltung möglich

Nach dem Öffnen des neu erstellten und für die Bereitstellung des Druckers verwendeten Gruppenrichtlinienobjekts mit dem Gruppenrichtlinienobjekt-Editor wird dieser darin angezeigt.

Kapitel 9 Druck- und Dokumentendienste unter Windows Server 2008 R2

Abbildung 9.15
Bereitgestellter Drucker im neu erstellten Gruppenrichtlinienobjekt unter Windows Server 2008 R2

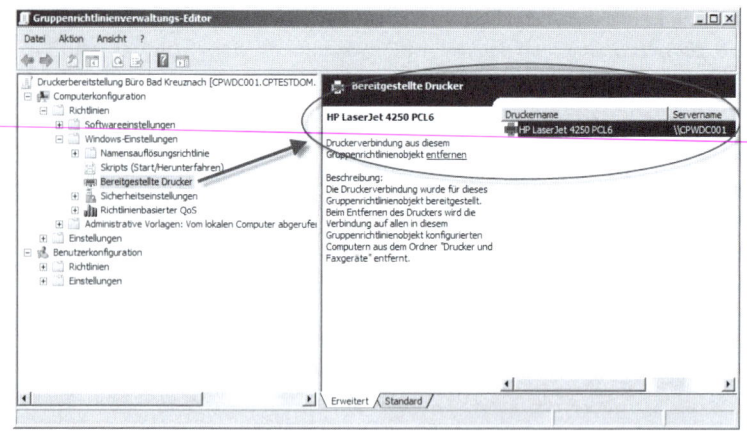

Nachdem das Gruppenrichtlinienobjekt auf die betreffenden Benutzer oder Computer angewendet wurde, steht der mithilfe des Gruppenrichtlinienobjekts bereitgestellte Drucker für die Verwendung zur Verfügung.

> Weitere Informationen zu den Druck- und Dokumentendiensten unter Windows Server 2008 R2 finden Sie im Internet auf der Website von Microsoft-TechNet unter: *http://technet.microsoft.com/de-de/library/dd759058.aspx*

Nach der Einführung in die Druck- und Dokumentendienste geht es im nächsten Kapitel an eine weitere Neuerung unter Windows Server 2008 R2 und Windows 7 – eine Einführung in die Datenbereitstellung mithilfe von BranchCache.

10 Optimierte Datenbereitstellung mit BranchCache

Die kontinuierliche und gesicherte Bereitstellung von Daten stellt die verantwortlichen Administratoren bereits innerhalb eines einzelnen Unternehmensstandortes auf die Probe. Weitaus problematischer jedoch ergibt sich die Situation, wenn Unternehmensdaten von einem zentralen Standort aus über WAN-Verbindungen auch für mitunter kleinere Außenstandorte zum Abruf bereitgestellt werden müssen. Eine doppelte Datenvorhaltung durch weitere, in den Außenstandorten womöglich platzierte Serversysteme lässt sich hierbei zum Teil sogar aus Kostengründen nicht immer realisieren. Abhilfe bietet in dieser Situation der neue, mit Windows Server 2008 R2 eingeführte *BranchCache* – vorausgesetzt, dass im Remotestandort Windows 7 (*oder höher*) clientseitig zum Einsatz kommt.

Optimierte Datenzugriffe über WAN-Verbindungen

10.1 Voraussetzungen

Wie bereits erwähnt, stellt BranchCache eine Funktion von Windows Server 2008 R2 dar. Hierbei müssen die mithilfe von BranchCache zu optimierenden Daten sich auf einem Serversystem mit diesem Betriebssystem befinden. Daten, die auf älteren Serversystemen gespeichert sind, werden von BranchCache nicht berücksichtigt.

Ältere Server werden nicht unterstützt

Damit BranchCache funktioniert, benötigt man die passende Clientvariante, sprich: Windows 7 – dies jedoch zumindest in der Enterprise oder Ultimate Edition.

Eine weitere Voraussetzung findet sich in den für die Datenbereitstellung zu verwendenden Protokollen:

- **SMB** – dient der mit BranchCache optimierten Bereitstellung von im Netzwerk freigegebener Dateien.
- **HTTP/HTTPS** – dient der mit BranchCache optimierten Übertragung von Webinhalten.
- **BITS** – dient der Unterstützung von Anwendungen, die BITS (Background Intelligent Transfer Service) zum Übertragen von Daten verwenden.

> BranchCache kann lediglich zur optimierten Bereitstellung von freigegebenen Daten oder Webinhalten sowie ggf. zur Optimierung der mit BITS zu übertragenen Daten verwendet werden. Eine Optimierung sonstigen Client-/Serververkehrs (beispielsweise von MS-Outlook zu MS-Exchange Server o.ä.) ist hiermit nicht möglich.

10.2 Funktionsweise

BranchCache dient nicht einfach nur der optimierten Datenbereitstellung in Form von freigegebenen Daten, sondern auch der HTTP-Kommunikation zwischen Standorten kann u.U. mithilfe von BranchCache optimiert werden. BranchCache unterstützt hierbei zwei verschiedene Modi:

- Modus für **verteilte Caches** – ähnlich der Peer-to-Peer-Kommunikation im Netzwerk
- Modus für **gehostete Caches** – unter Einsatz eines dedizierten Cache-Servers

10.2.1 Modus für verteilte Caches

In diesem Modus werden die Daten prinzipiell ähnlich, wie in einem Peer-to-Peer-Netzwerk bereitgestellt und untereinander bereitgestellt. Die folgende Grafik veranschaulicht den Ablauf der in Verbindung mit BranchCache stattfindenden Kommunikation im Netzwerk.

Funktionsweise

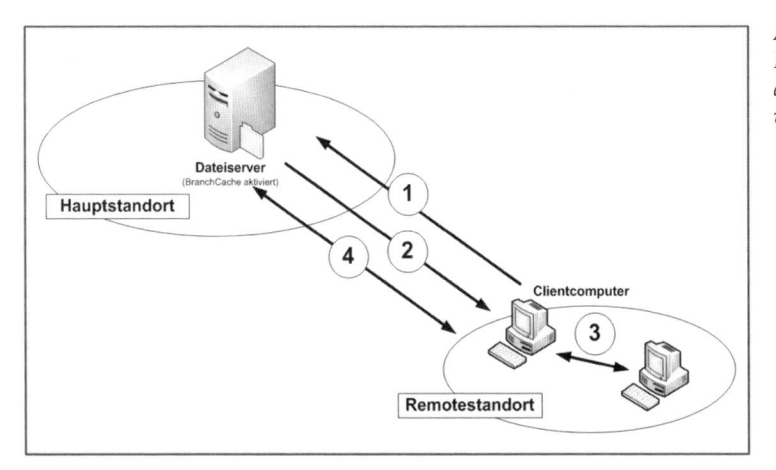

Abbildung 10.1
Prinzipdarstellung des Modus für verteilte Caches

1. Der Clientcomputer eines Remotestandorts sendet eine Anfrage für den Datenzugriff an den Server im Hauptstandort. In einer Erweiterung des dabei verwendeten Protokolls (*SMB, HTTP oder BITS*) teilt er dem angefragten Server mit, dass er in seiner Konfiguration für die Verwendung von BranchCache aktiviert ist.
2. Der angefragte, für BranchCache konfigurierte Server sendet dem Clientcomputer Informationen über die angefragten Daten, jedoch nicht die Daten selbst.
3. Der Clientcomputer versucht nun innerhalb seines eigenen Standorts einen Clientcomputer zu kontaktieren, der die betreffenden Daten vorweg bereits abgerufen und in seinem Cache zwischengespeichert hat. Diese Abfrage erfolgt hierbei anhand des BranchCache Retrieval Protocol als UDP-Broadcast.
4. Sollte noch keiner der vorhandenen Clientcomputer antworten (da diese die Daten vorweg noch nicht abgerufen und zwischengespeichert haben), so wendet sich der Clientcomputer wiederum an den ursprünglich angefragten Server. Diese Abfrage erfolgt jedoch nicht als BranchCache-Client, so dass der Server die abgefragten Daten auf herkömmliche Weise an den Clientcomputer überträgt.
5. Der Clientcomputer speichert die abgefragten Daten letztlich in seinem lokalen Cache zwischen.
6. Wenn anschließend wiederum andere Clientcomputer dieselben Daten benötigen, so durchlaufen diese ebenso die Schritte 1 bis 3. Nun reagiert jedoch der ursprüngliche Clientcomputer, welcher die Daten bereits im lokalen Cache zwischengespeichert hat, auf die Clientanfrage. Die Daten werden dann vom lokalen Client an den ebenso im gleichen Standort vorhandenen, anfragenden Client übertragen und durch diesen anschließend mit dem ursprünglich angefragten Serversystem abgestimmt.

Die Übertragung gleicher Daten erfolgt beim Einsatz von Branch-Cache im Modus für verteilte Clients zwischen den Standorten somit nicht mehr zwangsläufig, wodurch die Datenlast auf der Fernleitung womöglich reduziert werden kann. Auch bei kurzzeitigem Ausfall der Remote-Leitung kann diese Art der Speicherung von Daten mitunter hilfreich sein.

> Für die Zwischenspeicherung von Daten werden auf den dafür aktivierten Clientcomputern standardmäßig 5 % des insgesamt zur Verfügung stehenden Speicherplatzes verwendet. Mithilfe von Gruppenrichtlinieneinstellungen kann man hierauf bei Bedarf jedoch Einfluss nehmen.

Eine etwas andere Art der Kommunikation stellt der Modus für gehostete Caches dar.

10.2.2 Modus für gehostete Caches

Zwischenspeicherung direkt auf einem Server

In diesem Modus werden alle bislang vom Hauptstandort – BranchCache-seitig – abgerufenen, zwischenzuspeichernden Daten am Remotestandort auf einem dafür eingerichteten BranchCache-Server unter Windows Server 2008 R2 für die Clientabfrage abgelegt. Somit ergibt sich eine höhere Kontinuierlichkeit seitens der bereitgestellten Daten. In diesem Modus findet prinzipiell eine Client-Server-Kommunikation für die Abfragen und Bereitstellung von Daten mithilfe von BranchCache statt.

> Die Konfiguration eines Serversystems unter Windows Server 2008 R2 für den Modus des gehosteten Cache wird den betreffenden Clientcomputern anhand von Gruppenrichtlinieneinstellungen mitgeteilt.

Die folgende Grafik veranschaulicht die Kommunikation bei der Abfrage der von einem Clientcomputer auf dem BranchCache-Server im gehosteten Cache noch nicht zwischengespeicherten Daten.

Funktionsweise

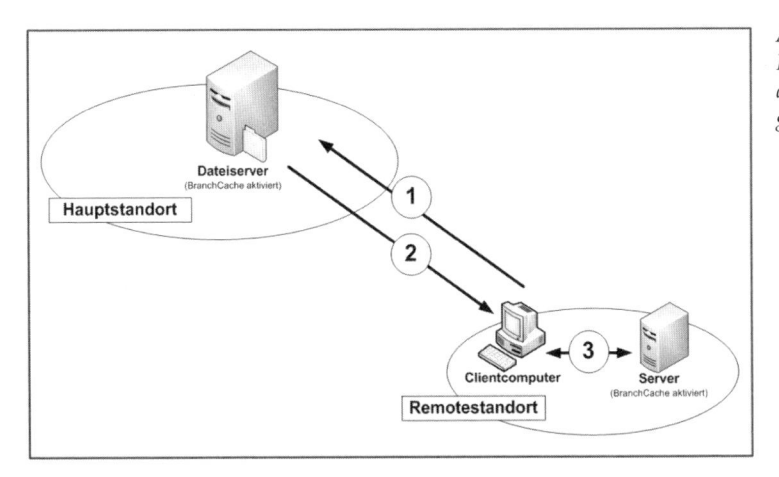

Abbildung 10.2
Prinzipdarstellung des Modus für gehostete Caches

1. Der Clientcomputer eines Remotestandorts sendet eine Anfrage für den Datenzugriff an den Server im Hauptstandort. In einer Erweiterung des dabei verwendeten Protokolls (*SMB, HTTP oder BITS*) teilt er dem angefragten Server, dass er in seiner Konfiguration für die Verwendung von BranchCache aktiviert ist.
2. Der angefragte, für BranchCache konfigurierte Server sendet dem Clientcomputer Informationen über die angefragten Daten, jedoch nicht die Daten selbst.
3. Der Clientcomputer erfragt die Daten bei dem im lokalen Standort vorhandenen, für den Modus für gehosteten Cache konfigurierten BranchCache-Server unter Windows Server 2008 R2.
4. Sollten die Daten auf dem vorhandenen, lokalen BranchCache-Server noch nicht zwischengespeichert sein, so wendet sich der Clientcomputer wiederum an den ursprünglich angefragten Server im Hauptstandort. Diese Abfrage erfolgt jedoch nicht als BranchCache-Client, so dass der Server die abgefragten Daten auf herkömmliche Weise an den Clientcomputer überträgt.
5. Der Clientcomputer speichert die abgefragten Daten letztlich in seinem lokalen Cache und bietet diese anschließend dem lokalen, für den Modus des gehosteten Caches aktivierten BranchCache-Server zur Speicherung an und überträgt diese dann an ihn.
6. Weitere, nach den gleichen Daten anfragende Clientcomputer durchlaufen als BranchCache-Clients wiederum die Schritte 1 bis 3. Da die Daten im vorangegangenen Schritt jedoch bereits auf dem lokalen, für den Modus des gehosteten Caches aktivierten BranchCache-Server zwischengespeichert wurden, werden die Daten direkt von ihm abgerufen.

Kapitel 10 Optimierte Datenbereitstellung mit BranchCache

Windows Server 2008 R2 grundsätzlich vorausgesetzt Wie aus dem geschilderten Ablauf zu erkennen, optimiert ein lokal eingesetzter, für den Modus des gehosteten Caches aktivierter BranchCache-Server unter Windows Server 2008 R2 mitunter die Datenabfragen von Remotestandorten. Diese Option setzt jedoch voraus, dass auch an dem Remotestandort ein dafür einzusetzendes Serversystem unter dem neuen Betriebssystem bereitgestellt werden muss.

> Für die Konfiguration von BranchCache auf Serversystemen unter Windows Server 2008 R2 wird für den Modus des gehosteten Caches ein digitales Zertifikat benötigt. Dies kann ein selbst signiertes oder ein von einer internen oder externen PKI (*Public Key Infrastructure*) ausgestelltes Zertifikat sein. Weitere Informationen hierzu erhalten Sie in der Windows-Hilfe.

Unabhängig davon, für welchen der beiden Modi Sie sich in der Praxis entscheiden – BranchCache muss serverseitig als Feature installiert und server- und clientseitig konfiguriert werden.

10.3 Installation und Konfiguration

Die serverseitige Installation und Konfiguration von BranchCache als Serverfunktion lässt sich unter Windows Server 2008 R2 mit einigen, sicher eher einfachen Schritten bewältigen.

10.3.1 Installation des BranchCache-Features

Gehen Sie auf einem Serversystem unter Windows Server 2008 R2 wie folgt vor, um BranchCache im Server-Manager als Feature hinzuzufügen:

1. Öffnen Sie den *Server-Manager*.
2. Klicken Sie auf *Features* und dann auf *Features hinzufügen*.
3. Aktivieren Sie im Dialog *Features auswählen* anschließend das Kontrollkästchen für *BranchCache* und klicken Sie dann auf *Weiter*.
4. Klicken Sie im Dialog *Installationsauswahl bestätigen* auf *Installieren*.
5. Klicken Sie im Dialog *Installationsergebnisse* auf *Schließen*.

Die BranchCache-Funktion wurde anhand der vorangegangenen Schritte erfolgreich auf dem Serversystem unter Windows Server 2008 R2 installiert. Anschließend muss für HTTP/HTTPS- oder BITS-basierte Ressourcen nun noch die Bereitstellung erfolgen.

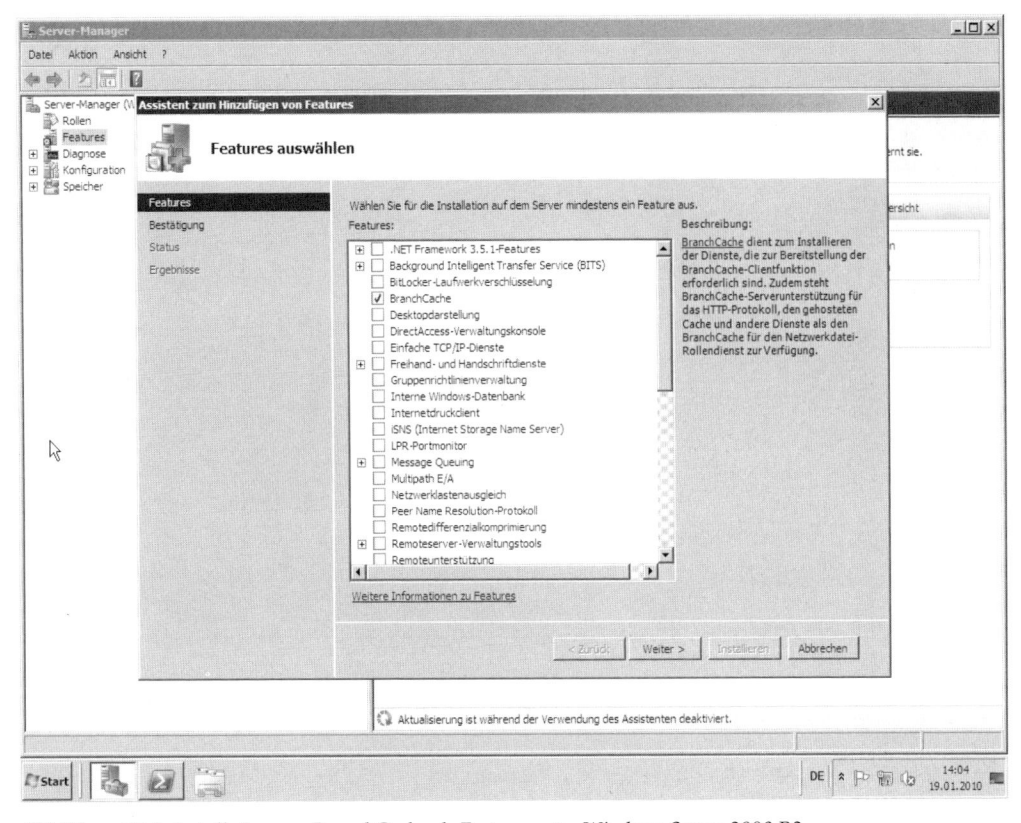

Abbildung 10.3: Installation von BranchCache als Feature unter Windows Server 2008 R2

10.3.2 Konfiguration von BranchCache für freigegebene Dateien

Für die Benutzung von BranchCache für die Bereitstellung von SMB-basierten, freigegebenen Dateien sind noch die folgenden Schritte erforderlich:

Hinzufügen von BranchCache für Netzwerkdateien

Im ersten Schritt muss der Rollendienst *BranchCache für Netzwerkdateien* in der Konfiguration der Serverrolle *Dateidienste* hinzugefügt werden. Dies kann entweder gleich während der Installation der Dateidienste als Serverrolle erfolgen oder aber im Bedarfsfall auch im Nachhinein.

Serverrolle Dateidienste erforderlich

Kapitel 10 Optimierte Datenbereitstellung mit BranchCache

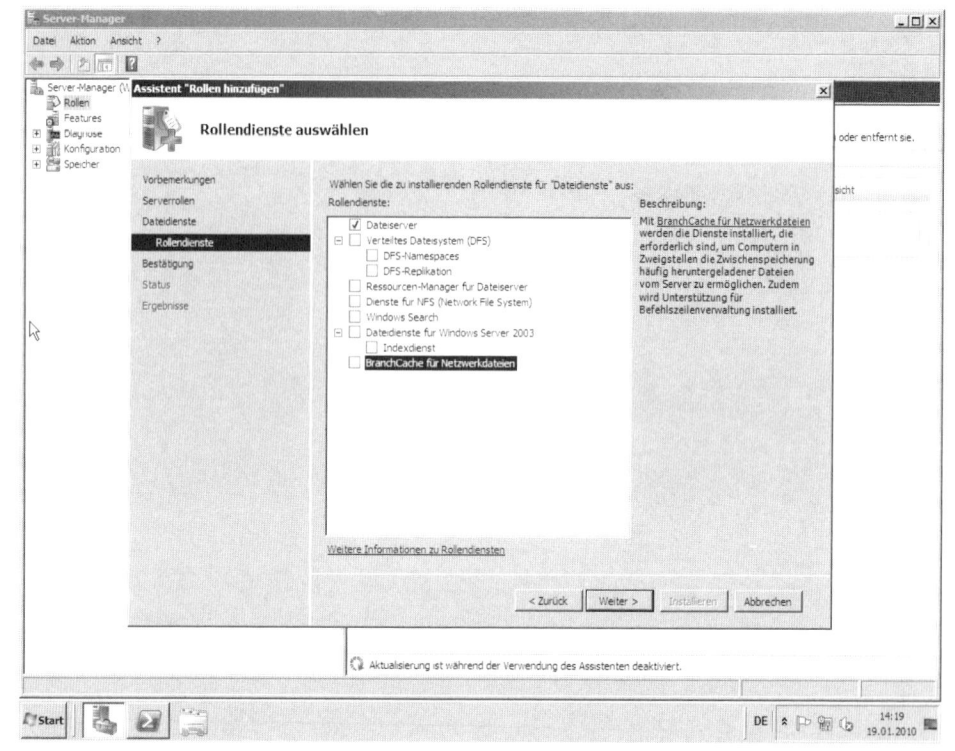

Abbildung 10.4: Auswahl des BrancheCache-Rollendienstes während der Installation der Dateidienste als Serverrolle

Gehen Sie wie folgt vor, um den Rollendienst *BranchCache* für Netzwerkdateien auf einem Serversystem unter Windows Server 2008 R2 zu installieren.

1. Erweitern Sie im *Server-Manager* in der linken Konsolenstruktur den Knoten *Serverrollen* und klicken Sie dann auf *Dateidienste*.
2. Klicken Sie rechts im Fenster im Abschnitt *Rollendienste* auf *Rollendienste hinzufügen*.
3. Aktivieren Sie das Kontrollkästchen für *BranchCache für Netzwerkdateien* und klicken Sie dann auf *Weiter*.
4. Klicken Sie im Dialog *Installationsauswahl bestätigen* auf *Installieren*.
5. Bestätigen Sie die Installationsergebnisse anschließend mit einem Klick auf *Schließen*.

Im weiteren Schritt muss nun festgelegt werden, dass die Dateifreigaben für das Zwischenspeichern mithilfe von BranchCache aktiviert werden sollen.

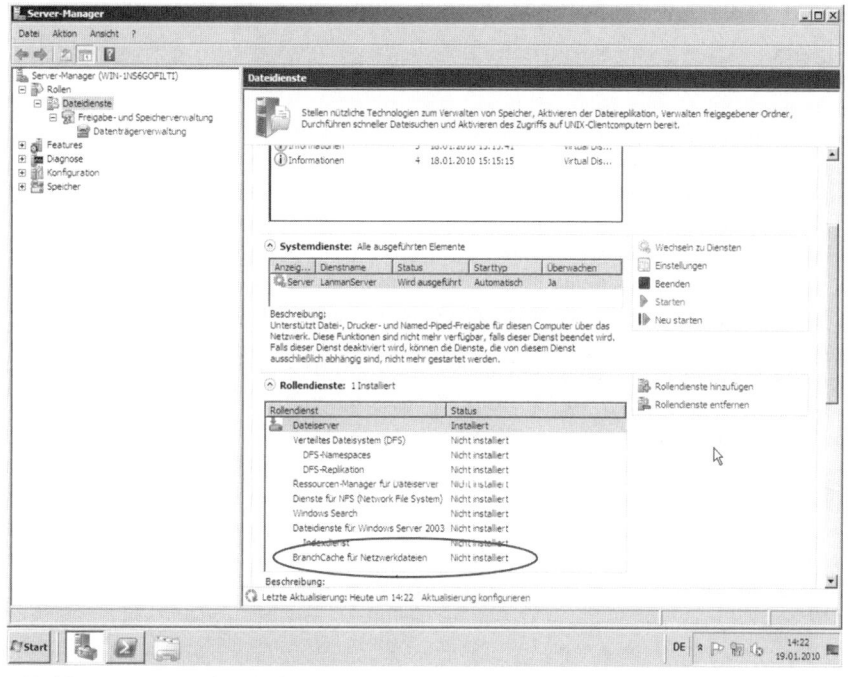

Abbildung 10.5: BranchCache für Netzwerkdateien als Rollendienst unter Windows Server 2008 R2

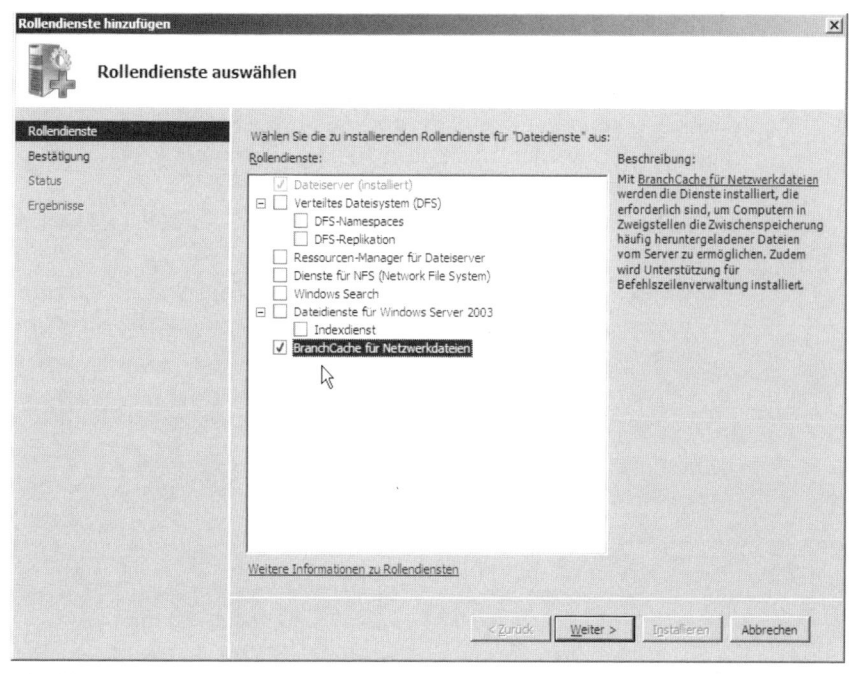

Abbildung 10.6: Hinzufügen von BranchCache für Netzwerkdateien

Bestimmen von Dateifreigaben für die Hashveröffentlichung

Konfiguration mithilfe von Richtlinien Nach der Installation des Rollendienstes BranchCache für Netzwerkfreigaben muss nun noch eine weitere Konfiguration auf dem Serversystem unter Windows Server 2008 R2 erfolgen – die eigentliche Bestimmung der Dateifreigaben für die Hashveröffentlichung für BranchCache.

Diese Konfiguration wird entweder anhand der lokalen Richtlinien oder, falls der BranchCache gleich auf mehreren Serversystemen konfiguriert werden soll, mithilfe eines Gruppenrichtlinienobjekts in den Active Directory-Domänendiensten (engl. *Active Directory Domain Services, AD DS*) vorgenommen.

Mögliche Optionen In der Konfiguration für das Bestimmen der Hashveröffentlichung für BranchCache stehen drei verschiedene Optionen zur Verfügung:

1. Keine Hashveröffentlichungen für Dateifreigaben
2. Hashveröffentlichung für alle Dateifreigaben
3. Hashveröffentlichung nur für freigegebene Ordner mit aktiviertem BranchCache

> Bei Auswahl der Option *Hashveröffentlichung nur für Dateifreigaben mit aktiviertem BranchCache* muss die Zwischenspeicherung mithilfe von BranchCache bei Bedarf in weiteren Konfigurationsschritten individuell für jede einzelne Dateifreigabe aktiviert werden.

Aktivieren der Hashveröffentlichung für BranchCache Gehen Sie auf einem Serversystem unter Windows Server 2008 R2 wie folgt vor, um dieses in den lokalen Richtlinien für die Verwendung von BranchCache zu aktivieren:

1. Klicken Sie auf *Start/Ausführen*, geben Sie `gpedit.msc` ein und klicken Sie dann auf *OK*.
2. Wechseln Sie zu *Computerkonfiguration/Administrative Vorlagen/Netzwerk/LanMan-Server* und doppelklicken Sie auf die Richtlinie *Hashveröffentlichung für BranchCache*.
3. Aktivieren Sie die Richtlinie, wählen Sie unter *Aktionen zur Hashveröffentlichung* die gewünschte Aktion und klicken Sie dann auf *OK*.

Installation und Konfiguration

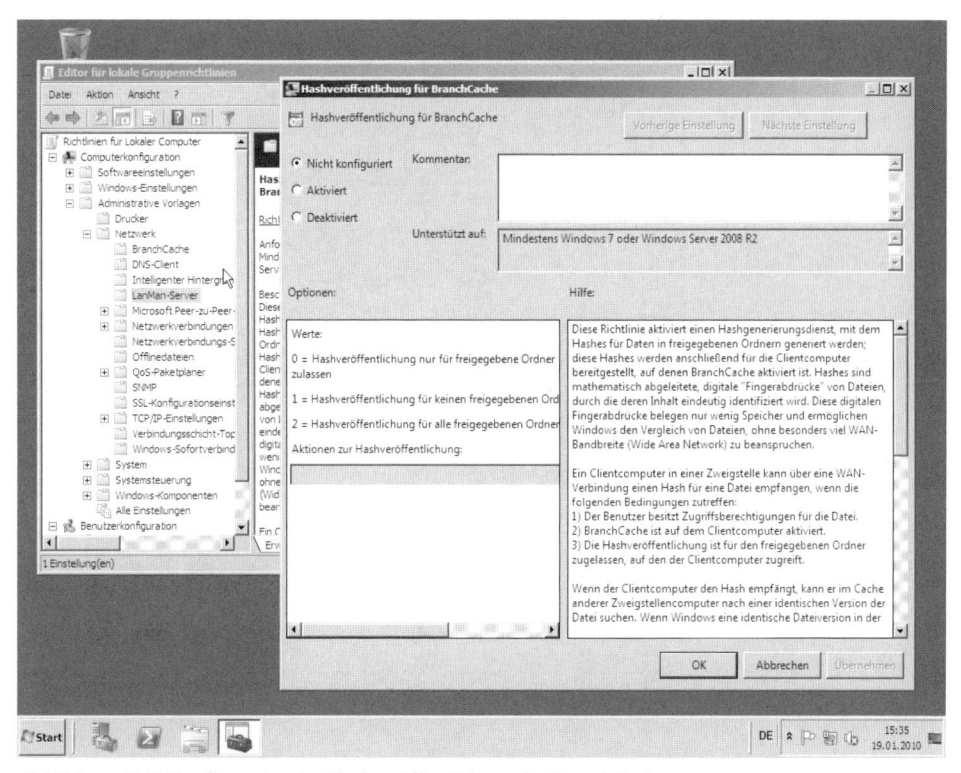

Abbildung 10.7: Konfiguration der Hashveröffentlichung für BranchCache

Individuelles Aktivieren von Dateifreigaben für BranchCache Wenn Sie sich während der Aktivierung der Hashveröffentlichung für Branch-Cache unter Windows Server 2008 R2 für die Aktion *Hashveröffentlichung nur für freigegebene Ordner mit aktiviertem BranchCache* entschieden haben, so müssen Sie im nächsten Schritt die Aktivierung für BranchCache direkt in den Eigenschaften der jeweiligen Dateifreigaben vornehmen. Gehen Sie dazu wie folgt vor:

1. Erweitern Sie im *Server-Manager* die Rollen, dann den Knoten für *Dateidienste* und klicken Sie auf *Freigabe- und Speicherverwaltung*.
2. Klicken Sie mit der rechten Maustaste auf die zu konfigurierende Freigabe und im Kontextmenü dann auf *Eigenschaften*.
3. Klicken Sie dann auf die Schaltfläche *Erweitert*, wechseln Sie zum Register *Zwischenspeichern* und aktivieren Sie das Kontrollkästchen *BranchCache aktivieren*. Klicken Sie dann auf OK.
4. Klicken Sie nochmals auf *OK*, um den Eigenschaften-Dialog der Freigabe zu schließen.

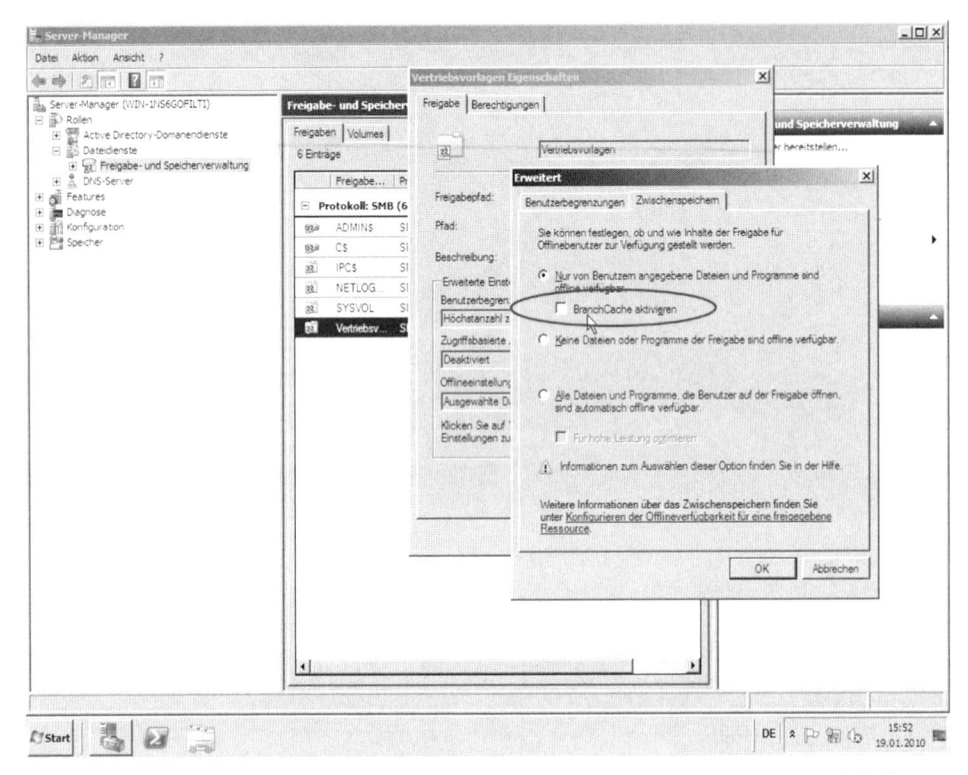

Abbildung 10.8: Aktivieren von BranchCache für eine Dateifreigabe im Server-Manager unter Windows Server 2008 R2

Deaktivieren auf gleichem Wege Die benannten Schritte müssen Sie gemäß der ausgewählten Aktion für die BranchCache-Aktivierung für jede gewünschte Freigabe durchführen. Auf dem gleichen Wege können Sie die BranchCache-Zwischenspeicherung für einzelne Dateifreigaben auch wieder deaktivieren.

Nach der Installation und Konfiguration von BranchCache auf dem Serversystem unter Windows Server 2008 R2 ist es nunmehr notwendig, sich mit der Clientkonfiguration zu befassen.

10.4 Clientkonfiguration

Die Konfiguration von Clientcomputern für die Verwendung der BranchCache-Zwischenspeicherung setzt zumindest Windows 7 als Enterprise oder Ultimate Edition voraus. Erst in diesen Editionen ist der BranchCache-Client standardmäßig enthalten.

10.4.1 Konfiguration der BranchCache-Regeln

Damit man den auf Serversystemen unter Windows Server 2008 R2 aktivierten BranchCache nutzen kann, muss man die zu nutzenden Clientcomputer zuerst noch anhand von Gruppenrichtlinieneinstellungen konfigurieren. Hierfür stehen die folgenden Gruppenrichtlinien zur Verfügung:

- BranchCache aktivieren
- BranchCache-Modus „Verteilter Cache" festlegen
- BranchCache-Modus „Gehosteter Cache" festlegen
- BranchCache für Netzwerkdateien konfigurieren
- Prozentuale Speicherplatzbelegung durch Clientcomputercache festlegen

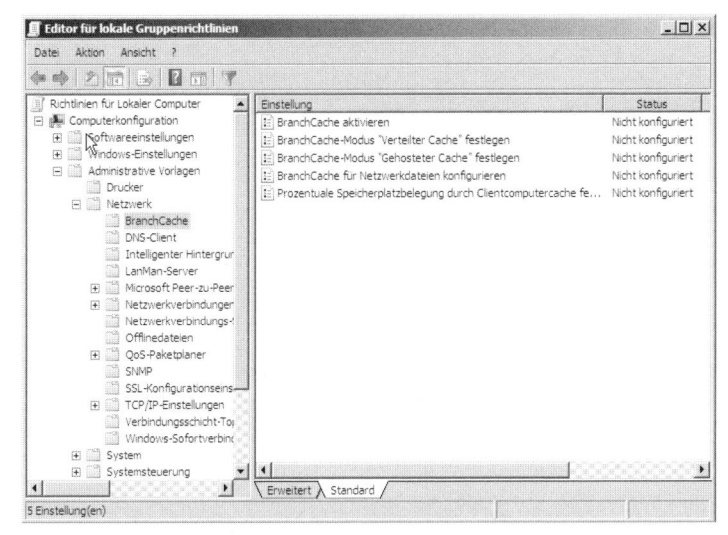

Abbildung 10.9
Lokale Richtlinien für die Konfiguration von Branch-Cache auf einem Clientcomputer

Die Richtlinien finden sich auf einem lokalen Computersystem unter:
Computerkonfiguration/Administrative Vorlagen/
Netzwerk/BranchCache

10.4.2 Firewallregeln beachten

Neben der Konfiguration der benannten Richtlinien müssen jedoch auch die entsprechenden Regeln in der Windows-Firewall freigeschalten werden. Dies geschieht nicht auch automatisch mit der Konfiguration der Richtlinien für BranchCache. Unter Windows Server 2008 R2 sowie auch unter Windows 7 finden sich die passenden, vordefinierten eingehenden und ausgehenden Regeln gleich in der Konfiguration der *Firewall mit erweiterter Sicherheit*.

Firewall mit erweiterter Sicherheit

Kapitel 10 Optimierte Datenbereitstellung mit BranchCache

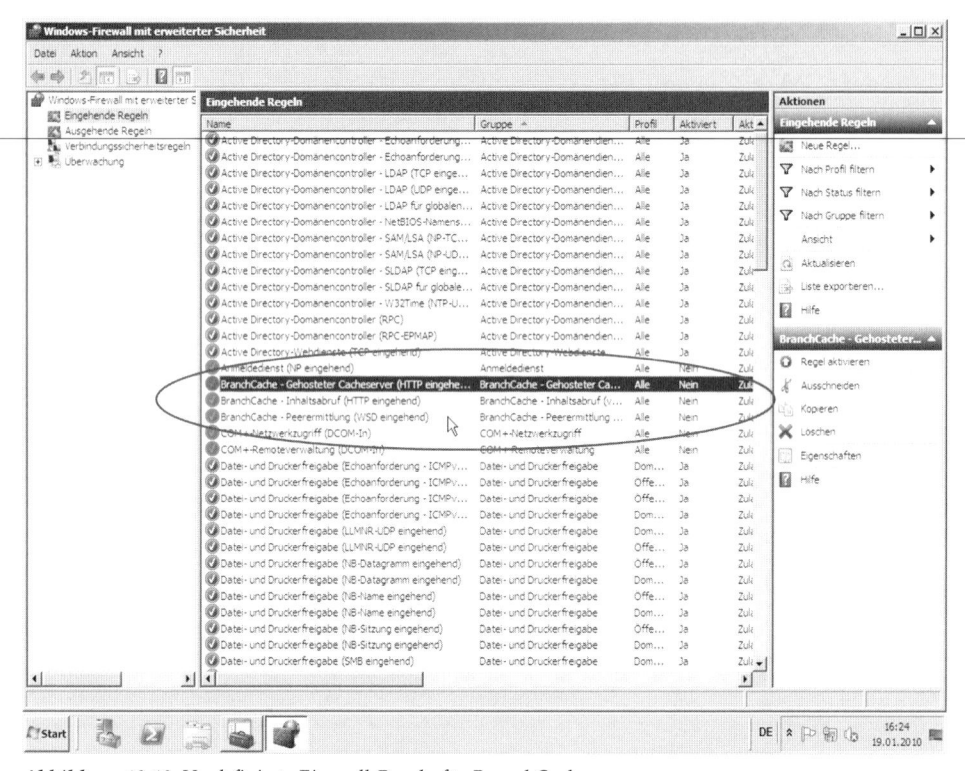

Abbildung 10.10: Vordefinierte Firewall-Regeln für BranchCache

Die Firewall-Regeln können in einer Active Directory-Domäne im Bedarfsfall problemlos anhand eines Gruppenrichtlinienobjekts auf gleich mehrere Clientcomputer unter Windows 7 angewendet werden.

> Weitere Informationen zu BranchCache wie auch die notwendige Konfiguration von Serversystemen und Clientcomputer für die Verwendung des Modus für gehostete Caches erhalten Sie im Internet unter: *http://technet.microsoft.com/de-de/library/dd756001(WS.10).aspx*

BranchCache wurde erstmalig unter Windows Server 2008 R2 als eine interessante Neuerung eingeführt. Nicht mehr ganz so neu, dafür jedoch im Detail wiederum verbessert, wurde dagegen Hyper-V. Mehr dazu erfahren Sie im nächsten Kapitel.

11 Einführung in die Virtualisierung mit Hyper-V

Bereits seit Jahren beschäftigt man sich in Unternehmen mit dem Thema der Servervirtualisierung. Ziel hierbei ist es, die vorhandenen Ressourcen bei geringerem Energieverbrauch möglichst optimal auszunutzen und gleichzeitig die Wartungskosten für die dabei eingesetzte Hardware zu reduzieren. Die Firma Microsoft hat dies vor Jahren auch für sich entdeckt und bereits damals schon Microsoft VirtualPC 2004 (später 2007) sowie den Microsoft Virtual Server 2005 (später als R2) als Virtualisierungslösungen für Unternehmen veröffentlicht. In Windows Server 2008 wurde dann erstmalig Hyper-V als serverseitige Virtualisierungslösung für Unternehmen angeboten. Parallel zu Windows Server 2008 entwickelte Microsoft sogar noch eine weitere, kostenfrei erhältliche und als reine Virtualisierungsplattform gedachte Edition mit dem Namen Microsoft Hyper-V Server 2008.

Virtualisierungslösung für Unternehmen

> Microsoft Virtual PC steht in der neuesten Version für verschiedene Editionen von Windows 7 zur clientseitigen Virtualisierung kostenfrei zum Download zur Verfügung. Weitere Informationen hierzu finden Sie im Internet unter:
>
> *http://www.microsoft.com/germany/windows/virtual-pc/default.aspx*

Kapitel 11 Einführung in die Virtualisierung mit Hyper-V

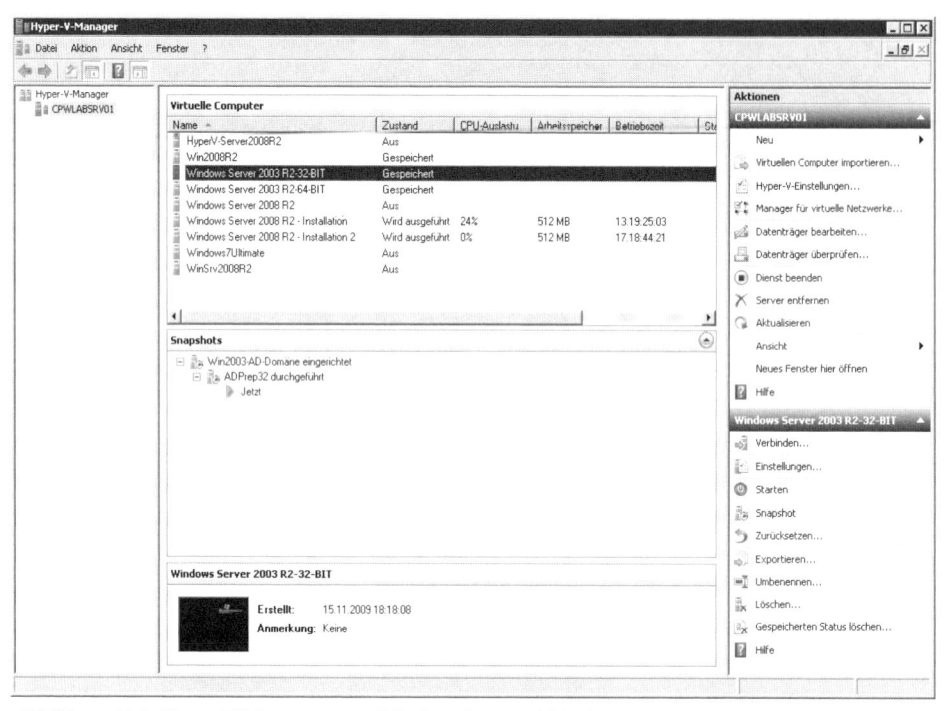

Abbildung 11.1: Hyper-V-Manager unter Windows Server 2008 R2

In Windows Server 2008 R2 wurde Hyper-V nochmals für den Einsatz in Unternehmen optimiert. Zudem gehört Hyper-V als Serverrolle jetzt fest zum Lieferumfang von Windows Server 2008 R2 und muss, im Gegensatz zum Vorgänger, nicht erst noch aus dem Internet heruntergeladen werden.

Live-Migration von virtuellen Computern zwischen Clusterknoten
Eine der sicher wichtigsten Neuerungen in Hyper-V findet man unter Windows Server 2008 R2 in der Möglichkeit der „Live-Migration" von virtuellen Computern. Diese ermöglicht in Hyper-V, virtuelle Computer während der Ausführung prinzipiell völlig ohne Datenverlust oder Ausfallzeiten zwischen zwei Clusterservern unter Windows Server 2008 R2 als Enterprise oder Datacenter Edition zu verschieben.

> Nähere Informationen zur „Live-Migration" von virtuellen Computersystemen in Hyper-V unter Windows Server 2008 R2 finden Sie im Internet u.a. unter:
>
> http://www.microsoft.com/germany/server/hyper-v-server/default.mspx

11.1 Unterstützte Gast-Betriebssysteme

Hyper-V unterstützt unter Windows Server 2008 R2 eine Vielzahl an installierbaren Gast-Betriebssystemen, wie beispielsweise:

- **Windows Server 2000** mit Service Pack 4
- **Windows XP Professional** ab Service Pack 2 oder höher (x86- und x64-Edition)
- **Windows Server 2003** ab Service Pack 2 oder höher (x86- und x64-Edition)
- **Windows Server 2003 R2** ab Service Pack 2 oder höher (x86- und x64-Edition)
- **Windows Vista Business, Enterprise und Ultimate** ab Service Pack 1 oder höher (x86- und x64-Edition)
- **Windows Server 2008** (x86- und x64-Edition)
- **Windows 7 Business, Enterprise und Ultimate** (x86- und x64-Edition)
- **Windows Server 2008 R2**
- **Suse Linux Enterprise Server 10** ab Service Pack 1 (x86- oder x64-Edition)
- **Suse Linux Enterprise Server 11** (x86- oder x64-Edition)
- **Red Hat Enterprise (RHEL) 5.2 und 5.3** (x86- oder x64-Edition)

> Weitere Informationen zu den von Hyper-V unter Microsoft Windows Server 2008 R2 unterstützten Gast-Betriebssystemen finden Sie im Internet unter: *http://www.microsoft.com/windowsserver2008/en/us/hyperv-supported-guest-os.aspx*

11.2 Limits für virtuelle Computer

Für eine optimale Planung des Einsatzes von virtuellen Computern ist es wichtig, die Anforderungen sowie die Maximalkonfiguration von virtuellen Computern zu kennen. Diese finden Sie in der nachfolgenden Tabelle:

Komponente	Maximalwert	Anmerkung
Virtuelle Prozessoren	4	Maximale Zahl ist abhängig vom jeweiligen Gastbetriebssystem und kann niedriger sein. Weitere Infos gibt es unter: *http://technet.microsoft.com/de-de/library/cc794868(WS.10).aspx*

Tabelle 11.1 Maximalkonfiguration für virtuelle Computer unter Hyper-V in Windows Server 2008 R2

Komponente	Maximalwert	Anmerkung
Arbeitsspeicher	64 GB	Abhängig von dem im virtuellen Computer eingesetzten Betriebssystem.
Virtuelle IDE-Datenträger	4	Der Startdatenträger muss an eines der IDE-Geräte angeschlossen sein. Dabei kann es sich um einen virtuellen oder einen physikalischen Datenträger handeln.
Virtuelle SCSI-Controller	4	Für die Verwendung von virtuellen SCSI-Controllern müssen die Integrationsdienste für das Gastbetriebssystem installiert sein. Weitere Infos gibt es unter: *http://technet.microsoft.com/de-de/library/cc794868(WS.10).aspx*
Virtuelle SCSI-Datenträger	256	Maximal 64 Datenträger pro virtuellem SCSI-Controller (davon werden maximal 4 unterstützt)
Kapazität virtueller Festplatten	2 TB	Beachten Sie, dass jede virtuelle Festplatte als VHD-Datei auf dem physikalischen Datenträger gespeichert wird.
Virtuelle Diskettenlaufwerke	1	keine
Virtuelle Netzwerkkarten	12	8 ist als maximale Anzahl als Typ „Netzwerkkarte" möglich. Dieser Typ erfordert einen in den Integrationsdienstpaketen enthaltenen Treiber. 4 ist als maximale Anzahl als Typ „ältere Netzwerkkarte" möglich. Hierbei wird eine bestimmte Netzwerkkarte (Boot eXecution Environment) emuliert und PXE (Pre-unterstützt, um eine netzwerkbasierte Installation eines Betriebssystems zu ermöglichen).
Serielle (COM-) Anschlüsse	2	Keine
Snapshots	50	Die tatsächliche, maximale Anzahl kann geringer sein, abhängig vom physikalisch zur Verfügung stehenden Speicher. Snapshots werden als AVHD-Dateien gespeichert.

Die minimale Hardware-Anforderung bestimmter Betriebssysteme entnehmen Sie bitte der jeweiligen Herstellerdokumentation.

11.3 Serverseitige Hardware-Unterstützung

Nicht nur für virtuelle Computer gelten maximale Konfigurationswerte. Auch Hyper-V besitzt als Host-System bestimmte Obergrenzen in der Unterstützung der Hardware. Diese sind für Hyper-V unter Windows Server 2008 R2 in der folgenden Tabelle aufgeführt:

Komponente	Maximalwert	Anmerkung
Logische Prozessoren	64	Intel-VT- oder AMD-V-Technologie muss durch die Prozessoren unterstützt werden. Die Datenausführungsverhinderung (Data Execution Prevention, DEP) muss im BIOS des Systems unterstützt und aktiviert sein.
Virtuelle Prozessoren pro logischem Prozessor	8	Keine
Virtuelle Prozessoren pro Server	512	Keine
Virtuelle Computer pro Server	384 ausgeführte Computer	Keine
Arbeitsspeicher	1 TB	Keine
Speicher	Begrenzt durch den vom Host-Betriebssystem unterstützten Speicher, jedoch keine Begrenzung durch Hyper-V.	Weitere Informationen zu den Speicheroptionen für Hyper-V findet man im Internet unter „Planen der Datenträger und der Speicherung" auf der Microsoft-Website unter: http://technet.microsoft.com/de-de/library/dd183729(WS.10).aspx
Physikalische Netzwerkkarten	Keine Begrenzung durch Hyper-V.	Keine
Virtuelle Netzwerke (Switches)	Unterschiedlich; keine Begrenzung durch Hyper-V.	Der Maximalwert hängt in der Praxis von den verfügbaren Computerressourcen ab.
Virtuelle Netzwerk-Switchports pro Server	Unterschiedlich; keine Begrenzung durch Hyper-V.	Der Maximalwert hängt in der Praxis von den verfügbaren Computerressourcen ab.

Tabelle 11.2
Maximale Hardware-Unterstützung von Hyper-V unter Windows Server 2008 R2

Weitere Informationen zur Hardware-Unterstützung, insbesondere auch der Unterstützung von Failovercluster durch Hyper-V finden Sie im Internet unter: *http://go.microsoft.com/fwlink/?LinkID=129063*

11.4 Integrationsdienste unter Hyper-V

In Hyper-V ist ein Softwarepaket, die sogenannten Integrationsdienste für unterstützte Gastbetriebssysteme enthalten, welches die Integration zwischen dem physikalischen Computer und den darauf ausgeführten, virtuellen Computern verbessert. Die Installation der Integrationsdienste ist auf neueren Windows-Betriebssystemen nicht notwendig, da diese die Integrationsdienste bereits enthalten.

Eine Übersicht der unterstützten Betriebssysteme und den Versionen, für die Integrationsdienste installiert werden müssen, finde man in der Technischen Bibliothek zu Windows Server 2008 (R2) im Internet unter: *http://go.microsoft.com/fwlink/?LinkID=128037*

> Die Integrationsdienste für die von Hyper-V unter Windows Server 2008 R2 unterstützten Linux-Betriebssysteme sind nicht in einer Hyper-V-Installation enthalten. Diese Dienste findet man auf der Microsoft Connect-Website als *Linux-Integrationskomponenten für Microsoft Hyper-V*. Weitere Informationen dazu finden Sie im Internet unter:
>
> *http://go.microsoft.com/fwlink/?LinkID=102024*

11.5 Voraussetzungen

Ohne Unterstützung durch CPU und BIOS nicht verwendbar
Hyper-V setzt, wie dies bereits auch für den Einsatz von Windows Server 2008 R2 erforderlich ist, eine 64-Bit-Plattform voraus. Zudem muss im BIOS des physikalischen Hostsystems für Hyper-V die Intel VT- oder AMD-V-Technologie aktiviert sowie das Intel XD-Bit (*Execute Disable Bit*) bzw. AMD NX-Bit (*No Execute Bit*) vorhanden und ebenso aktiviert sein. Erst dann lässt sich Hyper-V auf dem betreffenden Serversystem betreiben.

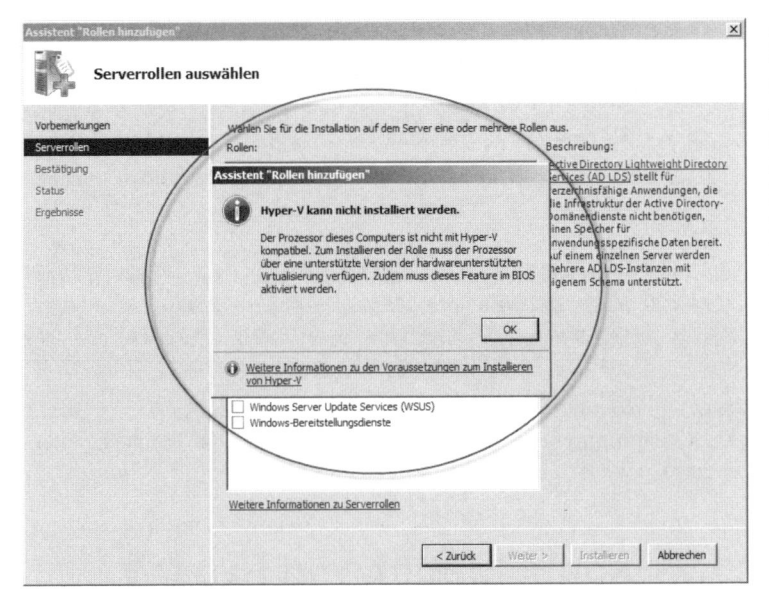

Abbildung 11.2
Hinweis zu fehlender Kompatibilität des Prozessors eines Serversystems beim Hinzufügen von Hyper-V als Serverrolle unter Windows Server 2008 R2

Hyper-V steht unter der Standard, der Enterprise sowie der Datacenter Edition von Windows Server 2008 R2 als Serverrolle zur Verfügung. In der Web Edition von Windows Server 2008 R2 ist Hyper-V hingegen nicht enthalten. Hyper-V kann als Virtualisierungslösung auf einem vollwertig installierten Serversystem unter Windows Server 2008 R2 oder im Bedarfsfall auch unter Server Core installiert und betrieben werden.

Hyper-V als Serverrolle

Für die optimale Planung und Vorbereitung der Implementierung von Hyper-V unter Windows Server 2008 R2 steht das *Microsoft Assessment and Planning (MAP) Toolkit for Hyper-V* in der Website von Microsoft zum kostenfreien Download bereit unter:

http://go.microsoft.com/fwlink/?LinkID=111000

11.6 Installation von Hyper-V als Serverrolle

Wie bereits vorweg beschrieben, ist Hyper-V unter Windows Server 2008 R2 bereits im Lieferumfang enthalten und kann demnach problemlos als installierbare Serverrolle implementiert werden. Gehen Sie auf einem Serversystem mit einer vollwertigen Installation von Windows Server 2008 R2 wie folgt vor, um Hyper-V als Serverrolle zu installieren:

Im Lieferumfang bereits enthalten

1. Öffnen Sie den *Server-Manager*.
2. Klicken Sie links im Fenster auf *Rollen* und dann rechts im Fenster auf *Rollen hinzufügen*.

Kapitel 11 Einführung in die Virtualisierung mit Hyper-V

3. Klicken Sie im Dialog *Vorbemerkungen* auf *Weiter*.
4. Aktivieren Sie das Kontrollkästchen neben *Hyper-V* und klicken Sie auf *Weiter*.
5. Klicken Sie im Dialog *Installationsauswahl* bestätigen auf *Installieren*.
6. Klicken Sie anschließend im Dialogfenster *Installationsergebnisse* auf *Schließen*.

> Die Installation von Hyper-V auf einem Serversystem unter Windows Server 2008 R2 als Server Core stellt sich nicht viel komplizierter dar. Nähere Informationen hierzu erhalten Sie im nächsten Kapitel.

Nach der erfolgreichen Installation von Hyper-V unter Windows Server 2008 R2 kann nunmehr die Konfiguration der Grundeinstellungen vorgenommen werden. Dies geschieht im grafischen Hyper-V-Manager.

11.7 Konfiguration von Hyper-V

Gleich nach der Installation sowie auch im späteren Verlauf können Sie bestimmte (Grund-)Einstellungen auf dem betreffenden Serversystem unter Windows Server 2008 R2 in und um Hyper-V vornehmen.

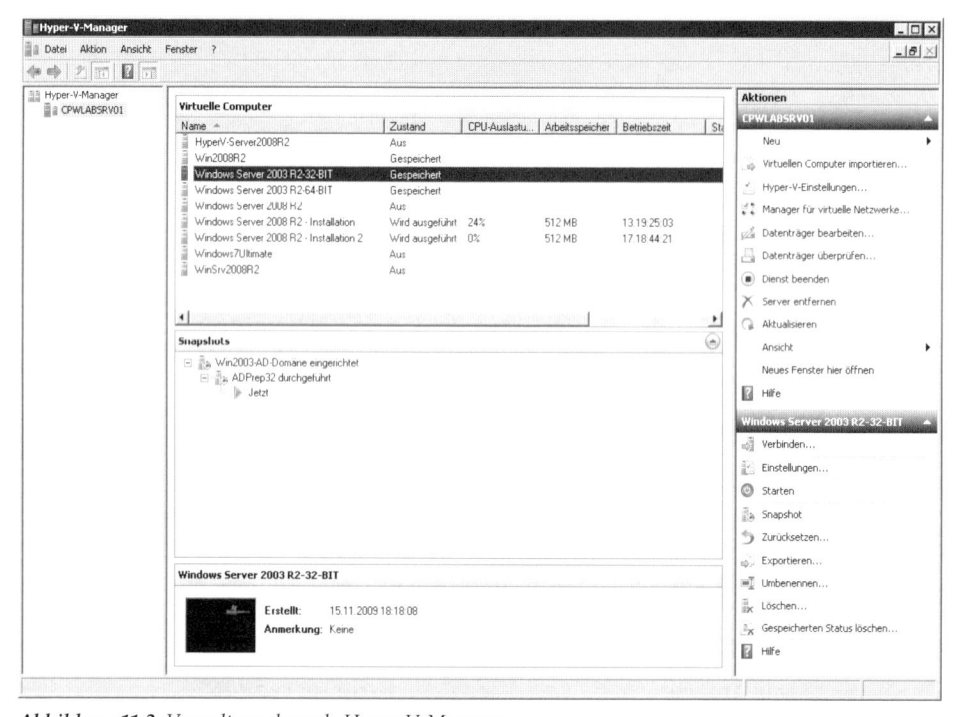

Abbildung 11.3: Verwaltungskonsole Hyper-V-Manager

Konfiguration von Hyper-V

Den Hyper-V-Manager öffnen Sie über einen Klick auf *Start/Verwaltung* und dann auf *Hyper-V-Manager*.

11.7.1 Grundeinstellungen

Die Grundeinstellungen umfassen beispielsweise die standardmäßigen Speicherpfade für virtuelle Computer und auch virtuelle Festplatten. Bei Bedarf kann man den jeweiligen Speicherpfad entsprechend anpassen.

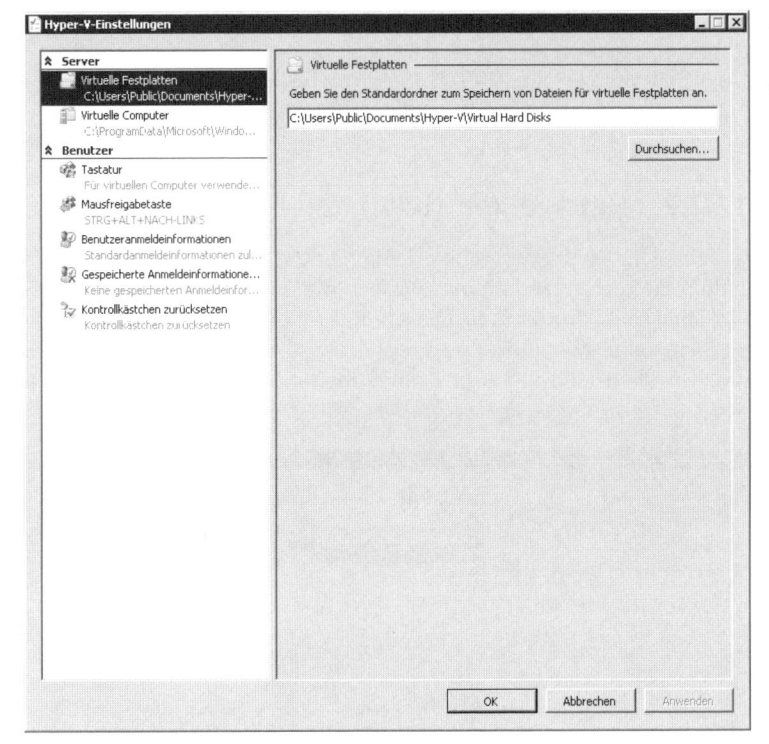

Abbildung 11.4
Dialog für die Konfiguration der Grundeinstellungen von Hyper-V unter Windows Server 2008 R2

Hier können auch bestimmte, benutzerbezogene Einstellungen in dem Konfigurationsdialog vorgenommen werden wie zum Beispiel der Standardordner zum Speichern der Dateien für virtuelle Festplatten.

Den Konfigurationsdialog finden Sie im *Hyper-V-Manager* durch einen Klick mit der rechten Maustaste auf das zu konfigurierenden Serversystem und der Auswahl der *Hyper-V-Einstellungen...* im Kontextmenü des Servers.

Abbildung 11.5
Aufruf des Konfigurationsdialogfensters für die Grundeinstellungen von Hyper-V unter Windows Server 2008 R2

11.7.2 Netzwerkeinstellungen

Gleich nach der Konfiguration der Grundeinstellungen von Hyper-V sollten Sie die Netzwerkeinstellungen für die anschließende Servervirtualisierung vornehmen. Die Konfigurationsmöglichkeit der Netzwerkeinstellungen finden Sie beispielsweise, wie bereits vorweg auch die Grundeinstellungen, im Kontextmenü des zu konfigurierenden Serversystems unter *Manager für virtuelle Netzwerke...*

Abbildung 11.6
Konfiguration der Netzwerkeinstellungen unter Hyper-V

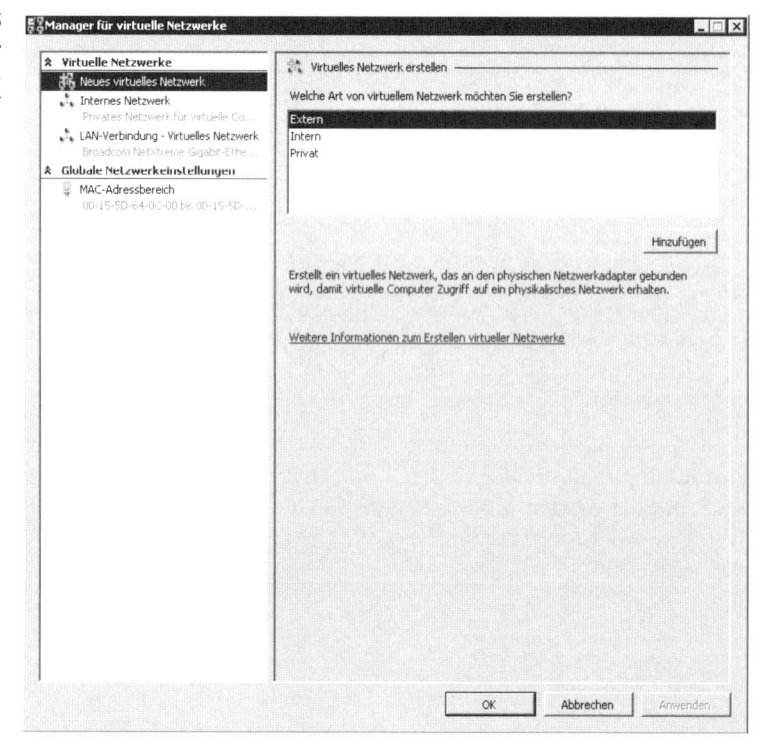

Konfiguration von Hyper-V

In Hyper-V unter Windows Server 2008 R2 können Sie die folgenden Arten von virtuellen Netzwerken erstellen:

- **Extern** – ist mit einer der im Hostsystem vorhandenen, physikalischen Netzwerkkarten verbunden.
- **Intern** – ermöglicht lediglich die interne Kommunikation von virtuellen Computersystemen auf und mit dem betreffenden Host-System.
- **Privat** – dient der rein internen Kommunikation vorhandener, virtueller Computersysteme.

Prinzipiell können Sie in Hyper-V unter Windows Server 2008 R2 beliebig viele, virtuelle Netzwerke einrichten. Sie werden sich, je nach geplanter Einsatzmöglichkeit virtueller Computersysteme für die betreffenden, virtuellen Netzwerke, entscheiden.

Beliebig viele, virtuelle Netzwerke möglich

11.7.3 Erstellen neuer virtueller Computer

Nach der Installation von Hyper-V können Sie anhand der darin enthaltenen Assistenten problemlos Ihre ersten virtuellen Computer erstellen.

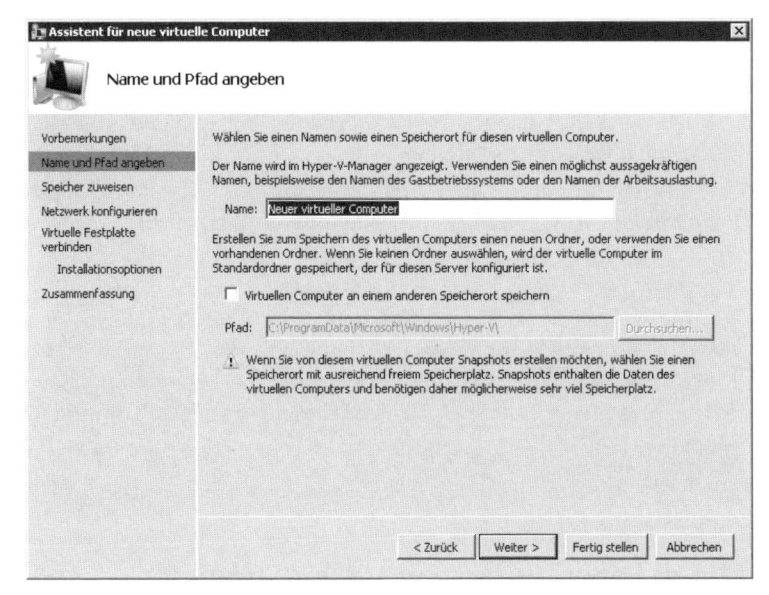

Abbildung 11.7 Assistent zum Erstellen eines neuen, virtuellen Computers im Hyper-V-Manager unter Windows Server 2008 R2

> Bedenken Sie, dass der Lizenzerwerb der Standard, Enterprise, Datacenter und Itanium-Edition von Windows Server 2008 R2 das Virtualisierungsrecht für eine jeweils bestimmte Anzahl an weiteren, virtuellen Serversystemen umfasst. Der Erwerb der Standard Edition von Windows Server 2008 R2 erlaubt beispielsweise den Einsatz eines weiteren virtuellen Servers unter Hyper-V, die Enterprise Edition bis zu vier weitere virtuelle Server unter Hyper-V und der Erwerb der Datacenter Edition sowie der Itanium Edition ist seitens des Einsatzes von virtuellen Servern unter Hyper-V sogar unlimitiert. Weitere Informationen sowie auch Hinweise auf die Lizenzbedingungen von Hyper-V hierzu erhalten Sie im Internet unter:
>
> *http://www.microsoft.com/windowsserver2008/en/us/r2-compare-specs.aspx*

Gehen Sie wie folgt vor, um einen neuen, benutzerdefinierten Computer im Hyper-V-Manager unter Windows Server 2008 R2 zu erstellen:

1. Klicken Sie im *Hyper-V-Manager* unter Windows Server 2008 R2 mit der rechten Maustaste auf das zu verwendende Serversystem und wählen Sie im Kontextmenü den Eintrag *Neu / Virtueller Computer...*

2. Klicken sie im Dialog *Vorbemerkungen* auf *Weiter*. Folgen Sie den Anweisungen des Assistenten.

3. Klicken Sie zum Ende auf *Fertig stellen*, um den virtuellen Computer mit den vorgenommenen Einstellungen zu erstellen.

> Für die eigentliche Installation des Betriebssystems des virtuellen Computers können Sie entweder ein CD-/DVD-ROM-Laufwerk, eine ISO-Datei als Abbilddatei oder (soweit vorbereitet) eine startfähige Diskette als VFD-Datei verwenden. Die Installation eines Betriebssystems für den neu zu erstellenden, virtuellen Computer kann gleich anschließend oder bei Bedarf auch zu einem späteren Zeitpunkt erfolgen.

11.7.4 Konfigurieren virtueller Computer

Hinzufügen und/oder Entfernen virtueller Hardwarekomponenten

Die neu erstellten, virtuellen Computersysteme können seitens der jeweiligen Konfiguration im Hyper-V-Manager unter Windows Server 2008 R2 angepasst werden. Beispielsweise kann man hier neue, virtuelle Hardware zum betreffenden System hinzufügen, die zugeordnete Arbeitsspeicherkapazität verändern und vieles mehr.

Konfiguration von Hyper-V

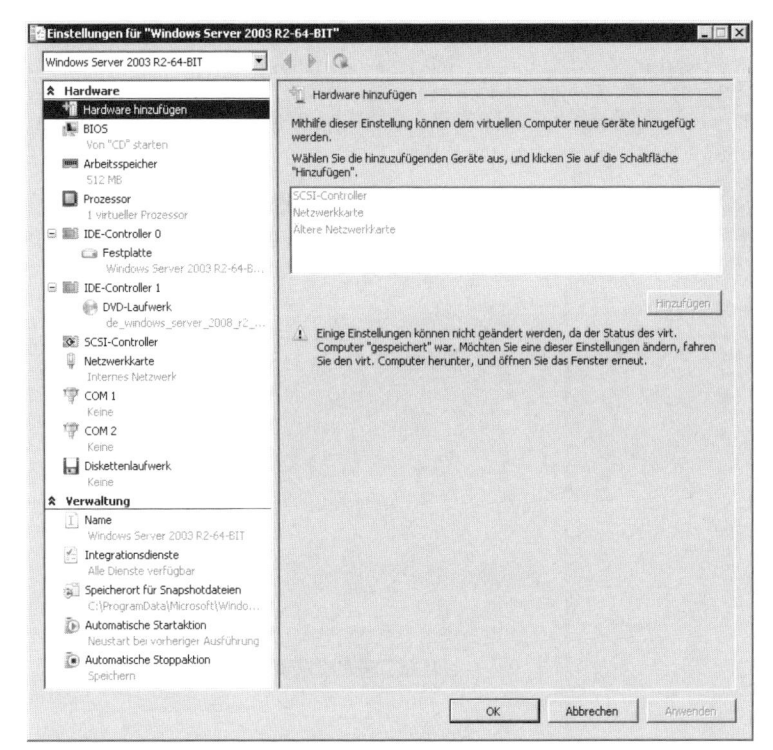

Abbildung 11.8
Dialog zum Konfigurieren eines virtuellen Computersystems im Hyper-V-Manager unter Windows Server 2008 R2

Gehen Sie wie folgt vor, um ein virtuelles Computersystem im Hyper-V-Manager unter Windows Server 2008 R2 zu konfigurieren:

1. Klicken Sie auf *Start/Verwaltung* und dann auf *Hyper-V-Manager*.
2. Klicken Sie im Abschnitt *Virtuelle Computer* mit der rechten Maustaste auf den zu konfigurierenden, virtuellen Computer und wählen Sie im Kontextmenü den Eintrag *Einstellungen...*
3. Nehmen Sie die gewünschten Konfigurationsschritte vor und klicken Sie dann auf *OK*.

Beachten Sie, dass das betreffende, virtuelle Computersystem für einige der Konfigurationsschritte (beispielsweise das Verändern der zugeordneten Arbeitsspeicherkapazität) womöglich erst heruntergefahren werden muss.

Ggf. zuerst herunterfahren

11.7.5 Erstellen von Snapshots

Während der Ausführung eines virtuellen Computersystems in Hyper-V unter Windows Server 2008 R2 können im Bedarfsfall sogenannte Snapshots angefertigt werden. Diese speichern den zum betreffenden Zeitpunkt vorhandenen Zustand des jeweiligen, virtuellen Serversystems, zu dem man beispielsweise nach anschließenden Änderungen am System wiederum zurückkehren kann. Typischerweise finden

Ideal für Testumgebungen

Snapshots ihre Verwendung häufig in Testumgebungen oder auch in Entwicklungslabors. Ein weiteres Einsatzgebiet stellen mitunter auch (natürlich vorweg entsprechend vorbereitete) Vorführungen dar, bei denen man lange Installationsphasen durch einen Sprung zu einem zeitlich späteren Snapshot verkürzen kann.

Abbildung 11.9
Snapshots eines virtuellen Computersystems im Hyper-V-Manager unter Windows Server 2008 R2

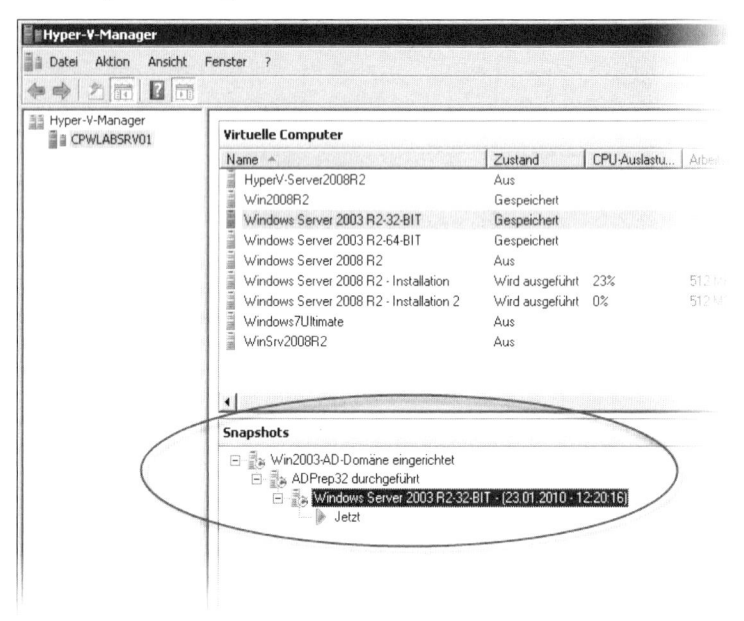

Problemlos mehrere Snapshots anlegen Es ist problemlos möglich, mehrere Snapshots eines virtuellen Computersystems anzulegen. Diese können anschließend ebenso problemlos wieder gelöscht werden, wenn diese nicht mehr benötigt werden. Hierdurch wird dann auch der durch den jeweiligen Snapshot belegte Speicherplatz auf dem Hostsystem wieder freigegeben.

Gehen Sie wie folgt vor, um einen Snapshot eines virtuellen Computersystems im Hyper-V-Manager unter Windows Server 2008 R2 zu erstellen:

1. Klicken Sie auf *Start/Verwaltung* und dann auf *Hyper-V-Manager*.

2. Klicken Sie im Abschnitt *Virtuelle Computer* mit der rechten Maustaste auf den zu konfigurierenden, virtuellen Computer und wählen Sie im Kontextmenü den Eintrag *Snapshot*.

Der Snapshot des virtuellen Computersystems wird erstellt und anschließend im Abschnitt *Snapshots* des Hyper-V-Managers angezeigt.

Änderungen werden verworfen Somit können Sie das virtuelle Computersystem jederzeit auf den Zustand des soeben erstellten Snapshots zurücksetzen. Alle Änderungen, die nach der Erstellung des Snapshots an dem betreffenden, virtuellen Computersystem vorgenommen wurden, gehen bei diesem Vorgang verloren.

Konfiguration von Hyper-V

Gehen Sie wie folgt vor, um ein virtuelles Computersystem im Hyper-V-Manager unter Windows Server 2008 R2 auf den Zustand eines vorweg erstellten Snapshots zurückzusetzen:

1. Klicken Sie im Hyper-V-Manager im Abschnitt *Virtuelle Computer* auf das betreffende Computersystem.
2. Klicken Sie im Abschnitt *Snapshots* mit der rechten Maustaste auf den gewünschten Snapshot und wählen Sie im Kontext den Eintrag *Anwenden...*

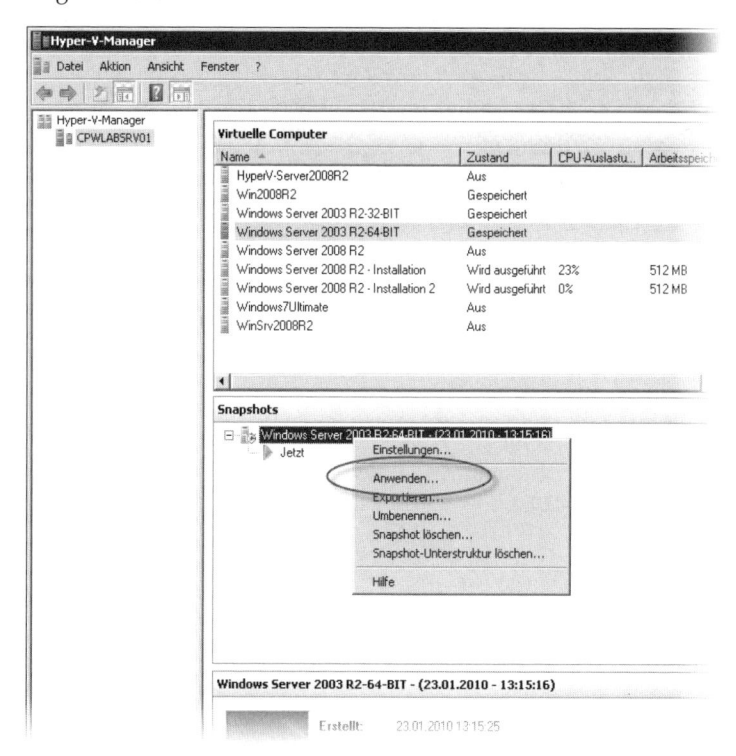

Abbildung 11.10
Anwenden eines Snapshots auf ein virtuelles Computersystem im Hyper-V-Manager unter Windows Server 2008 R2

3. Klicken Sie im Dialog *Snapshot anwenden* auf die Schaltfläche *Anwenden*.

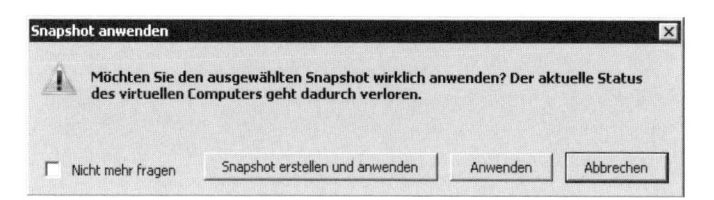

Abbildung 11.11
Auswahloption vor dem Anwenden eines Snapshots auf ein virtuelles Computersystem im Hyper-V-Manager unter Windows Server 2008 R2

Aktuellen Zustand sichern Alternativ können Sie im Dialog *Snapshot anwenden* auf die Schaltfläche *Snapshot erstellen und anwenden* klicken. Wie es die Beschriftung bereits erklärt, wird dann zuerst ein neuer Snapshot des aktuellen Zustands des Systems erstellt und dieses anschließend auf den Zustand des ursprünglich ausgewählten Snapshots zurückgesetzt.

> Weitere Informationen zur Verwendung von Hyper-V unter Windows Server 2008 R2 finden Sie in der Windows-Hilfe, sowie auch im Internet unter: *http://www.microsoft.com/germany/windowsserver2008/technologien/hyper-v.mspx*

Nach dieser kurzen Einführung in Hyper-V unter Windows Server 2008 R2 ist es nunmehr an der Zeit, sich mit einem weiteren Thema rund um das neue Serverbetriebssystem zu befassen – dem möglichen Einsatz von Windows Server 2008 R2 als Server Core.

12 Windows Server 2008 R2 als Server Core

Neben den Möglichkeiten, die Unternehmensserver beispielsweise aus der Anforderung der IT-Sicherheit heraus auf die jeweils nur notwendigen Serverrollen, Rollendienste und Funktionen (*Features*) zu beschränken, kann man die Serverimplementierung noch einen Schritt weiter planen. Wie bereits auch Windows Server 2008 lässt sich ein Serversystem unter Windows Server 2008 R2 auch als Server Core installieren. Hierdurch wird das Windows-basierte Serversystem (fast) ohne Grafikumgebung installiert und eingesetzt.

Windows (quasi) ohne Grafik

Abbildung 12.1
Windows Server 2008 R2 als Server Core-Installation

Die Vorteile von Windows Server 2008 R2 als Server Core-Installation liegen klar auf der Hand:

- **Verminderter Verwaltungsaufwand** Auf einem Server Core werden in der Regel weniger Dienste und Anwendungen ausgeführt, sodass sich hierdurch auch der notwendige Verwaltungsaufwand reduziert.
- **Kleinere Angriffsfläche** Durch die Reduzierung der auszuführenden Dienste und Anwendungen auf einem Serversystem unter Server Core beschränkt sich gleichzeitig auch die Angriffsfläche gegenüber Hackern.
- **Reduzierter Wartungsaufwand** Durch den Wegfall der Grafikumgebung sowie der, im Gegensatz zu einer vollwertigen Installation von Windows Server 2008 R2, installierten Dienste und Anwendungen reduziert sich auch der notwendige Wartungsaufwand mitunter erheblich. Für nicht vorhandene Komponenten müssen beispielsweise auch keine Updates oder Patches eingespielt werden.
- **Geringere Speicheranforderungen** Die Installation eines Windows Server 2008 R2 als Server Core belegt, je nach installierten Serverrollen und -funktionen, in der Regel nur etwa 1 Gigabyte an Speicherplatz auf der Festplatte des betreffenden Serversystems.

Die grafischen Tools zur Verwaltung eines Server Core unter Windows Server 2008 R2 sind hierbei auf ein Minimum beschränkt. So ist es zwar möglich, den Task-Manager, den Registrierungseditor und das Notepad grafisch zu starten, jedoch stehen sonst kaum mehr Tools zur Verfügung.

So kann beispielsweise über den Aufruf des folgenden Befehls die Konfiguration für die *internationalen Einstellungen* aufgerufen werden: control intl.cpl. Die Konfiguration der *Zeitzone* wiederum wird über die Eingabe des folgenden Befehls aufgerufen und konfiguriert: control timedate.cpl

> Eine Übersicht der gebräuchlichsten Befehle unter Windows Server 2008 als Server Core erhalten Sie, indem Sie den folgenden Befehl in der Kommandozeile eingeben:
>
> cscript %windir%\system32\scregedit.wsf /CLI

Den Task-Manager erreichen Sie über die Tasten [Strg], [Alt] und [Entf]. Wählen Sie im darauf folgenden Dialog die Verknüpfung zum Task-Manager aus.

Die Explorer-Shell wird bei einer Server Core-Installation nicht installiert. Stattdessen wird die Eingabeaufforderung für die Verwaltung der Serverrollen und -funktionen verwendet. Diese lässt sich entweder lokal oder über eine Terminalserververbindung auch im Remotezugriff nutzen.

Eingabeaufforderung statt Explorer-Shell

Wenn Sie die Eingabeaufforderung geschlossen haben, so können Sie im Task-Manager des Server Core über die Menüpunkte *Datei/Ausführen* und der nachfolgenden Eingabe von `cmd.exe` eine neue Eingabeaufforderung öffnen.

Ein sicher großes Manko eines Serversystems unter Windows Server 2008 als Server Core-Installation stellte die darin noch fehlende Unterstützung der Windows PowerShell dar. So wurde es von vielen Administratoren dargestellt. Hierauf hat Microsoft im neuen Serverbetriebssystem reagiert.

12.1 Neuerungen

Windows Server 2008 R2 als Server Core-Installation unterstützt endlich auch das Microsoft .NET Framework und somit auch die Windows PowerShell – und sogar in der Version 2.0. Darüber hinaus findet sich neben weiteren Neuerungen auf einem solchen Betriebssystem jetzt auch die mitunter vom Microsoft Hyper-V Server 2008 bekannte Konfigurationsshell `sconfig` für die Serverkonfiguration in der Eingabeaufforderung unter Server Core.

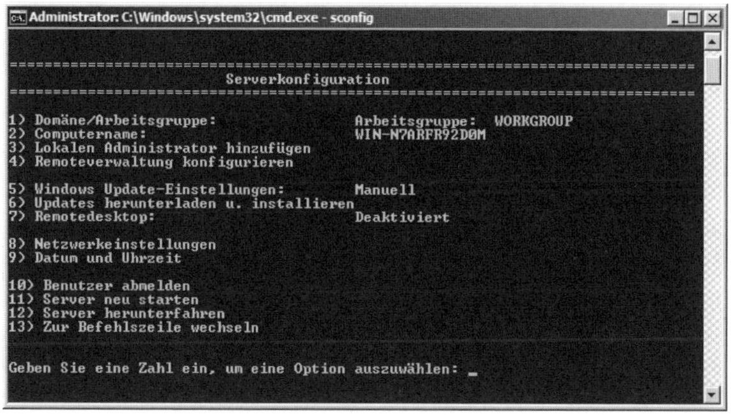

Unterstützt die Windows PowerShell

Abbildung 12.2 Serverkonfiguration mithilfe von sconfig in der Kommandozeile unter Windows Server 2008 R2 als Server Core-Installation

Es sollte auch nicht unerwähnt bleiben, dass die Serverrolle der *Active Directory-Zertifikatdienste* (engl. *Active Directory Certificate Services*, *AD CS*) zu Server Core unter Windows Server 2008 R2 hinzugefügt wurde.

12.2 Installation von Server Core

Die Installation eines Serversystems unter Windows Server 2008 Server Core gestaltet sich als der einfachere Teil, die nachfolgende Erstkonfiguration hingegen stellt sich für viele Windows-Administratoren sicherlich im ersten Moment etwas ungewohnt dar.

> Die Installation von Windows Server 2008 R2 unter Server Core kann nicht verwendet werden, um damit einen bereits vorhandenen, vollwertigen Server unter Windows 2000 Server, Windows Server 2003, Windows Server 2003 R2, Windows Server 2008 oder Windows Server 2008 R2 zu aktualisieren.

Wenden wir uns zuerst einmal den üblichen Anforderungen sowie der vorbereitenden Schritte für die Installation des Betriebssystems zu.

12.2.1 Hardware-Anforderungen

Anforderung einzelner Serverrollen bedenken

Vor der eigentlichen Installation eines Serversystems unter Windows Server 2008 R2 als Server Core müssen die von Microsoft vorgegebenen Hardware-Voraussetzungen erfüllt werden. Die Hardware-Anforderungen orientieren sich im Praxiseinsatz an der Vielzahl der in Windows Server 2008 R2 enthaltenen und darauf genutzten Serverrollen, Rollendienste und Funktionen (*Features*). Die reelle Hardware-Anforderung für den Servereinsatz kann somit von den hier angegebenen Daten abweichen. Die für die genaue Kalkulation notwendigen Informationen finden Sie im Microsoft Windows Server 2008 Resource Kit, welches Sie direkt vom Hersteller beziehen können.

Die folgende Tabelle umreißt die minimale sowie die empfohlene Hardware-Ausstattung eines Serversystems zur Installation von Windows Server 2008 R2:

Tabelle 12.1 Hardware-Anforderungen für Windows Server 2008 R2

Komponente	Minimalanforderung	Empfohlen
Prozessor	1 GHz	2 GHz (oder höher)
Arbeitsspeicher (RAM)	512 MByte	1 GByte (oder mehr)
Festplattenkapazität	10 GByte	40 GByte (oder mehr)

Wenn das zu installierende Serversystem unter Windows Server 2008 R2 über mehr als 16 Gigabyte Arbeitsspeicher verfügen sollte, so muss dies im Bezug auf die Auslagerungsdatei von Windows Server 2008 R2 bei der Kalkulation der Festplattenkapazität berücksichtigt werden.

12.2.2 Bestimmen der zu verwendenden Edition

Vor der Installation von Windows Server 2008 R2 als Server Core müssen Sie sich für die zu verwendende Edition des Betriebssystems entscheiden. Wenn Sie planen, ein Windows-Cluster unter Server Core zu realisieren, so reicht Ihnen hierzu beispielsweise die Standard Edition von Windows Server 2008 R2 nicht aus. Windows-Clustering wird erst ab der Enterprise Edition von Windows Server 2008 R2 unterstützt. Noch eingeschränkter stellt sich Windows Server 2008 R2 als Web Edition dar. Bemessen Sie deshalb gleich noch in der Planungsphase die auf dem Serversystem unter Windows Server 2008 R2 als Server Core einzusetzenden Serverrollen, Rollendienste und Funktionen, damit Sie sich für die passende Betriebssystem-Edition entscheiden können.

Sorgfältige Planung ist wichtig

Microsoft Hyper-V Server 2008 R2

Bedenken Sie, dass Microsoft den neuen Microsoft Hyper-V Server 2008 R2 als kostenfreie Servervariante zum Download anbietet. Diese ist seitens der Serverrollen lediglich für den Einsatz als Hyper-V-Server sowie seitens der Verwaltbarkeit dem Server Core entsprechend konzipiert. Wenn Sie jedoch einen kleinen Unternehmensserver für die Virtualisierung einsetzen möchten, so können Sie womöglich den Microsoft Hyper-V Server 2008 R2 dazu einsetzen.

Kostenfrei erhältlich und einsetzbar

> Microsoft Hyper-V Server 2008 R2 wird im Internet zum kostenfreien Download angeboten unter:
>
> *http://technet.microsoft.com/de-de/evalcenter/dd776191.aspx*

Die Remoteverwaltung von Microsoft Hyper-V Server 2008 R2 lässt sich seitens der Virtualisierungsdienste problemlos von einem Remotesystem, beispielsweise unter Windows 7, fernverwalten.

> Die für die Remoteverwaltung von Microsoft Hyper-V Server 2008 R2 auf einem Remotesystem unter Windows 7 notwendigen *Remote Server-Verwaltungstools* (engl. *Remote Server Administration Tools, RSAT*) stehen zum kostenfreien Download im Internet zur Verfügung unter: *http://www.microsoft.com/downloads/details.aspx?displaylang=de&FamilyID=7d2f6ad7-656b-4313-a005-4e344e43997d*

Nach der Entscheidung über die gewünschte Version von Windows Server 2008 R2 müssen vor der eigentlichen Installation des Betriebssystems noch einige Schritte unternommen werden.

12.2.3 Schritte zur Vorbereitung der Installation

Um Windows Server 2008 R2 als Server Core zu installieren, müssen Sie, vergleichbar mit der Installation eines vollständig installierten Servers, bestimmte Schritte zur Vorbereitung der Installation ausführen.

Führen Sie noch vor der Installation von Windows Server 2008 R2 als Server Core die folgenden, wichtigen Schritte aus:

- **Trennen von USV-Geräten** Sollte das Serverbetriebssystem, auf welchem Windows Server 2008 installiert werden soll, mit Geräten für die unterbrechungsfreie Stromversorgung (USV-Geräte) verbunden sein, so trennen Sie das serielle Kabel dieser Geräte unbedingt noch vor dem Start der Installation vom Serversystem. Der Setup-Prozess versucht u.a. die seriellen Schnittstellen an dem betreffenden Serversystem zu ermitteln. Ein angeschlossenes USV-Gerät kann hierbei zu Problemen führen.

- **Bereitlegen der notwendigen Treiber** Legen Sie die für die Installation notwendigen und vom jeweiligen Hersteller bereitgestellten Treiber (beispielsweise für die Installation eines speziellen SCSI-Controllers) vor der Installation auf Diskette, CD oder einem USB-Flashlaufwerk (Universal Serial Bus) bereit.

- **Windows-Speicherdiagnosetool ausführen** Nach dem Einlegen der Installations-DVD für Windows Server 2008 R2 kann während des Installationsverlaufs das darauf befindliche Windows-Speicherdiagnosetool ausgeführt werden. Dieses Tool überprüft den Arbeitsspeicher des betreffenden Serversystems auf mögliche Probleme, die sonst vielleicht erst während oder gar nach der Installation des Betriebssystems auftreten würden. Weitere Informationen zur Windows Speicherdiagnose finden Sie im Internet unter: *http://oca.microsoft.com/de/windiag.asp*

Wenn die Schritte zur Vorbereitung abgeschlossen sind, kann man mit der eigentlichen Installation von Windows Server 2008 R2 als Server Core beginnen.

12.2.4 Installationsschritte

Prinzipiell einfache Installationsschritte Die Installation von Windows Server 2008 R2 als Server Core startet wie die Installation eines vollwertigen Servers. Lediglich die nachfolgenden Schritte sowie die anschließende Erstkonfiguration des Serversystems weichen hiervon ab. Gehen Sie zur Installation von Windows Server 2008 R2 als Server Core wie folgt vor:

1. Legen Sie das Installations-Medium in das DVD-Laufwerk des zu installierenden Serversystems ein und starten Sie den Server neu.

2. Die Installationsroutine von Windows Server 2008 R2 wird automatisch gestartet. Es erscheint der Bildschirm zur Sprachauswahl für die Installation. Klicken Sie auf *Weiter* um fortzuführen.

Installation von Server Core

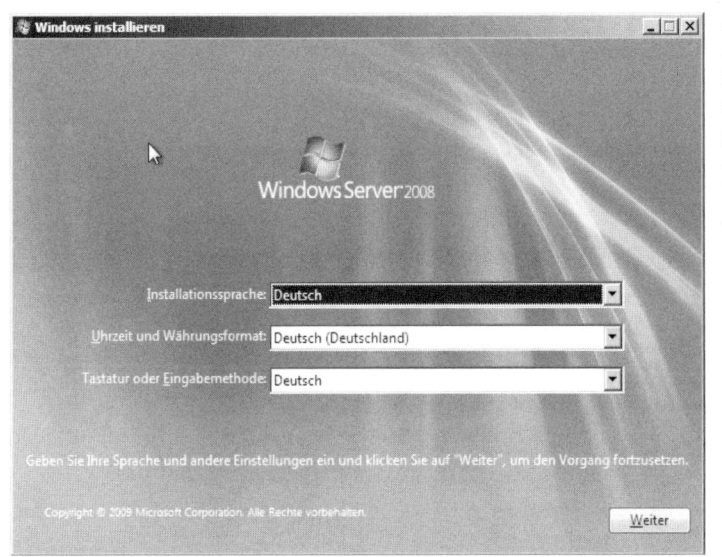

Abbildung 12.3
Auswahl der Installationssprache und anderer Einstellungen während der Installation von Windows Server 2008 R2

3. Klicken Sie im darauf folgenden Bildschirm auf *Jetzt installieren*, um die Installation zu starten.
4. Der Dialog für die Auswahl des zu installierenden Betriebssystems wird angezeigt. Wählen Sie die gewünschte Betriebssystemedition von Windows Server 2008 R2 als (*Server Core-Installation*) aus und klicken Sie dann auf *Weiter*.

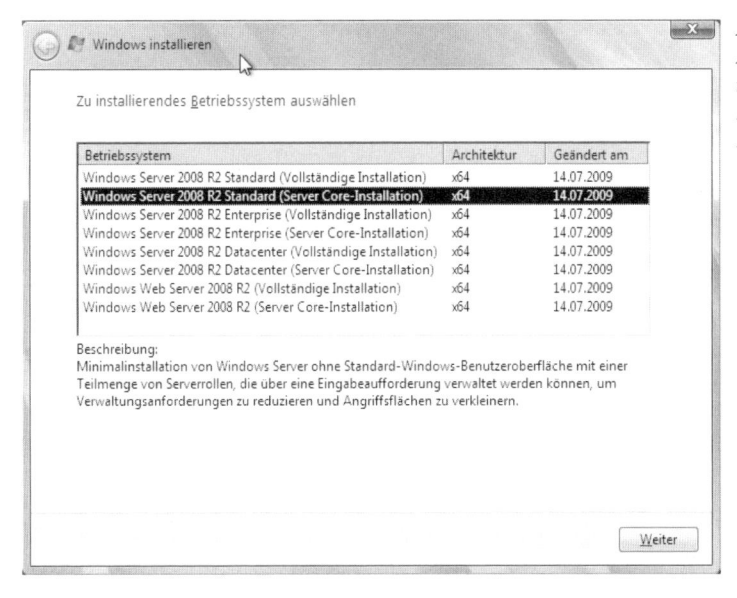

Abbildung 12.4
Auswahl der zu installierenden Betriebssystem-Edition

5. Akzeptieren Sie im folgenden Dialog die Lizenzbedingungen für die Nutzung von Windows Server 2008 R2 und klicken Sie dann auf *Weiter*.

Kapitel 12 **Windows Server 2008 R2 als Server Core**

6. Klicken Sie im Dialog *Wählen Sie eine Installationsart aus* auf *Benutzerdefiniert (Erweitert)*.

Abbildung 12.5
Auswahl der Installationsart

7. Legen Sie den Datenträger für die Installation von Windows Server 2008 R2 als Server Core fest und klicken Sie dann auf *Weiter*.

Abbildung 12.6
Auswahl des Zieldatenträgers für die Installation von Windows Server 2008 R2 als Server Core

Installation von Server Core

Die Installation wird durchgeführt.

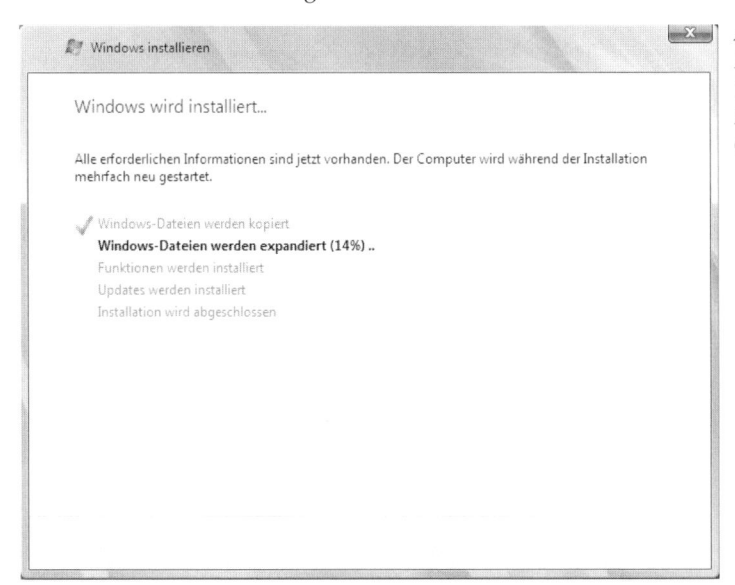

Abbildung 12.7
Installation von Windows Server 2008 R2 als Server Core

8. Nach Beendigung der Installation wird der Server automatisch neu gestartet. Anschließend erscheint ein Hinweis, dass das Benutzerkennwort vor der ersten Anmeldung geändert werden muss. Klicken Sie auf *OK*.

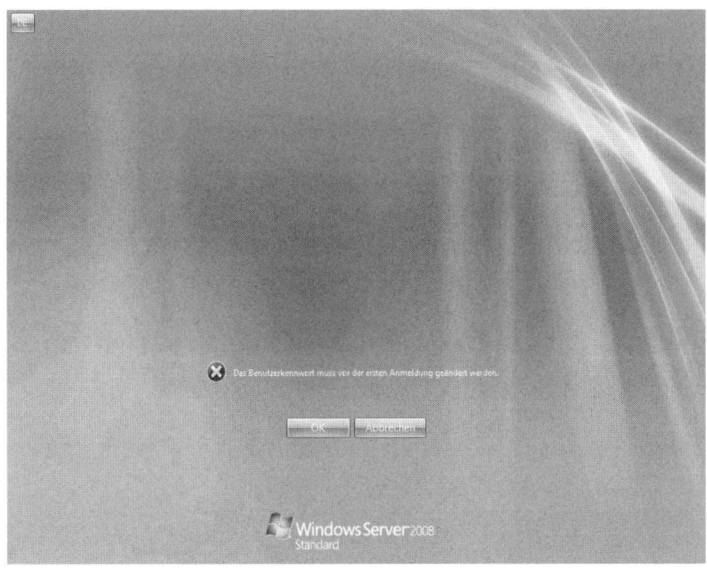

Abbildung 12.8
Aufforderung zum Ändern des Benutzerkennworts vor der ersten Anmeldung

Kapitel 12 **Windows Server 2008 R2 als Server Core**

9. Geben Sie anschließend ein Benutzerkennwort für das Administratorkonto des neu installierten Serversystems unter Windows Server 2008 R2 ein, wiederholen Sie dies und klicken Sie dann auf die blaue Pfeiltaste.

Abbildung 12.9
Eingabedialog zum Festlegen des lokalen Administratorkennworts nach der Server Core-Installation

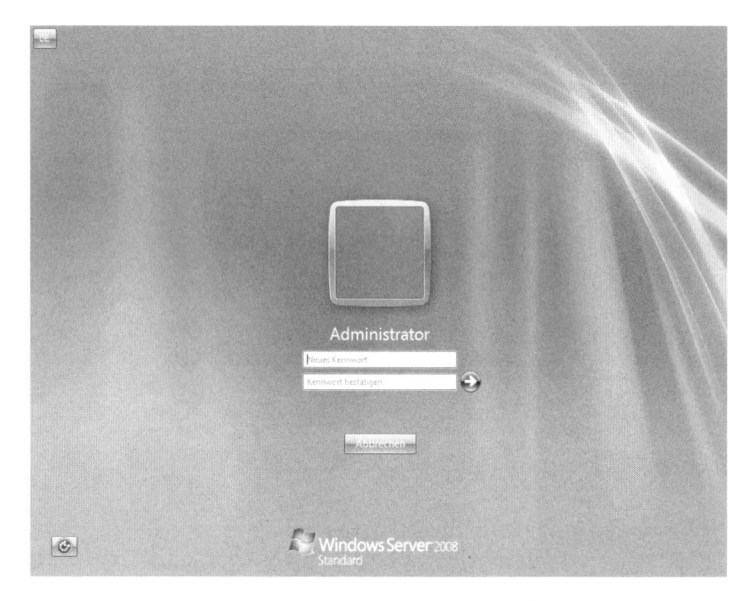

10. Bestätigen Sie den Hinweis für das erfolgreiche Ändern des Kennworts mit einem Klick auf die Schaltfläche *OK*.
11. Der „Windows-Desktop" von Server Core unter Windows Server 2008 R2 wird geladen und auf dem Bildschirm angezeigt.

Abbildung 12.10
„Windows-Desktop" unter Windows Server 2008 R2 als Server Core

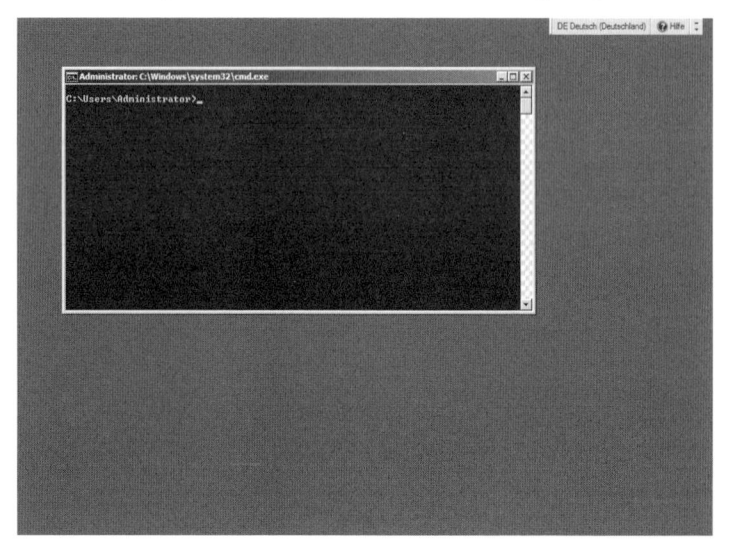

Wie Sie in den vorangegangenen Schritten sicher bemerkt haben, lässt sich die Installation eines Serversystems unter Windows Server 2008 R2 als Server Core mit einfachen Schritten durchführen. Der eigentliche Aufwand ergibt sich erst anschließend im Rahmen der Erstkonfiguration sowie der Installation und Konfiguration der zu implementierenden Serverrollen, Rollendienste und Funktionen (*Features*). Dazu jedoch später mehr.

12.2.5 Unbeaufsichtigte Installation

Alternativ zur vorweg beschriebenen, manuellen Installation und zu den Schritten der Erstkonfiguration können Sie Windows Server 2008 R2 als Server Core auch mittels einer unbeaufsichtigten Installation auf einem Serversystem installieren. Hierbei können die meisten Aufgaben der Erstkonfiguration des Servers gleich während der Installation durchgeführt werden.

Installation inklusive Erstkonfiguration

Vorteile der unbeaufsichtigten Installation

Die Durchführung einer unbeaufsichtigten Installation von Windows Server 2008 R2 als Server Core bringt die folgenden Vorteile mit sich:

- Die Schritte zur Erstkonfiguration können weitgehend alle bereits während der Installation durchgeführt werden. Eine manuelle Konfiguration dieser notwendigen Einstellungen entfällt damit.
- Die Aktivierung der Remoteverwaltung kann in den Vorgang der unbeaufsichtigten Installation gleich mit einbezogen werden, so dass auch diese Konfigurationsschritte nachfolgend entfallen.
- Bestimmte Einstellungen, wie zum Beispiel die Konfiguration der Bildschirmauflösung, können während der unbeaufsichtigten Installation bereits konfiguriert werden.

Der Aufwand der Aufbereitung bzw. Erstellung einer Datei für die unbeaufsichtigte Installation lohnt sich zeitlich sicher dann, wenn gleich mehrere Serversysteme unter Windows Server 2008 R2 als Server Core installiert werden sollen.

Rechtfertigung des Aufwands

> Detaillierte Informationen über die unbeaufsichtigte Installation von Windows Server 2008 R2 als Server Core sowie die Konfiguration der dazu notwendigen Datei `Unattend.xml` erhalten Sie in der Dokumentation zum Windows Automated Installation Kit (*WAIK*).

Kapitel 12 Windows Server 2008 R2 als Server Core

12.3 Erstkonfiguration

Notwendige Anpassungen nach der Installation
Nach der erfolgreichen Installation eines Serversystems unter Windows Server 2008 als Server Core erfolgen die Schritte zur Erstkonfiguration. Da beispielsweise der Servername oder die IP-Konfiguration, wie man sie gleich während der Installation eines Serversystems unter Windows Server 2003 definiert, bei einem Server unter Windows Server 2008 R2 erst nach der Installation vorgegeben werden kann, müssen diese Anpassungen nun durchgeführt werden.

Zu den Schritten der Erstkonfiguration von Windows Server 2008 R2 als Server Core zählen die folgenden:

- Festlegen des Administratorkennworts
- Konfiguration einer statischen IP-Adresse
- Beitritt zu einer Active Directory-Domäne
- Aktivieren von Windows Server 2008 R2 auf dem Server
- Konfigurieren der Windows-Firewall für die Remoteverwaltung
- Hinzufügen von Serverrollen und -funktionen

Die notwendigen Schritte zur Erstkonfiguration müssen in der Regel über die Eingabeaufforderung erfolgen. Diese wird nach dem ersten Anmelden am Serversystem unter Windows Server 2008 R2 als Server Core automatisch angezeigt.

12.3.1 Serverkonfiguration mithilfe von „sconfig"

Für die Serverkonfiguration steht unter Windows Server 2008 R2 als Server Core das Konfigurationsskript sconfig.vbs zur Verfügung. Dieses kann man durch die Eingabe von sconfig in der Eingabeaufforderung starten. Die Eingabe startet die Datei sconfig.cmd, mit der wiederum die eigentliche Skriptdatei sconfig.vbs ausgeführt wird.

Abbildung 12.11
Serverkonfiguration mit sconfig.vbs unter Server Core

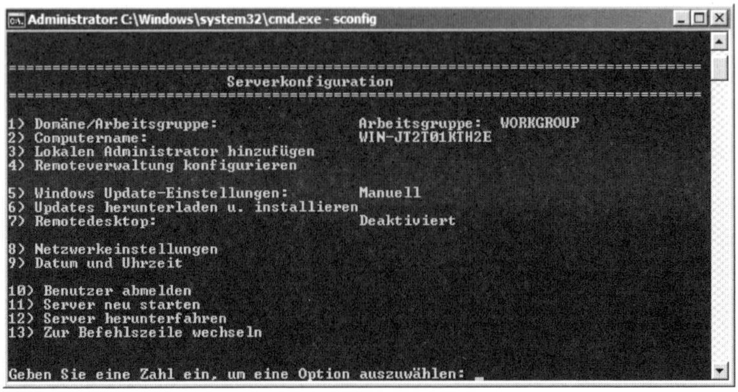

Mögliche Konfigurationsschritte mithilfe von sconfig

Anhand der Serverkonfiguration mithilfe der Datei *sconfig.vbs* können die folgenden Konfigurationsschritte vorgenommen werden:

- Festlegen der Domäne/Arbeitsgruppe
- Festlegen/Ändern des Computernamens
- Hinzufügen von lokalen Administratoren
- Konfigurieren der Remoteverwaltung
- Konfiguration von Windows Update-Einstellungen
- Aktivieren/Deaktivieren von Remotedesktop
- Konfiguration von Netzwerkeinstellungen
- Konfiguration von Datum und Uhrzeit
- Herunterfahren bzw. Neustart des Servers
- Abmelden des Benutzers

Weiterhin lassen sich viele der notwendigen Konfigurationsschritte u.a. auch anhand von Befehlszeilenprogrammen durchführen. Lassen Sie uns nun auf die wichtigsten Konfigurationsschritte der Erstkonfiguration eines Serversystems unter Windows Server 2008 R2 als Server Core eingehen.

12.3.2 Festlegen des Administrator-Kennworts

Als ersten Schritt nach der Installation von Windows Server 2008 R2 als Server Core müssen Sie das Kennwort für das Administratorkonto festlegen. Dazu werden Sie gleich nach dem Neustart des neu installierten Serversystems aufgefordert. Im Nachhinein können Sie das Kennwort des lokalen Administrators bei Bedarf jederzeit ändern. Gehen Sie dazu wie folgt vor:

1. Wenn Sie bereits am Serversystem unter Windows Server 2008 R2 als Server Core lokal angemeldet sind, drücken Sie die Tasten `Strg`, `Alt` und `Entf` und klicken Sie auf *Kennwort ändern*.

Abbildung 12.12
Option zum Ändern des Benutzerkennworts

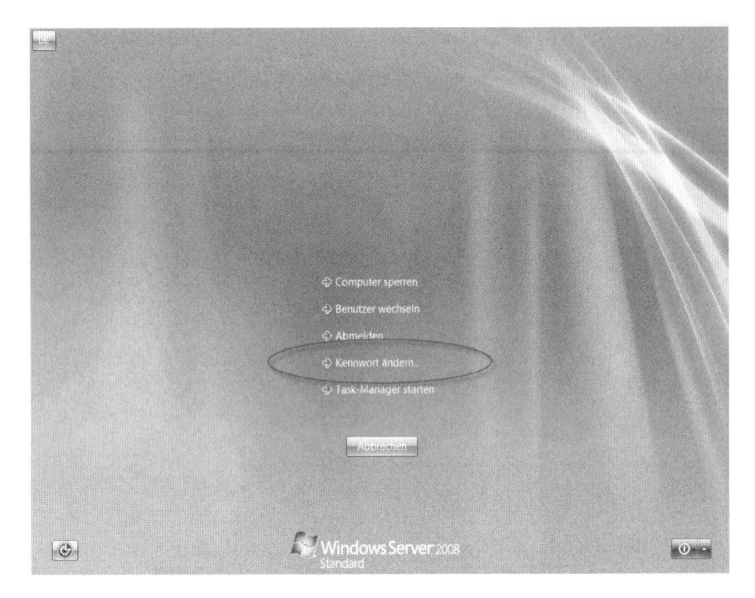

2. Geben Sie im Eingabefeld das alte sowie im entsprechenden Kennwortfeld das neue Kennwort ein, wiederholen Sie dieses und klicken Sie dann auf die blaue Pfeiltaste.

Abbildung 12.13
Eingabefelder für die Kennwortänderung

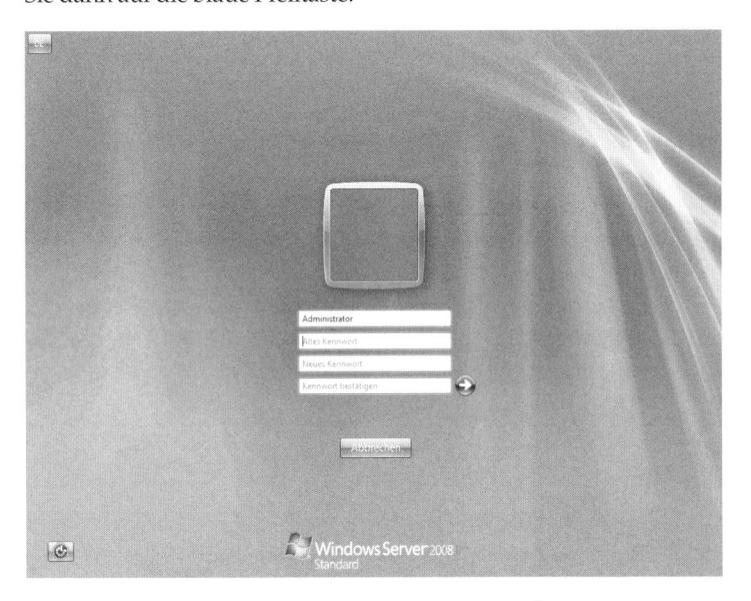

3. Bestätigen Sie den Hinweis auf das erfolgreiche Ändern des Kennworts mit einem Klick auf *OK*.

12.3.3 Statischen IP-Adresse konfigurieren

Nachdem Sie sich am Serversystem unter Windows Server 2008 R2 Server Core als Administrator angemeldet haben, müssen Sie die IP-Adresse des betreffenden Servers konfigurieren. Dies kann entweder mithilfe von sconfig oder anhand des Kommandozeilenbefehls netsh erfolgen.

Der neue Server kann die für die Netzwerkkommunikation notwendige IP-Adresse auch über einen DHCP-Server (*Dynamic Host Configuration Protocol*) dynamisch beziehen. In diesem Fall ist es nicht notwendig, die folgenden Konfigurationsschritte für die Definition einer festen IP-Adresse durchzuführen, da ein Server als Server Core bereits nach der Installation für die dynamische IP-Adressvergabe konfiguriert ist. Dies empfiehlt sich jedoch nicht für Server, die in festen Rollen, wie die eines Domänencontrollers, eingesetzt werden sollen.

Dynamische IP-Adresse mittels DHCP

Konfiguration mithilfe von sconfig

Gehen Sie zur Konfiguration der Netzwerkeinstellungen auf einem Serversystem unter Windows Server 2008 R2 als Server Core mithilfe von sconfig wie folgt vor:

1. Geben Sie sconfig in der Eingabeaufforderung ein und drücken Sie die *Eingabetaste*.
2. Geben Sie die Zahl 8 für die Auswahl der *8) Netzwerkeinstellungen* ein und drücken Sie die *Eingabetaste*.
3. Folgen Sie nun dem Konfigurationsassistenten bis die gewünschte Konfiguration abgeschlossen ist.

Alternativ zur Konfiguration mithilfe von sconfig können Sie die Netzwerkeinstellungen mit dem Kommandozeilenbefehl netsh vornehmen.

Konfiguration mithilfe von netsh

Gehen Sie zur Konfiguration einer statischen IP-Adresse (IPv4) für ein Serversystem unter Windows Server 2008 R2 Server Core wie folgt vor:

1. Geben Sie in der Eingabeaufforderung des Servers die folgende Befehlszeile ein:

    ```
    netsh interface ipv4 show interfaces
    ```

2. Merken Sie sich nachfolgend den Zahlenwert, der in der Spalte IDx der Netzwerkkarte angezeigt wird. Wenn der Server über mehrere Netzwerkkarten verfügt, so merken Sie sich die Zahl, die der zu konfigurierenden Netzwerkkarte entspricht.

3. Geben Sie die folgende Befehlszeile in der Eingabeaufforderung des Serversystems ein:

   ```
   netsh interface ipv4 set address name=<ID> source=static
   address=<IP-Adresse> mask=<SubnetMask> gateway=<DefaultGateway>
   ```

   In diesem Beispiel entspricht die <ID> dem Zahlenwert der zu konfigurierenden Netzwerkkarte.

4. Geben Sie anschließend den folgenden Befehl in der Eingabeaufforderung ein:

   ```
   netsh interface ipv4 add dnsserver name=<ID> address=
   <DNS-IP-Adresse> index=1
   ```

   Auch in diesem Beispiel entspricht die <ID> dem Zahlenwert der zu konfigurierenden Netzwerkkarte. Wiederholen Sie diesen Schritt für jede weitere IP-Adresse eines DNS-Servers, die Sie zu der Konfiguration der betreffenden Netzwerkkarte hinzufügen möchten.

Dynamische IP-Adressen verwenden Wenn Sie für die Netzwerkkarte eines Serversystems unter Windows Server 2008 R2 als Server Core nach der Konfiguration einer statischen IP-Adresse wiederum die dynamische IP-Adressvergabe aktivieren möchten, so geben Sie hierzu den folgenden Befehl in der Eingabeaufforderung des betreffenden Serversystems ein:

```
netsh interface ipv4 set address name=<ID> source=dhcp
```

Die ID steht auch in diesem Beispiel für die ermittelte Zahl der betreffenden Netzwerkkarte. Bei Bedarf können Sie jederzeit wiederum statische IP-Adressen für die in Server Core vorhandenen Netzwerkkarten konfigurieren.

12.3.4 Ändern des Servernamens

Bei der Installation wurde für den neuen Server unter Windows Server 2008 R2 als Server Core ein zufälliger Computername vergeben. Dieser passt in aller Regel nicht in das Namensschema vorhandener Active Directory-Domänen. Es besteht die Möglichkeit, den Computernamen entweder mithilfe von sconfig oder mittels des Kommandozeilenbefehls netdom zu ändern.

Ändern des Servernamens mithilfe von sconfig

Gehen Sie zum Ändern des Servernamens auf einem Serversystem unter Windows Server 2008 R2 als Server Core mithilfe von sconfig wie folgt vor:

1. Geben Sie sconfig in der Eingabeaufforderung ein und drücken Sie die *Eingabetaste*.
2. Geben Sie die Zahl 2 für die Auswahl von *2) Computername* ein und drücken Sie die *Eingabetaste*.
3. Folgen Sie nun den Anweisungen des Konfigurationsassistenten.

Alternativ zur Konfiguration mithilfe von `sconfig` können Sie Änderung des Computernamens auch mit dem Kommandozeilenbefehl `netdom` vornehmen.

Ändern des Servernamens mithilfe von netdom

Gehen Sie zum Ändern des Computernamens eines Servers unter Windows Server 2008 R2 als Server Core mithilfe des Kommandozeilenbefehls `netdom` wie folgt vor:

1. Geben Sie den folgenden Befehl in der Eingabeaufforderung des betreffenden Servers ein, um den aktuellen Servernamen anzeigen zu lassen: `hostname`
2. Geben Sie zum Umbenennen des Servers die folgende Befehlszeile in der Eingabeaufforderung ein:
   `netdom renamecomputer <Computername(alt)> /NewName: <Computername(neu)>`
3. Der Computer muss nach dem Umbenennen neu gestartet werden. Hierzu können Sie den folgenden Befehl verwenden:
   `shutdown /r /t 0`

Nach dem Neustart steht der Server mit dem neuen Namen zur Verfügung.

12.3.5 Beitreten zu einer Active Directory-Domäne

Als nächsten Schritt fügen Sie den neu installierten Server unter Windows Server 2008 R2 Server Core als Mitgliedsserver zu einer bereits bestehenden Active Directory-Domäne hinzu. Dies kann entweder mithilfe von `sconfig` oder mittels des Kommandozeilenbefehls `netdom` erfolgen.

Beitritt zu einer Active Directory-Domäne mithilfe von sconfig

Gehen Sie zum Beitreten des Serversystems unter Windows Server 2008 R2 als Server Core als Mitglied zu einer vorhandenen Active Directory-Domäne mithilfe von `sconfig` wie folgt vor:

1. Geben Sie `sconfig` in der Eingabeaufforderung ein und drücken Sie die *Eingabetaste*.
2. Geben Sie die Zahl 1 für die Auswahl von *1) Domäne/Arbeitsgruppe* ein und drücken Sie die *Eingabetaste*.
3. Folgen Sie nun den Anweisungen des Konfigurationsassistenten.

Alternativ zu `sconfig` können Sie auch mit dem Kommandozeilenbefehl `netdom` als Mitglied zu einer vorhandenen Active Directory-Domäne beitreten.

Beitritt zu einer Active Directory-Domäne mithilfe von netdom

Gehen Sie wie folgt vor, um ein Computersystem unter Windows Server 2008 R2 als Server Core mithilfe des Kommandozeilenbefehls netdom als Mitglied zu einer vorhandenen Active Directory-Domäne hinzuzufügen:

1. Geben Sie in der Eingabeaufforderung des Windows Server 2008 R2 als Server Core die folgende Befehlszeile ein:
   ```
   netdom join <Computername> /domain:<Domänenname> /userd: <Benutzername> /passwordd:*
   ```

> Verwenden Sie als Benutzername den Namen eines Domänenbenutzerkontos, welches die Berechtigung besitzt, den Server zu der betreffenden Domäne hinzuzufügen.

2. Geben Sie bei Aufforderung das Kennwort für das betreffende Domänenbenutzerkonto ein.
3. Der Computer muss nach dem Beitritt zur Active Directory-Domäne neu gestartet werden. Hierzu können Sie den folgenden Befehl verwenden:
   ```
   shutdown /r /t 0
   ```

Nach dem Neustart steht der Server als Mitgliedsserver der betreffenden Active Directory-Domäne zur Verfügung.

> Das Computerkonto des neu zur betreffenden Active Directory-Domäne hinzugefügten Servers wird standardmäßig im Container *Computers* erstellt. Sie können mittels des Schalters /OU den vollständig qualifizierten DNS-Namen einer Organisationseinheit (OU) innerhalb der Domäne angeben, um das Computerkonto in einem anderen Container zu erstellen.

12.3.6 Aktivierung eines Betriebssystems

Telefonisch oder über das Internet

Nach der Installation des Windows Server 2008 R2 als Server Core muss dieser seitens des Betriebssystems noch aktiviert werden, um ihn dauerhaft nutzen zu können. Die Aktivierung des Server Core kann hierbei einfach über das Internet oder auch telefonisch durchgeführt werden.

Um einen Server unter Windows Server 2008 R2 als Server Core zu aktivieren, gehen Sie wie folgt vor:

1. Geben Sie in der Eingabeaufforderung des betreffenden Servers die folgende Befehlszeile ein:
   ```
   slmgr.vbs -ato
   ```

Wenn die Aktivierung des Betriebssystems des betreffenden Servers erfolgreich verlief, so erscheint hierbei keine Meldung.

Remoteaktivierung

Ein Serversystem unter Windows Server 2008 R2 Server Core kann über die Befehlszeile auch von einem anderen Serversystem unter Windows Server 2008 R2 remote aktiviert werden. Geben Sie hierzu einfach die folgende Befehlszeile in der Eingabeaufforderung des Remote-Servers ein:

```
cscript windows\system32\slmgr.vbs <Servername>
<Benutzername> <Kennwort> -ato
```

12.3.7 Konfiguration der Windows-Firewall für die Remoteverwaltung

Damit der neu installierte Server unter Windows Server 2008 R2 als Server Core von anderen Computersystemen im Netzwerk remote verwaltet werden kann, muss die auf dem Server vorhandene Windows-Firewall entsprechend konfiguriert werden. Dies kann entweder mithilfe von sconfig oder aber mittels des Kommandozeilenbefehls netsh erfolgen.

Remoteverwaltung mithilfe von sconfig zulassen

Gehen Sie zum Beitreten des Serversystems unter Windows Server 2008 R2 als Server Core als Mitglied zu einer vorhandenen Active Directory-Domäne mithilfe von sconfig wie folgt vor:

1. Geben Sie sconfig in der Eingabeaufforderung ein und drücken Sie die *Eingabetaste*.
2. Geben Sie die Zahl 4 für die Auswahl von *4) Remoteverwaltung konfigurieren* ein und drücken Sie die *Eingabetaste*.

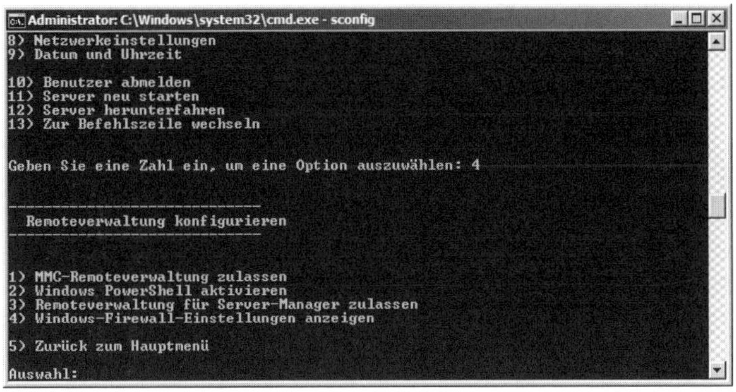

*Abbildung 12.14
Konfiguration der Remoteverwaltung mithilfe von sconfig unter Windows Server 2008 R2 als Server Core*

3. Geben Sie die Zahl 1 für die Auswahl von *1) MMC-Remoteverwaltung zulassen* ein und drücken Sie die *Eingabetaste*.
4. Bestätigen Sie den Dialog über die erfolgreiche Aktivierung mit einem Klick auf die Schaltfläche *OK*.

Alternativ zu `sconfig` können Sie die Remoteverwaltung auch durch die Konfiguration mit dem Kommandozeilenbefehl `netsh` zulassen.

Remoteverwaltung mithilfe von netsh zulassen

Geben Sie die folgende Befehlszeile in der Eingabeaufforderung des Serversystems unter Windows Server 2008 R2 Server Core ein, um die Remoteverwaltung in der Windows-Firewall zuzulassen:

```
netsh advfirewall firewall set rule group= "Remoteverwaltung" new enable=yes
```

Durch diese Befehlseingabe werden alle vorhandenen Firewall-Regeln (3 vorhandene Regeln), die sich auf die Remoteverwaltung des betreffenden Serversystems beziehen, aktiviert.

Remoteverwaltung der Firewall-Konfiguration

Grafische Verwaltung der Windows-Firewall möglich

Sie können den Server Core so konfigurieren, dass die Einstellungen der vorhandenen Windows-Firewall von einem Remotesystem aus verwaltet werden können. Dies bietet sich an, wenn Sie mehr als nur die Remoteverwaltung, beispielsweise bestimmte Firewall-Regeln für spezielle Anwendungen, konfigurieren möchten.

Um die Remoteverwaltung der Firewall-Konfiguration eines Server Core unter Windows Server 2008 R2 zu ermöglichen, geben Sie auf dem betreffenden Server die folgende Befehlszeile ein:

```
netsh advfirewall set currentprofile settings remotemanagement enable
```

Nachfolgend können Sie sich mit der Verwaltungskonsole für die Windows-Firewall mit erweiterter Sicherheit unter Windows Vista, Windows 7, Windows Server 2008 oder Windows Server 2008 R2 auf das betreffende Serversystem unter Server Core verbinden und die Einstellungen remote verwalten.

12.3.8 Konfiguration für die Verwendung der WINS-Dienste

Alt – aber noch immer unterstützt

Wenn in Ihrem Netzwerk die WINS-Dienste für die Namensauflösung von NetBIOS-Namen verwendet werden, so können Sie die Netzwerkkarten eines Serversystems unter Windows Server 2008 R2 als Server Core ebenso für die Verwendung der WINS-Dienste konfigurieren.

Geben Sie die folgende Befehlszeile auf dem Serversystem unter Windows Server 2008 R2 als Server Core ein, um die Netzwerkkarte(n) für die Verwendung der WINS-Namensauflösungsdienste zu konfigurieren:

```
Netsh interface ipv4 add winsserver name=<ID> address=
<WINS-IP-Adresse>
```

Nachdem die IP-Adresse eines oder mehrerer WINS-Server der betreffenden Netzwerkkarte des Server Core zugeordnet wurde, kann dieser sich nun dynamisch in der jeweiligen WINS-Datenbank registrieren und Namensauflösungsanfragen an die benannten WINS-Server senden.

Im Anschluss an die Schritte zur Erstkonfiguration des Serversystems unter Windows Server 2008 R2 als Server Core geht es nun an die Implementierung von Serverrollen, Rollendiensten und Funktionen (*Features*).

12.4 Installation von Serverrollen, Rollendiensten und Funktionen

Ein Serversystem unter Windows Server 2008 R2 als Server Core-Installation kann verschiedene Serverrollen, Rollendienste und Funktionen ausführen. Erst damit erhält ein solches Serversystem in der Regel auch die notwendigen Funktionen im Netzwerk.

12.4.1 Unterstützte Serverrollen

Windows Server 2008 R2 unterstützt in der Server Core-Installation die folgenden Serverrollen:

- Active Directory-Domänendienste (AD DS)
- Active Directory-Zertifikatdienste (AD CS)
- Active Directory Lightweight Directory Services (AD LDS)
- DHCP-Server
- DNS-Server
- Dateidienste
- Druckdienste
- Streaming Media Dienste
- Webserver (IIS)
- Virtualisierungsdienste mit Hyper-V

Kapitel 12 Windows Server 2008 R2 als Server Core

Kombination verschiedener Rollen möglich

Natürlich können die möglichen Serverrollen auch gemeinsam auf einem Server Core ausgeführt werden. Es empfiehlt sich beispielsweise neben der Rolle der Active Directory-Domänendienste (*AD DS*) auch die Rolle als DNS-Server auszuführen. Somit können domänenbezogene Namensauflösungsvorgänge beispielsweise gleich auch auf demselben Server durchgeführt werden.

> Durch die Eingabe von `oclist.exe` in der Eingabeaufforderung von Windows Server 2008 R2 als Server Core-Installation werden alle installierbaren Serverrollen, Rollendienste und Funktionen aufgelistet.

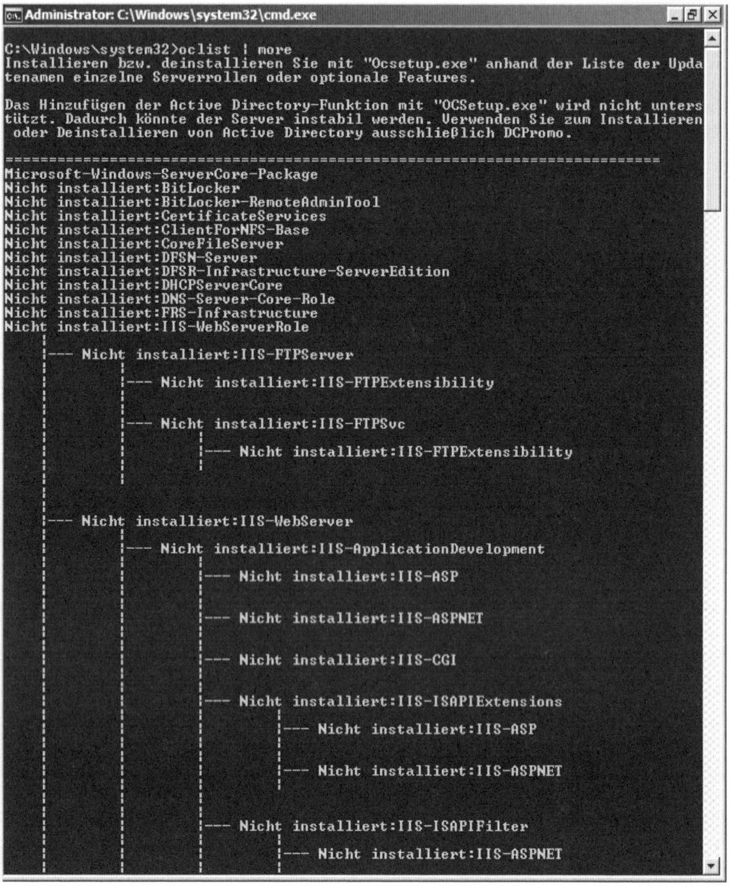

Abbildung 12.15
Auflistung aller installierbarer Serverrollen, Rollendienste und Features mit oclist.exe unter Windows Server 2008 R2 als Server Core

Da auf einem Serversystem unter Windows Server 2008 R2 als Server Core der grafische *Server-Manager* nicht unterstützt wird, gestaltet sich das Implementieren von Serverrollen auf solchen Servern für die meisten Administratoren sicher erst einmal ungewohnt. Die folgenden Serverrollen dienen als Beispiel für die dabei notwendigen Konfigurationsschritte.

12.4.2 Server Core als DNS-Server

Die Serverrolle als DNS-Server kann über die Kommandozeile einfach auf dem Serversystem unter Windows Server 2008 R2 Server Core installiert werden. Für die Installation der meisten der Serverrollen wird der Befehl Ocsetup.exe verwendet.

> Die Serverrolle eines DNS-Servers kann auf einem Serversystem unter Windows Server 2008 R2 Server Core auch im Rahmen der Installation der Active Directory-Domänendienste-Rolle integriert werden. Hierzu steht ein entsprechender Abschnitt für die Datei Unattend.txt zur Verfügung.

Installation der DNS-Serverrolle

Geben Sie zur Installation der Serverrolle eines DNS-Servers auf einem Serversystem unter Windows Server 2008 R2 Server Core die folgende Befehlszeile ein:

start /w ocsetup DNS-Server-Core-Role

Der Parameter /w verhindert hierbei, dass die Eingabeaufforderung vor Beendigung der Installation geschlossen wird.

> Beachten Sie, dass bei der Syntax für Ocsetup.exe die Groß-/Kleinschreibung berücksichtigt werden muss.

Verwaltung des Server Core als DNS-Server

Nachdem die Serverrolle *DNS-Server* auf dem Server Core installiert wurde, kann diese wiederum entweder lokal auf dem Server mittels des Kommandozeilentools dnscmd.exe oder per Remoteverwaltung von einem anderen Computer aus mittels des *DNS-MMC-Snap-Ins* verwaltet werden.

Kommandozeile oder DNS-Snap-In

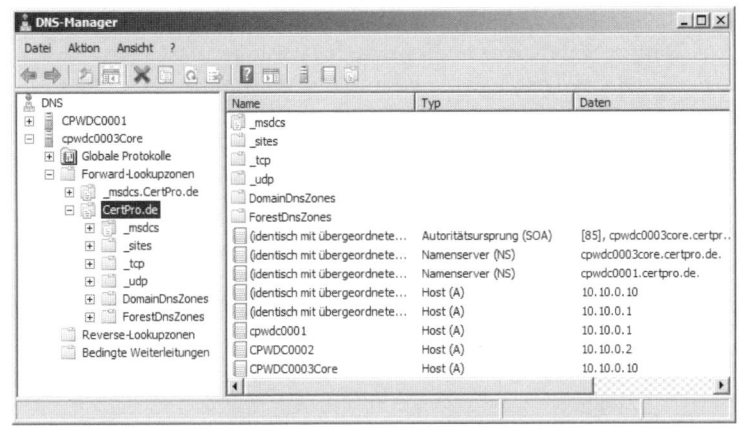

Abbildung 12.16 Remoteverwaltung eines DNS-Server unter Server Core

Die Remoteverwaltung erfolgt mittels des *MMC-Snap-Ins DNS-Manager* so problemlos einfach wie bei jedem anderen DNS-Server.

Alternative Verwaltung mittels dnscmd.exe

Eine Alternative besteht in der lokalen oder auch Remoteverwaltung über die Eingabeaufforderung mittels des Kommandozeilenbefehls dnscmd.exe.

Die notwendige Syntax wird Ihnen nach Eingabe des folgenden Befehls auf dem Bildschirm angezeigt:

```
dnscmd /?
```

Entfernen der DNS-Serverrolle

Um die Serverrolle eines DNS-Servers von einem Serversystem unter Windows Server 2008 R2 Server Core zu entfernen, geben Sie auf dem betreffenden Server die folgende Befehlszeile ein:

```
start /w ocsetup DNS-Server-Core-Role /uninstall
```

Der Parameter /w verhindert hierbei, dass die Eingabeaufforderung vor Beendigung der Installation geschlossen wird. Der Schalter /uninstall entfernt die benannte Serverrolle von dem betreffenden Serversystem.

12.4.3 Server Core als Domänencontroller

Datei für die unbeaufsichtigte Installation notwendig

Die Serverrolle als Domänencontroller der Active Directory-Domänendienste (engl. *Active Directory Domain Services, AD DS*) kann über die Kommandozeile auf dem Serversystem unter Windows Server 2008 R2 als Server Core installiert werden. Der Befehl hierzu lautet, wie bereits von der üblichen Installation der Dienste seit Windows 2000 gewohnt, dcpromo.exe. Die eigentlich grafisch orientierte Installation der Active Directory-Domänendienste (*AD DS*) mit dem Installationsassistent kann auf einem Server unter Server Core jedoch nicht genutzt werden. Deshalb muss man vorweg eine entsprechende Datei für die unbeaufsichtigte Installation erstellen, in welcher die Informationen der einzelnen Konfigurationsschritte für den Installationsassistenten für die Active Directory-Domänendienste (dcpromo.exe) enthalten sind.

> Ein Serversystem unter Windows Server 2008 R2 als Server Core kann die Serverrolle der Active Directory-Domänendienste (*Active Directory Domain Services, AD DS*) auch als schreibgeschützter Domänencontroller (*Read-Only Domain Controller, RODC*) ausführen. Hierdurch kann die Sicherheit für die Benutzerkontenkennwörter in Niederlassungsstandorten von Unternehmen noch weiter erhöht werden.

Unbeaufsichtigte Installation der Active Directory-Domänendienste

Um die Active Directory-Domänendienste auf einem Serversystem unter Windows Server 2008 R2 als Server Core zu installieren, wird der Installationsassistent (dcpromo.exe) in Verbindung mit einer Datei für die unbeaufsichtigte Installation (Unattend.txt) verwendet. Diese muss für die Installation der Serverrolle zur Verfügung stehen.

Verwenden Sie die folgende Befehlszeile, um die Active Directory-Domänendienste (*AD DS*) im Rahmen einer unbeaufsichtigten Installation auf einem Serversystem unter Windows Server 2008 R2 als Server Core zu installieren:

```
Dcpromo /unattend:<Pfad>\unattend.txt
```

Die Datei Unattend.txt enthält hierbei alle notwendigen Informationen für die unbeaufsichtigte Installation der Active Directory-Domänendienst-Rolle auf dem betreffenden Serversystem.

Beispiel für die Datei Unattend.txt

Nachfolgend sehen Sie ein Beispiel der Datei Unattend.txt für das Hinzufügen eines weiteren Domänencontrollers zu einer bereits bestehenden Active Directory-Domäne:

```
[DCInstall]
; Replica DC promotion
ReplicaOrNewDomain=Replica
ReplicaDomainDNSName=CertPro.intra
SiteName=Default-First-Site-Name
InstallDNS=Yes
ConfirmGc=Yes
CreateDNSDelegation=No
UserDomain=CertPro.intra
UserName=*
Password=*
DatabasePath="C:\Windows\NTDS"
LogPath="C:\Windows\NTDS"
SYSVOLPath="C:\Windows\SYSVOL"
; Set SafeModeAdminPassword to the correct value prior to using the unattend file
SafeModeAdminPassword=P@ssw0rd
; Run-time flags (optional)
RebootOnCompletion=Yes
```

In dem oberen Beispiel wird ein weiterer Domänencontroller zu der bereits bestehenden Domäne *CertPro.intra* hinzugefügt. Auf dem Server werden zugleich auch die DNS-Dienste eingerichtet (InstallDNS=Yes). Der Server übernimmt zudem die Funktion als globaler Katalogserver (ConfirmGc=Yes). Nach der Installation der Active Directory-Domänendienste (*AD DS*) wird der Server automatisch neu gestartet (RebootOnCompletion=Yes).

Erhöhung der Sicherheit Das für das Hinzufügen des neuen Domänencontrollers verwendete Benutzerkonto wird mitsamt dem zugehörigen Kennwort während der Installation der Active Directory-Domänendienste (*AD DS*) abgefragt, da diese mit einem Sternchen (*) gekennzeichnet wurden. Dies erhöht die Sicherheit für das betreffende Benutzerkonto, wenn die Datei Unattend.txt unter Umständen auch für Dritte zugänglich ist.

> Die Datei Unattend.txt können Sie auf einfache Weise auf einem Mitgliedsserver unter Windows Server 2008 R2 erstellen. Hierzu müssen Sie den Installationsassistenten für die Installation der Active Directory-Domänendienste (*AD DS*) mittels dcpromo.exe starten. Geben Sie anschließend die gewünschten Informationen in die dazu vorgesehenen Eingabefelder des Assistenten ein. Wenn der Assistent Ihnen die *Zusammenfassung* der Einstellungen anzeigt, klicken Sie einfach auf die Schaltfläche *Einstellungen exportieren...* und speichern Sie die vorgenommenen Einstellungen in der Datei Unattend.txt. Brechen Sie den Assistenten für die Installation der Active Directory-Domänendienste (*AD DS*) über einen Klick auf die Schaltfläche *Abbrechen* einfach ab. Hierbei wird keinerlei Änderung an dem betreffenden Serversystem vorgenommen. Die dabei erstellte Datei Unattend.txt können Sie nun für die unbeaufsichtigte Installation der Active Directory-Domänendienste (*AD DS*) auf einem beliebigen Serversystem verwenden. Im Bedarfsfall können Sie die Datei mittels eines Text-Editors einfach anpassen.

Verwaltung der Active Directory-Domänendienste

Die Verwaltung der Active Directory-Domänendienste kann nach der Installation auf einem Serversystem unter Windows Server 2008 R2 als Server Core nun problemlos von einem Remotesystem aus über die betreffenden Konsolentools erfolgen.

Installation von Serverrollen, Rollendiensten und Funktionen

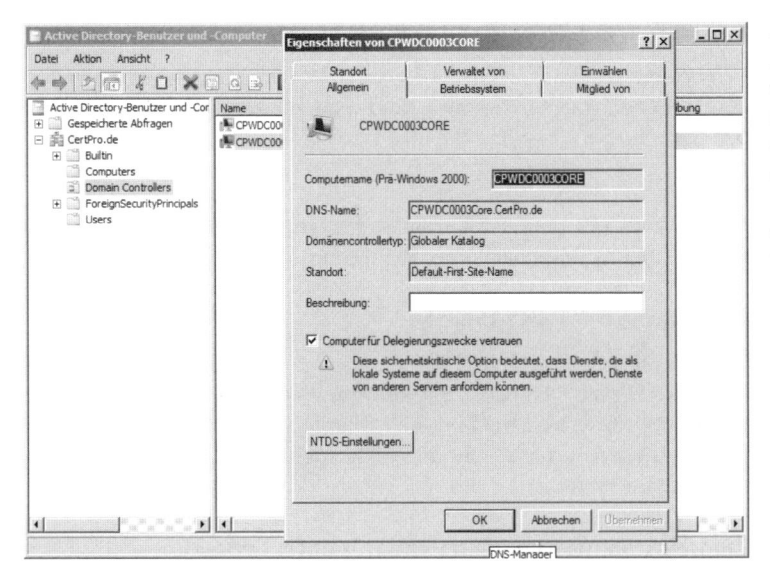

*Abbildung 12.17
Remoteverwaltung der Active Directory-Domänendienste eines Serversystems unter Windows Server 2008 R2 als Server Core*

Unter Server Core stehen jedoch auch einige Kommandozeilentools für die Verwaltung der *Active Directory-Domänendienste* (*AD DS*) zur Verfügung. Zu diesen zählen beispielsweise die folgenden Kommandozeilentools:

▶ Dsadd
▶ Dsmod
▶ Dsmove
▶ Dsrm
▶ Dsquery
▶ Csvde
▶ Ldifde
▶ Netdom

Die Hilfe zu den einzelnen Befehlen erhalten Sie in der Kommandozeile unter Windows Server 2008 R2 als Server Core durch die Eingabe des jeweiligen Befehls, gefolgt von dem Hilfeparameter /?.

12.4.4 Installation von Features

Neben der Installation von Serverrollen ist es auf einem Server unter Windows Server 2008 R2 als Server Core ebenso möglich, bestimmte Serverfunktionen (engl. *Features*) zu installieren. Hierzu wird ebenso der Befehl Ocsetup.exe verwendet.

Installation wie bei den Serverrollen

Installation der WINS-Dienste unter Server Core

Um beispielsweise die WINS-Dienste (*Windows Internet Name Services*) als Funktion zu einem Server Core hinzuzufügen, geben Sie auf dem betreffenden Serversystem die folgende Befehlszeile ein:

```
Start /w ocsetup WINS-SC
```

Nach Abschluss der Installation stehen die WINS-Dienste auf dem betreffenden Serversystem zur Verfügung.

Verwaltung der WINS-Dienste

Nach der Installation der WINS-Dienste auf einem Serversystem unter Windows Server 2008 R2 als Server Core lassen sich diese bequem von einem Remotesystem aus über das entsprechende WINS-MMC-Snap-In verwalten. Alternativ geht dies lokal auch über die Kommandozeile mithilfe von netsh.

Die Deinstallation der WINS-Dienste unter Server Core

Die Deinstallation der WINS-Dienste lässt sich auf einem Serversystem unter Windows Server 2008 R2 als Server Core ebenso einfach realisieren. Verwenden Sie auf dem betreffenden Serversystem einfach die folgende Befehlszeile:

```
Start /w ocsetup WINS-SC /uninstall
```

12.5 Tools für die Verwaltung

Ein Serversystem unter Windows Server 2008 R2 als Server Core lässt sich auf verschiedene Weise verwalten. Die Methoden hierzu sind vielfältig. Die Verwaltung lässt sich wie folgt durchführen:

- Lokale Verwaltung des Server Core in der Eingabeaufforderung
- Lokale Verwaltung des Server Core mithilfe der Windows Power-Shell
- Remoteverwaltung des Server Core in der Eingabeaufforderung
- Remoteverwaltung des Server Core mithilfe der Windows Power-Shell
- Remoteverwaltung des Server Core über die Windows-Remoteshell
- Remoteverwaltung des Server Core mithilfe von MMC-Snap-Ins
- Verwaltung des Server Core mithilfe von Scripts

Je nach Anforderung können Sie sich der verschiedenen Methoden zur Verwaltung eines Serversystems unter Windows Server 2008 R2 als Server Core bedienen.

> Neu findet sich auf einem Serversystem unter Windows Server 2008 R2 als Server Core im Gegensatz zu Windows Server 2008 nunmehr auch die Möglichkeit der lokalen oder auch Remoteverwaltung mithilfe der Windows PowerShell. Ermöglicht wird dies durch die im Umfang von Windows Server 2008 R2 enthaltene Windows PowerShell in der Version 2.0. Nähere Informationen zur Windows PowerShell erhalten Sie im nächsten Kapitel dieses Buches.

12.5.1 Lokale Verwaltung

Die einfachste Methode der Verwaltung eines Serversystems unter Windows Server 2008 R2 als Server Core besteht in der lokalen Verwaltung über die darauf befindliche *Eingabeaufforderung*. Hierin können Sie sich der vielen, lokal vorhandenen Befehle und Optionen bedienen. Alternativ kann man die Verwaltung mithilfe der optional installierbaren Windows PowerShell und den darin enthaltenen Cmdlets (*Windows PowerShell-Befehle*) durchführen.

Eingabeaufforderung oder Windows PowerShell

Abbildung 12.18
Lokale Verwaltungsumgebung unter Windows Server 2008 R2 als Server Core

12.5.2 Verwaltung mithilfe der Windows PowerShell

Microsoft .NET Framework 2.0 vorausgesetzt

Die Windows PowerShell steht unter Windows Server 2008 R2 als Server Core in Form eines optional installierbaren Features zur Verfügung. Im Gegensatz dazu wird die Windows PowerShell während der Betriebssysteminstallation von Windows Server 2008 R2 als vollständige Installation automatisch installiert und steht auf einem solchen Serversystem anschließend für die Verwendung bereit.

Die Installation der Windows PowerShell unter Windows Server 2008 R2 als Server Core setzt das ebenso optional installierbare Microsoft .NET Framework 2.0 voraus.

Installation der Windows PowerShell

Gehen Sie wie folgt vor, um das Microsoft .NET Framework 2.0 sowie anschließend auch die Windows PowerShell auf einem Serversystem unter Windows Server 2008 R2 als Server Core zu installieren:

1. Geben Sie in der Eingabeaufforderung unter Windows Server 2008 R2 als Server Core die folgende Befehlszeile ein, um das Microsoft .NET Framework 2.0 als optionales Feature zu installieren:

   start /w ocsetup NetFx2-ServerCore

   > Achten Sie bei der Befehlseingabe auf die Groß-/Kleinschreibung!

   Geben Sie anschließend in der Eingabeaufforderung den folgenden Befehl ein, um die Windows PowerShell auf dem Serversystem unter Windows Server 2008 R2 als Server Core zu installieren:

   start /w ocsetup MicrosoftWindowsPowerShell

2. Wechseln Sie in der Eingabeaufforderung des Serversystems als Server Core anschließend mit dem folgenden Befehl in das angegebene Unterverzeichnis:

   cd c:\Windows\system32\WindowsPowerShell\v1.0\

3. Geben Sie zum Starten der Windows PowerShell den folgenden Befehl in dem angegebenen Unterverzeichnis ein:

   powershell

Die Windows PowerShell wird gestartet und kann für die Verwaltung des Serversystems unter Windows Server 2008 R2 als Server Core genutzt werden.

> Nach dem Start der Windows PowerShell in der Eingabeaufforderung unter Windows Server 2008 R2 als Server Core kann man diese mit der Eingabe des Befehls `exit` wiederum beenden, um zur eigentlichen Eingabeaufforderung zurückzukehren.

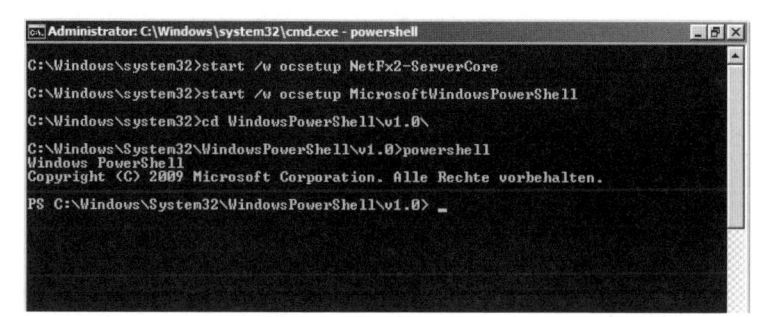

Abbildung 12.19
Installation und Aufruf der Windows PowerShell in der Eingabeaufforderung unter Windows Server 2008 R2 als Server Core

Aktivieren der Windows PowerShell für die Remoteverwaltung

Nach der Installation der Windows PowerShell kann diese für die lokale Verwaltung des Serversystems unter Windows Server 2008 R2 als Server Core verwendet werden. Um diese jedoch auch für die Remoteverwaltung des betreffenden Serversystems im Netzwerk nutzen zu können, muss eine weitere Konfiguration vorgenommen werden – die Aktivierung der Windows PowerShell für die Remoteverwaltung. Dies geschieht auf einfachem Wege mithilfe des Serverkonfigurationsskripts `sconfig.vbs`.

Einfach mithilfe von sconfig

Gehen Sie wie folgt vor, um die Windows PowerShell auf einem Serversystem unter Windows Server 2008 R2 als Server Core mithilfe der Serverkonfiguration unter `sconfig` für die Remoteverwaltung zu aktivieren:

1. Geben Sie in der Eingabeaufforderung den Befehl `sconfig` ein und drücken Sie dann die *Eingabetaste*.
2. Geben Sie die Zahl 4 für `4) Remoteverwaltung konfigurieren` ein und drücken Sie dann die *Eingabetaste*.
3. Geben Sie 2 für `2) Windows PowerShell aktivieren` ein und drücken Sie die *Eingabetaste*.

Das Serversystem muss nach der Aktivierung neu gestartet werden. Anschließend kann die Windows PowerShell für die Remoteverwaltung des betreffenden Serversystems unter Windows Server 2008 R2 als Server Core im Netzwerk verwendet werden.

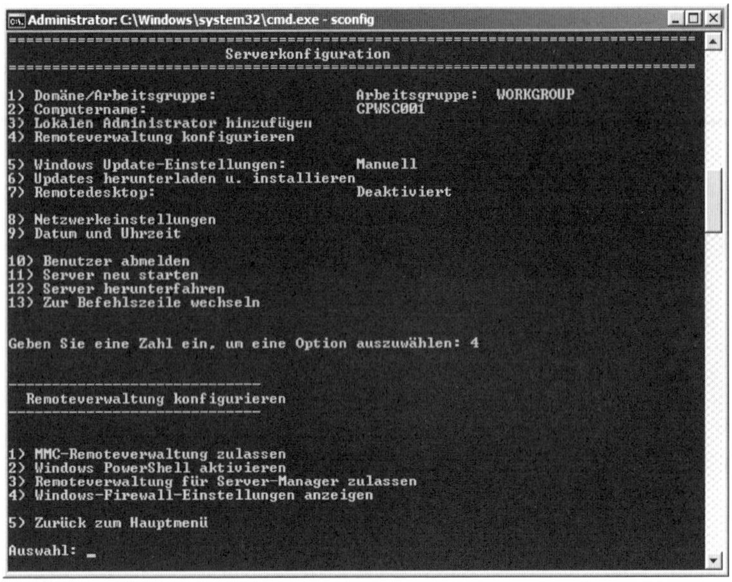

Abbildung 12.20
Aktivierung der Remoteverwaltung der Windows PowerShell unter Windows Server 2008 R2 als Server Core

Weitere Informationen, insbesondere zur Verwaltung von Serversystemen unter Windows Server 2008 R2 mithilfe der Windows PowerShell, erhalten Sie im nächsten Kapitel dieses Buches.

12.5.3 Remoteverwaltung mittels RDP

Eingabeaufforderung über das Netzwerk mithilfe von RDP

Es besteht die Möglichkeit, ein Serversystem unter Windows Server 2008 R2 als Server Core auch remote über die Eingabeaufforderung zu verwalten. Hierzu wird die Eingabeaufforderung über die Terminaldienste von einem Remoterechner aus mittels Remote Desktop Protocol (*RDP*) aufgerufen.

Gehen Sie zur Remoteverwaltung eines Serversystems unter Windows Server 2008 R2 als Server Core mittels RDP wie folgt vor:

1. Geben Sie den folgenden Befehl an der Eingabeaufforderung des Serversystems unter Windows Server 2008 R2 als Server Core ein, um Remotedesktop für Verwaltung für die Annahme von RDP-Verbindungen zu aktivieren:

   ```
   Cscript C:\Windows\System32\Scregedit.wsf /ar 0
   ```

2. Klicken Sie auf dem Remotecomputer auf *Start/Ausführen* und geben Sie *mstsc* in das Eingabefeld ein. Klicken Sie anschließend auf *OK*.

3. Geben sie unter *Computer* nun den Namen des Servers unter Server Core ein und klicken Sie dann auf *Verbinden*.

4. Melden Sie sich mit dem Administratorkonto am betreffenden Serversystem an.

5. Sie können den Server nun über die angezeigte Eingabeaufforderung verwalten.
6. Wenn Sie die Verwaltung des Serversystems unter Server Core abgeschlossen haben, so geben Sie logoff in der Eingabeaufforderung des Servers ein, um die RDP-Verbindung zu beenden.

> Wenn Sie die RDP-Verbindung zum Server unter Windows Server 2008 R2 als Server Core mittels eines älteren RDP-Clients durchführen möchten, so müssen Sie die höhere Sicherheitsstufe für die Remotedesktopserververbindungen, wie sie auf dem Server unter Windows Server 2008 R2 standardmäßig aktiviert ist, deaktivieren. Geben Sie hierzu den folgenden Befehl in der Eingabeaufforderung des Serversystems unter Server Core ein:
>
> cscript C:\Windows\System32\Scregedit.wsf /cs 0
>
> Um die höhere Sicherheitsstufe nachfolgend wieder zu aktivieren, können Sie den gleichen Befehl, jedoch mit dem Parameter /cs 1 auf dem betreffenden Serversystem, eingeben.

Sie können die Eingabeaufforderung eines Serversystems unter Windows Server 2008 R2 als Server Core auch mithilfe von „RemoteApp" für Remotedesktopdienste unter Windows Server 2008 R2 veröffentlichen.

Informationen über die genaue Vorgehensweise zur Veröffentlichung der Eingabeaufforderung über „RemoteApp" für die Remotedesktopdienste (*RDS*) erhalten Sie in der Hilfe zu Windows Server 2008 R2.

12.5.4 Verwaltung über die Windows-Remoteshell

Zur Remoteverwaltung eines Serversystems unter Windows Server 2008 R2 als Server Core kann die Windows-Remoteshell, welche in Windows Server 2008 R2 enthalten ist, verwendet werden. Gehen Sie wie folgt vor, um die Verwaltung eines Serversystems unter Server Core über die Windows-Remoteshell zu ermöglichen:

Eingabeaufforderung über das Netzwerk

Geben Sie zum Aktivieren der Windows-Remoteshell auf einem Server unter Windows Server 2008 R2 als Server Core den folgenden Befehl in der Eingabeaufforderung des betreffenden Servers ein:

winRM quickconfig

Starten Sie dann auf dem Remotesystem den folgenden Befehl in der Eingabeaufforderung:

winrs -r:<Servername> dir c:\

> Detaillierte Informationen zum Befehl `winrs.exe` können Sie über die Eingabe des folgenden Befehls anzeigen lassen: `winrs /?`

12.6 Übersicht der häufigsten Konfigurationsschritte unter Server Core

In der folgenden Tabelle sind die häufigsten Konfigurations- und Installationsschritte aufgezeigt, die auf einem Serversystem unter Windows Server 2008 R2 als Server Core anfallen:

Administrative Aufgabe	Notwendige Konfigurationsschritte
Anzeige der aktuellen IP-Konfiguration	Geben Sie in der Eingabeaufforderung Folgendes ein: `ipconfig /all`
Anzeige der ARP-Cache-Einträge	Geben Sie in der Eingabeaufforderung Folgendes ein: `arp -a`

Festlegen einer statischen IP-Adresse	Geben Sie in der Eingabeaufforderung Folgendes ein:
	`netsh interface ipv4 show interfaces`
	Notieren Sie sich den Wert zu *IDx* der betreffenden Netzwerkkarte und geben Sie dann den folgenden Befehl ein:
	`netsh interface ipv4 set address name=<IDx> source=static address= <IP-Adresse> gateway= <IP-Adresse>`

Festlegen der dynamischen IP-Adressvergabe mittels DHCP	Geben Sie in der Eingabeaufforderung Folgendes ein: `netsh interface ipv4 set address name=<IDx> source=dynamic`

Festlegen einer statischen DNS-Adresse	Geben Sie zum Festlegen des primären DNS-Servers in der Eingabeaufforderung Folgendes ein:
	`netsh interface ipv4 add dnsserver name=<IDx> address=<DNS-Server-IP-Adresse> index=1`
	Geben Sie zum Festlegen des sekundären DNS-Servers in der Eingabeaufforderung Folgendes ein:
	`netsh interface ipv4 add dnsserver name=<IDx> address=<DNS-Server-IP-Adresse> index=2`

Festlegen der IP-Adresse eines WINS-Servers	Geben Sie zum Festlegen des primären DNS-Servers in der Eingabeaufforderung Folgendes ein: `netsh interface ipv4 add winsserver name=<IDx> address=<WINS-Server-IP-Adresse>`

Tabelle 12.2: Die wichtigsten Konfigurationsschritte unter Windows Server 2008 R2 als Server Core

Administrative Aufgabe	Notwendige Konfigurationsschritte
Hinzufügen eines Computers zu einer Domäne	Geben Sie in der Eingabeaufforderung den folgenden Befehl ein: `netdom join <Computername> /domain: <Domäne> / userd:<Domäne>\<Benutzername> /passwordd:*`
Entfernen eines Computers aus einer Domäne	Geben Sie in der Eingabeaufforderung den folgenden Befehl ein: `netdom remove`
Festlegen des lokalen Administratorkennworts	Geben Sie in der Eingabeaufforderung den folgenden Befehl ein: `net user administrator *`
Konfiguration der Windows-Firewall für die Remoteverwaltung	Geben Sie in der Eingabeaufforderung den folgenden Befehl ein: `netsh advfirewall firewall set rule group= "Remoteverwaltung" new enable=yes`
Aktivieren der Remoteverwaltung der Firewall	Geben Sie in der Eingabeaufforderung den folgenden Befehl ein: `netsh advfirewall set currentprofile settings remotemanagement enable`
Aktivieren des Servers unter Server Core	Geben Sie in der Eingabeaufforderung den folgenden Befehl ein: `slmgr.vbs -ato`

Remoteaktivierung des Servers unter Server Core	Geben Sie in der Eingabeaufforderung des Remotecomputers unter Windows Server 2008 den folgenden Befehl ein:
	`cscript slmgr.vbs -ato <Servername> <Benutzername> <Kennwort>`
	Rufen Sie nun die GUID des betreffenden Computers ab:
	`cscript slmgr.vbs -did`
	Geben Sie nun den folgenden Befehl ein, um sicherzustellen, dass der Server aktiviert wurde:
	`cscript slmgr.vbs -dli <GUID des Computers>`

Konfigurieren des Servers zur Verwendung eines Proxyservers	Geben Sie in der Eingabeaufforderung den folgenden Befehl ein: `netsh Winhttp set proxy <Proxy-IP-Adresse>: <Portnummer>`
Auflisten aller ausgeführten Dienste eines Servers	Geben Sie in der Eingabeaufforderung den folgenden Befehl ein: `sc query` oder `net start`
Starten eines Dienstes	Geben Sie in der Eingabeaufforderung den folgenden Befehl ein: `sc start <Dienstname>` oder `net start <Dienstname>`

Tabelle 12.2: Die wichtigsten Konfigurationsschritte unter Windows Server 2008 R2 als Server Core (Forts.)

Administrative Aufgabe	Notwendige Konfigurationsschritte
Beenden eines Dienstes	Geben Sie in der Eingabeaufforderung den folgenden Befehl ein: `sc stop <Dienstname>` oder `net stop <Dienstname>`
Aufruf einer Liste aller ausgeführten Anwendungen und der zugehörigen Prozesse	Geben Sie in der Eingabeaufforderung den folgenden Befehl ein: `tasklist`
Starten des Task-Managers	Geben Sie in der Eingabeaufforderung den folgenden Befehl ein: `taskmgr`

Erzwungenes Beenden eines Prozesses	Geben Sie zur Ermittlung der Prozess-ID (PID) des betroffenen Prozesses in der Eingabeaufforderung den folgenden Befehl ein:
	`tasklist`
	Geben Sie zur Ermittlung der Prozess-ID (PID) des betroffenen Prozesses in der Eingabeaufforderung den folgenden Befehl ein:
	`taskkill /PID <Prozess-ID>`

Verwalten von Festplattenpartitionen	Geben Sie in der Eingabeaufforderung den folgenden Befehl ein: `diskpart`
Defragmentierung eines Laufwerks	Geben Sie in der Eingabeaufforderung den folgenden Befehl ein: `defrag`
Überprüfen der Dateisignatur	Geben Sie in der Eingabeaufforderung den folgenden Befehl ein: `sigverif`

Konfigurieren automatischer Updates	Geben Sie in der Eingabeaufforderung den folgenden Befehl ein, um die automatischen Updates zu aktivieren:
	`cscript scregedit.wsf /AU /4`
	Geben Sie in der Eingabeaufforderung den folgenden Befehl ein, um die automatischen Updates zu deaktivieren:
	`cscript scregedit.wsf /AU /1`

Konfiguration von Datum, Uhrzeit und der Zeitzone des Servers	Geben Sie in der Eingabeaufforderung den folgenden Befehl ein: `control timedate.cpl`

Tabelle 12.2: Die wichtigsten Konfigurationsschritte unter Windows Server 2008 R2 als Server Core (Forts.)

Administrative Aufgabe	Notwendige Konfigurationsschritte
Konfiguration der internationalen Einstellungen des Servers	Geben Sie in der Eingabeaufforderung den folgenden Befehl ein: `control intl.cpl`
Aufruf von Notepad.exe zum Erstellen oder Modifizieren von Textdateien	Geben Sie in der Eingabeaufforderung den folgenden Befehl ein: `notepad`

Tabelle 12.2: Die wichtigsten Konfigurationsschritte unter Windows Server 2008 R2 als Server Core (Forts.)

Neben den in der oberen Tabelle angegebenen, möglichen Konfigurationsschritten existieren natürlich noch weitere Befehle, die für die Verwaltung unter Windows Server 2008 R2 als Server Core verwendet werden können. Informationen hierzu finden Sie in der Hilfe von Windows Server 2008 R2.

12.7 Weitere Tools

Für den Server Core unter Windows Server 2008 R2 stehen zwischenzeitlich verschiedene Tools für die grafische Konfiguration der wichtigsten Einstellungen bereit. Diese werden im Internet in verschiedenen Webseiten oft kostenfrei angeboten.

Tools zur grafischen Verwaltung von Server Core

Zu den interessantesten Tools für die grafische Konfiguration eines Server Core unter Windows Server 2008 (R2) zählt zweifelsohne der Server Core-Configurator von Guy Teverovsky, welcher das Tool ursprünglich kostenfrei im Internet zur Verfügung gestellt hatte.

Das Tool erspart einem die „blanke Tipperei", wie es ein Kollege einmal formulierte, um den Server Core entsprechend zu konfigurieren. Die eigentliche Verwaltung, beispielsweise von Rollen oder Funktionen des Server Core, ist auch in diesem Tool nicht vorgesehen. Eher kann dieses Tool als mögliche Alternative zu dem in Windows Server 2008 R2 als Server Core enthaltenen Serverkonfigurationsskripts `sconfig` genutzt werden. Der Server Core Configurator stellt lediglich eine Hilfe für eher unerfahrene Administratoren dar – und dafür ist es – mitsamt seiner kleinen Schwächen – sicher ausreichend.

Kapitel 12 Windows Server 2008 R2 als Server Core

Abbildung 12.21
Server Core Configurator zur grafischen Konfiguration einer Server Core-Installation von Windows Server 2008 (R2)

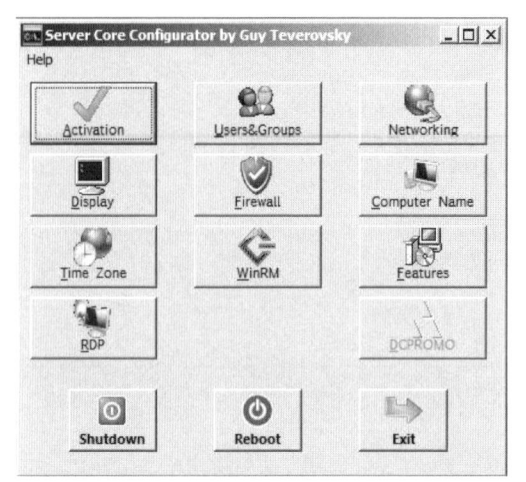

> Weitere Informationen zum Server Core Configurator findet man im Internet in vielen Foren, u.a. auch unter:
>
> http://blogs.microsoft.co.il/blogs/guyt/archive/2008/03/22/windows-server-core-coreconfigurator-to-the-rescue.aspx

In diesem Kapitel haben wir uns mit Windows Server 2008 R2 als Server Core befasst. Neu war es, dass diese Systeme in der aktuellen Betriebssystemversion jetzt endlich auch die Windows PowerShell unterstützen. Im nächsten Kapitel erhalten Sie nun eine allgemeine Einführung in die Serververwaltung mit der Windows PowerShell.

13 Einführung in die Serververwaltung mit der Windows PowerShell

Neben der klassischen Verwaltung von Windows-Systemen mithilfe grafischer Verwaltungskonsolen kam bereits unter Windows Server 2008 die erste Version der Windows PowerShell zum Einsatz. Diese besaß entgegen der Erwartungen vieler Administratoren jedoch noch einige Einschränkungen, welche Microsoft in der neuen, im Umfang von Windows Server 2008 R2 als vollständige Installation automatisch installierten Version weitgehend behoben hat. Die neue Version (2.0) der Windows PowerShell kann endlich auch genutzt werden, um beispielsweise die Objekte der Active Directory-Domänendienste (*AD DS*) sowie auch andere Computersysteme im Netzwerk remote zu verwalten.

Fester Bestandteil von Windows Server 2008 R2

Im Bedarfsfall lässt sich die Windows PowerShell, wie dies bereits im vorangegangenen Kapitel dargestellt wurde, auf Serversystemen unter Windows Server 2008 R2 als Server Core mitsamt des für die Ausführung notwendigen Microsoft .NET Framework 2.0 problemlos als Feature nachinstallieren.

Abbildung 13.1
Windows PowerShell und das neue Windows PowerShell Integrated Scripting Environment (ISE) unter Windows Server 2008 R2

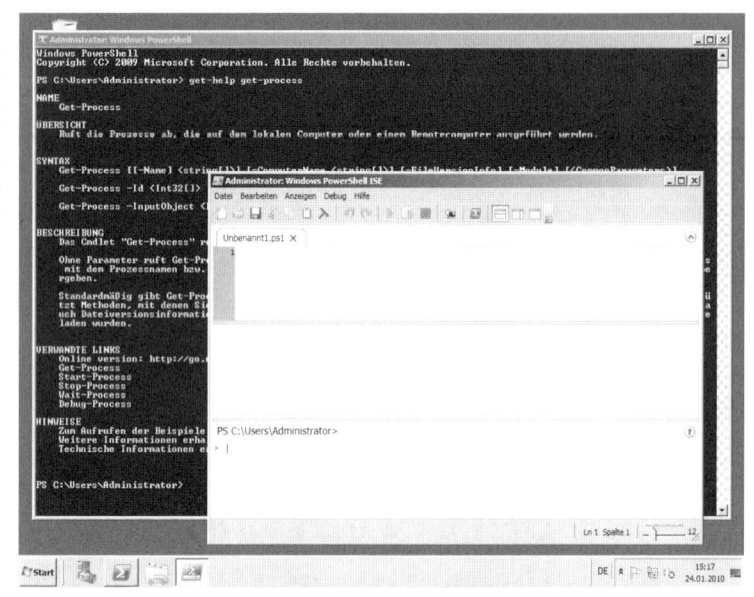

13.1 Neuerungen

Verbessert und erweitert Die Windows PowerShell 2.0 unter Windows Server 2008 R2 wurde gegenüber der Vorversion nochmals deutlich verbessert. Insgesamt gehören nunmehr über 240 Befehle (sogenannte Cmdlets) zum Umfang. Sie lässt sich, wie bereits im vorangegangenen Kapitel erläutert, jetzt sogar unter Windows Server 2008 R2 als Server Core installieren. Darüber hinaus hat Microsoft das Active Directory-Modul für Windows PowerShell entwickelt, mit der sich anhand von 76 neuen Cmdlets nun auch die Active Directory-Domänendienste verwalten lassen. Ebenso neu ist auch das Windows PowerShell Integrated Scripting Environment (*ISE*), das man als grafische Umgebung für die Bearbeitung und das Debuggen von Windows PowerShell-Skripts verwenden kann. ISE lässt sich als Feature auf einem Serversystem unter Windows Server 2008 R2 installieren.

13.2 Starten der Windows PowerShell

Automatisch bereits installiert Die Windows PowerShell wird gleich während der Betriebssysteminstallation von Windows Server 2008 R2 als vollwertige Installation automatisch installiert und steht somit auch gleich zur Verfügung. Eine Ausnahme stellt hierbei Windows Server 2008 R2 als Server Core dar, unter dem die Windows PowerShell jedoch nachinstalliert werden

Die Oberfläche

kann. Für den schnellen Start der Windows PowerShell hat Microsoft einen entsprechenden Schalter gleich in die Startleiste eingebaut.

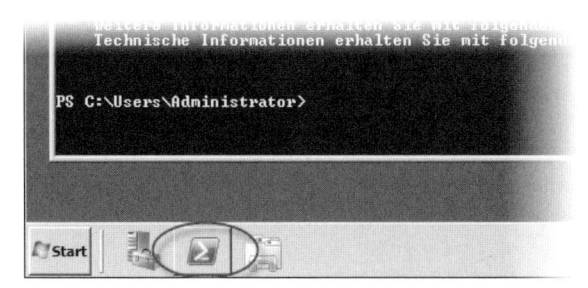

Abbildung 13.2
Schaltfläche zum Aufruf der Windows PowerShell in der Schnellstartleiste unter Windows Server 2008 R2

Alternativ lässt sich die Windows PowerShell auch über einen Klick auf *Start / Alle Programme / Zubehör / Windows PowerShell* und dann auf *Windows PowerShell* aufrufen.

13.3 Die Oberfläche

Die Oberfläche der Windows PowerShell zeigt sich nach dem ersten Aufruf erst einmal sehr vertraut.

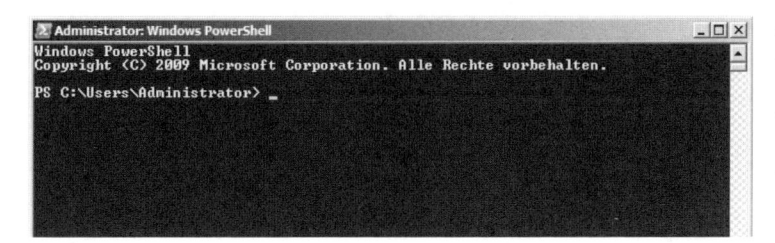

Abbildung 13.3
Eingabefenster der Windows Power-Shell unter Windows Server 2008 R2

Wer es gewohnt war, unter den vorangegangenen Betriebssystemversionen bereits mit der Eingabeaufforderung von Windows zu arbeiten, wird (mit Ausnahme der standardmäßig blauen Hintergrundfarbe) deutliche Ähnlichkeiten zur Windows PowerShell entdecken.

Ähnlichkeit mit der Windows-Eingabeaufforderung

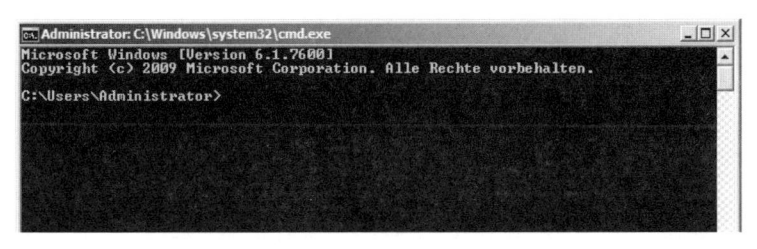

Abbildung 13.4
Eingabefenster der Windows-Eingabeaufforderung unter Windows Server 2008 R2

Es war sicherlich beabsichtigt, eine gewisse Ähnlichkeit der Windows PowerShell mit der Eingabeaufforderung zu schaffen. So fällt es letztlich sicher leichter, sich in die für viele Administratoren noch neue Verwaltungsumgebung reinzufinden.

13.4 Erste Schritte

Wenn Sie die Windows PowerShell zum ersten Mal starten, sollten Sie sich mit den darin enthaltenen Befehlen (*Cmdlets*) und Funktionen vertraut machen.

Langsam vorantasten Geben Sie zum Aufruf grundlegender Informationen zu Cmdlets und anderen Elementen von Windows PowerShell-Befehlen den Befehl get-command ein und drücken Sie anschließend die ⏎. So erhalten Sie eine erste Übersicht der im Umfang der Windows PowerShell enthaltenen Befehle und Cmdlets. Eine weitere Übersicht erhalten Sie durch die Eingabe des Befehls get-help * und dem anschließenden Drücken der ⏎.

Abbildung 13.5
Aufruf grundlegender Informationen zu CmdLets und weiteren Elementen in der Windows PowerShell unter Windows Server 2008 R2

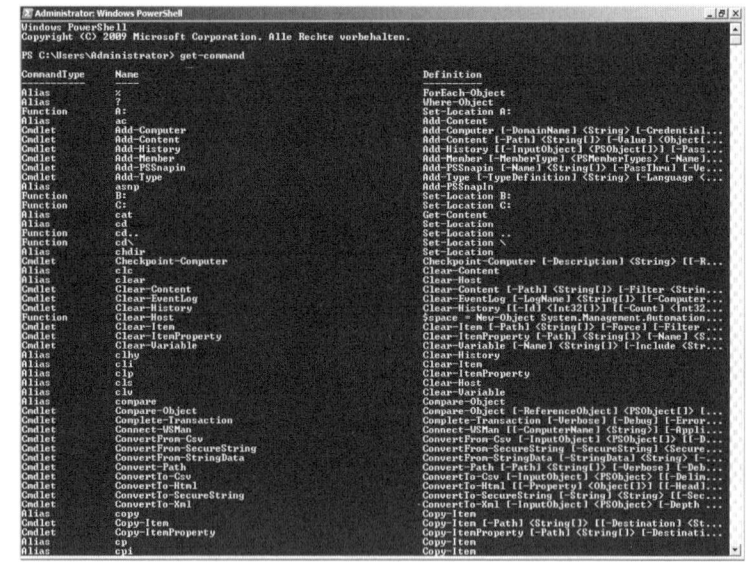

Wie ehemals unter DOS oder UNIX Alternativ können Sie auch Informationen zu einzelnen Befehlen anzeigen lassen. Hierzu dient das Cmdlet get-help, wobei Sie alternativ auch den Alias help (wie in der alten DOS-Welt) oder man (wie man es vielleicht aus der UNIX-Welt kennt) verwenden können. Das Resultat ist hierbei prinzipiell jeweils das gleiche.

Bei der Eingabe von get-help (bzw. den Aliasnamen help oder man) gilt die folgende Syntax:

▸ get-help gibt die Hilfe zur Verwendung der Hilfe aus.
▸ get-help * listet alle Windows PowerShell-Befehle auf.
▸ get-help *Befehl* listet die Hilfe zu dem jeweiligen Befehl auf.
▸ get-help *Befehl* -detailed listet eine detaillierte Hilfe, meist mit Beispielen, zum angegebenen Befehl auf.
▸ get-help *Befehl* -full listet die vollständige Dokumentation zum angegebenen Befehl auf.

13.4.1 Verwendbare Befehle

Die Windows PowerShell ist, wie bereits auch ihre Vorversion, so konstruiert, dass Benutzer ihre „historischen" Kenntnisse zu Befehlszeilenprogrammen weiter nutzen können. Zu den in der Windows PowerShell verwendbaren Befehlen zählen die folgenden:

„Historische" Kenntnisse werden weiterhin unterstützt

- Commandlets (Cmdlets) der Windows PowerShell
- Cmd.exe- und UNIX-Befehle
- Externe Befehle

Die Windows PowerShell unter Windows Server 2008 R2 verfügt nunmehr über 240 verschiedene Befehle, die man als *Commandlet* (*Cmdlet*) bezeichnet. Zwischenzeitlich kann man eine Vielzahl an weiteren Cmdlets teils kostenfrei von Drittanbietern beziehen.

Wildcards und die Pipe

In der Windows PowerShell kann in vielen Fällen mit dem Sternzeichen (*) als Wildcard gearbeitet werden. Ein Beispiel hierfür ist die folgende Befehlseingabe: `get-help a*`

In diesem Beispiel werden alle Befehle angezeigt, die mit dem Buchstaben „a" beginnen.

Darüber hinaus kann man in der Windows PowerShell die standardmäßige Befehlsausgabe auf dem Bildschirm in eine Datei oder die Zwischenablage und dadurch beispielsweise an andere Befehle umleiten. Ein Beispiel für die Umleitung der Standardausgabe finden Sie im folgenden Befehl:

`get-help * | get-help -detailed > C:\PS-Hilfe.txt`

Wenn Sie diese Befehlszeile in der Windows PowerShell ausführen, werden mit dem ersten Abschnitt des Befehls alle enthaltenen Befehle aufgelistet. Die Ausgabe dieses Befehls wird mithilfe des Pipe-Zeichens (|) an den nächsten Befehl `get-help -detailed` übergeben, welcher eine detaillierte Ausgabe für jedes durch den ersten Befehl übergebene Befehlskommando erstellt. Die Ausgabe hierbei wird durch das nächste Umleitungszeichen (>) in die danach benannte Datei `C:\PS-Hilfe.txt` umgeleitet – so schnell hat man ein Buch verfasst...

Umfangreiche, detaillierte Hilfe

Verwenden von Copy & Paste

Anders als man es von der Eingabeaufforderung unter Windows gewohnt ist, steht in der Windows PowerShell das Kopieren und Einfügen von Textpassagen über die Zeichenfolgen Ctrl-C und Ctrl-V *nicht* zur Verfügung. Bequem lässt sich die Zwischenablage jedoch über die Maus – oder alternativ über den Menübefehl *Bearbeiten/Kopieren* bzw. *Einfügen* – zum Kopieren und Einfügen von Inhalten verwenden.

> Markieren Sie in der Windows PowerShell zur Übergabe von Zeichenfolgen in die Zwischenablage den betreffenden Text mit der Maus und klicken Sie dann mit der rechten Maustaste auf den markierten Bereich. Zum Einfügen klicken Sie nachfolgend einfach mit der rechten Maustaste auf die Stelle, an welcher die betreffende Textpassage wieder eingefügt werden soll.

13.4.2 Die Befehlssyntax

Die Commandlets der Windows PowerShell (so werden die kleinen Befehlsprogramme genannt) folgen einer klar definierten Richtlinie. Sie bestehen aus einem Verb und einem Substantiv (immer in Einzahl), getrennt durch einen Bindestrich (-). Die Befehle sind im Englischen gehalten. Ein Beispiel dazu stellt der Aufruf der Online-Hilfe mithilfe des Cmdlets `get-help` dar. Die mit den Commandlets verwendbaren Parameter werden mit einem vorangestellten Bindestrich (-) gekennzeichnet, beispielsweise: `get-help -detailed`

> Um Tippfehler zu vermeiden, kann man in vielen Fällen die Tabulator-Taste (⇥) während der Eingabe von Cmdlets und Befehlen verwenden. Hiermit werden viele der Befehle automatisch vervollständigt.

13.4.3 Bekannte Befehle in der Windows PowerShell

Vom Bekannten zum Unbekannten

Microsoft hat sich bereits in der ersten Version bemüht, den Einstieg in die Windows PowerShell für Windows-Admins als auch für Unix-Erfahrene zu vereinfachen. Dafür wurden viele bekannte Befehle in Form von Aliasnamen verfasst und in die Windows PowerShell integriert. Beim Aufruf des jeweiligen Aliasnamens in der Windows PowerShell wird die gleiche Funktionalität ausgeführt, als wäre das eigentliche Cmdlet direkt mit Namen angesprochen worden.

In der folgenden Tabelle sehen Sie einen Auszug der von Microsoft bereits definierten Aliasnamen in Zuordnung zu den einzelnen, betreffenden Cmdlets (und Funktionen):

Erste Schritte

Tabelle 13.1
Zuordnung von Cmdlets zu den definierten Aliasnamen

Cmdlet (Befehl)	Zugeordnete(r) Aliasname(n)
clear-host	cls
copy-item	cpi, copy, cp
get-childitem	dir, gci, ls
get-command	gcm
get-content	cat, gc, type
get-help	help, man
get-location	gl, pwd
move-item	mi, move, mv
remove-item	del, ri, rd, rm. rmdir
rename-item	ren, rni
set-location	chdir, cd
foreach-object	foreach, %

Aliasnamen können den Cmdlets frei zugeordnet werden. Hierzu dient das Cmdlet set-alias. Beispielsweise können Sie dem Cmdlet get-date zur Anzeige des Datums einen eigenen Aliasnamen (gd) zuordnen. Geben Sie dazu den folgenden Befehl in der Windows PowerShell ein:

Freie Zuordnung von Aliasnamen möglich

```
set-alias gd get-date
```

Das Ergebnis sehen Sie in der folgenden Grafik:

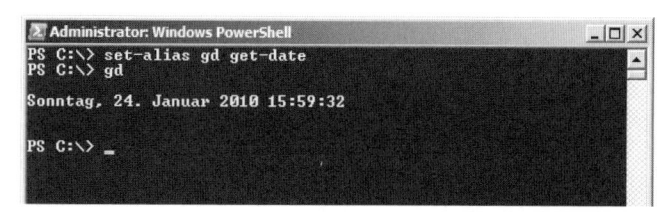

```
PS C:\> set-alias gd get-date
PS C:\> gd
Sonntag, 24. Januar 2010 15:59:32
PS C:\> _
```

Abbildung 13.6
Aufruf eines Cmdlets mithilfe eines selbst definierten Aliasnamens in der Windows PowerShell

Mit dem Aufruf von get-alias kann man sich eine Liste aller in der Windows PowerShell bereits zugeordneten Aliasnamen auf dem Bildschirm anzeigen lassen.

Die Windows PowerShell dient nicht nur für die manuelle Eingabe einzelner Befehle. Man kann in ihr beispielsweise auch Stapelverarbeitungsdateien (*.bat* oder *.cmd*) sowie auch Windows PowerShell-Skriptdateien ausführen.

13.4.4 Sicherheit in der Windows PowerShell

In der Grundeinstellung der Windows PowerShell können, wie dies bereits auch in der Vorversion so voreingestellt war, aus Sicherheitsgründen keine Shell-Scripts ausgeführt werden. Diese Funktion muss durch einen Administrator über die Registrierung des betreffenden Rechners freigeschaltet werden. Sollte also ein Benutzer nach der Installation der Windows PowerShell (versehentlich oder unbeabsichtigt) auf eine Datei mit der Endung .ps1 doppelklicken, so wird nichts passieren.

> Windows PowerShell-Skriptdateien werden in der Regel mit der Dateinamenserweiterung .ps1 gekennzeichnet.

Abbildung 13.7 Anzeige der standardmäßigen Sicherheitseinstellung für die Skriptausführung in der Windows PowerShell

```
Administrator: Windows PowerShell
PS C:\> get-executionpolicy
Restricted
PS C:\>
```

Die Freischaltung der Skriptausführung in der Windows PowerShell erlaubt es einem Administrator eine bestimmte Abstufung zu wählen, welche sich nach dem Signieren von Skriptdateien ableiten lässt. Hierzu stehen ihm zwei Cmdlets zur Verfügung:

- get-executionpolicy
  Abfrage der aktuellen Sicherheitseinstellungen.

- set-executionpolicy
  Festlegen der Sicherheitseinstellung.

Definierbare Sicherheitsstufen

Die Sicherheitsstufe für die Ausführung von Skriptdateien in der Windows PowerShell lässt sich mithilfe des Cmdlets set-executionpolicy bzw. anhand einer Gruppenrichtlinieneinstellung festlegen. Hierzu stehen in der Windows PowerShell die in der folgenden Tabelle enthaltenen, definierbaren Sicherheitsstufen zur Verfügung:

Tabelle 13.2 Definierbare Sicherheitseinstellungen für die Skriptausführung in der Windows PowerShell

Sicherheitseinstellung	Beschreibung
Restricted (Standardeinstellung)	Es können keine Skripte ausgeführt werden.
Allsigned	Nur signierte Skripte können ausgeführt werden.
RemoteSigned	Lokal erstellte Skripte sind erlaubt, andere Skripte müssen digital signiert sein.
Unrestricted	Alle Skripte können ausgeführt werden.

In der folgenden Grafik sehen Sie ein Beispiel für die mögliche Konfiguration der Sicherheitseinstellung der Windows PowerShell für die Skriptausführung:

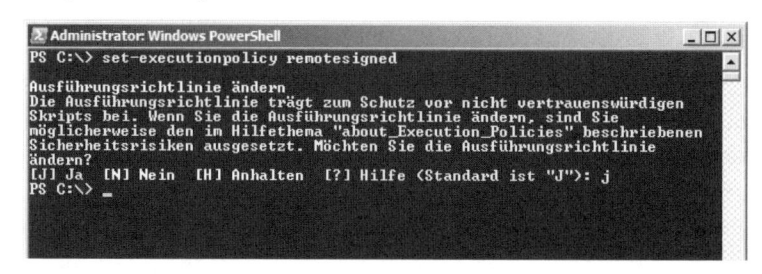

Abbildung 13.8
Konfiguration der Sicherheitseinstellung für die Skriptausführung in der Windows PowerShell

Die Sicherheitseinstellungen sollten bei Bedarf entsprechend angepasst werden, um die Cmdlets der Windows PowerShell gleich auch mithilfe von Shell-Skripten ausführen zu können. Wie aber werden diese Cmdlets denn überhaupt verwendet?

13.4.5 Cmdlets und der Umgang mit Objekten

Cmdlets sind die Befehle in der Windows PowerShell, welche über ihren eigenen oder über einen dafür definierten Aliasnamen angesprochen werden können. Diese Cmdlets werden in der Regel gemeinsam mit zusätzlichen Informationen, wie beispielsweise Parametern, aufgerufen. Die Vielzahl der verfügbaren Parameter ist abhängig vom jeweiligen Cmdlet.

Vielzahl verfügbarer Parameter

Um die Syntax eines Cmdlets mitsamt der jeweils vorhandenen Parameter anzeigen zu lassen, kann man in der Windows PowerShell einfach den Befehlsnamen, gefolgt vom Parameter -? eingeben.

Ein Beispiel für die Verwendung von Parametern zeigt sich anhand des Cmdlets copy-item in dem folgenden Beispiel:

```
copy-item -path *.txt -destination d:\test
```

In dem angegebenen Beispiel kommen die Parameter -path und -destination gefolgt von einem jeweiligen Wert (*.txt und d:\test) zum Einsatz.

Arten von Parameter

Die Windows PowerShell ist im Bezug auf die Benennung von Parametern sehr flexibel. Gerade im Bezug auf das Cmdlet copy-item funktioniert die Befehlsausführung sogar völlig *ohne* die Angabe der Parameter anhand der dabei benannten Werte. Hierzu ein passendes Beispiel:

Ausführung mitunter auch ohne Parameter möglich

```
copy-item *.txt d:\test
```

In diesem Beispiel erkennt die Windows PowerShell anhand der Position der Werte, dass es sich bei *.txt um die kopierenden Dateien (entspricht dem Parameter -path) und bei d:\test um das Zielverzeichnis (entspricht dem Parameter -destination) handelt. Bei -path und -destination handelt es sich um sogenannte Positionsparameter.

Nicht alle Parameter eines Cmdlets werden für die Befehlsausführung benötigt. Ob ein Parameter optional ist, zeigt sich bei Aufruf der vollständigen Hilfe des jeweiligen Cmdlets. Für das Cmdlet copy-item lässt sich diese anhand des folgenden Befehls anzeigen:

```
get-help copy-item -full
```

In der nach der Eingabe des Befehls aufgerufenen Hilfe des jeweiligen Cmdlets zeigt sich anhand der Option „*Erforderlich?*" (engl. „*Required?*"), ob der jeweilige Parameter optional ist (*true*) oder nicht (*false*).

Abbildung 13.9
Beispiel der Parameteroptionen eines Cmdlets der Windows PowerShell

Die folgende Grafik verdeutlicht die verschiedenen Parametertypen eines Cmdlets der Windows PowerShell:

Abbildung 13.10
Die verschiedenen Parametertypen der Cmdlets der Windows PowerShell

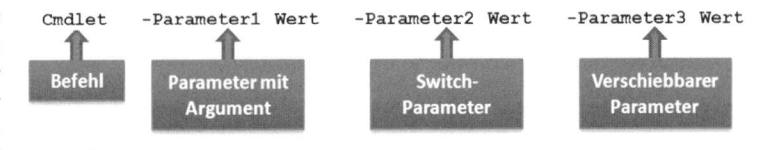

> Für die meisten Parameter existieren bestimmte Abkürzungen (beispielsweise „inc" für „include" oder „rec" für „recursive"). Es existiert leider keine Liste der Abkürzungen, jedoch können die Parameter so lange gekürzt werden, solange die Namen im Bezug auf die übrigen Parameter eindeutig bleibt.

Um zu verstehen, wie mächtig die Windows PowerShell im Umfeld der Verwaltung von Windows-Betriebssystemen eingesetzt werden kann, muss man sich neben den Cmdlets auch mit den Verwendungsmöglichkeiten befassen.

13.4.6 Die Provider der Windows PowerShell

Die umfangreichen Verwendungsmöglichkeiten der Windows Power-Shell werden durch die Sicht auf die darin unterstützten Provider erst deutlich. Im Bezug auf die Windows PowerShell stellt ein Provider einen Namensraum (engl. *Namespace*) dar. Die verschiedenen Provider ermöglichen es einem Administrator, nicht nur Dateien und Verzeichnisse, sondern auch andere Objekte des betreffenden Windows-Systems, wie beispielsweise die Windows-Registry oder die Umgebungsvariablen, gleich auch aus der Windows PowerShell zu verwalten.

Vielzahl an unterstützten Providern

> Der Wechsel zwischen den einzelnen Providern geschieht über den cd-Alias (steht für das Cmdlet set-location) gefolgt von der Providerbezeichnung und einem Doppelpunkt (:), beispielsweise „cd env:".

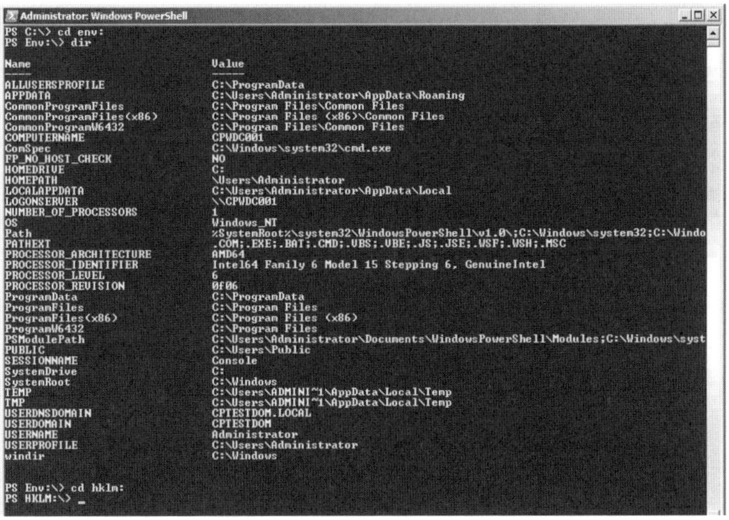

Abbildung 13.11
Wechsel zwischen verschiedenen Providern der Windows PowerShell unter Windows Server 2008 R2

Die wichtigsten Provider der Windows PowerShell

Die folgende Tabelle enthält eine Übersicht der wichtigsten, der von der Windows PowerShell unter Windows Server 2008 R2 unterstützten Provider:

Tabelle 13.3
Die Provider der Windows PowerShell

Providername	Beschreibung
C, D, E, A, ...	Stehen einzeln für den Zugriff auf das Dateisystem und bezeichnen dabei das betreffende Laufwerk.
hklm	Steht für den *HKEY_LOCAL_MACHINE*-Teilbaum der Windows-Registry.
hkcu	Steht für den *HKEY_CURRENT_USER*-Teilbaum der Windows-Registry.
env	Ermöglicht den einfachen Zugriff auf die Umgebungsvariablen.
cert	Ermöglicht den einfachen Zugriff auf die hierarchisch strukturierte Zertifikatablage in Windows sowie auf die darin gespeicherten, digitalen Sicherheitszertifikate.
alias	Ermöglicht den Zugriff auf die definierten Aliase in der Windows PowerShell.
function	Ermöglicht den Zugriff auf interne Funktionen der Windows PowerShell.
variable	Ermöglicht den Zugriff auf die internen Variablen der Windows PowerShell.

Eigenes Modul für Active Directory Wie in der Tabelle zu erkennen ist, existiert in der Windows PowerShell kein Provider für die Unterstützung der Active Directory-Domänendienste. Für diese steht nach der Installation der Active Directory-Domänendienste (*AD DS*) ein eigenes, erstmalig in der Windows PowerShell unter Windows Server 2008 R2 implementiertes Active Directory-Modul für Windows PowerShell zur Verfügung. Dieses kann bei Bedarf gesondert aufgerufen werden über einen Klick auf *Start/Verwaltung* und dann auf *Active Directory-Modul für Windows PowerShell*.

> Eine Übersicht aller von dem jeweiligen Computersystem bereitgestellten und unterstützten Provider der Windows PowerShell erhält man durch den Aufruf des Cmdlets `get-psprovider`.

Im Umgang mit der Windows PowerShell stellt man sehr schnell noch weitere Besonderheiten in der Verwendung der Shell-Umgebung fest.

Sonderzeichen in der Windows PowerShell

Eine besondere Bedeutung kommt den in der Windows PowerShell verwendbaren Sonderzeichen zu. In der nachfolgenden Tabelle erhalten Sie eine Übersicht der wichtigsten Sonderzeichen, die in der Windows PowerShell unterstützt werden.

Tabelle 13.4
Übersicht der wichtigsten, unterstützten Sonderzeichen der Windows PowerShell

Sonderzeichen	Erklärung
|	Pipe-Operator (Pipeline)
~	Aktuelles Verzeichnis
$	Leitet einen Codeblock ein.
%	Alias für das Cmdlet `foreach-object`
?	Alias für das Cmdlet `where-object`
!	Not-Parameter
#	Leitet einen Kommentar ein.
*	Platzhalter
?	Platzhalter
..	Repräsentiert einen Zahlenbereich (bspw. 1..10).
$_	Steht für das aktuelle Pipeline-Objekt, bspw. in Verwendung mit `select-object` oder `foreach-object`.
&	Leitet einen Skriptblock ein.
>	Umleitungsoperator
>>	Umleitungsoperator, der den Inhalt an eine Datei anhängt.
2>	Leitet eine Fehlermeldung in eine Datei oder ins „Nichts" (`$Null`), so dass sie nicht angezeigt wird.
2>>	Die betreffende Fehlermeldung wird an eine Datei angehangen.

> Eine ausführliche Übersicht der unterstützten Sonderzeichen erhält man in der Produktdokumentation der Windows PowerShell.

Natürlich könnte ich jetzt noch weitere Details zu den Verwendungsmöglichkeiten und Besonderheiten der Windows PowerShell aufzeigen. Da dieses Kapitel jedoch lediglich eine Einführung in die Windows PowerShell darstellen soll, gehe ich jetzt noch etwas auf den praktischen Teil der Verwendung der Windows PowerShell ein.

13.5 Umgang mit Prozessen

Um ein wenig in den Umgang mit Windows PowerShell zu finden, wende ich mich erst einmal den Prozessen auf einem Windows-System zu. Zum Arbeiten mit Prozessen stehen in der Windows PowerShell die folgenden Cmdlets zur Verfügung:

Tabelle 13.5
Cmdlets der Windows PowerShell für den Umgang mit Prozessen in Windows-Systemen

Cmdlet	Aliasname	Verwendung
get-process	gps	Listet einen oder mehrere Prozesse auf.
stop-process	kill	Beendet einen Prozess anhand seines Namens oder seiner Prozesskennung (PID).

> In der Windows PowerShell existieren keine Cmdlets zum Starten von Prozessen. Eine Alternative stellt das Cmdlet invoke-item dar, mit welchem man in der Lage ist, eine beliebige Datei zu starten.

13.5.1 Prozesse anzeigen lassen mit get-process

Formatierte Auflistung möglich Mit dem Cmdlet get-process der Windows PowerShell kann man alle laufenden Prozesse auf einem Windows-System inklusive der jeweiligen Prozesskennung (*PID*) auflisten lassen.

Die Ausgabe der laufenden Prozesse kann man sortieren, filtern oder auch nach bestimmten Kriterien formatieren. Weitere Informationen hierzu finden Sie in der Produktdokumentation der Windows Power-Shell.

Abbildung 13.12
Anzeige der laufenden Prozesse mithilfe der Windows Power-Shell

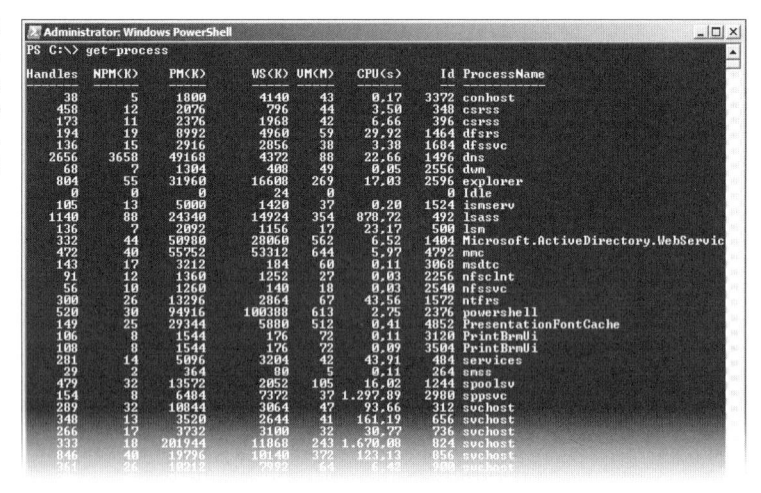

> Mit der Windows PowerShell unter Windows Server 2008 R2 ist man sogar in der Lage, die Prozesse auf einem Remote-Computer zu steuern.

Umgang mit Prozessen

Nähere Informationen hierzu erhalten Sie in der Windows-Hilfe bzw. in der Dokumentation zu Windows PowerShell unter Windows Server 2008 R2. Alternativ bietet sich hier das Tool PSList.exe der Sysinternals-Tools an, welches kostenfrei von der Microsoft-Website aus dem Internet heruntergeladen werden kann unter:

http://www.microsoft.com/sysintern

Die Ausführung von Prozessen auf einem Windows-System kann auch beendet werden. Hierzu steht ein eigenes Cmdlet zur Verfügung.

13.5.2 Prozesse beenden mit stop-process

Mit dem Cmdlet stop-process der Windows PowerShell kann man einen laufenden Prozess auf einem Windows-System anhand des Prozessnamens oder der Prozesskennung (PID) beenden.

Bitte mit Bedacht

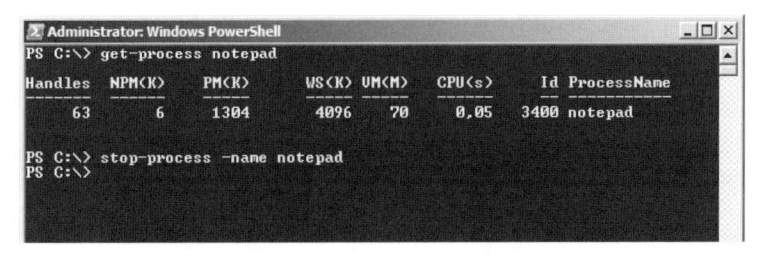

```
Administrator: Windows PowerShell
PS C:\> get-process notepad

Handles  NPM(K)    PM(K)    WS(K) VM(M)   CPU(s)     Id ProcessName
-------  ------    -----    ----- -----   ------     -- -----------
     63       6     1304     4096    70     0,05   3400 notepad

PS C:\> stop-process -name notepad
PS C:\>
```

Abbildung 13.13 Beispiel für das Anzeigen und das anschließende Beenden eines Prozesses mithilfe der Windows PowerShell

Beim Beenden von Prozessen mithilfe des Cmdlets stop-process der Windows PowerShell erfolgt von Windows aus keine Rückfrage mehr. Man sollte unbedingt darauf achten, nicht (versehentlich) den falschen Prozess zu „killen". Dies könnte im schlimmsten Fall in Form eines ungewollten Neustarts des betreffenden Computersystems enden.

Neben den Prozessen stellt auch die Verwaltung der Dienste eines Windows-Systems eine wichtige Aufgabe dar. Auch hierzu kann man die Windows PowerShell einsetzen.

13.6 Arbeiten mit Diensten

Die in einem Windows-System vorhandenen Dienste können mithilfe der Windows PowerShell abgefragt, gestartet oder auch beendet werden. Hierzu stehen in der Windows PowerShell die in der folgenden Tabelle enthaltenen Cmdlets zur Verfügung:

Cmdlet	Aliasname	Verwendung
get-service	gsv	Listet einen oder mehrere Dienste auf.
start-service	sasv	Startet einen beendeten Dienst.
stop-service	spsv	Beendet einen Dienst.
restart-service		Beendet einen Dienst und startet ihn anschließend neu.
suspend-service		Hält einen Dienst in seiner Ausführung an.
resume-service		Setzt die Ausführung eines angehaltenen Dienstes fort.
new-service		Registriert einen bereits vorhandenen Dienst, sodass dieser anschließend gestartet werden kann.
set-service		Ändert bestimmte Eigenschaften eines Dienstes, bspw. den Anzeigenamen oder den Startmodus.

Tabelle 13.6 Cmdlets der Windows PowerShell zum Arbeiten mit Diensten

13.6.1 Anzeige der aktuell ausgeführten Dienste

Anhand der in der Windows PowerShell enthaltenen Cmdlets kann man die aktuell ausgeführten Dienste eines Windows-Systems anzeigen lassen. Diese Ausgabe kann man mithilfe des Cmdlets where-object in Verbindung mit einer Status-Abfrage gezielt steuern.

Die Befehlseingabe in der Windows PowerShell kann dabei wie folgt aussehen:

```
get-service | where-object {$_.Status -eq „Running"}
```

In diesem Beispiel werden die Dienste mithilfe des Cmdlets get-service abgefragt. Die Ausgabe des Ergebnisses wird mithilfe der Pipe (|) an das Cmdlet where-object übergeben, welches seinerseits den Status des jeweiligen Dienstes mit den Vorgaben -eq „Running" (-eq steht für *„entspricht"*) vergleicht. Die anschließende Ausgabe auf dem Bildschirm ist demnach entsprechend gefiltert. Sehen Sie hierzu das nachfolgende Beispiel:

Arbeiten mit Diensten

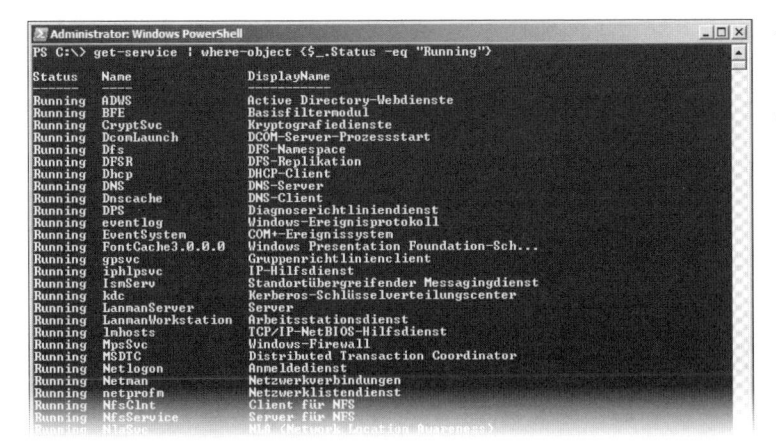

Abbildung 13.14
Beispiel für die gefilterte Abfrage der aktuell ausgeführten Dienste eines Windows-Systems mithilfe der Windows PowerShell

Die Abfrage von Diensten, sowie auch die Ergebnisdarstellung lassen sich ebenso sehr umfangreich anpassen und individualisieren. Nähere Informationen hierzu erhalten Sie in der Dokumentation zur Windows PowerShell oder auch in der Windows-Hilfe von Windows Server 2008 R2.

13.6.2 Starten und Beenden von Diensten

Neben der Anzeige des Ausführungsstatus von Diensten lassen sich diese mithilfe der Windows PowerShell ebenso bei Bedarf auch beenden oder starten. Hierzu stehen die beiden Cmdlets start-service und stop-service zur Verfügung. Natürlich kann man in der Windows PowerShell auch weiterhin mit den unter Windows bekannten Befehlen net start und net stop operieren.

Ermittlung der Abhängigkeit ausgeführter Dienste

Vor dem Beenden von Diensten sollte man sich vorweg informieren, ob nicht auch Abhängigkeiten anderer Dienste bestehen. Diese Überprüfung kann mitunter vor *„unvorhergesehenen Reaktionen"* des betreffenden Windows-Systems schützen.

Abhängigkeiten beachten

Nachfolgend sehen Sie ein Beispiel für die Befehlseingabe in der Windows PowerShell, um vorweg die möglichen Abhängigkeiten anderer Dienste vom Arbeitsstationsdienst zu ermitteln:

Abbildung 13.15
Abfrage der Abhängigkeiten von Diensten mithilfe der Windows PowerShell unter Windows Server 2008 R2

Die in dem oberen Beispiel gezeigte Ermittlung der Abhängigkeit weiterer Dienste vom Arbeitsstationsdienst wurde mithilfe der Pipe (|) und der nachfolgenden Anweisung anhand des jeweiligen Anzeigenamens (engl. *Displayname*) gefiltert.

Wie Sie sehen, kann man die Windows PowerShell sehr gezielt einsetzen, um Dienste auf einem Windows-System zu administrieren. Hierzu und noch zu vielen anderen Möglichkeiten finden Sie Informationen und Hinweise in der Produktdokumentation der Windows PowerShell.

13.7 Arbeiten mit Active Directory-Objekten

Lange ersehnt – und endlich möglich! In der Windows PowerShell unter Windows Server 2008 R2 ist es möglich, auch Active Directory-Objekte zu verwalten. Hierzu hat Microsoft das Active Directory-Modul für Windows PowerShell entwickelt. Dieses steht auf einem Serversystem unter Windows Server 2008 R2 als vollwertige Installation nach der Installation der Serverrolle der Active Directory-Domänendienste (*AD DS*) oder der Active Directory-Lightweigth Directory Services (*AD LDS*) automatisch zur Verfügung.

13.7.1 Aufruf des Active Directory-Moduls für Windows PowerShell

Das Active Directory-Modul für Windows PowerShell steht nach der Installation der entsprechenden Serverrolle(n) als Verknüpfung im Startmenü zur Verfügung und kann aufgerufen werden über einen Klick auf *Start/Verwaltung* und dann auf *Active Directory-Modul für Windows PowerShell*.

Alternativ kann das Active Directory-Modul für Windows PowerShell unter Windows Server 2008 R2 auch in einer bereits gestarteten Windows PowerShell geladen werden. Geben Sie hierzu den folgenden Befehl ein:

```
import-module ActiveDirectory
```

Anschließend stehen die für die Verwaltung von Active Directory entwickelten Cmdlets in der Windows PowerShell unter Windows Server 2008 R2 zur Verfügung.

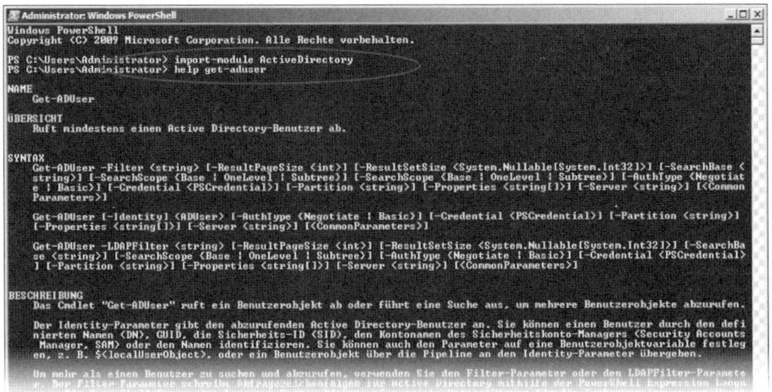

Arbeiten mit Active Directory-Objekten

Abbildung 13.16
Active Directory-Modul für Windows PowerShell unter Windows Server 2008 R2

Nach dem Laden des Active Directory-Moduls für Windows PowerShell stehen 76 neue Cmdlets für die Verwaltung der Active Directory-Domänendienste (*AD DS*) bzw. der Active Directory-Lightweight Directory Services (*AD LDS*) zur Verfügung.

Neue Cmdlets für die AD-Verwaltung

Abbildung 13.17
Cmdlets für die Verwaltung von Active Directory-Objekten in der Windows PowerShell unter Windows Server 2008 R2

13.7.2 Beispiel für die Verwendung

Anhand der im Active Directory-Modul für Windows PowerShell enthaltenen Cmdlets können u.a. die Objekte der Active Directory-Domänendienste (*AD DS*) verwaltet sowie auch neue Objekte erstellt werden. Um ein neues Benutzerkonto anzulegen, verwendet man beispielsweise den folgenden Befehl in der Windows PowerShell:

Erstellen und Verwalten von AD-Objekten und mehr

```
New-ADUser -Name "Carlo Westbrook" -SamAccountName "CWestbrook" -GivenName "Carlo" -Surname "Westbrook" -DisplayName "Carlo Westbrook" -Path "OU=Autoren,DC=CertPro,DC=intra"
```

In diesem Beispiel wird ein neues Benutzerkonto mit dem Anmeldenamen „CWestbrook" in der Organisationseinheit „Autoren" der Domäne „CertPro.intra" erstellt.

Eine Übersicht aller verwendbaren Parameter und Optionen zum Cmdlet New-ADUser erhalten Sie durch die Eingabe des folgenden Befehls in der Windows PowerShell:

```
help New-ADUser -full
```

Weitere Informationen zur Verwendung des Active Directory-Moduls für Windows PowerShell unter Windows Server 2008 R2 finden Sie in der Windows-Hilfe sowie in den Hilfeseiten der jeweiligen Windows PowerShell-Cmdlets.

13.8 Windows PowerShell Integrated Scripting Environment (ISE)

Unterstützung für das Scripting mit der Windows PowerShell

Ebenso völlig neu, wie auch das Active Directory-Modul für Windows PowerShell ist auch die auf einem Serversystem unter Windows Server 2008 R2 integrierbare, grafische Skriptumgebung mit der Bezeichnung „Windows PowerShell Integrated Scripting Environment (ISE)". Diese stellt einen grafischen Skripteditor dar, mit dem man vorhandene Windows PowerShell-Skripts bearbeiten und debuggen oder auch neue Skripts erstellen kann. Alternativ können Sie Windows PowerShell-Skripte natürlich auch mithilfe eines einfachen Editors erstellen und bearbeiten.

Abbildung 13.18 Windows PowerShell-ISE unter Windows Server 2008 R2

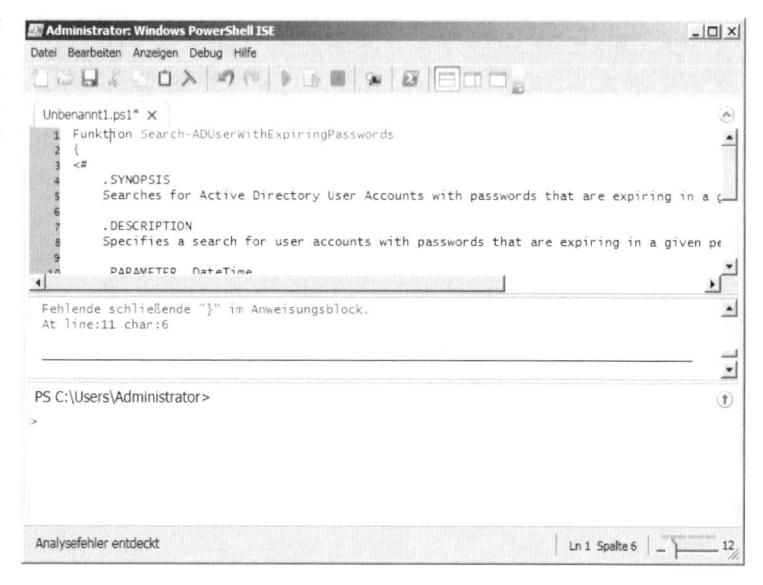

Die Windows PowerShell-ISE steht unter Windows Server 2008 R2 als optional installierbares Feature zur Verfügung.

13.8.1 Installation der Windows PowerShell-ISE

Gehen Sie wie folgt vor, um die Windows PowerShell-ISE unter Windows Server 2008 R2 als optionales Feature zu installieren:
1. Öffnen Sie den *Server-Manager*.
2. Klicken Sie im linken Fensterbereich auf *Features* und dann im rechten Fensterbereich auf *Features hinzufügen*.
3. Aktivieren Sie das Kontrollkästchen vor *Windows PowerShell Integrated Scripting Environment (ISE)* und klicken Sie dann auf *Weiter*.
4. Bestätigen Sie die Installationsauswahl mit einem Klick auf *Installieren*.
5. Klicken Sie nach der erfolgreichen Installation auf *Schließen*.

13.8.2 Starten der Windows PowerShell-ISE

Nach der Installation der Windows PowerShell-ISE steht diese für die Bearbeitung vorhandener oder auch das Erstellen neuer Windows PowerShell-Skripts zur Verfügung.

Gehen Sie wie folgt vor, um die Windows PowerShell-ISE nach deren Installation unter Windows Server 2008 R2 aufzurufen:

Klicken Sie auf *Start/Alle Programme/Zubehör/Windows PowerShell* und dann auf *Windows PowerShell ISE*.

> Eine Vielzahl an fertigen Beispielen für Windows PowerShell-Skripts findet man u.a. im Internet in der Website von Microsoft unter:
>
> *http://technet.microsoft.com/en-us/scriptcenter/dd742419.aspx*

Nach dieser Einführung in die Windows PowerShell unter Windows Server 2008 R2 widmen wir uns im nächsten Kapitel einem weiteren, für die Praxis sehr wichtigen Thema – dem Update-Management mit Windows Server Update Services (*WSUS*) unter Windows Server 2008 R2.

14 Update-Management mit Windows Server Update Services (WSUS)

Bislang musste man für die zentrale Update-Verwaltung die Windows Server Update Services (*WSUS*) erst einmal von der Website von Microsoft aus dem Internet herunterladen und anschließend auf einem der Serversysteme im Unternehmensnetzwerk installieren. Dies wird unter Windows Server 2008 R2 erstmalig anders, denn die Dienste sind erstmalig direkt im Umfang des Serverbetriebssystems enthalten und können bei Bedarf nunmehr direkt als Serverrolle installiert werden.

Endlich im Umfang enthalten

WSUS (*Windows Server Update Services*) dient prinzipiell als zentrales Serversystem, um Service Packs, Updates und Patches für Microsoft Betriebssysteme und Anwendungen in Unternehmensnetzwerken bereitzustellen. Die Microsoft-Betriebssysteme werden als WSUS-Clients ab Windows 2000 mit Service Pack 4 unterstützt.

WSUS-Clients ab Windows 2000 SP4

Der WSUS-Server stellt den WSUS-Clients die Updates mithilfe eines Webdienstes bereit. Die WSUS-Clients können entweder mithilfe von Gruppenrichtlinien oder durch die manuelle Änderung der Windows-Registrierung des jeweiligen Computers für die Verwendung eines WSUS-Servers als Update-Server konfiguriert werden.

Kapitel 14 Update-Management mit Windows Server Update Services (WSUS)

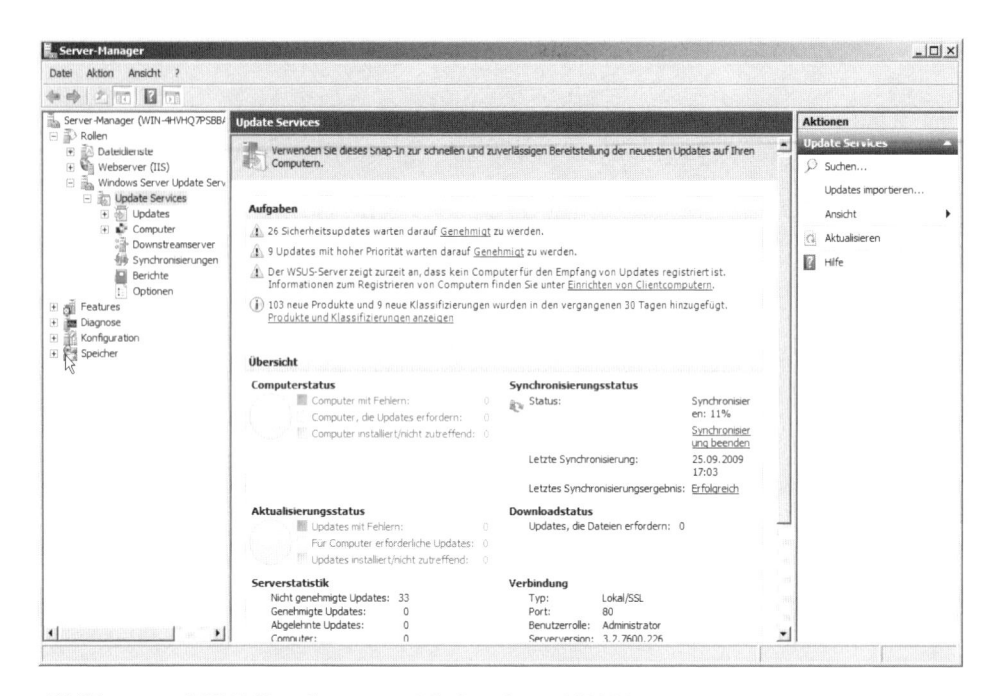

Abbildung 14.1: WSUS-Verwaltung unter Windows Server 2008 R2

Die mithilfe von WSUS verteilbaren Updates müssen durch einen Administrator vorweg genehmigt werden, bevor ein WSUS-Client diese installieren kann. Die WSUS-Clients erhalten hierfür vom WSUS-Server eine Liste der für die jeweils installierten Betriebssystemversionen und Anwendung verfügbaren und vorweg genehmigten Updates. Wenn ein WSUS-Client ein Update vom WSUS-Server heruntergeladen und erfolgreich installiert hat, meldet er dies als Ereignis an den betreffenden Server. Der WSUS-Server seinerseits übernimmt das vom WSUS-Client gemeldete Ereignis in die WSUS-Datenbank, woraus der verantwortliche Administrator anschließend Berichte über den aktuellen Update-Status der vorhandenen WSUS-Clients zusammenstellen kann, die mithilfe des jeweiligen WSUS-Servers aktualisiert werden.

Notwendiger denn je zuvor Viele der weltweit in Unternehmensnetzwerken vorhandenen Sicherheitslücken und Angriffsflächen lassen sich auf unzureichendes Patch-Management zurückführen. Es ist deshalb unbedingt erforderlich, notwendige Patches und Service Packs umgehend auf die eingesetzten Client- und Serversysteme zu verteilen, um die möglichen Sicherheitslücken gegenüber potentiellen Angreifern zu schließen.

> Die in Windows Server 2008 R2 enthaltene WSUS-Version entspricht Windows Server Update Services (*WSUS*) 3.0 mit Service Pack 2. Diese Version ist die erste WSUS-Version, die auch Windows 7 als WSUS-Client unterstützt.

14.1 WSUS-Verwaltungsinfrastruktur

WSUS stellt eine Verwaltungsinfrastruktur bereit, die aus folgenden Komponenten besteht:

- **Microsoft Update** Die Microsoft-Website, über die Updates für Microsoft-Produkte verteilt wird.
- **Windows Server Update Services (WSUS)** Die Serverkomponente, welche in Unternehmensnetzwerken für die zentrale Update-Verteilung installiert wird. Der WSUS-Server kann zur Verwaltung und Verteilung von Updates oder auch als Update-Quelle für weitere WSUS-Server in Computernetzwerken verwendet werden. Hierbei muss letztlich mindestens ein einzelner WSUS-Server die zur Verfügung stehenden Updates von der Microsoft-Website abrufen können.
- **Automatische Updates** Ist als Komponente in den durch WSUS unterstützten Betriebssystemen enthalten, anhand der die zu aktualisierenden Client- und Servercomputer ihre Updates mithilfe eines WSUS-Servers von Microsoft Update empfangen können.

Das Zusammenspiel dieser Komponenten ermöglicht den verantwortlichen Administratoren die einfache, zentrale Verwaltung und Verteilung von Betriebssystem- und Anwendungsaktualisierungen.

14.2 Unterstützte Microsoft-Produkte

Windows Server Update Services (*WSUS*) unterstützt im Rahmen der Update- und Service Pack-Verteilung eine Vielzahl an Microsoft-Betriebssystemversionen und -Anwendungen. Die folgende Tabelle enthält eine Übersicht über die von Windows Server Update Services (*WSUS*) 3.0 unter Windows Server 2008 R2 unterstützten Microsoft Betriebssysteme und -Anwendungen.

Umfangreiche Unterstützung – auch von Anwendungen

Von Windows Server Update Services (WSUS) 3.0 unterstützte Microsoft-Produkte und -Anwendungen
BizTalkServer 2002
Host Integration Server 2000
Host Integration Server 2004
Host Integration Server 2006
Exchange 2000 Server
Exchange Server 2003
Exchange Server 2007 Anti-Spam
Exchange Server 2007
Expression Media 2
Expression Media V1
ForeFront Client Security
ForeFront Code named Stirling Beta version
ForeFront Threat Management Gateway, Definition Updates
ForeFront TMG MBE
Compute Cluster Pack
HPC Pack 2008
Firewall Client for ISA Server
Internet Security and Acceleration (ISA) Server 2004
Internet Security and Acceleration (ISA) Server 2006
Live Search Enhancement Pack
Microsoft Research AutoCollage 2008
System Center Data Protection Manager 2006
Network Monitor 3
Office Communication Server 2007
Office Communication Server 2007 R2
Office Communicator 2007 R2
Office 2002/XP
Office 2003
Office 2007
CAPICOM SDK Components
Silverlight
SQL Server
SQL Server 2005
SQL Server 2008

Tabelle 14.1: Von WSUS 3.0 unter Windows Server 2008 R2 unterstützte Microsoft-Betriebssysteme und -Produkte

Von Windows Server Update Services (WSUS) 3.0 unterstützte Microsoft-Produkte und -Anwendungen
SQL Server Feature Pack
Category for System Center Online Client
System Center Virtual Machine Manager 2007
System Center Virtual Machine Manager 2008
System Center Configuration Management 2007
Systems Management Server 2003
Virtual PC
Virtual Server
Visual Studio 2005
Visual Studio 2008
Windows Essentials Business Server 2008 Setup Updates
Windows Essentials Business Server 2008
Windows Essentials Business Server Preinstallation Tools
Fotogalerie-Installation und -Upgrades
Installation von OneCare Family Safety
Windows Live Toolbar
Windows Live
Writer-Installation und -Upgrades
Windows Small Business Server 2003
Windows Small Business Server 2008
Dynamisches Installationsprogramm für Windows Internet Explorer 7
Dynamisches Installationsprogramm für Windows Internet Explorer 8
Windows 2000
Windows 7
Windows Defender
Windows Media Dynamic Installer
Windows Server 2003, Datacenter Edition
Windows Server 2003
Windows Server 2008
Windows Server 2008 Server-Manager – Dynamic Installer
Windows Server-Manager – Windows Server Update Services (WSUS) – Dynamic Installer
Windows Ultimate Extras
Windows Vista Dynamic Installer

Tabelle 14.1: Von WSUS 3.0 unter Windows Server 2008 R2 unterstützte Microsoft-Betriebssysteme und -Produkte (Forts.)

Von Windows Server Update Services (WSUS) 3.0 unterstützte Microsoft-Produkte und -Anwendungen
Windows Vista Ultimate Language Packs
Windows Vista
Windows XP 64-Bit Edition Version 2003
Windows XP x64-Edition
Windows XP
Microsoft Works 8
Microsoft Works 9
Works 6-9 Converter

Tabelle 14.1: Von WSUS 3.0 unter Windows Server 2008 R2 unterstützte Microsoft-Betriebssysteme und -Produkte (Forts.)

Microsoft aktualisiert den WSUS, so dass auch zukünftig erscheinende Microsoft-Produkte unterstützt werden. Bevor man den WSUS jedoch auf einem Serversystem installieren kann, muss man sich vorweg über die dazu notwendigen Voraussetzungen informieren.

14.3 Voraussetzungen für WSUS 3.0

WSUS gleich im Umfang enthalten — Wie bereits erwähnt, bietet Microsoft erstmalig mit Windows Server 2008 R2 die Windows Server Update Services (*WSUS*) ohne zusätzlichen Download direkt als Serverrolle an. Die WSUS-Installation erfordert jedoch, dass auf dem betreffenden Serversystem bestimmte Software-Komponenten installiert sowie vorweg auch bestimmte Hardware-Voraussetzungen erfüllt werden. Letztlich muss – je nach geplanter WSUS-Infrastruktur – auch die Kommunikation durch die Unternehmens-Firewall zum Internet ermöglicht werden, so dass der WSUS-Server seine Updatepakete von Microsoft Update problemlos herunterladen kann.

14.3.1 Erforderliche Software-Komponenten

Um die Installation von Windows Server Update Services (WSUS) als Serverrolle unter Windows Server 2008 R2 erfolgreich durchführen zu können, werden die folgenden Softwarekomponenten benötigt:

- **Microsoft Report Viewer 2008 Redistributable-Paket** – muss für die Verwendung der Berichtsfunktion von WSUS gesondert aus dem Internet heruntergeladen und auf dem betreffenden Serversystem installiert werden.

  sowie zusätzlich noch

- **Interne Microsoft-Datenbank** (ist im Umfang von Windows Server 2008 R2 und kann im Verlauf der Installation von WSUS installiert werden) *oder alternativ* vorhandener Microsoft SQL Server
- Serverrolle *Webserver (IIS)* ist als Serverrolle im Umfang von Windows Server 2008 R2 und kann ebenso im Verlauf der Installation von WSUS installiert werden

> Wenn Sie den Microsoft Report Viewer 2008 nicht auf dem WSUS-Server installieren, können Sie die Berichtsfunktion des Serversystems nicht nutzen. Die Installationsdateien für den Microsoft Report Viewer 2008 finden Sie im Internet auf der Website:
>
> *http://www.microsoft.com/downloads/details.aspx?displaylang=en&FamilyID=cc96c246-61e5-4d9e-bb5f-416d75a1b9ef*

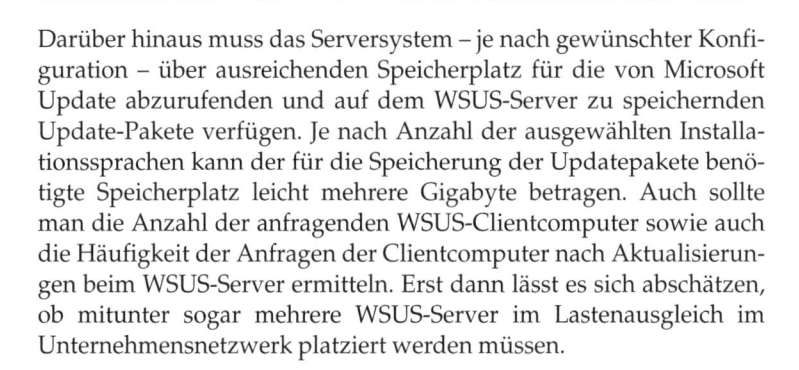

Darüber hinaus muss das Serversystem – je nach gewünschter Konfiguration – über ausreichenden Speicherplatz für die von Microsoft Update abzurufenden und auf dem WSUS-Server zu speichernden Update-Pakete verfügen. Je nach Anzahl der ausgewählten Installationssprachen kann der für die Speicherung der Updatepakete benötigte Speicherplatz leicht mehrere Gigabyte betragen. Auch sollte man die Anzahl der anfragenden WSUS-Clientcomputer sowie auch die Häufigkeit der Anfragen der Clientcomputer nach Aktualisierungen beim WSUS-Server ermitteln. Erst dann lässt es sich abschätzen, ob mitunter sogar mehrere WSUS-Server im Lastenausgleich im Unternehmensnetzwerk platziert werden müssen.

14.3.2 Minimale Hardware-Voraussetzungen

Das als WSUS-Server einzusetzende Serversystem sollte die folgenden Hardware-Voraussetzungen mindestens erfüllen:

- mindestens 1 GHz Prozessor (CPU); 1,5 GHz oder mehr werden empfohlen
- mindestens 1 GByte Arbeitsspeicher (RAM); 2 GByte oder mehr werden empfohlen
- NTFS-Dateisystem auf der System- und Installationspartition für WSUS
- mindestens 1 GByte freier Speicherplatz auf der Systempartition
- mindestens 2 GByte freier Speicherplatz auf dem Datenträger, auf dem die Dateien der internen Microsoft-Datenbank gespeichert werden
- mindestens 20 GByte freier Speicherplatz auf dem Datenträger, auf dem die Aktualisierungsdateien und Updates gespeichert werden; 30 GByte werden hierbei empfohlen

> Beachten Sie, dass diese Angaben lediglich die Minimalanforderungen darstellen. Je nach Anzahl der anfragenden WSUS-Clientcomputer kann die Anforderung um ein Vielfaches übertroffen werden. Nähere Informationen zur Berechnungsgrundlage sowie auch zur Kapazitätsberechnung finden Sie im „Windows Server Update Services 3.0 SP2 Deployment Guide" von Microsoft. Dieses Dokument finden Sie im Internet unter:
>
> http://www.microsoft.com/Downloads/details.aspx?familyid=113D4D0C-5649-4343-8244-E09E102F9706&displaylang=en

Wenn die notwendigen Schritte für die Vorbereitung abgeschlossen wurden, kann man mit der eigentlichen Installation der Windows Server Update Services (WSUS) beginnen.

14.3.3 Firewall-Konfiguration

Verwendet HTTP und HTTPS

Der WSUS-Server benötigt zum Ermitteln sowie auch zum Herunterladen von Updatepaketen die Kommunikationsmöglichkeit zu *Microsoft Update* im Internet. Da die Unternehmensnetzwerke in der Regel durch Firewalls geschützt sind, muss man dies bei der Planung der WSUS-Infrastruktur berücksichtigen, und die Firewall-Regeln entsprechend anpassen.

Beachten Sie bei der Konfiguration der Internet-Firewall für die Verwendung von WSUS die folgenden Gesichtspunkte:

- Der WSUS-Server verwendet zur Ermittlung sowie zum Download von Updates von Microsoft Update im Internet das HTTP-Protokoll über die Kommunikationsports 80 und 443 (*SSL*).
- Sollten in einem Unternehmen mitunter Reglementierungen für die Verwendung des HTTP-Protokolls bestehen, so muss in der Firewall zumindest die Kommunikation über die Ports 80 und 443 zu Microsoft Update anhand der folgenden Websites erlaubt werden:
  - http://windowsupdate.microsoft.com
  - http://*.windowsupdate.microsoft.com
  - https://*.windowsupdate.microsoft.com
  - http://*.update.microsoft.com
  - https://*.update.microsoft.com
  - http://*.windowsupdate.com
  - http://download.windowsupdate.com
  - http://*.download.windowsupdate.com
  - http://stats.update.microsoft.com
  - http://ntservicepack.microsoft.com

14.4 Installation der Windows Server Update Services (WSUS)

Die Windows Server Update Services (*WSUS*) lassen sich unter Windows Server 2008 R2 einfach als Serverrolle zum Serversystem hinzufügen. Die für die Administration notwendige Verwaltungskonsole sowie auch die für die Nutzung notwendigen Rollendienste können in diesem Zusammenhang auf das Serversystem installiert werden.

Installation als Serverrolle

Gehen Sie wie folgt vor, um die Windows Server Update Services (*WSUS*) auf einem Serversystem unter Windows Server 2008 R2 mithilfe des Server-Managers zu installieren:

1. Melden Sie sich als Administrator auf dem Serversystem an, öffnen Sie den *Server-Manager* und klicken Sie auf *Rollen*.
2. Klicken Sie in der *Rollenübersicht* auf *Rollen hinzufügen*.
3. Aktivieren Sie in der Auswahl der Serverrollen das Kontrollkästchen vor *Windows Server Update Services (WSUS)*.

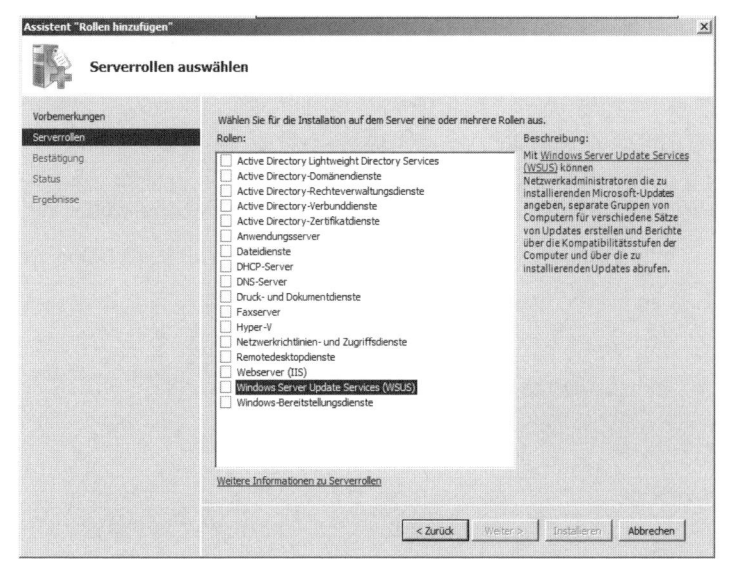

Abbildung 14.2
Auswahl von WSUS als Serverrolle

4. Bestätigen Sie (*soweit erforderlich*) das Hinzufügen der Webserver (*IIS*)-Rolle durch das Klicken auf die Schaltfläche *Erforderliche Rollendienste hinzufügen*.

Abbildung 14.3
Hinzufügen der für WSUS erforderlichen Rollendienste

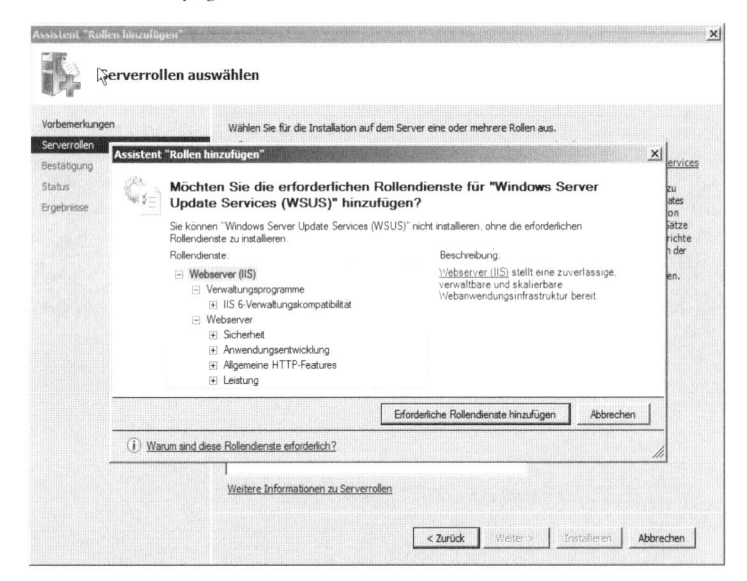

5. Klicken Sie in der Auswahl der Serverrollen auf *Weiter*.
6. Bestätigen Sie (soweit zutreffend) das Dialogfenster zur *Einführung in Webserver (IIS)* mit einem Klick auf die Schaltfläche *Weiter*.

Abbildung 14.4
Dialog zur Einführung in Webserver (IIS)

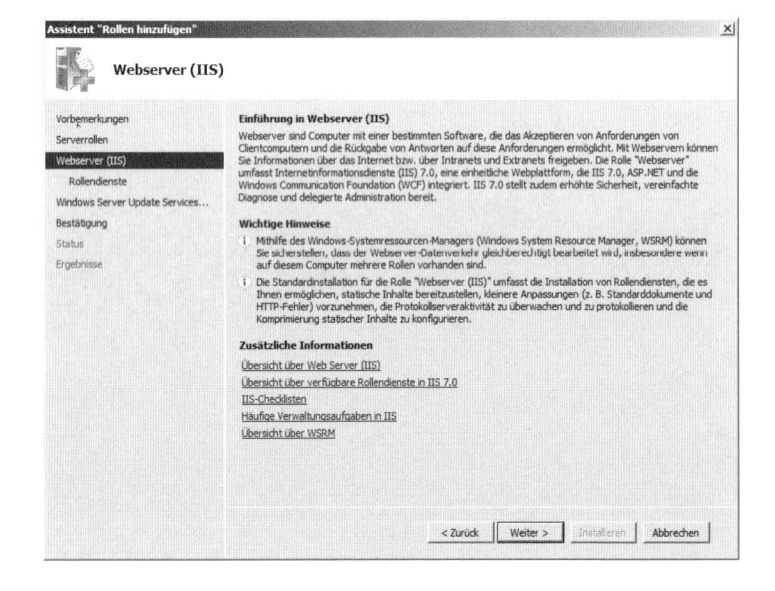

Installation der Windows Server Update Services (WSUS)

7. Bestätigen Sie (*soweit zutreffend*) das Dialogfenster zur Auswahl der Rollendienste zu Webserver (*IIS*) mit einem Klick auf *Weiter*.

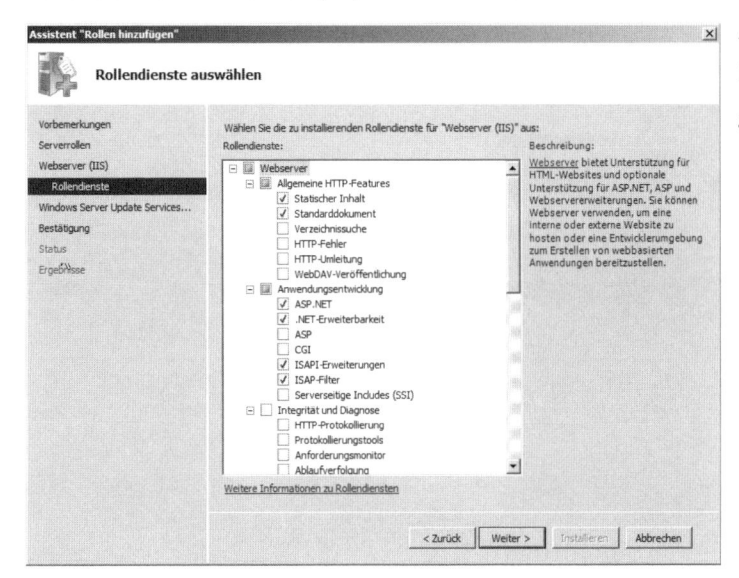

Abbildung 14.5
Bestätigung der für WSUS notwendigen Rollendienste

8. Bestätigen Sie das Dialogfenster zur *Einführung in Windows Server Update Services (WSUS)* mit einem Klick auf die Schaltfläche *Weiter*.

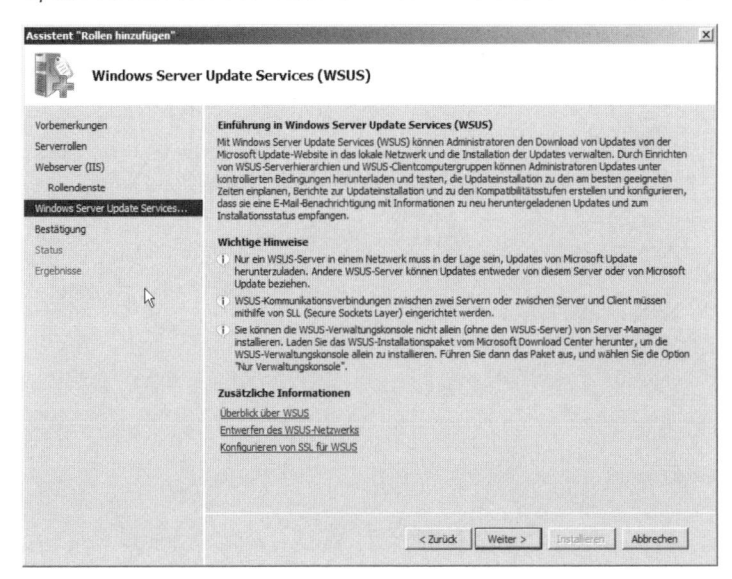

Abbildung 14.6
Dialog zur Einführung in WSUS

Kapitel 14 **Update-Management mit Windows Server Update Services (WSUS)**

9. Um die Installationsauswahl zu ändern, klicken Sie im nachfolgenden Dialogfenster auf die Schaltfläche *Zurück*. Wenn die Installationsauswahl zutreffend ist, bestätigen Sie diese durch einen Klick auf die Schaltfläche *Installieren*.

Abbildung 14.7
Bestätigung der Installationsauswahl

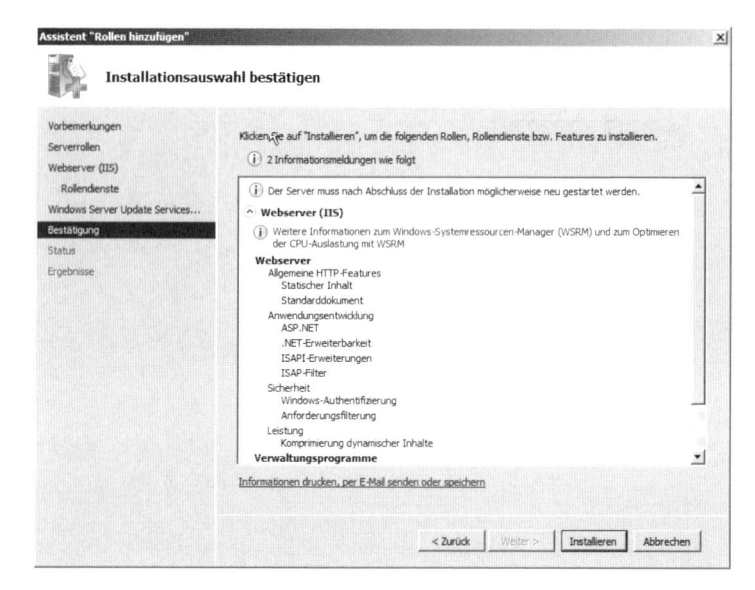

10. Bestätigen Sie die Installation der Rollendienste mit einem Klick auf die Schaltfläche *Weiter*.

Abbildung 14.8
Anzeige des Installationsstatus von WSUS und IIS

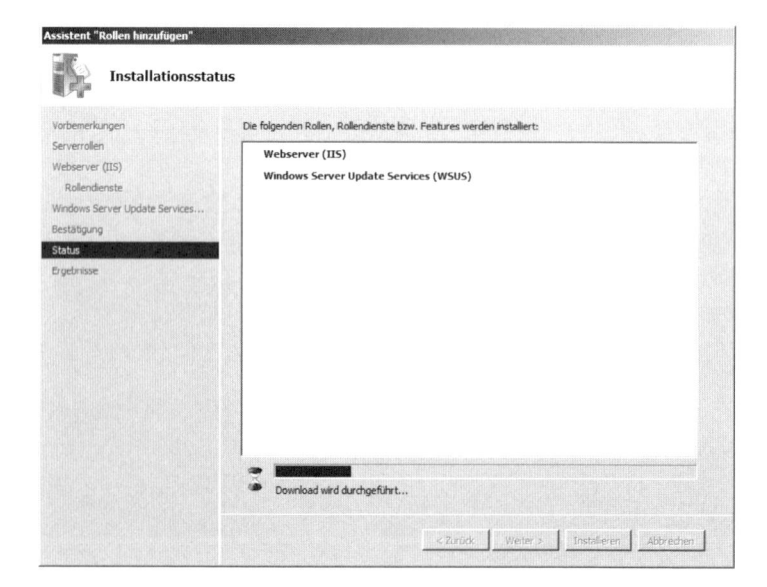

Installation der Windows Server Update Services (WSUS)

11. Klicken Sie auf der Willkommensseite für die Installation von WSUS auf *Weiter*.

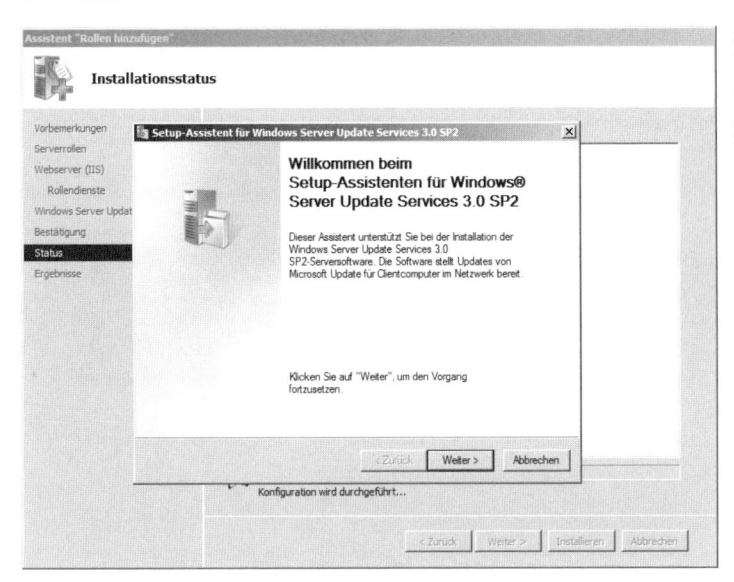

Abbildung 14.9
Willkommensbildschirm für die Installation von WSUS

12. Bestätigen Sie die *Vorbemerkung* für die Konfiguration von WSUS mit einem Klick auf die Schaltfläche *Weiter*.

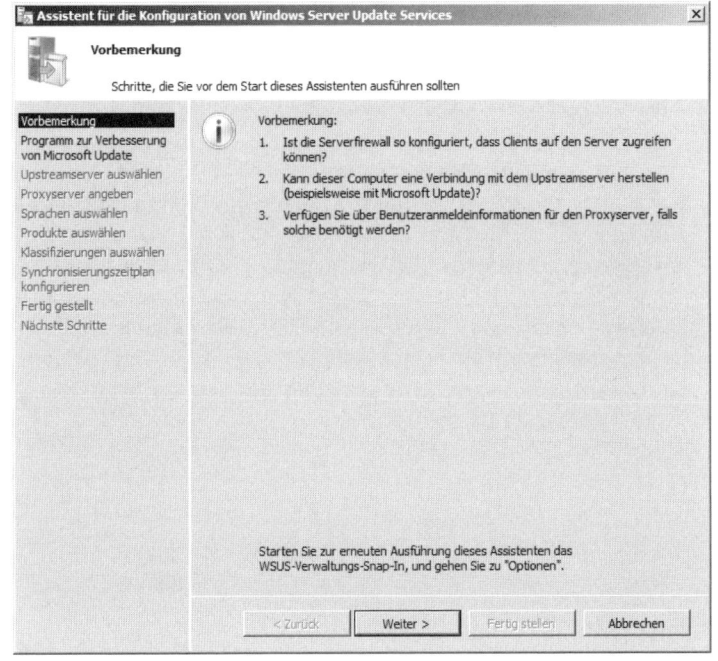

Abbildung 14.10
Vorbemerkung zur Konfiguration von WSUS

Kapitel 14 Update-Management mit Windows Server Update Services (WSUS)

13. Entscheiden Sie, ob Sie am *Programm zur Verbesserung von Microsoft Update* teilnehmen möchten und klicken Sie dann auf die Schaltfläche *Weiter*.

Abbildung 14.11
Entscheidung über die Teilnahme am Programm zur Verbesserung von Microsoft Update

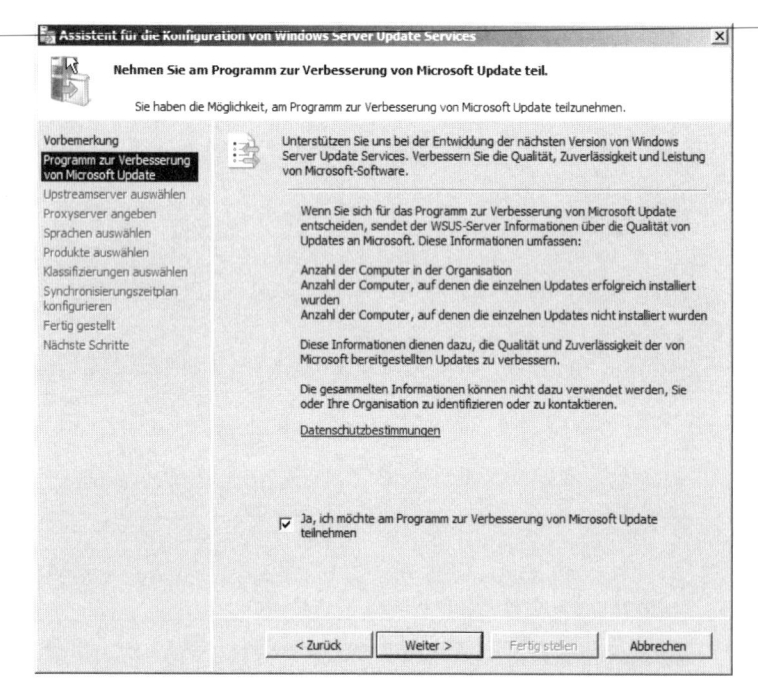

14. Wählen Sie den *Upstream-Server*, von dem aus die Microsoft-Updates heruntergeladen werden sollen, und klicken Sie dann auf *Weiter*.

> Die Option *Von Microsoft Update synchronisieren* wird verwendet, wenn der zu konfigurierende WSUS-Server über eine Verbindung zum Internet verfügt und die Updates selbst bei Microsoft Update abrufen soll. Die Option *Von einem anderen Windows Server Update Services-Server synchronisieren* wird verwendet, wenn man die Updates von einem weiteren WSUS-Server (beispielsweise in einer DMZ-Umgebung) beziehen möchte bzw. wenn der zu konfigurierende WSUS-Server selbst nicht über die Kommunikationsmöglichkeit zum Internet verfügt.

Installation der Windows Server Update Services (WSUS)

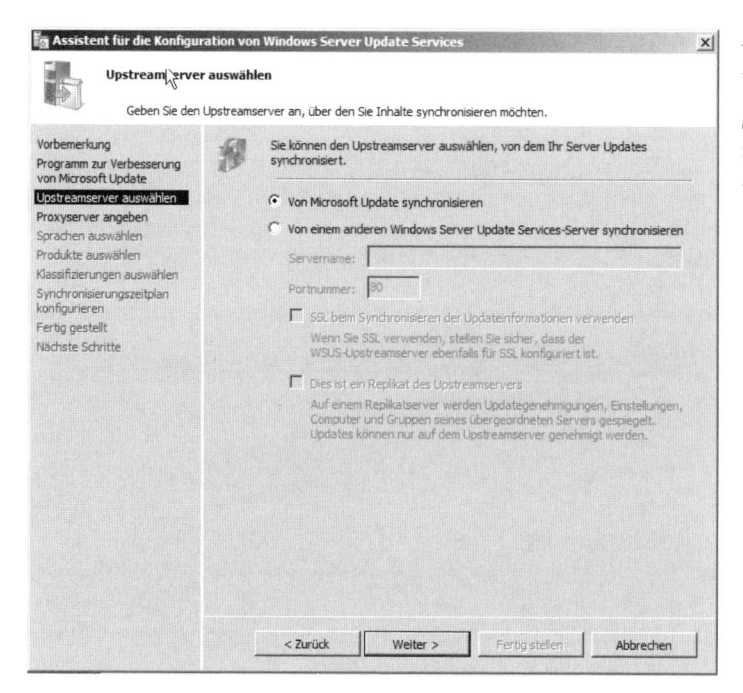

Abbildung 14.12
Konfiguration des Upstreamservers für die Synchronisierung der WSUS-Inhalte

15. Geben Sie (*soweit zutreffend*) einen Proxyserver für den Zugriff auf den ausgewählten Upstream-Server an und klicken Sie dann auf die Schaltfläche *Weiter*.

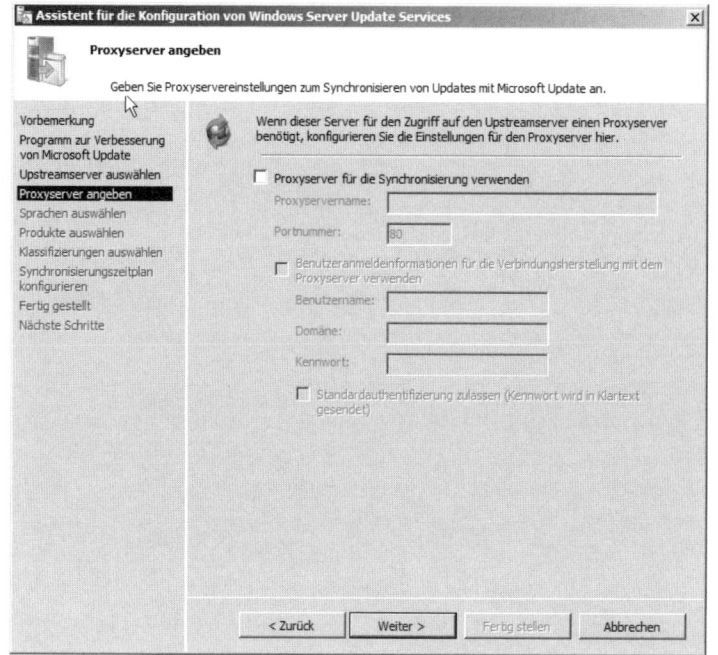

Abbildung 14.13
Möglichkeit zur Konfiguration eines Proxyservers

16. Klicken Sie auf die Schaltfläche *Verbindung starten*, um den neu zu konfigurierenden WSUS-Server mit dem ausgewählten Upstream-Server zu synchronisieren.

> Das Serversystem erhält vom Upstream-Server notwendige Informationen über die Arten verfügbarer Updates, über aktualisierbare Produkte sowie die verfügbaren Update-Sprachen. Dieser Vorgang kann, je nach Verbindungsgeschwindigkeit, einige Minuten dauern

Abbildung 14.14
Erstmalige Synchronisierung mit dem Upstreamserver

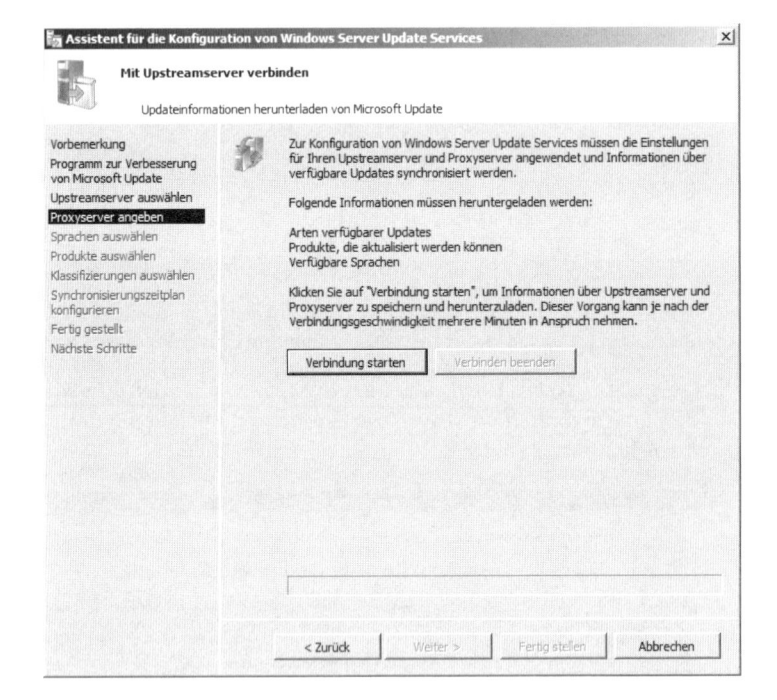

17. Klicken Sie auf die Schaltfläche *Weiter*.

Installation der Windows Server Update Services (WSUS)

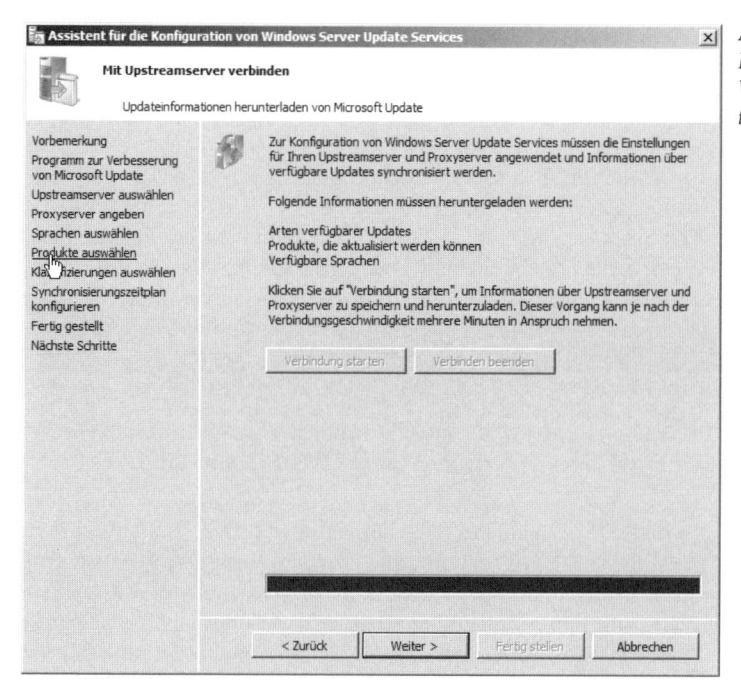

Abbildung 14.15
Fortsetzung der WSUS-Konfiguration

18. Wählen Sie die *Sprachen der herunterzuladenden Updates* aus und klicken Sie dann auf die Schaltfläche *Weiter*.

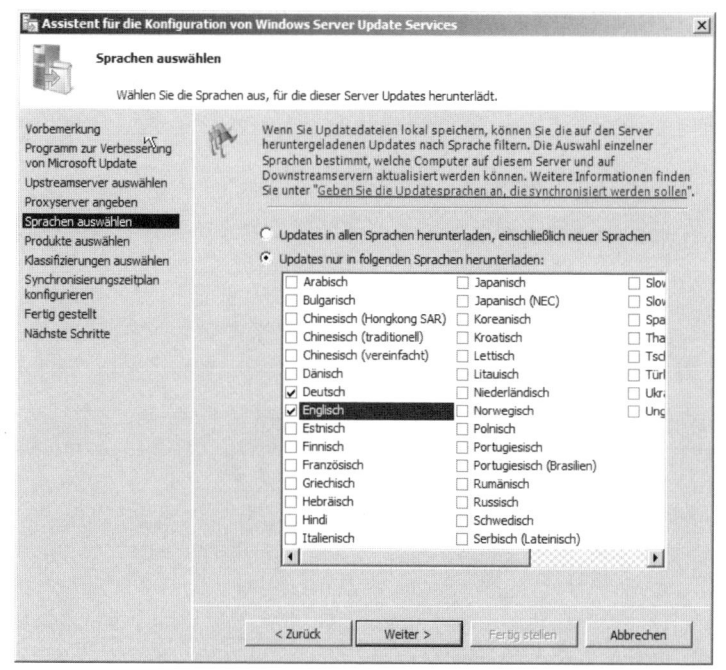

Abbildung 14.16
Auswahl der von WSUS unterstützten Sprachen

419

Kapitel 14 **Update-Management mit Windows Server Update Services (WSUS)**

> Achten Sie darauf, dass Sie nur die Sprachen auswählen, die Ihren auf den betreffenden Computern eingesetzten Sprachversionen entsprechen. Wenn Sie beispielsweise neben deutschsprachigen Betriebssystemen und/oder Anwendungen auch noch englischsprachige Betriebssysteme und/oder Anwendungen einsetzen, so sollten Sie die Sprachen Deutsch und Englisch auswählen. Bedenken Sie auch, dass eine Auswahl von nicht benötigten Sprachen zu einer nicht unerheblichen Speicherplatzbelegung für die Speicherung der Updates auf dem WSUS-Server sowie auch zu zeitlich nicht unerheblichen Verzögerungen bei der WSUS-Synchronisation mit Microsoft Update führen kann.

19. Wählen Sie die Microsoft-Produkte aus, welche mithilfe von WSUS aktualisiert werden sollen und klicken Sie dann auf *Weiter*.

> Achten Sie auch bei der Auswahl der durch WSUS zu aktualisierenden Microsoft-Produkte darauf, dass Sie nur die von Ihnen eingesetzten Produkte auswählen. Andernfalls kann die Auswahl von nicht benötigten Produkten zu einer nicht unerheblichen Speicherplatzbelegung für die Speicherung der Updates auf dem WSUS-Server sowie auch zu zeitlich nicht unerheblichen Verzögerungen bei der WSUS-Synchronisation mit Microsoft Update führen.

Abbildung 14.17
Auswahl der von WSUS zu unterstützenden Produkte

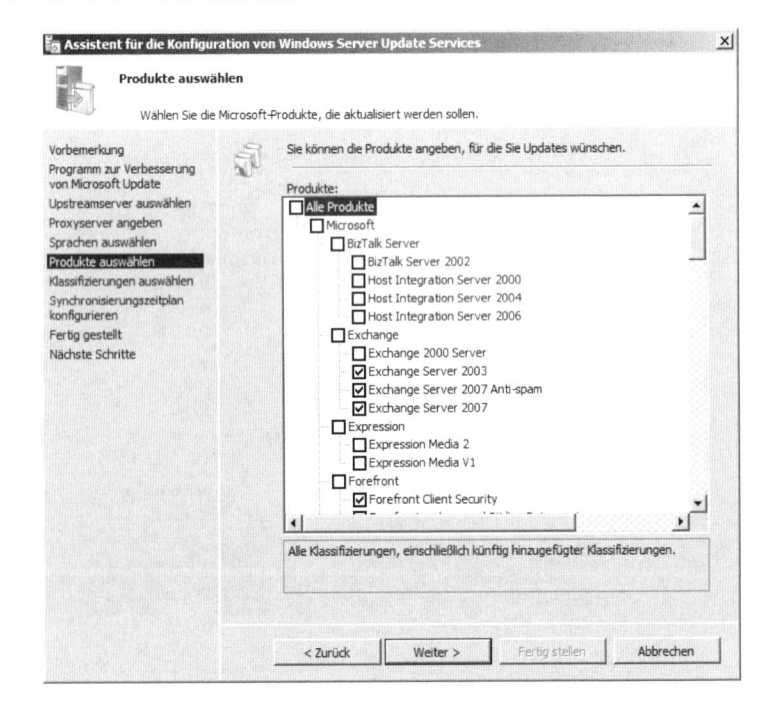

Installation der Windows Server Update Services (WSUS)

20. Wählen Sie die herunterzuladende *Klassifizierung von Updates* und klicken Sie dann auf die Schaltfläche *Weiter*.

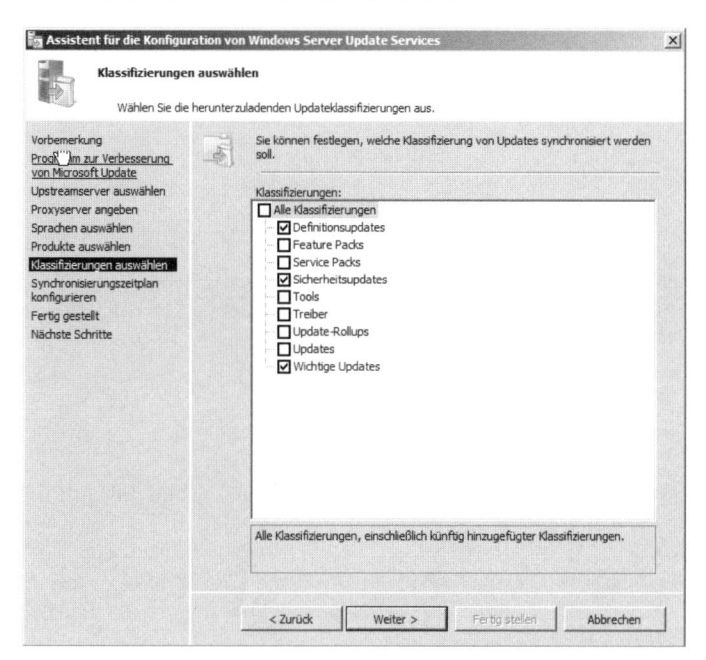

Abbildung 14.18
Festlegen der Klassifizierung von Updates

21. Legen Sie fest, wann der zu konfigurierende Server mit Microsoft Update synchronisiert wird und klicken Sie dann auf die Schaltfläche *Weiter*.

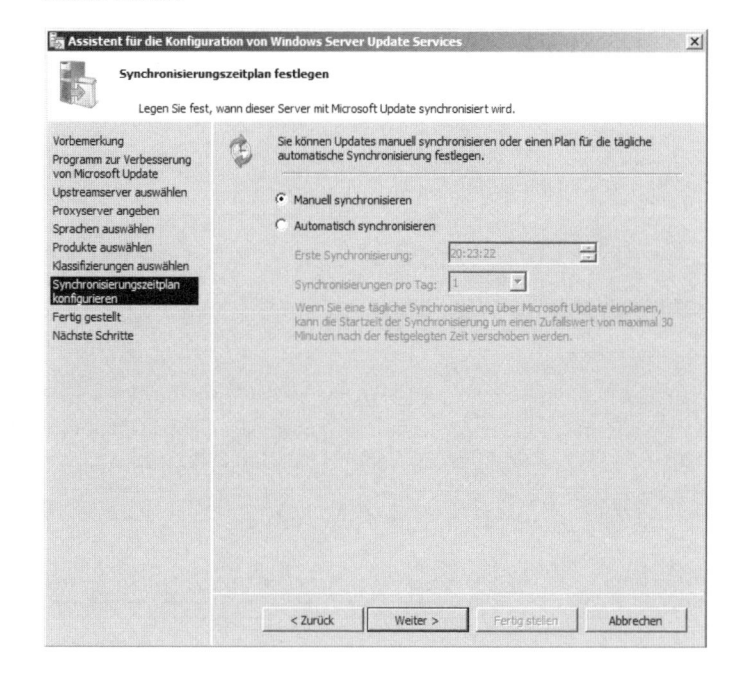

Abbildung 14.19
Konfiguration des Synchronisierungszeitplans für WSUS

22. Entscheiden Sie, ob das Serversystem anschließend die Erstsynchronisation starten soll und klicken Sie dann auf *Weiter*.

Abbildung 14.20
Konfiguration des Starts der Erstsynchronisierung

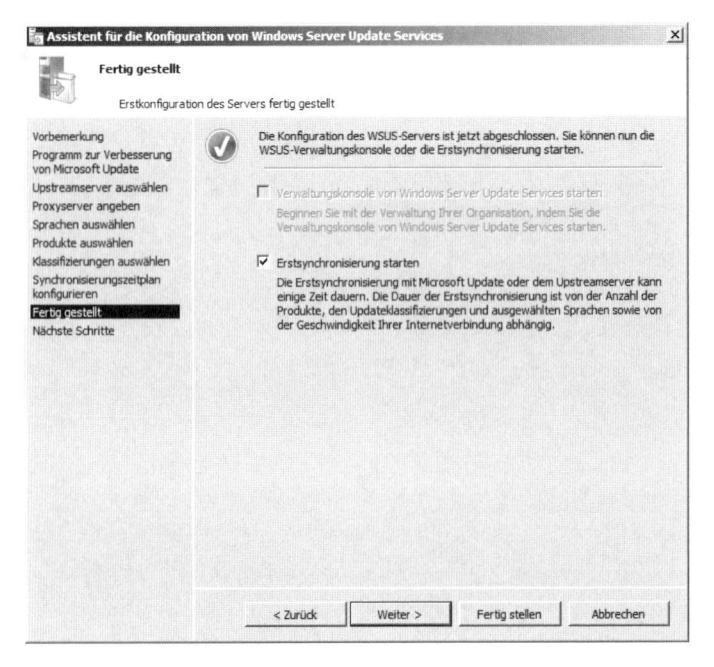

23. Informieren Sie sich über die notwendigen, nächsten Schritte und klicken Sie zum Abschluss der Installation auf *Fertig stellen*.

Abbildung 14.21
Übersicht der nächsten Schritte für die WSUS-Integration

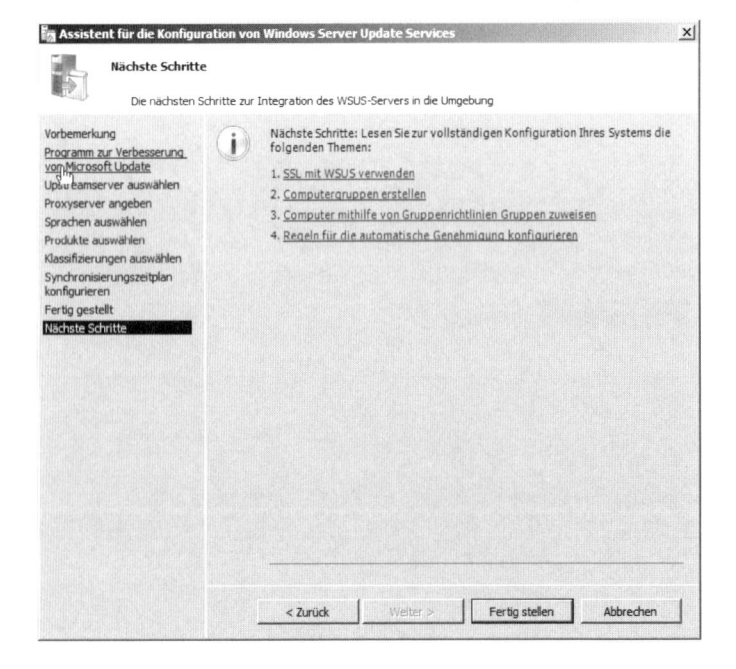

Installation der Windows Server Update Services (WSUS)

24. Bestätigen Sie die Installationsergebnisse mit einem Klick auf die Schaltfläche *Schließen*.

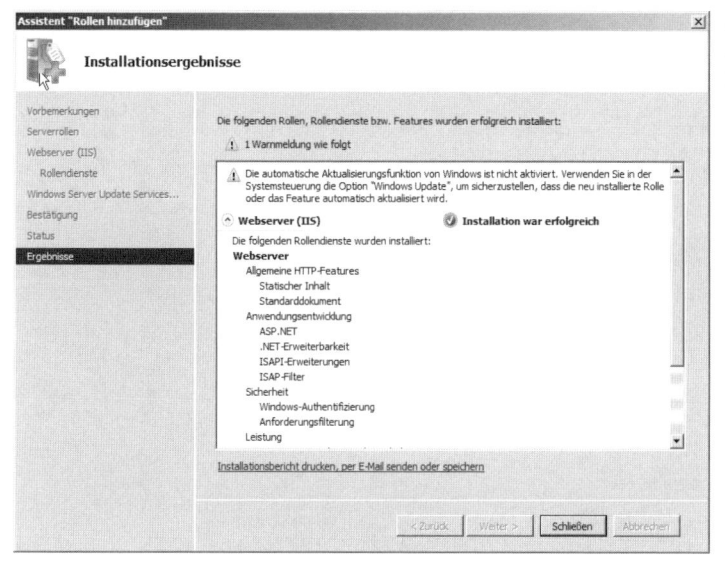

Abbildung 14.22
Anzeige der Installationsergebnisse

Wenn Sie im Verlauf der Einrichtung der Windows Server Update Services (*WSUS*) die Erstsynchronisation aktiviert haben, so synchronisiert sich das betreffende Serversystem als nächstes mit Microsoft Update. Dieser Vorgang kann, je nach Konfigurationsauswahl, mitunter länger dauern. Im Anschluss kann der WSUS-Server für die Verteilung von Updates verwendet werden.

Das Verwaltungs-Snap-In für die Update Services wurde im Verlauf der Installation der Serverrolle im Server-Manager ergänzt, so dass im Anschluss an die erfolgreiche Installation von WSUS sofort auch mit der Update-Verwaltung begonnen werden kann.

Integration der Verwaltungskonsole

> Es ist empfehlenswert, die Erstsynchronisation des neu eingerichteten WSUS-Servers zuerst beenden zu lassen, bevor man mit der weiteren Konfiguration des Serversystems beginnt.

Kapitel 14 Update-Management mit Windows Server Update Services (WSUS)

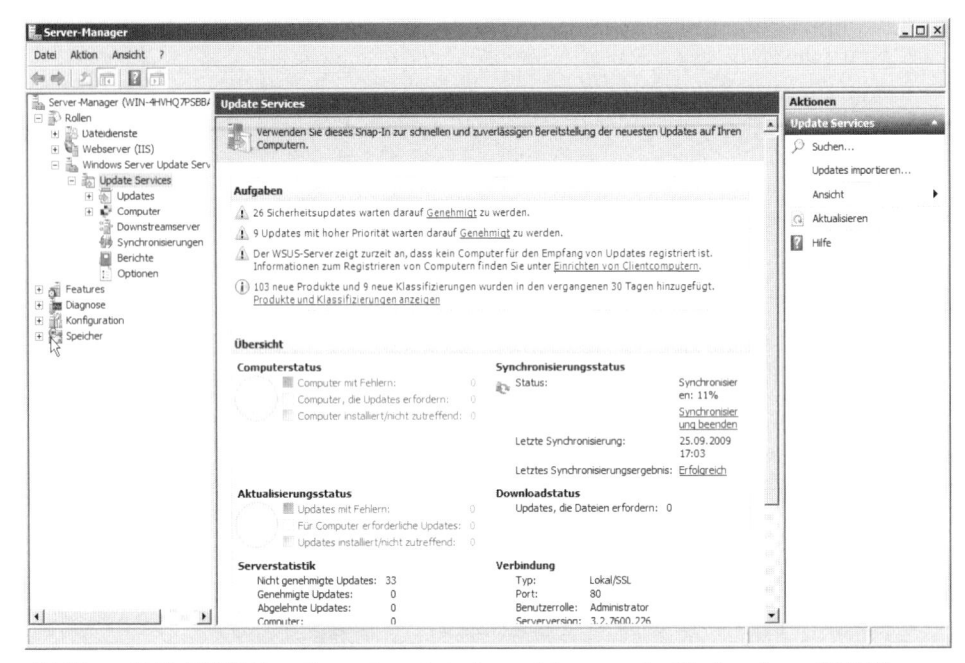

Abbildung 14.23: WSUS-Verwaltungs-Snap-In im Server-Manager unter Windows Server 2008 R2

Als nächsten Schritt muss man die Konfiguration der WSUS-Clients vornehmen. Hierzu stehen verschiedene Methoden zur Verfügung.

14.5 Konfiguration von WSUS-Clients

Konfiguration mittels GPOs möglich

Ein WSUS-Client ist ein Client- oder Servercomputer in einem Computernetzwerk, dessen Updates von einem WSUS-Server bereitgestellt und verwaltet werden. Konfigurierte WSUS-Clients verwenden das Feature *Automatische Updates*, um sich mit dem WSUS-Server zu verbinden und von diesem die notwendigen Updates zu erhalten. WSUS-Clients können sehr komfortabel anhand eines Gruppenrichtlinienobjekts (engl. *Group Policy Object, GPO*) konfiguriert werden.

Die Gruppenrichtlinieneinstellungen für WSUS findet man im Gruppenrichtlinienobjekteditor (`gpedit.msc`) in den lokalen Richtlinien bzw. in den domänenbasierten Gruppenrichtlinienobjekten

- bis einschließlich Windows Server 2003 und Windows XP im Knoten

    Computerkonfiguration/Administrative Vorlagen/Windows-Komponenten/ Windows Update

Konfiguration von WSUS-Clients

▸ unter Windows Vista und höher jedoch unter
Computerkonfiguration/Richtlinien/Administrative Vorlagen/ Windows-Komponenten/Windows Update

> Für Clients, die lediglich einer Arbeitsgruppe, nicht jedoch der betreffenden Active Directory-Domäne zugeordnet sind, in welcher die WSUS-Einstellungen mithilfe von Gruppenrichtlinienobjekten vorgenommen werden, können beispielsweise anhand manueller oder skriptbasierter Änderungen in den lokalen Richtlinien bzw. auch direkt in der Windows-Registrierung konfiguriert werden.

In den Gruppenrichtlinienobjekten stehen verschiedene Richtlinieneinstellungen zur Verfügung, um Windows Update zu konfigurieren. Für die Konfiguration der Verwendung eines WSUS-Servers als Update-Server werden die *Einstellungen für Automatische Updates konfigurieren* und *Internen Pfad für den Microsoft Updatedienst angeben* benötigt.

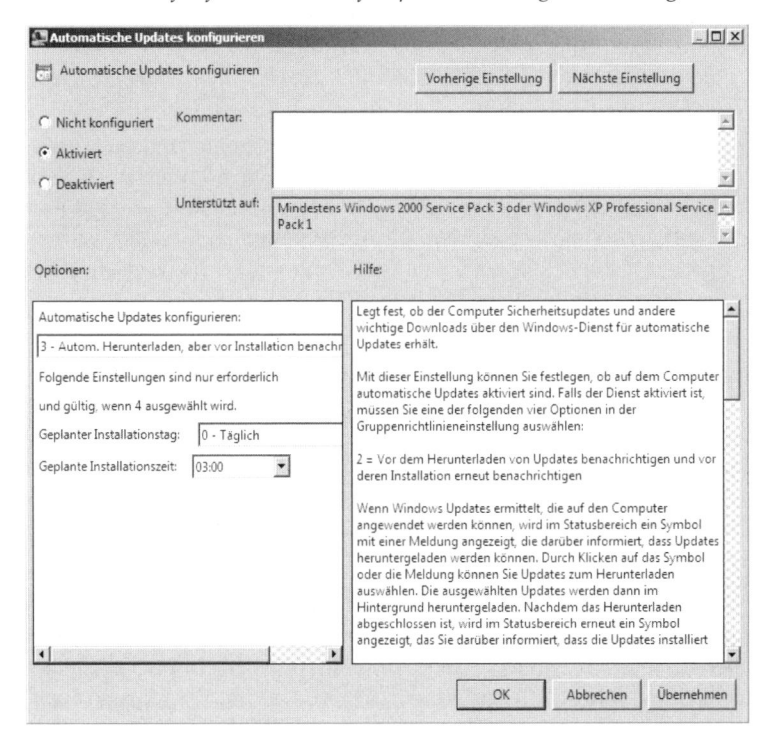

Abbildung 14.24
Konfigurationsdialog für automatische Updates in der Gruppenrichtlinienverwaltung unter Windows Server 2008 R2

425

14.5.1 Richtlinieneinstellung Automatische Updates

Die Richtlinieneinstellung *Automatische Updates konfigurieren* können Sie wie folgt festlegen:

- **Vor Herunterladen und Installation benachrichtigen** Updates werden nicht automatisch heruntergeladen oder installiert. Falls ein Benutzer als Mitglied der lokalen Gruppe der Administratoren am Computersystem angemeldet ist, wird er benachrichtigt, dass Updates zum Herunterladen und Installieren verfügbar sind.

- **Autom. Herunterladen, aber vor Installation benachrichtigen** Updates werden automatisch auf das Computersystem heruntergeladen, jedoch nicht installiert. Falls ein Benutzer als Mitglied der lokalen Gruppe der Administratoren am Computersystem angemeldet ist, wird er benachrichtigt, dass Updates heruntergeladen wurden und zur Installation bereitstehen.

- **Autom. Herunterladen und laut Zeitplan installieren** Updates werden automatisch auf das betreffende Computersystem heruntergeladen und installiert. Der Zeitpunkt dafür wird durch die Felder *Geplanter Installationstag* und *Geplante Installationszeit* festgelegt.

- **Lokalen Administratoren ermöglichen, Einstellungen auszuwählen** Benutzer, die der lokalen Gruppe der Administratoren auf dem betreffenden Computersystem zugeordnet sind, können festlegen, wie Updates auf dem Computersystem verarbeitet werden. Es ist ihnen in diesem Zusammenhang jedoch nicht erlaubt, die Funktion Automatische Updates zu deaktivieren.

14.5.2 Richtlinieneinstellung Internen Pfad für den Microsoft Updatedienst angeben

Mit der Richtlinieneinstellung *Internen Pfad für Microsoft Updatedienst angeben* konfigurieren Sie, dass die WSUS-Clients ihre Updates nicht direkt von Microsoft Update sondern von dem darin angegebenen WSUS-Server beziehen sollen.

Erzwingen der Aktualisierung möglich — Nach der Konfiguration von Gruppenrichtlinieneinstellungen kann man entweder warten, bis der Clientcomputer neu gestartet wird oder aber bis er sich zeitlich wiederum seitens der Gruppenrichtlinieneinstellungen im Hintergrund aktualisiert. Um die Wartephase abzukürzen, können Sie das Computersystem mithilfe eines Kommandozeilenbefehls zur Aktualisierung der Gruppenrichtlinien bewegen. Geben Sie dazu in der Eingabeaufforderung des zu aktualisierenden Clientcomputers den folgenden Befehl ein: `gpupdate /force`

Konfiguration von WSUS-Clients

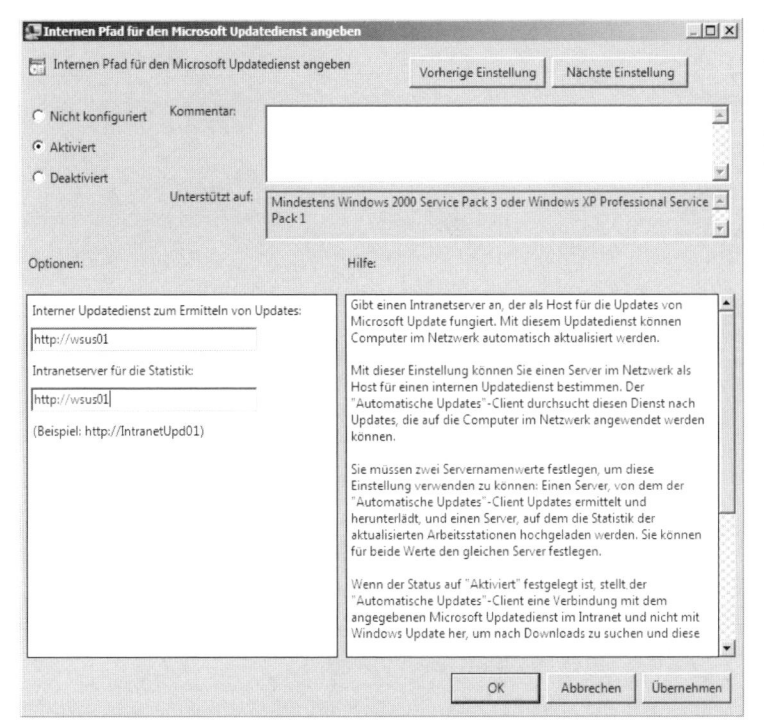

Abbildung 14.25
Konfiguration des internen Pfades für WSUS in der Gruppenrichtlinienverwaltung unter Windows Server 2008 R2

Nachdem die Gruppenrichtlinieneinstellungen aktualisiert wurden, sollten Sie etwa 20 Minuten warten, bis ein Clientcomputer automatisch den Kontakt zum WSUS-Server aufnimmt. Mit dem folgenden Befehl können Sie den neu konfigurierten Computer dazu zwingen, sofort Kontakt zum WSUS-Server aufzunehmen:

```
wuauclt.exe /detectnow
```

> Weitere Informationen zu Windows Server Update Services (*WSUS*) finden Sie in der Hilfe von Windows Server 2008 R2 oder auch auf der Website von Microsoft im Internet unter:
>
> *http://technet.microsoft.com/de-de/wsus/default.aspx*

Nachdem wir uns mit dem für die Sicherheit wichtigen WSUS befasst haben, ist es nunmehr an der Zeit, sich mit der *Systemüberwachung und Fehlerbehebung* unter Windows Server 2008 R2 zu befassen. Im nächsten Kapitel erfahren Sie mehr dazu.

15 Systemüberwachung und Fehlerbehebung

Wie Sie bereits in den vorangegangenen Kapiteln dieses Buches erfahren haben, lassen sich Serversysteme unter Windows Server 2008 R2 in vielfältiger Weise einsetzen. Viele der vom Betriebssystem unterstützten Serverrollen sind in heutigen Computernetzwerken prinzipiell unverzichtbar. Umso wichtiger ist es für die verantwortlichen Administratoren, diese Systeme in Ihrer Funktionalität und Verfügbarkeit der darauf bereitgestellten Dienste und Ressourcen zu überwachen und eintretende Fehler umgehend zu beseitigen.

Funktionalität und Verfügbarkeit sicherstellen

Kapitel 15 Systemüberwachung und Fehlerbehebung

15.1 Enthaltene Tools & Programme

In Windows Server 2008 R2 findet man verschiedene Tools und Programme, um die Funktionalität zu überwachen oder auch die Problembehandlung durchzuführen. Hierzu zählen u.a.:

- Leistungsüberwachung
- Ereignisanzeige
- Wartungscenter
- Zuverlässigkeitsüberwachung
- Problembehandlung

Während einige der Tools und Programme für die Diagnose und Leistungsüberwachung für die Echtzeitüberwachung gedacht sind, lässt sich ein Serversystem unter Windows Server 2008 R2 mit den anderen Tools im Bedarfsfall sogar längere Zeit überwachen und das Leistungs- und Zuverlässigkeitsverhalten zu dokumentieren. Diese Tools werden in den nächsten Seiten genauer vorgestellt.

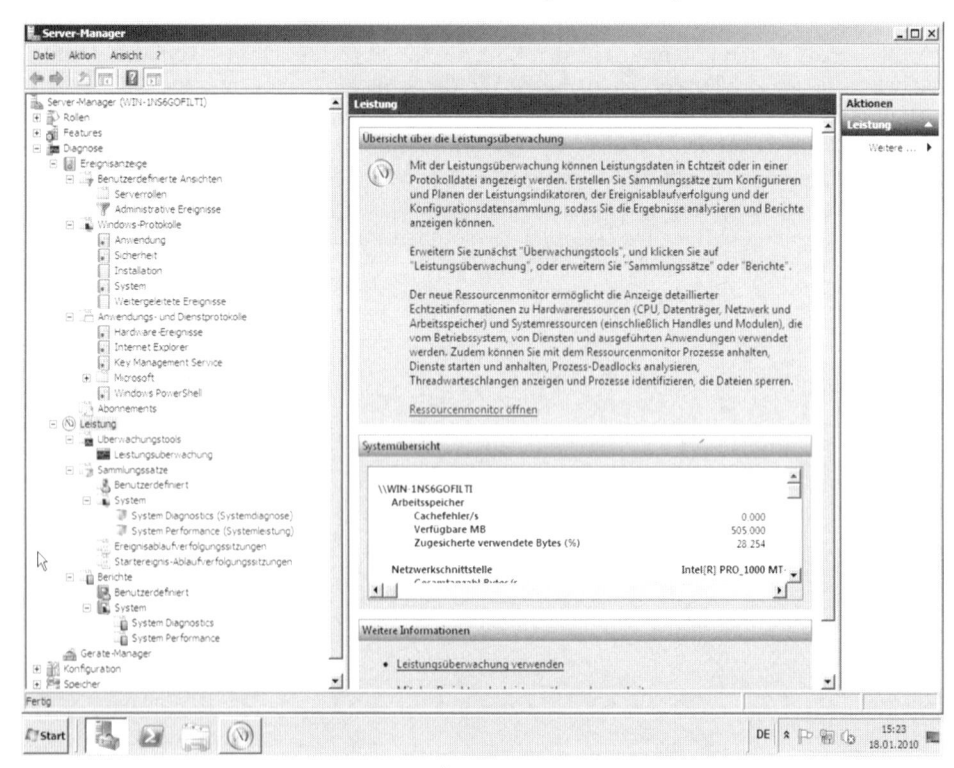

Abbildung 15.1: Tools im Server-Manager für die Überwachung und Diagnose unter Windows Server 2008 R2

15.1.1 Leistungsüberwachung

Die Leistungsüberwachung erfolgt unter Windows Server 2008 R2, wie bereits auch in den vorangegangenen Windows-Betriebssystemen, mithilfe der Konsole *Leistung*. In dieser kann man eine Echtzeitüberwachung, im Bedarfsfall aber auch eine protokollierte Überwachung zur Bewertung der Leistung und zum Erkennen möglicher Leistungsengpässe (dem sogenannten „*Flaschenhals*"), durchführen.

Suche nach dem Flaschenhals

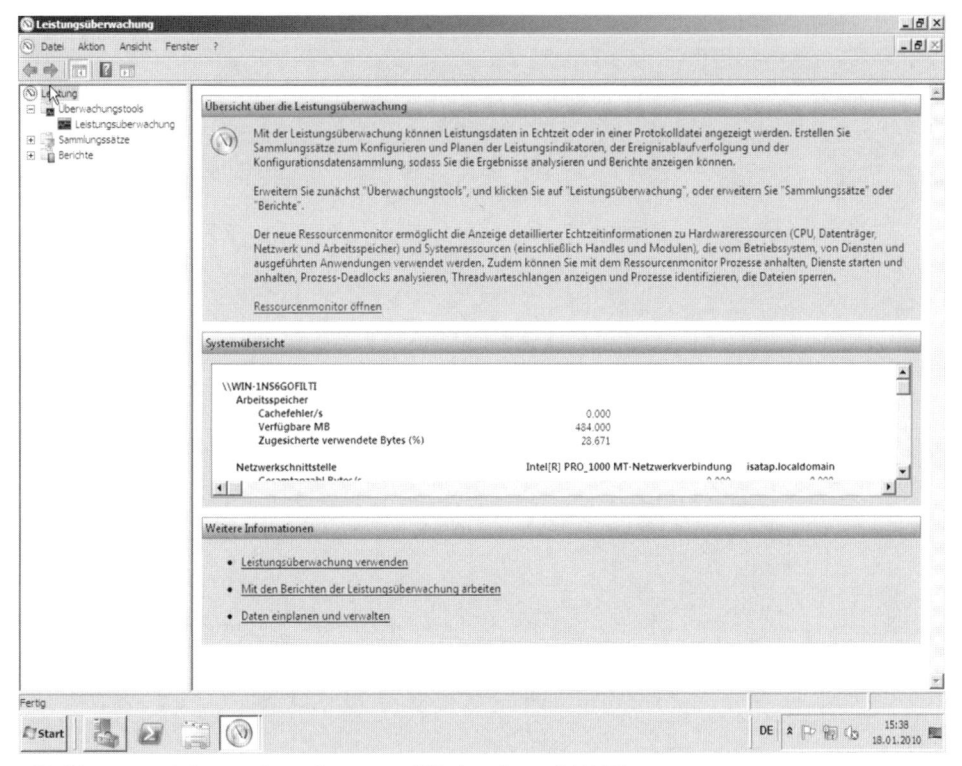

Abbildung 15.2: Leistungsüberwachung unter Windows Server 2008 R2

Die Konsole für die Leistungsüberwachung finden Sie unter Windows Server 2008 R2 direkt über einen Mausklick auf *Start/Verwaltung* und dann auf *Leistungsüberwachung*.

Ermittlung eines grundlegenden Leistungsbilds

Um ein Serversystem seitens der möglichen Systemleistung bewerten zu können, bedient man sich bestimmter, vordefinierter Leistungsindikatoren für die im System vorhandenen Komponenten. Ein grundlegendes Leistungsbild, quasi als „Basislinie" (engl. *Base Line*), erhalten Sie, indem Sie zumindest die folgenden Komponenten anhand deren Leistungsindikatoren überwachen:

Kapitel 15 Systemüberwachung und Fehlerbehebung

- **Prozessor** (*CPU*), dabei den Leistungsindikator „Prozessorzeit (%)"
- **Arbeitsspeicher** (*RAM*), dabei die Leistungsindikatoren „Seiten /s" und „Seitenfehler/s"
- **Physikalischer Datenträger** (*Festplatten*), dabei die Leistungsindikatoren „Mittlere Bytes/Übertragung", sowie „Durchschnittl. Warteschlangenlänge des Datenträgers"
- **Netzwerkschnittstelle** (*Netzwerkkarte*), dabei den Leistungsindikator „Gesamtanzahl Bytes/s"

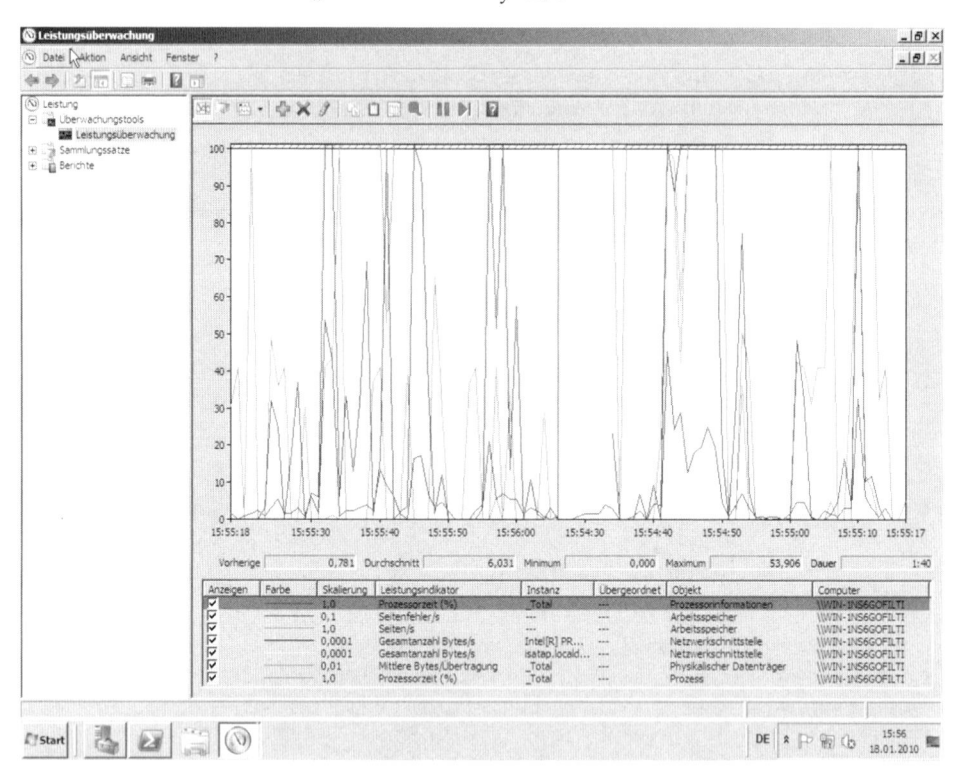

Abbildung 15.3: Leistungsermittlung eines Serversystems mithilfe der Leistungsüberwachung unter Windows Server 2008 R2

Erstellen von Leistungsprotokollen möglich   Im Bedarfsfall lassen sich mithilfe der Konsole *Leistungsüberwachung* auch Leistungsprotokolle erstellen und für eine spätere Auswertung oder auch einen möglichen Vergleich abspeichern.

Die für die Leistungsermittlung zu verwendenden Leistungsindikatoren sind abhängig von den auf dem betreffenden Serversystem eingesetzten Serverrollen und Rollendiensten.

Weitere Informationen für die Verwendung von Leistungsindikatoren für die Leistungsüberwachung finden Sie in der Hilfe von Windows Server 2008 R2.

Ereignisanzeige und -überwachung

> Die Konsole *Leistungsüberwachung* kann für die Überwachung des lokalen Serversystems unter Windows Server 2008 R2 sowie auch für die Überwachung bestimmter Leistungsindikatoren auf anderen Systemen im Netzwerk verwendet werden.

15.2 Ereignisanzeige und -überwachung

Um die Leistung eines Serversystems detailliert bemessen zu können, ist es mitunter auch wichtig, die Vorgänge auf dem System genauer zu betrachten. Mit der *Ereignisanzeige* und den darin enthaltenen Ereignisprotokollen ist es möglich, bereits vergangene Vorgänge im System zu ermitteln. Im Problemfall dokumentiert das Betriebssystem diesen in Form von Ereignisprotokolleinträgen im dem jeweiligen Protokoll.

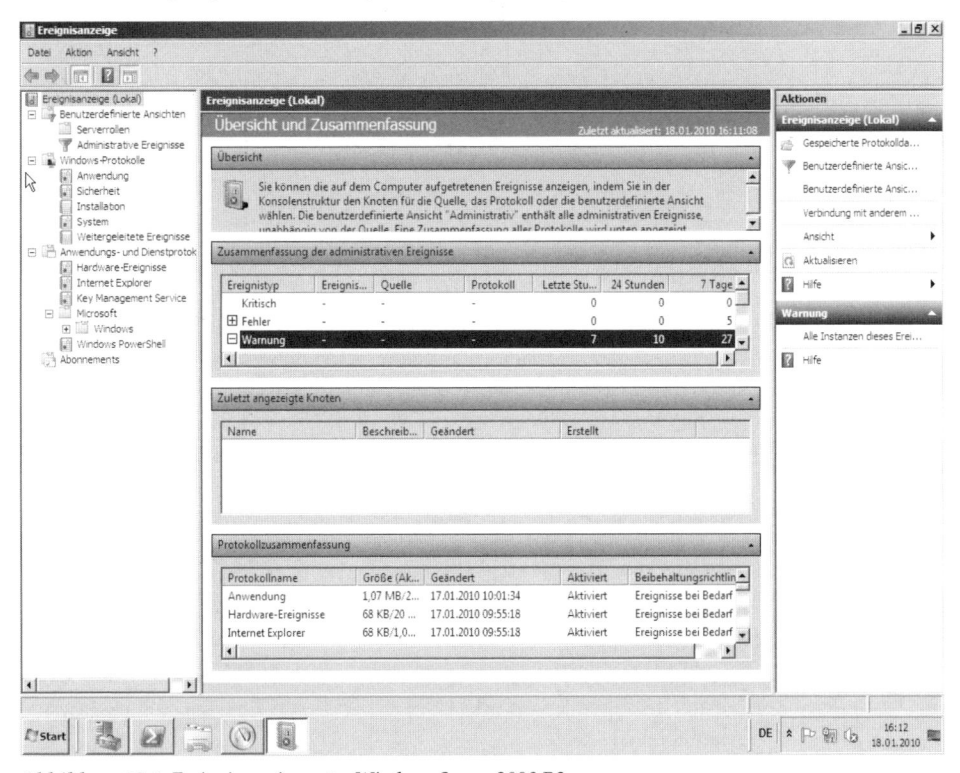

Abbildung 15.4: Ereignisanzeige unter Windows Server 2008 R2

Kapitel 15 Systemüberwachung und Fehlerbehebung

Informationen, Warnungen und Fehler
Bereits unter Windows Vista bzw. Windows Server 2008 hat Microsoft eine Vielzahl neuer Ereignisprotokolle in das Betriebssystem implementiert. Hierdurch wird es einem Administrator ermöglicht, mitunter sogar fehlgeschlagene Vorgänge oder auch Leistungsengpässe anhand von Ereignisprotokolleinträgen zu erkennen. Die Protokolle enthalten Ereigniseinträge als *Information*, *Warnung* oder *Fehler*.

Die *Ereignisanzeige* finden Sie unter Windows Server 2008 R2 direkt über einen Mausklick auf *Start/Verwaltung* und dann auf *Ereignisanzeige*.

Um die in den Protokollen erfassten Einträge anzuzeigen, müssen Sie mit der Maus lediglich auf das betreffende Ereignis doppelklicken.

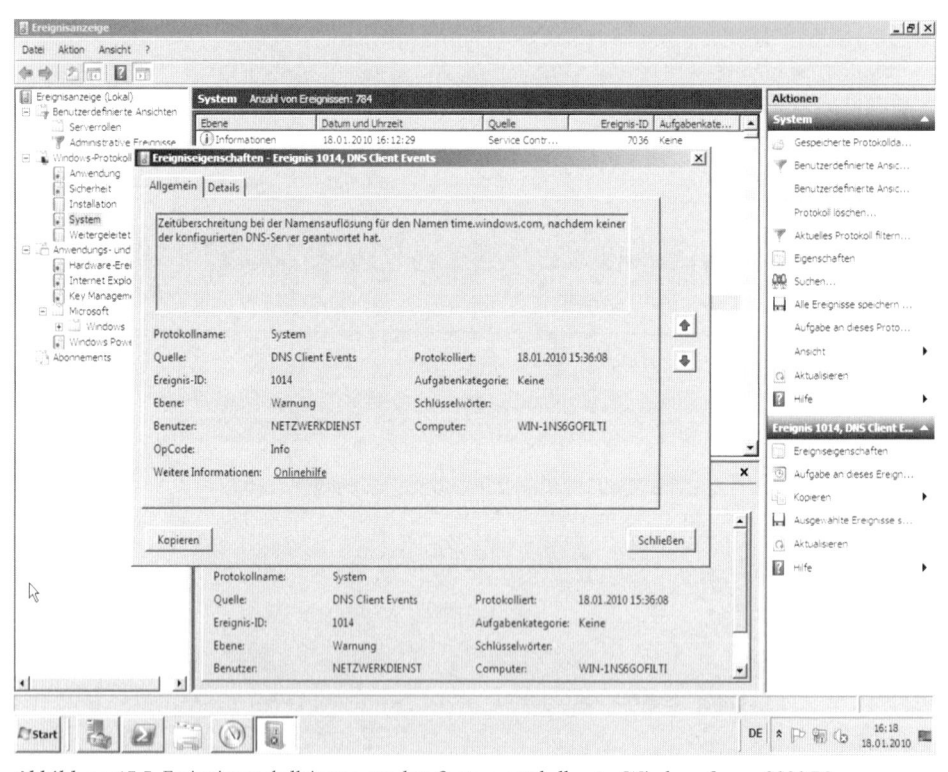

Abbildung 15.5: Ereignisprotokolleintrag aus dem Systemprotokoll unter Windows Server 2008 R2

Den Inhalt eines Ereignisprotokolleintrages können Sie auch im XML-Format anzeigen lassen oder aber zur weiteren Verwendung in die Zwischenablage kopieren.

Die Ereignisprotokolle eines Serversystems unter Windows Server 2008 R2 können für spätere Verwendungszwecke (beispielsweise wegen rechtlicher Belange) als Dateien (u.a. im CSV-Format) gespeichert werden.

Speicherung als Datei möglich

Abonnements

Mithilfe von Abonnements lassen sich bestimmte, auswählbare Ereignisse anderer Computer im Netzwerk abfragen und in der *Ereignisanzeige* anzeigen. Hierzu dient die Funktion *Abonnements* in der Konsole. Nähere Informationen hierzu finden Sie in der Hilfe zu Windows Server 2008 R2.

15.3 Wartungscenter

Zur besseren Wartung des Serversystems wurde unter Windows Server 2008 R2 das Wartungscenter implementiert. In diesem werden vorhandene Meldungen zur Sicherheit, sowie im Rahmen der notwendigen Wartung des Serversystems angezeigt.

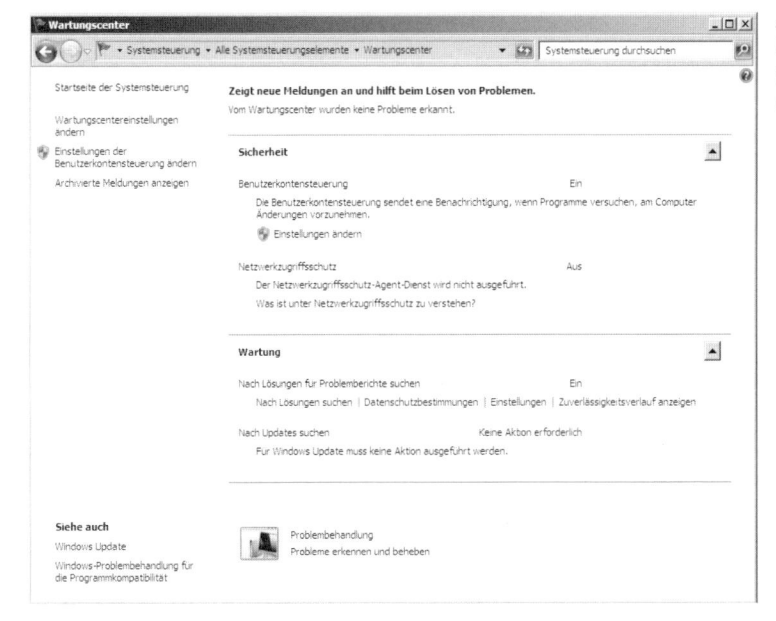

*Abbildung 15.6
Das Wartungscenter unter Windows Server 2008 R2*

Das Wartungscenter kann man sich unter Windows Server 2008 R2 anzeigen lassen, indem man mit der Maus auf *Start/Systemsteuerung, System und Sicherheit* und dann auf *Wartungscenter* klickt.

Kapitel 15 Systemüberwachung und Fehlerbehebung

Archivierte Meldungen anzeigen — Die im *Wartungscenter* angezeigten Meldungen können im Bedarfsfall archiviert und somit auch zu späteren Zeitpunkten angezeigt werden. Auch kann man in der Konfiguration des Wartungscenters über die Option *Wartungscentereinstellungen ändern* festlegen, welche Elemente des Serversystems vom Wartungscenter überwacht und entsprechende Meldungen darin angezeigt werden sollen.

Abbildung 15.7
Anpassungen der Überwachung in den Wartungscentereinstellungen unter Windows Server 2008 R2

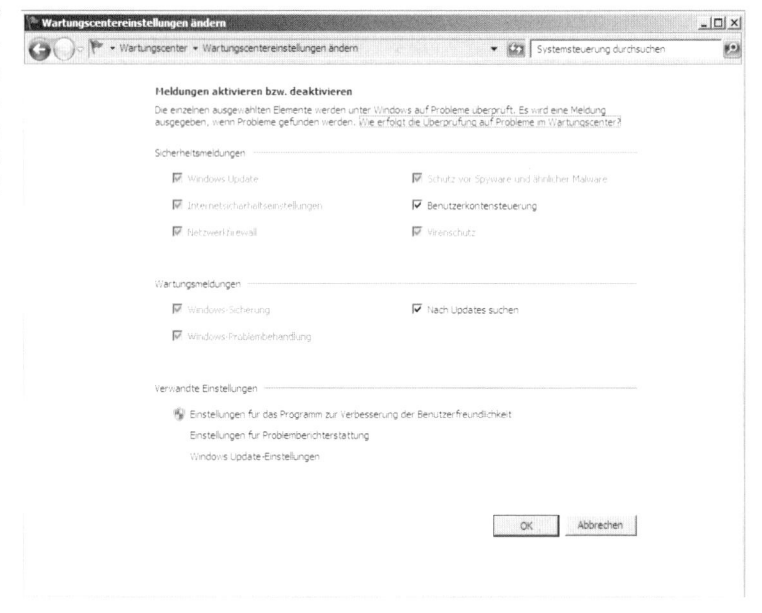

Innerhalb des Wartungscenters besteht die Möglichkeit, ein weiteres, für die Zuverlässigkeit des Serversystems unter Windows Server 2008 R2 wichtiges Tool aufzurufen – die *Zuverlässigkeitsüberwachung*.

15.4 Zuverlässigkeitsüberwachung

Ab dem Zeitpunkt der Installation — Neben der Überwachung mithilfe der *Ereignisanzeige* oder der Leistungsüberwachung lässt sich unter Windows Server 2008 R2 auch die Zuverlässigkeit des Serverbetriebssystems überwachen – mithilfe des Tools *Zuverlässigkeitsüberwachung*. Hiermit wird es ermöglicht, auch zeitlich bereits lange zurückliegende, sich auf die Zuverlässigkeit des Systems auswirkende Ereignisse sowie auch Fehler bereits schon ab dem Zeitpunkt der Installation des Betriebssystems nachzuverfolgen.

Zuverlässigkeitsüberwachung

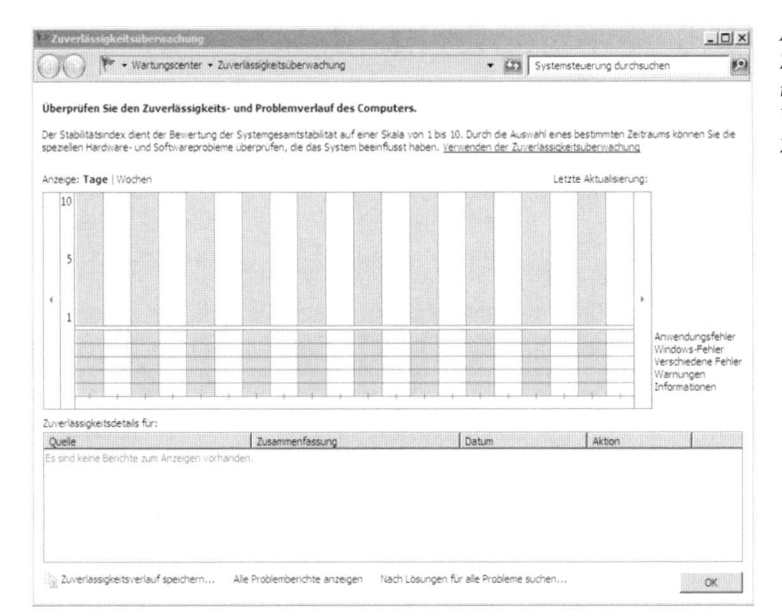

Abbildung 15.8
Zuverlässigkeitsüberwachung unter Windows Server 2008 R2

Der Zuverlässigkeits- und Problemverlauf in der Zuverlässigkeitsüberwachung wird unterteilt in:

- Anwendungsfehler
- Windows-Fehler
- Verschiedene Fehler
- Warnungen
- Informationen

Nach dem Eintritt eines entsprechenden Ereignisses wird dieses zeitgemäß angezeigt. Durch einen Klick auf das jeweilige Ereignis werden die dazu gehörigen Details in der darunter liegenden Tabelle angezeigt und geben dazu einen detaillierten Aufschluss.

Gehen Sie wie folgt vor, um die Zuverlässigkeitsüberwachung zu öffnen:

1. Klicken Sie auf *Start/Systemsteuerung/System und Sicherheit* und dann auf *Wartungscenter*.
2. Klicken Sie dann auf *Wartung* und danach unter *Nach Lösungen für Problemberichte suchen* auf *Zuverlässigkeitsverlauf anzeigen*.

Weitere Informationen zur Zuverlässigkeitsüberwachung erhalten Sie in der Hilfe von Windows Server 2008 R2.

Kapitel 15 Systemüberwachung und Fehlerbehebung

15.5 Problembehandlung

Erkennen und Beheben allgemeiner Probleme
Ein weiteres Tool, welches man unter Windows Server 2008 R2 über das Wartungscenter aufrufen kann, ist die *Problembehandlung*. Hinter diesem Tool finden sich verschiedene Assistenten, die im Bedarfsfall durch einen einfachen Mausklick aufgerufen und genutzt werden können.

Abbildung 15.9
Problembehandlung unter Windows Server 2008 R2

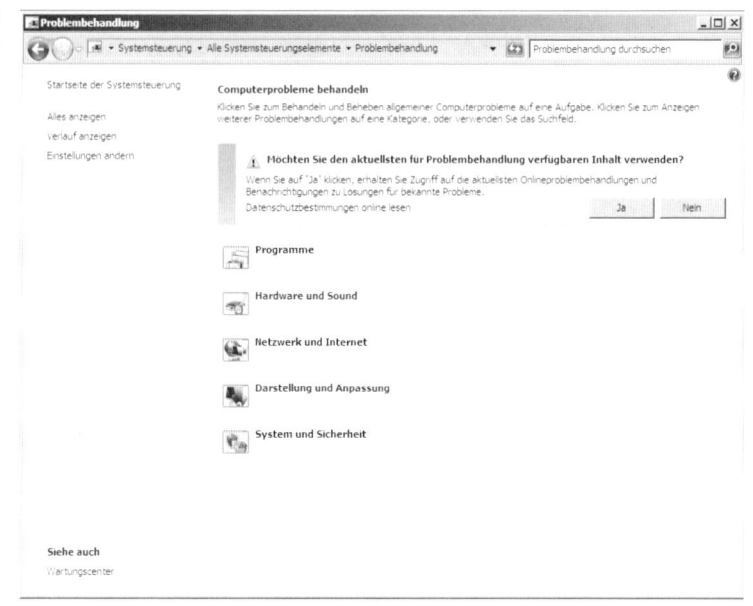

Die *Problembehandlung* kann statt über das Wartungscenter auch direkt über einen Mausklick auf *Start/Systemsteuerung/System und Sicherheit* und dann unterhalb des Eintrages *Wartungscenter* auf *Problembehandlung für allgemeine Computerprobleme* aufgerufen werden.

Sie dient, wie es der Name auch ableiten lässt, dem Behandeln und Beheben allgemeiner Computerprobleme. Dazu wurde sie in die folgenden Kategorien unterteilt:

- Programme
- Hardware und Sound
- Netzwerk und Internet
- Darstellung und Anpassung
- System und Sicherheit

Je nach Problem klickt man auf eine der Kategorien, hinter der sich entsprechende Verknüpfungen zu den unter Windows Server 2008 R2 enthaltenen Problembehandlungsassistenten befinden.

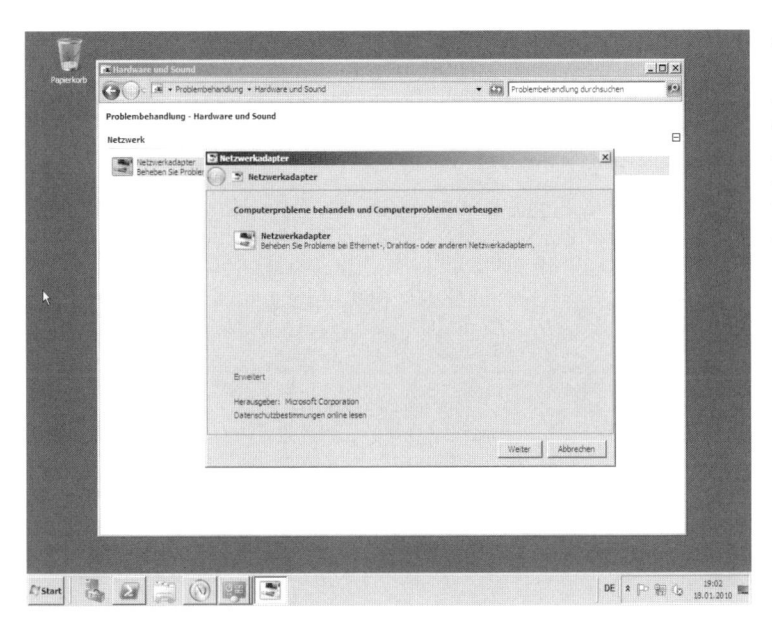

Abbildung 15.10
Verwendung des Problembehandlungsassistenten bei Problemen mit dem Netzwerkadapter unter Windows Server 2008 R2

Weitere Informationen zur Problembehandlung findet man in der Windows-Hilfe unter Windows Server 2008 R2.

15.6 Weitere Tools und Programme

Zur Systemüberwachung, -analyse und Problembehebung enthält ein Serversystem unter Windows Server 2008 R2 noch weitere, wichtige Tools. Zu diesen zählen u.a.:

- **Auditpol** – dient der Anzeige und Konfiguration der Überwachungsrichtlinien.
- **Dcdiag** – dient der Analyse von Domänencontrollern sowie der Gesamt- oder Domänenstrukturen und zum Anzeigen entsprechender Berichte.
- **Gpresult** – dient der Analyse von Richtlinieninformationen im Rahmen der Anwendung von Gruppenrichtlinienobjekten.
- **Nltest** – dient der Überprüfung der Konfiguration des Betriebssystems.
- **Nslookup** – dient der Diagnose der Namensauflösungsumgebung im Rahmen der DNS-Infrastruktur.
- **Repadmin** – dient der Überprüfung und Diagnose von Replikationsproblemen zwischen Domänencontrollern.
- **Sc** – dient dem Testen sowie dem Problembeheben in Verbindung mit Diensten.

Die neuen Best Practice Analyzer (BPA) Neben diesen und auch noch weiteren in Windows Server 2008 R2 enthaltenen Tools und Programmen sollte man nicht vergessen, dass im *Server-Manager* auch noch die neuen *Best Practice Analyzer* (*BPA*) enthalten sind, die man für die darauf installierten Serverrollen individuell aufrufen kann.

Zu den turnusmäßigen Aufgaben eines Administrators gehört neben der Systemwartung, -überwachung und -pflege auch noch eine passende Sicherungs- und Wiederherstellungsstrategie für die auf den Serversystemen gespeicherten Daten. Mehr hierzu erfahren Sie im nächsten Kapitel.

16 Sichern und Wiederherstellen

Alles wird gut...!

Nach dem erfolgreichen Einzug der Computernetzwerke in den weltweit angesiedelten Unternehmen, werden Daten oft lediglich noch in elektronischer Form gespeichert. Die in früheren Zeiten oftmals dazu genutzten Karteikarten haben in vielen Fällen bereits lange schon ausgedient. Kritisch wirkt sich dies mitunter dann aus, wenn die gespeicherten Daten beispielsweise durch einen Datenträgerausfall auf einem der für die Speicherung verwendeten Serversysteme verloren gehen. Froh ist dann derjenige Administrator, welcher die betreffenden Daten vorweg an einem anderen Speicherort gesichert hatte. Dies ermöglicht ihm, diese in der Regel völlig unproblematisch wieder herstellen zu können.

Kapitel 16 Sichern und Wiederherstellen

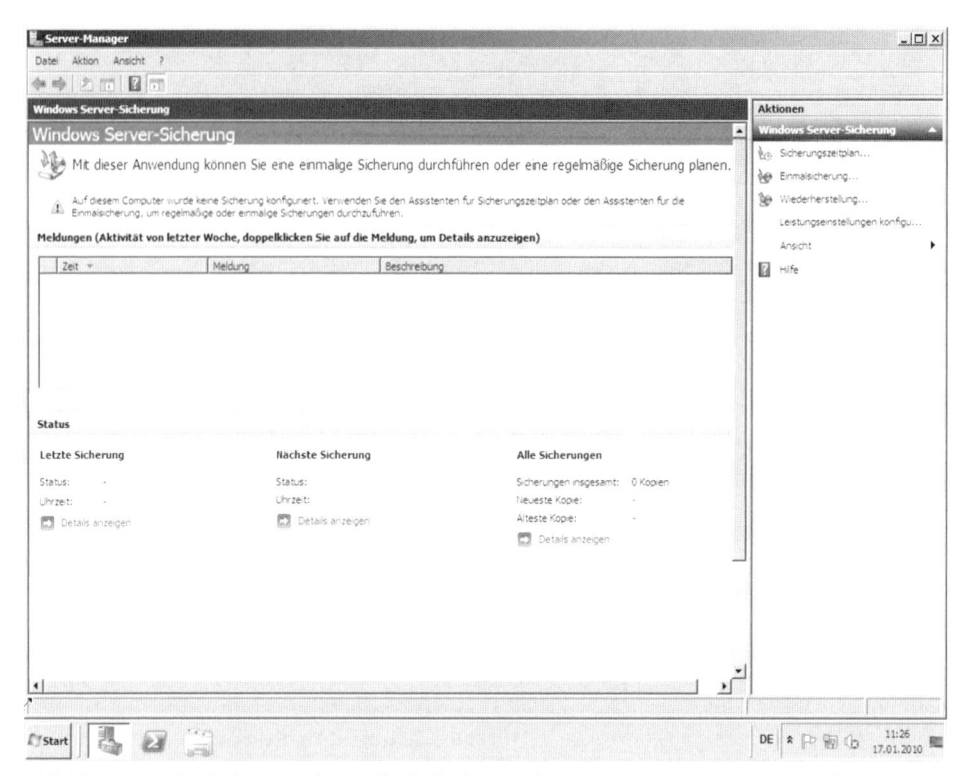

Abbildung 16.1: Grafische Verwaltungsoberfläche der Windows Server-Sicherung unter Windows Server 2008 R2

Für den Zweck der Datensicherung und -wiederherstellung hat Microsoft das alte NTBackup-Programm bereits unter Windows Server 2008 durch die neue *Windows Server-Sicherung* als einfache Datensicherungslösung für kleinere und mittlere Firmen sowie große Unternehmen ersetzt. Mit diesem Tool, welches im direkten Vorgänger von Windows Server 2008 R2 bereits in Form eines grafischen MMC-Snap-Ins sowie eines Kommandozeilentools enthalten war, standen nur eingeschränkte Sicherungs- und Wiederherstellungsoptionen zur Verfügung. Insbesondere oft von Administratoren als Einschränkung empfunden, konnte man die Datensicherung bei der ersten Version der Windows Server-Sicherung unter Windows Server 2008 stets lediglich auf ganze Volumes bzw. Partitionen beziehen – die Auswahl einzelner Dateien und/oder Ordner sowie auch mitunter benötigte Ausnahmeregeln hierzu konnte man nicht festlegen. Anders ist dies in der in Windows Server 2008 R2 enthaltenen, überarbeiteten Version der Windows Server-Sicherung. Die Auswahl einzelner Dateien und/oder Ordner ist – vergleichbar wie ehemals unter dem NTBackup-Programm – endlich wieder möglich.

Mit der neuen Windows Server-Sicherung unter Windows Server 2008 R2 kann man einen vollständigen Server (sprich: *alle darauf vorhandenen Volumes*), ausgewählte Volumes, den Systemstatus oder bestimmte Dateien und Ordner sichern. Auch lässt sich damit eine Sicherung erstellen, die für die Bare-Metal-Recovery eines Serversystems verwendet werden kann. Für die Sicherung bzw. Wiederherstellung werden jedoch lediglich Datei- oder Ordnergrößen bzw. Volumegrößen von maximal 2 TB (Terabyte) unterstützt. Beachten Sie darüber hinaus, dass mit der Windows Server-Sicherung lediglich Daten von lokalen, NTFS-formatierten Volumes gesichert werden können. Die Sicherung auf Bandlaufwerke wird hierbei ebenso nicht unterstützt.

Unterstützt maximal 2 TB an Datei- oder Ordnergröße

Unter Bare-Metal-Recovery versteht man das Wiederherstellen der Sicherung eines ausgefallenen Serversystems auf einem anderen (neuen) Computersystem, auf dem noch kein Betriebssystem installiert ist, sprich: auf „*nacktem Metall*". Die Windows Server-Sicherung von Windows Server 2008 R2 unterstützt ein solches, bislang nur Drittherstellern vorbehaltenes Wiederherstellungsverfahren. Weitere Informationen zur Sicherung sowie zum „Bare-Metal-Recovery" finden Sie in der Windows-Hilfe von Windows Server 2008 R2 oder auch im Internet unter:

http://technet.microsoft.com/de-de/library/cc753528(WS.10).aspx

16.1 Neuerungen

Wie bereits erwähnt, wurde die ursprüngliche Version der Windows Server-Sicherung nochmals überarbeitet und erweitert. Microsoft hat die folgenden Neuerungen und Verbesserungen in die unter Windows Server 2008 R2 enthaltene Windows Server-Sicherung einfließen lassen:

- Auswahlmöglichkeit einzelner zu sichernder Dateien und Ordner
- Möglichkeit zum Ausschluss der Sicherung bestimmter Dateien auf Ebene von Dateitypen und Pfaden
- Automatische Verwaltung vollständiger und inkrementeller Sicherungen durch die Windows Server-Sicherung
- Möglichkeit der Speicherung der Sicherung in Remoteordnern (im Rahmen von geplanten Sicherungen) oder auch auf virtuellen Festplatten.
- Erweiterung des grafischen MMC-Snap-Ins der *Windows Server-Sicherung* für die Systemstatusdatensicherung und -wiederherstellung
- Erweiterungen des Befehlszeilentools `Wbadmin.exe` um die gleichen Funktionen der grafischen Verwaltungskonsole

Kapitel 16 Sichern und Wiederherstellen

Wenn man sich die Neuerungen so betrachtet, so stellt dies sicher eine für Administratoren kleiner Firmen oder auch abteilungsintern womöglich (fast) ausreichende Sicherungslösung dar.

16.2 Sicherungstools

Die Sicherung und/oder Wiederherstellung von Daten kann unter Windows Server 2008 R2 anhand verschiedener Tools erfolgen. Diese umfassen:

- MMC-Snap-In *Windows Server-Sicherung*
- Kommandozeilenprogramm `Wbadmin.exe`
- Windows PowerShell-Cmdlets

Welches der Werkzeuge Sie für die Sicherung bzw. Wiederherstellung von Daten unter Windows Server 2008 R2 einsetzen, wird sich letztlich wohl innerhalb der jeweiligen Situation ergeben.

> Beispiele sowie auch die Befehlssyntax der Windows PowerShell-Cmdlets für die Windows Server-Sicherung finden Sie in der Windows PowerShell-Referenz im Internet unter:
>
> *http://go.microsoft.com/fwlink/?LinkID=143721*

16.3 Installation der Windows Server-Sicherung

Als Feature nachinstallierbar Die Windows Server-Sicherung wird bei der Betriebssysteminstallation von Windows Server 2008 R2 nicht automatisch installiert. Man kann diese jedoch jederzeit als Feature (*Funktion*) nachinstallieren. Lediglich die Installationsschritte unterscheiden sich zwischen einem Serversystem unter Windows Server 2008 R2 als vollständige Installation und der Server Core-Installation.

Gehen Sie wie folgt vor, um die Windows Server-Sicherung mithilfe des Server-Managers auf einem Serversystem unter Windows Server 2008 R2 als vollständige Installation zu installieren:

1. Starten Sie den *Server-Manager*.
2. Klicken Sie im linken Fensterbereich auf *Features* und dann im rechten Fensterbereich auf *Features hinzufügen*.

Installation der Windows Server-Sicherung

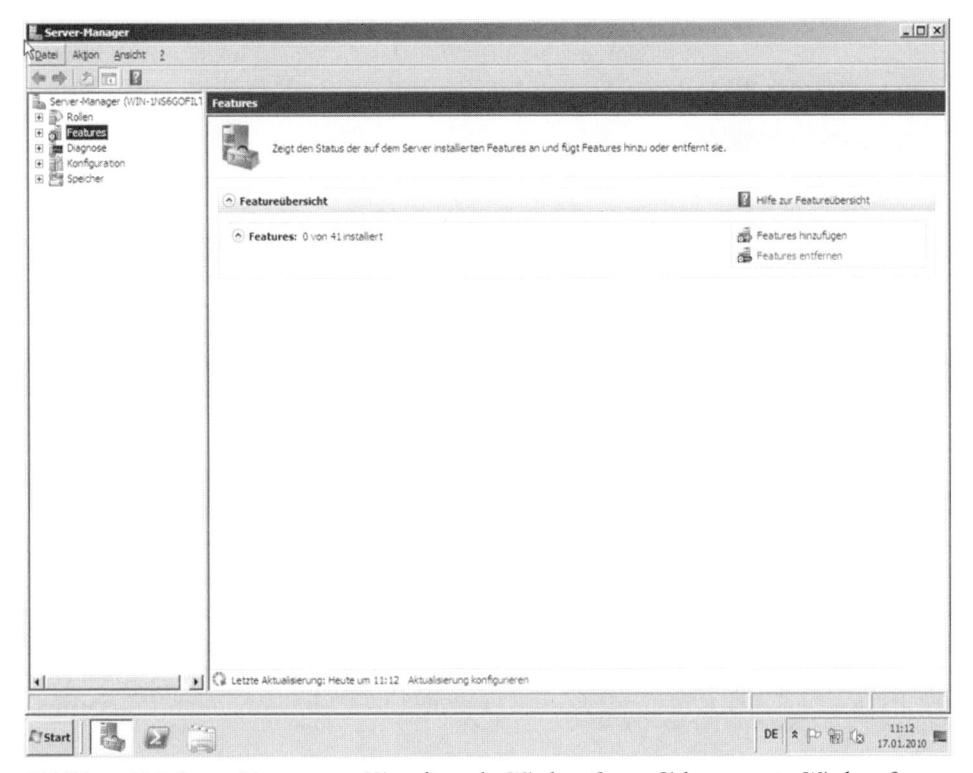

Abbildung 16.2: Server-Manager zum Hinzufügen der Windows Server-Sicherung unter Windows Server 2008 R2

3. Erweitern Sie im Assistenten *Features hinzufügen* auf der Seite *Features auswählen* den Eintrag *Windows Server-Sicherungsfeatures*. Aktivieren Sie das Kontrollkästchen *Windows Server-Sicherung* sowie bei Bedarf auch *Befehlszeilentools* (umfasst Wbadmin.exe und die Windows PowerShell-Cmdlets). Klicken Sie dann auf *Weiter*.
4. Klicken Sie im Dialogfenster *Installationsauswahl bestätigen* auf *Installieren*, um die Installation der vorweg ausgewählten Sicherungstools zu starten.
5. Klicken Sie zum Bestätigen der Installationsergebnisse auf *Schließen*.

Die grafische Benutzeroberfläche der *Windows Server-Sicherung* steht Ihnen nach der Installation im *Server-Manager* von Windows Server 2008 R2 unter dem Knoten *Speicher* für die Sicherung und Wiederherstellung von Daten zur Verfügung.

Kapitel 16 Sichern und Wiederherstellen

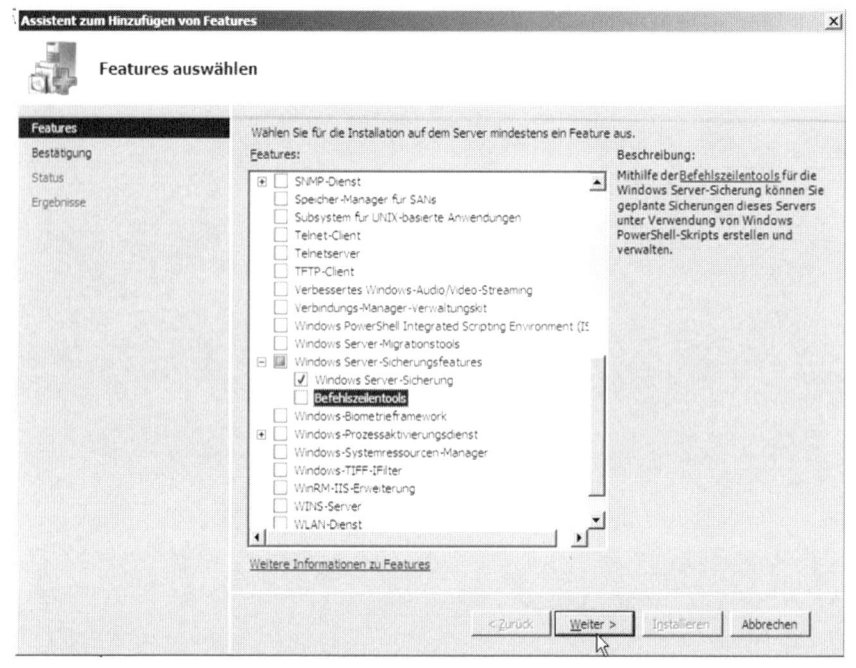

Abbildung 16.3: Auswahloption im Server-Manager während der Installation der Windows Server-Sicherung unter Windows Server 2008 R2

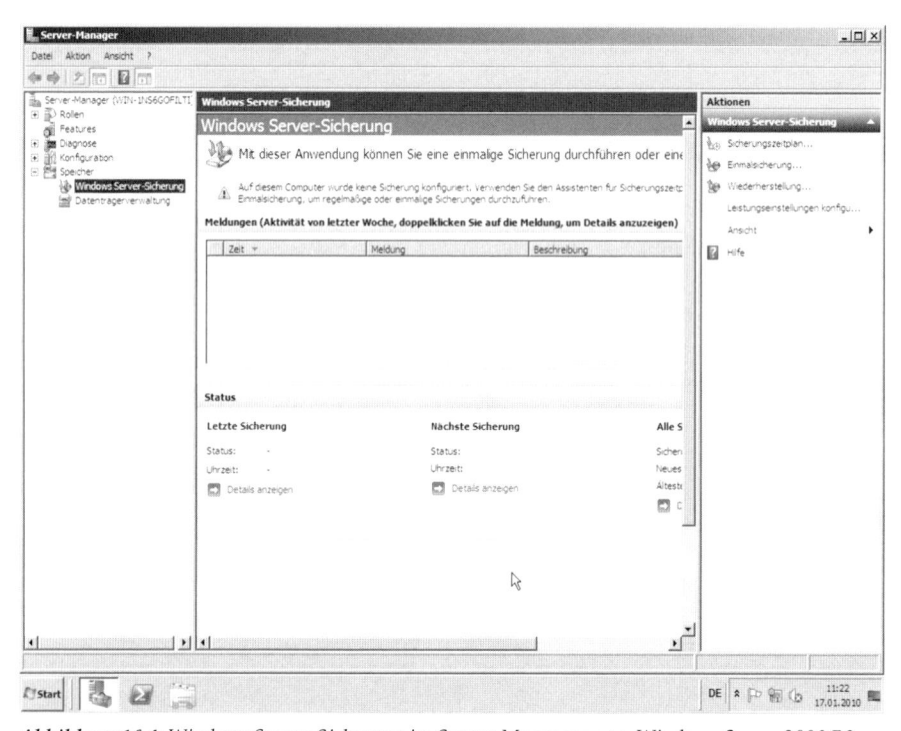

Abbildung 16.4: Windows Server-Sicherung im Server-Manager unter Windows Server 2008 R2

16.4 Datensicherung

Mit der Windows Server-Sicherung können Datensicherungen des Betriebssystems, der Systemstatusdaten, von Volumes sowie Dateien und Ordnern erstellt werden. Die Sicherungen können entweder auf einem lokal angeschlossenen (*physikalischen oder virtuellen*) Volume, auf DVDs, Wechselmedien oder in freigegebenen Remote-Ordnern gespeichert werden. Die Sicherungsvorgänge können hierbei entweder manuell oder auch automatisch ausgeführt werden.

Sicherung auch auf virtuellen Volumes möglich

> Beachten Sie bei der Sicherung auf Volumes oder Wechselmedien, dass diese vor der Sicherung mitunter formatiert werden müssen. Die darauf womöglich gespeicherten Daten können bei diesem Vorgang verloren gehen. Die Sicherung auf USB-Flashlaufwerken oder USB-Sticks wird von der Windows Server-Sicherung nicht unterstützt.

16.4.1 Durchführung einer manuellen Sicherung

In der Praxis ergibt sich schnell einmal die Situation, dass man bestimmte Daten – unabhängig von der eigentlichen Sicherungsstrategie – beispielsweise vor bestimmten Änderungen an einem Serversystem sichern möchte. Wenn sich der Moment ergibt, so kann man diese Daten dann aus der Sicherung wieder herstellen. Auch mit der grafischen Windows Server-Sicherung unter Windows Server 2008 R2 kann man eine solche, manuelle Sicherung als Einmalsicherung durchführen. Auf der Ebene der Kommandozeile dient hierzu der Befehl `Wbadmin start backup`.

Manuelle Sicherung als Einmalsicherung

> Beachten Sie, dass Sicherungen, die mit der Windows Server-Sicherung auf einer DVD, anderen optischen Medien oder einem Wechselmedium erstellt wurden, nur vollständig als Volume wiederhergestellt werden können. Einzelne Dateien und Ordner, der Systemstatus oder auch Anwendungsdaten lassen sich aus Sicherungen von solchen Medientypen nicht wieder herstellen. Beachten Sie dies *vor* der Durchführung einer Einmalsicherung

Gehen Sie wie folgt vor, um eine Einmalsicherung in der grafischen Windows Server-Sicherung unter Windows Server 2008 R2 durchzuführen:

1. Klicken Sie auf *Start/Verwaltung* und dann auf *Windows Server-Sicherung*.
2. Klicken Sie im *Aktionsbereich* auf *Einmalsicherung*.

Kapitel 16 **Sichern und Wiederherstellen**

3. Klicken Sie im Dialog *Sicherungsoptionen* auf *Weiter*.

Abbildung 16.5
Auswahl der Sicherungsoptionen

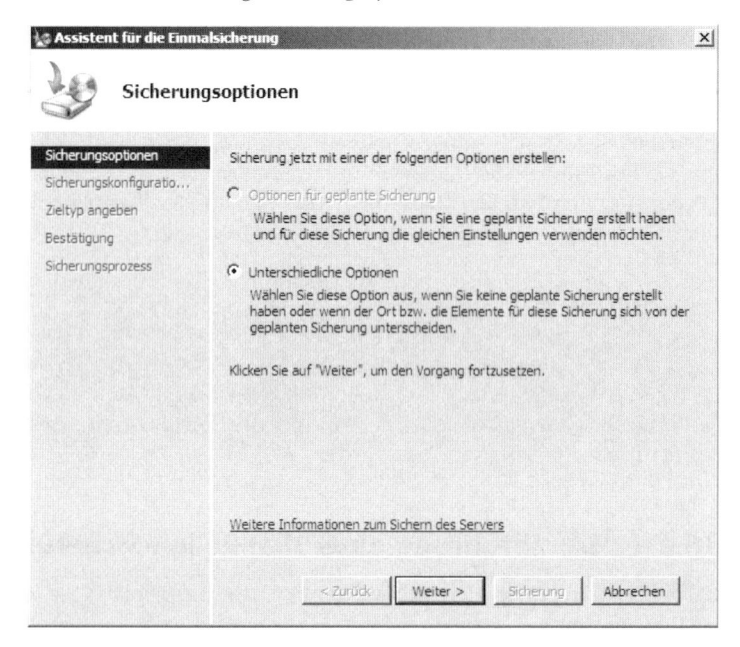

4. Wählen Sie im Dialog *Sicherungskonfiguration auswählen* den gewünschten *Konfigurationstyp*.

Abbildung 16.6
Auswahl der Sicherheitskonfiguration

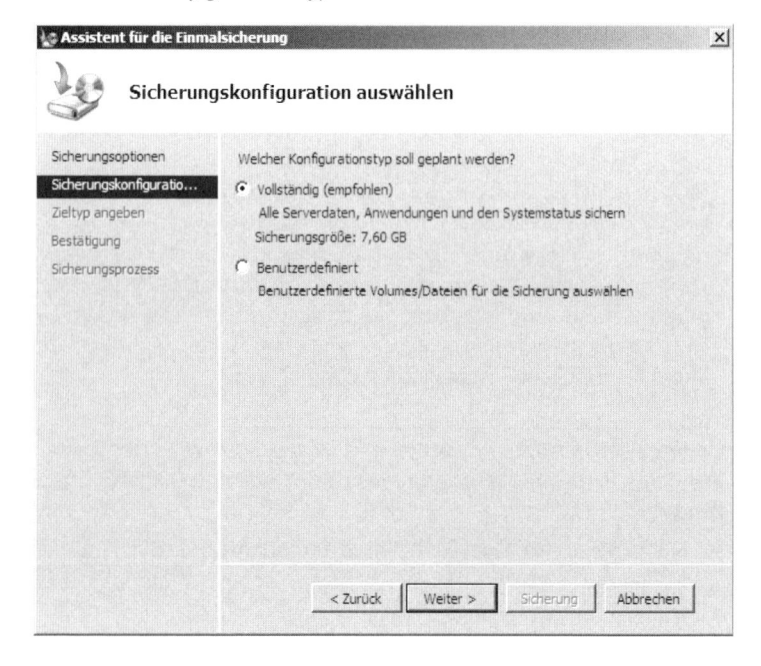

Zur Auswahl stehen:

- **Vollständig (empfohlen)**, um alle Serverdaten, Anwendungen und den Systemstatus auf dem Serversystem zu sichern.
- **Benutzerdefiniert**, um nur bestimmte Volumes bzw. Dateien oder auch Daten für eine mögliche Bare-Metal-Recovery des Serversystems zu sichern.

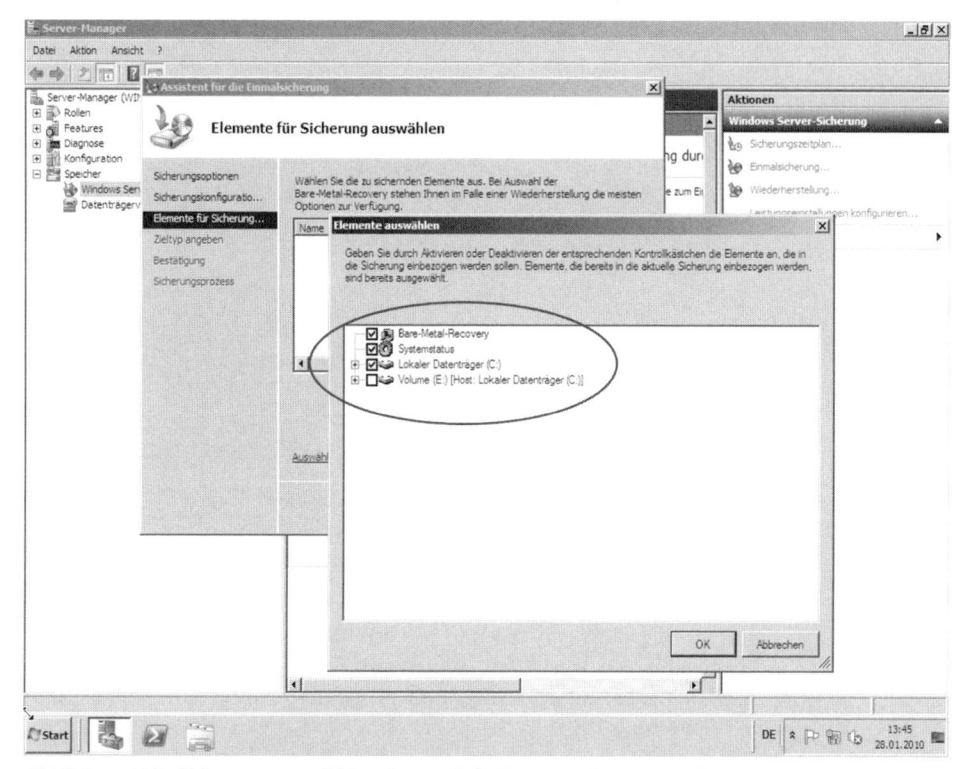

Abbildung 16.7: Sicherungsauswahl für eine mögliche Bare-Metal-Recovery als Sicherungselemente in der Windows Server-Sicherung unter Windows Server 2008 R2

Wählen Sie die gewünschten Elemente und Optionen aus und klicken Sie dann auf *Weiter*.

5. Wählen Sie im Dialog *Zieltyp angeben* den gewünschten Speicherort für die Sicherung aus und klicken Sie dann auf *Weiter*.

Abbildung 16.8
Auswahl des Speicherorts für die Einmalsicherung

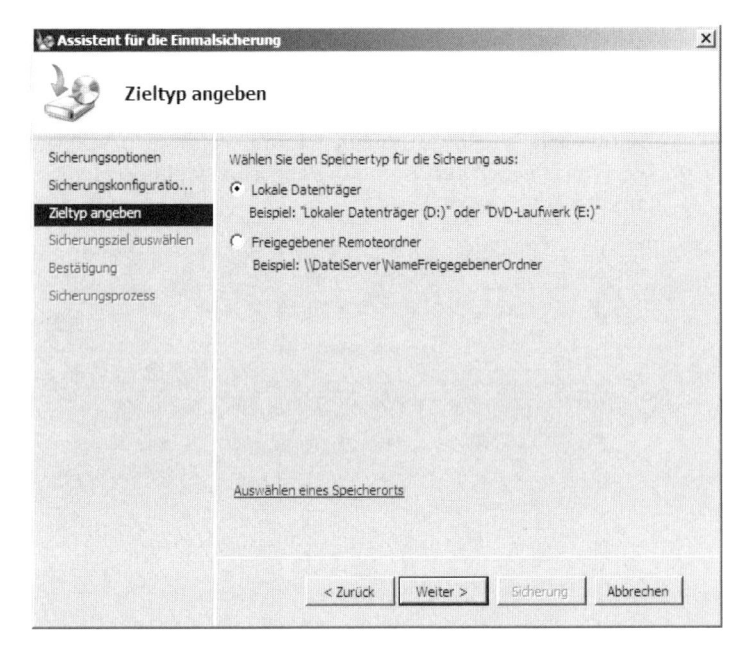

6. Überprüfen Sie im Dialog *Bestätigung* die Konfiguration und klicken Sie dann auf *Sicherung*.

Die Einmalsicherung der ausgewählten Dateien wird auf den angegebenen Zielspeicher gesichert.

Alternativ zur manuellen Einmalsicherung besteht in der Windows Server-Sicherung unter Windows Server 2008 R2 die Möglichkeit, die Sicherung von Daten (beispielsweise für die tägliche Sicherung der Unternehmensdaten) zeitgesteuert mithilfe von Sicherungszeitplänen durchzuführen.

16.4.2 Konfiguration einer automatischen Sicherungen

Tägliche Sicherung von Unternehmensdaten möglich

Für die tägliche Sicherung eines Serversystems unter Windows Server 2008 R2 sowie der darauf gespeicherten Daten, kann in der Windows Server-Sicherung ein entsprechender Sicherungszeitplan erstellt werden.

Gehen Sie wie folgt vor, um die automatische Sicherung mithilfe der grafischen Verwaltungsoberfläche der Windows Server-Sicherung unter Windows Server 2008 R2 auf einen angeschlossenen Datenträger zu planen:

Datensicherung

1. Klicken Sie auf *Start/Verwaltung* und dann auf *Windows Server-Sicherung*.
2. Klicken Sie im *Aktionsbereich* auf *Sicherungszeitplan*.
3. Klicken Sie auf der Seite *Erste Schritte* auf *Weiter*.
4. Wählen Sie im Dialog *Sicherungskonfiguration auswählen* die gewünschte Option aus.

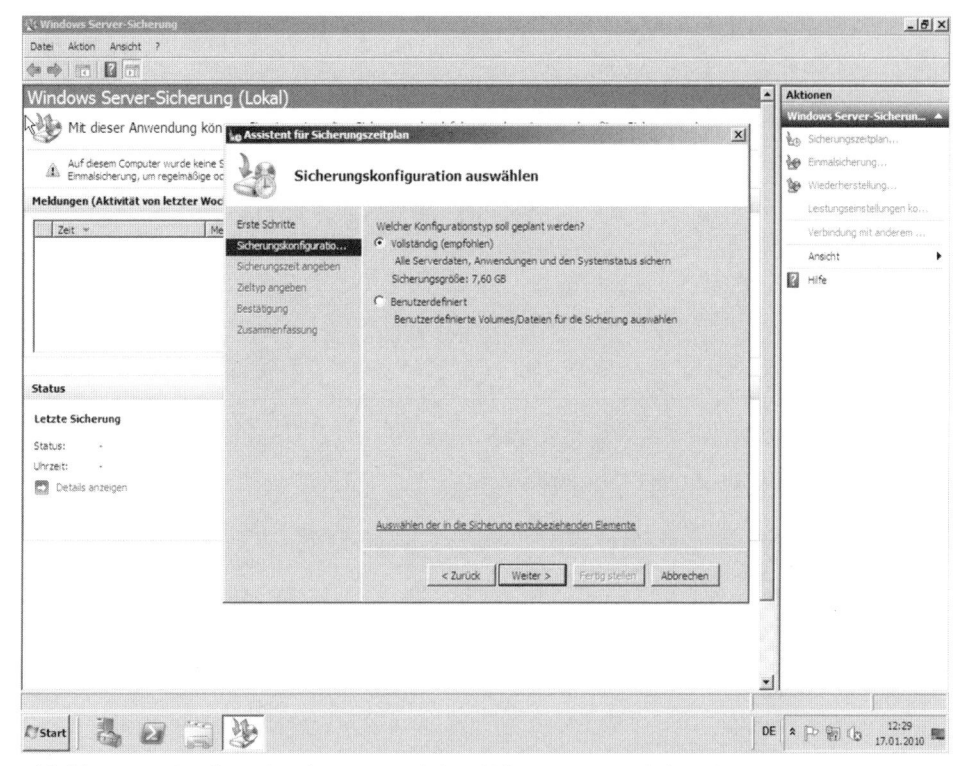

Abbildung 16.9: Konfiguration einer automatischen Sicherung unter Windows Server 2008 R2

Zur Auswahl stehen:
- *Vollständig (empfohlen)*, um alle Volumes auf dem Serversystem zu sichern.
- *Benutzerdefiniert*, um nur bestimmte Elemente zu sichern.

Wählen Sie die gewünschte Option aus und klicken Sie dann auf *Weiter*.

5. Wählen Sie im weiteren Verlauf im Dialogfenster *Sicherungszeit angeben* fest, wie häufig die ausgewählten Daten gesichert werden sollen. Klicken Sie anschließend auf *Weiter*.
6. Wählen Sie im Dialog *Zieltyp angeben* den gewünschten Speicherort für die Sicherungsdaten und klicken Sie dann auf *Weiter*.

Kapitel 16 Sichern und Wiederherstellen

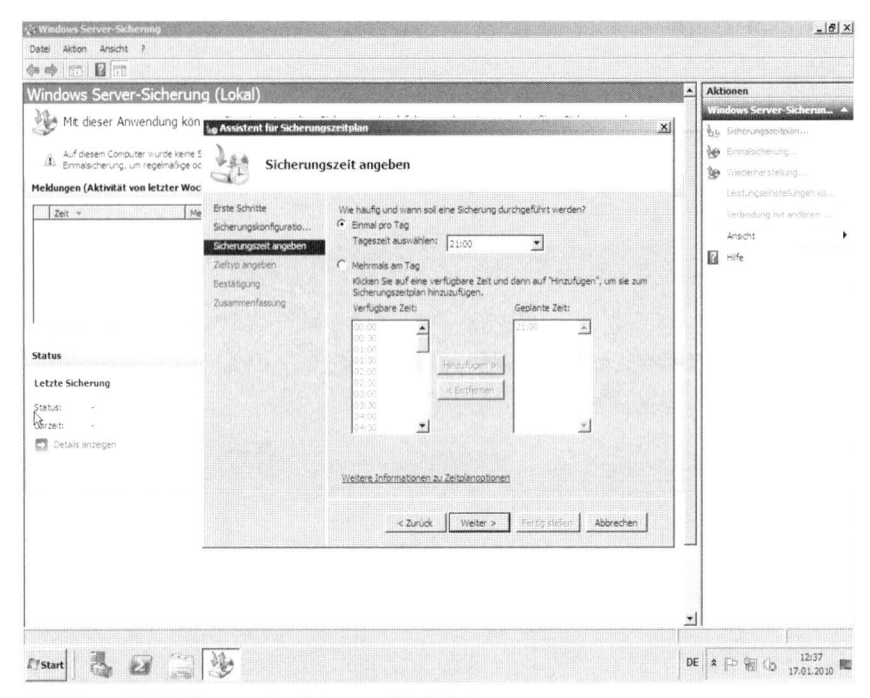

Abbildung 16.10: Planung der Sicherungshäufigkeit

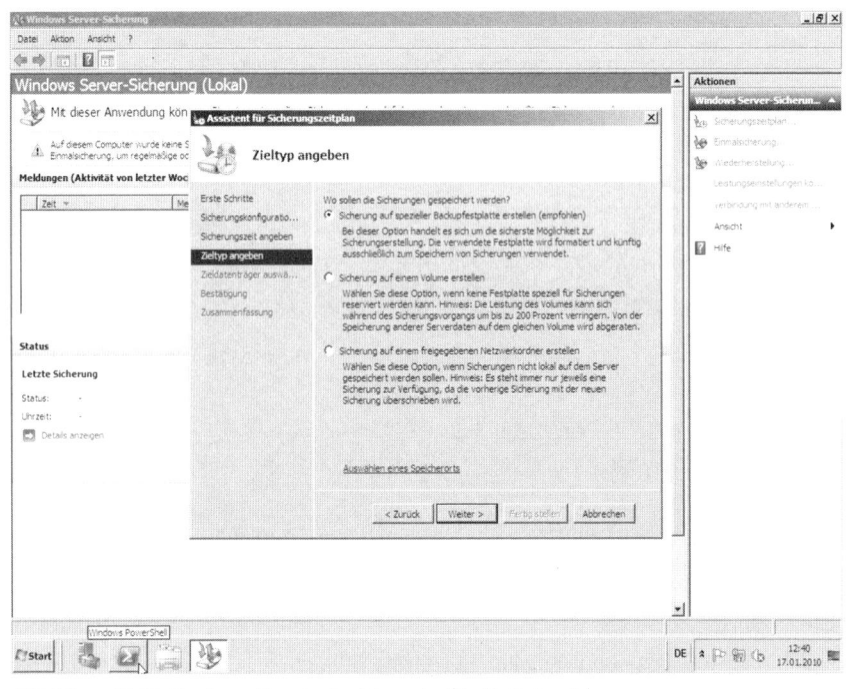

Abbildung 16.11: Konfiguration des Speicherortes für die Datensicherung

7. Geben Sie, je nach ausgewählter Option, den *Zieldatenträger*, das *Zielvolume* oder den *freigegebenen Remoteordner* für die Sicherung an und klicken Sie dann auf *Weiter*.
8. Überprüfen Sie im Dialog *Bestätigung* die Konfiguration und klicken Sie dann auf *Fertig stellen*.

Die geplante Sicherung wird zu den angegebenen Zeitpunkten durchgeführt.

16.4.3 Sicherung mit Wbadmin.exe

Alternativ zur Sicherung mithilfe des MMC-Snap-In der Windows Server-Sicherung besteht die Möglichkeit, diese mit dem Befehl Wbadmin.exe auf Ebene der Befehlszeile durchzuführen. Dies birgt u.a. den Vorteil, dass man Sicherungsvorgänge beispielsweise in Skriptdateien erfassen und ausführen lassen kann. Das Befehlszeilenprogramm Wbadmin.exe wurde im Vergleich zu der in Windows Server 2008 bereits enthaltenen Version im neuen Serverbetriebssystem nochmals um Funktionen erweitert und umfasst nunmehr prinzipiell die gleichen Funktionen, wie sie auch in der grafischen Oberfläche der Windows Server-Sicherung enthalten sind.

Alternative zur grafischen Konsole

> Weitere Informationen zur Befehlssyntax von Wbadmin.exe erhalten Sie nach Eingabe des folgenden Befehls in der Kommandozeile:
>
> Wbadmin.exe /?

Eine weitere Möglichkeit der Sicherung besteht durch die Verwendung der neuen Windows PowerShell-Cmdlets unter Windows Server 2008 R2. Nähere Informationen hierzu finden Sie in den vorangegangenen Kapiteln dieses Buches sowie in der Online-Hilfe von Windows Server 2008 R2.

Neue Windows PowerShell-Cmdlets

Nachdem wir uns einen Überblick über die Möglichkeiten der Datensicherung unter Windows Server 2008 R2 verschafft haben, ist es nunmehr an der Zeit, sich auch mit den möglichen Methoden für die Datenwiederherstellung zu befassen.

16.5 Wiederherstellen von Dateien und Ordnern

Der Ausfall eines Datenträgers eines in Unternehmen eingesetzten Serversystems führt oft direkt auch zu Datenverlust. Wohl dem, der vorweg eine passende Sicherungsstrategie geplant und umgesetzt hat.

Verschiedene Tools zur Wiederherstellung Die Wiederherstellung, beispielsweise von Dateien und Ordnern, Volumes oder auch den Systemstatusdaten, kann, wie auch die Sicherung selbst, mit den verschiedenen Tools der Windows Server-Sicherung entweder grafisch oder aber auf der Kommandozeilenebene mit dem Befehl `Wbadmin.exe` und alternativ den neu in Windows Server 2008 R2 enthaltenen Windows PowerShell-Cmdlets erfolgen.

> Die in früheren Betriebssystemen mithilfe des `NTBackup`-Programms gesicherten Dateien können mithilfe der Windows Server-Sicherung unter Windows Server 2008 R2 nicht wieder hergestellt werden. Für diesen Zweck stellt Microsoft eine auch bereits für Windows Vista verfügbare, kostenfrei downloadbare Version des `NTBackup.exe`-Programms im Internet zur Verfügung. Dieses Tool dient jedoch lediglich der Wiederherstellung der vorweg ebenso mit `NTBackup.exe` gesicherten Dateien. Eine Datensicherung ist mit dem Programm nicht möglich.
>
> Das Tool NTBackup.exe können Sie im Internet unter der folgenden Adresse kostenfrei herunterladen:
>
> *http://www.microsoft.com/downloads/details.aspx?displaylang=de&FamilyID=7da725e2-8b69-4c65-afa3-2a53107d54a7*

16.5.1 Wiederherstellen mithilfe der grafischen Windows Server-Sicherung

Gehen Sie wie folgt vor, um vorweg gesicherte Dateien und Ordner, Systemstatusdaten oder Volumes mit der grafischen Windows Server-Sicherung von Windows Server 2008 R2 wiederherzustellen:

1. Klicken Sie auf *Start/Verwaltung* und dann auf *Windows Server-Sicherung*.
2. Klicken Sie im *Aktionsbereich* auf *Wiederherstellung*.
3. Wählen Sie auf der Seite *Erste Schritte* eine der gewünschten Aktionen aus:
   - Klick auf *Dieser Server*.
   - Klick auf *Eine an einem anderen Speicherort gespeicherte Sicherung* – folgen Sie den Anweisungen des Assistenten.

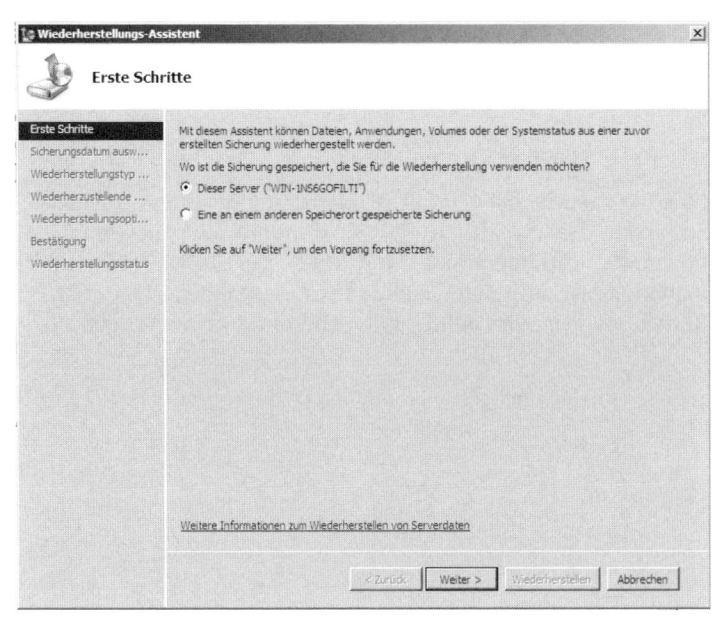

Abbildung 16.12
Auswahl der für die Wiederherstellung zu verwendenden Datensicherung

4. Wählen Sie auf der Seite *Sicherungsdatum auswählen* im Kalender das Datum und in der Dropdownliste die Uhrzeit der Sicherung aus, die für die Wiederherstellung von Daten verwendet werden soll. Klicken Sie dann auf *Weiter*.

5. Wählen Sie im Dialog *Wiederherstellungstyp auswählen* die gewünschte Option und folgen Sie den Anweisungen des Wiederherstellungsassistenten.

6. Überprüfen Sie auf der Seite *Bestätigung* die Konfiguration und klicken Sie dann auf *Wiederherstellung*.

Die Wiederherstellung der ausgewählten Daten erfolgt. Den Status können Sie im Dialogfenster der Windows Server-Sicherung nachvollziehen.

16.5.2 Wiederherstellung mit Wbadmin.exe

Alternativ zur Wiederherstellung mithilfe des MMC-Snap-In der Windows Server-Sicherung besteht die Möglichkeit, diese mit dem Befehl Wbadmin.exe auf Ebene der Befehlszeile durchzuführen. Dies birgt u.a. den Vorteil, dass man Wiederherstellungsvorgänge beispielsweise in Skriptdateien erfassen und ausführen lassen kann. Das Befehlszeilenprogramm Wbadmin.exe wurde im Vergleich zu der in Windows Server 2008 bereits enthaltenen Version im neuen Serverbetriebssystem nochmals um Funktionen erweitert und umfasst nunmehr prinzipiell die gleichen Funktionen, wie sie auch in der grafischen Oberfläche der Windows Server-Sicherung enthalten sind.

Alternative zur grafischen Konsole

Kapitel 16 Sichern und Wiederherstellen

> ℹ️ Weitere Informationen zur Befehlssyntax von Wbadmin.exe erhalten Sie nach Eingabe des folgenden Befehls in der Kommandozeile:
>
> Wbadmin.exe /?

Eine weitere Möglichkeit der Wiederherstellung von Daten aus einer Sicherung besteht durch die Verwendung der neuen Windows PowerShell-Cmdlets unter Windows Server 2008 R2. Nähere Informationen hierzu finden Sie in den vorangegangenen Kapiteln dieses Buches sowie in der Online-Hilfe von Windows Server 2008 R2.

Stichwortverzeichnis

Symbols
.NET Framework 2.0-APIs 85
.NET Framework 3.5.1 85
.ps1 388
/gpprep 71

Numerics
128-Bit-Adressraum 108
1-Prozessor 20
32-Bit 112
32-Bit-Betriebssystemversion 66
64-Bit 19
64-Bit-Betriebssystem 46
64-Bit-Betriebssystemversion 66
64-Bit-Edition 66
64-Bit-Treiber 48

A
A oder AAAA 156
A Record 156
Abgelehnte RODC-
   Kennwortreplikationsgruppe 213, 245
Access Control Entries, ACEs Siehe
   Zugriffssteuerungseinträge
Access Control List, ACL Siehe
   Zugriffssteuerungsliste
Active Directory Best Practice
   Analyzer 168–169
Active Directory Certificate Services, AD CS
   Siehe Active Directory-Zertifikatdienste
Active Directory Domain Services, AD DS
   Siehe Active Directory-Domänendienste
Active Directory Lightweight Directory
   Services (AD LDS) 82, 173, 363
Active Directory Web Services, AD WS Siehe
   Active Directory-Webdienste
Active Directory-Benutzer und
   -Computer 33, 171, 239, 248
Active Directory-Best Practice Analyzer 34
Active Directory-Datenbank 147
   Domänenpartition 256
Active Directory-Domäne 32, 57, 70, 196, 198
   Beitreten zu einer 359
Active Directory-Domänencontroller 146

Active Directory-Domänendienste 32, 34,
   57, 82, 167, 181, 363
   Datenbank 185, 194–195
   Installation 185
   Unbeaufsichtigte Installation 183
Active Directory-Gesamtstruktur 33, 69–70,
   188, 222
Active Directory-Infrastruktur 29, 32,
   136, 246
Active Directory-integrierte Zonen 146
Active Directory-Lightweight Directory
   Services (AD LDS) 33
Active Directory-Modul für Windows-
   PowerShell 174, 392
   Aufruf 398
Active Directory-Objekte 32, 37
   Erstellen und Verwalten von 236
Active Directory-Papierkorb 32, 176
Active Directory-Rechteverwaltungs-
   dienste 83
Active Directory-Umgebung 69
Active Directory-Verbunddienste 83
Active Directory-Verwaltungscenter 33, 170,
   239, 248
Active Directory-Webdienste 34, 172
Active Directory-Zertifikatdienste 34, 39, 83,
   345, 363
Adaptereinstellungen 105
Add-PSSnapin
   SpecopsSoft.PasswordPolicyBasic 265
Add-WindowsFeature 93, 96
Administratoren 35, 214, 243
Administratorkonto 25
Administratorrolle
   Aufteilung der 196
adprep 195
Adprep /domainprep 70
Adprep /forestprep 70
adprep.exe 70
adprep32.exe 70
Adressknappheit von IPv4-Adressen 108
ADRestore.exe 180
ADSIEdit.msc 259
ADSIedit.msc 176
ADSI-Editor 176

Stichwortverzeichnis

Aktivierung 60
Aktualisierung vorhandener
 Serversysteme 65
Aktualisierungspfade 66
alias 392
Alternative Anmeldeinformationen 202, 209
Alterungs- und Aufräumprozess 158
AMD NX-Bit 332
AMD NX-Bit (No Execute Bit) 46
AMD-V-Technologie 46, 332
Anchor für Vertrauensstellung 136
Angriffsfläche 39, 41, 82
Anmeldebildschirm 76
Anmeldeversuch 223
  fehlgeschlagen 261
  ungültig 261
AntiVirus-Programm 48
AntiVirus-Software 69
Anwendungs- und Dienstprotokolle 77
Anwendungskompatibilität 69
Anwendungskompatibilitäts-Toolkit 47, 69
Anwendungsserver 83
Anwendungssteuerungsregeln
  ausführbare Regeln 254
  Skriptregeln 254
  Windows Installer-Regeln 254
Anwendungssteuerungsrichtlinien 254
Anwendungsverzeichnispartition 155, 195
  Berechtigungen für DNS 199
Application Compatibility Toolkit, ACT
 Siehe Anwendungskompatibilitäts-
 Toolkit
Application Directory Partitions Siehe
 Anwendungsverzeichnispartitionen
AppLocker Siehe
 Anwendungssteuerungsrichtlinien
Arbeitsspeicher 20, 68, 330
Arbeitsstation 247
arp 376
ARP-Cache-Einträge 376
Assistent zum Entfernen von Rollen 96
Assistent zum Hinzufügen von Rollen 91
Attribut 33, 214
Auditpol 439
Aufgaben der Erstkonfiguration 54–56
Authentifizierte Konten 216
Authentifizierung 223
Automatische Aktualisierung und
 Feedback 57

Automatische Sicherung
 Konfiguration 450
Automatische Updates 405, 426
Autoritätsursprung (SOA) 153
AV-Streaming-Leistung 88

B

Background Intelligent Transfer Service 314
BackOffice-Produkte 41
Backup Domain Controllers, BDCs Siehe
 Sicherungsdomänencontroller
Backup-Lösungen 41
Bandlaufwerke 90
Bare-Metal-Recovery 443
Basislinie 431
BCDEdit.exe 270
Bedienoberfläche 24
Bedingte Weiterleitungen 163
Befehl 283
Befehlszeilenskript 36
Benachrichtigungsschwellenwerte 283
Benutzer 243
Benutzeranmeldung 212
Benutzerkontenkennwörter 196
Benutzerkontensteuerung 25
Benutzerobjekte
 E-Mail-aktivierte 241
 Erstellen und Verwalten von 238
Benutzerumgebung 35
Berechtigung 25, 246, 292
 Ändern von 294
 für freigegebene Ordner 292
 NTFS 292
Berechtigungsvergabe 240
Bereichsebene 125
Bereitstellungsoption 187
Bereitstellungsprozess 36
Bericht 283
Best Practice Analyzer (BPA) 26, 28, 440
Beta-Version 37
Betriebsmasterrollen 197, 221
 Übertragen der 231
 Verschieben von 226
Betriebssystemeinstellungen 78
Bidirektionale Verbindung 29
Bildpunkte 46
BIND-Sekundärzonen 154
BIND-Server 154
BIND-Versionen 154
BIOS 46, 49, 332

Stichwortverzeichnis

BitLocker-Laufwerksverschlüsselung 23, 85
BITS Siehe Background Intelligent Transfer Service
BITS Siehe Intelligenter Hintergrundübertragungsdienst
Boot-Laufwerk 49
BranchCache 29, 86, 313
    Clientkonfiguration 324
    Firewallregeln 325
    Funktionsweise 314
    Installation 318
    Konfiguration für freigegebene Dateien 319
    Voraussetzungen 313
BranchCache Content Server 23
BranchCache Hosted Server 23
Builtin-Container 243

C

Cache-Poisoning-Angriffe 136
cert 392
chdir 387
clear-host 387
Client-Server-Kommunikation 316
Cluster 38
Commandlet (Cmdlet) 36, 385
Computer- oder Benutzerobjekte 37
Computerkonto 148
ConfirmGc 184, 368
Connection Manager Administration Kit, CMAK Siehe Verbindungs-Manager Verwaltungskit
control
    intl.cpl 344
    timedate.cpl 344
copy-item 387, 389
cscript 344
Csvde 369
csvde.exe 239, 248

D

Datacenter Edition 20, 46
Datei- und Druckfreigabe 107
Datei- und Druckressourcen 240
Dateidienste 83, 277, 363
    BranchCache für Netzwerkdateien 319
    Installation der 278
Dateifreigabe 297
Dateinamenserweiterung 270

Dateiprüfungen 287
Dateiprüfungsausnahmen 287
Dateiprüfungsverwaltung 280, 285
    Aktives Prüfen 285
    Dateiprüfungsvorlagen 285
    Passives Prüfen 285
Dateiserver 45
Dateiverwaltung
    Befehlszeilentools für die 291
Dateiverwaltungsaufgaben 280, 290
Datencenter 36
Datenträgerausfall 441
Datenträgerinitialisierung 271
Datenträgerverwaltung 267
Daytime 86
Dcdiag 439
dcdiag 194
dcpromo.exe 182, 368
    /unattend 206
Default Domain Policy 259
Definierter Name 176
defrag 378
Delegierte Administratoren 33
Desktopdarstellung 86
DHCP (Dynamic Host Configuration Protocol) 106, 113
DHCP-Clients 123
DHCP-Leases 125
DHCP-Namensschutz 124
DHCP-Server 83, 158, 363
DHCPv6-Server 110
DHCP-Verwaltungskonsole 122
Diagnoseaufgaben 36
Dienste 164
Diensteinträge 234
Diensteinträge (SRV Records) 141
Dienstprinzipalnamen 250
Digitale Signatur 32
DirectAccess 23, 29, 109
DirectAccess-Infrastruktur 86
DirectAccess-Verwaltungskonsole 86
Dirquota.exe 291
DisabledComponents 112
Discard 86
Disk2vhd.exe 272
diskpart 378
Diskpart.exe 267
    EXTEND 268
    SHRINK 269

Stichwortverzeichnis

Distinguished Name (DN)
    Siehe definierter Name
Distributed COM-Benutzer 243
Distributed File System (DFS) 291
Djoin.exe 181
DMZ-Umgebung 416
DNS 32
DNS (Domain Name System) 113, 135
DNSAdmins 245
dnscmd.exe 155, 365
DNS-Datenbank 158
DNS-Dienste 32
    Entfernen der 165
DNS-Einträge 156, 160
    Manuelles Löschen von 160
DNS-Erweiterungen 32
DNS-Namenszonen 141
    Entfernen von 164
DNS-Ressourceneinträge 146
DNSSEC 32
DNSSEC-Unterstützung (Domain Name System Security Extensions) 136
DNS-Server 32, 34, 56, 83, 363
    Schreibgeschützter 196
DNS-Sicherheit 32
DNS-Spoofing 32
DNSUpdateProxy 158, 245
Domain Local Group, DL Siehe
    domänenlokale Gruppen
Domain Name System Services
    Siehe DNS-Dienste
Domain Naming Master Siehe
    Domänennamenmaster
domainprep 70
Domänen-Admins 217, 227, 245
Domänenbenutzer 245
Domänencomputer 245
Domänencontroller 33, 34, 36, 45, 70, 170, 185, 245
    der Organisation ohne Schreibzugriff 245
    ohne Schreibzugriff 245
Domänenfunktionsebene 188, 235
Domänengäste 245
Domänenkennung 224
Domänenlokale Gruppe 242
Domänennamenmaster 221–222
Domänenvorbereitung 71
Domänenzugehörigkeit 180
Download 41
Drahtlosnetzwerk 29

Drittanbieter 42
Druck- und Dokumentendienste 84, 299
    Installation der 301
    Rollendienste der 300
Druckdienste 363
Drucker
    installieren 303
Druckerserver 300, 302
    konfigurieren 306
Druckertreiber 308
Druckkonfiguration
    exportieren oder importieren 306
Druck-Operatoren 243
Druckverwaltung 299, 302
    Verwaltungskonsole 303
dsac.exe Siehe Active Directory-Verwaltungscenter
Dsadd 369
dsadd.exe 239, 248
Dsmod 369
dsmod.exe 239, 248
Dsmove 369
Dsquery 369
Dsrm 369
dsrm.exe 239, 248
Dualcore-Prozessor 46
DVD-Laufwerk 46, 268
DVD-ROM 45
D-WORD-Wert 112
Dynamic Host Configuration Protocols (DHCP) 114
Dynamische Aktualisierung 157
Dynamische IP-Adressvergabe 113
Dynamische Updates 148
    Keine 157
    Nicht sichere und sichere 148, 157
    Nur sichere 148, 157

E

Edge"-Serversysteme 30
Edition 19, 21
Effektive Berechtigungen
    Anzeigen der 294
Einfache TCP/IP-Dienste 86
Eingabeaufforderung 370
Eingabemethode 50
Eingabestifte 32
Einsatzzweck 45
E-Mail-Nachricht 282 f.

Enable-ADOptionalFeature 177
End-zu-End-Kommunikation 108
Energiesparpläne 35
Energieverbrauch 327
Enterprise Edition 20, 46
Entfernen
   von Features 100
   von Rollen 97
env 392
Ereignisanzeige 77, 430, 433
   Abonnements 435
Ereigniseinträge 77
Ereignisprotokoll 283
Ereignisprotokollleser 243
Erstellungen eingehender
   Gesamtstrukturvertrauensstellung 243
Erstkonfiguration 45
Erstsynchronisation 422
Erweiterte Freigabeeinstellungen 106
Exchange Server 36

F

Failover Clustering 20, 23
Failovercluster 38
Failover-Clusterunterstützung 86
Faxserver 84
Feature 33, 42, 57, 109
Fehlerbehebung 429
Festplatte 65
Festplattenpartition 53
Festplattenspeicher 46
File System Resource Manager, FSRM Siehe
   Ressourcen-Manager für Dateiserver
Filescrn.exe 291
Firewall 30
Firewall-Konfiguration 69
Firewallprofile 30
Flexible Single Master Operation Roles,
   FSMO-Roles Siehe Betriebsmasterrollen
foreach 387
foreach-object 387
forest Siehe Active Directory-
   Gesamtstruktur
forestprep 70
Forward-Lookup-Abfragen 142
Forward-Lookup-Zonen 142
Fotoverwaltung 86
Foundation 20
Foundation Edition 46

FQDNs Siehe Vollqualifizierte
   Domänennamen
Freigabe des öffentlichen Ordners 106
Freigabe- und Speicherverwaltung 279, 296
Freigegebene Ordner
   Berechtigungen für 296
Freihand- und Handschriftdienst 32, 86
Fully Qualified Domain Name, FQDN Siehe
   vollqualifizierte Domänennamen
function 392
Funktion 23, 41, 81

G

Gäste 243
Gefährdungspotenzial 25
Geplante Tasks 35
Geräte und Drucker 308
Gesamtstrukturfunktionsebene 188, 195
   Überprüfung der 198
Gesamtstrukturfunktionsebenenmodus 176
Gesamtstruktur-Stammdomäne 187
Get-ADObject 178
get-childitem 387
get-command 384, 387
get-content 387
get-date 387
get-executionpolicy 388
Get-Help 94, 96, 99, 102
get-help 384, 387
get-location 387
get-process 394
get-service 396
Get-WindowsFeature 93, 96, 99, 101
Global Catalog, GC Siehe globaler Katalog
Global Groups, GG Siehe globale Gruppe
Global Uniqueness ID Siehe Globaler
   Bezeichner
Globale Gruppe 242
Globaler Bezeichner 224
Globaler Katalog 225, 234
   Funktionen 234
Globaler Katalogserver 197
   Zuweisen der Funktion als 235
gpedit.msc 424
Gpresult 439
Grafikumgebung 39
Grafische Benutzeroberfläche 22, 102
Group Policy Management Console, GPMC
   Siehe Gruppenrichtlinienverwaltungs-
   konsole

Stichwortverzeichnis

Group Policy Objects, GPOs Siehe
  Gruppenrichtlinienobjekte
Gruppenbereiche 241
  domänenlokal 241
  global 241
  universell 241
Gruppenobjekte
  Erstellen und Verwalten von 240
Gruppenrichtlinien 35 f., 40, 251
Gruppenrichtlinieneinstellungen 27
Gruppenrichtlinienobjekte 71, 251
  An-/Abmeldeskripts 253
  Zuweisung von PowerShell-Skripts 253
Gruppenrichtlinienobjekt-Editor 311
Gruppenrichtlinienverwaltung 35, 57,
  86, 311
Gruppenrichtlinienverwaltungskonsole 251
Gruppenstrategien 246
Gruppentypen 241
Gruppenverschachtelung 248
GUID 257

H

Hacker 39, 41
Hackerangriff 41
Handschrifterkennung 32
Hardware-Komponenten 65
Hashveröffentlichung 322
Hauptbenutzer 243
Heraufstufen eines Serversystems 137
Hexadezimal-Wert 112
High Performance Computing (HPC) 21
High-End-Risk/UNIX-Systemen 21
Hinzufügen
  von Features 94
  von Rollen 91
  von Serverrollen 182
hkcu 392
hklm 392
Hosteinträge (A-Records) 141
HTTP/HTTPS 314
HTTP-Datenverkehr 29
HTTP-Protokoll 86
Hyper-V 23, 37, 46, 84, 327
  Grundeinstellungen 335
  Installation von 333
  Integrationsdienste unter 332
  Konfigurieren von 334
  Live-Migration 328

Unterstützte Gast-Betriebssysteme 329
Voraussetzungen 332
Hyper-V-Manager 22, 335

I

IIS 7.5 23
IIS_IUSRS 243
imageX.exe 55
Import-Module 93, 96, 99, 101, 398
In Verzeichnis auflisten 308
Informationsleiste 104
Infrastructure Master Siehe
  Infrastrukturmaster
Infrastrukturmaster 221, 224
Initial Configuration Tasks, ICT Siehe
  Aufgaben der Erstkonfiguration
Inplace-Upgrade 53
Installation 45
Installationsarten 182
Installations-DVD 49, 70
Installationsmethoden 49
  manuelle Installation 49
  unbeaufsichtigte Installation 49
InstallDNS 184, 368
Intel VT-Technologie 332
Intel XD-Bit (Execute Disable Bit) 46, 332
Intelligenter Hintergrundübertragungsdienst
  (BITS) 85
Intel-VT-Technologie 46
Interne Microsoft-Datenbank 409
Interne Windows-Datenbank 86
Internet Explorer 26, 35
Internet Information Service (IIS) 172
Internet Printing Protocol (IPP) 300
Internet Printing-Protokoll (IPP) 87
Internetdruckclient 87
Internetdrucken 300
Internet-Konnektivität 104
Internetprotokoll Version 4
  (TCP/IPv4) 105, 133
Internetprotokoll Version 6 (TCP/IPv6) 111
invoke-item 394
IP-Adressänderungen 114
IP-Adressen 56
IP-Adressvergabe 113–114
ipconfig 376
IPSec-Verschlüsselung 152
IPv4 56, 106
IPv4 Reverse-Lookupzone 150
IPv4- und IPv6-Adressen 56

Stichwortverzeichnis

IPv4-Konfiguration 105
IPv6 56, 109
IPv6 (Internet Protocol Version 6) 108
IPv6 Reverse-Lookupzone 150
IPv6-Unterstützung 108, 110
iSCSI-Clients 87
iSCSI-SANs (Internet Small Computer System Interface) 87
iSNS (Internet Storage Naming Server) 87
Itanium-Based Systems 21
Itanium-basierte Systeme 46

K

Kapazitätsplanung 268
Kennwortalter
  maximales 257
  minimales 257
Kennwortänderungen 223
Kennwortcache für RODCs
  Auffüllen des 217
Kennwortchronik 257
Kennwörter 211
Kennwortlänge
  minimale 257
Kennwortreplikation
  Verwaltung der 214
Kennwortreplikationsrichtlinie 211, 215
  Verwaltung der 211
Kennwortrichtlinienpriorität 257
Kennwortzwischenspeicherung
  Überprüfen der 218
Key Management Service, KMS Siehe Schlüsselverwaltungsdienst
Klassifizierung von Updates 421
Klassifizierungsverwaltung 280, 290
Knoten 20
Kommunikationsport 174
Kommunikationsschnittstelle 174
Kompatibilität 46
Konfiguration des Remotedesktop-Sitzungshosts 31
Konfigurationsinformationen 48
Konsolidierungsmöglichkeiten 38
Konten-Operatoren 214, 243
Kontingent
  erstellen 284
Kontingentverwaltung 280–281
  Harte Kontingentgrenze 282
  Weiche Kontingentgrenze 282
Kontosperrungsdauer 257

Kontosperrungsschwelle 257
Kontosperrungszähler
  Zurücksetzungsdauer des 257
Kostenreduzierung 38
Kryptografie-Operatoren 243

L

Laufwerke
  Verwalten von 268
Ldifde 369
ldifde.exe 239, 248
Ldp.exe 176, 178
LDP-Dienst 300
Leistung 431
Leistungsprotokollbenutzer 244
Leistungsüberwachung 430–431
Leistungsüberwachungsbenutzer 244
Line Printer Deamon Siehe LDP-Dienst
Link Local Address Siehe
  verbindungslokale Adresse
Liste der Namensserver 152
Live-Migration 38, 328
Lizenz 21
Lizenzbedingungen 52, 74
Logische Prozessoren 331
LPD-Dienst 87
LPR-Portmonitor 87

M

MAC-Adressen (Media Access Control) 125
MAC-Adressfilterung 125
MAC-Adressmuster 126
Managed Service Accounts Siehe
  verwaltbare Dienstkonten
Managementkonsole 33
Man-in-the-Middle 136
Man-in-the-Middle-Attacke 152
manuelle Sicherung
  Durchführung 447
Master-DNS-Server 143, 151
Mehrfachaktivierungsschlüssel 61
Message Queuing 87
Microsoft .NET Framework 2.0 372, 381
Microsoft .Net Framework 2.0 78
Microsoft Assessment and Planning (MAP)
  Toolkit for Hyper-V 333
Microsoft Assessment and Planning Toolkit (MAP) 47
Microsoft Exchange Server 41

Stichwortverzeichnis

Microsoft Exchange Server 2007 172
Microsoft Hyper-V Server 2008 R2 21, 347
Microsoft Report Viewer 2008 408
Microsoft SQL Server 41
Microsoft System Center Virtual Machine Manager (SCVMM) 2008 R2 22
Microsoft Update 405
Microsoft Virtual PC 327
Microsoft Virtual Server 2005 327
Microsoft XPS Document Writer 303
Migration 28
Migrationsvorgang 78
Mindestvoraussetzungen 45
Minimalanforderungen 46
Mitgliedsserver 243, 247
Mobile-Phones 114
Modus
    für gehostete Caches 30, 316
    für verteilte Caches 30, 314
move-item 387
msDS-MaximumPasswordAge 257
msDS-MinimumPasswordAge 257
msDS-MinimumPasswordLength 257
msDS-NeverRevealGroup 213
msDS-PasswordComplexityEnabled 257
msDS-PasswordHistoryLength 257
msDS-PasswordReversibleEncryption Enabled 257
ms-DS-Password-Settings 256
ms-DS-Password-Settings-Objekte 256
ms-DS-Password-Settings-Precedence 256
msDS-PasswordSettingsPrecedence 257
msDS-Reveal-OnDemandGroup 213
Multipfad-E/A 87
Multiple Activation Key, MAK
    Siehe Mehrfachaktivierungsschlüssel

N

Namensauflösung 32, 141
Namensauflösungsumgebung 32
Namensauflösungsvorgänge 32
Namensraum 141
Namenszone 32
Name-Squatting 125
Nanosekunden 261
net group 248
net user 239
NetBIOS-basierte Namensauflösung 113
NetBIOS-basierte Namensauflösungsanfragen 133

NetBIOS-Namen 90, 129
NetBIOS-Namensauflösung 161
Netbooks 114
Netdom 369
netdom 358–359
    query fsmo 227
NetFx2-ServerCore 372
Netlogon 194
netsh 106, 112, 122, 133, 357
Network Access Protection (NAP) 23
Network File System 277, 291
Network Load Balancing, NLB
    Siehe Netzwerklastenausgleich
Netzwerk 56, 103
Netzwerk- und Freigabecenter 103, 106
Netzwerkdatei-Rollendienst 86
Netzwerkeinstellungen 45
Netzwerkfreigaben 29
Netzwerkinfrastrukturdienste 113
Netzwerkkarten 30
Netzwerkkommunikation 29–30
Netzwerkkonfigurations-Operatoren 244
Netzwerklastenausgleich 87
Netzwerkprofile 106–107
    Domäne 107
    Öffentlich 107
    Privat oder Arbeitsplatz 107
Netzwerkrichtlinien- und Zugriffsdienste 84
Netzwerkunterstützung 38
Netzwerkverbindung 104, 107
Neuinstallation 52
    des Servers 65
New-ADServiceAccount 250
New-ADUser 399
new-service 396
Next Generation TCP/IP Stack 108
NFS Siehe Network File System
Nicht belegtes Domänencontrollerkonto 209
Nltest 439
notepad 379
Nslookup 439
nslookup.exe 142
ntbackup.exe 90
NTBackup-Programm 442, 454
ntdsutil.exe 32, 231
NTFS formatiert 185
NTFS-Berechtigungen 292

Stichwortverzeichnis

O

Object SID Siehe Objektkennung
Objekt 33
Objektidentifikation 225
Objektkennung 180
Objektklassen und -attribute 222
Objektreferenz 224
oclist.exe 364
OEM-Anbieter 20
Öffentlicher Ordner 107
Öffentlicher Schlüssel 136
Office SharePoint Server 2007 135
Offline-Domänenbeitritt 36, 180
Organisations-Admins 227, 245
Organisationseinheit 215
    Domain Controller 215
    Erstellen von 238
Organisationseinheiten
    Planen und Erstellen von 237
Organizational Units, OUs Siehe
    Organisationseinheit

P

Parameter 389
Password Settings Container 256
Patch- und Service Pack-Verteillösung 41
Patches 41
PDC-Emulator 221, 223
Peer Name Resolution-Protokoll 87
Peer-to-Peer-Netzwerk 314
Permission, P Siehe Berechtigung
Pipe-Zeichen 179
Potenzielle Angreifer 25
PowerShell-Befehle (Cmdlets) 36
Prä-Windows 2000-kompatibler Zugriff 244
Primäre DNS-Namenszone 165
Primary Domain Controller Emulator
    Siehe PDC-Emulator
Problembehandlung 430, 438
Produktaktivierung 60, 62
Produkt-Key 58
Programm zur Verbesserung der
    Benutzerfreundlichkeit 57
Provider 391
Proxyserver 417
Prozessorkerne 38
PTR Record 156, 161
Public Siehe Öffentlicher Ordner
pwd 387

Q

Quotas 281

R

RAID-Controller 275
RAID-Datenträger 275, 306
RAM Siehe Arbeitsspeicher
RAS- und IAS-Server 245
Read-Only Domain Controller, RODC Siehe
    Schreibgeschützte Domänencontroller
RebootOnCompletion 184, 368
Rechte 25
Rechte- und Berechtigungsvergabe 240
Recycle Bin Feature Siehe Active Directory-
    Papierkorb
Red Hat Enterprise (RHEL) 329
Redundant Array of Independent Disks
    Siehe RAID-Datenträger
Registry-Pfad 112
Relative Identifier Master Siehe RID-Master
Remote Desktop Protocol (RDP) 374
Remote Desktop Services 23
Remote Desktop Services, RDS Siehe
    Remotedesktopdienste
Remote Desktop-Protokoll (RDP) 30
Remote Server Administration Tools, RSAT
    Siehe Remoteserver-Verwaltungstools
Remote Server-Verwaltungstools 347
RemoteApp 30
RemoteApp-Manager 31
Remotedesktop 28, 57
Remotedesktop-Benutzer 244
Remotedesktop-Client 57
Remotedesktop-Dienste (Remote Desktop
    Services, RDS) 30, 31, 47, 84
Remotedesktop-Dienste-Manager 31
Remotedesktop-Funktion 57
Remotedesktopgateway (RD-Gateway) 31
Remotedesktopgateway-Manager 31
Remotedesktop-Lizenzierung (RD-
    Lizenzierung) 31
Remotedesktop-Lizenzierungs-Manager 31
Remotedesktop-Protokoll 47
Remotedesktop-Sitzungshost 31
Remotedesktop-Verbindungsbroker (RD-
    Verbindungsbroker) 31
Remote-Differenzialkomprimierung 87
Remote-Ressourcen 29

Stichwortverzeichnis

Remoteserver-Verwaltungstools (RSAT) 26, 87, 92, 251
Remote-System 28, 36
Remote-Unterstützung 87
Remote-Verwaltung 27, 361, 370
Remote-Verwaltungsfunktionen 26
remove-item 387
Remove-WindowsFeature 99, 101
rename-item 387
Repadmin 439
repadmin.exe 217
Replikat 134, 155
Replikation 214
    von Kennwörtern 212
Replikationslatenz 223
Replikationsoperator 244
Replikationsvorgänge 197
Resolver 32
Ressourcen-Manager für Dateiserver 278, 280
restart-service 396
Restore-ADObject 179
resume-service 396
Reverse-Lookup-Zonen 142, 149
Richtlinien für Kennwörter 256
    Auswertelogik 258
    Funktionsweise 256
    konfigurierbare Attributwerte 257
    notwendige Konfigurationsschritte 259
Richtlinien-Ersteller-Besitzer 245
Richtlinienordner 71
RID-Master 221, 224
RID-Pool 224
rmdir 387
RODC-Filter 196
Rollen Siehe Serverrolle
Rollendienste 31, 57, 81
Rolleninhaber der Betriebsmasterrollen
    Ermitteln des 227
Rollout 180
Router 114
RPC-Datenverkehr 88
RPC-über-HTTP-Proxy 88
RSAT Siehe Remoteserver-Verwaltungstools

S

Sc 439
sc query 377
Scanverwaltung 299
Schattenkopien 273
Schema 245

Schema-Administratoren 222
Schema-Admins 227, 245
Schema-Master 221
Schlüsselverwaltungsdienst 61
Schlüsselverwaltungsdienstschlüssel 61
Schmalbandige Verbindungen 235
Schreibbare Domänencontroller 200
Schreibgeschützte Domänen-
    controller 194, 245
        Delegierung der Installation 206
Schreibgeschützte Domänencontroller der
    Organisation 245
Schtasks.exe 291
Schwellenwert 282
sconfig 39, 345, 357
sconfig.cmd 40, 354
sconfig.vbs 40, 354, 373
Security Configuration Wizard, SCW Siehe
    Sicherheitskonfigurations-Assistent
Security Identifier, SID Siehe
    Sicherheitskennung
Serielle Schnittstellen 48
Server 19
Server Core 23, 39, 64, 115, 205, 343
    Erstkonfiguration 354
    Hardware-Anforderungen 346
    Installation von 346
    Neuerungen 345
    unbeaufsichtigte Installation 353
    WINS-Dienste 362
Server Core Configurator 380
Server Core-Installation 22, 39, 51, 74, 122
Server Hardening 82
Serveraktualisierung 71
Serverdokumentation 194
Server-Manager 26, 91, 94
Server-Manager-Assistenten 81
ServerManagerCmd.exe 91–92, 95–96, 98, 100
Server-Operatoren 214, 244
Serverrolle 21, 23, 37, 39, 81, 114
Serverrollen und -funktionen 23
Serversystem 32
Service Packs 41
Service Principal Names, SPNs
    Siehe Dienstprinzipalnamen
Service Records, SRV Records Siehe
    Diensteinträge
set-alias 387
set-executionpolicy 388
set-location 387, 391

Stichwortverzeichnis

set-service 396
Setup.exe 72
Shell-Umgebung 37
Sicherheitsfunktionen 32
Sicherheitsgruppe 206, 240
Sicherheitskennung 224–225, 241, 293
Sicherheitskonfigurations-Assistent 82
Sicherung 42
Sicherungsdomänencontroller 223
Sicherungslösung 42
Sicherungsoperatoren 214, 244
Sicherungssoftware 41
Signierte DNS-Namenszone 136
Signierte Zone 136
sigverif 378
Skalierbarkeit 21
Skriptbasierte Verwaltung 22
slmgr.vbs 60, 65
slmgr.vbs -ato 360
SMB 314
SMTP-Server 88
Snapshots 330
    Erstellen von 339
SNMP-Dienst 88
Softwaremarkt 41
Specops Password Policy Basic 264
Speicherberichte
    erstellen 288
Speicherberichteverwaltung 280, 288
Speichergrenze 282
Speicher-Manager für SANs 88
Speicherplatz 46
Spoofing 136
Spoolordner 306
Sprachversion 79
Standard Edition 20, 46, 58
Standardzonen 143
    primäre 143
    sekundäre 143
Stapelverarbeitungsdateien 387
Starter-Gruppenrichtlinienobjekte 35
    Ordner für 252
    vordefinierte Einstellungen der 252
Start-Gruppenrichtlinienobjekte
    Neuerungen in 252
start-service 396
Steuerung der Kennwortreplikation
    Liste der verweigerten Objekte 213
    Liste der zulässigen Objekte 213
stop-process 394

stop-service 396
StorageReports 290
Storrept.exe 291
Streaming Media Dienste 363
Stub-Zonen 160
Subsystem für UNIX-basierte
    Anwendungen 88
Support-Mitarbeiter 33
Suse Linux Enterprise Server 329
suspend-service 396
Systemanforderungen 46
System-Container 256
Systemkomponenten 25
Systemkonto 250
Systemmonitorbenutzer 244
Systemstatusdaten
    Sicherung und Wiederherstellung 443
Systemsteuerung 26
Systemüberwachung 429
Systemverwalter 103
Systemvoraussetzungen 45
SYSVOL 71, 194

T

Tablet-PCs 32
Task 25
taskkill 378
tasklist 378
taskmgr 378
TCP/IP-Stack 110
Telefonische Aktivierung 63
Telnet-Client 88
Telnet-Server 88
Terminal Services Configuration 31
Terminal Services Gateway
    (TS-Gateway) 31
Terminal Services Licensing
    (TS-Licensing) 31
Terminal Services Manager 31
Terminal Services Session Broker
    (TS-Session Broker) 31
Terminal Services Web Access
    (TS-Web Access) 31
Terminaldienste
    (Terminal Services, TS) 30–31
Terminalserver 31
Terminalserver-Lizenzserver 244
TFTP-Client (Trivial File
    Transfer-Protokoll) 88

Stichwortverzeichnis

Treiber 68
   installieren 304
TS-Gateway Manager 31
TS-Licensing Manager 31
TS-RemoteApp Manager 31

U

Überprüfung der erfolgreichen
   Aktualisierung 77
Unattend.txt 365, 367
Unattend.xml 36, 55
Unbeaufsichtigte Installation 55
Unidirektionale Replikation 196
Universelle Gruppe 242, 248
UNIX/Linux-Servern 154
Unterbrechungsfreie Stromversorgung
   Siehe USV-Geräte
Unternehmensadministratoren 39
Update-Management 403
Updates 57
Upgrade 53, 74
Upgrade-Vorgang 76
Upstream-Server 416
USB-Laufwerk 53
User Account Control, UAC
   Siehe Benutzerkontensteuerung
Users 237
Users-Container 158, 244
USV-Geräte 48, 68, 348

V

Variable 282, 392
Verbesserte Einstellungselemente 35
Verbessertes Windows-Audio/
   Video-Streaming (qWave) 88
Verbindungslokale Adresse 109
Verbindungs-Manager-Verwaltungskit 88
Verbindungsschichtfilterung 125
Verhindern der Speicherung 287
Veröffentlichen von Druckern 308
Versionierung 273
Verteilergruppen 241
Vertrauensstellungen 20
Verwaltete Dienstkonten 250
Verwaltungskonsolen 31
Verwaltungsshell 33
Virtual Hard Disks, VHDs Siehe virtuelle
   Festplatten

Virtual Private Network Siehe VPN-
   Verbindung
Virtualisierungsdienste mit Hyper-V 363
Virtualisierungslösung 37
Virtualisierungsmarkt 37
Virtualisierungsplattform 20, 327
Virtualisierungsrecht 22
Virtuelle Computer 21
   Erstellen neuer 337
   Konfigurieren 338
Virtuelle Diskettenlaufwerke 330
Virtuelle Festplatten
   anfügen oder entfernen 272
   erstellen 270
   Verwalten von 269
Virtuelle IDE-Datenträger 330
Virtuelle Netzwerke 331
Virtuelle Netzwerkkarten 330
Virtuelle Netzwerk-Switchports 331
Virtuelle Prozessoren 329, 331
Virtuelle SCSI-Controller 330
Virtuelle SCSI-Datenträger 330
Virtuelle Serversysteme 22
Virusbefall 65
VMware 269
Vollqualifizierte Domänennamen 129, 187
Vollständige Installation 74
Volume Activation 60
Volume Activation Management Tool
   (VAMT) 62
Volume Shadow Copy Service (VSS) 273
Volumes 42
   Vergrößern von 268
   Verkleinern von 269
Vorbereitende Schritte 68
Vordefinierte Gruppen 242
VPN-Verbindungen 107, 109
VPN-Verbindungswiederherstellung 29

W

Währungsformat 50
WAN-Verbindung 30, 198
Wartungsaufwand 39
Wartungscenter 430, 435
Wbadmin.exe 443, 454–455
Web Access für Remotedesktop 31
Web Edition 20
Web Server Edition 46
Webdienstschnittstelle 34
Webserver (IIS) 84, 363, 409

Stichwortverzeichnis

where-object 396
Wiederherstellen 453
Wiederherstellungsmodus für Verzeichnisdienste 190
Windows 2000 32
Windows 2000 pur 70
Windows 7 29–30, 35, 40, 180
Windows aktivieren 56
Windows Automated Installation Kit (WAIK) 36, 55
Windows Deployment Services (WDS) 23
Windows Internet Name Service 109
Windows Media Player 86
Windows Network Load Balancing (WNLB) 23
Windows NT 4.0 70, 186
Windows PowerShell 23, 33, 36, 239, 249, 370, 381
   Befehlssyntax 386
   erste Schritte 384
   Neuerungen 382
   Oberfläche 383
   Provider 391
   Sicherheit in der 388
   Starten der 382
   verwendbare Befehle 385
Windows PowerShell 1.0 78
Windows PowerShell Integrated Scripting Environment (ISE) 37, 89, 400
Windows PowerShell-Befehle 91, 96
Windows PowerShell-Cmdlets 95
Windows PowerShell-Skripts 34
Windows Remoteverwaltung (WinRM) 90
Windows Script Host (WSH) 239, 249
Windows Server 2003 25, 195
Windows Server 2008 28
Windows Server 2008 R2 33, 35
Windows Server Update Services (WSUS) 40, 72, 84, 403
   Installation der 411
   Voraussetzungen 408
Windows Server-Migrationstools 28, 77 f., 89
Windows Server-Sicherung 42, 57, 90, 442
   Installation der 444
Windows Server-Sicherungsfeatures 89
Windows System Image Manager (WSIM) 36, 55
Windows System Resource Manager (WSRM) 23
Windows Vista 25, 35
Windows XP 25
Windows-AppLocker 40
Windows-Autorisierungszugriffsgruppe 244
Windows-Bereitstellungsdienste 84
Windows-Biometrie-Framework 89
Windows-Desktop 24
Windows-Explorer 24, 274, 292
Windows-Fehlerberichterstattung 26
Windows-Firewall 57, 69
Windows-Firewall-Konfiguration 26
Windows-Prozessaktivierungsdienst 89
Windows-Remoteshell 370
Windows-Speicherdiagnose 49
Windows-Speicherdiagnosetool 49, 68, 348
Windows-Systemressourcen-Manager (WSRM) 89
Windows-TIFF-iFilter (Tagged Image File Format Index Filter) 90
Windows-Update 26, 57, 72
Windows-Update-Funktion 34
winRM 375
WinRM-IIS-Erweiterung 90
WINS (Windows Internet Name Service) 113, 129
WINS-Client 133
WINS-Forward-Lookup 161
WINS-Namensabfrage 162
WINS-SC 370
WINS-Server (Windows Internet Name Service) 23, 56, 90, 161
Wireless Local Area Network, WLAN Siehe Drahtlosnetzwerk
WLAN AutoConfig-Dienst 90
WLAN-Dienst 90
WSUS-Clients 403
   Konfiguration von 424
WSUS-Datenbank 404
WSUS-Server 403
WSUS-Synchronisation 420
wuauclt.exe /detectnow 427

X

x64-Bit-Druckertreiber 304
x64-Prozessor 46, 49
x86 46
x86-basierte Serversysteme 78
x86-kompatible Treiber 48
x86-Plattformen 46
XML-basierte Konfigurationsdatei 174

Stichwortverzeichnis

XPS-Dokumente 90
XPS-Viewer 90

Z

Zeigereintrag (engl. Pointer) 149
Zeigereinträge (Pointer Records, kurz PTR) 156
Zeitgeber 223
Zeitzone 56
Zertifikat 174
Zertifikatdienst-DCOM-Zugriff 244
Zertifikatherausgeber 245
Zonenaktualisierung 161
Zonendatei 150
Zoneninhalte 165
Zonentypen 141
    Active Directory-integrierte Zonen 141
    Standardzonen (primär oder sekundär) 141
    Stub-Zonen 141
Zonenübertragung 151
    inkrementell (IXFR) 153
    vollständig (AXFR) 153

Zugriffsberechtigung 248
    Beispiel 293
    Lesen 293
    Vollzugriff 293
Zugriffskontrollliste 294
Zugriffsrechte 25
Zugriffssteuerungseinträge 292
Zugriffssteuerungsliste 211, 292
Zugriffsverweigerung 293
Zulässige RODC-Kennwortreplikationsgruppe 213, 245
Zuverlässigkeitsüberwachung 430, 436
Zuweisung von IPv6-Adressen 109
    Both 110
    Stateful 110
    Stateless 110
Zweigniederlassungen 196
Zweischichtige IP-Schichtarchitektur 108
Zwischengespeicherte Kennwörter
    Zurücksetzen der 219
Zwischenspeichern von Anmeldeinformationen 196

informit.de, Partner von Addison-Wesley, bietet aktuelles Fachwissen rund um die Uhr.

www.informit.de

In Zusammenarbeit mit den Top-Autoren von Addison-Wesley, absoluten Spezialisten ihres Fachgebiets, bieten wir Ihnen ständig hochinteressante, brandaktuelle deutsch- und englischsprachige Bücher, Softwareprodukte, Video-Trainings sowie eBooks.

wenn Sie mehr wissen wollen ...

www.informit.de

THE SIGN OF EXCELLENCE

**SQL Server 2008
Der schnelle Einstieg**

Abfragen, Transact-SQL, Entwicklung und Verwaltung

ADDISON-WESLEY

er Topseller zu SQL Server 2008.

ntwickler, Administratoren und Umsteiger von Access erhalten hier einen einfachen und schnellen
nstieg in die Arbeit mit SQL Server 2008. Klemens Konopasek berücksichtigt alle wichtigen Neuerungen,
sbesondere die Integration in das .NET Framework 3.5 und Visual Studio 2008.

emens Konopasek
BN 978-3-8273-2679-9
9.95 EUR [D]

www.addison-wesley.de

[The Sign of Excellence]
ADDISON-WESLEY

THE SIGN OF EXCELLENCE

Windows 7 im Unternehmen
Das Handbuch für Administratoren

Holger Schwichtenberg, Manuela Reiss, Jochen Ruhland

Fortgeschrittene Anwender und Administratoren erhalten hier fundierte Informationen für den Einsatz von Windows 7 im Unternehmen. Die Autoren beschreiben die Benutzeroberfläche und deren Konfigurationsmöglichkeiten ebenso, wie Konzeption und Einrichtung von Benutzer- und Systemverwaltung im Netzwerk sowie Sicherheitsaspekte. Weitere neue und wichtige Themen sind u.a. der Remote-Zugriff aufs Netzwerk, die Zweigstellenverwaltung und die Automatisierung mit PowerShell 2.0.

Holger Schwichtenberg; Manuela Reiss; Jochen Ruhland
ISBN 978-3-8273-2886-1
59.80 EUR [D]

www.addison-wesley.de

[The Sign of Excellence]
ADDISON-WESLEY

THE SIGN OF EXCELLENCE

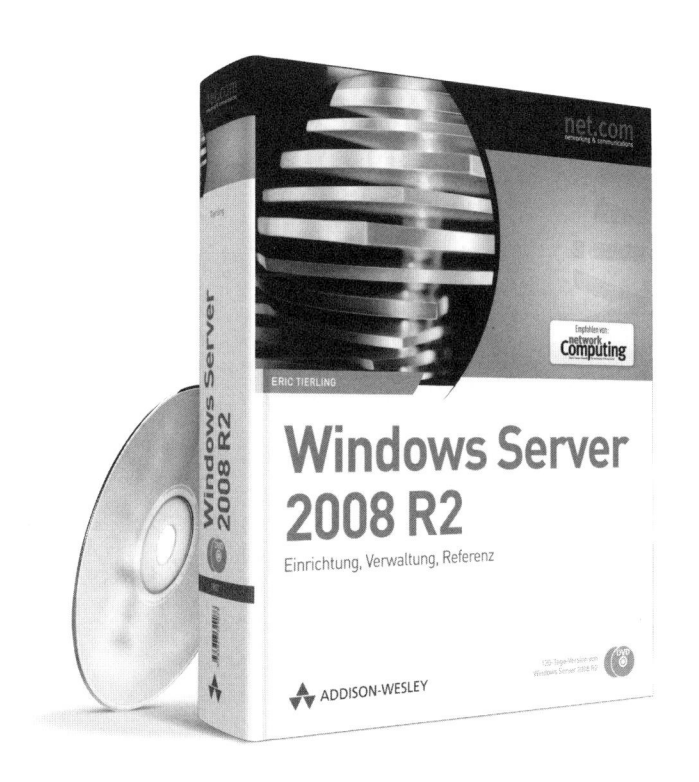

Dieses Buch zu Windows Server 2008 R2 knüpft an die Bestseller zu Windows Server 2003 und 2008 an und wurde komplett auf die Neuerungen von R2 aktualisiert. Installation auf virtueller Festplatte, Remoteverwaltung mit dem Server-Manager, Verwaltung über Windows PowerShell-Cmdlets, IPv6, Active Directory-Papierkorb, Einrichtung verwalteter Dienstkonten, Offline-Domänenbeitritt, DirectAccess, BranchCache, die Remotedesktopdienste sowie Hyper-V sind einige der im Buch beschriebenen Highlights.

Eric Tierling
ISBN 978-3-8273-2907-3
59.80 EUR [D]

www.addison-wesley.de

[The Sign of Excellence]
ADDISON-WESLEY

THE SIGN OF EXCELLENCE

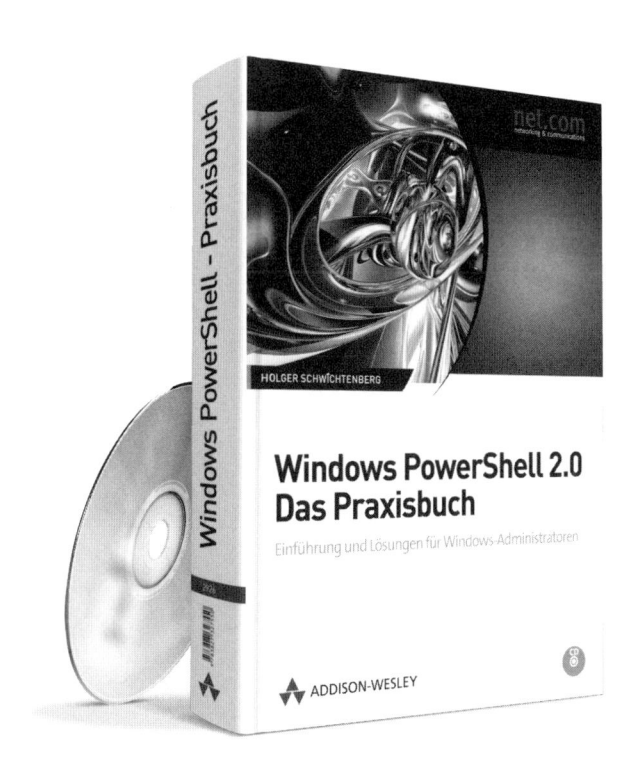

Windows PowerShell 2.0 – Das Praxisbuch
Einführung und Lösungen für Windows-Administratoren
HOLGER SCHWICHTENBERG
ADDISON-WESLEY

Dieses Handbuch zur Windows PowerShell 2.0 bietet eine fundierte Einführung in die automatisierte Windows-Administration und zeigt darüber hinaus anhand zahlreicher auch weiterführender Beispiele, wie die PowerShell in der Praxis eingesetzt wird. Das Buch behandelt alle wichtigen Neuerungen wie die grafische Oberfläche und die vollständige Integration in Windows 7 und Windows Server 2008 R2.

Holger Schwichtenberg
ISBN 978-3-8273-2926-4
49.80 EUR [D]

www.addison-wesley.de

[The Sign of Excellence]
ADDISON-WESLEY